クレド

キリスト教の伝統における
信条と信仰告白の歴史的・神学的入門

J.ペリカン　本城仰太［訳］

教文館

Credo:
Historical and Theological Guide to Creeds and Confessions of Faith
in the Christian Tradition
by Jaroslav Pelikan

Originally published by Yale University Press.

Japanese translation rights arranged with Yale Representation Limited, London
through Tuttle-Mori Agency, Inc., Tokyo

目次

序文　11
信条と信仰告白の略語　17
編纂書、集成書、参考書　43

第一部　信条と信仰告白の定義　51

第1章　信条と信仰告白の連続性と変化　59

1・1　公会議の決定における連続性 vs 変化　61
1・2　教父思想の連続性と変化　72
1・3　連続性と変化の例としての三位一体の教理　76
1・4　連続性と変化の例としてのキリストの位格　84
1・5　信条の変化と「伝達」　87

第2章　信条と信仰告白の必須性　93
2・1　信じることと告白すること　95
2・2　信仰の定義　103
2・3　信仰を告白すること　115
2・4　信仰告白の内容　122
第3章　教理としての信仰告白　129
3・1　教会の教え　132
3・2　「教理の体系」　138
3・3　「諸教理」と教理　146
3・4　教義としての教理　157
第4章　信仰と職制　163
4・1　使徒的信条と使徒的宣教　171
4・2　東方と西方の教会の職制の教理　176
4・3　宗教改革の信仰告白における教理としての政治　180

4・4　エキュメニカル信仰告白的な対話における信仰と職制　188

第二部　信条と信仰告白の起源　197

第5章　聖書、伝統、信条　203

5・1　聖書の中の信条　206
5・2　信条と信仰告白の中の聖書　215
5・3　信仰告白と正典の問題　218
5・4　聖書解釈の信仰告白的な基準　222

第6章　祈りの法則と信仰の法則　241

6・1　信仰告白の中の主の祈り　244
6・2　祈りの法則、信仰の法則　250
6・3　礼拝の中での信条の位置　265
6・4　教会会議と礼拝での信仰告白　268

第7章　一致の定式－またその不一致　275

7・1　アナテマ信条と論争　278
7・2　直接・間接的非難　286
7・3　一致の道具としての信条と信仰告白　290
7・4　一致の聖霊と一致のサクラメント――二つの歴史的な皮肉の事例　298
第8章　信仰告白の定式と宗教政治　311
8・1　政治的な行為としての信仰告白　314
8・2　信条遵守のための市民法　322
8・3　信仰告白と政治定式　326
8・4　信仰告白の多様性の政治　340
第三部　信条と信仰告白の権威　347
第9章　教会法としての信条的教義　353
9・1　法令としての信条的な定式　356
9・2　批准としての信条、教会会議、信仰告白の受容　360
9・3　正統の強制　366

9・4 法令の追従としての信仰告白への同意 370
9・5 信仰告白の解釈の基準 381
第10章 信条ではなく行為か？ 387
10・1 改革期の信仰告白におけるキリスト教戒規の教理 390
10・2 異端と／または 分派 400
10・3 正統と禁欲主義 405
10・4 キリスト教信仰告白のための前提条件としてのキリスト者の愛 414
10・5 近代の世俗との並行 419
第11章 他文化への信条と信仰告白の伝播 421
11・1 文化との境界にまたがる祭儀、法典、信仰告白 424
11・2 宣教と移住における信条の宿命 434
11・3 信条の土着化のパターン 440
11・4 シェマーからホモウシオスへのパラダイム 449
第12章 信者の大部分の正統 457

12・1　信徒は何を信じ、教え、告白したか？　462
12・2　大衆の宗教、祈りの法則、伝統　468
12・3　市民法と信条法への教会の人々による協調　476
12・4　法典、信条、民俗文化　484

第四部　信条と信仰告白の歴史　491

第13章　初代教会における信仰の基準　497
13・1　原始的な信条　502
13・2　ケリュグマと洗礼的なシンボル　506
13・3　信仰、福音、弁証の委ねられているもの　514
13・4　教え、カテキズム、悪魔払いの定式　519
13・5　祈りと信仰告白の規定された型　524

第14章　東方正教会における信仰の確言　531
14・1　正教会の『信条書』に対する曖昧さ　533
14・2　教会の信仰告白が突出した典礼　540

14・3　七つの公会議の聖なる伝統　550
14・4　作用と反作用としての東方の信仰告白　557
第15章　中世西方教会における信仰の公言　567
15・1　カトリック教会の信条と教会会議の伝統の西方での受容　568
15・2　西方のサクラメント的な教理の信仰告白化　578
15・3　信条に基づく理性としてのスコラ神学　588
15・4　中世後期における教会的信仰告白の台頭　594
第16章　宗教改革期における信仰の告白　603
16・1　宗教改革期における信仰告白の拡散　606
16・2　ルター派、改革派、ローマ・カトリック、急進派の「信仰告白主義」　614
16・3　宗教改革の信仰告白におけるカトリックの本質とプロテスタントの原理　621
16・4　宗教改革の信仰告白から信仰告白のスコラ主義　630
第17章　近現代キリスト教における信仰宣言　637
17・1　近代意識による信条への不信感　640

17・2 キリスト教信仰告白の新旧の文脈 650
17・3 近現代における信条または信仰告白の学問的開花 658
17・4 歴史の光に照らして、信条には過去と同様に未来があるか？ 663

第五部 参考文献 *1*

第六部 『キリスト教の伝統における信条と信仰告白』に関する索引 *27*
A 信条の Syndogmaticon 比較、アルファベット順索引付き *30*
B 教会の索引——教会、異端、信条、信仰告白、教会会議 *65*

第七部 信条に関する索引 *79*
A 聖書 *81*
B 信条・信仰告白 *86*
C 人名 *96*

訳者あとがき 673

序文

　本書『クレド』（*Credo*）は、そのデザインや外観からも明らかであるように、二つの異なる、しかし矛盾することはないと私が信じている二つの明確な目的に仕えることを意図している。本書の形式と装丁は、ヴァレリー・R・ホチキス（Valerie R. Hotchkiss）と私自身が編集した数巻にわたる『キリスト教の伝統における信条と信仰告白』（*Creeds and Confessions of Faith in the Christian Tradition*）でまとめられているものと同じであり、そこでは一般的な歴史を紹介する意図があり、紙面の都合上、各資料に対して特に歴史的な素材の説明だけにとどめていた。同時に、本書『クレド』は前書『キリスト教の伝統における信条と信仰告白』の続編ではなく、これ自体で独立した研究書また参考書であり、前書を持っていない読者のための教科書でもある。この理由のため、本書で信条と信仰告白を引用する際は、巻と頁ではなく章と節による引用とし、前書（印刷版であれ電子版であれ）で信条や信仰告白の原語や翻訳を参照するときに容易に探せるようにしている。それゆえ、本書の最初のところにある「信条と信仰告白の略語」では、信条テキストの原語や翻訳の位置は前書の巻と頁で示され（例えば 3:316-20 は、前書第三巻の三一六―二〇頁を意味する）、可能なものは他の文献の巻と頁も示されている。『信条と信仰告白』のいくつかの部において、信条と信仰告白のタイトルに様々な形式を採用することが適切であると思われたが（例えば、第五部では教派主義によって規定される時代からの信仰告白であり、その親教会の名前がまず記され、次いでその信仰告白のタイトルと日付が記される）、一貫性を保つため、本書『クレド』では、本文においても巻頭の「略語」のところでも、可能な限り書式を統一している。『キリスト教の伝統における信条と信仰告白』の印刷版の数百頁でも、CD-ROM版でも、残存するテキストのすべてを含めることはできないので、収録しきれなかった信条や信仰告白も、本書の中では自由に引用している。このような場合、その記述は巻頭の「編纂書、集成書、参考書」に記載されているリストの中から所在を知ることができる。

個人的なことであるが、一九四六年にシカゴ大学で、一五三五年『(第一)ボヘミア信仰告白』に関する博士学位論文を発表して以来、私は信仰告白の歴史に関する学術研究に取り組み続け、他の信条や信仰告白に関するものもいくつか出版してきた。また、姉妹編である本書『クレド』(の特に最後の五章分のところ)と『キリスト教の伝統における信条と信仰告白』の五部は、一九七一年から一九八九年にかけてシカゴ大学出版局から出された『キリスト教の伝統――教理発展の歴史』(*The Christian Tradition: A History of the Development of Doctrine*)〔鈴木浩訳、教文館、二〇〇六―八年〕という私の五巻本の大著から自ずと生まれ出たことを付け加えておきたい。五章と五部と五巻の主題は対応している。繰り返しを避けるため、特に膨大な量になる一次史料と広範囲にわたる文献の二次史料を、相互引用する形で自由に用いている。なぜなら、本書は、通常ならば研究者が巡り歩いていくキリスト教史の歴史時代を割愛して横切ってしまうからであり、また、キリスト教史全体から、冒頭のところで定義されているように「神の言葉に基づいて、イエス・キリストの教会が信じ、教え、告白してきたこと」へ、視点を狭めることによってのみ可能となるからである。本書の土台となった一次史料の数十年に及ぶ研究により、『信条と信仰告白』の中に収められている信条と信仰告白の(完全にすべてではないが)ほとんどに触れることになったが、ここでは、『キリスト教の伝統』での力点であった教理よりもむしろ信条や信仰告白に第一義的な強調点を置いている。私が教理史の中で探求しようとした領域を定義するならば、それは地図を製作していくようなものだったが、その製作中の数年間に私は同僚や学生から、一八七七年に初版が発行されて以来、継続的に用いられてきたフィリップ・シャフ(Philip Schaff)の『キリスト教界の信条』(*Creeds of Christendom*)に取って代わる新しい集成に着手するのは私しかいないと強く勧められたのである。

原則として、聖書引用は改訂標準訳聖書（RSV）から行い、その場合は特に記載をしない。時折、新改訂標準訳聖書（NRSV）から行うこともある。また時折（例えば、現代英語では失われてしまった二人称単数代名詞 thou/thee や、二人称複数代名詞 ye/you の区別を表すために）、（ジェームズ王の）欽定訳聖書（AV）から行う場合もある。ギリシア語の七十人訳聖書とラテン語のウルガタ聖書はヘブライ語聖書と詩編の番号の違いがあるので、番号付けと比較のための一貫性を持たせるため、ヘブライ語の番号方式を一貫して採用している。しかし、信条や信仰告白の中にある聖書引用の場合、そこで引用されている聖書はそのままとするか、もしくは他言語から英訳する場合はそのまま翻訳をすることにし、ヘブライ語やギリシア語の原語に訳が合うかどうかは考慮に入れない。同様に一貫性を持たせるため、本書『クレド』や『キリスト教の伝統における信条と信仰告白』での固有名詞の綴りは、『オックスフォード英語辞典』の第三版に従うものとするが、フス（Huss ではなく Hus とする）、バーゼル教会会議（Basle ではなく Basel とする）、『シュマルカルデン条項』（Schmalkaldic ではなく Smalcald とする）など、いくつかの例外もある。

公正の美徳を達成するのがしばしば非常に困難（時には見つけることさえ困難）な分野において、できる限り公正であるために、キリスト教団体、信仰告白、教会の呼称を、それぞれが自らを識別しているように私も識別することとし、また読者にも分かりやすくなるように努めてきた。問題の重要部分は、印刷としては大文字にしている。どのキリスト教信条や信仰告白も、自らの流儀に従って正統であると主張している。どのキリスト教会も、自らをある意味ではカトリック的、福音的、改革的であると定義したがる。どのキリスト教信者も、「弟子入りする代償」の理解が違えども、キリストの弟子となることに努めている。しかし、これらの言葉が大文字になると、これらは教派や信仰告白のラベルとなってしまい、その信者たちによってしばしば制限が課されることなく用いられてしまう。しかしながら、今日の文脈においては、例えばローマ・カトリック教会と東方正教会を折り合わせることは、必然であるように思われる。聖公会の呼称は、信条や信仰告白についての著作では、とりわけ複雑なものとなる。聖公会の政治や典礼について語る時の正しい方法はさておき、聖公会の信仰告白は、宗教改革期に作られ、法的には今もなお『イングランド教会の三九箇条』であり、改革派の系統に属するプロテスタントの信仰告白である。その両面性を反映する形で、「聖公会」を「プロテスタント」と区別することもあれば、違いを無視することもある。

本書では、かなり多くの世紀や文化にまたがっているため、参考文献と「編纂書、集成書、参考書」のところに掲載されている多くの言語で書かれた著作を引用している。しかし、原語を扱うことができる研究者は容易にこれらの記述を見つけることができるだろうが、英語しか知らない読者にとっては別言語の著作を切り拓いていくことができないだろうから、可能な限り、一次史料だけでなく二次史料についても、利用可能な英訳を引用するようにしている。信条や信仰告白や他の史料の古い英訳から引用する場合、現代風のスペル、句読点、大文字に自由にしているが、その都度、注釈をするようなことはしていない。固有名詞、書名、専門用語を含めた古典以降のギリシア語の音訳については、発音の変化はあるものの、私が持っている標準的な古典ギリシア語の規定である『シカゴ・マニュアル・オブ・スタイル（第一四版）』（*The Chicago Manual of Style* [14th ed.]）を適用するものとする。ただし、アメリカ議会図書館（Library of Congress）の「ALA-LC ラテン文字表記法」（*ALA-LC Romanization Tables*）が推奨する以下の例外を除く。私はギリシア語 υ の代わりに英語 y を用いているが、二重母音では u を用いている。また、ギリシア語の χ の代わりに英語 kh よりもむしろ ch を用いている。キリル文字（Cyrillic alphabet）について、私は『スラブ・東欧ジャーナル』（*Slavic and East European Journal*）によって規定されたものに順応するように、長年の実践を続けてきた。なぜなら、発音区分符号や他の対応するもの（例えば、キリル文字 х の代わりに kh ではなく ch を、それゆえキリル文字 ч の代わりに ch ではなく č を、また当然キリル文字 я の代わりに Ya ではなく Ja）を用いることにより、キリル文字を用いたスラブ語のものとローマ字を用いたものとの間の移動が容易で一貫したものになるからである。

本書『クレド』を書くにあたり、私の五〇年以上にわたる他の多くの著作や多数の版にわたる編集プロジェクト以上に、アドルフ・フォン・ハルナックの「駆け出しの修道士になり、最初のところから出発せよ」という訓戒に従ってきた学者でさえ、実際にどれほど他人からの支援や助言に依拠しているか、私は改めてその理由を十分に学んでくることになった。とりわけ、『キリスト教の伝統における信条と信仰告白』の副編集者であるヴァレリー・R・ホチキスは、編集者としての学識やテクニカルなスキルを伴う見識を兼ね備えており、また司書としての優れた能力もあり、彼女のこれらすべてがなかったとしたら、あの著作も本書も完成することができなかっただろう。本書を執筆し、同時に『キリスト教の伝統における信条と信仰告白』の編集に取り組んでいた数年間、私はいくつかの国の多くの信仰告白の背景を持つ聴衆（無・信仰告白的、反・信仰告白的な聴衆を含む）にこの題材を紹介する機会があった。そこではいつも、私は聴衆からの問いや批判、有名無名にかかわらず多くの学術的な読者からのコメントをもらい、大きな恩恵を受けてきた。様々な段階で助言をしてくれた多くの同僚や元学生は、（アルファベット順に）以下の通りである。ジェラルド・H・アンダーソン（Gerald H. Anderson）、C・J・ダイク（C. J. Dyck）、ブライアン・A・ゲリッシュ（Brian A. Gerrish）、スーザン・ビリントン・ハーパー（Susan Billington Harper）、パトリック・ヘンリー（Patrick Henry）、E・アン・マター（E. Ann Matter）、ジェームズ・J・オドネル（James J. O'Donnell）、ラミン・O・サネ（Lamin O. Sanneh）、バーバラ・フォン・シュレーゲル（Barbara von Schlegell）、フィリップ・シェン（Philip Shen）、カリストス・ウェア主教（Bishop Kallistos Ware）、ロバート・L・ウィルケン（Robert L. Wilken）、チャールズ・ウィラード（Charles Willard）。『キリスト教の伝統における信条と信仰告白』の「謝辞」に述べられていることをさらに強調して繰り返さなければならないが、プロジェクト全体と本書のスポンサー団体に（ここでは時系列順に）特に感謝しなければならない。イェール大学（Yale University）およびその複数の図書館、励ましと専門知識を与えてくれたイェール大学出版局（Yale University Press）、惜しみなく先を見据えた支援をしてくれたリリー財団（Lilly Endowment）、私を初代ヨセフ・チェア（Joseph Chair）

に任命することで、この『クレド』の構造設計をすることを可能にしてくれたボストン・カレッジ（Boston College）、私が本書の大部分を執筆したペンシルベニア大学（University of Pennsylvania）のアネンバーグ・コミュニケーション学校（Annenberg School for Communication）、私が最初のクルーゲ受賞者（Kluge Scholar）として費やした一年の間に、比類なき書誌的・技術的資源を毎日利用可能にしてくれたアメリカ議会図書館（Library of Congress）。

フィリップ・シャフの『キリスト教界の信条』の出版一二五周年を記念して。

信条と信仰告白の略語

教会会議名は、特にその会議での信条や教理の定式のことを指している（ただし、act（= *Acts*）、can（= *Canons*）、decr（= *Decrees*）などが付されている場合は別である）。

〔訳者注　場所の項目の著者名・書名なしのものは、ペリカンの『キリスト教の伝統における信条と信仰告白』（*Creeds and Confessions of Faith in the Christian Tradition*）のものを表している（例えば最初の 3:316-20 は、*Creeds and Confessions of Faith in the Christian Tradition* の第 3 巻の pp.316-20 を表している）。〕

略語	タイトル、年代	場所
Abst Prin	*Abstract of Principles for Southern Baptist Seminary*, 1858 『南部バプテスト神学校の原則要約』	3:316-20; McBeth 1990, 304-15
Ad tuendam	*Ad tuendam fidem of Pope John Paul II*, 1998 『ヨハネ・パウロ 2 世の信仰を守るために』	3:871-76
Adv	*The Fundamental Beliefs of the Seventh-Day Adventist Church*, 1872 『セブンスデー・アドベンチスト教会の基本信仰』	3:359-64
Afr Orth	*Doctrine of the African Orthodox Church*, 1921 『アフリカ正教会の教理』	3:435-36
A-L	*Anglican-Lutheran Pullach Report*, 1972 『聖公会・ルター派のプラッハ報告』	*Gr Agr II* 14-34
Alex	*The Creed of Alexander of Alexandria*, c. 321-24 『アレクサンドリアのアレクサンドロス信条』	1:79-81; Hahn, 15; *NPNF*-II 3:39-40
Am Bap	*The Statement of Faith of the American Baptist Association*, 1905 『アメリカ・バプテスト連盟の声明』	Lumpkin, 378-79
Ang Cat	*The Anglican Catechism*, 1549/1662 『英国カテキズム』	2:364-71; Schaff, 3:517-22
Ans	*The Evangelical Counsel of Anshach* [*Ansbacher Evangelischer Ratschlag*], 1524 『アンスバッハの福音的勧告』	Schmidt-Schornbaum, 183-322

Ant 325	*The First Synod of Antioch*, 325 『第１回アンティオキア教会会議』	1:84-86
Ant 341	*The Second [Dedication] Synod of Antioch*, 341 『第２回アンティオキア（奉献）教会会議』	1:87-89; Hahn, 153-56; *NPNF*-II 4:461
Ap	*The Apostles' Creed* 使徒信条	1:667-69; *BLK* 21-25; Cochrane, 303-4; Fabbri, 3; Gerrish, 56; Kolb-Wengert, 21-22; Leith, 24-25; Tappert, 18; *Triglotta* 2:30-31; Schaff, 2:45-55
Ap Const	*The Apostolic Constitutions*, c. 350-80 『使徒憲章』	Hahn, 9-10,129; Schaff, 2:39
Apol Aug	*The Apology of the Augsburg Confession*, 1531 『アウグスブルク信仰告白弁証』	CD-ROM; *BLK* 139-404; Fabbri, 58-328; Kolb-Wengert, 109-294; Tappert, 100-285; *Triglotta* 2:97-451
Ar	*The Creeds of Arius and Euzoius*, c. 320 and 327 『アレイオスとエウセビオス信条』	1:75-78; Hahn, 186-87; Schaff, 2:28-29
Arist	*The Creed of Aristides of Athens*, 2d c. 『アテネのアリスティデス信条』	1:51-52
Arm Ev	*Armenian Evangelical Churches*, 1846 『アルメニア福音教会』	3:261-63
Arn	*The Arnoldshain Theses*, 1957 『アルノルトシュハイン提題』	3:558-61
Assem	*The Statement of Fundamental Truths of the Assemblies of God*, 1914 『アッセンブリーズ・オブ・ゴッド教団の基本的真理に関する宣言』	3:426-31
Ath	*The Athanasian Creed* [*Quicunque vult*] アタナシウス信条（救われたいと願う者は）	1:673-77; *BLK* 28-30; Denzinger, 75-76; Fabbri, 6-8; Gerrish, 62-64; Hahn, 150; Kelly 1964, 17-20; Kolb-Wengert, 23-25; Schaff, 2:66-71; Tappert, 19-21; *Triglotta* 2:30-35
Aub	*The Auburn Declaration*, 1837 『オーバーン宣言』	3:250-55; Schaff, 3:777-80

Aug	*The Augsburg Confession* 『アウグスブルク信仰告白』	2:49-118; *BLK* 31-137; Fabbri, 11-57; Gerrish, 87-125; Kolb-Wengert, 30-105; Leith, 63-107; Noll, 81-121; Schaff, 3:3-73; Tappert, 23-96; *Triglotta* 2:37-95
Ger	*German*, 1530	
Lat	*Latin*, 1530	
Var	*Variata*, 1540	Reu, 2:398-411
Balamand	*Uniatism, Method of Union of the Past, and the Present Search for Full Communion*: Joint International Commission for Theological Dialogue Between the Catholic and Orthodox Church. Balamand, Lebanon, 1993 『一致主義、過去の合同の方法、現在の相互陪餐の模索』――カトリック教会と正教会の間の神学の話し合いの合同国際委員会。レバノン、バラマンド、1993年	3:848-51; *Gr Agr II* 680-85
Bap Assoc	*The Doctrinal Statement of the North American Baptist Association*, 1950 『北アメリカ・バプテスト連盟教理宣言』	Lumpkin, 377-81
Bap Aus	*Doctrinal Basis of the Baptist Union of Victoria, Australia,* 1888 『オーストラリアのヴィクトリアのバプテスト合同の教理基準』	Lumpkin, 416-20
Bap Conf	*The Statement of Beliefs of the North American Baptist Conference*, 1982 『北アメリカ・バプテスト会議信仰宣言』	3:808-12
Bap Gr Br	*The Statement of the Baptist Union of Great Britain and Ireland*, 1888 『イギリスとアイルランドにおけるバプテスト合同宣言』	Lumpkin, 344-46
Bap NZ	*The Doctrinal Basis of the New Zealand Baptist Union*, 1882 『ニュージーランドのバプテスト合同の教理基準』	Lumpkin, 416

Barm	*The Barmen Declaration* [*Theologische Erklärung zur gegenwärtigen Lage der Deutschen Evangelischen Kirche*], 1934 『バルメン宣言』(『ドイツ福音主義教会の現状に関する神学的宣言』)	3:504-8; Cochrane, 332-36; Leith, 517-22; Niesel, 333-37
Bas Bek	*The First Confession of Basel* [*Baseler Bekenntnis*], 1534 『第一バーゼル信仰告白』	2:272-79; Augusti, 103-9; Böckel, 108-14; Cochrane, 89-96; Fabbri, 630-37; Niemeyer, 78-104
Bat	*The Confession of Faith of the Protestant Christian Batak Church (H. K. B. P.)*, 1951 『バタク・プロテスタント・キリスト教会信仰告白』	3:543-55; Anderson, 213-38; Leith, 555-66
BCP	*The Book of Common Prayer*, 1549, 1552, 1662, 1928, 1979 『祈禱書』	Blunt
BEC	*The Profession of Faith of the Salvadoran Basic Ecclesial Communities*, 1984 『エルサルバドル基本教会共同体の信仰宣言』	3:844-45
Belg	*The Belgic Confession*, 1561/1619 『ベルギー信仰告白』	2:405-26; Augusti, 170-98; Bakhuizen van den Brink, 50-141; Böckel, 477-507; Cochrane, 185-219; Fabbri, 701-33; Niemeyer, 360-89; Niesel, 119-36; Schaff, 3:383-436
BEM	*Baptism, Eucharist, and Ministry* ["The Lima Text" of Faith and Order], 1982 『洗礼・聖餐・職務』(信仰と職制委員会の「リマ文書」)	3:813-40; *Gr Agr* 465-503
Bern	*The Ten Theses of Bern*, 1528 『ベルン提題』	2:215-17; Böckel, 35-39; Cochrane, 45-50; Fabbri, 621-22; Leith, 129-30; Niemeyer, 14-15; Schaff, 3:208-10
Boh I	*The [First] Bohemian Confession*, 1535 『(第一) ボヘミア信仰告白』	1:796-833; Augusti, 273-326; Böckel, 777-827; Niemeyer, 771-818; Pelikan, 80-149

Boh II	*The [Second] Bohemian Confession*, 1575 『(第二) ボヘミア信仰告白』	CD-ROM; Böckel, 827-49; Niemeyer, 819-51; Reu, 2:424-33
Bonn I	*The Fourteen Theses of the Old Catholic Union Conference at Bonn with Greeks and Anglicans*, 1874 『正教会・聖公会の古カトリック連合会議の14命題』	3:365-67; Schaff, 2:545-51
Bonn II	*The Old Catholic Agreement at Bonn on the Filioque Controversy*, 1875 『フィリオクエ論争に関するボンでの古カトリック協定』	Schaff, 2:552-54
Boston	*The Declaration of the Boston National Council*, 1865 『ボストン全国会議宣言』	Walker, 562-64
Brngr 1059	*The First Confession of Berengar*, 1059 『第一ベレンガリウス信仰告白』	1:728-29; Denzinger, 690
Brngr 1079	*The Second Confession of Berengar*, 1079 『第二ベレンガリウス信仰告白』	1:728-29; Denzinger, 700
Br St Luth	*The Brief Statement of the Doctrinal Position of the Evangelical Lutheran Synod of Missouri, Ohio, and Other States*, 1932 『ミズーリ・オハイオ・他州の福音ルーテル教会会議の教理的立場に関する短い宣言』	3:487-503; *Doct Dec* 42-57
Camb Dec	*The Cambridge Declaration of the Alliance of Confessing Evangelicals*, 1996 『福音信仰告白同盟のケンブリッジ宣言』	3:861-66
Camb Plat	*The Cambridge Platform*, 1648 『ケンブリッジ・プラットフォーム』	3:63-91; Leith, 385-99; Walker, 194-237
Chal	*The Council of Chalcedon*, 451 『カルケドン公会議』	1:172-81; *COD-DEC* 75-103; Denzinger, 300-303; Fabbri, 5; Gerrish, 65; Hahn, 146-47; Karmirēs, 1:173-76; Leith, 34-36; Mansi, 7:107-18; Michalcescu, 3-4; *NPNF*-II 14:243-95; Schaff, 2:62-65

Chile	*The Creed of the Evangelical Presbyterian Church of Chile*, 1983 『チリ福音長老教会信条』	3:841-43
Chin Man	*The Christian Manifesto of the Three-Self Patriotic Movement: "Directions of Endeavor for Chinese Christianity in the Construction of New China,"* 1950 『三自愛国運動のキリスト教宣言』——「新たな中国建設における中国キリスト教の努力指針」	3:537-39; Anderson, 249-50
Chin Un	*The Bond of Union of the Church of Christ in China*, 1927 『中国キリスト合同教会契約』	3:483-84; Anderson, 249
Chr Dec	*Common Christological Declaration Between the Catholic Church and the Assyrian Church of the East*, 1994 『カトリック教会とアッシリア東方教会との間のキリスト論共同宣言』	3:852-55; *Gr Agr II* 711-12
Chr Sci	*Tenets of the Mother Church of Christ, Scientist*, 1879/1892/1906 『クリスチャン・サイエンスの母なる教会の思想』	3:370-71
CNI	*The Church of North India/Pakistan, Plan of Church Union: The Doctrines of the Church*, 1965 『北インド／パキスタン教会、教会合同計画——教会の教理』	3:700-702
Cologne	*The [Mennonite] Concept of Cologne*, 1591 『ケルン理念』	2:749-54
Com Cr	*The "Commission" Creed of the Congregational Church*, 1883/1913 『会衆派教会「宣教」信条』	3:372-74; Walker, 577-82
Com Dec	*Common Declaration of Pope John Paul II and [Armenian] Catholicos Karekin I*,1996 『教皇ヨハネ・パウロ２世と（アルメニア）使徒教会カレーキン１世との共同宣言』	3:867-70; *Gr Agr II* 707-8
Confut	*The Confutation of the Augsburg Confession*, 1530 『アウグスブルク信仰告白の論駁』	Reu, 2:348-83

Cons rep	*The Reaffirmed Consensus of the Truly Lutheran Faith [Consensus repetitus fidei vere lutheranae]*, 1655 『真のルター派信仰の共通認識の再宣言』	Henke
Const	*The Council of Constance*, 1414-18 『コンスタンツ公会議』	*COD-DEC* 403-51; Denzinger, 1151-1279
CP I	*The First Council of Constantinople*, 381 『第 1 回コンスタンティノポリス公会議』	1:160-63; *COD-DEC* 21-35; Denzinger, 151; Karmirēs, 1:130-31; Michalcescu, 2; *NPNF*-II 14:162-90
CP II	*The Second Council of Constantinople*, 553 『第 2 回コンスタンティノポリス公会議』	1:183-215; *COD-DEC* 105-22; Denzinger, 421-38; Hahn, 148; Karmirēs, 1:185-97; Leith, 45-50; Mansi, 9:367-90; Michalcescu, 5-7; *NPNF*-II 14:297-323
CP III	*The Third Council of Constantinople*, 680-81 『第 3 回コンスタンティノポリス公会議』	1:216-29; *COD-DEC* 123-30; Denzinger, 550-59; Hahn, 149; Karmirēs, 1:221-24; Leith, 50-53; Mansi, 11:631-40; Michalcescu, 7-9; *NPNF*-II 14:344-46; Schaff, 2:72-73
CP 360	*The Creed of the Synod of Constantinople of 360* 『360 年コンスタンティノポリス教会会議の信条』	Hahn, 167
CP 879-80	*The Synod of Constantinople of 879-80* 『879-80 年コンスタンティノポリス教会会議』	Karmirēs, 1:268-71
CP 1054	*The Edict of Michael Cerularius and of the Synod of Constantinople of 1054* 『ミカエル・ケルラリオスと 1054 年コンスタンティノポリス教会会議の勅令』	1:309-17; Karmirēs, 1:343-48; Mansi, 19:812-21; *PG* 151:679-82; Will, 155-68
CP 1341	*The Synod of Constantinople of 1341* 『1341 年コンスタンティノポリス教会会議』	1:318-33; Karmirēs, 1:354-66; *PG* 151:679-82
CP 1347	*The Synod of Constantinople of 1347* 『1347 年コンスタンティノポリス教会会議』	Karmirēs, 1:366-74
CP 1351	*The Synod of Constantinople of 1351* 『1351 年コンスタンティノポリス教会会議』	1:334-74; Karmirēs, 1:374-407; *PG* 151:717-68

CP 1691	*The Synod of Constantinople of 1691* 『1691年コンスタンティノポリス教会会議』	Karmirēs, 2:779-83; Mansi, 37:463-72
CP 1838	*The Synod of Constantinople of 1838* 『1838年コンスタンティノポリス教会会議』	Karmirēs, 2:894-902; Mansi, 40:269-76
Craig	*Craig's Catechism*, 1581 『クレイグの教理問答』	Torrance, 97-165
Crg Sh Cat	*Craig's Short Catechism*, 1592 『クレイグの小教理問答』	Torrance, 243-54
CSI 1929	*The Scheme of Union of the Church of South India*, 1929/1942 『南インド合同教会計画』	Schaff, 3:951
CSI 1947	*The Constitution of the Church of South India*, 1947 『南インド教会憲章』	3:517-24; Anderson, 228-34
Cumb Pres	*The Confession of the Cumberland Presbyterian Church*, 1814/1883 『カンバーランド長老教会信仰告白』	3:223-41; Schaff, 3:771-76
Cum occas	*Cum occasione of Pope Innocent X*, 1653 『インノケンティウス10世のクム・オッカジオネ』	3:101-3; Denzinger, 2001-7
Cyp	*The Creed of Cyprian of Carthage*, 250 『カルタゴのキプリアヌスの信条』	Hahn, 12; Schaff, 2:20
Cyr Jer	*The Baptismal Creed of Jerusalem*, c. 350 『エルサレムの洗礼信条』	1:94-95; Denzinger, 41; Hahn, 124; Schaff, 2:31-32
Czen	*The Hungarian Confession* [*Confessio Czengerina*], 1570 『ハンガリー信仰告白』	Augusti, 241-53; Niemeyer, 539-50
Dec Addr	Thomas Campbell, *Declaration and Address*, 1809: "Propositions" 『トマス・キャンベルの宣言および提言』――「提言」	3:219-22
Def Plat	*The Definite Platform* (Lutheran), 1855 『確定綱領』(ルター派の)	3:291-315
Denck	*Hans Denck's Confession Before the Council of Nuremberg*, 1525 『ハンス・デンクのニュルンベルク教会会議前の信仰告白』	2:665-72; Bauman, 51-53

Dêr Bal	*The Dêr Balyzeh Papyrus*, c. 200-350 『デル・バリゼーのパピルス』	1:66-67; Denzinger, 2; Kelly, 89; Leith, 19
Design	*Christian Church (Disciples of Christ): The Design for the Christian Church*, 1968 『キリスト教会（ディサイプル派）――キリスト教会構想』	3:726-29
Dict Pap	*The Dictatus Papae of Pope Gregory VII*, 1075 『教皇グレゴリウス８世の教皇令』	1:730-32
Did	*The Didache*, c. 60-150 『ディダケー』	1:41-42
Dordrecht	*The Mennonite Confession of Faith of Dordrecht*, 1632 『ドルトレヒトのメノナイト信仰告白』	2:768-87; Fabbri, 922-37; Gerrish, 218-34; Leith, 292-308; Loewen, 63-70; Lumpkin, 66-78
Dort	*The Canons of the Synod of Dort*, 1618-19 『ドルトレヒト信仰規準』	2:569-600; Augusti, 198-240; Bakhuizen van den Brink, 218-81; Böckel, 508-43; Bray, 455-78; Fabbri, 885-921; Niemeyer, 690-728; Schaff, 3:550-97
Dosith	*The Confession of Dositheus and of the Synod of Jerusalem*, 1672 『ドシセオスとエルサレム教会会議の信仰告白』	1:613-35; Karmirēs, 2:746-73; Gerrish, 310-41; Kimmel, 1:425-88; Leith, 485-517; Mansi, 34:1723-62; Michalcescu, 123-82; Robertson; Schaff, 2:401-44
Ecth	*The Ecthesis of Emperor Heraclius*, 638 『皇帝ヘラクレイオスの詳説』	1:150-54; *BZ* 69:21-23; Mansi, 10:991-98
Edict	*The Edict of Emperor Justinian on the True Faith*, 551 『真の信仰に関する皇帝ユスティニアヌスの勅令』	1:122-49; Schwartz, 73-110; Wesche, 163-98
18 Diss	*Eighteen Dissertations Concerning the Entire Christian Life and of What It Consists, by Balthasar Hubmaier*, 1524 『バルタザール・フープマイヤーによる全キリスト者の生活とその内容に関する 18 の論考』	Lumpkin, 19-21

Eng Dec	*The Declaration of the Congregational Union of England and Wales*, 1833 『イングランド・ウェールズ会衆派連合宣言』	Schaff, 3:730-34; Walker, 542-52
Ep Apost	*The Epistula Apostolorum*, c. 150 『使徒たちの手紙』	1:53-54; Denzinger, 1; Leith, 17
Eph 431	*The Council of Ephesus*, 431 『エフェソ公会議』	1:164-71; *COD-DEC* 37-74; Denzinger, 250-68; Karmirēs, 1:138-56; Michalcescu, 2-3; *NPNF*-II 14:191-242
Form Un	*The Formula of Union*, 433 『一致の定式』	1:168-71; *COD-DEC* 69-70; Denzinger, 271-73
Epiph	*The Creeds of Epiphanius*, 373/374 『エピファニウス信条』	1:100-101; Denzinger, 42-45; Hahn, 125-26; *NPNF*-II 14:164-65; Schaff, 2:32-38
Ess	*Friends General Conference, Belief*, 1900 『フレンド派総会、信仰』	3:399-401
Eun	*The Confession of Eunomius to the Emperor*, 383 『皇帝に宛てたエウノミオスの信仰告白』	1:105-9; Hahn,190
Eus	*The Creed of Eusebius of Caesarea*, 325 『カイサリアのエウセビオス信条』	1:82-83; Denzinger, 40; Hahn, 188; Leith, 27-28; *NPNF*-II 4:74; Schaff, 2:29-30
Ev All	*The Nine Articles of the Evangelical Alliance*, 1846 『福音同盟会９箇条』	3:259-60; Schaff, 3:827-28
Fac	*The Creed of Facundus of Hermiane*, 6th c. 『エルミアンのファクンドゥス信条』	Hahn, 51
F&O Ban	*Commission on Faith and Order of the World Council of Churches at Bangalore: A Common Statement of Our Faith*, 1978 『インドのバンガロールでの信仰職制委員会――私たちの信仰共同宣言』	3:782-85
F&O Edin	*Faith and Order Conference at Edinburgh: The Grace of Our Lord Jesus Christ; The Affirmation of Union*, 1937 『エディンバラでの信仰職制委員会――私たちの主イエス・キリストの恵み　融和の確言』	3:511-16; Leith, 569-74

F&O Laus	*Faith and Order Conference at Lausanne: The Call to Unity*, 1927 『ローザンヌでの信仰職制委員会——一致への呼びかけ』	3:471-82
Fid cath	*On the Catholic Faith* [*De fide catholica*], by Boethius, c. 517-22 『カトリック信仰』、ボエティウス著	1:699-706; *LCL* 74:52-71
Fid rat	*A Reckoning of the Faith* [*Fidei ratio*], by Ulrich Zwingli, 1530 『信仰の弁明』、ウルリッヒ・ツヴィングリ著	2:249-71; Böckel, 40-61; Niemeyer, 16-35
Flor	The Council of Basel-Ferrara-Florence-Rome 『バーゼル・フェラーラ・フィレンツェ・ローマ公会議』	1:751-65; *COD-DEC* 523-91; Denzinger, 1300-1308
Arm	*The Bull of Union with the Armenians*, 1439 『アルメニア人との同盟勅書』	
Un	*The Decree of Union with the East*, 1439 『東方との合同の布告』	
Form Conc	*The Formula of Concord* 『和協信条』	2:166-203; BLK 735-1102; Fabbri, 367-600; Kolb-Wengert, 486-660; Schaff, 3:93-180; Tappert, 464-636; *Triglotta* 2:774-1103
Epit	*The Epitome*, 1577 『要約』	
Sol Dec	*The Solid Declaration*, 1577 『根本宣言』	CD-ROM
42 Art	*The Forty-Two Articles of the Church of England*, 1553 『イングランド教会の 42 箇条』	Bray, 284-311; Niemeyer, 592-600
Free Meth	*Articles of Religion of the Free Methodist Church*, 1866 『自由メソジスト教会の宗教箇条』	3:335-40
Free-Will Bap	*The Confession of the Free-Will Baptists*, 1834/1868/1948 『フリーウィル・バプテスト信仰告白』	Lumpkin, 367-76; Schaff, 3:749-56
Fréjus	*The Synod of Fréjus*, 796/797 『フレジュス教会会議』	1:725-27; Denzinger, 616-19

Friends I	*A Confession of Faith Containing XXIII Articles*, 1673 『23 箇条からなる信仰告白』	3:136-48
Friends II	*Theses Theologicae of Robert Barclay* [*The Confession of the Society of Friends, Commonly Called Quakers*], 1675 『ロバート・バークリーの神学テーゼ』(『一般的にクエーカーと呼ばれるフレンド派の信仰告白』)	Schaff, 3:789-98
Gall	*The French Confession* [*Confessio Gallica*], 1559/1571 『フランス信仰告白』	2:372-86; Augusti, 110-25; Böckel, 459-74; Cochrane, 137-58; Fabbri, 663-76; Gerrish, 150-63; Niemeyer, 311-39; Niesel, 65-79; Schaff, 3:356-82
Geloof	*The Doctrine of the True Mennonites or Baptists [De Geloofsleere der Waare Mennoniten of Dopgezinden] by Cornelis Ris*, 1766/1895/1902 『メノナイト・バプテストの真の教理』、コルネリス・リス著	3:155-200; Loewen, 85-103
Gen Bap	*General Baptists: The Faith and Practice of Thirty Congregations Gathered According to the Primitive Pattern*, 1651 『一般バプテスト――原始的型による 30 教会の信仰と実践』	3:92-100; Lumpkin, 171-88
Gennad	*The Confession of Faith of Gennadius II*, 1455-56 『ゲンナディオス 2 世の信仰告白』	1:385-91; Karmirēs, 1:432-36; Michalcescu, 11-21; *PG* 160:333-52
Genv Cat	*The Geneva Catechism*, 1541/1542 『ジュネーヴ教会信仰問答』	2:320-63; Augusti, 460-531; Böckel, 127-72; Niemeyer, 123-90; Niesel, 1-41; Torrance, 3-65
Genv Con	*The Geneva Confession*, 1536 『ジュネーヴ信仰告白』	2:311-19; Cochrane, 117-26; Fabbri, 654-62; Noll, 123-32
Ghana	*Ghana Church Union Committee: The Faith of the Church*, 1965 『ガーナ教会合同委員会――教会の信仰』	3:703-8

Greg I	*The Creed of Pope Gregory I*, d. 604 『教皇グレゴリウス 1 世の信条』	Hahn, 231
Greg Palam	*The Confession of the Orthodox Faith by Gregory Palamas*, 1351 『グレゴリオス・パラマスによる正統信仰の告白』	1:375-78; Karmirēs, 1:407-10; Michalcescu, 11-21; *PG* 160:333-52
Greg Thaum	*The Creed of Gregory Thaumaturgus* (c. 213-c. 270) 『レゴリオス・タウマトゥルゴスの信条』	1:70-71; Hahn, 185; Schaff, 2:24-25
Heid	*The Heidelberg Catechism*, 1563 『ハイデルベルク信仰問答』	2:427-57; Augusti, 532-77; Bakhuizen van den Brink, 144-217; Böckel, 395-424; Cochrane, 305-31; Fabbri, 734-69; Niemeyer, 390-461; Niesel, 136-218; Noll, 133-64; Schaff, 3:307-55
Helv I	*The First Helvetic Confession* [*The Second Basel Confession*], 1536 『第一スイス信仰告白』(『第二バーゼル信仰告白』)	2:280-91; Augusti, 94-102; Böckel, 115-26; Cochrane, 97-111; Fabbri, 638-51; Niemeyer, 105-23; Schaff, 3:211-31
Helv II	*The Second Helvetic Confession*, 1566 『第二スイス信仰告白』	2:458-525; Augusti, 3-93; Böckel, 281-347; Cochrane, 220-301; Fabbri, 770-862; Leith, 131-92; Niemeyer, 462-536; Niesel, 219-75; Schaff, 3:233-306, 831-909
Hipp	*The Creeds of Hippolytus*, c. 170-236 『ヒッポリュトス信条』	1:60-61; Denzinger, 10; Hahn, 6; Leith, 23
Hond	*The Credo* from *The Mass of the Marginalized People,* Honduras, 1980 『取り残された大衆の信条』、ホンジュラス	3:795-97; Link, 45
Horm	*The Confession of Hormisdas* [*Libellus fidei*], 515 『ホルミスダスの信仰告白』(『信仰告白書』)	Denzinger, 363-65
Hub Chr Cat	*The Christian Catechism of Balthasar Hubmaier*, 1526 『バルタザール・フープマイヤーのキリスト教カテキズム』	2:673-93

Ign	*The Creeds of Ignatius of Antioch*, c. 107 『アンティオキアのイグナティオスの信条』	1:39-40; *ANF* 1:69-70; Hahn, 1; Leith, 16-17; Schaff, 2:11-12
Ild	*The Confession of Ildefonsus of Toledo*, 7th c. 『トレドのイルデフォンソの信仰告白』	Denzinger, 23; Hahn, 55
Ineff	*Ineffabilis Deus of Pope Pius IX*, 1854 『教皇ピウス９世の卓越せる神』	3:289-90; Denzinger, 2800-2804; Leith, 442-46; Schaff, 2:211-12
Iren	*The Creeds of Irenaeus of Lyons*, c. 180-c. 200 『リヨンのエイレナイオスの信条』	1:48-50; *ANF* 1:330-31; Hahn, 5; Leith, 20-21; Schaff, 2:12-16
Irish	*The Irish Articles of Religion*, 1615 『アイルランド宗教条項』	2:551-68; Bray, 437-52; Fabbri, 865-84; Schaff, 3:526-44
Jer II 1	*The Reply of Ecumenical Patriarch Jeremias II to the Augsburg Confession*, 1576 『コンスタンティノポリス総主教イェレミアス２世のアウグスブルク信仰告白への応答』	1:392-474; Karmirēs, 1:443-503; Mastrantonis, 30-105
Jer II 2-3	*The Second and Third Replies to the Lutherans of Patriarch Jeremias II of Constantinople*, 1579, 1581 『第２回、第３回のコンスタンティノポリス総主教イェレミアス２世のアウグスブルク信仰告白への応答』	CD-ROM; Karmirēs, 2:435-89; Mastrantonis, 151-214, 288-307
Just	*The Creeds of Justin Martyr*, 155 『殉教者ユスティノスの信条』	1:45-47; Hahn, 3; Leith, 18
Korea	*The Theological Declaration by Christian Ministers in the Republic of Korea*, 1973 『大韓民国におけるキリスト教聖職者による神学宣言』	3:742-43; Anderson, 241-45
Lam	*Lamentabili of Pope Pius X*, 1907 『教皇ピウス 10 世の検邪聖省』	3:402-8; Denzinger, 3401-66
Lamb Art	*The Lambeth Articles*, 1595 『ランベス条項』	2:545-46; Bray, 399-400; Fabbri, 863-64; Schaff, 3:523-25
Lamb Quad	*The Lambeth Quadrilateral* [*The Chicago/Lambeth Quadrilateral*], 1886/1888 『ランベス４綱領』(『シカゴ／ランベス４綱領』)	3:375-76; Fabbri, 1032-34

Lat 649	*The Lateran Synod of 649* 『649年ラテラノ教会会議』	1:709-14; Denzinger, 500-522
Lat 1215	*The Fourth Lateran Council of 1215: The Lateran Creed* 『1215年の第4回ラテラノ公会議——ラテラノ信条』	1:739-42; *COD-DEC* 227-71; Denzinger, 800-820; Leith, 56-59
Laus Art	*The Lausanne Articles*, 1536 『ローザンヌ提題』	2:292-95; Cochrane, 113-16; Fabbri, 652-53
Laus Cov	*The Lausanne Covenant*, 1974 『ローザンヌ誓約』	3:753-60
LDS	*The Articles of Faith of the Church of Jesus Christ of Latter-Day Saints (Mormons)*, 1842 『末日聖徒（モルモン）イエス・キリスト教会信仰箇条』	3:256-58
Leuen	*The Leuenberg Agreement* [*Konkordie reformatorischer Kirchen in Europa*], 1973 『ロイエンベルク協定』(『ヨーロッパにおける改革派教会の合意』)	3:744-52; *ER* 25:355-59; Rusch-Martensen 1989,144-54
Lit Chrys	*The Divine Liturgy According to Saint John Chrysostom* 『聖ヨアンネス・クリュソストモスによる聖体礼儀』	1:269-95; Brightman, 353-99; Holy Cross 1-40; Kaliis, 44-195; Karmirēs, 1:289-315; Kokkinakis, 86-143; Michalcescu, 277-98; OCA 29-87
Loll	*The Twelve Conclusions of the Lollards*, 1395 『ロラード派の12論題』	1:784-90
London I	*The [First] London Confession of the Particular Baptists*, 1644 『特殊バプテストの（第一）ロンドン信仰告白』	3:47-62; Lumpkin, 144-71
London II	*The Assembly or Second London Confession*, 1677/1678 『アッセンブリーもしくは第二ロンドン信仰告白』	Lumpkin, 235-95
Lucar	*The Eastern Confession of the Christian Faith by Cyril Lucar*, 1629 (1633) 『キリロス・ルカリスによるキリスト教信仰の東方の信仰告白』	1:549-58; Bradow 1960, 190-204; Karmirēs, 2:565-70; Kimmel, 1:24-44; Michalcescu, 262-76

LuRC 4	*Lutheran-Roman Catholic Conversation 4: All Under One Christ*, 1980 『ルーテル教会とローマ・カトリック教会の対話——すべては一人のキリストの下で』	*Gr Agr* 241-46
LuRC Just	*Lutheran-Roman Catholic Joint Declaration on the Doctrine of Justification*, 1999 『義認の教理に関するルター派とカトリックの共同宣言』	3:877-88
Luth Lg Cat	*The Large Catechism of Martin Luther*, 1529 『マルティン・ルターの大教理問答』	CD-ROM; *BLK* 543-733; Kolb-Wengert, 379-480; Tappert, 358-461; *Triglotta* 2:565-773
Luth Sm Cat	*The Small Catechism of Martin Luther*, 1529 『マルティン・ルターの小教理問答』	2:29-48; *BLK* 499-541; Kolb-Wengert, 347-75; Leith, 107-26; Noll, 59-80; Schaff, 3:74-92; Tappert, 338-56; *Triglotta* 2:531-63
Lyons	*The Second Council of Lyons*, 1274 『第２回リヨン公会議』	1:743-44; *COD-DEC* 314; Denzinger, 850-61
Madag	*The Statement of Faith of the Church of Jesus Christ in Madagascar*, 1958/1968 『マダガスカルにおけるイエス・キリスト教会の信仰宣言』	3:562-65
Marburg	*The Marburg Articles*, 1529 『マールブルク条項』	2:791-95; Reu, 2:44-47
Mark Eph	*The Confession of Faith of Mark of Ephesus*, 1439 『エフェソのマルコの信仰告白』	1:379-84; Karmirēs, 1:422-25; *PG* 160:115-204
Masai	*The Masai Creed*, c. 1960 『マサイ信条』	3:568-69; Donovan, 200; Marthaler, 417
Menn Con	*The Mennonite Confession of Faith*, 1963 『メノナイト信仰告白』	3:674-85
Meros	*The Faith in Detail* [*Kata meros pistis*], 6th c.? 『信仰詳解』	Caspari, 18-21
Meth Art	*The Methodist Articles of Religion*, 1784/1804 『メソジスト宗教条項』	3:201-7; Leith, 353-60; Schaff, 3:807-13
Meth Braz	*The Social Creed of the Methodist Church of Brazil*, 1971 『ブラジル・メソジスト教会社会信条』	3:732-35

Meth Kor	*The Doctrinal Statement of the Korean Methodist Church*, 1930 『韓国メソジスト教会教理宣言』	3:485-86; Anderson, 241
Metr Crit	*The Confession of Metrophanes Critopoulos*, 1625 『メトロファネス・クリトプロスの信仰告白』	1:475-548; Karmirēs, 2:498-561; Michalcescu, 183-252
Mogila	*The Orthodox Confession of the Catholic and Apostolic Eastern Church by Peter Mogila*, 1638/1642 『ペトロ・モヒーラによる東方教会の公同で使徒的な正統信仰告白』	1:559-612; Karmirēs, 2:593-686; Kimmel, 1:56-203; Malvy-Viller, 1-124; Michalcescu, 22-122; Overbeck, 6-162; Schaff, 2:275-400
Morav	*The Easter Litany of the Moravian Church*, 1749 『モラヴィア教会の復活祭祈禱』	3:149-54; Schaff, 3:799-806
Morav Am	*Moravian Church in America: The Ground of the Unity*, 1995 『アメリカ・モラヴィア教会――一致の土台』	3:856-60
Munif	*Munificentissimus Deus of Pope Pius XII*, 1950 『教皇ピウス 12 世の最も恵み深き神』	3:534-36; Denzinger, 3900-3904; Leith, 457-66; Schaff, 2:211-12
N	*The Creed of Nicaea*, 325 ニカイア信条	1:156-59; *COD-DEC* 5; Denzinger, 125-26; Hahn, 142; Gerrish, 59; Karmirēs, 1:122-23; Leith, 29-31; Mansi, 2:665-68; *NPNF*-II 14:3
Naz	*Articles of Faith of the Church of the Nazarene*, 1908 『ナザレン教団信仰箇条』	3:409-14
N-CP	*The Niceno-Constantinopolitan Creed* [*"The Nicene Creed"*], 381 ニカイア・コンスタンティノポリス信条（「ニカイア信条」）	1:160-63; *COD-DEC* 24; Denzinger, 150; Gerrish, 59-60; Hahn, 144; Karmirēs, 1:130-31; Leith, 31-33; Mansi, 3:565-66; *NPNF*-II14:163; Schaff, 2:57-58
Occ	*The Western [Occidental] Recension* 「西方修正版」	1:670-72; *BLK* 26-27; Cochrane, 303; Denzinger, 150; Fabbri, 4; Kolb-Wengert, 22-23; Schaff, 2:58-59; Tappert, 18-19; *Triglotta* 2:30-31

New Hamp	*The New Hampshire [Baptist] Confession*, 1833/1853 『ニューハンプシャー（バプテスト）信仰告白』	3:242-49; Leith, 334-39; Lumpkin, 360-77; Schaff, 3:742-48
Nic I	*The First Council of Nicaea*, 325 『第 1 回ニカイア公会議』	1:156-59; *COD-DEC* 1-19; Michalcescu, 1; *NPNF*-II14:1-56; Schaff, 2:60-61
Nic II	*The Second Council of Nicaea*, 787 『第 2 回ニカイア公会議』	1:230-41; *COD-DEC* 133-38; Denzinger, 600-615; Karmirēs, 1:238-50; Leith, 53-56; Mansi, 13:373-80; Michalcescu, 10; *NPNF*-II 14:521-87
No Afr	*North African Creeds* 『北アフリカ信条』	1:110-12, 683-84
Novat	*The Creeds of Novatian*, c. 240-50 『ノウァティアヌス信条』	1:68-69; Hahn, 11; Schaff, 2:21
Oberlin	*The Declaration of the Oberlin National Council*, 1871 『合衆国会衆派教会オベリン宣言』	Walker, 570-76
Orange	*The Synod of Orange*, 529 『オランジュ教会会議』	1:692-98; Denzinger, 370-97; Hahn, 174; Leith, 37-45
Origen	*The Creed of Origen*, c. 222-30 『オリゲネスの信条』	1:62-65; Hahn, 8; Schaff, 2:21-23
Pasc	*Pascendi dominici gregis of Pope Pius X*, 1907 『教皇ピウス 10 世の主の群れを養う』	Denzinger, 3475-3500
Patr	*The Profession of Faith of Patrick*, 5th c. 『パトリックの信仰告白』	1:690-91
Petr Ab	*The Confession of Faith of Peter Abelard*, 1139-42 『ペトルス・アベラルドゥスの信仰告白』	1:735-38; Gilson 1960, 107-8
Philad	*The Philadelphia Baptist Confession*, 1688/1689/1742 『フィラデルフィア・バプテスト信仰告白』	Lumpkin, 348-53; Schaff, 3:738-41
Philip Ind	*The Declaration of the Faith and Articles of Religion of the Philippine Independent Church*, 1947 『フィリピン独立教会の信仰宣言と宗教箇条』	3:525-31; Anderson, 255-60

Philip UCC	*The Statement of Faith of the United Church of Christ in the Philippines*, 1986/1992 『フィリピン合同教会信仰宣言』	3:846-47
Phot	*The Encyclical Letter of Photius*, 866 『フォティオスの回勅』	1:296-308; Karmirēs, 1:321-30; *PG* 102:721-41
Pol Br	*The Catechesis and Confession of Faith of the Polish Brethren*, 1574 『ポーランド・ブレザレン信仰問答と信仰告白』	2:709-44
Pol Nat Ch	*The Confession of Faith of the Polish National Catholic Church*, 1912/1914 『ポーランド・カトリック国教会信仰告白』	3:423-25
Polyc	*The Creed of Polycarp of Smyrna*, c. 150 『スミュルナのポリュカルポスの信条』	1:43-44
Prague	*The Four Articles of Prague*, 1420 『プラハ４箇条』	1:791-95
Pres So Afr	*The Declaration of Faith of the Presbyterian Church in South Africa*, 1979/1981 『南アフリカ長老教会信仰宣言』	3:793-94; Vischer, 27-28
Pres USA	*Confession of the United Presbyterian Church in the United States*, 1967 『アメリカ合衆国合同長老教会信仰告白』	3:714-25
R	*The Roman Symbol*, 2d c. 『古ローマ信条』	1:681-82; Gerrish, 55
Rac	*The Racovian Catechism*, 1605 『ラコビア・カテキズム』	Rees
RCA	*Reformed Church in America: Our Song of Hope*, 1978 『アメリカ改革派教会——私たちの希望の歌』	3:786-92
Ref All	*North American Area Council of the World Alliance of Reformed Churches: The Statement of Faith*, 1965 『北アメリカ地域世界改革派教会世界同盟——信仰宣言』	3:712-13
Ref Ep	*The Declaration of Principles of the Reformed Episcopal Church in America*, 1873/1875 『アメリカ改革聖公会原則宣言』	Schaff, 3:814-26

Remon	*The Remonstrance or Arminian Articles*, 1610 『レモンストラントもしくはアルミニウス派条項』	2:547-50; Bakhuizen van den Brink, 282-87; Böckel, 544-640; Schaff, 3:545-49
Resp Non-Jur	*The Responses of Eastern Orthodox Patriarchs to the Non-Jurors*, 1718/1723 『宣誓拒否者への東方正教会総主教の返答』	Karmirēs, 2:788-820; Mansi, 37:395-472
Resp Pius IX	*The Response of Eastern Orthodox Patriarchs to Pope Pius IX*, 1848 『教皇ピウス９世への正教会総主教の応答』	3:264-88; Karmirēs, 2:905-25; Mansi, 40:377-418
Richmond	*The Richmond Declaration of Faith of the Friends Yearly Meeting*, 1887 『フレンド派のリッチモンド信仰宣言』	3:377-92
Ries	*The [Mennonite] Short Confession of Faith of Hans de Ries*, 1610 『ハンス・デ・リースの（メノナイト）小信仰告白』	2:755-67; Dyck, 11-19
Rom Syn	*The Creed of the Synod of Rome*, 680 『ローマ教会会議信条』	1:722-24; Denzinger, 546-48
Russ Cat	*The Christian Catechism of the Orthodox Catholic Greco-Russian Church*, 1839 『ギリシア・ロシア正教会のキリスト教カテキズム』	Schaff, 2:445-542
Sacr ant	*Sacrorum antistitum [Anti-Modernist Oath] of Pope Pius X*, 1910 『教皇ピウス 10 世の聖なる司教たち（反近代主義）』	3:419-22; Denzinger, 3537-50
Salv Arm	*Religious Doctrines of the Salvation Army*, 1878 『救世軍宗教教理』	3:368-69
Sard	*The Western Creed of Sardica*, 343 『サルディカ西方信条』	1:90-93; Hahn, 157; *NPNF*-II 3:71-72
Sav	*The Savoy Declaration of Faith and Order*, 1658 『信仰と職制に関するサヴォイ宣言』	3:104-35; Schaff, 3:707-29; Walker, 354-408
Sax	*The Saxon Confession*, 1551 『ザクセン信仰告白』	Schaff, 3:181-89
Sax Vis	*The Saxon Visitation Articles*, 1592 『ザクセン訪問条項』	Fabbri, 611-20; Schaff, 3:181-89

Schleit	*The Schleitheim Confession*, 1527 『シュライトハイム信仰告白』	2:694-703; Leith, 281-92; Lumpkin, 22-31; Noll, 47-58
Scot I	*The [First] Scots Confession*, 1560 『(第一) スコットランド信仰告白』	2:387-404; Augusti, 143-69; Böckel, 643-61; Cochrane, 159-84; Fabbri, 677-700; Niemeyer, 340-56; Niesel, 79-117; Schaff, 3:437-79
Scot II	*The King's Confession* [*The Second Scots Confession*], 1581 『国王の信仰告白』(『第二スコットランド信仰告白』)	2:541-44; Böckel, 661-63; Niemeyer, 357-59; Schaff, 3:480-85
Send	*The Consensus of Sandomierz* [*Consensus Sendomiriensis*], 1570 『サンドミエシュ合意』	Augusti, 254-64; Niemeyer, 553-61
Sens	*The Decrees of the Synod of Sens Against Abelard*, 1140/1141 『アベラルドゥスに反対するサンス教会会議の布告』	1:733-34; Denzinger, 721-39
17 Art	*The Seventeen Articles for the Use of Visitors in Saxony*, 1527/1528 『ザクセン訪問者のための 17 箇条』	*LW* 40:263-320
Shema	*The Shema* of Dt 6.4-9, 11.13-21, Nm 15.37-41 シェマー	1:29-31
Sheng Kung	*The Sheng Kung Hui Pastoral Letter of the Anglican Bishops of China*, 1950 『中国聖公会の牧会書簡』	3:540-42
Shkr	*The Concise Statement of the Principles of the [Shaker] Only True Church*, 1790 『(クエーカーの) 唯一の真の教会の原則の簡潔な声明』	3:208-13
Sirm 357	*The Second ["Blasphemy"] Synod of Sirmium*, 357 『第 2 回シルミウム (「冒瀆」) 教会会議』	Hahn, 161; *NPNF*-II 9:6-7
Sirm 359	*The Creed of the Fourth Synod of Sirmium*, 359, and *The Creed of Constantinople*, 360 『第 4 回シルミウム教会会議の信条』および『コンスタンティノポリス信条』	1:96-99; Hahn, 165; *NPNF*-II 4:454

67 Art	*The Sixty-Seven Articles of Ulrich Zwingli*, 1523 『ウルリッヒ・ツヴィングリの 67 箇条』	2:207-14; Böckel, 3-9; Cochrane 33-44; Fabbri, 603-10; Niemeyer, 3-13; Noll, 37-46; Schaff, 3:197-207
Smal Art	*The Smalcald Articles* and *The Treatise on the Power and Primacy of the Pope*, 1537 『シュマルカルデン条項』および『教皇の権力と首位性に関する著作』	2:119-65; *BLK* 405-68; Fabbri, 329-66; Kolb-Wengert, 297-328; Tappert, 288-318; *Triglotta* 2:453-529
Smyr	*Confession of the Presbyters of Smyrna Against Noetus*, c. 180-200 『ノエトスを反駁するスミュルナの長老たちの信仰告白』	1:58-59
So Bap	*The Faith and Message of the Southern Baptist Convention*, 1925 『南部バプテスト連盟の信仰とメッセージ』	3:437-44; Lumpkin, 390-400
Soc Ch	*The Social Creed of the Churches*, 1908/1912/1933 『教会社会信条』	3:417-18
Socin	*Confession of Faith of Laelius Socinus [Leiio Sozini]*, 1555 『レリオ・ソッツィーニの信仰告白』	2:704-8
Sac Meth	*The Social Creed of Methodism*, 1908 『メソジスト教会社会信条』	3:415-16; *Meth Doct & Disc*, 479-81
Sri Lanka	*The Scheme of Church Union in Ceylon: Faith and Order*, 1963 『セイロン教会合同計画――信仰と職制』	3:686-99
Swed Bap	*The Confession of Faith of the Swedish Baptists*, 1861 『スウェーデン・バプテスト派の信仰告白』	3:321-23; Lumpkin, 407-10
Syl	*The Syllabus of Errors of Pope Pius IX*, 1864 『教皇ピウス 9 世の誤謬表』	3:324-34; Denzinger, 2901-80; *Dublin Review* (1865), 513-29; Schaff, 2:213-33
10 Art	*The Ten Articles*, 1536 『10 箇条』	2:296-310; Bray, 162-74
Tert	*The Creeds of Tertullian*, c. 203-10 『テルトゥリアヌスの信条』	1:55-57; *ANF* 3:598; Hahn, 7, 44; Leith, 21-22; Schaff, 2:16-20
Test Dom	*The Testamentum Domini*, 4th-5th c. 『主の契約』	Denzinger, 61

Tetrapol	*The Tetrapolitan Confession*, 1530 『四都市信仰告白』	2:218-48; Augusti, 327-68; Böckel, 363-94; Cochrane, 51-88; Niemeyer, 740-70
Thdr Mops	*The Creed of Theodore of Mopsuestia*, c. 350-428 『モプスエスティアのテオドロスの信条』	Denzinger, 51
39 Art	*The Thirty-Nine Articles of the Church of England*, 1571 『イングランド教会の 39 箇条』	2:526-40; Augusti, 126-42; Böckel, 664-79; Bray, 285-311; Fabbri, 1017-31; Gerrish, 185-99; Leith, 266-81; Niemeyer, 601-11; Noll, 211-27; Schaff, 3:487-516
Am	*The American Revision*, 1801 『アメリカ改訂版』	
Thorn	*The Colloquy of Thorn* [*Collegium charitativum*], 1645 『荊の宣言』	Augusti, 411-42; Niemeyer, 669-89
Tig	*The Zurich Consensus* [*Consensus Tigurinus*], 1549 『チューリッヒ協定』	2:802-15; Böckel, 173-81; Niemeyer, 191-217
Togo	*The Evangelical Church of Togo: Our Faith*, 1971 『トーゴ福音教会――私たちの信仰』	3:736-37
Tol I	*The First Synod of Toledo*, 400/447 『第 1 回トレド教会会議』	1:685-89; Denzinger, 188-208; Hahn, 168
Tol III	*The Third Synod of Toledo: The Profession of Faith of Recared*, 589 『第 3 回トレド教会会議――リカルドの信仰の公言』	1:707-8; Denzinger, 470; Hahn, 176
Tol XI	*The Eleventh Synod of Toledo*, 675 『第 11 回トレド教会会議』	1:715-21; Denzinger, 525-41; Hahn, 182
Tome	*The Tome of Pope Leo I*, 449 『教皇レオ 1 世の書簡』	1:113-21; *COD-DEC* 77-82; Denzinger, 290-95; *NPNF*-II 14:254-58
Toraja	*Confession of the Church of Toraja*, 1981 『トラジャ教会信仰告白』	3:798-807; Vischer, 48-58
Trans	*The Transylvanian Confession of Faith*, 1579 『トランシルバニア信仰告白』	2:745-48; Williams, 1131-33

Trent	*The Council of Trent*, 1545-63 『トリエント公会議』	2:819-71; *COD-DEC* 657-799; Denzinger, 1500-1835; Gerrish, 259-92; Leith, 399-439; Noll, 165-205; Schaff, 2:77-206
Trid Prof	*The Tridentine Profession of Faith*, 1564 『トリエント信仰宣言』	2:872-74; Denzinger, 1862-70; Leith, 439-42; Noll, 207-10; Schaff, 2:207-10
True Con	*A True Confession of the English Separatists (Brownists)*, 1596 『英国分離派（ブラウン派）の真の告白』	3:31-46; Lumpkin, 79-97; Walker, 41-74
UCC	*The Statement of Faith of the United Church of Christ*, 1959/1981 『合同キリスト教会信仰宣言』	3:566-67
Ulph	*The Confession of Ulphilas*, 383 『ウルフィラの信仰告白』	1:102-4; Hahn, 198
Unam	*Unam Sanctam of Pope Boniface VIII*, 1302 『ボニファティウス８世のウナム・サンクタム』	1:745-47; Denzinger, 870-75
Un Ch Can: Crd	*New Creed of the United Church of Canada*, 1968/1980/1994 『カナダ合同教会新信条』	3:730-31
Un Ch Can: Union	*The Basis of Union of the United Church of Canada*, 1925 『カナダ合同教会基準』	3:445-52; Schaff, 3:935-38
Un Ch Japan	*United Church of Christ in Japan: The Confession of Faith*, 1954 『日本基督教団信仰告白』	3:556-57; Anderson, 253-54
Un Pres	*The Confessional Statement of the United Presbyterian Church of North America*, 1925 『北アメリカ合同長老教会信仰声明』	3:453-70
Un Ref Ch	*United Reformed Church (The Reformed Association of the Church of Christ in Britain): The Basis of Union*, 1972/1981/1997/2000 『改革派合同教会（英国改革派キリスト教会連盟）——合同基準』	3:738-41; Moss, 281-82
Utrecht	*The Old Catholic Declaration of Utrecht*, 1889 『ユトレヒト古カトリック宣言』	3:393-96

Vald	*The Profession of Faith of Valdes*, 1180 『ヴァルデス信仰告白』	1:769-73
Vat I	*The First Vatican Council*, 1869-70 『第１回ヴァチカン公会議』	3:341-58; *COD-DEC* 811-16; Denzinger, 3000-3075; Leith, 447-57; Schaff, 2:234-71
Vat II	*The Second Vatican Council*, 1962-65 『第２ヴァチカン公会議の教理布告』	3:570-673; *COD-DEC* 817-1135; Denzinger, 4001-345
Vienne	*The Council of Vienna: Decree on the Foundation of the Catholic Faith*, 1311-12 『ヴィエンヌ公会議——カトリック信仰の土台に関する布告』	1:748-50; *COD-DEC* 360-61; Denzinger, 900-904
Wald	*The Confession of the Waldenses*, 1655 『ワルドー派信仰告白』	1:774-80; Fabbri, 991-1016; Schaff, 3:757-70
Wash	*The Washington Profession of the Unitarian General Convention*, 1935 『ユニテリアン総会でのワシントン公言』	3:509-10; Robinson 1970,160
WCC	*The Doctrinal Basis of the World Council of Churches*, 1948/1961 『世界教会協議会の教理的基盤』	3:532-33; Leith, 574-77
West	*The Westminster Confession of Faith*, 1647 『ウェストミンスター信仰告白』	2:601-49; Bray, 487-520; Fabbri, 938-88; Leith, 192-230; Schaff, 3:600-673
Am	*The American Revision*, 1729 『アメリカ改訂版』	
West Sh Cat	*The Westminster Shorter Catechism*, 1648 『ウェストミンスター小教理問答』	2:650-62; Schaff, 3:674-703
Winch	*The Winchester [Universalist] Profession*, 1803 『ウィンチェスター（ユニヴァーサリスト）信仰公言』	3:217-18
Witness	*Statement of Faith of the Jehovah's Witnesses*, 1918 『エホバの証人信仰宣言』	3:432-34
Witt Art	*The Wittenberg Articles*, 1536 『ヴィッテンベルク条項』	CD-ROM; Bray, 119-61
Witt Conc	*The Wittenberg Concord*, 1536 『ヴィッテンベルク一致』	2:796-801
Wrt	*The Württemberg Confession*, 1552 『ヴュルテンベルク信仰告白』	Reu, 2:418-24

Wyclif	*John Wycliffe: A Confession on the Eucharist*, 1382 『ジョン・ウィクリフ——聖餐における信仰告白』	1:781-83
Zambia	*The Constitution of the United Church of Zambia*, 1965/1984 『ザンビア合同教会憲章』	3:709-11
act	acts	
anath	anathema	
art	article	
can	canon	
ch	chapter	
con	conclusion	
decr	decree	
def	definition	
ecth	ecthesis	
ep	epistle	
int	introduction	
par	paragraph	
pr	preface	
q	question	
st	stanza	
ttl	title	

編纂書、集成書、参考書

ABD	*The Anchor Bible Dictionary*. Edited by David Noel Freedman. 6 vols. New York: Doubleday, 1992.
ACW	*Ancient Christian Writers*. Edited by Johannes Quasten et al. 58 vols. to date. Westminster, Md.: Newman Press, 1946-.
Anderson	Anderson, Gerald H., ed. *Asian Voices in Christian Theology*. Maryknoll, N.Y.: Orbis Books, 1976.
ANF	*The Ante-Nicene Fathers*. Alexander Roberts and James Donaldson, editors. Reprint ed. 10 vols. Grand Rapids, Mich.: William B. Eerdmans, 1950, etc.
Augusti	Augusti, Johann Christian Wilhelm, ed. *Corpus Librorum Symbolicorum qui in Ecclesia Reformatorum auctoritatem publicam obtinuerunt*. Elberfeld: Bueschler, 1827.
Bakhuizen van den Brink	Bakhuizen van den Brink, J. N. *De Nederlandse Belijdenisgeschriften*. Amsterdam: Bolland, 1976.
Bauer-Arndt-Gingrich	Bauer, Walter. *A Greek-English Lexicon of the New Testament and Other Early Christian Literature*. Translated and adapted by William F. Arndt and F. Wilbur Gingrich. 2d ed. Chicago: University of Chicago Press, 1979.
Bauman	Bauman, Clarence, ed. *The Spiritual Legacy of Hans Denck*. Leiden: E. J. Brill, 1991.
Beck	Beck, Hans-Georg. *Kirche und theologische Literatur im byzantinischen Reich*. Munich: C. H. Beck'sche Verlagsbuchhandlung, 1959.
Blaise-Chirat	Blaise, Albert, and Henri Chirat. *Dictionnaire latin-français des auteurs chrétiens*. Strasbourg: Le Latin Chrétien.
Blass-Debrunner	Blass, Friedrich, and Albert Debrunner. *A Greek Grammar of the New Testament and Other Early Christian Literature*. Edited and translated by Robert W. Funk. Chicago: University of Chicago Press, 1961.
BLK	*Die Bekenntnisschriften der evangelisch-lutherischen Kirche*. 11th ed. Göttingen: Vandenhoeck und Ruprecht, 1992.
Blunt	Blunt, John Henry, ed. *The Annotated Book of Common Prayer, Being an Historical, Ritual, and Theological Commentary on the Devotional System of the Church of England*. Rev. ed. New York: E. P. Dutton, 1903.
Böckel	Böckel, Ernst Gottfried Adolf, ed. *Die Bekenntniszschriften der evangelisch-reformirten Kirche*. Leipzig: F. A. Brockaus, 1847.

Bray	Bray, Gerald Lewis, ed. *Documents of the English Reformation*. Minneapolis, Minn.: Fortress Press, 1994.
Brightman	Brightman, Frank Edward, ed. *Liturgies Eastern and Western*. Oxford: Clarendon Press, 1896.
Caspari	Caspari, Carl Paul, ed. *Alte und neue Quellen zur Geschichte des Taufsymbols und der Glaubensregel*. Christiania: Mallingische Buchdruckerei, 1879.
Chr Trad	*The Christian Tradition: A History of the Development of Doctrine*. By Jaroslav Pelikan. 5 vols. Chicago: University of Chicago Press, 1971-89. 〔J. ペリカン『キリスト教の伝統――教理発展の歴史』全5巻、鈴木浩訳、教文館、2006-8年。〕
Cochrane	Cochrane, Arthur C., ed. *Reformed Confessions of the Sixteenth Century*. Philadelphia: Westminster Press, 1966.
COD	*Conciliorum Oecumenicorum Decreta*. Edited by Joseph Alberigo et al. 3d ed. Bologna: Istituto per le scienze religiose, 1973. (Pagination identical with that of *DEC*.)
CWS	*The Classics of Western Spirituality*. Edited by John Farina. 104 vols. to date. New York: Paulist Press, 1978-.
Day	Day, Peter D., ed. *The Liturgical Dictionary of Eastern Christianity*. Collegeville, Minn.: Liturgical Press, 1993.
DEC	*Decrees of the Ecumenical Councils*. Edited by Norman P. Tanner et al. 2 vols. Washington, D.C.: Georgetown University Press, 1990. (Pagination identical with that of *COD*.)
DEM	*Dictionary of the Ecumenical Movement*. Edited by Nicholas Lossky, José Míguez Bonino, John Pobec, Tom Stransky, Geoffrey Wainwright, and Pauline Webb. Grand Rapids, Mich.: William B. Eerdmans, 1991.
Denzinger	Denzinger, Heinrich, ed. *Enchiridion symbolorum definitionum et declarationum de rebus fidei et morum*. [1854.] 37th ed. Edited by Peter Hünermann. Freiburg: Herder, 1991. (Cited by paragraph numbers.) 〔H. デンツィンガー編『カトリック教会文書資料集――信経および信仰と道徳に関する定義集』浜寛五郎訳、エンデルレ書店、1982年(改訂版)。〕
Doct Dec	*Doctrinal Declarations of the Lutheran Churches*. Saint Louis, Mo.: Concordia Publishing House, 1957.
Donovan	Donovan, Vincent J. *Christianity Rediscovered*. 2d ed. Maryknoll, N.Y.: Orbis Books, 1982.
Dossetti	Dossetti, Giuseppe Luigi, ed. *Il simbolo di Nicea e di Costantinopoli: Edizione critica*. Rome: Herder, 1967.

DTC	*Dictionnaire de théologie catholique*. Edited by Alfred Vacant, Emile Mangenot, and Emile Amann (15 vols., 1903–50); and "Tables Générales," edited by B. Loth and A. Michel (3 vols., 1951–72). Paris: Libraire Letouzey et Ané.
EC	*The Encyclopedia of Christianity*. Edited by Erwin Fahlbusch, Jan Milič Lochman, John Mbiti, Jaroslav Pelikan, and Lukas Vischer. Translated by Geoffrey W. Bromiley. Foreword by Jaroslav Pelikan. Grand Rapids, Mich.: William B. Eerdmans, 1999-.
Fabbri	Fabbri, Romeo, ed. *Confessioni di fede delle chiese cristiane*. Bologna: Edizioni Dehoniane, 1996.
Fabricius	Fabricius, Cajus, ed. *Corpus Confessionum: Die Bekenntnisse der Christenheit*. Berlin: Wilde Gruyter, 1928-43.
Gass	Gass, Wilhelm. *Symbolik der griechischen Kirche*. Berlin: Reimer, 1872.
Gerrish	Gerrish, Brian A., ed. *The Faith of Christendom: A Source Book of Creeds and Confessions*. New York: World Publishing, 1963.
Gr Agr	*Growth in Agreement: Reports and Agreed Statements of Ecumenical Conversations on a World Level*. Edited by Harding Meyer and Lukas Vischer. Geneva: World Council of Churches; New York: Paulist Press, 1984.
Gr Agr II	*Growth in Agreement II: Reports and Agreed Statements of Ecumenical Conversations on a World Level, 1982-1988*. Edited by Jeffrey Gros, Harding Meyer, and William G. Rusch. Geneva: World Council of Churches; Grand Rapids, Mich.: William B. Eerdmans, 2000.
Hahn	Hahn, August. *Bibliothek der Symbole und Glaubensregeln der Alten Kirche*. 3d ed. Edited by G. Ludwig Hahn. Foreword by Adolf Harnack. [1897.] Reprint ed. Hildesheim: Georg Olms Verlagsbuchhandlung, 1962. (Cited by document numbers.)
Hefele-Leclercq	Hefele, Karl Joseph, and Henri Leclercq. *Histoire des conciles d'après les documents originaux*. 11 vols. Paris: Letouzey et Ané, 1907-52.
Henke	Henke, Ernst Ludwig Theodor, ed. *Theologorum Saxonicorum consensus repetitus fidei vere Lutheranae*. Marburg: Typis Elwerti Academicis, 1846.
Holy Cross	*Hē Theia Leitourgia: The Divine Liturgy*. Brookline, Mass.: Holy Cross Orthodox Press, 1985.
Horst	Horst, Irvin B., ed. and tr. *Mennonite Confession of Faith Adopted April 21st, 1632, at Dordrecht, The Netherlands*. Lancaster, Pa.: Lancaster Mennonite Historical Society, 1988.

Kallis	Kallis, Anastasios, ed. *Liturgie: Die Göttliche Liturgie der Orthodoxen Kirche Deutsch-Griechisch-Kirchenslawisch*. Mainz: Matthias-Grünewald-Verlag, 1989.
Karmirēs	Karmirēs, Ioannēs. *Ta dogmatika kai symbolika mnēmeia tēs orthodoxou katholikēs ekklēsias* [The dogmatic and symbolic monuments of the Orthodox Catholic Church]. 2 vols. 2d ed. Graz: Akademische Druck- und Verlagsanstalt, 1968. (Cited by page numbers of this edition.)
Kelly	Kelly, John Norman Davidson. *Early Christian Creeds*. 3d ed. London: Longman Group, 1972. 〔J. N. D. ケリー『初期キリスト教信条史』服部修訳、一麦出版社、2011年。〕
Kimmel	Kimmel, Ernst Julius, ed. *Libri symbolici ecclesiae orientalis. Appendix* edited by H. J. C. Weissenborn. Jena: Apud Carolum Hochhausenium, 1843-50.
Kokkinakis	Kokkinakis, Athenagoras, ed. and tr. *The Liturgy of the Orthodox Church*. London: Mowbrays, 1979.
Kolb-Wengert	Kolb, Robert, and Timothy J. Wengert, eds. *The Book of Concord: The Confessions of the Evangelical Lutheran Church*. Minneapolis, Minn.: Fortress Press, 2000.
Lacoste	Lacoste, Jean-Yves, ed. *Dictionnaire critique de théologie*. Paris: Presses Universitaires de France, 1998.
Lampe	Lampe, Geoffrey W. H., ed. *A Patristic Greek Lexicon*. Oxford: Clarendon Press, 1961.
LCL	*Loeb Classical Library*. Cambridge, Mass.: Harvard University Press.
Leith	Leith, John H., ed. *Creeds of the Churches: A Reader in Christian Doctrine from the Bible to the Present*. Garden City, N.Y.: Doubleday, 1963.
Loewen	Loewen, Howard John, ed. *One Lord, One Church, One Hope, and One God: Mennonite Confessions of Faith*. Elkhart, Ind.: Institute of Mennonite Studies, 1985.
LTK	*Lexikon für Theologie und Kirche*. 2d ed. Edited by Josef Höfer and Karl Rahner. 10 vols. and index. Freiburg: Herder, 1957-67.
Lumpkin	Lumpkin, William L., ed. *Baptist Confessions of Faith*. Rev. ed. Valley Forge, Pa.: Judson Press, 1969.
LW	*Luther's Works*. American edition. Edited by Jaroslav Pelikan and Helmut T. Lehmann. 55 vols. Saint Louis, Mo.: Concordia Publishing House; Philadelphia: Muhlenberg Press [Fortress Press], 1955-.
McGlothlin	McGlothlin, William Joseph, ed. *Baptist Confessions of Faith*. Philadelphia: American Baptist Publication Society, 1911.

Malvy-Viller	Malvy, Antoine, and Marcel Viller, eds. *La confession orthodoxe de Pierre Moghila*. Rome: Orientalia Christiana Analecta, 1927.
Mansi	Mansi, Giovanni Domenico, ed. *Sacrorum conciliorum nova et amplissima collectio*. 31 vols. Florence: Antonio Zatta, 1759-98.
Marthaler	Marthaler, Berard L. *The Creed*. Mystic, Conn.: Twenty-Third Publications, 1987.
Mastrantonis	Mastrantonis, George, ed. *Augsburg and Constantinople: The Correspondence Between the Tübingen Theologians and Patriarch Jeremiah II of Constantinople on the Augsburg Confession*. Brookline, Mass.: Holy Cross Orthodox Press, 1982.
Meth Doct & Disc	*The Doctrines and Discipline of the Methodist Episcopal Church*. New York: Eaton and Mains, 1908.
Michalcescu	Michalcescu, Jon, ed. *Thēsauros tēs Orthodoxias: Die Bekenntnisse und die wichtigsten Glaubenszeugnisse der griechisch-orientalischen Kirche*. Introduction by Albert Hauck. Leipzig: J. C. Hinrichs, 1904.
Müller	Müller, E. F. Karl. *Die Bekenntnisschriften der reformierten Kirche in authentischen Texten mit geschichtlicher Einleitung und Register*. Leipzig: A. Deichert, 1903.
Niemeyer	Niemeyer, Hermann Agathon, ed. *Collectio Confessionum in Ecclesiis Reformatis Publicatarum*. Leipzig: Julius Klinkhardt, 1840.
Niesel	Niesel, Wilhelm, ed. *Bekenntnisschriften und Kirchenordnungen der nach Gottes Wort reformierten Kirche*. Munich: Christian Kaiser Verlag, [1938].
Noll	Noll, Mark A., ed. *Confessions and Catechisms of the Reformation*. Grand Rapids, Mich.: Baker Book House, 1991.
NPNF	*A Select Library of the Nicene and Post-Nicene Fathers of the Christian Church*. First and Second Series. Reprint ed. 22 vols. Grand Rapids, Mich.: William B. Eerdmans, 1956.
OCA	*The Divine Liturgy According to St. John Chrysostom, with Appendices*. The Orthodox Church in America. 2d ed. South Canaan, Pa.: St. Tikhon's Seminary Press, 1977.
ODCC	*The Oxford Dictionary of the Christian Church*. 3d ed. Edited by F. L. Cross and E. A. Livingstone. Oxford: Oxford University Press, 1997.
OED	*A New [Oxford] English Dictionary on Historical Principles*. Edited by J. A. H. Murray, H. Bradley, W. A. Craigie, and C. T. Onions. 12 vols. and 4 vols. of Supplement. Oxford: Oxford University Press, 1884-1933.

Overbeck	Overbeck, J. J., ed. *The Orthodox Confession of the Catholic and Apostolic Eastern Church from the Version of Peter Mogila*. London: Thomas Baker, 1898.
Pelikan	Pelikan, Jaroslav. "Luther and the *Confessio Bohemica*." Ph.D. diss., University of Chicago, 1946.
PG	*Patrologia Graeca*. Edited by Jacques-Paul Migne. 162 vols. Paris: Lutetiae Parisiorum, 1857-66.
PL	*Patrologia Latina*. Edited by Jacques-Paul Migne. 221 vols. Paris: Lutetiae Parisiorum, 1844-64.
Prav Slov	*Polnyj pravoslavný bogoslovský enciklopedičeský slovar'* [Complete encyclopedic dictionary of Orthodox theology]. 1913. Reprint ed. London: Variorum Reprints, 1971.
PRE	*Realencyklopädie für protestantische Theologie und Kirche*. Edited by Johann Jakob Herzog and Albert Hauck. 3d ed. 21 vols. and index. Leipzig: J. C. Hinrichs'sche Buchhandlung, 1896-1909.
Quasten	Quasten, Johannes, et al. *Patrology*. 4 vols. Westminster, Md.: Newman Press and Christian Classics, 1951-86.
Raby	Raby, F. J. E., ed. *The Oxford Book of Medieval Latin Verse*. Oxford: Clarendon Press, 1959.
Rahner-Vorgrim-ler	Rahner, Karl, and Herbert Vorgrimler. *Theological Dictionary*. Edited by Cornelius Ernst. Translated by Richard Strachan. New York: Herder and Herder, 1965.
Rees	Rees, Thomas, tr. *The Racovian Catechism, with Notes and Illustrations*. London: Longman, Hurst, Rees, Orme, and Brown, 1818.
Reu	Reu, J. Michael, ed. *The Augsburg Confession: A Collection of Sources with an Historical Introduction*. 2 vols. Chicago: Wartburg Publishing House, 1930.
Robertson	Robertson, J. N. W. B., ed. and tr. *The Acts and Decrees of the Synod of Jerusalem, Sometimes Called the Council of Bethlehem, Holden under Dositheus, Patriarch of Jerusalem in 1672*. London: Thomas Baker, 1899.
Schaff	Schaff, Philip, ed. *Bibliotheca Symbolica Ecclesiae Universalis: The Creeds of Christendom*. 3 vols. New York: Harper and Brothers, 1877. 6th ed., by David S. Schaff. Reprint ed. Grand Rapids, Mich.: Baker Book House, 1990.
Schmidt-Schorn-baum	Schmidt, Wilhelm Ferdinand, and Karl Schornbaum, eds. *Die fränkischen Bekenntnisse: Eine Vorstufe der Augsburgischen Konfession*. Munich: Christian Kaiser Verlag, 1930.

Schwartz	Schwartz, Eduard, ed. *Drei dogmatische Schriften Iustinians*. Munich: Bayerische Akademie der Wissenschaften, 1939.
Sophocles	Sophocles, Evangelinus Apostolides, ed. *Greek Lexicon of the Roman and Byzantine Periods (From B.C. 146 to A.D. 1100)*. Boston: Little, Brown, 1870.
Tappert	Tappert, Theodore G., Jaroslav Pelikan, Robert H. Fischer, and Arthur Carl Piepkorn, ed. and tr. *The Book of Concord: The Confessions of the Evangelical Lutheran Church*. Philadelphia: Muhlenberg Press, 1959.
Torrance	Torrance, Thomas F., ed. *The School of Faith: The Catechisms of the Reformed Church*. New York: Harper and Brothers, 1959.
Triglotta	*Concordia Triglotta*. Edited by G. Friedrich Bente. 2 vols. in 1. Saint Louis, Mo.: Concordia Publishing House, 1921.
Underhill	Underhill, Edward Bean, ed. *Confessions of Faith and Other Public Documents Illustrative of the History of the Baptist Churches of England in the Seventeenth Century*. London: Hanserd Knollys Society, 1854.
Walker	Walker, Williston, ed. *The Creeds and Platforms of Congregationalism*. [1893.] Reprint ed. Introduction by Douglas Horton. Boston: Pilgrim Press, 1960.
Wesche	Wesche, Kenneth Paul, ed. and tr. *On the Person of Christ: The Christology of Emperor Justinian*. Crestwood, N.Y.: Saint Vladimir's Seminary Press, 1991.
Will	Will, Cornelius, ed. *Acta et scripta quae de controversiis ecclesiae Graecae et Latinae saeculo undecimo composita extant*. [1861.] Reprint ed. Frankfurt: Minerva, 1963.
Williams	Williams, George Huntston. *The Radical Reformation*. 3d ed. Kirksville, Mo.: Sixteenth Century Journal Publishers, 1992.

第一部　信条と信仰告白の定義

毎週日曜日、世界の至る場所で、実に多くのキリスト者たちが、いずれかの信条を唱えたり歌ったり（あるいは少なくとも聴いたり）しており、彼らのほとんどは洗礼の時に彼らに教えられた信条を保持してきたのである。それゆえに私たちすべては、信条とは何かを定義せよと誰かに言われない限り（アウグスティヌスがかつて時間の定義についても同じように語っている[1]）、信条が何であるかを知っている。しかし信条であれ信仰告白であれ、定義する（*define*）という動詞（ラテン語では *definire*、ギリシア語では *horizein*）あるいは定義（*definition*）という名詞（ギリシア語で *horos*）は、第一義的に、教会が何を信じ、教え、告白しているかを制定するプロセスを表す専門用語であり[2]、*ho horos tēs pisteōs* はビザンチンの標準ギリシア語辞典で「信仰（基準）、信条の告白」と訳すことさえできる[3]。第六回の公会議となった六八〇―八一年の第三回コンスタンティノポリス公会議では、「調和の定義（*symphōnos horizousa*）」と語られ[4]、教皇ピウス一二世は一九五〇年に処女マリアの肉体を伴う昇天を「私たちは公言し、宣言し、定義する（*pronuntiamus, declaramus et definimus*）」教えとして公表した[5]。複数の教会会議と教皇も、先人たちによって普及したものに言及する際にこの用語を用い、例えば第三回の公会議である四三一年のエ

（1）Augustine *Confessions* 11.13.17（*NPNF*-I 1:168）.
（2）Lampe, 973-75; Blaise-Chirat, 247 を参照。7・3「一致の道具としての信条と信仰告白」も参照。
（3）Sophocles, 819.
（4）*CP III*.
（5）*Munif* 44; 他にも例えば *Unam* 8 を参照。

フェソ公会議では、三二五年の第一回公会議が開かれた「ニカイアに聖霊により集められた聖なる教父たちによって宣言された（horistheisan）」信条について語った[6]。このような専門的な意味において、定義は少なくとも二つの条件を前提とする。提起された教理の定義可能性、つまり聖書もしくは伝統によって立証できるかということと[7]、信仰と教理を結び付けて宣言する権威を有しているかどうかである[8]。「信条と信仰告白の定義（definition）」というこの専門的な用い方と意味は、『キリスト教の伝統における信条と信仰告白』の各巻に載せられているテキストで一貫しているのと同様に（時にはタイトルにさえなっている）[9]、歴史の中に導入されて継続的な役割を果たしてきた。

しかし、信条と信仰告白の定義について、本書の序のところで語る主たる目的は、信条と信仰告白それ自体の学びの導入に仕える意図と、より具体的には、『キリスト教の伝統における信条と信仰告白』に収められている信条（*creed*）と信仰告白（*confession*）が正確には何であり、その言葉が何を意味するのかという初歩的な確認に仕える意図を持っている[10]。これら二つの語は大部分のところが重なりを持っており、教会や『キリスト教の伝統における信条と信仰告白』に現れる専門用語として用いられているが、『メリアム・ウェブスター・カレッジ辞典』では、信条（*creed*）という語は「宗教的信仰の短い権威的な定式」、信仰告白（*confession*）という語は「宗教的信仰の公式な声明」と定義されている。可能な限り、ここではこの区別をしていこう。しかしながら実際のところ、キリスト教の信条や信仰告白は、定義するよりも記述する方が容易である（信条や信仰告白を所有する教会や、それを表現するキリスト教の伝統〔唯一の表現手段ではないが〕も同様に定義しにくい）。それゆえ、*church* という用語が何なのかということを「公式な定義から始めることは不可能である」。なぜなら教会論の考察に従う必要があるため定義を先行させられず[11]、このことは信条（*creed*）と信仰告白（*confession of faith*）にも当てはまり、後験的（a posteriori）にのみ最もよく定義可能となり、二〇世紀の信条や信仰告白からよくそのことが分かるのである。

それにもかかわらず、「定義する作業」から始めること、もしくは「公式な定義」のようなものとは程遠いがともかく「記述する作業」から始めるには、いくつかの標準的な神学書の定式（ローマ・カトリック教会のものから二つ、東方正教会から二つ、英国教会から二つ）が助けになるかもしれない。

信条、信仰告白（Creed, Confession of Faith）　神学的な用法で、この語は第一義的に信仰の告白の行為を意味するのではなく、教導権（magisterium）と伝統（Tradition）が信仰内容の完全な定式を多かれ少なかれ提供しようとしている一連の命題のことである。このことは信仰もしくは信条（*symbolum*）の公言とも言われる。(12)

信仰告白（Confessions of Faith）　信仰の言葉による告白は多数の形式を取りうるが、ある式文に定められた一つの形式があり、「信仰のシンボル」（symbols of faith）もしくは「信条」（credo）と呼ばれる……それは父・子・聖霊それぞれに関する三つの「信仰箇条」（articles of faith）を表現している。(13)

（6）*Eph 431.*
（7）*Chr Trad* 5:247-52; O'Gara 1988.
（8）*Chr Trad* 4:50.
（9）例えば *Chal.* がそうである。
（10）Mananzan 1974 では言語哲学の文脈でこれらの問題提起をしている。
（11）Florovsky 1972-89, 1:57.
（12）Rahner-Vorgrimler, 111.
（13）Lacoste, 248.

信条は、短いが正確な言葉で、すべてのキリスト者たちが疑いなく信じている教理の説明である。[14]

シンボル、信仰のシンボル（Symbol, Symbol of Faith） 信仰告白を「シンボル」と定めた西方の慣習のために、「シンボル」という言葉は東方のギリシア語で「信仰の教え」（the teaching of the faith）と呼ばれている語に適用して用いられるようになった。[15]

信条（Creed） 信条はキリスト教の教理の重要な点の簡潔で、公式な、権威ある声明である。[16]
何百年もの間、キリスト者たちは信条（*creed*）という言葉を、彼らの信仰箇条の重要な要約であり、教会的な権威の認可を享受している固定化された定式であると理解することを通例としてきた。……公的で、本文が決定された信仰告白である。[17]

キリスト教界の信条（Creeds of Christendom） 歴史的に考えると、信条は特定の宗教的な状況に起因した便利な要約であり、その時代の危急の必要を満たすように作成され、正統の試験のために仕えてきたものである。そのため、信条は新しい危機に対しては不十分で、信仰の一様性を保つことができない。[18]

信仰告白（Confession of Faith） 信仰告白において、キリスト教共同体は神の救いの行為とキリストとの交わりの表現を与えてきた。……個々人の告白を含んでいるものの、信仰告白を通してイエス・キリストへの信仰が共同体を結び合わせる。[19]

様々な定義が示されたが、そのような信条や信仰告白を表すためにキリスト教著作家たちによって採用された最初期の二つの専門用語は、「信条（symbol, ギリシア語 *symbolon*, ラテン語 *symbolum*）」と「信仰の基準（rule of faith, ギリシア語 *kanōn tēs pisteōs*, ラテン語 *regula fidei*）」であり、両者とも今なお東方正教会とローマ・カトリック教会の神学的な語彙の一部である。しかしヨハン・アダム・メーラーの先駆的な著作『象徴主義』[20]（*Symbolik*）が一八四三年に英語に翻訳された際に当然の結果として *Symbolism* と訳されたが、この種の誤解を避けるために、ギリシア語 *symbolon* やラテン語 *symbolum* は、英語の *symbol* よりも *creed* と訳された方がたいていは好ましい。「信仰の基準」について、プロテスタント改革の信仰告白は、聖書の権威と教会と伝統の権威との間の関係性をめぐる論争から、聖書に正確であるという意味でこの語を制限する傾向があった[21]。しかしそこにおいてさえ、プロテスタント内での信仰告白的な同意の必要性が台頭したことで、聖書のみ（*sola Scriptura*）の排他的な原理は、著しく修正されることになった[22]。

（14） *Russ Cat* 66.
（15） *Prav Slov* 2:2056-59.
（16） *ODCC* 430.
（17） Kelly, 6-7.
（18） Ferm 1945, 208（Conrad Henry Moehlman）.
（19） *EC* 1:632（Hans G. Ulrich）.
（20） Möhler［1832］1958.
（21） *Form Conc Epit* pr 1; *West* 1.2; 5・4「聖書解釈の信仰告白的な基準」や Syndogmaticon 1.4 も参照。
（22） 9・4「法令の追従としての信仰告白への同意」を参照。

第1章　信条と信仰告白の連続性と変化

本書の「編纂書、集成書、参考書」のところや『キリスト教の伝統における信条と信仰告白』に収められている様々な歴史的時期における信条や信仰告白のテキストを初めて見た読者の誰もが、繰り返しの多さに圧倒される思いを抱くに違いない。とりわけ初代教会の時期のすべての信条、またそれよりも長い期間になるがプロテスタント改革の時代の信仰告白は、何度も何度も何度も同じ点を繰り返しているように思われ、しばしば同じ難解で古風な専門用語を用い、同じ証明のための聖書テキストを挙げ、古い時代の同じ異端（あるいは新しい異端）に同じ非難を表明しているため、すべてが同じ自信と正しさの感覚を持っているかのようである。暗黙のうちであれ公然とであれ、論証や反論がなされる場面で絶えず相互引用がなされているだけではなく、それらの違いは神学論争から生じたり、なおも神学論争を継続させているが（そしてもちろんさらなる信条や信仰告白が、表面上は際限なく生み出される）、少なくとも現代の読者にとって、とても周辺的な事柄であるのと同時にかなり細微であるため、歴史神学の専門家でなければ様々な信仰告白の立ち位置に言及できず、興味すら持つことができないと思われてしまうに違いない。キリスト教信仰と教えの完全さに深い関心を寄せる真面目なキリスト信者の読者でさえ、そのような印象は決して小さくないであろう。

そのような繰り返しはもちろん偶然ではない。「性急に別の信仰の新奇さと説明を求めてしまう[1]」者たちを非

（1） *Lat 649* anath 20.

難し、とりわけこれらの信条と信仰告白が、先行している他のものと調和しているだけでなく使徒性を保証するものとしての連続性を証明すること（実際は喜び祝っていること）が意図されているからである。教会の最初の歴史家であり、重要な信条の史料（アタナシオスによって保存されている）[2]を提供してくれるカイサリアのエウセビオスは、『教会史』の幕開けの言葉で、この伝統のことを「聖なる使徒たちからの継承」（*tas tōn hierōn apostolōn diadochas*）と呼んでいる。[3]後の信仰告白がエウセビオスのこの言葉を用いていることから考えると、[4]この言葉はおそらく最初の十二使徒に遡る彼らの前任者たちを通しての教会の司教の直線的な継承を第一義的には表しているものであり、そのために彼自身は特にローマとアレクサンドリア司教区の最も重要な歴史的史料を提供しているのである。[5]しかし『教会史』を通しての彼の関心は、これらの司教のリストにあるだけでなく、本書の後章での教会一致に従っての「信仰」と「職制」と呼んでいる教会の使徒的な教えと教会の使徒的な構造の二つの関心事の相互関係ということにもある。[6]エウセビオスによれば、使徒的な継承の直線上に立つ司教たちは、教会の真実で使徒的な信仰を保存し、守る責任があるのであり、教会の使徒的な職制も、信仰と教理の完全性の証しとして仕えるのである。[7]このように、エウセビオスの『教会史』は物語形式で、教会の最初の数世紀にわたり広がった信仰と職制との間の関係を示している。[8]さらに続く数世紀にわたり、連続性と変化に関するこの理解は、不変である福音と信条との間の関係についての正統と公同を特徴づけ続けている。このことは、三二五年のニカイア公会議について語ったチャールズ・ウィリアムズによって、巧みに明瞭な説明がなされている。「教会の本質は変わってこなかったのであり、愚か者だけが変わったと考えてきた。……それは信条となり、福音として存続してきた」のであり、彼はこのように続ける。キリスト教の後の数世紀において、「福音はおろそかにされたかもしれないが、信条が落ちることは決してなかったのである」。[9]

1・1　公会議の決定における連続性vs変化

信条と教会会議による正統の定義の根底には、最初から三つの共通の前提があった。第一に、ウィリアムズが言うように福音から信条への直線があること、その結果、第二に、教会の会議や信条によって告白された真の教理は、新約聖書が「聖なる者たちに一度《ひとたび》伝えられた信仰」[10]と呼ぶものと同一であること、それゆえ、第三に、その信仰との連続性が正統の本質であり、不連続性が異端の本質であること[11]。これらの前提に基づき、信条の連続性の肯定と信条の新奇性の否定は、東方と西方の両方で「エキュメニカル」で権威的なものと認められている古代教会における七つの公会議での決定事項に支配的となった[12]。

---

(2) *Eus.*
(3) Eusebius *Ecclesiastical History* 1.1.1 (*NPNF*-II 1:81).
(4) *Dosith* decr 10.
(5) Eusebius *Ecclesiastical History* 4.1, 4.21 (*NPNF*-II 1:175, 198-99).
(6) 第4章「信仰と職制」を参照。
(7) Eynde 1933, 180, 213.
(8) Campenhausen 1969 を参照。
(9) C. Williams［1939］1956, 49, 88.
(10) ユダ三。
(11) Person 1978 の議論と Syndogmaticon 1.5 を参照。
(12) Bogolepov 1963; Huizing and Walf 1983.

第一回ニカイア公会議（三二五年）。[13] すでに最初の信条や信仰声明が、単に地方や地域の教会だけでなく、世界的な教会としての結びつきのために公式に採用されるものとなり、この信条が、最近回心したばかりの皇帝コンスタンティヌス一世の監視下で、三二五年ニカイアで開かれた第一回エキュメニカル公会議で広められ、それに付随して、この信条から逸れ、改変しようとする「キリスト者」のすべての者たちを「公同の使徒的な教会は呪う」という警告と基準が明らかにされた。[14] 前任者であるコンスタンティヌス帝を超えて、ローマ帝国の政治的な力による「ニカイア信条」の権威に立ち戻り、皇帝テオドシウス一世は三八〇年二月二七日の布告で、三二五年の信条は「使徒ペトロがローマに伝達し、現在に至るまでその伝統的な形式を維持してきた私たちが信じている信仰」[15] と同等であるとした。それにより、テオドシウス帝は重厚で途切れることのない公同の使徒的な伝統をニカイアの正統性に帰したのであり、そのことにより三世紀を遡って使徒の権威の源であるシモン・ペトロにまで、そして彼を通してキリストまでたどり着くことができ、[16] 世界や教会での闘争が続いたとしても、以後、数世紀にわたって変わらないまま保持されることが意図されていた。さらに、テオドシウス帝はこの使徒的なニカイアの信仰からのいかなる変更や逸脱を禁じ、一時的また永遠の罰を伴うとされた。[17]

第一回コンスタンティノポリス公会議（三八一年）。[18] 三八〇年の布告の翌年の三八一年に、第二回公会議としてコンスタンティノポリスに集った司教たち（彼らのすべては東方からであった）は、「ニカイア信条」に対して一切、変更や改ざんを加えないように、その冒頭の教令で厳粛に警告した。「ビティニアのニカイアに集まった聖なる師父たちの信仰の告白は廃止されることはなく、その権威に留まらなければならない（*Mē atheteisthai tēn pistin tōn hagiōn paterōn ... alla menein ekeinēn kyrian*）」[19]。しかし三八一年の第一回コンスタンティノポリス公会議は、三二五年にニカイア公会議が定めた信条を単純に繰り返したのではなかった。[20] むしろ、ニカイアから半世紀後の神学的な状況の新たな問題に対応するため、「私たちは唯一の神、全能の父、天と地の、すべての見えるものと見えないものとの造り主を信じます」と始まる「新たな」信条を広めた。他の新しい条項に加え、この信条は聖霊に関する告白を大幅に増幅させ、それゆえにニカイア信条よりも包括的な三位一体の教義を展開している。(21)学術的には、この「新しい信条」は通常「ニカイア・コンスタンティノポリス信条」と呼ばれ、以後、本書でもこれに従う。この呼び名は作られた当時のものではなく、近代の信条史の研究で考案されたものである。(22)かつて考えられていたのは、ニカイア・コンスタンティノポリス信条が三二五年のニカイア信条の単なる改訂や拡張だということであった。しかしニカイア信条が既存の洗礼信条もしくはそれに基づくものであったと考える根拠がある。(23)そのため、信条が用いられる際に、重要な置き換え（もし元来が洗礼信条なら回復であるが）が東方でも西方でも起こり、それは公会議で「私たちは信じます」（*Pisteuomen*）という複数形だったのが、「私は信じます」（*Pisteuō, Credo*）という単数形になったことである（それに伴い信条内で使われている各動詞も同様）。そしてもちろん、聖霊の発出についての言葉が、公会議では元来「父から」（*ek patros*）だったのが、西方の定式では「父と子

(13) Hefele-Leclercq, 1-I:335-632.
(14) *N* anath.
(15) *Theodosian Code* 16.1.2.
(16) マタ一六・一八―一九。
(17) 8・2「信条遵守のための市民法」を参照。
(18) Hefele-Leclercq, 2-I:1-48.
(19) *CP I* can 1.
(20) Lehmann and Pannenberg 1982.
(21) *N-CP* 8-12.
(22) 17・3「近現代における信条または信仰告白の学問的開花」を参照。
(23) Kelly, 296-331.

から」（*ex Patre Filioque*）に置き換えが起こったことの方がより重大ではあるが、[24] 通常「ニカイア信条」と呼ばれているのがこの第二の公会議でのこの信条なのである。このような呼び方は、いくつかの主要な教派に属している数多くの礼拝者たちの礼拝式文に載せられているだけでなく、ラテン語のどのミサ曲の中にも取り入れられているために、多くの聴衆たちのプログラムにも収められているのである。[25] しかし、「ニカイア信条」（三二五年のもの）と並んで「ニカイア・コンスタンティノポリス信条」（三八一年のもの）に普遍的な肩書を与えてよいかどうかは、歴史的、神学的に重要な問いである。三八一年の第一回コンスタンティノポリス公会議でのこの布告の中の動詞「留まる」（*menein*）や、形容詞「権威ある」（*kyrian*）は、三二五年の「ニカイア信条」に対して何を意味するのだろうか。教義的な内容だけなのだろうか。それだけでなく、「ニカイア信条」のテキストが今日ではキリスト教の信仰告白や礼拝に権威あるものとして留まっているわけではなく、古代の信条コレクションの中の一つに含まれているだけなのに、「ニカイア信条」の「まさしくその言葉」（*ipsissima verba*）に権威が付随しているのだろうか。

エフェソ公会議（四三一年）。[26] 第一回コンスタンティノポリス公会議から五〇年後に、四三一年にエフェソで行われた公会議であり、いくつかの困難の後に第三回公会議としての（事後）承認と「受容」を得た。[27] この理由のために、東方の正教会の「非カルケドン派」もしくは「前カルケドン派」の教会ではエフェソ後の教会会議の権威を認めておらず、それらの教会は慣習的に、不正確であるが「単性論」（Monophysite）と呼ばれている。[28] エフェソ公会議はその『決議録』（*Acts*）の中に『アレクサンドリアのキュリロスからネストリオスへの第二の手紙』を含み、そこではキュリロスが「恥を取り除き、真理を求める者に健全な信仰の言葉を示す」という彼の決意を示している。しかし「この目的を達成する最も効果的な方法は」とキュリロスは続け、「私たち自身を聖なる師父たちの言葉でもって熱心に埋め尽くすことであり（*en tois tōn hagiōn paterōn peritynchanontes logois*）、彼らの言葉を重んじ、私たちの言葉が書かれている通りの（*en tēi pistei kata to gegrammenon*）彼らの信仰に合致しているかどうかを吟味することである」としている。[29] これらの定式は、正教会とカトリック教会の伝統全般を参照しているだけでなく、特に三二五年の第一回ニカイア公会議とまさしくその第一の信条の言葉によって法制化されて取り決められてきた信条をも参照している。そしてエフェソ公会議自体が、キュリロスの主導の下で「以下のように宣言した。聖霊によってニカイアに集められた聖なる師父たちによって定義されたものを除いて、いかなる信条（*heteran pistin*）も生み出されたり、書かれたり、作られたりすることは許されない。別の信条をあえて作ったり、言い出したり、生み出したりする者は……司教であれ聖職者であれ各自の務めから退かせるべきであり、信徒であればアナテマが宣告されるべきである」。[30] しかし、エフェソ公会議はそれでも『一致の定式』の中に付加的な主張を展開することを続けたのであり、その主張は「私たちは告白します（*Homologoumen*）」という信条の公式な表現として採用された定型用語で始まっているが、三二五年の「ニカイア信条」は「神の知識についても誤った異端的なすべての教え（この公会議の招集を引き起こしたネストリオスの新しい「異端的な誤った教え」も含まれていた）の拒否についても十分である」[31]と述べた直後にそう始められたのである。[32] 信条の連続性をこのように力強

(24) 7・4「一致の聖霊と一致のサクラメント――二つの歴史的な皮肉の事例」とSyndogmaticon 8.6を参照。
(25) 6・3「礼拝の中での信条の位置」と6・4「教会会議と礼拝での信仰告白」を参照。
(26) Hefele-Leclercq, 2-I:287-377; Vogt 1986; Vogt 1993.
(27) 9・2「批准としての信条、教会会議、信仰告白の受容」を参照。
(28) *Com Dec.*
(29) *Eph 431* ep 2; 傍点は著者による。
(30) *Eph 431* decr.
(31) *Eph 431 Form Un*; 傍点は著者による。
(32) Lebedev 1904, 166-200.

く擁護したにもかかわらず、第三回公会議は革新的な変化の方がはるかによく知られており、それは〔信条の連続性の擁護と〕同等の重みと形式で、処女マリアを神の母もしくはテオトコスと見なすことを、教会の標準的な教えの中に加えたことである[33]。彼女にその称号を適用することは、少なくとも一世紀前からおそらく始まったことであり、それは信条の言語の中ではなく、祈りの言語の中にであった[34]。最初の明白な用例は、アレクサンドリアの司教アレクサンドロス（三二八年没）の信仰の文書の中にある[35]。しかしエフェソ公会議だけが公式で拘束力を持っているのである。

　カルケドン公会議（四五一年）[36]。四四九年のエフェソ教会会議（通常これは「エフェソの盗賊会議」と呼ばれている）は、信仰のいかなる新たな宣言の発布を拒否することを強調した。しかしそれに対する対策として、四五一年に第四回公会議となるカルケドン公会議が、おそらく最もよく知られている別の「新しい信条」である『カルケドン公会議の信仰定式』を発布し、東方と西方の双方とも以降の一五世紀にわたるキリストの位格の教理の形を決定したのである[37]。それにもかかわらず、信条的な信仰の領域では、カルケドンも「記憶に残る敬虔なコンスタンティヌスが皇帝だった時、聖なる祝福された三一八人の師父たちがニカイアに集まり、正しく汚れのない信条に卓越性がある（*prolampein*）。また当時広まっていた異端を滅ぼし、これと同じ公同で使徒的な信条を確認するために、一五〇人の聖なる師父たちによってコンスタンティノポリスで発布されたこれらの布告もなお有効である」と宣言した。「ニカイア信条」と「ニカイア・コンスタンティノポリス信条」のテキストがその後に続いている。ちょうど四三一年のエフェソ公会議の『決議録』の中の「ニカイア信条」が最も権威ある信条と一般的に見なされているように、カルケドンの布告でも「ニカイア・コンスタンティノポリス信条」が基準となる信条として維持されているのである（第一回コンスタンティノポリス公会議の『決議録』にすでにその成り行きが定められていた結果である[38]）。しかし、これら二つの信条に言及し、複数形で「同一のもの」（*ta auta*）と呼んだ後に、カルケドンの布告が複数形ではなく単数形を使い、二つのものを明白に一つにしていることに注意せねばならない。「神の恵みの賜物であるこの賢明で救済的な信条（*symbolon*〔単数形〕）は、宗教の完全な理解と確立のために十分なものである」[39]。三二五年のニカイア公会議からのものと三八一年の第一回コンスタンティノポリス公会議からの二つの信条は、これら二つの公会議の最も重要な後継となった四五一年のカルケドン公会議によって、一つの同じ単一の信条 *symbolon* となり得たし、実際にそうなったのである。同時に、「帝国の権力と議会と「市民的な」特権を古いローマと同等に享受する栄誉を得ている都市〔コンスタンティノポリス〕は、教会的な事柄のレベルでもローマに次ぐ第二の位置として評価されるべきである」[40]という理由から、コンスタンティノポリスの司教区を教会権威において古いローマの教区と並ぶ「新しいローマ」としてカルケドンは宣言したが、これは「新しい」行為ではなく第二回目の公会議の布告の繰り返しでもあった。この布告はたいてい、第一回コンスタンティノポリス公会議のものとしてよりもカルケドン公会議の第二八条項として引用されるが、東方教会と西方教会との間の統治権や優越権をめぐる争いの中で大きな議論を生み、一四三九年のフィレンツェ公会議におけるローマとアルメニア教会との間の再一致のための定式では、カルケドンで合意した「聖なる司教区の司教レオの

（33） 12・2「大衆の宗教、祈りの法則、伝統」も参照。
（34） 12・1「信徒は何を信じ、教え、告白したか？」を参照。
（35） *Alex.*
（36） Hefele-Leclercq, 2-II:649-857; Grillmeier and Bacht 1951-54; Gregorios, Lazareth, and Nissiotis 1981; Oort and Roldanus 1997.
（37） 7・3「一致の道具としての信条と信仰告白」。
（38） Kelly, 296-331.
（39） *Chal* def.
（40） *Chal* can 28.

権威によって」という主張が含まれていた[41]。

第二回コンスタンティノポリス公会議（五五三年）[42]。ニカイア信条とコンスタンティノポリス信条を同等に扱っているカルケドン公会議の布告といかなる矛盾もない形で、第五回目の公会議である第二回コンスタンティノポリス公会議が五五三年にいくぶんニュアンスの違う定式を生み出した。二年前に発布された『ユスティニアヌスの勅令』[43]によれば、この公会議では「三章」（the Three Chapters）（ニカイア・コンスタンティノポリス信条に非常によく似ている正統的な信条の史料を用いているモプスエスティアのテオドロス[44]、キュロスのテオドレトス、エデッサのイバス［彼らはエルミアンのファクンドゥスによって弁護された[45]］）を非難する結論に達した。残念なことに、唯一の残存しているこのテキストの概ね完全なものは、この公会議に出席したほとんどが東方からの司教だったにもかかわらず、元来のギリシア語のものではなく古代ラテン語版として私たちのところへ伝えられた。第二回コンスタンティノポリス公会議はこのように宣言した。「私たちが一堂に会した時、私たちはまず信仰の告白を作った（*congregati ante omnia compendiose confessi sumus fidem illam tenere*）。……ニカイア公会議に集った三一八人の聖なる師父によって起草され、聖なる教理または信条（*sanctum mathema sive symbolum*）として伝えられた信仰告白を信じ、守り、諸教会に宣べ伝えていくことを私たちは告白する」。重要なのは、このラテン語版がラテン語のままの言葉ではなくギリシア語の二つの用語 *mathēma*〔教理〕と *symbolon*〔信条〕を用いていることであり[46]、このことから推測できるのは、失われた元来のギリシア語にはこれらの語が存在し、残存しているラテン語版にはラテン語に翻訳されずにギリシア語のまま残ったということである。この公会議の布告はこう続いている。「コンスタンティノポリス公会議に会した一五〇人（の司教たち）も同じ信仰を据えてその告白をした」（*eamdem fidei confessionem*）。けれどもここでは、ギリシア語からの翻訳はラテン語の用語が当てられた[47]。

第三回コンスタンティノポリス公会議（六八〇―八一年）[48]。第六回目の公会議である六八〇―八一年の第三回コンスタンティノポリス公会議は、キリストが持っているのは二つの意志（一つが彼の神的本性から、もう一つが彼の人間本性から）なのか一つの意志（彼の一つの神・人間の位格から）なのかという問いを扱うために招集された。四五一年のカルケドン公会議での先例、二つの本性についての定式に基づき、単性論（「一つの本性」）の異端を非難し、意志が位格 *hypostatis* の機能であるため、単一であるよりもむしろ本性 *physis* の機能であり、それゆえに二重であると見なされた。この第六回公会議の『信仰告白』は、「聖なる受容された師父たちの後に引かれた真っすぐな道から逸れることなく従い」（*tēi tōn hagiōn kai enkritōn paterōn alanōs eutheiai tribōi katakolouthēsasa*）、先の五つの公会議の教義的、信条的な布告の一つ一つに忠実であることを誓うものとなっている。そして、カルケドン公会議が四五一年に行ったのと同様、三二五年のニカイア信条と三八一年のコンスタンティノポリス信条を「信条」（the creed）として限定し、再び単数名詞を採用し、両方の信条に言及し、こう宣言している。「敬虔で正統的な神の恩恵であるこの信条は、その中で完全な正統信仰の知識と完全な保証のために十分なものである」（*eis entelē tēs orthodoxou pisteōs epignōsin te kai bebaiōsin*）(49)。したがって、単性論への非難は、それ以前のいずれにも教義的な法としては現れていないが（『カルケドンの信仰定式』に暗示されていると見るかどうかは議論の余地がある）、五つ

（41） *Flor Arm* 9．4・2「東方と西方の教会の職制の教理」を参照。
（42） Hefele-Leclercq, 3-II:1-156.
（43） *Edict.*
（44） *Thdr Mops.*
（45） *Fac.*
（46） Lampe, 819, 1282.
（47） *CP II.*
（48） Hefele-Leclercq, 3-I:472-538.
（49） *CP III* ecth.

の公会議の信条と布告に「逸脱することなく従っている」構成要素にすぎないものとして提示されている。

第二回ニカイア公会議（七八七年）[50]。七八七年にニカイアで開かれた第七回の公会議の議題は、イコン破壊主義によって非難、廃止（そして実際に破壊）された後の教会の礼拝に聖画像を回復することであったが、最初の六つの公会議によって検討されてきた三位一体論やキリスト論の問題とはかなり違うように見える問題を扱った。その目的をこう宣言している。

> 公同教会の神の霊感による伝統は、公の布告によって確かなものとされるべきである。それゆえ、正確な調査を行い、協議し、私たちの目的を真理へと向けたところ、公同教会に関わるすべてを、私たちは減らすことも増やすこともなく、損なわれることなく守っているのである（*ouden aphairoumen, ouden prostithemen, alla ... diaphylattomen*）。このように、六つの聖なる普遍的な公会議に従い、第一には有名なニカイアの街での集いがあり、帝国の都（コンスタンティノポリス）で開かれたものが続くのである。

その次にはニカイア・コンスタンティノポリス信条の記述が続き、「アレイオスと彼のように思考して彼の狂った誤りを共有する者」から始まる異端の列挙がさらに続いていき、第一回から第二回ニカイア公会議までの四世紀半にわたる五つの公会議によってアナテマ宣告を受けた異端らが続いていく。「要約すると、私たちに託されてきたすべての書かれた、また書かれていない教会的伝統に、いかなる刷新（*akainotomētous*）も加えることなく弁護してきたことを、私たちは宣言する」。ほとんど完全に「書かれていない」伝統の中に、公会議の師父たちは「具象的な芸術の産物」を含めており、「神の言が単なる虚構ではなく真実に人となったという確証を提供する」という理由から正当化されていた[51]。ナジアンゾスのグレゴリオスによって[52]「（神的ロゴスが）（受肉において）引き受けなかったものは（贖罪において）癒されない（*to gar aproslēpton atherapeuton*）」と明言された伝統の原理を土台とし、キリストの人性の真正性と完全性を主張したことが、先の公会議で三回連続、以下の教えを拒絶する行動の推進力となった。その拒絶された教えとは、受肉したロゴスの人性が、「本性」（カルケドン）または「意志」（第二回コンスタンティノポリス）または「行動（*energeia*）」（第三回コンスタンティノポリス）のいずれかを所有するという教えであり、そうなってしまうと受肉の結果として、彼が救おうと引き受けた人間の本性や意志や行動とは別物になってしまうのである。というのは、『カルケドンの信仰定式』の言葉には「統合によって二つの本性の違いが取り去られたという点はなく、むしろ両者の本性の特質は維持された」からである。[53] 第二回コンスタンティノポリス公会議と第三回コンスタンティノポリス公会議では、意志の違いも行動の違いも真であるという同じことが言われてきた。公会議と信条が言っていることを今のイコン論争に当てはめるとすると、先の六つの公会議の布告はそのようなことを類推する言葉はなかったにもかかわらず、第二回ニカイア公会議によれば、このロゴスの受肉の「真実で虚構ではない」人性は、教会の礼拝の一部であるイコンの「具象的な芸術」として描かれ得るし、描かれるべきである、ということが必然的に導き出されてくる。

　公会議の布告を概観してきたが、なお問いが残る。これら七つの公会議が、三二五年のニカイア公会議で採択された信条を不変で変えられないものであると言い続けたのに、このような注目すべき変化の能力を繰り返し示してきたことは、何を主張しているのだろうか。このことは七八七年の第二回ニカイア公会議によって聖画像が合法化されたことによって示されたが、おそらく最も劇的だったのは『エフェソ公会議の一致の定式』がニカイ

（50） Hefele-Leclercq, 3-II:741-98.
（51） *Nic II*; Giakalis 1994; Syndogmaticon 8.10.
（52） Gregory of Nazianzus *Epistles* 101（*NPNF*-II 7:440）; Wiles 1968 参照。
（53） *Chal* 19-20.

ア信条という「聖なる師父たちによって定義されたものを除いて、いかなる信条を生み出すこと、書くこと、構成すること」を禁じた時であり[54]、それにもかかわらず処女マリアを「テオトコス」(Theotokos)と呼ぶ定式を布告したのであり、このことをジョン・ヘンリー・ニューマンは「原初の信仰の手紙に、おそらくこれまでになかった最も大きな付加がなされた[55]」と見なしている。

1・2　教父思想の連続性と変化

三二五年の第一回ニカイア公会議から七八七年の第二回公会議までの最初の七つの公会議の展開は、信条の変化と連続性の問題提起がなされているが、この問題をまとめることを始めるのに必要ないくつかの歴史的な資料も提供してくれている。というのも、何らかの形で、連続性と変化というのは最初からのキリスト教思想の中心的な関心事だからである。四人の福音書記者、とりわけマタイは、使徒パウロが「新しい契約[56]」と呼んでいることを構築した出来事の記述に大いに骨折っており、イエス・キリストの生涯とメッセージが、モーセによって与えられてイスラエルの古い契約の一部となった啓示との連続性を断言しているのである。例えば、マタイによる福音書の冒頭で、ホセア書〔一一・一後半〕の預言「私は、エジプトから私の子を呼び出した」が用いられ、「まだ幼かったイスラエルを私は愛した」〔ホセ一一・一前半〕で始まる並列の後半として、神の「子」としてのイスラエルの民の出エジプトが明白に示されており[57]、ヘロデ王の幼子キリストの殺害を防ぐために、イエス、マリア、ヨセフがエジプトに逃れたことを、「これは主が預言者によって語られたことが成就した」ことと定式化しているのである[58]。このようないくつかの節により、イスラエルの預言者たちによって昔に与えられた預言や約束が今や成就したというだけでなく、新約の出来事が旧約の預言をまさに実行しているものであり、神が真実なお方であることを正当化する目的を、ギリシア語の接続詞 *hina*〔〜ために〕から、結論付けることが少なくとも可能である。[59] それゆえ、福音書の終わりの方で、マタイはゲツセマネの園で暴徒からイエスを守ろうとした弟子たちの努力に、イエスが「必ずこうなると書かれている聖書の言葉がどうして実現されよう」[60] と反応したことを記載している。

使徒パウロは、とりわけローマの信徒への手紙の第九章から第一一章にかけて、イスラエルとの契約と教会の契約の二つの契約の連続性と変化を確立しようと努め、神の経綸のうちにあるイスラエルの民の永続的な位置をイエス・キリストの到来の後も描写し、新約聖書学者たちは未だにその強い言葉を受け入れるのに苦慮しているくらいである。[61] 連続性の場は、イスラエルとの契約なのである。約束されたメシアとしてのイエスの到来は、イスラエルがその契約を捨てるように要求されていることを意味するのではなく、イスラエルとの神の古く永続する契約に異邦人が参与するよう召されていることなのである。連続性と変化の関係の問いは、どちらかと言えば、劇的な物語である使徒言行録の中で先鋭化するものであり、小アジアやエルサレムで始まったものがヨーロッパのローマで終章を迎えるのである。[62] イエスの最初の弟子たちの世代からパウロに代表される次の世代へと

(54) *Eph 431 Form Un*; Marx 1977, 183-202 を参照。
(55) Newman［1845］1974, 319.
(56) 一コリ一一・二五、傍点は著者による。
(57) ホセ一一・一。
(58) マタ二・一五。
(59) Blass-Debrunner, 186-88.
(60) マタ二六・五四。
(61) Stendahl 1976, 1-77.
(62) 11・1「文化との境界にまたがる祭儀、法典、信仰告白」を参照。

保存されてきたものや、教会の続くすべての世代にわたっても保存されてきたものを、「使徒の教え、相互の交わり、パンを裂くこと、祈ることに熱心であった」[63]と一文で要約しているが、これら四つの信仰と継続性の要素を構成させるつながりは正確に定義されていない。むしろ、それらは教会の次なる歴史に託され、使徒的宣教、使徒的礼拝、新約聖書に最終的に集約された使徒的著作と並び、信条をも含んだ様々な「使徒的」伝統の構造を通して具体化されるのである。[64]

二世紀と三世紀を通してのマルキオン、グノーシス主義、モンタノス主義との戦いにすぐさま直面したことが、根本的な仕方で継続性と変化の問いを引き起こすことになった。感嘆符と共に、「福音を他のいかなるものと比べることができないなんて……驚きの中の驚きだ！」[65]。マルキオンは、イエス・キリストの父なる神とイスラエルの造り主である神の、新約聖書と旧約聖書の、パウロと（他の）使徒たちの、ルカと（他の）福音書の継続性を否定することによって、キリスト教使信のまったくの新奇さを主張した。グノーシス主義は、教会の共通する信仰と神の神秘の「より高度な」理解との間のラディカルな非連続性を主張した。そしてモンタノス主義は、ヨハネによる福音書でキリストによって約束されたパラクレートスと慰め主が現臨することを主張したが、[66]他のいわゆるキリスト教徒に対しては現臨を否定した。これらの連続性への挑戦に対して、二世紀と三世紀のニカイア以前の数人の教父たち（彼らの中のアンティオキアのイグナティオスとリヨンのエイレナイオスは、信条的な伝統の出現の最も組織立った代弁者であった）[67]の任務は、教会の歴史を通して規範化してきた「使徒的継続性の基準」を明確化することであった。[68]それにもかかわらず、使徒言行録第二章〔四二節〕からの使徒的連続性の四つの基準（使徒の教え、相互の交わり、パンを裂くこと、祈ること）から引き出される連続性と変化が十分に示されるのは、コンスタンティヌス帝のキリスト教公認とニカイア公会議以降の四世紀であった。この世紀において、継続性と変化の定式は、カイサリアのエウセビオスによって初めて書かれた教会史の冒頭の言葉、「聖なる使徒たちの継承」（the successions from the holy apostles）に早くも引用され、[69]この使徒的な連続性の中に、グノーシス主義や他の異端の「新奇さを売物にすること（*kainotomia*）」に対する意識的な反対があるのである。[70] この最初の定式に引き続いて、エウセビオスの『教会史』の全体で、いくつかの連続性を記録していくことに関心を寄せている。種々の司教区における、歴史家たちがなおも依存している司教たちのリストを生み出したこと、パンタイノスからオリゲネスへの神学者の継承によって指導されたアレクサンドリアの「カテキズム学校[71]」（catechetical school）、教会の正統的な教理（エウセビオス自身が半アレイオス主義［Semi-Arian］として、正統的な教えとして定式化されようとしていたところから逸脱していたが[72]）。

この広く受け入れられた見解（時代を超える運きによって発展を経験してきたのが、不変的な正統ではなく異端であるという原則）は、少なくとも一つの嘆かわしい副産物を生み出してしまった。私たちはある意味で、教会の最初の三世紀の間、教会の正統や信条についてよりも、異端の歴史についての教会の史料の方がはるかに多いという結果になってしまったのである。つまり、異端自体の著作はほとんどが失われてしまったため、後の歴史家は

(63) 使二・四二（ＲＳＶ、ＮＪＢ）。
(64) 第13章「初代教会における信仰の基準」を参照。
(65) Harnack［1924］1960, 2:256 で引用されている。
(66) ヨハ一四・二六、一五・二六。
(67) *Ign; Iren.*
(68) *Chr Trad* 1:68-120.
(69) Eusebius *Ecclesiastical History* 1.1.1（*NPNF*-II 1:81）.
(70) Lampe, 693.
(71) Eusebius *Ecclesiastical History* 5.10-11, 6.6（*NPNF*-II 1:224-26, 253-54）.
(72) *Ant* 341.

必ずしも公正に代弁しているとは言えない異端と対峙した正統側の神学者たちからの引用に基づいて再構成を余儀なくされてしまったのである。[73] この異端の歴史と正統の歴史をめぐるアンバランスな点に、現代の多くの歴史家たちも継続して取り組んでいる。一九世紀に、フェルディナント・クリスティアン・バウアは、ペトロとパウロとの対立に見られるような最初期からのキリスト教の教えの多様性を基礎に、初代教会の歴史の見事で非常に影響力を持った再解釈を行った。[74] 一世紀後に、ヴァルター・バウアーは一世紀における異端とその多様性に着目し、公同教会の規範的な信条の教理の台頭のことよりも、こうした思想史に関して、研究者や神学者に対して大きな影響を与えた。[75]

1・3　連続性と変化の例としての三位一体の教理

一部の歴史家や神学者が言うように、エウセビオスが「聖なる使徒たちからの継承」と呼んだような静的なことへの関心が高かった中で、四世紀および続く数世紀における公会議での信条の著作家や弁証家の誰もが、この連続性と変化という動的な問題に同時に注目を払っていなかったと結論付けるのは、極めて表面的であるだろう。というのは、ちょうど見てきたように七つの公会議のすべての信条と布告として制定された教理（最初に三位一体論の教義［三二五年の第一回ニカイア公会議と三八一年の第一回コンスタンティノポリス公会議］、次いでイエス・キリストの位格の教義［四三一年のエフェソ公会議、四五一年のカルケドン公会議、五五三年の第二回コンスタンティノポリス公会議、六八〇—八一年の第三回コンスタンティノポリス公会議］、その教義を聖画像論争に適用した七八七年の第二回ニカイア公会議）は、恒久的に東方と西方の両方で正統的な礼拝や正統的な信仰告白になるための教義的な土台になっただけでなかった。加えてこれらの教理は、教会の信条と信仰告白における連続性と変化との間の関係を解釈する初期キリスト教における鍵ともなった。つまり、異端が時代を超えてどのような動きをしたかということを理解するだけでなく、多くの資料がこの問題に集中していることからも分かる通り、とりわけ正統が台頭してきた歴史的経過を理解する鍵でもある。

三四一年『アンティオキア奉献教会会議の信条』[76]と同じ論争が扱われたシルミウム教会会議[77]に代表される四世紀の信条の歴史の多くは、三二五年の元来の「ニカイア信条」を超えた発展と変化によって提起された三位一体論の教理における連続性と変化の問題にまさしく立ち向かおうとした努力として読み取ることができる。一例を挙げると、「ニカイア信条」の言語は、多かれ少なかれギリシア語の専門用語である *ousia*（「本質」［essence］、「存在」［being］、「実体」［substance］）と *hypostasis*（英語の表現では「実存」［subsistence］、「位格」［person］）を用いているが、これは神の子が「別の位格（hypostasis）や実体（substance）から[78]」（*ex heteras hypostaseōs ē ousias*）と教える者たちを非難するためである。次の世代と信条に対する三位一体論の概念化と三位一体論の語彙化への貢献は、四世紀の議論によって、特にその議論の中に「カッパドキア三教父」（カイサリアのバシレイオス、ナジアンゾスのグレゴリオス、ニュッサのグレゴリオス）が参与したことでなされたが、一見すると専門的でない二つの語の意味を対比させることによって、彼らはより大きな基準を導入して二つの語の正確な区別をつけ、*ousia* に一を、*hypostasis* に三をあてがった。*mia ousia, treis hypostaseis*〔一つのウーシア、三つのヒュポスタシス〕として、その

（73） Quasten, 1:256.
（74） Hodgson 1966.
（75） Bauer 1971.
（76） *Ant 341.*
（77） *Sirm 357; Sirm 359.*
（78） *N* anath.

後の教会の言語と信条を既定したのである。[79] この用語の連続性と変化は、エフェソ公会議、カルケドン公会議、第二回コンスタンティノポリス公会議、第三回コンスタンティノポリス公会議でのさらなる難題となった。というのは、それらの公会議では、神・人であるキリストと受肉したロゴスの一つの位格（person, hypostasis）における二つの本性（*physeis*）、二つの意志（*thelēmata*）、二つの行動（*energeiai*）というさらに複雑な専門用語と取り組まなければならなかったからである。しかしそれ以上に、ニカイア以降の最も困難を伴った実質的な変化は、聖霊の教理であった。この問題は、聖霊について新約聖書の言語をめぐる混乱から始まり、例えばパウロには、たいていは子に対して使われる称号「主」（*ho kyrios*）を「霊」（*to pneuma*）に対して使うという混乱がある。[80] そしてその混乱した用い方は、ニカイア以前の数世紀にわたるものであった。[81] ニカイア公会議自体では、それを超えての動きはなかった。ニカイア公会議では、アレイオスによって提起された問題が取り上げられ、アドルフ・フォン・ハルナックの古典的な定式では「地上に現れて人を神と結び合わせた神は、天と地を支配しておられる至高の神的存在と同じであるか。それとも半神なのか」であった。[82] それゆえに、父なる神についての教理と子なる神についての教理を分けるため、「ニカイア信条」では子のことを「神よりの神、光よりの光、真の神よりの真の神、造られず生まれ、父と同本質」[83]と明示している。「聖霊を（*kai eis to hagion pneuma*）〔信ず〕」[84]に関しては、例えば、四世紀後半の『使徒憲章』における聖霊についての膨大な記述とは対照的である。[85] ニカイア公会議後の四半世紀の間の歴史的な帰結は（近代の教義史家たちの相対主義的な評価ではなく、「三成聖者」〔the Three Hierarchs〕の一人である「神学者」ナジアンゾスのグレゴリオスの『大アタナシオスの講話』からの極めて驚くべき記述から引用すると）、「（聖霊が神であるという教理について）わずかな誤りならば正統である」[86]というものだった。

それから突然、問題が起こった。三六〇年頃、アタナシオスは『セラピオンへの四書簡』を書いた。[87] その数年後、ニュッサのグレゴリオスは『聖霊の説教』を行った（その真正性は疑われているが、おそらく彼のものだろう）。[88] おそらく三七五年に、彼の兄であるカイサリアのバシレイオスはこの主題に関して最も影響力のある著作

『聖霊論』を書いた[89]。三八〇年代の後半に、ナジアンゾスのグレゴリオスは『神学講話』の第五巻を発行し、聖書ではっきりした記述がないにもかかわらず、聖霊に「神」という語をあてがうのは正当であるとした[90]。ほぼ同時期に、盲目のディデュモスは『聖霊論』を書いている（ギリシア語で、ヒエロニムスの翻訳によるラテン語版しか残存していないが[91]）。『三位一体論』として広く知られているポワティエのヒラリウスによるラテン語の著作（元来のタイトルは『信仰について』であると思われる）は、三位一体における聖霊の位置についての問いが記されているが、ヒラリウスの東方への追放の数年の間に書かれたものである。というのも、「西方が何年も遅れて認識するようになるこの新しい問いの知識を、ヒラリウスは東方でのみ知ることができた」と指摘されてきた通

(79) Prestige 1956, 176-96.
(80) 二コリ三・一七。
(81) Macholz 1902.
(82) Harnack [1889-91] 1957b, 242
(83) *N* 2.
(84) *N* 8.
(85) *Ap Const.*
(86) Gregory of Nazianzus *Orations* 21.33 (*NPNF*-II 7:279).
(87) Quasten, 3:57-59.
(88) Quasten, 3:259.
(89) Quasten, 3:210-11.
(90) Quasten, 3:242.
(91) Quasten, 3:87-88.

りである。[92] また三八一年に、ミラノのアンブロシウスは、先に挙げたギリシア語の一つ以上の著作から大幅に引用して彼自身の『聖霊論』を書いた。[93] 同じ三八一年に行われた第一回コンスタンティノポリス公会議はニカイアの短い定式を超えて、父からの霊の発出について、聖霊の位格の宣言の告白を付け、それに引き続き聖霊の歴史的働きとしての教会、洗礼のサクラメント、キリスト者の希望についての一連の告白が続いているが、すでにニカイア信条でなされた父による創造の歴史的働き、子による贖罪の歴史的働きに対応させたものになっている。

> また、主であり命の与え主である聖霊を〔信じます〕。聖霊は父から発出し、父と子と共に礼拝されて栄光を受け、預言者を通して語られました。一つの、聖なる、公同の、使徒的な教会を〔信じます〕。私たちは罪の赦しのための一つの洗礼を信じます。死者の復活と来たるべき世の命を待ち望みます。アーメン。[94]

この信条の「変化」は、三つの神的な位格を告白するためのこれ以降の正統を既定するものとなり、調和とまではいかないものの、均衡の取れた新しい基準となった。

　後から振り返って考えてみると、なぜこのプロセスが始まっていくのにこんなにも時間がかかったのかという疑問が少なからず湧いてくる。この最初の三世紀半もの間、先に引用した使徒言行録第二章の「使徒の教え、相互の交わり、パンを裂くこと、祈ること」[95] というカプセルに入った要約の四つの要素を、教会は徐々に引き出していったのである。このプロセスは決して一本道だったわけではなく、教会の信仰を言い表す時に、究極的には「言葉で言い表せない（*to arrēton*）」ことを語るための最良の言葉を見つけていく継続的な闘いを伴うものだった。言葉をめぐるこれらの闘いの結果は相当に複雑で、ほとんど常識に反するものだった。例えば、「充満（*plērōma*）」というような言葉は、ヨハネによる福音書の「彼の充満（*plērōma*）から、私たちは恵みの上に恵みを受けた[96]」やパウロ書簡の「彼のうちに神性の全体的な充満（*plērōma*）が体中に宿っており[97]」のように、キリストの位格の神との関係についての新約聖書の重要な箇所であると主張できるのだが、それにもかかわらず、信条の中に採用されることがなかったのは、おそらくグノーシス主義の神的な深淵とそこからの発出という異端的な語彙であることが顕著であったためであった。[98] ロゴス（*logos*）という言葉でさえも、新約聖書では顕著に用いられ、その後の発展もあったにもかかわらず、信条では用いられなかった。[99] しかしホモウシオス（*homoousios*）という語は、その起源もしっかりとしたものではなく、異端の匂いを振り払うのが非常に困難であったが、ニカイア信条とニカイア・コンスタンティノポリス信条の中で永久的に刻み込まれた。[100] 第三位格の聖霊の教理が公式に信条として定式化されるのは、第二位格についてのこの信条論争が過ぎ去るまで待たねばならなかった。

この遅れの現象と聖霊についての信条の教理の文言が長期間かけて変化していったことは、連続性と変化との間の静的な関係の定義を否定するものであり、ニカイア信条とニカイア・コンスタンティノポリス信条との間の半世紀の展開で、関係者たちを気づかないままでいさせることはなかった。実際に、ナジアンゾスのグレゴリオ

（92） Quasten, 4:39-43.
（93） Quasten, 4:169-70.
（94） *N-CP* 8-12.
（95） 使二・四二。
（96） ヨハ一・一六。
（97） コロ二・九。
（98） Bauer-Arndt-Gingrich, 672; Lampe, 1094-95.
（99） ヨハ一・一―一四、Bauer-Arndt-Gingrich, 477-79; Lampe, 807-11.
（100） Prestige 1956, 197-218.

スからは、ニカイア公会議とニカイア信条の後の「わずかな誤りならば正統である」[101]という先に引用した言葉が引き出されるだけでなく、初代教会の信条の第一人者であるJ・N・D・ケリーの定式の中に見られるように、神学的な主題と歴史的な様相の両方としての三位一体の教理において、啓示の歴史的発展という解釈が、「教理発展の極めて独創的な理論[102]」として記述されたこともまた、引き出されるのである。キリスト教の基本的な三位一体の教理と特に三位一体における聖霊の教理が、なぜすぐにも解明されて定められなかったのかということを説明する試みとして、ナジアンゾスのグレゴリオスはモーセから新約聖書への神の法の要求の歴史的発展と、この三位一体論の発展を対比させている。

私がそのことを説明した事例では、変化は継続的な削除によってなされた（例えば、割礼や食物規定）。一方、ここでは付加によって完成が達成される。問題はこうである。古い契約では父を明瞭に宣言し、子は曖昧にしている。新しい（契約）では子が明らかにされ、聖霊の神性が示されている。今は霊ご自身が私たちの間に宿り、ご自身のより明白な証しを私たちに提供しておられる。こうであったのは、父なる神が認知されていなかった時に、子が明かされることは危険だったからである。子が十分に受け止められていない時であれば、（大胆な表現をするのであれば）私たちは聖霊を受け止めきれない。……しかし徐々に加えられることによって、ダビデが言うように「上っていく[103]」のであり、栄光から栄光へと進んで進歩するのであり[104]、三位一体の光がより輝くようになってくる。この理由のため、私が思うに、彼は徐々に弟子たちの中に住まわれるようになり、彼は彼らの受容能力に応じて配慮してくださるのである[105]。

ゲオルギー・V・フロロフスキーがこの注目に値する記述をまとめて、「教会の霊的経験も啓示の一形態である[106]」と言っている。

別の言い方をしよう。四つの福音書に記録されているイエスの生涯と教えの歴史的出来事が、三位一体の第二位格としての世俗的で地上的な歩みに関する経験的情報を教会に提供し、それに基づいてニカイア信条は、イエスについて、および父と子の永遠で超自然的な同本質（*homoousios*）である関係についての告白を定式化している。これと同様に、宣教の拡大、迫害と殉教、棄教と聖人、正統と異端、規律と礼拝、生と死における聖霊の慰めといった一世紀から四世紀までの教会の歴史的出来事が、第三位格の世俗的で地上的な歩みに関するある種の「データベース」を提供し、それに基づいてニカイア・コンスタンティノポリス信条は、父と聖霊の永遠で超自然的な関係について、および教会での聖霊の役割についての告白の枠組みを定めることができる。ナジアンゾスのグレゴリオスのこの記述によれば、神の啓示の伝統が、「主であり命の与え主[107]」としての聖霊によって引き出される生きた現実であり、動的な力であることを認識するのに失敗すると、異端が生み出されることになる。しかし彼が議論しているのは、ヨハネによる福音書のプロローグの中のロゴス（*Logos*）の教理から、ニカイア信条のホモウシオス（*homoousios*）へと発展することを必要とした同じ神的な論理が、さらなる「変化」のためにもなお必要であるということであり、それが連続性を保つことにもなるのである。あるいは、この展開をさらに詳しく説

(101) Gregory of Nazianzus *Orations* 21.33 (*NPNF*-II 7:279).
(102) Kelly 1958, 261.
(103) 詩八三・六（LXX）。
(104) 二コリ三・一八。
(105) Gregory of Nazianzus *Orations* 31.26 (*NPNF*-II 7:326). 傍点は著者による。
(106) Florovsky 1927-89, 7:156.
(107) *N-CP* 8.

明してみよう。申命記のシェマーで語られた神が唯一であるとの告白から、ニカイア信条とニカイア・コンスタンティノポリス信条でのホモウシオス（*homoousios*）の定式での三位一体の神が唯一であるとの告白へ、明らかに劇的な変化であるが、同時にまったくの連続性でもある。[108] このように、連続性と変化は、矛盾としてだけで見られるわけではない。三位一体における三つの神的な位格の超越した神的な「相互内在」（*perichōrēsis*）もしくは「相互存在」（co-inherence）といったいくつかの点でも類似性が見られるように、連続性と変化は相互に支え合い、相互に肯定するものと見なされるのである。[109]

1・4　連続性と変化の例としてのキリストの位格

同様に、第一回ニカイア公会議と第一回コンスタンティノポリス公会議での三位一体の考察から、エフェソ公会議、カルケドン公会議、第二回コンスタンティノポリス公会議、第三回コンスタンティノポリス公会議でのキリストの位格の考察へ、教会の教義が進んでいった動きもまた、三位一体の教理のようにキリストの位格の教理が連続性と発展との間の関係の問いの鍵として役目を果たしうることを示している。三位一体の教理や三位一体における聖霊の教理の事例が、ナジアンゾスのグレゴリオスの教理の定式化と教理の発展の基本線に沿って規定されているように、連続性と変化の両方の事例としてのキリストの位格の規定も、彼のカッパドキアでの同僚のニュッサのグレゴリオスによる『雅歌注解』の中で繰り返し現れている。ニュッサのグレゴリオスにとって、「進歩」（*prokopē*）は、最も明白な意味で、神への上昇としての人間の魂の動きについて語る方法である。この魂の「上昇」（*anodos*）のことを、彼は「進歩」（*prokopē*）と呼んでいる。[110] しかし、彼が深く関心を寄せているのは、このことを語る際に、ある静的な条件や屁理屈ではなく動的に変化して絶えず動いている生きた現実についての語りを主張していることである。『雅歌注解』の最後の方のある箇所で、彼は大胆な譬えでこの点を指摘している。役者が衣装や性格を変え、今回は王として、今回は庶民として現れるように、キリスト教的美徳である「栄光から栄光へ」[111]の動きも、キリスト者の生活の変化の機会と義務に関係した真の成長と発展なのである。そして人生の中で決して満足に達することはないだろう。[112]

しかし、この大胆な譬えでさえも、ニュッサのグレゴリオスの『雅歌注解』における *prokopē* についての記述には遠く及ばず、彼は「イエスは知恵と身長が進歩し（*proekopten*, グレゴリオスの用いている名詞 *prokopē*「進歩する」に対応している動詞である）、神と人々に愛された」[113]と引用している。このテキストはイエスの成長と人間としての発達を一般的には示しているものである。アウグスティヌスは信条を引用しながら、キリストが「神として聖霊を与えただけでなく、人として聖霊を受け取った」ということを、このテキストは示しているとしている。[114]しかしグレゴリオスにとってこのことは、彼の霊的な父であるアタナシオスがそうだったように、[115]キリストの完全な神性の教義が、キリストの完全で真の人性の主張と一致することを示しているだけでなく、神・人であるイエスがすべての成長と発展の模範であることをも示していることであった。

（108） 11・4「シェマーからホモウシオスへのパラダイム」を参照。
（109） Prestige 1956, 291-300.
（110） Gregory of Nyssa *Commentary on the Song of Songs* 4 (McCambley 1987, 97).
（111） 二コリ三・一八。
（112） Gregory of Nyssa *Commentary on the Song of Songs* 6 (McCambley 1987, 132-33).
（113） ルカ二・五二。
（114） Augustine *On the Trinity* 15.26.46 (*NPNF*-I 3:224).
（115） Athanasius *Discourses Against the Arians* 3.28.50-53 (*NPNF*-II 4:421-22).

私たちの間に生まれた幼子イエスは、彼を受け取った人たちの間で、知恵と年齢と恵みにおいて様々な異なる仕方で前進していくのである。彼はすべての人と同じではないが、彼を受け取っている人の尺度に応じて存在している。それぞれの人の能力に応じて彼は彼自身を示している。彼は幼子として来て、年齢とともに子どもとして成長し、完全に成人となるのである(116)。

教会の神学者に、そして特に教理史と教会の信条史にこれを当てはめると、*prokopē* というキリスト中心主義は、連続性と発展の両方を主張し、両者を同時に成り立たせることのできる可能性を含んでいることになる。

しかしこの連続性と発展という見解を、特にニュッサのグレゴリオスによって与えられた定式の中で理解するために、七世紀のギリシアの神学者でありカッパドキア教父の注解者である証聖者マクシモスが語ったことの光の中で、この四世紀のギリシアの神学者の神学を読むことが助けになる。

> これが、聖マクシモスの熟考の全体計画を規定している啓示の考えである……。しかしながら、聖マクシモスの新しいロゴスの教理の独創性と力は、実際のところ彼の啓示の概念がキリスト論的なパースペクティブの中で発展させられることに懸かっている。……啓示の教理の中にキリスト論が含まれるのではなく、啓示の神秘がキリスト論の中で認識可能になるのである。キリストの位格が説明を要求しているわけではなく、すべてが神・人の位格であるキリストの位格の中で説明されるのである(117)。

「啓示の概念がキリスト論的なパースペクティブで発展させられる」と「啓示の神秘(118)がキリスト論の中で認識可能になる」というこの記述は、先に引用した「教会の(119)霊的経験も啓示の一形態である」という記述、およびすでに取り上げたナジアンゾスのグレゴリオスからの引用に関連して検討されるべきである。まとめると、このすべてのことは、信条の連続性の神秘と信条の発展の神秘（連続性と発展がどのように両立し得るかという神秘）が、連続性と変化の両方の具体例としての公会議と信条によって告白されたキリストの位格の教理の光の下で、弁証法的に解釈されるべきであるということを示しているのである。

1・5　信条の変化と「伝達」

信条史における変化と連続性の古くからの問題は、もちろんのこと、この歴史を学ぶ者にとって無意識でいられることのできなかった問題であり、トマス・アクィナスの考察が明らかにしているように、[120] 一八世紀と一九世紀の間に学問的関心事の中心となっていった。[121] この第一章の目標として、三つの例（これらすべてが偶然にもイギリスの思想からであるが、他からの例を、とりわけドイツの思想や学問から挙げることも困難ではない[122]）を挙げればこの二世紀での動きを記録するのには十分であり、その動きとは、連続性の静的な定義（そして当然の結果としての拒否）から始まり、変化と喪失が切なく描かれることを経て、変化を受け入れる連続性を革新的に再定義

（116）Gregory of Nyssa *Commentary on the Song of Songs* 3（McCambley 1987, 86-87）; 傍点は著者による。
（117）Florovsky 1972-89, 9:216-17; 傍点は著者による。
（118）Florovsky 1972-89, 7:156.
（119）Gregory of Nazianzus *Orations* 31.26（*NPNF*-II 7:326）.
（120）Thomas Aquinas *Summa Theologica* 1a.36.2; 第７章「一致の定式－またその不一致」を参照。
（121）17・３「近現代における信条または信仰告白の学問的開花」を参照。
（122）*Chr Trad* 5:75-89, 265-81.

していく努力へとつながっていくのである。

キリスト教の正統における連続性の意味を批判的に説明したエドワード・ギボンによれば、「コンスタンティノポリスのギリシア人たちは」

聖なる伝承を生み出し改良する精神を相続することなしに、彼らの師父たちの富を生気のない彼らの手に保持したのである。彼らは読み、賛美し、編集したが、彼らの気だるい魂は思考や行動をするのが不可能であるかのように思われた。古代の思索的な体系の中に一つだけの考えが加えられてきたわけではなく、忍耐強い弟子たちの継承がすぐさま次に続いていく世代の教義的な教えとなったわけでもない。歴史、哲学、文学のどれをとっても、文体や感情、独創的な空想、あるいは模倣に成功した物に備わっている美が忘却されなかったものはない。……ギリシア人たちの心は、卑しくて傲慢な迷信の束縛に縛り付けられ、その支配は周辺の世俗の知識にまで及んでいたのである[123]。

東方キリスト教界における正統的な教義と信条の伝統に対する啓蒙主義的なこの解釈は、おそらく最も雄弁なスポークスマンであるギボンだけによるものではなく、プロテスタントと非宗教的な歴史学の両方における支配的なものであった[124]。

むしろ、ギボン以上に変化と連続性に注目したのはマシュー・アーノルドであり、彼の散文と詩の中でそのことが考察されている。潮の満ち引きについての彼の深く感動的な一筆は、宗教的な信仰と信条に対する近代人の意識の変化を記述しているものとして、しばしば引用されるものである。

信仰の海

かつては満ち満ちて、地の岸を回っていた
鮮やかな帯の折り目を巻き上げるように横たわっている
だが今や私は聴くだけである
その憂鬱で、長く、引き降ろされたうなりが
息として吸い込まれてしまう
夜風に吹かれて、広大な憂鬱の淵を降りながら
そして屋根板のなくなった世界(125)

しかしながら、あまり知られていないことだが、アウグスティヌスの『告白』第九巻を読んで触発された彼の別の詩の一節は、これに劣らず適切なものである。「信条が伝達され、祭儀が変わっていっても、祭壇が完全に立ち行くことはない(126)」。東方と西方の礼拝史を知る者が常に認めてきた「祭儀が変わる」ことや、近代の迫害史の中に頻繁に記されている「祭壇が完全に立ち行くことはない」という歴史認識もさることながら、「憂鬱で、長く、引き降ろされたうなり」という歴史記述と共に「信条が伝達される」という歴史認識は、「歴史の進展」における主要素であり、現代に向かって定着していく歴史変化において、教理や信条を理解するための主要部門な

(123) Gibbon [1776-88] 1896-1900, 6:107-8 (ch 53).
(124) Benz 1952.
(125) Matthew Arnold "Dover Beach."
(126) Matthew Arnold "Monica's Last Prayer."

のである。[127]

その意味で、マシュー・アーノルドの生霊《いきりょう》とも言えるジョン・ヘンリー・ニューマンによって一八四五年に発行された『キリスト教教理の発展に関する小論』は、正統の根拠となった歴史変化の部門と、信条が変化するというまさにその事実によって信条を正当化することを捉えた力作である。ニューマンはこのように記している。「より高い次元ではそれとは逆であるが、ここでの低い次元では生きることは変化することであり、完成（すなわち成熟）することはしばしば変化を伴う」[128]。彼がここで語っているのは教会とその教理についてであり、彼が言っているのは「同じであることに留まるために……変化する」ということであるが、彼が語っていることは彼自身にも当てはまる。彼の宗教観の変化の弁明として、彼は別のところでこう語っている。「私は多くの点で変わってきたが、この点では変わっていない。一五歳以降、教義は私の宗教原理の根本であり続けた。私は他の宗教を知らない。私は他のいかなる種類の宗教に入ることも思い及ばない。単なる感情としての宗教は、私にとって夢や茶番である。……私が〔一五歳の〕一八一六年につかんだものを、私は一八三三年につかんだ。そして一八六四年につかんでいる。神よ、私が最後までそれをつかんでいることができますように」[129]。

続く章では、二〇世紀にわたる信条と信仰告白の連続性と変化の現象を紹介し、『キリスト教の伝統における信条と信仰告白』に含まれている信条と信仰告白の様々な集成と版を、広範囲に詳細に記載している。信条がどのように起こり、それゆえどのように「伝達され」、またしばしば「憂鬱で、長く、引き降ろされたうなり」となるのか、そしてその点に関して、どのように新しいものとして時には再形成されるのか、多くの場合は劇的であるよりも現実的なものだが、ごくまれに「勝利の、長く、引き戻されたうなり」と呼ばれるものになるのか。

(127) Pelikan 1971, 33-67.
(128) Newman [1845] 1974, 100.
(129) Newman [1864] 1967, 54.

第2章　信条と信仰告白の必須性

信条と信仰告白には、信じることと、人が信じたことを告白することの二重のキリスト教的必須性という起源がある。信条（*creed*）という語が最初に現れ、信仰告白（*confession of faith*）という語が後である。使徒パウロはコリント教会に宛てて「私たちも信じている、だから私たちは語る」という詩編を引用し、これを書いた人と同じく、「私たちは同じ信仰の霊を持っているので、『私たちは信じた、だから私は語った』」と説明している。[1]英語の *creed* は *credo* に由来し、[2]それはラテン語の動詞の一人称単数形「私は信じる」であり、ニカイア・コンスタンティノポリス信条のラテン語テキスト（伝統的には三八一年の第一回コンスタンティノポリス公会議で採択された「私たちは信じる」というものではない）[3]と使徒信条の両者の冒頭の言葉である。[4]にもかかわらず、この語は信じることの独立した行為や状態の意義だけでなく（もちろん、独立した状態や行為では決してない）、より具体的には、信じることという個人的・集団的な行為と、信じられた信仰の告白をするという個人的・集団的な行為との組み

(1)　二コリ四・一三、詩一一六・一〇。
(2)　*OED* 2:1156-57.
(3)　*N-CP* 1.
(4)　*Ap* 1.

合わせをも意味しているのである。[5] 使徒パウロもまたローマの信徒への手紙の中で、おそらくすでに存在していたキリスト教的な前・信条的な定式に言及し、信じることと告白することの二つの行為の密接な相互関係に明確に言及している（二つの言葉の順序には古典的な交差の文体が適用されている）。「もしあなたがイエスが主であるとあなたの唇で告白し、神が死者から彼を復活させたとあなたの心で信じるなら、あなたは救われるだろう。というのは、人は彼の心で信じて義とされ、彼が彼の唇で告白して救われるからである」[6]。

多くの伝統的な信仰告白や教師たちは、パウロのローマの信徒への手紙のこの言葉を、信仰と告白の両者の間の関係だけでなく、その意味を説明するために引用してきた。ヒッポのアウグスティヌスは最初期の著作の一つである『信仰と信条』の中で、様々な信条の型に言及しながら西方の信条を示して、[7] こう主張している。「私たちは……私たちの心に抱いた信仰を自身で告白しない限りは、私たちの救いを確保することができない。……信仰者に知られ、記憶に委ねられ、状況によって許容される範囲で簡潔な表現形式に収められている信条の中に、私たちはカトリックの信仰を持っている」[8]。また、彼の晩年の著作の一つの中で、信仰を「同意を伴う考え」（*cum assensione cogitare*）と定義している。[9] 彼と同時代人である西方のアクィレイアのルフィヌスも同様に、彼の注解の中で、使徒信条の冒頭の言葉を「*Credo*（私は信じる）」とし、「まず第一にあなたが信じたことをあなたが告白することが唯一正しいことである」と指摘している。[10] 東方では、『ペトロ・モヒーラによる東方教会の公同で使徒的な正統信仰告白』が、信仰についての議論の序のところで、パウロのこれらの言葉を引用している。[11] ルター派の信仰告白では、『アウグスブルク信仰告白弁証』が信仰と信仰告白との関係について、最も広範な考察の基礎を提供している。[12] 改革派の信仰告白では、一五五六年『第二スイス信仰告白』の冒頭に置かれる言葉である。[13] 会衆派の信仰告白では、一六五八年『サヴォイ宣言』が冒頭で最初の証拠聖句として挙げている。[14]

2・1　信じることと告白すること

信じることと告白することは常に相関関係にある。[15] 新約聖書におけるキリストの復活の信条的な告白は、以下の定式に従っている。「私たちはそのように宣べ伝え、あなたたちはそのように信じた」[16]。この相関関係は、キリスト教史を通じて信条と信仰告白の言葉の中に、信じる（*believe*）と告白する（*confess*）の二つの語（次章で触れるように、しばしば第三の語である教える［*teach*］と組み合わされる）の反復と配列によって明らかとなる。三世

（5）Hein 1991.
（6）ロマ一〇・九―一〇、傍点は著者による。
（7）*No Afr.*
（8）Augustine *On Faith and the Creed* 1（*NPNF*-I 3:321）.
（9）Augustine *On the Predestination of the Saints* 5（*NPNF*-I 5:499-500）.
（10）Rufinus *A Commentary on the Apostles' Creed* 3（*ACW* 20:32）.
（11）*Mogila* 1.4.
（12）*Apol Aug* 4.383-85.
（13）Staedtke 1966, 313-15.
（14）*Sav* pr.
（15）Arens 1989.
（16）一コリ一五・三―一一。

紀または四世紀の日付が割り当てられているたいていの初期の信条的な断片では「（人が）信仰を告白する」[17]という語でもって始められ、四世紀中頃の『サルディカ西方信条』では、異端として拒絶されたが、「公同の使徒的伝統と信仰と告白[18]」と語っている。「私たちは信じる（*Pisteuomen*）」、三二五年の第一回公会議で採択されたニカイア信条[19]、そしてその後の三八一年に第二回公会議で採択されたニカイア・コンスタンティノポリス信条は[20]、最初の言葉としてこう言っている。そして後者は終わりのところで「私たちは告白する（*homologoumen*）」と言っている[21]。第三回公会議である四三一年のエフェソ教会会議で、アレクサンドリアのキュリロスによって書かれた定式は「私たちは言が位格的に肉となったと告白する（*homologountes*）」と宣言している[22]。エフェソ教会会議の『一致の定式』も「私たちは告白する」（*Homologoumen*）という語で始まる[23]。四五一年『カルケドン公会議の信仰定式』では「聖なる師父たちに従い、私たちすべては一つの声で一人の同じ子の告白を教える（*homologein … ekdidaskomen*）」と確言している[24]。五五三年の第二回コンスタンティノポリス公会議での『「三章」に対するアナテマ』に「もし父・子・聖霊が一つの本性もしくは本質を持つことを告白（*homologei*）しない者がいるなら、彼は呪われるがよい」があり、続く会議の『決議録』の中に同じような定式があり、このようにまとめて結論付けている。「そこで、私たちが告白しているのは、そのような主張である[25]」。この会議によれば、「私たちが一堂に会した時、私たちはまず信仰の告白をした。……ニカイア公会議に集まり、聖なる教理と信条を手渡した三一八人の聖なる師父たちによって示された信仰告白を、私たちは信じ、守り、教会に宣べ伝えていることを告白した。コンスタンティノポリス公会議に集まった一五〇人（の司教たち）も、同じ信仰を掲げ、その告白をした[26]」。第六回公会議として数えられている六八〇―八一年の第三回コンスタンティノポリス公会議は、「五つの聖なる普遍的な教会会議と聖なる認証された師父たちに倣い、一致を明確にし、（それを）告白する（*homologei*）」ことを宣言した[27]。そして、七八七年にイコン破壊主義を非難するために七八七年にニカイアで行われた第七回公会議の教義的布告は、それ以前の六つの公会議と「私たちの聖なる師父たちの教え……公同教会の伝統[28]」に忠実であることを再確認している。

東西でエキュメニカルでないかもしれないが、純粋に西方もしくは純粋に東方のどちらかである中世の教会会議でも、信じることと告白することとの間の相関関係のパターンが維持されている。六七五年『第一一回トレド教会会議信条』では、スペインで身近に起こっていた誤りに対応し、三位一体の正統教理に再言及し、このような定式で宣言を始めている。「私たちは聖であり言葉で言い表せない三位一体を告白し、信じる」。そして四世紀後、一〇七九年二月一一日に圧迫の中で行われたローマの教会会議で、トゥールの『ベレンガリウス信仰

(17) *Dêr Bal.*
(18) *Sard.*
(19) *N* 1.
(20) *N-CP* 1.
(21) *N-CP* 10.
(22) *Eph 431* ep 3.
(23) *Eph 431 Form Un.*
(24) *Chal* 1-4.
(25) *CP II* anath 1, 2, 8, 10, 14.
(26) *CP II.*
(27) *CP III.*
(28) *Nic II.*
(29) Cavadini 1993.
(30) *Tol XI* 1.

告白』は、ユーカリストにおけるキリストの体と血が真に現臨するというカトリックの教理を、これまでのどの公式な信条、信仰告白、教会会議よりも正確に定式化し、こう宣言している。「私、ベレンガリウスは、私の心の中で信じ、私の唇で告白する」[31]。もう一世紀後に、『ヴァルデス信仰告白』がこのような定式を導出した。「私、ヴァルデスと私のすべての兄弟たちは、……心で信じ、信仰を通して理解し、語りによって告白し、曖昧でない言葉で確言していることを、すべての信仰者たちに知らしめよう」[32]。東方では、八七九―八〇年『コンスタンティノポリス教会会議の定式』がニカイア・コンスタンティノポリス信条を繰り返し、こう宣言している。「このように私たちは確言し（*phronoumen*）、この信仰告白において（*en tautēi tēi homologiai tēs pisteōs*）私たちは洗礼を受けた」[33]。

小さな変化を伴うものの、古代のまだ分かたれていないこれらの七つの公会議の定式、次いで、これら定式の後継者である東方と西方の教会会議や信仰告白の定式は、ローマ・カトリック教会や東方正教会の後の信仰宣言に踏襲されていった。少なくともこの点に関して、トリエント公会議の第三会期が、信条と信仰告白の必須性を要約するにあたり、西方と東方の全般的な伝統について語っている。

この公会議の愛に満ちた配慮が神の恵みによって始まり継続するために、まず第一に信仰の信条から始めることを決定し、布告する。このことに関して、尊重されている公会議での教父たちの例に倣い、議事の最初に、すべての異端に対してこの盾を用いる慣習があり、そしてこの方法だけで、未信者を信仰に引き入れ、異端を打ち負かし、信仰者を強化したケースもある。したがって、この公会議は、キリスト信仰を告白するすべての者が「死の力も決して打ち勝つことができない」[34]という確固たる唯一の土台に必然的に同意する基本原理として聖なるローマ教会が用いている信条を、すべての教会で読まれる言葉として表現されるべきであることを決議した[35]。

その後のところで、「西方修正版」のニカイア・コンスタンティノポリス信条のテキストが続く。一五四六年六月一七日の第五会期で、『トリエント公会議の布告』は「決定し、告白し、宣言する」(*statuit, fatetur ac declarat*)と言っている。[36] また、一五五一年一〇月一一日の第一三会期で、「教え、公然と無条件に宣言する」と言っている。[37] その信条的宣言である一五六四年『トリエント信仰宣言』では、「私、(氏名)は、聖なるローマ・教会が用いている信仰のシンボルの中の一つ一つの項を、確固たる信仰をもって、信じ、告白する(*firma fide credo et profiteor*)」という定式で始まり、この後にもう一度、「西方修正版」のニカイア・コンスタンティノポリス信条のテキストが続く。[38]『聖ヨアンネス・クリュソストモスによる聖体礼儀』は、キリストの神性とユーカリストにおける真の現臨の二つの教理を「主よ、私は信じ、告白します」(*pisteuō Kyrie kai homologō*)という定式で調和させている。[39]『メトロファネス・クリトプロスの信仰告白』によれば、聖油のサクラメントは信仰者に「恐れなく確信をもってキリスト教信仰を告白する力と大胆さ」を与えるものである。なぜなら「私たちは信仰を保持するの

(31) *Brngr 1079.*
(32) *Vald.*
(33) *CP 879-80.*
(34) マタ一六・一八。
(35) *Trent 3.*
(36) *Trent* 5.1 int.
(37) *Trent* 13.1.
(38) *Trid Prof* 1.
(39) *Lit Chrys* 2.H.1; *Mogila* 1.107 を参照。

に敬虔で正しいかもしれないが、もし大胆に告白しないのであれば、私たちは神の啓示を受けるに値しなくなる」からである。[40]『ペトロ・モヒーラによる東方教会の公同で使徒的な正統信仰告白』は、先に引用したローマの信徒への手紙第一〇章一〇節の言葉に言及し、「正統的な公同の使徒的信仰」を「三位格の一人の神を心で信じ、口で告白すること」として定義している。[41]「神と私たちの間の仲保者たちと仲裁者たち」である聖人に関して、『ドシセオスとエルサレム教会会議の信仰告白』では「私たちは疑わず、むしろためらうことなく信じ、告白する」と宣言している。[42]「そしてそれゆえ」、信仰告白の見解を要約し、「私たちは説得されるだけでなく、公同の教会にとって誤ることも、騙されることも、真理の代わりに誤りを選ぶこともまったく不可能であるため、真実で疑いのない確信をもって告白する」としている。[43] プロテスタントに対する正教会のコンスタンティノポリス総主教の返答は、「信仰告白を私たちは堅持しよう」という忠告であった。[44]

改革期におけるプロテスタントの信仰告白の中に、信じることと告白すること、聖書解釈と「信仰告白をすること」、「信じること、教えること、保持すること」[45]に関する強調は、ローマ・カトリック教会の当時の定式よりもずっと顕著であった。一五三六年『第一スイス信仰告白』のドイツ語テキストには、「私たちは告白する」(*bekennen wir*) という定式が採用されている(ラテン語では「私たちは断言する」[*asserimus*] である)。[46] 同じ年の『ヴィッテンベルク条項』はこう宣言している。「私たちは、私たちが信じ、保持し、教え、弁護していることを、いかなる曖昧さなく、簡素に明白に告白する」。[47] 一五五九年『フランス信仰告白』は「私たちは信じ、告白する」(*Nous croyons et confessons*) と始めている。[48] 翌年の『スコットランド信仰告白』は、自身のことを「私たちの前に示された教理の短い簡素な告白」として、また「続く章にある私たちの信仰の告白」として表現している。そしてその後の章では、このような表現がずっと使われて進められていく。「私たちは告白し、認める」、「私たちは告白し、信じる」、「私たちは信じ、告白する」、「私たちは断言し、誓う」。[49] その補足的な信仰告白である一五八一年『国王の信仰告白』もしくは『第二スコットランド信仰告白』では、この表現を「私たちは心で信じ、口で告白し、手で署名し、絶えず神と全世界の前で公言している」と全面的に拡張している。(50) 一五六一年『ベルギー信仰告白』はこう始めている。「私たちすべては心で信じ、口で告白する」。(51) 一五五六年『第二スイス信仰告白』の第一章は「私たちは信じ、告白する」(Credimus et confitemur) という言葉で始めている。第三章は「私たちは信じ、教える」と始め、第一一章は「私たちはさらに信じ、教える」、「私たちは信じ、教える」と宣言している。(52) 一五七五年『(第二) ボヘミア信仰告白』はこういう言葉で始まる。「私たちは心で信じ、口で告白する」。(53) そしてこれ以降の項目のほとんどに同様の定式が続いていく。同様の言葉はブラウン派の一五九六年『真の告

(40) *Metr Crit* 8.2, 9.16.
(41) *Mogila* 1.4.
(42) *Dosith* decr 8.
(43) *Dosith* decr 12.
(44) *Jer II* 1.4.
(45) *Fid rat* 10, con.
(46) *Helv I* 20.
(47) *Witt Art* 1.
(48) *Gall* 1.
(49) *Scot I* pr, 1, 19.
(50) *Scot II*.
(51) *Belg* 1.
(52) *Helv II* 1.1, 3.1, 11.1, 11.11.
(53) *Boh II* 1.

白』の冒頭でも用いられている。(54) 一五七七年『和協信条』は、様々な教理を確言していくにあたり、繰り返し「私たちは信じ、教え、告白する」という言葉を挟み込んでいる。(55) 一六五五年『真のルター派信仰の共通認識の再宣言』の八八「点」(points) のそれぞれの冒頭の言葉はこう繰り返されている。「私たちは公言し、教える」(56)(*Profitemur et docemus*)。

再洗礼派の『ハンス・デンクのニュルンベルク教会会議前の信仰告白』は、それぞれの項の冒頭に、このように始まる定式を採用している。「私、ハンス・デンクは告白する」(57)。そして以下の結末で閉じられる。「目に見えぬ神の御前で、私は心の奥底からこのすべてを告白する。神に対するこの告白を通して、私は最大の謙遜に服する」(58)。一六三二年『ドルトレヒトのメノナイト信仰告白』のほとんどすべての項は、「私たちは聖書に従って信じ、告白する」という、いささか変化した定式になっている。(59) 同様に、一九世紀や二〇世紀の正教会やカトリックやプロテスタントの主流の外のグループで生じた信仰告白は、なおも信条や信仰告白の必須性に関する伝統的な用語を維持してきた。一八七二年に発行された『セブンスデー・アドベンチスト教会の基本信仰』と名付けられた信仰告白は、従来のものを超えて、信仰告白の主要な構成要素に再臨の教理や安息の教理を含めている。(60) クリスチャン・サイエンスの『科学と健康――付聖書の鍵』は、見出しに「母教会の思想」(61)(Tenets of the Mother Church) という一八七九年の宣言が含まれている。早くも一八四二年に、モルモン教は『イエス・キリストの教会の信仰箇条』を発行し、(62) 一八八七年にクエーカーが『フレンド派のリッチモンド信仰宣言』を出版した。(63) また、一九一六年『アッセンブリーズ・オブ・ゴッド教団の基本的真理に関する宣言』は、新しく創られた教団を構成しているいくつかのペンテコステ派のグループによって共有される共通の教理的信仰を宣言している。(64) 一九五四年『日本基督教団信仰告白』は以下の定式で使徒信条への言及を導入している。「我らはかく信じ、代々の聖徒と共に、使徒信条を告白す」(65)。それゆえ、教会にも個人にとっても具体的な実践において、信じることと告白することは切り離せないが、それにもかかわらず、新約聖書の言語でもすでにそうだし、教会の中で用

いられてきた発展の経緯においても、両者の意味は区別されているのである。(66)

2・2　信仰の定義

キリスト教神学用語の中で、現代英語で言及する際に、多様な英語の翻訳聖書があることも含まれるが、一貫性を持たせるのが難しいものとして、名詞の信仰（*faith*）にあたる語源と同一の動詞がないことが挙げられる。名詞を採用すると「信仰を持つ」（have faith）や「信仰に至る」（come to faith）となるが、これを表すのに簡略な

---

(54) *True Con* pr.
(55) *Form Conc Epit* 1.2.
(56) *Cons rep* pr, 1.1.
(57) *Denck* 1.
(58) *Denck* 3 con.
(59) *Dordrecht* 2.
(60) *Adv.*
(61) *Chr. Sci.*
(62) *LDS.*
(63) *Richmond.*
(64) *Assem.*
(65) *Un Ch Japan* 5.
(66) *ABD* 2:744-60 (Joseph P. Healey, Dieter Lührmann, George Howard); Cullmann 1949.

動詞としては *believe* しかない。しかし *belief* という名詞それ自体は、とくに単数形では、もはや現在使われている語である名詞 *faith* には対応していない。『オックスフォード英語辞典』は、「神への信頼、信仰のキリスト教的な徳」に言及するのに *belief* を用いることは「古風」であり「時代遅れ」であると正しくも定めている。[67] 複数形の *beliefs* は人が信じている特定の思想を表すものであり、それがもしあるキリスト教の正統や他のもの（この正統が信者や信者の教会によってどう特定されるかは問わないことにする）という特定の信仰を表しているのであれば、信条や信仰告白が慣習的に「箇条」（articles）に分けられていたという理由から、「信仰の箇条」（articles of faith）と呼ばれていたかもしれない。使徒信条は、キリストの昇天後に十二使徒によって作られたという後の伝承に基づき、一二箇条に区分された。そして（おそらく後に）ニカイア・コンスタンティノポリス信条も一二にされた。[68] その後の改革期の信仰告白も多くの箇条から成り、『四二箇条』に次ぐ『イングランド教会の三九箇条』がそうである。[69] 複数形 *faiths* は、「真の信仰」や「ユダヤ教信仰」や「キリスト教信仰」のように、信仰の体系全体や「世界宗教」と今や私たちが呼んでいるところのものを指している。[70] これらの名詞に付加される否定的な接頭辞は、さらに興味深く、混乱をきたす。*Unfaith* は「信仰や信心の欠如、特に宗教における」と定義されるが、『オックスフォード英語辞典』で提供される *unfaith* のいくつかの用例のうちの半数ほどが、*faith* という語の直接的な反意語としてこの語を用いているのは重要なことである。[71] しかしながら *unbelief* の方がこの反意語をもっとよく表しており、サミュエル・テイラー・コールリッジからの引用にあるように、「異端や不信仰」（heresies and unbelief）という意味をしばしば含んでいる。[72]「不信の停止」（willing suspension of disbelief）というよく知られたフレーズの著者であるコールリッジも同様であり、彼は「詩的な信仰」（the poetic faith）を構築していると言っている。[73]

宗教改革の信仰告白の中に、信仰義認の教理をめぐって論争がなされたため、英語の名詞 *faith* と動詞 *believe* のこの非対称の関係（これは、プロテスタントとローマ・カトリックに限らず、ラテン語ウルガタや多くの西方の信条や信仰告白の中の名詞 *fides* と動詞 *credere* の非対称の関係に対応している）が、明らかに英語に特有である名詞 *righteousness* と動詞 *justify*（「義とする」という意味）との間の同じような非対称の関係（この二つの用語はそれぞれ、英語のゲルマン語源とラテン語源を反映している）と並行関係にあることに注目すべきである。ギリシア語・ラテン語でも、「義とされること」（to be justified）という名詞 *dikaiosynē*・*iustitia* や *dikaiousthai*・*iustifcari* に対応する受動動詞は、これらの名詞と完全に同根語である。ギリシア語聖書や東方の信条や信仰告白では、「信仰」*pistis* という名詞と「信じること」*pisteuein* という動詞も完全な同根語である。さらにこの関連で、ヨハネによる福音書の全体にわたって、名詞「信仰」（faith）が一度も現れず、動詞「信じること」（to believe）しか出てこないことに言及する価値があるだろう。このことは驚きであるかもしれない。なぜなら「神は彼の独り子を与えるほどに世を愛された、彼を信じる者たちが死ぬことなく永遠の命を持つために[74]」という信仰と信じることに関して最も頻繁に引用される聖句がヨハネによる福音書に含まれているからである。この聖句は東方正教会の『聖ヨアンネス・クリュソストモスによる聖体礼儀』の中で、ユーカリストの祈りであるアナフォラ（Anaphora）の言葉の一

（67） *OED* 1-II:782.
（68） *Mogila* 1.5.
（69） *OED* 1-I:470.
（70） *OED* 4-I:31-32.
（71） *OED* 11-II:184.
（72） *OED* 11-II:59.
（73） Samuel Taylor Coleridge "Preface" to *Lyrical Ballads*.
（74） ヨハ三・一六、傍点は著者による。例えば *Madag* 5 を参照。

部となっている。[75] 同じ聖句がプロテスタントの信仰告白における論争にも見られ、アルミニウス派が『レモンストラント』の中で明白に普遍贖罪説を唱えて反予定説を示唆するためにこの聖句を引用したため、[76] 一六一八―一九年のドルトレヒト教会会議の「神の予定に関して」という条項では、カルヴァン派の教理を支持するためにこの聖句を引用している。[77]

信仰義認の教理が強調される中で、信仰（*faith*）という語が多くの改革派の信仰告白で標準的部分になったのは驚くことではない。[78] 一五三六年『ジュネーヴ信仰告白』は、「心の確かな信頼と確信のうちに、私たちが福音の約束を信じ、父から差し出され、神の言葉によって私たちに宣べ伝えられたイエス・キリストを受け入れる」時に、信仰が存在していると記述している。[79] 同じくスイスのプロテスタントのフランス語圏からではなくドイツ語圏からであるが、同年『第一スイス信仰告白』は、「神から期待することのできるすべての事柄の確かで、堅固で、確実な土台であり、そこからの愛とあらゆる徳と善き業の実りがもたらされる」と定義している。[80]『第二スイス信仰告白』は、信仰を「意見や人間の信念ではなく、最も堅実な信頼であり、心の明白な断固たる同意であり、聖書と使徒信条で示されている神の真実の最も確実な理解である」と語っている。[81] 一五六三年『ハイデルベルク信仰問答』は、「神がその言葉で私たちに啓示しているすべてを真実なこととして私が受け入れている確かな知識であるだけでなく、聖霊が福音を通して私の中に造っている心からの信頼」と定義している。[82] 一六四七年『ウェストミンスター信仰告白』によれば、「この信仰によって、キリスト者は神ご自身が語っておられる権威ある言葉において啓示されているどんなことでも真実であると信じ、その言葉を含んでいるそれぞれの特定の箇所に応じて様々に行為し、命令には服従し、威嚇には畏れ、この世での命と来たるべき命の神の約束を受け入れる」とあり、これらが信仰の機能のすべてとされている。[83] 数年後の『ウェストミンスター小教理問答』は、イエス・キリストへの信仰を「救いの恵みであり、彼が福音において私たちに提供している救いのために、私たちが彼だけを受け取り、彼だけに寄り頼むこと」と定義している。[84] 一六一〇年『メノナイト小信仰告白』は、以下の定義を含んでいる。「この信仰は、神やキリストや神の言葉の恵みから与えられる天的な事柄に関する確かな心からの確信もしくは内的な知識である」[85]。

聖書の言葉や教会の信条と信仰告白での用例において、信仰（*faith*）のこれらのいくつかの意味を分類してきたが、宗教改革の伝統にある組織神学者たちは、この語を三つの緊密な相互関係を持つものとして区分している。知識として、同意として、信頼としての信仰である。キリスト教の教理的また歴史的な内容を少なくともある程度の詳細は知っておく必要があるし、生きるにも死ぬにも個人的な確信がそこにはなければならないからである。英語の確信（*confidence*）の語源は、ラテン語の「信仰」（*fides*）であり、そこから動詞 *confidere* が生じている。同じこれら神学者たちは「信仰義認」（justification *by faith*）についてもしばしば語り、その時には主としてこれら三つのうちの三番目、信頼や確信としての信仰を語っている（もちろん、彼らの頭の中には、知識としての信仰や同

（75） *Lit Chrys* F.3.
（76） *Remon* 2. *New Hamp* 4 も参照。
（77） *Dort* 1.1.2.
（78） *Ans* 17.118; *18 Diss* 1; *Hub Chr Cat* 1.23. Syndogmaticon 1.6 を参照。
（79） *Genv Con* 11.
（80） *Helv I* 13.
（81） *Helv II* 16.1.
（82） *Heid* 21.
（83） *West* 14.2.
（84） *West Sh Cat* 86.
（85） *Reis* 20.

意としての信仰との関連が想定されている）。一五三〇年『アウグスブルク信仰告白』はすでにそのことを「そのような真の信仰とは、キリストを通して恵みと罪の赦しを受けることを信じることである」と挿入している。[86] 信仰を信頼として定義することは、予定の教理のゆえにカルヴァン派の信仰告白にとって特別な問題を提起することになる。恵みと救いの確かさを「空しい憶測やありきたりの説得ではなく……信仰の無謬の確信」と定義している『ウェストミンスター信仰告白』は、それでも「この無謬の確信は信仰の本質に属するものではなく、真の信仰者もこの確信を持つに至るには長く待つ必要があり、多くの困難と闘わなければならない」と主張している。[87] というのは、経験的に（また牧会的にも）、信仰を持つすべての人が永遠に救いへと予定されているという「無謬の確信」を実存的に得られるわけではないことは明らかだからである。それにもかかわらず、そのようなキリスト者は、救われる「信仰」を真実に所有していることを疑ってはならないのである。[88]

　しかし、これらの宗教改革の神学者たちから同じ伝統の中にある今日に至るまでの神学者たちが「信仰の告白」（confession of *faith*）について語る時、もしくは信仰（*fides*）としての信条について語る時、[89] 主たる強調点は信仰（*faith*）という語の第一と第二の意味、すなわち信頼としての信仰であるよりはむしろ、知識としての信仰と同意としての信仰にある。そのため、本書の最後で歴史的なことを扱う五つの章それぞれのタイトル（〔第13章〕初代教会における信仰の基準、〔第14章〕東方正教会における信仰の確言、〔第15章〕中世西方教会における信仰の公言、〔第16章〕宗教改革期における信仰の告白、〔第17章〕近現代キリスト教における信仰宣言）に信仰（*faith*）が用いられている（『キリスト教の伝統における信条と信仰告白』の五つの部の表題も同様である）。これら一連のテキストにとって、告白されている「信仰」（faith）は客観的内容であり、学ぶべき、記憶すべき、知るべき、権威をもって受け入れられるべき、神の真理と認められるべき、「信仰の否定者」（deniers of the faith）に対して積極的に弁護されるべきものであるが、同様に、神と啓示された神の言葉への服従と信頼の個人的また実存的、明白で至高の宣言であるということも、もちろん然りなのである。

新約聖書の中に「信仰」(faith)や「信じること」(believing)に言及している箇所が多数あり、中でも二つの箇所が、信頼としての信仰の「主観的」もしくは実存的なものから区別された知識としての信仰、また、同意としての信仰の「客観的」もしくは信条的・信仰告白的な信仰の意味を記述している箇所として際立っている。一方の箇所は、動詞にthat節を伴ってthat以下が真であるという形であり、もう一つの箇所は、定冠詞theを伴う名詞の形で用いられている。ヤコブの手紙「あなたは神が唯一であるということを信じている。結構なことだ。悪魔たちさえ信じて、おののいている[90]」、ユダの手紙「愛する者たち、私たちの共通の救いをあなたたちに書きたいと熱望し、一度《ひとたび》聖徒たちに伝えられた信仰のために闘うことをあなたたちに訴える必要を見出したのである[91]」。これらいずれの箇所も、新約聖書における信仰を論じる際に、強力な影響力を持っている箇所とは言えず、信仰のみ(*sola fide*)の義認の教理を支持するために宗教改革の信仰告白で繰り返し引用されているのは、ローマの信徒への手紙第三章の信仰と義に関する箇所である[92]。また、ヘブライ人への手紙第一一章の「信仰の列挙」(roll call of faith)は、神の民の第一の契約との連続性の中にキリスト教信仰を位置づけ、節ごとに「信仰によって」(By faith)という賛歌で始まっている。ヤコブの手紙は新約聖書学者によって、ローマの信徒への手紙や

(86) *Aug Ger* 20.23.
(87) *West* 18.2-3. Syndogmaticon 11.2 を参照。
(88) 12・4「法典、信条、民俗文化」を参照。
(89) *Ad tuendam.*
(90) ヤコ二・一九、傍点は著者による。
(91) ユダ三、傍点は著者による。
(92) *Apol Aug* 4.73; *Belg* 22; *Heid* 60; *Helv II* 15.4; *Form Conc Sol Dec* 3.12.

ガラテヤの信徒への手紙といったパウロ書簡の説明を是正しているとしばしば解釈され、そこには信仰と行いによる義の対照があるが、いずれにせよ是正として初期の一部のキリスト者がどのようにこれらの説明を解釈していたかが見られる。その結果、このことを示すために『第二スイス信仰告白』では、[93]「ヤコブは私たちのこの教理に対して闘っているのではない」とし、パウロの著作に第一義的には基づいているとしている。そしてヤコブとパウロを宗教改革の教理によって調和させる努力は、プロテスタントの信仰告白の中で提示される解釈の中では最も挑戦的なものの一つとなり、例えば『アウグスブルク信仰告白弁証』では長い論考を費やしている。[94] プロテスタント改革によって形作られた信仰告白に対する正教会の応答（一時的にコンスタンティノポリス総主教だったキリロス・ルカリスのものを含む）の一部である『ペトロ・モヒーラによる東方教会の公同で使徒的な正統信仰告白』では、最初の二つの証拠テキストがヤコブの手紙から来ている。[95] 以上をまとめると、新約聖書のヤコブとユダの二つの記述は、信じること（*believing*）もしくは信仰（*faith*）という語を、私たちが「主観的信仰」（subjective faith）と呼んできた信仰者の救いの信仰に限定しようとするいかなる試みをも排除しているように思える。というのは、悪魔たちも信じ、しかも「正しく」、つまり正確に信じ、それゆえ彼らの教理は「正統」ではあるが、彼らはその信仰によっては救われない。なぜなら、彼らは知識と同意はあるが、信頼がないからである。そして、過去に「一度《ひとたび》聖徒たちに伝えられた」信仰は、それによって現在の敵と闘う必要があるのであり、どこか「客観的」でなければならないと思われ、神と信仰者との間の個人的な関係というよりはむしろ、弁護する必要のある「（信仰の）委ねられたもの」（*depositum [fidei]*）とウルガタが呼んでいる伝えられた内容のことである[96]（すべての信仰者が繰り返し苦い経験を知っているように、同じ敵に対しても劣らず熱心に弁護される必要もあるが）。この区別をするために、客観的な信仰を「人が信じるところの信仰」（the faith *which* one believes; *fides quae creditur*）として語り、主観的な信仰を「人が信じることを伴う信仰」（the faith *with which* one believes; *fides qua creditur*）として語ることが、ラテン語の神学における慣習となった。このような用語の明確化は、一六一五年『アイルランド宗教条項』において、信仰の区別として、知識や同意としての「キリスト教の共通の宗教の箇条や神の言葉の全般的な真理の信念だけでなく」（*fides quae creditur*）、信頼としての「福音の恵み深い約束の特別な適用……神への熱心な信頼と確信」（*fides qua creditur*）であるとしている。[97] ニカイア・コンスタンティノポリス信条とそれに関連する東方正教会の伝統に基づき、一六七二年『ドシセオスとエルサレム教会会議の信仰告白』は主観的と客観的な部分を結合し、信仰を「私たちのうちにある信念」（*en hēmin ... hypolēpsin*）として定義しているだけでなく、この「信念」が「第一回と第二回公会議の信条に含まれている」正しさ（*orthotēn*）であると明示している。[98] 定冠詞を持たないラテン語とは異なり、今日の英語では「人が信じるところの信仰」（*fides quae creditur*）に定冠詞を採用し、ユダの手紙の「聖なる者たちに一度《ひとたび》伝えられたその信仰」（*the* faith which was once for all delivered to the saints）というように「その信仰」（*the* faith）と呼んで、これを区別する方法を取り入れている。[99] しかし「人が信じることを伴う信仰」（*fides qua creditur*）に対しては、ローマの信徒への手紙の「人は信仰によって義とされる」（a man is justified by faith）のように、[100] 冠詞を伴わず単に「信仰」（faith）と言及するのである。

使徒信条へと至るキリスト教の最初の数世紀の教理教育や洗礼前教育の起源を反映している多くの最初期の信

(93) *Helv II* 15.6.
(94) *Apol Aug* 4.244-53; also *Form Conc Sol Dec* 3.42-43.
(95) *Mogila* 1.1.
(96) 一テモ 六・一二〇（Vulg）、二テモ 一・一四（Vulg）。
(97) *Irish* 37. Syndogmaticon 1.1, 1.6 を参照。
(98) *Dosith* decr 9.
(99) ユダ三。
(100) ロマ三・二八。

条的な断片は、質問形式で設定され、「あなたは信じますか。私は信じます」[101]である。教会会議や公会議の教理的な布告に関連する別の伝統として、三二五年のニカイア信条[102]と三八一年のコンスタンティノポリス公会議によって決定されたニカイア・コンスタンティノポリス信条[103]から始まった標準的な定式は、単数形ではなく複数形であり、「私たちは信じます」（*Pisteuomen*）である。しかし教会会議の布告で複数形だったものが単数形になり、ニカイア・コンスタンティノポリス信条に関しては「私は唯一の神を信じます」となった。なぜなら、ある学者たちによれば、この信条は元来、洗礼信条だったからである。東方ではニカイア・コンスタンティノポリス信条がこのような仕方で使われ続けたが[104]、西方ではミサ典礼でCredoとしてニカイア・コンスタンティノポリス信条が用いられ、洗礼では使徒信条が用いられた[105]。東方正教会、ローマ・カトリック教会、聖公会、ルーテル教会を含めて、ユーカリストの祭儀で「ニカイア信条」を採用し続けるほとんどの教会では単数形が主流であった。二〇世紀後半に、特に第二ヴァチカン公会議に関連した典礼・神学の改革により、ローマ・カトリック教会内外で複数形への回復が起こっていったのである。

しかしながら、動詞「信じること」（to believe）の単数形／複数形の変動よりもずっと重要な信条の発展がある。それは、新約聖書と教父文書、また信条も含めたギリシア語では、文法的に多様な形を動詞と名詞に構築することができるため、信じることの対象を明らかにすることができるということである（英語なども含めた語形変化の乏しい言語では、その表現できるニュアンスは限られる[106]）。

1　単純名詞。信頼を定義し、個人が信じていることの対象を表し、たいていは与格であり、ほとんどの場合、神もしくはキリストである。創世記第一五章六節の七十人訳に基づく新約聖書の三つの箇所、ローマの信徒への手紙第四章三節、ガラテヤの信徒への手紙第三章六節、ヤコブの手紙第二章二三節では、「アブラハムは神を（*theōi*）信じた」となっており、与格が採用されている。時には動詞「信じること」（to believe）よりも、信じていることの対象である名詞「信仰」（faith）が属格において現れることがあり、例えばローマの信徒への手紙第三章二二節のギリシア語では「イエス・キリストの信仰を通して」（*dia pisteōs Iēsou Christou*）とあり、その意味としては、イエス・キリストご自身が信じたことによる信仰というよりは、イエス・キリストを信じるという信仰を意味しているように思われる。しばしば文法的にはこのことを「目的（を表す）属格」（objective genitive）と言う。

２　前置詞句。たいていは into（ギリシア語では対格を伴う *eis* であり、ラテン語では対格を伴う *in* である）を伴うが、*epi* や *en* のような他の前置詞を伴うこともある。

３　従属節。確かであると宣言された教理的な事柄、もしくは確かに起こったと言われている救済史の出来事を記述している「そのようなことが真実である、もしくは真実に起こったということ（*hoti*）」を信じることを表す。新約聖書と他のキリスト教テキストの中で「信じることの動詞は、古典的な用例とは対照的に、ごく一般的に *hoti* を取り」、過去に何かが起こり、そして／あるいは今現在もそれが真実である（あるいは信じることと望むことが合体し、将来においてそれが起こるだろう）ということを信じることが言及されている。(107)

(101) *Hipp.* 13・2「ケリュグマと洗礼的なシンボル」を参照。
(102) *N* 1.
(103) *N-CP* 1.
(104) *Mogila* 1.103.
(105) Kelly, 296-331.
(106) Cf. Blass-Debrunner, 295.
(107) Blass-Debrunner, 397 (1), 204.

両方の事例は、先に引用した言葉の中に見られる。「もしあなたがイエスが主であるということを（*hoti*）あなたの唇で告白し、神が死者から彼を復活したということを（*hoti*）あなたの心で信じるなら、あなたは救われるだろう」[108]。この構文は動詞の不定形を取ることもできる[109]。

ギリシア語のニカイア・コンスタンティノポリス信条の文法的な構造は、上記の二番目と三番目のものの組み合わせであり、適用である。三位一体の三つの位格／ヒュポスタシスのそれぞれが、信じること（believing "in"）の対象となっている（*Pisteuomen eis hena theon patera ... kai eis hena kyrion Iēsoun Christon ... kai eis to pneuma to hagion*）。次いで、それぞれの特有の称号や属性がこの固有名詞、信じることの対象（例えば「父は全能であり、天地の造り主である」）が並置される[110]。特に、この信条の言語で、受肉した唯一の生まれた神の子である三位一体の第二位格の一時的また地上的な歴史について、事柄や歴史的出来事が真実であるということ（that）を信じることを表すのにギリシア語の接続法の分詞の形が用いられ、称号の固有名詞（*ton ... katelthonta ek tōn ouranōn*）を修正もしくは並置し、ラテン語ではこれが関係節に変えられている（*qui ... descendit de coelis*）。英語では、以前はこれらの分詞あるいは関係節をより字義的に翻訳していたが[111]、最近の版ではこれらを別個の平叙文として表現している。「彼は天から降った」[112]（He came down from the heavens）。「主であり命を与える」霊としての三位一体の第三のヒュポスタシスないし位格を信じることについての使い方は、いくぶん異なる。この形容辞の元来のギリシア語は、男性形の *ton kyrion* ではなく中性形の *to kyrion* であり、厳密に言えば、「主」（the Lord）と訳される名詞的な意味ではなく、形容詞的な意味「主の」（lordly, of the Lord）であり、これはすでにラテン語 *Dominum et vivificantem* として存在し、後にはほとんどの言語でそうなっていった[113]。父と子の項においてもそうだったように、信じるべき他の「対象」（objects）も付け加えられ、それらは聖霊と同一のレベルではないが、救済史の中で聖霊の行為として表されている。「一つの聖なる公同の使徒的な教会」[114]。これらの信じることの対象は、「私たちは罪の赦しのための一つの洗礼を告白し（*homologoumen*）」、「私たちは死者の復活と来たるべき命を待ち望む（*prosdokōmen*）」というように、確言する動詞を伴わせているものもある。(115)

2・3　信仰を告白すること

キリスト教教理が『キリスト教の伝統』の第一巻の冒頭で「イエス・キリストの教会が神の言葉に基づいて信じ・教え・告白する事柄」と定義された時(116)、その著作全体のサブタイトル「教理発展の歴史」における強調点は、その三つの中の二番目である信仰を教えることに置かれている（このことは本書の次の章で述べる）。しかし本書『クレド』において、『キリスト教の伝統における信条と信仰告白』においても同様であるが、強調点は三番目の信仰を告白することにある。これまでのところで、信じることと告白することの関係は、非常に密接でありかつ複雑であることは明らかだろう。ミロスラフ・ヴォルフが言うように、「イエス・キリストとの個人的な

---

(108)　ロマ一〇・九。
(109)　例えば、使一五・一一。
(110)　*N-CP* 1.
(111)　*Lit Chrys* II.E.
(112)　*N-CP* 3.
(113)　*N-CP* 8.
(114)　*N-CP* 9.
(115)　*N-CP* 10-12.
(116)　*Chr Trad* 1:1.

一致なしには、彼が誰であるかという認識の詳述は空虚となる。しかしながら、イエス・キリストとは誰であるかということの認識の詳述がなければ、彼との個人的な一致は盲目となる」[117]。しかし信じること（*believing*）が複数の意味を持つように、告白すること（*confessing*）もギリシア語の動詞 *homologein* や名詞 *homologia* と訳され、複数の意味を持つ。「信じること」（believing）と「告白すること」（confessing）の間の対照と関連の中に、この大きな複雑さが明確に認められるのである[118]。二つの語を関連させ、「内的」（inner）と「外的」（outward）の区別に基づいて「信仰の事柄について内的に考えることが信仰の行為であるように、外的に告白することも信仰の行為なのである」と議論したトマス・アクィナスは、これらの複数の意味を、*confession* と *confess*（彼のラテン語では *confessio* と *confiteri*）という語の定義をしながら、以下の三つの区別をすることによって分類している。

1　信仰の真理の告白。……これは信仰の徳のためにふさわしい行為であり、信仰の目標である実りである……。

2　感謝あるいは賛美の告白。これは *latria*（崇拝）の徳の行為であり、その目的が神への外的な栄光を示すことにあるため、*latria* の目標である。

3　罪の告白。この目的は私たちの罪をぬぐうことであり、悔い改めの徳の目標でもある[119]。

トマスがラテン語ウルガタの用法を土台にしてまとめているこの分類の中で、最も注目されているのは彼の第一の定義「信仰の真理の告白」である。

しかしながら、彼の第二の定義「感謝あるいは賛美の告白」と第三の定義「罪の告白」という組み合わせにより、*confession* という語が、ヒッポのアウグスティヌスの『告白』（*Confessions*）というタイトルで、これまでで最も著名な文学的表現となったのである[120]。アウグスティヌス自身が言っているように、告白する（*confessio*）とは

「自分自身への非難、神への称賛」という意味なのである。(121)『告白』の第一三巻が完成する頃までに、「信仰の真理の告白」と様々な教理がふんだんにこの本の中に盛り込まれていき、例えば、創造の教理が彼の最も重要な告白の一つとして至る箇所に見られる。しかしそれらの箇所ではアウグスティヌスの個人的な経験のレンズを通して見られ、描かれているのである。私たちがここで主として取り組んでいる告白（*confession*）という語の理解に対して、アウグスティヌスの『告白』が果たした最も大きな貢献は、おそらく「告白」（confession）の特質を公的な声明としたことである。本書の形式は、アウグスティヌスが一人称単数によって二人称である神へ宛てた個人的な長い一つの祈りとなっているが、実際のところ、一つの最長の祈りであるだけでなく、教会の歴史の中で言い表された最も公的な祈りの一つでもある。ラテン語の新しい版や新しい翻訳が種々の言語で出版され続けている。アウグスティヌスの『告白』の文学としての独特さは、古代末期の最も類似した著作である皇帝マルクス・アウレリウスによる『自省録』との対比によって明らかである。しかし学者による自叙伝の呼称としてのタイトルは、それ自体、命を持つものであり続けた。一八世紀にジャン゠ジャック・ルソーは一七六六年から一七七〇年にかけて『告白』を書き、アウグスティヌスのものを引用しただけでなく模倣もしたが、それが出版されたのは一七七八年の彼の死後の一七八一年と一七八八年のことであった。また、レフ・トルストイは、自分自身の道徳面だけでなく伝統的なキリスト教に対してもラディカルな改革に情熱を傾け、一八八二年の『懺悔』の中

(117) Volf 1998, 148.
(118) Campenhausen 1972; Arens 1989, 169-404.
(119) Thomas Aquinas *Summa Theologica* 2a2ae.3.1 (tr. Blackfriars).
(120) Courcelle 1950.
(121) Augustine *Sermons* 67.2. Brown 2000, 169 に引用されている。

で、（トマス・アクィナスの分類に即して言えば）「罪の告白」と「信仰の事柄の告白」とを組み合わせた。
新約聖書の *homologia* と *homologein* の用法では、この「信仰の事柄の告白」は一貫して個人的な行為であるように思われ、先に引用したパウロの言葉では単数形の動詞によって記述されている。[122]「もしあなたが主イエスをあなたの口で告白し（*ean homologēsēs*）」。それゆえ、アウグスティヌスが語るように、明らかに公的な「信徒に知られ、記憶に留められる信条」[123]ではなく（もしくは少なくとも最初の事例ではなく）、自発的で個人的な行為なのである。トマスの分類での「告白」の第二と第三の形式、「感謝あるいは賛美の告白」と「罪の告白」は、個人的なものであり続けるが、共同体としての形式と言葉を獲得した。第二の「感謝あるいは賛美の告白」は、東方でも西方でもユーカリストの祭儀の中で花開いた。*Eucharistia* は「感謝」（thanksgiving）を意味し、祭儀のすべてが感謝の「告白的」（confessional）表現を含んでいる。第三の「罪の告白」は東方教会でも西方教会でも精巧な告解の制度へと成長した。[124]この結果として、少なくとも一般的な言葉遣いでは、*confess* という語は第一義的に懺悔の告白を言及し、ハムレットが彼の母にこう言っている通りである。「天に向かって告白しなさい。過去を悔い改めなさい。これから起ころうとしていることを避けなさい」[125]。「懺悔室」（*confessional*）という名詞は、改悛している罪人たちが彼らの告白を司祭になし、罪を赦してもらうための小さな部屋を意味する。[126]プロテスタント教会のその信仰告白の用法では、中世の告解の制度への反動として、一四世紀末のロラード派においてすでに始まり、[127]ルターの一五一七年「九五箇条の提題」での贖宥状に対する攻撃へと続き、例えば一五三六年『ローザンヌ提題』[128]や、より影響力のある一五六六年『第二スイス信仰告白』へと至り、そこでは「神と罪人との間の個人的なものであれ、罪の告白が一般的に唱えられる教会の公のものであれ、神のみになされるこの誠実な告白」という第三の意味での告白の定義をしている。[129]『ウェストミンスター信仰告白』によれば、こういうことをする理由として、「自分の兄弟もしくはキリストの教会に罪を犯した者は、私的または公的な告白により、彼の罪に悲しみ、傷つけた者たちに対して彼の悔い改めを宣言すべきである」と挙げられている。[130]このことが強調されたことにより、「一般告白」(General Confession)が唱えられることが、多くのプロテスタント教会の礼拝順序の冒頭における重要な構成要素となった。例えば、『祈禱書』の歴代の版では、「私たちの救い主キリストが言われる慰めの言葉」が続くが、これは赦免の公的な宣言ではなく、赦免の一般告知に相当するものである。[131] 公的告白と一般赦免は、一部のプロテスタント教会で、もはや絶対的な義務ではないが、私的告白と赦免を可能な限り、残そうとする試みが不成功に終わったことと関連している。例えば、『アウグスブルク信仰告白』は「私たちの間では、私的赦免は維持されるべきで廃止されることは許されないと教えられている」と主張し、[132] 一五三五年『(第一)ボヘミア信仰告白』[133] も同様に「改悛者が司祭に近づき、彼の前で神ご自身に対して彼らの罪を告白すべきである」と主張している。ルターの『ザクセン訪問者のための一七箇条』と初期の英国教会の一五三六年

---

(122) ロマ一〇・九(AV)。
(123) Augustine *On Faith and the Creed* 1 (*NPNF*-I 3:321).
(124) M. Driscoll 1999.
(125) Shakespeare *Hamlet* 3.4.149-50.
(126) *OED* 2:802.
(127) *Loll* 9.
(128) *Laus Art* 6.
(129) *Helv II* 14.6.
(130) *West* 15.6.
(131) *BCP* (Blunt 384-85).
(132) *Aug Ger* 11.1; also *17 Art* 8; *Witt Art* 7; *Marburg* 11; *Witt Conc* 5.
(133) *Boh I* 5.3.

『一〇箇条』では、[134]「告解はサクラメントと見なされる」とされているが、[135]後の英国教会の『イングランド教会の三九箇条』は、「福音書における私たちの主キリストが定めた二つのサクラメントは、洗礼と主の晩餐である」と定義し、[136]英国教会やルターも含めた他の改革者たちのほとんどを代弁していると見なしてよいだろう。プロテスタントからの批判と中世末期の発展に呼応したものとして、『トリエント公会議の布告』は、一五五一年の第一四会期に告解と告白の教理を取り上げた。[137]

賛美の告白と罪の告白の共同体での形式が際立っていくにつれ、ここでの私たちの主要な関心事であるトマスの分類での第一の「信仰の事柄の告白」においても、共同体での形式が際立っていくようになった。一九世紀にモスクワの大主教であるフィラレート・ドロズドフによって作られた『ギリシア・ロシア正教会のキリスト教カテキズム』によれば、「神を告白すること」とは、「彼が私たちの神であるという知識のことであり、私たちが苦しみや死さえも被ることになっても、彼を否定しないことである」という意味を示している。[138]先に述べたように、（使徒信条や他の洗礼信条、[139]その後のニカイア信条の礼拝形式であるニカイア・コンスタンティノポリス信条[140]や東方の洗礼信条のように）「私は信じる」と一人称単数の動詞で信条的な告白を始めたとしても、私的な信仰宣言として個人的なものを公言する際には、教会の信条の言葉に即してなされなければならず、そこからの逸脱は許されないということになった。共同体の共通の信仰告白という意味での *confess* や *confession* という語のローマ・カトリック教会や東方正教会での用法は、改革期における改革派やルター派の信仰告白でも共有され、そのタイトルや数多くの引用箇所からもこのことがよく分かる。どちらかと言えば、おそらく告解のサクラメントが消えていったために、*confession* という語の用法は、個人的また共同体的な信仰表明の両方としての「信仰の告白」（confession of faith）の意味となり、ローマ・カトリック教会や東方正教会の用法よりもプロテスタントの方がより顕著となった。東方正教会では、メトロファネス・クリトプロスによる一六二五年『信仰告白』、ペトロ・モヒーラによる一六三八年『東方教会の公同で使徒的な正統信仰告白』、一六七二年『ドシセオスとエルサレム教会会議の信仰告白』（また、東方の全信仰告白の中で最も悲劇的なものである一六二九年『キリロス・ルカリスによるキリスト教信仰の東方の信仰告白』）といった信仰や教理が記されたもののタイトルに、*confession* という語が現れた。しかしこれら四つの正教会の「信仰」（confessions）のうちの三つが、一世紀前に現れ始めたプロテスタントの「信仰」（confessions）に対する応答（残りの一つは応答であるのと同時に譲歩でもある）として書かれた重要なものである。[141]

個人によってであれ教会によってであれ、「告白すること」（confessing）のそのような行為の規範的なモデルは、ヘブライ人への手紙で「私たちが告白している使者であり大祭司であるイエス」と呼んでいることにほかならず、[142]テモテへの手紙一では「ポンテオ・ピラトの前でよき告白（*tēn kalēn homologian*）をした彼の証言」と言われている。[143]一六五八年『サヴォイ宣言』ではこのことを基礎とし、「キリストは偉大な最初の告白者である」と主

(134) *10 Art* 3.1.
(135) *17 Art* 7.
(136) *39 Art* 25.
(137) *Trent* 14; Duval 1985, 151-208 を参照。
(138) *Russ Cat* 507.
(139) *Ap* 1.
(140) *N-CP* 1.
(141) 14・4「作用と反作用としての東方の信仰告白」を参照。
(142) ヘブ三・一。
(143) 一テモ六・一三。8・1「政治的な行為としての信仰告白」を参照。

張している[144]。それでも、形式の上では、キリストの「よき告白」が信条として唱えられることにはならなかった！　むしろ、彼は自身の位格において、ニカイア・コンスタンティノポリス信条[145]と使徒信条[146]で語られているように、「ポンテオ・ピラトの下で」苦しみ、十字架につけられたお方であり、ポンテオ・ピラトの前で彼自身が証言した通りのことをそのまま実行したお方である。「真理を証言するために私は生まれ、このことのために私は世に来たのである」[147]。ローマの地方総督ではなく天の父なる神の前でなされる彼自身の「よき告白」と、教会での信者たちによる「告白」との間の避けがたい相互関係は、福音書のイエスの別の言葉に関するテーマであり、欽定版ではこう訳されている。「それゆえ、人々の前で私を告白する者は誰でも、天におられる私の父の前で私もその者を告白するだろう。しかし人々の前で私を否定する者は誰でも、天におられる私の父の前で私もその者を否定するだろう」[148]。ルカによる福音書では、「告白する」という語はあるが、いくつかの重要な変更があり（特に天使に関する言及）、欽定版ではこうなっている。「人々の前で私を告白する者は誰でも、人の子も神の天使たちの前でその者を告白するだろう」[149]。弟子たちが「告白すること」（confessing）と人の子が彼の父の前で「告白すること」（confessing）との間の関係は、現代のほとんどの英訳聖書がギリシア語 *homologein* に別の動詞ではなく「告白する」（confess）をあてがっているため、曖昧になってしまい、この箇所と明らかな並行関係にあるヨハネの黙示録でのキリストの言葉もそうである。「私は彼の名を、私の父と彼の天使たちの前で告白する（confess）だろう」[150]。

2・4　信仰告白の内容

それゆえに新約聖書では、「告白される」（confessed）ことも「信じられる」（believed）ことも、イエス・キリストのことなのである。これが意味することは、何よりも彼が主であるということであり、以下の新約聖書における信条的な要素が記されているパウロの二つの記述は、第一のものが先に引用済みのもの、第二のものがこの先で論じるものである。[151] 第一のものが「もしあなたがイエスが主であるとあなたの唇で告白し、神が死者から彼を復活したとあなたの心で信じるなら、あなたは救われるでしょう」であり、[152] 第二のものが「イエスの名に、天と地と地下のすべてのひざがひざまずき、すべての舌がイエス・キリストは主であると告白し（confess）、父である神に栄光を帰す」である。[153] しかし、すでに新約聖書の中に、イエス・キリストが主であるという告白が、第二の引用にも示されているように、さらに発展しているのである。明らかに新約聖書の著作家たちの応答の中には、グノーシス主義の異端の初期の形態の中に、神の子が肉体の中に来られた物理的な人間の実体の否定と二元論とを知覚していたことが含まれ、二つの異なる属性としての「イエス」を「キリスト」から分離することを拒否するため、教会の信じることと告白することの具体的な教えを導入することが必須となった。「イエスがキリストであると信じるすべての者は」、キリストからイエスを切り離す代わりに、ヨハネの手紙一が言うよう

(144) *Sav* pr.
(145) *N-CP* 4; *Ign* も参照。
(146) *Ap* 4; *Heid* 38 の解説も参照。
(147) ヨハ一八・三七。
(148) マタ一〇・三二—三三（ＡＶ）、傍点は著者による。*Eun* 1; *Belg* 37 を参照。Bornkamm 1939 も参照。
(149) ルカ一二・八—九（ＡＶ）、傍点は著者による。
(150) 黙三・五（ＲＳＶ）。
(151) 5・1「聖書の中の信条」を参照。
(152) ロマ一〇・九、傍点は著者による。
(153) フィリ二・一〇—一一、傍点は著者による。

に「神の子である」とし、それゆえ「肉において来られたイエス・キリストを告白する（もしくは、イエスが肉において来られたキリストであると告白する）すべての霊は神からのものであり、イエスを告白しないすべての霊は神からのものではない。これは反キリストの霊である」[154]。このような「……を信じること」（believing that）と「……を告白すること」（confessing that）から、後のすべての信条や信仰告白での信じることと告白することへの変化には、量的な変化は大きくあったとしても、質的な変化は実際にはあまりないのである。例えば、重要な最初のキリスト教ラテン著作家であるテルトゥリアヌスは、「ローマ皇帝の支配者たち」に宛てて「キリストの名における私たちの告白」を弁護し、信仰告白の形式で「私たちの宗教が実際のところ何であるか」を示している、「私たちの礼拝の対象は一人の神である」[155]。

この発展を通して、「信仰を告白すること」（confessing the faith）は公式な、公的な、公の「告白」（confession）となり、教会によって信じられ、告白されていることの宣言と結びつけられた。後の公会議（例えば、四三一年のエフェソ公会議[156]や四五一年のカルケドン公会議[157]）における信条的な宣言は、それ以前の公会議の信条、とりわけ「ニカイアの三一八人の師父たちの信仰」であるニカイア信条と「一五〇人の師父たちの信仰」であるニカイア・コンスタンティノポリス信条を引用して取り入れ、連続性を主張している[158]。それだけではなく加えて、その後の信仰告白も、これらの信条や公会議を同じ意図で引用し、さらに後の信仰告白も（プロテスタント改革の教会の伝統的な告白の中にさえも）、それ以前の信仰告白を引用しているのである。そのことは一五七七年『和協信条』に見られることであり、一五三〇年の「最初の変わることのないアウグスブルク信仰告白と呼ばれる私たち自身の時代のシンボル」を「私たちのキリスト教信仰の一致した同意」と認めている[159]。同様の傾向は一六一八―一九年『ドルトレヒト信仰規準』の結論にも見られ、「正統的な教えの明白で、簡素で、率直な説明」を示した後で、それが「神の言葉に由来し、改革派教会の信仰告白と一致している」と主張し、他の信仰告白に依拠しているキリスト者に、一六世紀の改革派教会の信仰告白とこの教会会議での定式に注目するように要求し、「改革派教会の信仰について判断するためには……自分たちの教会の公式な信仰告白に基づくことと、全体教会会議のメンバーによる一致した同意によって是認されている正統的な教えの説明に基づく必要がある」としている。[160] 再洗礼派とバプテスト派の信仰告白にも、「ある兄弟たちが以前に誤って理解し、真の意味と一致しない方法で理解した条項」を明らかにした上で説明する必要があるとしている。[161] イングランドにおける一般バプテスト派の『原始的型による三〇教会の信仰と実践』は、彼らが学んできた教理を告白するために、「神は人に、被造物の教えによって彼らが学んできたことを語り、宣言するように命じておられる」と主張している。[162] また、一七世紀の英国バプテストの『アッセンブリーもしくは第二ロンドン信仰告白』は、信条と信仰告白の言葉に対するアプローチがこのように定式化されている。「私たち新しい言葉で宗教をふさいでしまうことを望まず、聖書に同意し、私たち以前の者たちが用いてきた健全な言葉の形式に快く同意する」。[163]

しかしこのような宣言は、（教会における叙任の必要条件として信仰告白への同意を必要とする教会法と同じ構図で

（154） 一ヨハ五・一、四・二―三。
（155） Tertullian *Apology* 2, 16-17 (*ANF* 3:19; 31); also *Tert.*
（156） *Eph 431* ep.
（157） *Chal* def.
（158） 1・1「公会議の決定における連続性 vs 変化」を参照。
（159） *Form Conc Epit* pr 3.
（160） *Dort* con; De Jong 1968.
（161） *Schleit* con.
（162） *Gen Bap* 7.
（163） *London II* pr.

あるが[164]告白すること（*confessing*）と告白（*confession*）の混同が容易に起こってしまう[165]。この二つの関係は、ドイツにおける「告白主義」（confessionalism）の近代史での中心的問題である[166]。「宗教改革の信仰告白」（the confessions of the Reformation）に同意することと「私たちの告白行為」（our act of confessing）を同一視してしまう危険性を、カール・バルトは特に関心を寄せて指摘した[167]。そのことに加えて、ちょうど同じ頃の一九三四年『バルメン宣言』で、彼のリーダーシップの下、多岐にわたる「宗教改革の信仰告白」（confessions of the Reformation）の支持者たちが自分たちの新しい「告白行為」（act of confessing）を行うために集まり、ナチの脅威に応えるために、自分たちの新しい「告白」（confession）を生み出した[168]。「私たちの告白行為」と「宗教改革の信仰告白」に同意することを同一視していることを示している言語は、複数の言語（とりわけドイツ語）に見られるが、英語でも告白（*confession*）の意味を「教会やキリスト教団体が不可欠であると見なす宗教的教理を表明している定式、信仰箇条の権威ある宣言、信条」としており、『オックスフォード英語辞典』ではこうなっている。「一つの信仰告白によって結び合わされた宗教団体や教会、共同体[169]」。それゆえ、現代ドイツ語では、*Konfessionskunde*という語は神学研究の分野を示すものであり、ここで使われている「信仰宣言」（statements of faith）という狭い意味での「告白」（confessions）の研究を意味するものではなく、それだけには限定されないが信仰告白を含めて「教派」や「共同体」の研究という意味を持っている[170]。しかし現代神学英語では、おそらく二〇世紀にエキュメニカルの流れが急拡大したことにより、*confession*という言葉は『オックスフォード英語辞典』にあるように「一つの信仰告白によって結び合わされた宗教団体や教会」を意味して用いられ、プロテスタント教会内でも信条的な信仰告白を重んじないところでさえも、この意味がかなり浸透しているようである。「（正教会、英国教会、ルター派などの）信仰告白の実体としての教会の概念」は歴史的には後発の現象であると長らく指摘されてきたが、しかし今は「告白主義は私たちの歴史に深く根ざしている」と言える[171]。

それでも、一九世紀から二〇世紀にかけて飛躍を遂げた信条と信仰告白の土着化と受容化は[172]、「告白」としてのプロテスタント教会に、「告白教会」の概念を再検討させることになったし、また「私たちの告白行為」と「宗教改革の信仰告白」（初代教会の信条も含めて）に同意することを単純に同一視してよいかどうか再検討を強いることになった。一九五一年、インドネシアのバタク・プロテスタント・キリスト教会（H. K. B. P.）が、ルーテルと改革派の母教会や姉妹教会に対して、また同様にインドネシアの主要なイスラムに対して、このような宣言の声明をその冒頭で「『信仰告白』は私たちの信仰を確立するため、また異端に対抗するために最も必要である」と語り出し、「台頭する異端に対抗して、教会は継続的に新しい信仰告白を必要としている」ことへの説明に進み、その一つがまさにこの『信仰告白』であり、二〇世紀のインドネシアのキリスト教信者と教会によって信じられ、教えられ、告白されていることが表明されている。というのも、彼らの精神的な先達たちがしばしば断言していたように、「もし信仰告白がなければ、『教会』と呼ばれるキリスト教のグループは存在しないからで

(164) 9・4「法令の追従としての信仰告白への同意」を参照。
(165) Jüngel 1968; Link 1998.
(166) Reese 1974.
(167) Barth 1935.
(168) Ahlers 1986; Burgsmüller and Weth 1983.
(169) *OED* 2:802.
(170) *PRE* 19:205-7 (Ferdinand Kattenbusch).
(171) Zizioulas 1985, 259-60.
(172) 第11章「他文化への信条と信仰告白の伝播」を参照。

ある」。[173] この宣言はインドネシアのキリスト教で保たれ続けた。[174] この宣言の他の側面に二〇世紀のインドの神学者の主張があり、宣教によって生まれたが今や成長した教会は「普遍的な教会の長きにわたる知恵を通して教会にもたらされるすべてをもちろん失うことなく、私たちの信仰の問題に取り組むこと」に着手すべきであり、[175]
このことが信条や信仰告白として具体化されるのである。

(173) *Bat* pr 4.

(174) Nortier 1941, 10-11.

(175) Devadutt 1949, 43.

第3章　教理としての信仰告白

前章で指摘したように、新約聖書や数世紀にわたるキリスト教伝統のほとんどの使われ方によれば、「を信じること」（believing in）、「ということを信じること」（believing that）、「ということを告白すること」（confessing that）は、信条的な命題を絶対的な基準点としているわけではない。むしろそれらが向けられているのは、聖書的な啓示を行う人格的で、聖書的な歴史の出来事の中において、最終的には「終わりの日に」[1]、イエス・キリストの歴史の中で具体的に働かれ、それゆえに信仰者たちが祈り、信頼と希望を置いている神に対してである。[2] 一四世紀のビザンチンの信仰告白がこの優先順位を「神の教理に関して聖人たちが常に語っていることは、たとえそれが真理と神学的な正確さに不適合であったとしても、私たちは彼らが教えている神に対して信頼を置くのである」と表現している通りである。[3] しかし、「彼らが教えている神に対して信頼を置く」ということ、「を信じること」、「ということを信じること」というのが何を具体的に意味し、その信じたことを「告白する」という義務を負うことは、最終的には命題となり、「神学的な正確さ」（信仰の教え、神についてまた聖書的な啓示や歴史の権威についての真理の教え）を追求することにつながっていくのである。

（1）ヘブ一・二。
（2）17・4「歴史の光に照らして、信条には過去と同様に未来があるか?」を参照。
（3）*CP* 1351 25.

このように、宗教改革の最初期の信仰告白の一つは「福音における信仰」（faith in the gospel）について語り、その直後に、中世の権威的体系を批判し、「福音において、人間の教理や伝統は救いに全く役立たないことを私たちは学んでいる」と語ることが続いている。[4] この信仰宣言で明らかにされているように、信じること、とりわけ「人間の教理や伝統」を取り除いて信じることは、教理と教えの問題にかかわってくる。もちろん、信仰と信仰告白は常に教理以上のものである。[5] というのは、それらの中に、信者個人にとっても、教会にとっても、政治にとっても、教会の職制にとっても、個人や教会の祈りの生活にとっても、神の意志との一致の生活にとっても、キリスト教的服従のすべてが含まれているからである。[6] しかしながら、信仰を告白することは教理に劣るものではないことを強調することは、等しく重要である。「私の個人的な救い主としてのキリスト経験」もしくはそれに類する定義が確実かどうかを気にするあまり、信仰が教理的な内容に呑み込まれてしまうのであれば、個人的なキリスト教的経験もその確実さも、もはや長続きしなくなってしまう。[7] 一五五九年『フランス信仰告白』ではこれら二つの事柄が必然的に結びつけられている。「私たちの主イエス・キリストは私たちの唯一の救い主であり贖い主であり、彼の教理は生活と救いの唯一の教理である」。[8] コリントの信徒への手紙一第一三章のパウロの愛の賛歌の言葉「それゆえ、信仰、希望、愛、これら三つは残る。しかし最も大いなるものは愛である」[9] との結論は、信仰（教理は言うに及ばず）を適切な順位に、すなわち、すべてのうちで「最も大いなる」愛の下に置くということである。このことにより、宗教改革の信仰告白にとって、プロテスタントの信仰のみによる信仰義認の教理を弁護するために、使徒が信仰よりも愛を優先すると言っていることをどう説明するのか、どこか戸惑いを感じざるを得なかった。[10] それでも、愛だけでなく信仰も（希望も）「残る」ことが、この言葉には主張されているのである。

新約聖書がキリストの復活と昇天後の原始的なキリスト教共同体を「使徒の教え、相互の交わり、パンを裂くこと、祈ることに熱心であった」と描き出す時、[11] ここでは「教え」（teaching）が使徒の四つの特徴の中で第一に割り当てられ、使徒たち自身がまだ生きていて直接教えていた時のことがここでは言われているのである。しかし使徒言行録が福音書記者ルカによって書かれた時代（おそらくそれは一世紀の八〇年代であった）、また（初代の伝統に従えば）ヨハネを除くイエスの一二弟子が死んでいた時代までには、[12]「使徒の教え」がすでに認識可能な教えの体系として形作られ始めていたのであり、徐々にいくつかの密接に結び合っている型として規定されていた。これらには初期のケリュグマが含まれ、最初は口伝で伝えられ、次いで書かれて伝えられ、正典として認められた福音書だけでなく、ルカによる福音書の序文にあるように正典になることはなかった「多くの」[13]もの（それらの一部は近代に至って知られるようになった）を通して、最終的に認識されたのである。このような教えの別の貯蔵庫は、使徒たちによって様々な教会や個人に宛てて書かれた手紙であり、それらが次第にまとめられて広められていった。[14]重要だが捉え難い情報源は原始教会の礼拝順序であるが、これら礼拝の詳細、特に信条に

（4）*67 Art* 15, 16.
（5）第4章「信仰と職制」を参照。
（6）第6章「祈りの法則と信仰の法則」、第10章「信条ではなく行為か？」を参照。
（7）Trilling［1950］2000, 180; 17・1「近代意識による信条への不信感」を参照。
（8）*Gall* pr.
（9）一コリ一三・一三。
（10）*Apol Aug* 4.225-28.
（11）使二・四二（ＲＳＶ、ＮＪＢ）、第13章「初代教会における信仰の基準」を参照。
（12）Eusebius *Ecclesiastical History* 3.23, 3.31（*NPNF*-II 1:150-52, 162-63）.
（13）ルカ一・一。
（14）二ペト三・一五—一六。

関してはヴェールに包まれたままである。[15] そしてその文脈の中で、全体のプロセスとしては長い道のりを要したものの、最終的には初期の信条として出現することになった最初の信仰表現が生まれたのである。[16]

3・1　教会の教え

それゆえ、「使徒の教え」についての使徒言行録の記述や他の記述において、英語の *teaching* という言葉は（少なくとも現在の使用法では、英語の *instruction* やラテン語の *doctrina* と同様に、しかし英語の *doctrine* とは違い）[17]、プロセスとも内容とも捉えることができる言葉である。キケロが完璧な雄弁家の知的形成には *doctrina* が必要だと言う時、彼が意味しているのは、宗教や哲学の特定の一連の思想のことではなく、英語の訳者が提示しているように「理論的な訓練」（theoretical training）もしくは「技巧」（art）のことである。[18] また、彼がローマの雄弁家は *virtus* に優れているがギリシアの修辞家は *doctrina* に優れていると言う時、前者は英語の「徳」（virtue）と等価の意味であるが、後者は先の英語の訳者がそうしているように「学ぶこと」（learning）と訳した方がよい。[19]『キリスト教教理について』というタイトルを同じくし、最もよく知られている二つの本を対比することにより、*doctrina* という語をどのように訳したらよいかが見えてくる。ジョン・ミルトンの不運な著作は（キリスト論や三位一体論が新アレイオス主義の異端と見なされ、一九世紀まで出版されなかった）、キリスト教の主要な教理とそれらについての伝統的な正統派の誤ちを扱った著作である。[20] ところが、アウグスティヌスの同じタイトルの著作は（カトリックのキリスト教への回心の数年後の三九七年に書き始めたが、彼の死の直前の四二七年まで完成しなかった）、そのタイトルの英語訳からすると、一般の読者が想像するような「キリスト教教理」（Christian doctrine）や神学の内容についての著作と思わせるが、まったくそうではないのである。むしろ、「キリスト教伝達」（Christian communication）としてのプロセスやスキルについてのものである。これは、健全な正統と聖書のカトリック的な解釈のため、聖書のしるしと意味の解釈原理の適用のため（象徴［symbol, *signum*］と現実［reality, *res*］との間の区別も含む）、特定のルールを持ちながらも古典的な修辞学の手法を共有している説教に適用されるキリスト教の修辞学の実践のために用いられるものである。[21] しかしながら、具体的な教会生活において、*doctrina* の二つの意味は一つになり得る。というのは、アウグスティヌスのキリスト教伝達は、最近になって発見されて確認されたものも含め、彼の数百にも及ぶ説教の中に反映されているように、[22] その必要な内容と疑う余地のない前提条件として、信条と教会会議の中でカトリック教会によって告白されてきた正統教理を有しているからである。[23] 教会の仕え人として、その信仰に結び合わされて信条を誓約した説教者は、どんなに優れた意見であっても自分の個人的な意見を、声を大にして言わないのである。アウグスティヌスから一〇〇〇年以上も経った後の『第二スイス信仰告白』では、「教会の真の一致は、教義（*dogmata*）と、真理と、キリストの福音の調和のある説教と、主から明白に伝えられた祭儀から成る」がゆえに、「使徒たちの説教と著作は……福音的教理と呼ばれる

（15）　6・3「礼拝の中での信条の位置」を参照。
（16）　第13章「初代教会における信仰の基準」を参照。
（17）　*OED* 3-I: 572-73.
（18）　Cicero *Brutus* 29.111.
（19）　Cicero *De oratore* 3.34.
（20）　*Chr Trad* 5:25-35.
（21）　Quasten, 4:376-77.
（22）　Quasten, 4:398-400.
（23）　Augustine *On the Trinity* 1.4.7（*NPNF*-I 3:20）.

にふさわしい」という改革派の立場を表明している[24]。教会の職制と教会の戒規の両方の重要さを、教理や教会の他の「諸文書」（notes）に関連付けて強調していることは、『第二スイス信仰告白』や他の改革派の信仰告白の特徴である[25]。

信じること（*believing*）と告白すること（*confessing*）に関連した教えること（*teaching*）という語には、教師の個人的な意見と教会の公の教理のような区別が暗示されている。三世紀に、教会の歴史の中での最初の偉大な組織神学者であるアレクサンドリアのオリゲネスは、すべての時代にわたって有効な区別を述べている。彼がしているのは、明確に法制化された信条がなかったとしても、「必然」（necessary）である「特定の点」（certain points）に関して公同的な共通理解に基づいて定式化することであり、それは「言語と知恵と知識の賜物」を受けた者たちによる探求のためにまだ開かれている問いと区別されるものである。オリゲネスは自身を代弁者と見なしてこの共通理解を語っている[26]。

聖なる使徒たちは、キリストの信仰を説教するにあたり、神的な知識を探求するのにいくぶん鈍いと思われる者たちも含め、すべての者が信じるのに必要である特定の点（certain points）を極めて明確にして宣べ伝えたことが知られなければならない。しかしながら、彼らの宣べ伝えたことに基づき、聖霊の優れた賜物を与えられた人々や、特に聖霊ご自身の手段によって言語と知恵と知識の賜物を受けた人たちが探求することが残されている。他方で、他のテーマについて、その事柄のあるがままの事実を単に記述しているだけで、それらの存在の方法や起源については沈黙を守っている。知恵を愛する彼らの後継者たちがさらなる情熱を持つ目的のため、自分の賜物の実りを示すための訓練の課題が与えられているのは明らかである（これらの人たちとは、つまり、知恵を受けるにふさわしく、価値のある受け手として準備すべき者たちのことである[27]）。

次いで彼は、「オリゲネス信条」と呼ばれている教会の信仰定式の要約を続けて語っていく[28]（注記しておかなければならないのが、この序文がアクィレイアのルフィヌスによるラテン語版だけにしか保存されていないので、この箇所も含めて多くの箇所で、その正確さを疑わざるを得ないということである）。

後に起こることになるオリゲネス論争では、オリゲネス自身が終末論の見解でこの区別を忠実に守らず、彼自身の巨大な「言語と知恵と知識の賜物」を境界を越えて外に運んでしまったという非難が起こった。この非難が五五一年『真の信仰に関する皇帝ユスティニアヌスの勅令』においてあらわにされ[29]、二年後の第二回コンスタンティノポリス公会議では、教理的な具体性を伴わないままであったが、「もし（とりわけ）……オリゲネスとその異端的な書物を呪うのでなければ、……彼もまた呪われよ」と宣言された[30]。その後、アウグスティヌスをめぐる論争が勃発し、とりわけ東方キリスト教界からの批判では、アウグスティヌスの私的な一つの意見だけが押し通されているという同じような疑問が湧き上がり、それは聖霊の発出が「父から」だけであるよりも「父と子から」（the Filioque）であるということであり、「西方修正版」のニカイア・コンスタンティノポリス信条でこ

(24) *Helv II* 13:3; 17.17.
(25) 4・3「宗教改革の信仰告白における教理としての政治」や10・1「改革期の信仰告白におけるキリスト教戒規の教理」を参照。
(26) Daniélou 1955.
(27) Origen *De Principiis* pr 3 (*ANF* 4:239).
(28) *Orig.*
(29) *Edict*; Diekamp 1899, 90 を参照。
(30) *CP II* anath 11.

れが教会の公的な教理として告白され、[31]プロテスタント改革の教理的な定式としても告白されることが続いていった。[32]しかし、私的な意見または「神学的言説」（theologoumenon）がこのように認められ、信条や信仰告白として教会によってすでに告白されている公の教理に反さない限りにおいて、限定的ではあるが、何らかの合法的な主張となることが可能であった。また、この基準がある意味においては、現段階の公の教理を超えることや、場合によっては後の定式を先取りする可能性も排除するものでもない。

このように、『キリスト教の伝統における信条と信仰告白』に収められているものも含め、すべての信条と信仰告白の最も一貫している特徴の一つは（とても明白すぎるので、特に自由主義神学の近代の論争の余波の中では見過ごされてしまう危険があるが）、キリスト教教理の問題を、文字通り、今この時代かつ後の永遠における生と死の問題として真剣に取り扱っているということである。[33]これらの信仰声明では、初期の時代の教会会議での資料や改革期の信仰告白的な多数の資料も含め、教会の制度や戒規、礼拝実践、キリスト教の道徳も取り扱っており、通常の意味での「教理」（doctrine）だけではないのである。[34]それにもかかわらず、これらのテキストのほとんどすべてを、単語や内容を考慮することさえせずに、第一義的に教理的な宣言としてもっぱら認めて分類してしまうことは、安全であると思われる。これらの信条や信仰告白の資料を歴史的な背景の中で研究する時に、現代の読者は政治的、文化的、知的、科学的な流れやその時代の前提といったものを、時には無意識的であったとしても、何度も繰り返し思い起こすだろうが、それらは解釈をするにあたって無視することはできないものである。[35]これらの信条や信仰告白におけるこのような文化的また政治的な言及のすべてをもってしても、教理に与えている注目に比べれば、ほとんど取るに足らないものと思えるかもしれない。少数のものだけが（特に、一九〇八年『メソジスト教会社会信条』[36]、その後継者である連邦教会会議によって採択された宣言である一九〇八年『教会社会信条』[37]、一九七一年『ブラジル・メソジスト教会社会信条』[38]）、この優先順位をひっくり返し、社会的また政治的問題を第一とし、教理的なことを第二の場所に置いている。その結果、著しく政治的な告白であっても、主としてその中心にはキリスト教信仰の教理があり、キリスト教教理を離れてそのような政治的な状況を第一のことにはしていないのである。回心したばかりの皇帝コンスタンティヌス一世の権威によって後押しされ、最終的には強制された三二五年のニカイア信条もまたそうだった。神聖ローマ帝国の皇帝カール五世が出席して行われた一五三〇年『アウグスブルク信仰告白』も同様である。それからほぼ四世紀が経ち、ドイツ政府の公的な国家社会イデオロギーが生み出した異端に抗って出された一九三四年『バルメン宣言』もキリスト教教理に立脚していた。三八一年の第一回コンスタンティノポリス公会議での政治的な雰囲気に対して、ナジアンゾスのグレゴリオスは伝統的かつ正統的な優先順位の割り当てをこのように要約した。「神の目において、純粋な教理とすべての真実な教義が詰まっている完全な魂ほど偉大なものはない(39)」。

(31) *N-CP Occ* 8. 7・4「一致の聖霊と一致のサクラメント――二つの歴史的な皮肉の事例」と15・1「カトリック教会の信条と教会会議の伝統の西方での受容」を参照。Syndogmaticon 8.6 も参照。

(32) 16・3「宗教改革の信仰告白におけるカトリックの本質とプロテスタントの原理」を参照。

(33) Lindbeck 1984.

(34) 第4章「信仰と職制」、第6章「祈りの法則と信仰の法則」、第10章「信条ではなく行為か?」を参照。

(35) 第8章「信仰告白の定式と宗教政治」、17・4「歴史の光に照らして、信条には過去と同様に未来があるか?」を参照。

(36) *Soc Meth.*

(37) *Soc Ch.*

(38) *Meth Braz;* also *Chin Man* of 1950 and *PRCC* of 1977.

(39) Gregory of Nazianzus *Orations* 42.8 (*NPNF*-II 7:388).

3・2 「教理の体系」

キリスト者とキリスト教会にとって、信仰とはとりわけ常に、キリストにおいて啓示され、聖霊によって教会で示される人格的な神に対する人格的な忠誠のことである。しかし、そのキリストのことを、ニカイア・コンスタンティノポリス信条の言葉では、「(私もしくは私たちは)唯一の主イエス・キリストを信じる」とし[40]、プラトン的世界観の抽象的なイデアに対する忠誠でもなく、歴史的過去の影に消えてしまった失われた英雄に対するものでもない。彼は、少なくとも最初の教会史家であるカイサリアのエウセビオスにまで遡る適切な表現で言うならば、「すべてにおける唯一の大祭司、万物の唯一の王、預言者の中の父の唯一の最高の預言者」なのであり[41]、それゆえ同時に祭司、王、預言者なのである。この三重の職務の概念は急進的改革の信仰告白によっても共有されており、例えば『ラコビア・カテキズム』[42]、ハンス・デ・リースによるメノナイト派の『小信仰告白』[43]、『第一ロンドン信仰告白』[44]にも含まれ、東方正教会のような様々な共同体のカテキズムや神学体系の中に、また第二ヴァチカン公会議の教令の中にも現れている[45]。しかし改革派の伝統の信仰告白ではそれが顕著であり、一六世紀の『ジュネーヴ教会信仰問答』、『ハイデルベルク信仰問答』、『真の信仰告白』[46]、一七世紀の『ウェストミンスター信仰告白』[47]、二〇世紀の一九二五年『カナダ合同教会基準』[48]が挙げられ、それらはイスラエルの歴史や一般的な宗教史の中でしばしば対立する預言者・祭司・王の三つの職務がキリストにおいて結び合わされている三職務(*munus triplex*)を語っているのである。一六四八年『ウェストミンスター小教理問答』は「私たちの贖罪者であるキリストが、謙卑と高挙の両方の状態において、預言者、祭司、王の職務を遂行された」と語っている[49]。祭司として、とりわけヘブライ人への手紙によって旧約の祭儀の類型で解釈され、唯一の永遠の大祭司であるお方として、キリストは「自身の死という唯一の犠牲によって私たちの罪を償われた[50]」と見なされ、レビ的な祭司職の犠牲がその予型と見なされる。その犠牲とは十字架に挙げられて死に渡された彼自身の体と命であり、プロテスタントの伝統では否定されたが[51]、カトリックの伝統ではミサ奉献として継続していった。それゆえに彼は、一二一五年の第四回ラテラノ公会議の『カトリック信仰』の言葉では「祭司と犠牲の両方」であり[52]、もしくは『聖ヨアンネス・クリュソストモスによる聖体礼儀』では彼を「奉献する者かつ奉献された者」（*ho prospherōn kai prospheromenos*）と呼んでいる[53]。王として、キリストは彼の宣教の中で神の国の到来を宣べ伝え、世界と人類を奴隷としていた悪魔と他の悪の力を征服することにより、彼自身の位格において神の国を成し遂げる。

（40） *N-CP* 2.
（41） Eusebius *Ecclesiastical History* 1.3.8（*NPNF*-II 3:20）.
（42） *Rac* 5 int.; also *Pol Br* B.
（43） *Ries* 9-18; also *Geloof* 13-16; *Menn Con* 5.1.
（44） *London I* 10.
（45） *Mogila* 1.34; *Vat II* 5.1.31, 34-36.
（46） *Genv Cat* 34; *Heid* 31; *True Con* 12.
（47） *West* 8.1.
（48） *Un Ch Can: Union* 7.
（49） *West Sh Cat* 23.
（50） *Tig* 4.
（51） *Heid* 80.
（52） *Lat 1215* 1; Raby 71. Syndogmaticon 10.9 を参照。
（53） *Lit Chrys* II.B.1.

そして、彼は歴史の終わりに生者と死者を裁くために再臨することを通してその国の完全な勝利を約束し[54]、主の祈りの第二の願いである神の国の到来を祈るように弟子たちと教会に命じるのである[55]。しかしキリストにおいて統合されたこれらの三つの職務のうち、慣習的な順番で言えば最初の預言者の職務は、特に教理と関係している。というのは、カルヴァンの『ジュネーヴ教会信仰問答』では、「この（預言者の）職務は、ご自身が師匠であり教師であるために主イエスに与えられたものであり、私たちが神の家の学生（生徒）となるために、父についての真の知識と真理をもたらす目的があり……私たちは最後までキリストの弟子であり続けなければならない」としているからである[56]。あるいは、カルヴァンが『キリスト教綱要』の中で、「キリストにおける預言者の威厳は、彼が私たちに与えた教理の体系（*summa docrinae*）の中に、完全な知恵のすべての部分が含まれていることを知るように私たちを導いている」と、より直接的に言っている通りである[57]。キリストの位格に忠実であることは、「彼が私たちに与えた教理の体系」に忠実であることなのである。

教理の体系（*summa docrinae*）についてのジャン・カルヴァンの言語は、初めて読むと、トマス・アクィナスの『神学大全』のタイトルが反響しているように、「彼が私たちに与えた教理の体系」全体であるキリスト教「教理」が、四巻構成で複雑な理論と注意深い定式で数百頁にもわたるカルヴァンの主著によって示され、それがキリストご自身から来ているという、とんでもなく、実際に途方もない主張のように聞こえるかもしれない。それゆえに、『ハイデルベルク信仰問答』が「使徒信条の条項は、私たちの普遍的な（*allgemein*）信仰告白と認められる」と言うように、啓示された教理の地位を主張することができた[58]。しかし、そのような印象は、カルヴァンの他の多くの著作の記述からの論証によって修正されなければならず、彼の著作には、教理の方法論のより緻密な概念、および神学者と教会が聖書から教義へと至る分析と熟考の複雑な道への鋭敏な認識が論証されているのである[59]。カルヴァンとカルヴァン主義者にとって、啓示の保証は神の霊感による聖書（その言葉やその言葉を語る人物やその人物を通して語っている聖霊）に限定され、預言者、詩人、使徒、とりわけキリストの言葉を通して、神の絶対的な啓示が人間にもたらされる。[60] しかし、『ウェストミンスター信仰告白』が認めざるを得なかったように、「聖書の中のすべての事柄はそれ自体で明白ではなく、すべての人たちにも同様に明白でない」[61] という問題が教会史の中に一貫してあったのである。このことから、「ある（複数ではなく一つの）聖書箇所の真の完全な意味についての疑問を抱く場合、より明白に語っている他の箇所によって探求され、知られなければならない」ということになる。[62] 明白な箇所は曖昧な箇所を説明するはずであり、その逆ではない。歴史的な解釈をしている黙示録の訓話は、その原理をしばしば証明しているものである。エウセビオスによれば、初代教会では、黙示録について「ほとんどの人の意見が未だに割れている」のであり、その地位も未だに「古代の人たちからの証言によって決定されているにすぎない」とされている。[63] 宗教改革においては、カルヴァンが唯一その注解をしなかった書であり、ルターもまたそうである。曖昧な箇所を明白な箇所に基づいて説明するという方法論は、聖書が聖書によって解釈されるという原理に基づくものであり、「宗教のすべての論争が裁定され、また教会会議の

（54） *N-CP* 7.
（55） *Heid* 123. Syndogmaticon 7.2 を参照。
（56） *Genv Cat* 44, 308.
（57） Calvin *Institutes of the Christian Religion* 2.15.2（McNeill 1960, 1:496）.
（58） *Heid* 22; 16・3「宗教改革の信仰告白におけるカトリックの本質とプロテスタントの原理」も参照。
（59） Dowey 1952.
（60） *Gall* 2 に引用されているヘブ一・一―四を参照。
（61） *West* 1.7.
（62） *West* 1.9.
（63） Eusebius *Ecclesiastical History* 3.24.18（*NPNF*-II 1:154）.

布告、古代の著作家の意見、人間による教理、私的な霊が吟味され、また私たちがその判決に依拠すべきである至高の裁判官は、聖書において語っておられる聖霊以外にはあり得ない」からである。(64) 聖霊以外の権威、すなわちローマ・カトリック教会や東方正教会における古代教会会議の伝統理解や、熱狂主義者やクエーカーや他のプロテスタント左派が重きを置いている「私的な霊」(private spirits)の理解を、「聖書において語っておられる聖霊」と同じレベルに置くことはできないのである。(65) もちろんのこと、究極的にこの原理は聖書の原語であるヘブライ語とギリシア語の十分な知識が適用されることを必要としている。(66) 一旦このような警告と制限が規定されて一貫して実施されたとすれば、『ウェストミンスター信仰告白』によって詳細に示されているように、聖書の権威のみという名の下で、実に堅固な信仰告白的で神学的な「教理の体系」(sum of doctrine)が可能となるのである。

ここに示唆されているのは、この教理の体系への不信仰が、キリストに対する不従順に等しくなるということである。なぜなら、教会の歴史が示しているのは、「人が信じることを伴う信仰」(*fides qua creditur*)としての真の個人的な信仰が、「人が信じるところの信仰」(*fides quae creditur*)としての誤った教えの上に成り立ってしまうことは、神学的にあり得ない、もしくはせいぜいよくても首尾一貫性がないからである。(67) いずれにしても、このことは、すべての主要な信仰告白の伝統から生じている多くの信条と信仰告白の中にある誤った教理への鋭い非難の根底にある確信である。(68) 一八六四年『教皇ピウス九世の誤謬表』では「我らの最も聖なる父である教皇ピウス九世の教会会議での勧告、回勅、他の使徒的な手紙において非難されている現代の主要な誤り」について語られており、八〇の誤りが箇条書きにされ、さらにそれ以上のものの誤りが示唆されている。(69) ルター派の一五七七年『和協信条』では、最初の一一条で肯定的な宣言をする中で、それぞれの教理の誤ったアンチテーゼを一つかそれ以上、合わせて並べることをしてきた上で、第一二条で、特に他のプロテスタントのグループ内でのなおもまだ誤りのある項目を列挙している。(70) コンスタンティノポリスの総主教イェレミアス二世は、まさしくこのルター派との交渉に対して、厳しい警告をもって最初の返答をしている。「聖なる使徒たちと聖なる教会会議の決定に反して、誰も何かに着手したり考えたりしてはならない」(71)。改革派の一五六六年『第二スイス信仰告白』では、非難の対象となる異端を「ユダヤ教徒、イスラム教徒……。すべての異端と異端者。……モナルキア主義者、ノウァティアヌス派、プラクセアス派、神父受苦主義者、サベリオス派、サモサタのパウロス、アエティオス派、マケドニオス派、神人同形論者、アレイオス派、およびその同類」とリストアップし(72)、他の数章にわたってさらに多くの異端や異端者の名前とその誤りが挙げられていく。

さらに言えば、確言、そして特に非難がそうである、現代人の耳には厳しく響くように聞こえることが多い(73)。西方では、アタナシウス信条がこのように脅かしている。「これが公同の信仰である。もしそのすべてを汚れのないままにしないのならば、その人は確実に永遠に罰せられてしまうだろう」(74)。東方では、『一三五一年コンス

(64) *West* 1.10. Syndogmaticon 8.11.
(65) 5・4「聖書解釈の信仰告白的な基準」を参照。
(66) *West* 1.8.
(67) 2・2「信仰の定義」を参照。
(68) 7・1「アナテマ信条と論争」を参照。Syndogmaticon 1.5 も参照。
(69) *Syl* ttl.
(70) *Form Conc Epit* 12.
(71) *Jer II* 1.29.
(72) *Helv II* 3.5.
(73) 17・1「近代意識による信条への不信感」を参照。
(74) *Ath* 2.

タンティノポリス教会会議の会議書簡』が（グレゴリオス・パラマスによって語られた言葉として）、なぜ特に教会の公式な信仰告白の中の肯定的な教理の定式がこのような注意と正確さを必要としているのかを説明している。「正統の弁護と信仰の告白とは別物である。論争において弁護者は、大バシレイオスが言うように、自分の表現に非常な正確さをもって語る必要はない。しかし信仰告白においてはあらゆる点で正確さ（*akribeia*）が保たれ、要求される」[75]。特に、教理的な真理の「正確さ」に対するこの態度が現代における精神と相入れない主張であるように思われるため、物事を正確に捉えたり、あるいは理想に近づけることを目標にしたり、物事を間違えると危険な状態になる可能性があると捉えたりしている現代科学技術主義との類比で考えてみることが有益かもしれない。火薬のレシピとして、あるいは橋のデザインとして、アタナシウス信条の警告をごくわずかだけ適用することができる。この世においては「永遠に」ではないにしても、誤ったデータを扱ってしまったり、有効なデータの解釈や適用を誤ってしまうと、「もしそのすべてを汚れのないままにしないのならば、その人（あるいは誰か他の「人」）は確実に永遠に罰せられてしまうだろう」。おそらく、その職業から破門される恐れにある薬剤師に対して誰もが期待し要求するのは、処方箋であるラテン語テキストを正しく理解し、処方してくれる医師の「著者の意図」に字義的に従う投薬量を準備することであり、さもないと患者も「罰せられてしまう」かもしれない。キリスト教言語の中には医学的な比喩が多く、この類比に付加的な作用を加えることができる。最初期のキリスト教言語において、ユーカリストの中に「不死の薬」（*pharmakon athanasias*）という言葉があり[76]、初期の異端研究の最も重要な著作にサラミスのエピファニウスの『パナリオン』もしくは別名『薬箱』がある[77]。

したがって、信条と信仰告白は新約聖書の命令への応答であり、教理において「健全」（sound）で正統でなければならず[78]、信仰者と告白者は神が命じられたこととしてこの命令を理解している。このような応答としての起源を持つため、信条と信仰告白は正統な教理とは何かという基準の決定に仕えることになる。「主の年一五六二年にイングランド教会の評定に従ってロンドンで開かれた評議会において、全地域の大司教と司教と全聖職者によって合意された箇条」と銘打たれた一五六二年『イングランド教会の三九箇条』の目的は、二つあると言われている。「多様な意見を取り除くこと、真の宗教の一致を確立すること」である。[79] そうなると肯定的側面としては、信仰告白の意図が「真の宗教の一致を確立すること」にある。「一致」は教理的な合意が求められて達成されるという意味であり、その上で教会の権威およびしばしば国家の権威として、この信仰告白を自分たちのものにするようにという強制力が働く。[80] しかしそれは通常（『イングランド教会の三九箇条』の場合のように）、歴史的な諸信条の中にとりわけ記載されているように、過去からの正統の主要な声の少なくともいくつかとの合意や連続性の主張を含んでいる。[81]「ニカイア信条、アタナシウス信条、一般的には使徒信条と呼ばれている三つの信条は、完全に受け入れられて信じられなければならない。というのは、それらは聖なる書の最も確かな保証によって証明されるからである」。[82] 否定的側面としては、信仰告白の「多様な意見を取り除くこと」が挙げられる。先に述べたように、すべての多様な意見が自動的に正統への脅威となるというわけではなく、この信仰告白の中

(75) *CP 1351* 7.
(76) Ignatius *Epistle to the Ephesians* 20.2 (*ACW* 1:68); *Metr Crit* 9.11.
(77) Quasten, 3:384-86.
(78) 一テモ一・一〇、テト一・九、二・一〇。
(79) *39 Art* pr.
(80) 第9章「教会法としての信条的教義」および8・2「信条遵守のための市民法」を参照。
(81) 1・1「公会議の決定における連続性 vs 変化」、14・3「七つの公会議の聖なる伝統」、15・1「カトリック教会の信条また会議の伝統の西方教会の受容」、16・3「宗教改革の信仰告白におけるカトリックの本質とプロテスタントの原理」。
(82) *39 Art* 8.

で再確認され定義されているように、教会の公式な教えに公然と頑なに矛盾しているものだけのことである。しかし、ある時代には受け入れられていた「意見」のいくつかが、やがて後の時代の教会によって、場合によっては追加の信条や信仰告白が発行されて、非難されることになった。最終的な結果として、「多様性」の度合いがますます低くなっていってしまった。表現を変えれば、特に宗教改革以降、この多様性を受け入れるために、さらなる分裂や分派が起こっている（「多様な意見」を排除することの裏返しでもある[83]）。

3・3 「諸教理」と教理

カルヴァンの「教理の体系」（sum of doctrine）という言葉では、「体系」だけでなく「教理」も単数形が使われているが、特に改革期と近代の時期の信条と信仰告白には複数の条項があり、複数の教理を伴っているため、これは興味深いながらも困難な問題提起となっている。キリスト教教理で告白されなければならないものは、いったいいくつあるのだろうか。新約聖書の用法では、教理（*doctrine*）（英語のＲＳＶ訳ではギリシア語 *didaskalia*, *didachē* と *logos* の訳語となっている）という語は、「健全な教理[84]」（sound doctrine）、もしくは「あなたが従っているよい教理[85]」（the good doctrine which you have followed）、もしくは「キリストの初歩的な教理[86]」（the elementary doctrine of Christ）として肯定的に用いられる場合は常に単数形である。名詞の真理（*alētheia*）も同様である。アメリカの「独立宣言」の定式「私たちはこれらの真理（these truths）を自明なものとして保っている[87]」に完全に相当する新約聖書の（福音の個々の「諸真理」［truths］に言及して名詞の複数形を用いるような）用例はないが、形容詞の複数形が用いられているパウロの「どんなことであれ真実なこと（*hosa estin alēthē*）」という言葉[88]は、かなりそれに近いものであると思われる。新約聖書では、複数形の「諸教理」（doctrines）は、イザヤ書の言葉「人間の戒めの諸教理として教えること[89]」に基づいて福音書の中にだけ出てくるものに限られ、聖書の神的権威に比べると「人間の諸教理」にすぎないと見なされている教会の伝統の権威の見解を持つカトリック教会（と東方正教会）に対して非難する記述として、何度も何度も繰り返し、『ジュネーヴ信仰告白』[90]、『第一スイス信仰告白』[91]、『第二スイス信仰告白』[92]、『スコットランド信仰告白』[93]、『（第二）ボヘミア信仰告白』[94]、『ハイデルベルク信仰問答』[95]、『ウェストミンスター信仰告白』[96]といったプロテスタントの信仰告白の中で引用されている。複数形の「諸教理」（doctrines）は、「人の戒めと教理」[97]（human precepts and doctrines）、「悪魔の偽りの霊と教理」[98]（deceitful spirits and

---

(83) 8・4「信仰告白的な政治の多様性」を参照。
(84) 一テモ一・一〇、テト一・九、二・一〇。
(85) 一テモ四・六。
(86) ヘブ六・一。
(87) Laqueur and Rubin 1989, 107; 傍点は著者による。
(88) フィリ四・八（AV）。
(89) イザ二九・一三、マタ一五・九、マコ七・七。
(90) *Genv Con* 17.
(91) *Helv I* 4.
(92) *Helv II* 2.6, 16.5.
(93) *Scot I* 14.
(94) *Boh I* 7, 15.
(95) *Heid* 91.
(96) *West* 20.2.
(97) コロ二・二二。
(98) 一テモ四・一、*Tetrapol* 9.

doctrines of demons）といった新約聖書の箇所に現れる。そうなると、新約聖書の言葉としては、「教理の体系」は明らかにキリストと教会の（単数形の）教理であり（*is* the doctrine）、その外側においてだけ、悪魔や人間の誤った教えとして、複数形の「諸教理」（doctrines）が用いられることになる。

古代の教会会議の教理的な布告から分かるのは、そこにどんなに多くの他の教理が含まれていたとしても、あるいは少しだけけしか言及されていなかったとしても、三位一体の教理とそれに関連する受肉の教理は他のすべての教理よりも高い優先順位が割り当てられていたということである。アタナシウス信条ではこの広く行き渡っている優先順位をこう定式化している。「救われたいと願う者はカトリック信仰のすべての事柄をとりわけ保たなければならない。……これがカトリック信仰である、私たちが唯一の三位一体の神、唯一である三位一体を礼拝する。……しかしながら、私たちの主であるイエス・キリストの受肉を忠実に信じることは永遠の救いのために必要である[99]」。それゆえ、何らかの仕方で、最初の七つの公会議それぞれで、福音書の中でのイエス・キリストの「あなたがたは私を誰と言うか[100]」という問いかけに対して、教理的な教会の応答を与えようとしていると見なすことができる。まずこの問いかけに対して答えているのは、三位一体におけるイエスの位格が父と聖霊の位格に対してどういう関係になっているのかという教理に関することである。これは最初の二つの公会議で起こったことである。この問いに答えられたことに基づき、次にイエスの位格の内で神性と人性の関係に関する教理のさらなる問いに進んでいった。これは次の四つの公会議で起こったことである。第七回目の公会議である七八七年の第二回ニカイア公会議で、教会における聖画像の使用が弁護された時でさえ、受肉のリアリティの教理に基づいてこの実践が正当化された。結果的に、「もし私たちの神であるキリストが人性で表現され得ると告白しない者があれば、呪われよ」とされた[101]。

そうなると、これらの教会の七つの公会議とその信仰の定義にとって、三位一体の教理と受肉の教理が（カルヴァンの言葉を借りれば）「教理の体系」（sum of doctrine）であるということが論証可能になってくる。後の信仰告白で取り上げられている他の「諸教理」（doctrines）は派生的なものであり、それゆえある意味では第二義的な位置にあるものである。おそらくこれらすべての他の諸教理の中で、特に西方において中世と改革期に次なる発展を遂げたものとして最も注目すべきなのは、キリストの贖罪の働きに関する教理である。[102] ゲオルギー・V・フロロフスキーが、中世西方の「スコラ神学の父」であるカンタベリーのアンセルムスから「クール・デウス・ホモ」のタイトルを拝借して明確に述べているように、[103]「受肉の究極的動機についての問いは、教父時代においては公式に議論されたことが一度もなかった」のであり、[104] その時代の教会会議や信条においてもそうである。教会の教えは、真の神であり真の人であるというキリストの位格についての教理を扱っている。キリストの働きに関する教理の定式化は、教義や信条に明文化されるよりも、祭儀の祝典、説教者の説教、神学者の注解や思索のテーマにした方がよい。このことはどんな贖罪論であろうとも（悪魔に身代金が支払われようとも、贖罪の犠牲であろうとも、神への充足のための代理的な行為であろうとも、神への信仰と従順の至高の模範であろうとも、罪や死や悪魔に対する十字架と復活の勝利であろうとも、その他のいかなる考えであろうとも）適用されることである。[105] キリストの位格の教義と並べてキリストの働きを教義として制定することに教父たちが躊躇したことは、後の時代まで

（99） *Ath* 1, 3, 29; 例えば *Tol XI* 1.9 も参照。
（100） マタ一六・一五。
（101） *Nic II* def, anath 1.
（102） *Pres USA* 9.09; Dowey 1968, 49-53 も参照。
（103） 15・3「信条に基づく理性としてのスコラ神学」を参照。
（104） Florovsky 1972-89, 3:164; 傍点はオリジナルである。
（105） これらの見解は Aulén 1969 にまとめられている。

ある程度は維持された。それでも、アンセルムス的な「代理的贖罪」(substitutionary atonement)や、神の栄誉が損なわれたことに対して神・人であるキリストが充足させたというキリストの死の教理が、ローマ・カトリック教会だけでなく、プロテスタントの主流派や福音派においてはより一層のことであったが、西方教会中で広く受け入れられることになった[106]。

例を挙げると、『キリスト教の伝統における信条と信仰告白』の第四部のプロテスタント改革の信仰告白の中の最初期のものである一五二三年『ウルリッヒ・ツヴィングリの六七箇条』の「キリストは私たちすべての痛みと悲惨を負った」という記述は、それ自体で自明な教理的命題というわけではなく、「償罪の働きはキリストのみに属することであるから、それを誰かに帰そうとする者は誤りであり、神を冒瀆している」という論争的な宣言が前提となっている[107]。他の宗教改革の信仰告白に含まれているキリストを通しての贖罪の教理の定式に関しても、同様のことが言える。『アウグスブルク信仰告白』のラテン語版はアンセルムスの著作の専門用語を採用し、「キリストは……彼の死によって私たちの罪を充足させた(*sua morte pro nostris peccatis satisfecit*)」と教えている[108]。ツヴィングリの『信仰の弁明』[109]にはキリストは「神の義を私たちにもたらすために犠牲を払う仲保者である」というフレーズが含まれている。「彼自身を献げることによって、彼は私たちの罪とすべての信仰者の罪のために神を充足させた」と『第一バーゼル信仰告白』はドイツ語で言っている[110]。よりアンセルムス的なラテン語の定式として、『ベルギー信仰告白』は、「神の義と慈しみ」との間の関係は、キリストが「父の御前に私たちの名において身を現し、父の怒りを完全な充足で満たす」時に解決されると主張している[111]。このような信仰告白的な主張において、このキリストの死を通しての「充足」(satisfaction)は、罪によって生じた損害のため、神の潔白さ(*rectitudo*)もしくは栄誉を罪人によって返還させることを求める罰や刑罰的な「充足」という中世的な考えに対抗するために用いられている。充足というのは、ローマ・カトリック教会の告解のサクラメントの三つのステップ(悔恨、告白、充足)のうちの一つであり、トリエント公会議によれば、充足によって「私たちは、私たちの罪のための充足をしてくださったイエス・キリストのようになる」と言われている。[112]これに対して、プロテスタントの信仰告白では、真の悔い改めの三つのステップは、悔恨、信仰、新しき従順であるとしている。[113]一五三六年『第一スイス信仰告白』の一つの条項の中で、キリストの働きに関する教理の変更が数点見られ、その働きを「私たちの命を活かす（活かし続ける）こと」「純粋で汚れなき犠牲」「身代金」「死と罪とすべての陰府の力に打ち勝ち克服すること」「神の像を回復すること」「彼の神的な本性の交わりの中に導き入れる（導き入れ続ける）こと」へと広げている。[114]一五三六年『ヴィッテンベルク条項』は、アンセルムスの名前に強く依拠し、彼の原罪の定義に「私たちは特に承認する」としているが、[115]充足としての贖罪の記述がなされる時、アンセルムスの考えに対応しているわけではない。『ハイデルベルク信仰問答』は、アンセルムスの仕方で論じられている「充足」の必要性について語っているが、このアンセルムス的な語彙を、『ハイデルベルク信仰問答』特有の

(106) *Camb Dec* 2, 4; *Chr Trad* 3:129-44, 4:161-63, 359-61, 5:95-101.
(107) *67 Art* 54; *Fid rat* 3 にあるツヴィングリの記述も参照。
(108) *Aug Lat* 4.2, 24.25-27. *17 Art* 9; *Witt Art* 7; *Form Conc Sol Dec* 3.57 も参照。
(109) *Fid rat* 2.
(110) *Bas Bek* 4; *Laus Art* 1 も参照。
(111) *Belg* 20-21.
(112) *Trent* 14.1.3, 14.1.8.
(113) *Witt Art* 4.
(114) *Helv I* 11. Syndogmaticon 4.1.
(115) *Witt Art* 2; *West Sh Cat* 18 も参照。

救済理解の文脈の中に置いている。[116] 一五六六年『第二スイス信仰告白』は、キリストの贖罪の働きを説明するというよりはローマ・カトリック教会の告解の充足についての教えを論駁する中で、「キリストのみが、彼の死と受難によって、すべての罪の充足、宥め、償いとなることができる」と論じている。[117]『イングランド教会の三九箇条』では、「十字架の上で完成したキリストの唯一の供え物について」なる特別な条項を設け、さらに同じ方向に踏み込んで「ただ一度なされたキリストの奉献は、原罪も実罪も含めて世のすべての罪のための完全な贖罪、宥め、充足であり、これを除いては他の充足はない」としている。[118] そしてより具体的に、『ウェストミンスター信仰告白』の「仲保者キリスト」の条項では、アンセルムス的な充足としてのキリストの働きの教理をこう言い換えている。「主イエスは、永遠の御霊を通して、彼ご自身の完全な従順と犠牲を献げることによって彼の父の義を完全に満たし、父が彼に与えてくださったすべての者たちのために、和解だけでなく、天国の永遠の嗣業を買い取ってくださったのである」。[119] 一六一〇年『メノナイト小信仰告白』でも、キリストの従順、苦難、死は「私たちすべての罪と世の罪のための和解と充足（*genoechdoeninge*）」と記述されている。[120]

処女マリアの「教理」（doctrine）は、キリストの働きの「教理」と近い立場にある。初期の信条の断片には、「人間の娘の中に神の子が宿られた」という告白が繰り返されている。[121] 最初の七つの公会議の信条的な布告の中で、特に四三一年のエフェソ公会議では、マリアに対して「神の母」（Theotokos）の称号が与えられているが、マリア論は教会の教えと信仰告白といった主題から分離されて成り立っているものではなく、キリストの位格の教理と信仰告白に対して（欠くことができず、議論の余地がないものであるが、それでも付随的な）命題として機能するものである。『聖ヨアンネス・クリュソストモスによる聖体礼儀』の中では、マリア論は同じ位置を占めている。[122] マリアは三二五年のニカイア信条では言及されておらず、神の子が「肉となり、人となった」と単に言われているだけであり、彼女への言及は一切ない。[123] しかし三八一年のニカイア・コンスタンティノポリス信条では、より詳細に、「聖霊と処女マリアによって肉となり、人となった」と宣言している。[124] エフェソ公会議の最初のアナテマでは、「それゆえに」（*dia touto*）という言葉によって明白にしているが、信仰告白の第二のマリア的な節が、第一のキリスト論的な節の必然的結果であると宣言している。「もしインマヌエルが真実に神であり、それゆえに聖なる処女が神の母（Theotokos）である（彼女が神の言が肉となったという肉的方法で産んだため）ということを告白しない者があれば呪われよ」[125]。東方と西方の両方における次なる発展において、マリアの教理の信仰告白はそれ自体で教理的な居場所を占めたわけではなく、キリストの教理や教会の他の教理（そこではマリアは模範と見なされている）と結びついている[126]。一八五四年の教皇ピウス九世によって発表されたマリアの無原罪の御宿りの教理、すなわち「人類の救い主であるキリスト・イエスの功績に基づく」[127]と言われている特権や、一九五〇年の教皇ピウス一二世によるマリアの体の被昇天の教理、すなわち「彼女の息子の栄誉のために

(116) *Heid* 12-18; Metz 1970 も参照。
(117) *Helv II* 14.13.
(118) *39 Art* 31; *Meth Art* 20 も参照。
(119) *West* 8.5; *Dort* 2.1.1-4 も参照。
(120) *Ries* 13; *Am Bap* 6 も参照。
(121) *Arist.*
(122) 14・2「教会の信仰告白が突出した典礼」を参照。
(123) *N* 3.
(124) *N-CP* 3; 傍点は著者による。
(125) *Eph 431* anath 1.
(126) Semmelroth 1963.
(127) *Ineff.*

（*ad honorem*）[128]」とされているものもこれに当てはまる。しかし、伝統的な義認（ましてや信仰のみによる義認）の「教理」は、とにもかくも宗教改革の信仰告白以前にはなかったが、『トリエント公会議の規準と布告』は「カトリック教会が……常に保ってきた……義認についての真実で健全な教理」について語り[129]、『イングランド教会の三九箇条』はこう宣言することができた。「私たちが信仰のみによって義とされるというのは、最も健全な教理である[130]」。聖書の逐語霊感と無謬性は、信条や信仰告白において確かに前提とされているが、「教理」として告白される地位に登ったことはない[131]。同様に、天使の「教理」について、教会の信仰告白として認可することには限界があると認識されている[132]。

　枢機卿のニューマンから拝借し、本書の後の章で、教会における「信者の大部分の正統[133]」（the orthodoxy of the body of the faithful）と呼んでいるものを促進し、強化し、規則正しく整えることが、すべての教会史の時代にわたり、すべての信条と信仰告白における「教理」の目的なのである。ニカイア・コンスタンティノポリス信条、使徒信条、また『マルティン・ルターの小教理問答』、『ハイデルベルク信仰問答』は、信仰告白や信条の教理の機能を網羅しているわけではないものの、プロセスにおいても内容においても教会の進行中の生活と実践において、「信仰の教え」に関する重要な位置にある資料なのである。プロテスタント改革では、キリスト中心の教理と全信徒祭司性が同時に強調されたため、カテキズムがキリスト教の教理的な信仰告白の主要なジャンルとなり、教会生活の支配的な力になっていった。一五三五年『（第二）ボヘミア信仰告白』は、第一条「聖書について」の直後に第二条「カテキズムについて」を据えている[134]。しかし宗教改革以前からも、どの時代でもカテキズムには、ジャン・カルヴァンの一五四一年『ジュネーヴ教会信仰問答』の序文で「小さな子どもたちにキリスト教教理を教えることができるようにすべきである。このことができるために、早い時期から学校が開かれ、人々が家庭において教えることに加わるだけでなく、教会ですべてのキリスト者に共通の信仰箇条をもって子どもたちを公に試験する実践もなされてきた。これを順序正しく実施するために、カテキズムと呼ばれた定式が用いられてきた」と説明しているように、その目的があったのである。[135] この『ジュネーヴ教会信仰問答』と、彼が書いた『キリスト教綱要』の特に記念碑的な一五五九年の最終版とを比較すると〔両著作とも使徒信条のアウトラインを土台に据えている〕、キリスト教教理を詳述している二つの文体の間には類似と相違があることが明らかになる。〔類似は〕聖書に基づいた改革派信仰の深く学識のある記述となっていること、〔相違は〕「小さな子どもたちにキリスト教教理を教えることができるようにすべきである」との意図があるエンキリディオンに照らして比較すると、〔『キリスト教綱要』には〕反対者への応答があるということである。このような比較の目的において、教義的な内容を含んでいるものと比べてカテキズムでは何が省略されているのか、何を最小限含んでいるのか、ということは多くの点で重要である。

しかし、信者の大部分に対して信仰の教理を伝えるために、カテキズム以上にもっと基本的な媒体が常に存在してきた。というのは、カルヴァンは「神が人類に飾ってくださった多くのよい賜物の中で、人間の間に神の言葉を響かせるために、人間の唇と舌を聖別してくださったという並外れた恩恵」である神の言葉の説教、という

---

(128) *Munif* 44.
(129) *Trent* 6.1 int; 傍点は著者による。
(130) *39 Art* 11; 傍点は著者による。
(131) 5・2「信条と信仰告白の中の聖書」を参照。
(132) *Mogila* 1.20.
(133) 第12章「信者の大部分の正統」を参照。
(134) *Boh I* 2.
(135) *Genv Cat* pr.

ことも主張しているからである[136]。それとほぼ同時期に、トリエント公会議の第五会期では、プロテスタント改革がかなり劇的に、そしてしばしばとても効果的に指摘した中世の悪弊に対する意識的な改革のためのプログラムとして、「福音の説教は……司教の主要な務めであり」、それゆえに「すべての司教、大司教、大主教、また教会の責任を持つ他のすべての者たちは、正当な理由のない限りは、イエス・キリストの聖なる福音の説教の義務を個人的に負っている」と宣言した。この公会議はさらに「もしこの義務を履行するのを軽んじる者があれば、彼は厳しい罰を負うことになる」と警告した[137]。ラテン語の*doctrina*という語の二重の意味、つまり教理としての「信仰を教えること」（teaching the faith）と説教として「信仰を教えること」（teaching the faith）の間の相関関係は、信仰告白の中でも地位と権威を有している『アウグスブルク信仰告白』の第七条のラテン語とドイツ語のテキストを並べてみたときに明らかになる。

ラテン語　教会の真の一致のためには、福音の教え（*consentire de doctrina evangelii*, より初期の英訳では the doctrine of the gospel［福音の教理］であった）とサクラメントの執行に関して同意されているだけで十分である。

ドイツ語　キリスト教会の真の一致のためには、福音がその純粋な理解に従って説教されること（*dass da eintrāchtiglich nach reinem Verstand das Evangelium gepredigt*）と神の言葉に従ってサクラメントが執行されることだけで十分である[138]。

同じ相関関係は『第二スイス信仰告白』の章にまたがって断続的に現れ、「使徒たちの説教と著作は……福音の教理（doctrine）と正しくも呼ばれている」、「悔い改めの教理（doctrine）は福音と結びついている」、「教会の真の調和は、教理（doctrines, *dogmata*）と、キリストの福音の真実で調和の取れた説教と、主によって明確に与えられた祭儀の中にある」とされている[139]。その結果、この相関関係は、福音の説教の内容が単に（道徳的なことを扱っている時でさえも）道徳的ではなく教理的であること、[140] そして同時に、その教理を説教することが可能であり、学識のある神学的な専門家の思索や論争と見なされないことを要求しているのである。[141] ツヴィングリの『信仰宣言』の言葉では、説教は「他の義務の中でもとりわけ」「最高位の必要性」があることをも意味し、[142] さらには『（第一）ボヘミア信仰告白』は、ユーカリストの祝いは言葉の説教から切り離されないということを主張している。[143]

3・4　教義としての教理

ローマ・カトリック教会や東方正教会の権威的なテキストだけでなく、一五六六年『第二スイス信仰告白』のようなプロテスタントの明確で論争的なものも含めて、[144] *dogmata*（教義）という言葉を「教理」（doctrines）の意味

(136) Calvin *Institutes of the Christian Religion* 3.1.5 (McNeill 1960, 2:1018).
(137) *Trent* 5.2.9-10 decr; Freitag 1991, 353 を参照。
(138) *Aug* 7.2.
(139) *Helv II* 13.3, 14.1, 17.17.
(140) 10・1「改革期の信仰告白におけるキリスト教戒規の教理」を参照。
(141) 12・1「信徒は何を信じ、教え、告白したか？」、16・4「宗教改革の信仰告白から信仰告白のスコラ主義」も参照。
(142) *Fid rat* 10.
(143) *Boh I* 13.10.
(144) *Helv II* 17.17.

に使用することは、次のことを思い起こさせる。すなわち、教会の中で説教されて教えられる教理が健全であるようにするために、私たちが先に「教会によって信じられ告白された公式な、公的な、公の、拘束力のある宣言」と呼んだ目的が、信条や信仰告白にあるということである。[145] このような拘束力があり、公的な公の教理を表す専門用語が *dogma*（教義）であるが、この専門用語の意味が事実上、定義されたのは比較的近代のことである。プラトンは『国家』の中で「哲学の弟子たち」に課せられた道徳的な責任に関して、*dogmata* を保つことであると語り、それは彼によれば単に主観的な意見ではなく、ベンジャミン・ジョウェットが訳しているように「幼少期から教えられた正義と名誉についての確かな原理のことであり、その原理の下で私たちは育ち、従い、敬意を払ってきた」のである。[146] やがて、ギリシア語の *dogma* は「公の布告」を意味するようになった。聖書的なギリシア語ではそのような意味として採用されている（しばしばギリシア語の信仰告白でも同様である）。[147] 七十人訳聖書のダニエル書では、どのようにして王の「布告（*to dogma*）が発せられた」か、また「ペルシアとメディアの布告（*to dogma Persōn kai Mēdōn*）」となったかを語っている。[148] エステル記には、クセルクセス王に対して、「もし王の意に適うならば、ユダヤ人を滅ぼす布告（*dogmatisatō*）を出しましょう」という助言が記されている。[149] 支配者の権威の公的で公の布告としての *dogma* の定義は、新約聖書の特にルカによる福音書・使徒言行録に出てきている。ルカによる福音書のクリスマス物語で、皇帝アウグストゥスから万人に住民登録をせよとの「布告」という意味でルカはこの語を用いており、[150] また使徒言行録第一七章で、「皇帝の布告」という意味でこの語を用いている。[151] 範囲を広げると、使徒言行録の前章では、王や帝国の布告としてだけでなく「エルサレムの使徒たちと長老たちによって決められた決定事項（*dogmata*）」という意味もあるし、[152] 使徒言行録第一五章に記されているように使徒会議で定められたユダヤ人の食物規定の遵守と不遵守に関する布告という意味もある。[153] 時代錯誤ではあるが後の教会会議や信仰告白での定義を適用すると、[154] ここでの *dogma* は、「教理」（doctrine）よりもむしろ「規律」（discipline）に言及していると言うことができる。同様のことはカイサリアのバシレイオスによって提

唱された *dogma* と *kērygma* との間の有名な区別にも当てはまりそうであり、彼は *dogma* の「第一で最も一般的な例」は「私たちの主イエス・キリストの名を信じた者が十字を切ること」であり、第二の例は「東を向いて祈ること」であると言っている。(155)

それゆえ、バシレイオスからのこの記述が示しているように、教会的な用法では、*dogma* は長きにわたって様々な意味を持ち続けた。(156) しかし、プラトンによって用いられた *dogma* の「原理」(principles) と、七十人訳やルカによる福音書と使徒言行録で用いられた *dogma* の「布告」(decrees) が結合されて、この語はやがて現在の私たちが知っている特有でより専門的な意味を持つものとなった。したがって、『オックスフォード・キリスト

(145) 2・4「信仰告白の内容」を参照。
(146) Plato *Republic* 538C.
(147) 例えば *Jer II* 1.19 を参照。
(148) ダニ二・一三、六・八 (LXX)。
(149) エス三・九 (LXX)。
(150) ルカ二・一。
(151) 使一七・七。
(152) 使一六・四。
(153) 使一五・二八―二九。
(154) 第4章「信仰と職制」、第10章「信条ではなく行為か?」を参照。
(155) Basil of Caesarea *On the Holy Spirit* 27.66 (*NPNF*-II 8:40-41).
(156) Lampe, 377-78.

教会事典』では「神の啓示によって確立され、教会によって定義された宗教的真理」と定義され[157]、『エキュメニカル運動事典』では「キリスト教共同体のアイデンティティまたは繁栄のために不可欠な啓示された信仰の共同体的な権威ある真理」と定義されている[158]。『カトリック神学事典』によれば、「神によって啓示された真理のことであり、それによって直接私たちに信じるようにと教会によって提起されたものである」としている[159]。あるいは、より詳細な別のローマ・カトリック教会の著書では、「神聖なカトリック信仰をもって信じるべき命題、すなわち、教会が通常の教導権（magisterium）または教皇や教会会議の決定によって、神が啓示したものとして明白に教えている命題、したがってこれを否定するものは異端である」と定義している[160]。カール・ラーナーとヘルベルト・フォルグリムラーによる「教義」（dogma）の後者の定義は、一八七〇年『第一ヴァチカン公会議のカトリック信仰の教義憲章』の宣言を要約し、パラフレーズしたものである（ただし、*dogma* という言葉それ自体は使われていないことに注意すべきである）。「神聖なカトリック信仰によって、聖書と伝統の中に見出される神の言葉に含まれ、教会の神聖な判断によってであれ通常の普遍的な教導権によってであれ、神の啓示として信じるべき事柄として教会によって提案されたすべてのことが信じられるべきである[161]」。

歴史的、神学的、論争的な様々な地平から、アドルフ・ハルナックの『教義史』は、一八八九年に出版された初版の第一巻において、ローマ・カトリック教会、急進的改革、プロテスタント主流派の「教義史における三重の論点」を仮定している[162]。もしそのような限定的な教義の定義とその歴史が成り立つのであれば、改革派であれルター派であれ、宗教改革の、また宗教改革後のプロテスタント主義の信仰告白における「神の啓示によって確立され、教会によって定義された宗教的真理[163]」を自分たちのものの中に制定するための努力の大半は（その大部分のテキストは『キリスト教の伝統における信条と信仰告白』の第四部と第五部に収められている）、厳密な意味での「教義」（dogma）として認められないだろう。早くも一九〇八年に、オットー・リッチュルは教義史の四巻本である『プロテスタンティズム教義史』の第一巻の中で、「アドルフ・ハルナックへの長きにわたる感謝」を表しつつも、このような作為的な除外に対して抗議の声をあげている。(164) 一例を挙げると、ローマ・カトリック教会では実体変化の教理(doctrine)は教義(dogma)と認められるが、プロテスタントの教理である信仰義認はそうではなく、その定義と区別を、最低限の歴史的な根拠だけで維持することは不可能であるか、そうでなくても恣意的となるように思われる。

東方正教会やローマ・カトリック教会だけでなくプロテスタント主義においても、教会による信条と信仰告白の教理的な定義の公的なプロセスが行われてきたし、今なお行われている。これらのプロセスは教会によって異なるし、同じ教会内でも時代によって異なる。続く章で史料を見ていくが、信条と信仰告白における教義と教理の定式化は、様々なかかわりの下で多様な場でなされてきた。教会と国家、公会議と教皇、修道院と大学、典礼と論争、聖書釈義と組織神学、学問的な思索と信徒の霊性、文化的帝国主義と文化的土着化、これらすべてが、また時には他の要素も、信条と信仰告白の発展へ影響力を持つ役割となったのである。表現形式も多種多様である。しかしすべてのことが信じること、教えること、告白することの間で、動的な相互関係に参与している。

(157) *ODCC* 495.
(158) *DEM* 305 (George A. Lindbeck).
(159) *DTC* 4:1575 (Edmond Dublanchy).
(160) Rahner-Vorgrimler, 133.
(161) *Vat I* 3.
(162) Harnack [1893] 1961b, 7:21-34.
(163) *ODCC* 495.
(164) Ritschl 1908-27, 1:1-51.

厳格な境界線を設定することなしに、献身、霊性、礼拝の様式の中にキリスト教教理の形式として何が「信じられた」のか、私たちは特定すべきである。神の言葉の内容として「教えられた」ことは聖書の証言から釈義によって引き出され、宣教、教育、教会の神学を通して教会の人たちへ伝えられる。そして、教会の証言として「告白された」ことは、内外からの誤った教えの両方に対して、論争と弁証、信条と教義において明瞭に表現されるのである。[165]

ここでの教理の定義の第三の要素、「何が『告白された』のか」ということこそ、本書『クレド』のここでの私たちの関心事である。このことが、『キリスト教の伝統における信条と信仰告白』に収められたテキストを形作り、その中に選択されて含まれているものを決定しているのである。

(165) *Chr Trad* 1:4.

第4章　信仰と職制

信仰告白に関する分裂と教会の一致の問題を扱い、キリスト教史の中で最も意欲的な努力である二〇世紀のエキュメニカル運動は、「信仰と職制世界会議」（World Conference on Faith and Order）にその起源のほとんどを負っている。[1] その名前に「信仰」と「職制」の両方が含まれていることは、多くの教会間の歴史的な不一致は信仰と教理によってもたらされたという認識はあるものの、その他の分裂は主として教会の構造的な職制と聖職者の叙任の違いの結果でもあり、その多くが教会の職制と教会の教理の問題を組み合わせた対立から生じている、という認識から来ているからである。それゆえ、神学的に現実的なものであるために、歴史における教会分裂の和解の希望を持つには、信仰と職制の両方に関心を持たなければならない。「信仰と職制世界会議」は初回、一九二七年にスイスのローザンヌで開かれて『一致への呼びかけ』を発行し、[2] 再度、一九三七年にスコットランドのエディンバラで開かれて『融和の確言』と『私たちの主イエス・キリストの恩恵』を発行した。[3] それに並行して「生活と事業国際キリスト教会議」が一九二五年にストックホルムで、次いで一九三七年にオックスフォードで開催され、その審議の中では「教理は分裂させるが、礼拝は一致させる」というスローガンの下で教理が第二

（1）　Skoglund and Nelson 1963; Vischer 1963.
（2）　*F & O Laus.*
（3）　*F & O Edin.*

の位置に置かれた。[4] 一九三七年にブリテン島で開催されたこれら二つの「会議」（conferences）が合併して「協議会」（council）を形成すべきであるという提案がなされ、最終的に一九四八年に「世界教会協議会」（World Council of Churches）となり、「教理的基盤」（doctrinal basis）という短い準・信条が定式化された。[5] しかしながら、「神であり救い主としてのイエス・キリスト」というこの信仰告白は、一方の側からは神学的に多くの点が不十分であると思われ、他方の側からは教義的な頭でっかちに陥ってしまうと思われたため、多方面で論争をはらんでいることが分かってしまった。[6] 一九二一年に設立された「国際宣教協議会」（International Missionary Council）は、一九六一年に「世界教会協議会」に統合された。しかし「信仰と職制」は「世界教会協議会の信仰と職制委員会」（Faith and Order Commission of the World Council of Churches）として独自性を保ち続け、「諸教会の一致に向けて、神学的な努力をするための支援を提供し」[7]、「世界教会協議会」に属する教会間だけでなく、ローマ・カトリック教会、東方正教会や東方諸教会（the Oriental Orthodox Churches）〔非カルケドン派で単性論を取る教会〕の一部、プロテスタントの一部も含めた世界教会協議会に属していない教会間での教理的また神学的対話をしていく主要な場として機能していった。[8] 対話と研究を促進する同様の機能は「アメリカ・キリスト教会協議会信仰と職制委員会」（Commission on Faith and Order of the National Council of the Churches of Christ in the USA）によっても行われてきた。

しかしながら、このような神学的な対話において、「信仰と職制」（Faith *and Order*）としての名称が示しているように、教理としての信仰告白の考察を教会の職制の考察から切り離すことは誤った考えであり、信条や信仰告白の説明を脆弱にしてしまう。地域教会会議、公会議、教派会議によって、また司教たち、大司教たち、教皇たちによって発布されてきた多くの信条、信仰告白、教義的布告は、そのテキストが様々な版として出版され（本書の冒頭の「編纂書、集成書、参考書」に載せられている）、また『キリスト教の伝統における信条と信仰告白』の各部に収められているが、それらは同じ職権によって制定された大部分の法よりもずっと大規模なものである。このことは、法制化の専門用語や公的機関が時代とともに異なる教派に大きく分かれたとしても、ローマ・カトリック教会や東方正教会のみならず、宗教改革の教会にも当てはまることである。ある研究者が教会の最初の四つの公会議の議論を紹介している中で示しているように、「これらの公会議は、それ以降、東西での主要なキリスト教信仰告白によって規範的と見なされた三位一体論やキリスト論の教義の用語を定義しただけではなく、教会の職制の歴史の中で、最初の数世紀の多様な慣習法から教会全体に適用される普遍的な書かれた法への移行を示すようなマイルストーンを構成する規範と規律の布告をも定めたのである」[9]。彼の著書の主要な主題であり、この著者が名付けている「教会の職制の歴史」は、彼が名付けている「三位一体論やキリスト論の教義」や私たちが本書の主要な主題として名付けている「教理としての信仰告白」[10]とも、もちろんのことであるが、かなり違ったものになってくる。

それにもかかわらず、二つの歴史は、信条と信仰告白の発展の最初期と後の段階の両方において、かなり密接に絡み合い、特にプロテスタントの「改革派」やカルヴァン派に属する信仰告白と教会職制のテキストでは特別な合理性が出てくる。というのは、ジャン・カルヴァンの著作や二〇世紀の学問的に重要な原文での改革派の信仰告白集を編集したヴィルヘルム・ニーゼルの定義によると、ルター派の教会と区別されることとして、「神

---

(4) *DEM* 612-14 (Paul Abrecht).
(5) *WCC*.
(6) *DEM* 1096-98 (Paul Abrecht).
(7) *BEM* pr.
(8) Gassmann 1979; Gassmann 1993 において集められた資料も参照。
(9) L'Huillier 1996, ix.
(10) 第3章「教理としての信仰告白」を参照。

の言葉（*nach Gottes Wort reformiert*）に従って改革された」と自らを呼んでいる教会の特徴の中に、「教会の職制も信仰告白的な性質を持っている」ということを認めることができるからである。[11] それゆえ、ニーゼル編の一五六三年『ハイデルベルク信仰問答』では、もともと『ハイデルベルク信仰問答』と抱き合わせであり、[12] その後、改革派の様々な国で単独で印刷されることになった同年の『プファルツ教会規定』が、再び抱き合わせにされた。[13] 一五五九年『フランス信仰告白』も、同年の『教会規程』と「不可分」のものである。それゆえニーゼルは、彼の改革派の信仰告白の版の中にこれら二つのフランスのテキストを一緒にして出版し、「規程」（discipline）と「告白」（confession）の両者を、改革派の理解によれば両者のつながりは必須であったが、互いのテキストのタイトルを結び合わせることによって回復させたのである。[14] 「信仰」と「職制」は、一六五八年『サヴォイ宣言』として今や一般的に知られているイギリスの会衆派の信仰告白の正式名称『イングランドにおける会衆派教会の告白・実践される信仰と職制の宣言』（*A Declaration of the Faith and Order Owned and Practiced in the Congregational Churches in England*）の中で同様に結びつけられている。その序文では、キリスト者にとって同意することが必然的な義務である「信仰と聖めの必然的な基礎」と「信仰であれ職制であれ、その他の必然的な基礎的な事柄」が区別されている。[15] その第二部では、「教会組織とそこにおいてイエス・キリストによって定められた職制」というタイトルがつけられている。近代の編集者であるウィリストン・ウォーカーは、この第二部のタイトルを「教会政治のプラットフォーム」（The Platform of Church Polity）とし、[16] 「政治」（polity）を「職制」や「教会政治」（church government）と同義語とした。同様に、先に挙げたものよりも早い、ニューイングランドの会衆派の宣言である一六四八年『ケンブリッジ・プラットフォーム』の第一章では「教会政治の形態、それは一つであり、普遍であり、神の言葉によって規定されている」というタイトルになっている。このような言葉で始まる。「教会政治（Ecclesiastical polity, church government）もしくは規律（discipline）は、地上のキリスト教会において見られる形態と職制に他ならず、その組織とそこで行われる統治のためのものである」。[17]

これら四つの改革派の史料（そのうちの二つはヨーロッパ大陸からのもの、二つはイングランドと北アメリカ植民地からのもの）のすべてから明白であるように、信仰と職制の間の教理的な主要な結び目は教会論であり、教会と聖職者の教理に関して（決してすべてではないが）教会史のすべての時代にわたる多くの信条や信仰告白の中に、何が信じられ、教えられ、告白されるかという詳細が含まれている。「私は……聖なる公同の教会を信じます」との使徒信条の宣言や、[18] また「私たちは……一つの、聖なる、公同の、使徒的な教会を信じます」というニカイア・コンスタンティノポリス信条のより拡大した宣言は、[19] 現実的教会が信仰告白の対象であることを認めているものである。宗教改革のプロテスタントの信仰告白は、聖書の権威の名のもとに、対立しているローマ・カトリック教会と教会論で違いを出そうと努めている。一六世紀から一七世紀にかけての様々な教派からのプロテスタントの信仰告白のいくつかによれば、「公同もしくは普遍的教会」という記述の第一の属性は「見えない」ということ、もしくは後の『ウェストミンスター信仰告白』のより完全な用語で言えば「よく見える時もあれば、

(11) Niesel, v. Syndogmaticon 9.7 を参照。
(12) Niesel, 136-218.
(13) Heijting 1989, 1:84-85.
(14) Niesel, 65-79.
(15) *Sav* pr.
(16) Walker, 403.
(17) *Camb Plat* 1.1.1.
(18) *Ap* 9.
(19) *N-CP* 9.

よく見えないこともある」のであり、[20]その意味するところは、これらのプロテスタントにとって、中世の時代は「よく見えない」ということであり、改革期の今は「よく見える」ということである。このことは、例えば、一五二四年『アンスバッハの福音的勧告』、[21]一五四一年『ジュネーヴ教会信仰問答』、[22]一五六〇年『スコットランド信仰告白』、[23]一五五六年『第二スイス信仰告白』、[24]一六一五年『アイルランド宗教条項』、[25]一六四七年『ウェストミンスター信仰告白』、[26]一六五八年『サヴォイ宣言』、[27]一六八八年『フィラデルフィア・バプテスト信仰告白』、[28]一八八三年『「宣教」信条』[29]で、確言されていることである。それにもかかわらず、プロテスタント改革者たちの信仰告白のすべてが何らかの方法で主張しているのは、『アウグスブルク信仰告白弁証』の言葉にあるように、この教会が形式的で抽象的なイデア界のどこかにあるような「プラトン的な国家……ではなく」、「実際に存在し、真の信仰者たちから成る教会」であることであるが、[30]その信仰者たちは究極的に神のみにしか知られていないために、教会が隠されていたり、見えないこともある、ということである。しかし、人間の歴史の中に「実際に存在している」いかなる教会であれ、特定の形式を取る必要があり、その教会で「叙階」された聖職者は「職制」を形成する必要があるだろう。それは単に形式、形成、職制の問題ではなく、さらには使徒性を正当に主張できる必要がある。そして、そのような使徒性と正当性の主張が教会とその聖職者に対して主張されるとすぐに、またもちろん特にその論争が起こるとすぐに、教会の職制は、単に統治的または管轄的な問いに留まらず、教理的な、それゆえに信仰告白的な問いになることは避けられない。ニカイア・コンスタンティノポリス信条の教会の四つのしるしに基づき、[31]「一つの」教会、「聖なる」教会、「公同の」教会だけでなく、「使徒的」教会があるという主張は、何が教会を真実に「使徒的」とするのか、あるいはこの特定の教会の職制や聖職者がいかに使徒的であることを認めたり定義したりすることができるか（あるいは歴史上はいくつかの職制があったが、唯一の使徒的な聖職者の職制があり得るか）、という問いを追い求めることになる。

さらにより根本的には、いかなる信条や信仰告白であれ、教会の存在そのものである職制に関する宣言を作ることを強いているのである（例えば、アタナシウス信条が、救われるためには三位一体論とキリストの位格の教理を受け入れなければならないと言っているのが最たるものであるが[32]、多くのものが、三位一体論のみ、あるいはキリストの位格についてのみ、あるいは三位一体論とキリストの位格についての両方のみ、といった形で、教理や教義の厳密な意味だけを扱っていたとしても、そうなのである）。というのは、このような信仰宣言の著者や提案者が、「私たちは信じる」[33]あるいは「私たちは信じ、教え、告白する」[34]といった定式から始める時に、反対者の視点からすれば、自分たちや自分たちの派、学派（分派）に、真の教会の名において語る権利があると自称しているかのようにな

(20) *West* 25.4.
(21) *Ans* 1.4.7.
(22) *Genv Cat* 100.
(23) *Scot I* 16.
(24) *Helv II* 17.15.
(25) *Irish* 68.
(26) *West* 25.1.
(27) *Sav* 25.1.
(28) *Philad* 1.
(29) *Com Gr* 10.
(30) *Apol Aug* 7.20.
(31) *N-CP* 9. Syndogmaticon 9.6-8 を参照。
(32) *Ath* 1, 3, 29. 3・3「『諸教理』と教理」を参照。
(33) *N* 1; *N-CP* 1.
(34) 第2章「信条と信仰告白の必須性」を参照。

るからである。しかし彼らは、自分たちの視点からすれば、南インドにおける二〇世紀の信仰告白が「信仰に関する補足的な宣言を出す能力がある」と言っているが[35]、自分たちの教会に属しているもの、また自分たちの教会を構成している形を表現しているだけなのである。教会の職制の教理は、論争が起こるまでは、告白されるために具体化される必要もなかったし、また完全な詳細まで明示されることはなかった。しかし別の教理が具体化された時には、教会の職制もまさに「使徒的」信仰を告白する行為の中で、同時に定義され、告白されることになるのである。それゆえに「信仰」と「職制」は、新約聖書以降、何らかの形で共に立つものなのである[36]。

同時に、教会の職制と政治は、もちろんのこと、信仰告白的な問いと同様、統治的または管轄的な問いも依然として残り、その問い自体で研究することもできるし、されるべきものである。教会政治の信仰告白的な基準は、いくつかの神学的な原理の相互作用によって決定される。教会職制の教理は新約聖書の特定の読み方に依拠しており、時にはそこに記されている教会の役職で混乱させられることもある。例えば、使徒パウロがこう説明している。「そして彼の賜物は、ある者を使徒に、ある者を預言者に、ある者を福音宣教者に、ある者を牧者と教師にすることとであった」[37]。これは、新約聖書の一貫した実践に倣い、いかなる役職をも「司祭」(priests)と呼ぶことのない役職リストである。その後の教会の用法において、「司祭」(priest)も含め、これらのいくつかの呼び方は、新約聖書で明示的に(*ex professo*)意味していると思われることを超えていくようになった。職制の教理は、どのように教会の連続性が定義され、どのようにそれが保証されるのかということにも依存している。というのは、外部から見ると典型的な議論が内輪でなされているように見えるかもしれないが、教会は神の言葉によって存在を呼び起こされたものの、その神の言葉は教会によって宣べ伝えられて保存されており、その両方が互いを支え合っているからである。加えて、例えば近代の多くの違いと同様に東方と西方教会での教会職制の違いは、根が深い文化的な違いや「教会外の利害の干渉」(the interference of extra-ecclesial interests)を確かに反映しており[38]、これらはもっぱら教理的なものではないが、教理的な重要性がないわけでもない[39]。しかし、「祈りの法則が信仰の法則を規定する(*lex orandi lex credendi*)[40]」という教理的な原理を信仰告白的に考察することは、たとえ礼拝が教会にとって最もふさわしい信仰告白の場であると見なされたとしても、礼拝の言葉や音楽や態度や姿勢という問題に触れなくても可能である。[41]それと同様に、信仰告白的な問いとしての教会の職制と政治を探求するのに、教会の構造と組織的な行動のようなことの詳細にまで、踏み込む必要はないのである。

4・1　使徒的信条と使徒的宣教

使徒言行録の最初の方の章で、原始的なキリスト教共同体の記述は、教会の職制に関して、多くの言葉で特別なことや詳細なことを記してはいない。ある意味では、彼らはそうする必要がなかったのである。なぜなら、この新約聖書が映し出している共同体は、使徒たち本人によって直接、統治されていたからであり、ペトロがそうだったように、委ねられた権限と「ナザレのイエス・キリストの名において」、ごく自然に臆することなく語ることが可能かつ正当である者として描かれている。[42]ペトロとパウロとの間で、モーセの祭儀に関する法をキリ

(35) *CSI 1947* 1.
(36) Campenhausen 1968.
(37) エフェ四・一一。
(38) *Balamand* 8-9.
(39) 第11章「他文化への信条と信仰告白の伝播」を参照。
(40) 6・2「祈りの法則、信仰の法則」を参照。
(41) 14・2「教会の信仰告白が突出した典礼」を参照。
(42) 使三・六。

スト者に対して継続して課すかどうかについての論争が起こった時、使徒言行録の物語の中の使徒会議は、対立を解消するために使徒たちを招集し、以下の定式に訴えることができたのである（その定式は、後の公会議も先例として引用したし[43]、さらに後の種々の信仰告白的な伝統に立つ教会の信仰告白でも同様に引用された[44]）、「そのことは聖霊と私たちにとってよいと思われた[45]」。

使徒パウロが自分の設立した教会に対して手紙を送る時、例えばコリントの教会に対しては、彼は「神の意志によって召されてイエス・キリストの使徒となったパウロ」という彼の使徒的資格を示すことによって手紙を書き始め[46]、また改めて「神の意志によりイエス・キリストの使徒であるパウロ」と書き始めている[47]。しかしこれらの同じ使徒的資格は、彼が設立したのではなく、彼が訪ねようとしているが未だにそれが実現していない教会に対して[48]、最も長く、最も教理的に包括的な手紙を書く権威を彼に与えたのである。「イエス・キリストの僕であり、使徒として召され、福音のために選び出されたパウロ……神に愛されたローマのすべての者たちへ[49]」。そして、彼がもともと設立したものの、最近では敵対者たちによって覆されてしまった教会で、この使徒的な資格に対する攻撃にさらされた時[50]、彼は「人々からでも、人を通してでもなく、イエス・キリストと父なる神を通しての使徒」と自分自身を示すことによって手紙を書き始め、〔ジョン・ヘンリー・ニューマンが書いたような〕「わが生涯の弁」の手段で彼の使徒性を正当化することを続けて書いていったが、彼はイエスの地上での宣教の証言をした元来の一二人ではなかったために、彼の使徒的な資格の環境は疑いもなく特殊なものだった[51]。パウロが土台としているのは、「月足らずで生まれた」にもかかわらず[52]、もし彼が真の使徒であるならば、イエスの地上の宣教の間に弟子であり、その使徒性の権威が認められた他の使徒たちによって設立された他の教会と同様に、彼が設立した教会もまた使徒的であり正当な教会である、と考えていたところにあった。

最初からの弟子たちと使徒たちの最後の者が死んだ後（初期の伝承によれば、使徒であり「神学者」と呼ばれた福音宣教者のヨハネは一二人の中で唯一の自然死した人物である[53]）、使徒によって設立されたと主張し得る教会は、そのことによって使徒的であると考えられた[54]。しかし、見かけ上の使徒的な設立がなくても教会が十分に「使徒的」である場合があったため、このことだけが唯一の定義となったわけではない[55]。歴史的な（*historical*）使徒性の定義があるように、規範的な（*normative*）使徒性の定義もあるのである。規範的に関して、教会を使徒的にすると信じられていることとして、使徒言行録の「使徒の教え、相互の交わり、パンを裂くこと、祈ること」という定式に基づけば[56]、使徒的な聖書を受容すること、生活や礼拝や教理における使徒的な伝統に忠実であること、司教の使徒的な継承によって表されている教会の使徒的な職制と聖職者とを保持すること、ということが挙げら

---

(43) *CP II.*
(44) *Gall* 32; *Helv II* 27.1; *Camb Plat* 1.4; *Mogila* 1.72.
(45) 使一五・二八。
(46) 一コリ一・一。
(47) 二コリ一・一。
(48) ロマ一五・三二。
(49) ロマ一・一、七。
(50) 使一六・六。
(51) ガラ一―二章。
(52) 一コリ一五・八。
(53) Eusebius *Ecclesiastical History* 3.23, 3.31（*NPNF*-II 1:150-52, 162-63）.
(54) Irenaeus *Against Heresies* 3.3.1（*ANF* 1:415）.
(55) Dvornik 1958, 39-105.
(56) 使二・四二。

れる。教会の最初期の信条的な（あるいは信条のような）定式におけるこれら三つの基準と相互関係のうちの最初の二つは、後の私たちの関心事である。[57] ここでの関心事は、第三の基準である司教制を取る教会の職制における使徒性に関することであり、同時にその構成要素である教会の使徒的な信仰告白と使徒性の根拠に関することも含まれる。

新約聖書の記述の中ですでに、使徒の継承は「（使徒の）手を置くことを通してあなたの内にある神の賜物」を所有することである、と語られている。[58] 教会は「使徒と預言者の土台の上に建てられ、イエス・キリストご自身が隅の親石である」と言われるが、[59] ある解釈者たちが、同じ手紙の後半で「使徒と預言者」が並列される箇所に関して、[60] これは新約聖書の使徒と旧約聖書の預言者であるよりも、教会の役職のことである、ということに注意を払うべきであるとしている。[61] 二世紀までに、この使徒的な聖職者の職制は、使徒的な教理の保証ともなった。リヨンのエイレナイオスにとって、ダミアン・ファン・デン・エイデンが言うように、「教会の教理的な権威は、司教という人に集中している」のであり、ちょうどローマのヒッポリュトスにとっても、さらにファン・デン・エイデンが続けて言っているように、司教は「使徒の継承者であり、教理の擁護者として任命されている」のである。[62] やがてこの教理としての使徒的な伝統は、教会の様々な信条の中に組み込まれるようになったが、[63] エイレナイオスが初期の重要な証言者なのである。[64] このように、「使徒的連続性の基準」であるこれら三つの基準は、使徒性の基準として三重であるが、一つであると言った方がより正確かもしれず、[65] その相互関係の中でより具体的に定義されるようになった。使徒的な新約聖書、および、使徒的前例を土台とした「霊的な意味」に従ったキリスト論的解釈がなされる旧約聖書。西方で最終的に使徒信条となったものと必ずしも一致する必要はないが、使徒的な信条。様々な司教区（特にローマ）に関する保存されている司教たちのリストの史料に基づいた司教制における司教たちの使徒的な継承。[66]

二世紀と三世紀に司教制が安定化した後に、四世紀と五世紀におけるドナトゥス派との分裂によって、教会の職制と聖職者の教理をめぐる重大な危機が起こった[67]。この論争は「分派」と「異端」の定義がどう違うのかということにも関係しているが[68]、ドナトゥス派の分裂は、ミレウィのオプタトゥスや、とりわけヒッポのアウグスティヌスの対応によって、少なくともプロテスタント改革に至るまでの信仰と職制の両方に関して、西方神学の規範的な教会論の基準となった。私たちが知っているラテン語信条の初期の史料であるカルタゴのキプリアヌスも[69]（ニカイア・コンスタンティノポリス信条の「一つの、聖なる、公同の、使徒的な[70]」にやがてなる教会の四つの特質のうちの第一のものを解釈し、教会の統一の絆としるしとしての司教制の定義に重要な役割を果たした人物であ

（57）第5章「聖書、伝統、信条」を参照。
（58）二テモ一・六。
（59）エフェ二・二〇。
（60）エフェ四・一一。
（61）Bauer-Arndt-Gingrich, 724.
（62）Eynde 1933, 180, 213.
（63）第5章「聖書、伝統、信条」、第13章「初代教会における信仰の基準」を参照。
（64）*Iren.*
（65）*Chr Trad* 1:108-20.
（66）Caspar 1926.
（67）Frend 1952.
（68）10・2「異端と／または分派」を参照。
（69）*Cyp.*
（70）*N-CP* 9.

る)、第二の特質を扱う際に、教会が聖なるものであり、司教が執行するサクラメントが聖なるものであることの保証として、司教の聖性を大いに強調した。[71] ドナトゥス派は、キプリアヌスの権威を最大限利用することにより、あるカトリックの司教たちが、迫害下で信仰を裏切ることにより、また他の不道徳な行為により罪を犯し、彼らと交わる者は誰であれ背信の罪を犯し、その結果、カトリック教会の聖職者全体と全サクラメントが損なわれてしまった、と非難したのである。それに対して、アウグスティヌスが強調したのは、キプリアヌスの「一つの」教会の教理というカトリック的な意味であり、ドナトゥス派はその反対にキプリアヌスの「聖なる」教会と聖職者の教理を分裂させてしまっている、ということである。その結果、アウグスティヌスの定式では「職制」(orders)、すなわち、司祭や司教の叙階の教理が確固たるものとなり、他のサクラメントと同様に叙階の客観性が強調されることになった。さもなければ、サクラメントの恵みに確信が得られることはないのである。[72]

4・2　東方と西方の教会の職制の教理

しかしながら、ドナトゥス派による教会の職制の教理への脅威は、それがいかに大きくて悲劇的なものであろうと、キリスト教史の中で、東方と西方の教会間の分裂から生じた脅威に比べれば、その影に隠れてしまうものとなってしまった。信条と教義の領域において、両者の分裂の根本的な点はフィリオクエであったし、今もそうである。[73] 三位一体において、聖霊がニカイア・コンスタンティノポリス信条の元来のテキストとして「父から発出し」とすべきか、それとも「西方修正版」のニカイア・コンスタンティノポリス信条の最終形態として「父と子から(*ex Patre Filioque*)発出し」とすべきかという問いのことである。[74] しかし突出しているのは、多くの歴史家たちの判断としては、二つの教会間の教会の職制の教理をめぐる違いであり、教会的な違いであるのと同時に、より政治的な違いが決定的であった。司教制と叙階の問題が分裂を引き起こした一六世紀のプロテスタント改革とは対照的に、東西の違いは、「使徒的信仰の表明、同一のサクラメントへの参与、とりわけキリストの唯一の犠牲を祝う一つの司祭職、司教の使徒的継承」という点を共有する枠組みの中で起こったことである。しかし問題となったのは以下であった。東方が論じたようにこの「使徒的信仰告白」が「使徒的座」の主張を有効にするのか、それともそれとは逆に、「使徒的座が威厳を確立し、その威厳によって信仰告白を確立する」のか。(75)

エイレナイオスが言ったように、最も完全で最も権威的な司教たちの最初からのリストが、ローマで保たれてきたことは偶然ではなく、(76)たった一人の使徒というよりもむしろ「ペトロとパウロという最も栄光ある二人の使徒たちによってローマで設立されて組織化された」教会であり、「卓越した権威（*potiorem principalitatem*）」を持つ教会なのである。(77)私たちが描き出してきた「歴史的」（historical）また「規範的」（normative）な使徒性という二つの定義の進化の結果が、教会の職制の包括的な体系であった。規範的に関して、「司教は教会の中に存在し、教会は司教の中に存在する」というキプリアヌスによって明確化された原理は、(78)その設立者にかかわらずカトリック教会のいかなる司教区であっても、またそれゆえに教会の信仰と交わりから逃れずに正統的でカト

(71) Willis 1950, 145-52.
(72) *Chr Trad* 1:308-13. Syndogmaticon 9.3, 10.12 を参照。
(73) 7・4「一致の聖霊と一致のサクラメント――二つの歴史的な皮肉の事例」を参照。Syndogmaticon 8.6 も参照。
(74) *N-CP* 8; *N-CP Occ* 8.
(75) *Balamand* 13; *Vat II* 5.3.15; *Resp Pius IX* 11.
(76) Caspar 1926.
(77) Irenaeus *Against Heresies* 3.3.2 (*ANF* 1:415-16); この箇所はラテン語訳のみしか残されておらず、その意味と元来のギリシア語が何なのかは議論されてきた。
(78) Cyprian *Epistles* 68.8 (*ANF* 5:374-75).

リック的ないかなる司教であっても、使徒的であり、まさしくペトロ的である、ということを意味していると思われる。しかし、歴史的な使徒性を使徒的土台と同一視することは永続化していき、最終的に「五大総主教座」（pentarchy）の理論として発展することになり、使徒的権威を持つ五つの中心地のそれぞれが、排他的ということではないが、「総主教座」（patriarchate）の称号を得た。それらを英語のアルファベット順で記すと以下の通りである。アレクサンドリア、アンティオキア、コンスタンティノポリス、エルサレム、ローマ。これら五つの中の中でエルサレムは、公式に総主教座として認められたのは四五一年のカルケドン公会議からであったが、[79]特別な首位権を主張することができた。なぜなら、「すべての教会の始まりの教会であり、新約の民の主要都市（*mētropolis*）である」と初期から認められていたからである。[80]他のほとんどがそうであるように一人だけの使徒でも、ローマのように二人だけの使徒でもなく、ペトロを含む十二使徒が設立者であり、究極的にはイエス・キリストご自身の生涯、死、復活がこの地で起こったのである。それゆえ、一七世紀に書かれた『ペトロ・モヒーラによる東方教会の公同で使徒的な正統信仰告白』の中で、ローマ教会の「すべての教会の母であり王妃である」という主張や「教理や習慣の神聖さにおいて他の教会よりも光り輝いている」[81]ということを暗に批判する目的がないわけではないが、エルサレムがなおも誉れを受けていると記すのである。アンティオキアもペトロの司教区であったことがあった。[82]そしてもちろんローマでもそうであり、そこで殉教したためにも特別であった。しかし、キリストの彼に対する約束で断言されたペトロの首位性は、[83]エイレナイオスがローマ教会とその司教たちの「卓越した権威」と呼び、[84]正統の主要な権威者であり擁護者として行為する権利の根拠となるのだろうか。[85]もしくは、これに加えて、その権威の「卓越性」には、ローマがローマ帝国の首都であるとの位置付けも関係しているのだろうか。そしてもしローマ教会の地位がローマ帝国の首都としての地位と関係があるのであれば、皇帝コンスタンティヌスが三三〇年にローマ帝国の首都を古いローマから「新しいローマ」であるビザンチンもしくはコンスタンティノポリスに移動させた行為は、教会論的に何を示唆するのだろうか。

この問いに対する公式な答えの中で最も論争を生んでいるのが、四五一年カルケドン公会議でのいわゆる二八番目の教令である[86]。三八一年の第一回コンスタンティノポリス公会議によってすでに広がっていた宣言を繰り返し、カルケドンの布告は次のように記している。「師父たちは（三八一年のコンスタンティノポリス公会議で）、帝都であったために、古いローマの司教区の特権を当然ながら認めた。そして同じ意図により、一五〇人の最も敬虔な司教たちは、新しいローマの最も聖なる司教区に同じ特権を割り当て、帝国権力と元老院によって栄誉が与えられているこの都市に、また古いローマと同等の（市民の）特権を謳歌しているこの都市に、教会論的なレベルとしても古いローマに次ぐ地位を与えるべきである、ということを合理的に判断した[87]」。神学的な理由からも管轄的な理由からも（このような区別がもし妥当であったとしても）、カルケドンのこの二八番目の教令は古いローマによって受け入れることはなく、せいぜいフィレンツェ公会議で「最も神聖なローマ教皇の後」の第二の地位を与えることを厭わないくらいであった[88]。しかし「すべての教会の母であり王妃」としてのエルサレムの歴

(79) J. Meyendorff 1989, 179.
(80) Irenaeus *Against Heresies* 3.12.5（*ANF* 1:431）.
(81) *Mogila* 1.84.
(82) Pelikan 1980.
(83) マタ一六・一八―一九。
(84) Irenaeus *Against Heresies* 3.3.2（*ANF* 1:415-16）.
(85) *Horm* 1.
(86) Thomas Owen Martin in Grillmeier-Bacht 1951-54; 2:433-58; Kartašev 1963, 424-28.
(87) *CP I* can 3; *Chal* can 28（傍点は著者による）.
(88) *Flor Un* 14-15.

史的な首位性を認めなければならないため、『ペトロ・モヒーラによる東方教会の公同で使徒的な正統信仰告白』のまさに同じ文の中に、「後の時代に皇帝たちが、帝国の栄誉のために、旧・新ローマに優先権を与え（*ta proteia tēs timēs*）」、二つの主要都市や司教区の間に「栄誉の首位性」（primacy of honor）や「優先権」（precedency）に差異を生じさせることなく、両都市がその「座に就いた」という宣言がある。[89] 例えば、トリエント公会議の告白などで定式化されている西方の公的な教えでは、「帝国の権力によって栄誉を与えられた都市……新しいローマの最も神聖な司教区」であるコンスタンティノポリスに「優先権」を付与することは誤りであるし、「帝国の都市だから」という理由で「古いローマの司教区に特権を与えること」も誤りであるとしている。なぜなら、そうしてしまうと、キリストがペトロに委託した制度ではなく、政治的な地位に依存することになってしまうからである。[90]

4・3　宗教改革の信仰告白における教理としての政治

東西教会の分裂という観点から一六世紀の宗教改革を見ると、すでに分裂が起こっていたキリスト教界の一部分でさらなる分裂が起こったと見なされなければならない。[91] しかしながら東西分裂は、その名称が示している通り、地理的な舞台や範囲としては、キリスト教界の二つの部分が直接の接点を持ち、対峙して争いを続けるような場所としては比較的少なかった。それらの中で最も重要なのは、九世紀以降にコンスタンティノポリスのキュリロスとスラブのメトディウスによりバルカン半島や他のところでなされた宣教と、第四回十字軍の一二〇四年にコンスタンティノポリスで西方がなした略奪とコンスタンティノポリスでのラテン総主教座の設立が挙げられる。対照的に、宗教改革が勃発した時に、西方のキリスト教界は一つの宗教と社会（と家族さえも）の中で根本的な分裂を経験することになり、最初はローマ・カトリック教会とプロテスタント主義が、ほどなくしてプロテスタント主義の中でもいくつもの種類に分かたれていった。宗教改革によって引き起こされたこれらの分裂のいずれも、その多くの信仰告白のテキストから分かる通り、教理的また信仰告白的に表すことができ、その多くは『キリスト教の伝統における信条と信仰告白』の第四部に含まれている。[92] しかし分裂は、制度的、組織的、政治的なものでもあった。[93] これらの制度的、組織的、政治的な違いが、今度は教理と信仰告白のものへと変わっていき、教会の職制が本質的な問題となっていくのは必須であった。[94]

先に引用したヴィルヘルム・ニーゼルの原理によると、「改革派の教理によれば、教会の職制も信仰告白的な性格を持っている」[95] ということは、プロテスタント改革における改革派とルター派の最も重要な違いの一つである（これと並んでよく知られている論争は、サクラメントにおけるキリストの体と血の現臨、キリストの二つの本性、予定論をめぐるものである[96]）。キリストによってペトロ一個人において教皇制が設立されたと主張するローマ・カトリック教会とは反対に、ルター派の信仰告白では、「教会政治と教会的な権威の様々な階級」は「人間の権威によって作られた」と述べられており、『アウグスブルク信仰告白弁証』の中では司教制を含めてそれらを「維持する深い願い」が繰り返されているものの、神の掟（*iure divino*）ではないのである（もちろん神の掟であるかど

(89) *Mogila* 1.84.
(90) マタ一六・一八、*Trent* 3.
(91) *Chr Trad* 4:76-77.
(92) 16・1「宗教改革期における信仰告白の拡散」を参照。
(93) 8・3「信仰告白と政治定式」を参照。
(94) Freitag 1991.
(95) Niesel, v.
(96) 詳細な議論は Ainslie 1940 を参照。

うかが真の問題だったのであるが[97]。しかしながら、結果的には、ルター派は伝統的な政治形態を「維持」したわけではない。むしろ、「人間の権威によって作られた」体系としての教会的な職制の細部までを几帳面に任命し続けることにより、一六世紀の宗教改革から生じた北ヨーロッパのルター派国教会や、その後の数世紀にわたって続いた教会では、教会の職制の教理にほとんど無頓着となったように思われ、政治的にも非常に多様で、横断的で幅のある体系となっていったことが露呈してしまった。それらとは、スウェーデンのルター派教会における司教の歴史的な使徒的継承を維持したこと、ルターの協力者のヨハン・ブゲンハーゲンによって、意図的に使徒継承を中断させ、デンマークにルター派の司教区を創設させたこと、ドイツのルター派教会で司教制が全廃され、やがて教会政治として会議制が採用され、次いで近現代では伝統的な意味での使徒継承を主張しない司教制が採用されたこと、北アメリカのいくつかのルター派教会では、極端な会衆制度が実践的ではなく理論的には採用され、やがてはドイツの形式と同様の司教制となっていったこと、である。『アウグスブルク信仰告白』の中の「教会における職制」の項での一文と照らし合わせると[98]、ルターがその序文を書いた一五三五年『(第一)ボヘミア信仰告白』では、独身であることが望ましいことも含め、聖職者への要求と義務について、かなり詳細に記されている[99]。一五六六年『第二スイス信仰告白』の第一章では、聖書が教会の「改革」(*reformatio*)だけでなく政治(*gubernatio*)においても基準であることを明記している[100]。その後の章では、「聖職者に関する使徒的教理」として認められることを詳述している。聖職者は「使徒、預言者、福音宣教者、司教、長老、牧師、教師」と呼ばれ、それぞれが信仰告白で定義され、他のものと同等のレベルに置かれ、新約聖書での称号と後に発展した「総主教、大司教、属司教、管区司教、大執事、執事、副執事、侍者、祈禱師、指揮者、門衛、その他、私の知らない枢機卿、参事会長、修道院長、偉大であろうがそうでなかろうが師父や聖職者」と対比させ、これらはすべて人間の発明であり、それゆえに非使徒的であるとして退けている[101]。一五六一年『ベルギー信仰告白』では、「聖職者や牧師が神の言葉を説教し、サクラメントを執行する」ことに加えて、「牧師と並んで、長老と執事も教会の会議を構成する」ということを、教会が統治されるために神が制定した政治形態として掲げた。[102]『フランス信仰告白』は「真の教会について、私たちは、私たちの主イエス・キリストによって確立された職制に従って統治されなければならないことを信じる」と確言している。[103]『キリスト教綱要』の第四巻の中で、ジャン・カルヴァンは、この聖職者の複数の形態と、「司教」と「長老」が新約聖書および現存する教会の構造の中で相互交換可能であることについて、論じている。[104] 東方正教会の一七世紀の『ドシセオスとエルサレム教会会議の信仰告白』では、カルヴァン派の「東方教会はこの邪悪な考えに同意している」という主張に対して、特別な非難を加えるためにカルヴァン派の司教と聖職者の見解を抽出している。[105]

一六世紀から一七世紀にかけて、ヨーロッパ大陸ではすでに改革派の信仰告白の傾向が、ニーゼルが言うところの「信仰告白的な性格」を教会の職制に与えていたが、どちらかと言えば、ブリテン島のアングロ・サクソンの環境下で、次いで北アメリカでその傾向が強くなっていった。聖公会は、教会の合同の条件を定義した一八八八年『ランベス四綱領』において、一六世紀の改革でローマと袂を分かつようになった後も「歴史的な司教職」

(97) *Apol Aug* 14.1.
(98) *Aug* 14.
(99) *Boh I* 9; 19.
(100) *Helv II* 1.3.
(101) *Helv II* 18.5-6.
(102) *Belg* 30.
(103) *Gall* 29.
(104) Calvin *Institutes of the Christian Religion* 4.3.8 (McNeill 1960, 2:1060-61).
(105) *Dosith* decr 10.

（the historic episcopate）を保持していたが、[106] 主要な信仰告白である『イングランド教会の三九箇条』では、使徒継承[107]（apostolic succession）の線に立って司教による叙階の実践が前提とされているものの、教理的な点に関しては特別の必要性が言及されているわけではない。その代わりに、説教とサクラメントが「必然的に必要とされるこれらのことすべてに関してキリストの制定」に一致するという一般的な要件が示されているが、[108] それだけで満足してしまい、「これらのこと」を特定したり、使徒継承の線に立った司教による叙階がそれらに入ったりしていることはないのである。この要件の後に、「司教、司祭、助祭」は「自分自身の裁量によって結婚する」ことが許されているということが続いている。[109]

　しかしながら、イギリスと北アメリカの主要なプロテスタント教会のグループが、典礼によってでも教理によってでも信仰告白によってでもなく（創設者の名前でもないことは言うまでもない）、政治によって自分たちを定義し、名付けをしたのは重要なことである。監督派（*Episcopalians*）は、「歴史的な司教職」（the historic episcopate）を継承している司教たちによって教会が支配されることが神意であると信じ、教え、告白する者たちのことである。[110] 長老派（*Presbyterians*）は、長老会の長老たちに権威を与えている者たちのことである。[111] 会衆派（*Congregationalists*）は、地域に集ったキリスト教信者の会衆を、神によって設立された教会の職制の形態と見る者たちのことである。[112] バプテスト派（*Baptists*）でさえ、その名前の由来にもかかわらず、洗礼の教理によってではなく、教会の構成や組織によって定義され、信者の洗礼は全浸礼によるというのが最もよく知られた定義となっている。[113] このような状況下での英国プロテスタント教理の中に、政治と教会の職制に関して、会衆派の一六五八年『サヴォイ宣言』で知られているような以下の認識が台頭してきた。「聖書の中には固まった職制はなく、キリスト者である統治者が、市民政府に最も適切で整合性のある形式で、思慮深く構築して選択していけばよい、という不幸な信念を、ある学識者たちや善良な人たちが心の中で抱いている」という結論に対して『サヴォイ宣言』は激しく反発し、後の信仰告白では「このような聖職は……最も完全で簡素な法によって神の言葉の中に正確に記述されている」と言っている。[114] 後の会衆派の信仰告白でも、「神の定めをすべて守り、霊感を受けた制度によって特別に定められたか、もしくは使徒と使徒的教会の疑いない実例によって承認された教会の職制と規律を維持すること」が義務付けられている。[115] 原始的な形態が何であるか、また神によって設立された「使徒的」教会の職制がどのようなものであるかについては互いに不一致があるものの、それにもかかわらず、これらの教会のすべての信仰告白にはそのような「固定された職制」(settled order) があり、信仰の教理的な定式に劣らず、権威的で拘束力のあるものとなっている（その内容の詳細について、これらのうちのいくつかの信仰告白は、不一致ということで一致している）。[116]

それゆえに、スコットランド長老教会の一五九二年『クレイグの小教理問答』では、「御言葉に基づく戒規の職務」を「牧師と長老の相互の合意と判断」の権威に委ね、「長老の職務」を「その会衆を見守り、戒規を執行

(106) *Lamb Quad* 4.
(107) *39 Art* 36.
(108) *39 Art* 19.
(109) *39 Art* 32; *Witt Art* 14 も参照。
(110) *Lamb Quad* 4.
(111) *Crg Sh Cat* 79-81.
(112) *Sav* (1658) pr; *Eng Dec* (1833).
(113) *Gen Bap* 50; *Bap Gr Br*; *New Hamp* 13-14; *Abst Prin*; *Bap Conf*; *Bap Assoc*.
(114) *Sav* pr（傍点はオリジナルである）; *True Con* 20.
(115) *Eng Dec* 2.20.
(116) *Sav* pr.

することと」として定義した[117]。英国会衆派の一六五八年『サヴォイ宣言』は「教会とその統治に関して私たちが定め、主張したことは、キリストご自身が守るようにと命じた職制について謙虚に考え、私たちが聖書の光に従うように努めることである。この基準に従った私たちの先人たちも、改革中の教会に最も近いところで統一することを望み、私たちの兄弟であるニューイングランドの者たちも、彼らや私たち以外の他の地域の者たちもそうなのである」と確言している[118]。『サヴォイ宣言』の第二部「教会政治綱領」では、集められた会衆を「特定の社会もしくは教会」（particular societies or churches）であると認め、「こうして集められたこれらの教会は……キリストが定めた礼拝と戒規のための職制を維持していくために必要なすべての力と権威をも彼が与えた」と主張している。さらに、「これらの特定の教会」（these particular churches）を「彼がこの世で彼の聖徒や民と交わるのを喜ぶ力の座という目標にそれぞれが向かっている教会」として位置づけ、キリストが「これら特定の教会を除いて……それ以外のいかなる教会やカトリック教会に、キリストが儀式を執行する力を託したり、彼の名における権威を与えた」という教えを完全に拒否している[119]。バプテスト派の信仰と職制に関する代表的な宣言である一八三三年『ニューハンプシャー信仰告白』では、教会とその政治の定義をこう述べている。「私たちは目に見える教会が、福音の信仰と交わりにおける契約によって結ばれて洗礼を受けた信仰者たちの会衆であることを信じる。また、キリストの儀式を守る。彼の掟に統治され、彼の言葉によって彼らに働いている賜物、権利、特権を行使する」（「洗礼を受けた信仰者たち」とは、幼児洗礼ではなく、洗礼を受ける前提として個人の信仰告白を十分にすることができるほど成長してから洗礼を受けた者のことである[120]）。教会とその性質に関するバプテスト派の立場は、二〇世紀の信仰告白の中にも続けて出され、一九〇五年『アメリカ・バプテスト連盟の声明』などでも主張されている[121]。

改革派の信仰告白が、信仰と職制、もしくは教理と政治を一貫して結び付けているのは、改革派での共通の一般基準である神の言葉の説教とサクラメントの執行と並んで、第三のものとして「教会のしるし（*notae ecclesiae*）」

である教会戒規が含まれていることに、改革派としての際立った特徴があるからである。[122] これらの信仰告白のいくつかは「教会政治、教会統治、戒規」を等しく扱い、「教会の構成のため、またそこでなされるすべての管理のため、地上のキリスト教会で遵守されるべき形式と職制」であるとしている。[123]『ハイデルベルク信仰問答』はワンフレーズで「聖なる福音の説教とキリスト教的戒規」と記載している。[124]『第一スイス信仰告白』が「普遍的で、公的で、秩序立った戒規」と呼んでいることは、真の教会が存在していることを知ることができる決定的なしるしである。[125]『ベルギー信仰告白』は、教会では「神の言葉に従い、すべてのことに先立って、破門」が「必要」であるとしている。[126]『ハイデルベルク信仰問答』の「聖なる福音の説教とキリスト教的戒規」が両立しなければならず、[127]『クレイグの小教理問答』の「長老の職が……その会衆を見守り、戒規を執行すること」であ

---

(117) *Crg Sh Cat* 79-81.
(118) *Sav* pr（傍点はオリジナルである）.
(119) *Sav* 2.3-6.
(120) *New Hamp* 13. Syndogmaticon 10.3 を参照。
(121) *Am Bap* 10.
(122) 10・1「改革期の信仰告白におけるキリスト教戒規の教理」を参照。Syndogmaticon 9.4 も参照。
(123) *Camp Plat* 1.1.1.
(124) *Heid* 83.
(125) *Helv I* 14.
(126) *Belg* 32.
(127) *Heid* 83.

るならば、[128]改革派の信仰告白は、教会とその指導者の戒規と執行の権威が正しいものでなければならないことが必然となるのである（この正しさは、東方正教会やローマ・カトリック教会の伝統の特徴では、聖職者や教会職制がサクラメント的で階層的であるところから来ているが、まったく異なる理由であるものの、改革派も同様の正しさが必要なのである）。

4・4　エキュメニカル信仰告白的な対話における信仰と職制

一九世紀と二〇世紀になされたエキュメニカルな対話では、まず改革派も含めたプロテスタント教会のいくつかの教派で対話が始まり、ほぼ同時期に聖公会と他の教会との対話もなされたため、改革派の教理としての政治理解と聖公会の歴史的司教制の教理との違いは、当初からエキュメニカルな議題として避け難いものであった。したがって、教理的な問題として教会の職制を考えていない教会も、エキュメニカルな信仰告白の議論に参与する場合には、結果的に避けられないものとなったのである。

加えて、近現代のエキュメニカル運動は、新約聖書の歴史・批評的研究が台頭し、促進される時期と一致したのである。この研究の結果として、一つの教会や信仰告白の歴史に条件づけられた特定の教理を絶対的に主張することはますます不可能になり、それらの教理が他の要因にも起因していると言われるようになった。エキュメニカルな対話で最も影響力のある神学的な指導者たちの中には、教会の教理や信条（それらの中には最も古く、最も大事なものも含まれる）の解釈の聖書的また歴史的な研究を行っていた者たちもいるが、使徒からの「委ねられたもの」（deposit）としての初めからまったく変わらぬもの、というよりもむしろ発展してきたもの、という線で研究がなされてきた。このことはすべての教会で共有されている信条的な教えについても当てはまり、一つまたは少数の特定の歴史的な教会の教理に限定される信仰告白的な教えの場合はなおさらそうである。このように、今もなお用いられている聖なる書物（信条や信仰告白も含まれる）の批判的な版を生み出した近現代の聖書学また教父学は、(129)私たちがここで検討しているような教会の職制の用語にも細心の注意を払ったのである。そのような探求の成果の一例として、*episkopos, presbyteros, diakonos*〔監督、長老、執事〕といったギリシア語が、(130)三重の聖職者の教理を持つ西方と東方の両方における公同の教会の職制とははっきりと区別されるかもしれないが、極めて緩やかに、時には相互交換可能なものとして、新約聖書や他の初期のキリスト教の史料の中で、使われていることが分かったのである。(131)一九八二年『洗礼・聖餐・職務』からの信仰と職制に関する「リマ文書」には、このようにある。「新約聖書には、将来の教会での宣教すべての青写真や継続的な規範として仕えるような宣教の単一の様式は記述されていない。新約聖書にはむしろ、場所や時代の違いによって存在する様々な形が現れている(132)」。しかしもし教会政治の伝統的な教理の中心的要素が歴史的に相対化され、問いを引き起こしているとすれば、教会政治の問題を教会一致の必要条件にし、聖餐の交わりも含めてキリスト者の交わりを阻害してしまうことは、多くの人にとって行き過ぎたことであるように思われた(133)。

そのような聖書的批評とエキュメニカル運動との結びつきは、フリードリヒ・シュライアマハーの考えの中にすでに見える形で表れている。彼は、使徒パウロがテモテへの手紙一、テモテへの手紙二、テトスへの手紙の牧

---

(128) *Crg Sh Cat* 79-81.

(129) 17・3「近現代における信条または信仰告白の学問的開花」を参照。

(130) *Trent* 23.2; *Metr Crit* 11.2.

(131) Bauer-Arndt-Gingrich, 299, 700, 184-85 に豊富な参考文献がある。

(132) *BEM* 3.19; *Ghana* 6.2 も参照。

(133) 7・4「一致の聖霊と一致のサクラメント――二つの歴史的な皮肉の事例」を参照。

会書簡の著者であったという伝統的な見解に疑問を投げかけた最初の人であり、それらの書簡では手を置いて叙任するという使徒からの継承という考えが他の新約聖書の書簡よりも明確に示されている。[134] シュライアマハーは、ルターの九五箇条の提題から三〇〇年記念の一八一七年に始まったプロイセンにおける改革派とルター派の教会が合同したプロイセン合同教会で最も著名な神学者でもあった。プロイセン合同教会では、政治や職制の問題が、典礼の問いや新たな合同教会でのルター派と改革派の継続中の信仰告白の問題に劣らず、厄介な問題であることが露呈してしまった。[135] シュライアマハーの教義学の著書『キリスト教信仰』の中で、プロイセン合同教会のスポークスマンとして、彼は一貫してルター派と改革派の両方の信仰告白の権威に訴えたものの、彼の読み方は極めて個人的で特異なものであり、彼の独特の神学的方法が踏襲されている。プロイセン合同教会での礼拝式文（*Kirchenagende*）では、改革派とルター派の聖餐の教理の違いをうまく取り繕おうとして、配餐式文（*Spendeformel*）のところで、「私たちの主イエス・キリストは『これは私の体である』と言われた」ことに対し、「体」や「血」を字義通りの意味にとるか、象徴的な意味にとるかは個々の陪餐者の決定に委ねられている、とした。

そのわずか数十年後の一八八八年に、聖公会の司教たちによる『ランベス四綱領』では、「神が彼の教会の一致の中に召された国々や人々の必要を満たすために、歴史的司教制がその統治の方法として地域に適合される」ということを、キリスト教再合同の条件とした。[136] この要求は、「地域的適合」の政治を認める他の教会への招待であるとともに、「歴史的司教制」の使徒継承に明確に立たないあらゆる職制を完全に拒否しているものである。『ランベス四綱領』が一八八八年に発行された時、ある者たちはローマ・カトリック教会が聖公会の中に息づいている「歴史的司教制」を合法的なものと認め、それゆえに聖公会の聖なる職制の有効性を認めるのではないか、という望みをなおも抱いた。しかしその望みは、教皇レオ一三世によって一八九六年九月一三日に発行された〔聖公会の叙階を無効とした〕『使徒的配慮』という教皇回勅で打ち砕かれ、[137] その時点では、一〇〇年後の第二ヴァチカン公会議で「これら（教派）の中で、カトリックの伝統と制度を部分的に継続させている聖公会は特別な位置を占めている」[138]と宣言されるなどという展望はほとんどなかった。

エキュメニカルな意図を持つ『ランベス四綱領』に基づき、カナダ聖公会（Anglican Church of Canada）は、一九二五『カナダ合同教会基準』に最終的に導かれる議論を既に始めていた。しかしこの文書は、カナダの会衆派、メソジスト派、長老教会（そのすべてというわけではない）しか集められなかった。また、この文書には「政治」というタイトルの特別な節があり、三つの伝統的で対立的な教会政治の体系を調和させようとしている。同様に、「教義」という節の中に「聖職者」と「教会職制と交わり」という項がある。論争や分裂の原因となってきた聖職者の叙任の教理の問題を意図的に避け、『カナダ合同教会基準』では、「聖職者」の項で、「教会の至高の頭であるイエス・キリストは、御言葉とサクラメントを行う務めを任命し、この任務のために人を召された。教会は、聖霊の導きの下、彼が召した人たちを認識し、選び、この務めのために彼らを正当に叙任する」と述べるにとどめている。[139]「教会職制と交わり」の項では、教会の「礼拝、教え、戒規、政治は（キリストの）意志に基づき、その職務にふさわしく、正当に定められた選ばれた者たちによってなされるべきである」ということが加え

(134) 二テモ一・六。
(135) *PRE* 20:253-61 (Albert Hauck).
(136) *Lamb Quad* 4; Wright 1988; Draper 1988.
(137) Denzinger 3315-19.
(138) *Vat II* 5.3.13.
(139) *Un Ch Can: Union* 17; 傍点は著者による。

られている。[140] しかし、一七項の「叙任」と一八項の「除名」を「正当に」(duly)実施するための具体的な内容については特に何も言及されていない。

しかし、プロテスタント宣教を通して生まれた教会、特に二つ以上の「若い教会」がヨーロッパやアメリカでの母教会から受け継いだ教理と職制の境界を越えて合同しようとした時ほど、教会の職制の問題が切迫してしまったり、職制の伝統的な定義との関係が厄介となることはないだろう。[141] 教会の職制の必要性は、非キリスト教的な環境に置かれた教会では増大していった。インドネシアの一九五一年『バタク・プロテスタント・キリスト教会信仰告白』では、「私たちは告白する。教会生活を整え、教会に平和をもたらすための道具であるという理由から、神の言葉に基づく教会の職制がなければならない」と宣言している。[142] しかし一九一九年に始まった交渉において、一九二九年『南インド合同教会計画』(*The Scheme of Union of the Churches of South India*)に始まり、最終的に一九四七年『南インド教会憲章』(*The Constitution of the Church of South India*)に至ったが、これは教理的な問題だけでなく分裂の問題となっていた教会の職制を含めた二〇世紀のエキュメニカル運動の中から生み出された最も入念で具体的な努力の成果となった。一九二九年『南インド合同教会計画』では(この段階のタイトルでは「教会」(churches)が複数形だった)、「歴史的司教制の継承」を維持することが意図され、「最終的には合同教会のすべての聖職者は司教制により叙任された聖職者とする」と確言している。[143]

しかしながら、一九四七年に採択された『南インド教会憲章』では(今やそのタイトルの教会が単数形となった)、「司教制、長老制、会衆制の各要素は教会生活のすべての営みの中に場所を持たなければならず、司教制、長老制、会衆制のもとにいる信者は、そのいくつかの領域で、教会政治と運営、伝道と牧会、戒規、礼拝といった教会生活と奉仕に責任とそれを行う職権を持つ」と告白することによって、[144] 司教制そのものが「必要な要素」(necessary elements)ではなく、「司教制、長老制、会衆制」という教会政治の三つの教会職制の教理と体系が認められたのである。これら対照的な制度の問題は、南インドだけでなく、宗教改革期以降の英国プロテスタント主義のほとんどの歴史の中で見られてきたことである。この憲章では、南インド教会において宣教を行うための三つの制度それぞれの「責任」や「職権」を定めただけでなく、信仰と職制との間の関係についての教理的な土台も据えている。当然のことながら、これまでの歴史の光に照らして考えると、最もデリケートな問題は司教制であり、単純に運営のシステムとして効率的だからではなく、教理的な事柄としての理由からであった。『ランベス四綱領』と他の定式からの影響を受けながら、『南インド教会憲章』は、前段落で長老制と会衆制を組み合わせたものを説明した後に、次段落で司教制をより詳細に定義している。

> 南インド教会は歴史的司教制を憲章の中に受容し、維持していくだろう。しかし司教制の特定の解釈をこの受容が約束しているわけではなく、または聖職者の職制についての特定の見解や信仰を抱いているわけでもなく、いかなる特定の解釈の受容を要求するのでも聖職者の資格を必要とする見解を求めているわけでもない。
>
> しかしながら、異なる解釈があるにせよ、南インド教会は、初期の時代から教会では司教制が受容されてきたことに同意し（その意味では歴史的と呼ぶのにふさわしい）、南インド教会を養い、拡張していくために必要である。これに追加される解釈は個人的なものであり、南インド教会を拘束するものではない。

---

(140) *Un Ch Can: Union* 18; 傍点は著者による。
(141) Nortier 1941; 11・2「宣教と移住における信条の宿命」を参照。
(142) *Bat* 11, 一コリ一四・三三に言及している。
(143) *CSI 1929* 2; 5.
(144) *CSI 1947* 4.

三つの「必要な要素」（necessary elements）のうちの一つもしくは他のものだけしか持たない以前に叙任を受けた者であっても、三つすべてを持つことになり、新しく叙任されたすべての者は「司教と長老によって、按手を受けたことになる」[145]。南インド教会のこの経験は、自分たちの歴史の中だけに反映されているのではなく、一九六三年『セイロン教会合同計画』[146]、一九六五年『北インド／パキスタン教会』[147]においても見られる。

一九八二年一月にペルーのリマで、「信仰職制委員会」によって発行された『洗礼・聖餐・職務』の中に、教会職制をめぐる相違が続いていることと、一九世紀と二〇世紀にある共通理解の方向が示されていった進展の両方が明確に反映されている[148]。タイトルが示唆しているように、「リマ文書」は、それぞれのテーマごとに三つの草案から成っている資料である。三つ目の最後は「職務」であり、他の二つに比べるとかなり遅れて展開され、司教の使徒継承をめぐっての「プロテスタント」と「カトリック」（この場合、正教会や聖公会も含まれる）との間の行き詰まりを、司教制を重要ではあるが他の制度の中の一つにすぎないとし、「使徒的伝統」（apostolic tradition）をより広く包括的な理解と位置付けることによって打開していった。この「使徒的伝統」の文脈の中で考えていくと、「司教制の継承」（episcopal succession）は「洗礼・聖餐・職務」においては「しるし」となり、法的な意味での「保証」ではなく、教会の継続と一致のためのものとなる。聖職者や専門家としての「特定の聖職者」（*the* ministry）と限定的に解釈してしまうよりもむしろ、「聖職者」の包括的定義も、「神の民全体の召し」に他ならないことであると、より広い文脈で見る必要がある。そのような広い意味での聖職者の中にあって、叙任された聖職者は「宣教の源であり、一致の土台であるイエス・キリストの教会に依拠している」ことを指し示している。しかもこれは司教制だけのことではなく、むしろ「司教、長老、執事による三重の聖職者は、私たちが求めている一致の表現として、またそれを達成するための手段として、今日、仕えている」のである[149]。

これらのエキュメニカルな信仰告白をめぐる対話は（そのうちの二つが一九世紀、さらにいくつかが二〇世紀になされた）、現代の信仰告白の定式では、以前の時代と比べてなおさら（または特別に）、職制の問いが必然なものになり続けるという点が、ますます強化されているのかもしれない。

（145） *CSI 1947* 4; 傍点は著者による。
（146） *Sri Lanka* 7.2.
（147） *CNI*.
（148） Wainwright 1986; *DEM* 80-83（Max Thurian）.
（149） *BEM* 3.21.

第二部　信条と信仰告白の起源

特に近現代の世俗的な思想や、リベラル派・福音派を問わず近現代プロテスタンティズムから周期的に起こる信条に対する反発は〔根拠はまったく異なるのであるが[1]〕、少なくとも抽象的にある問いを引き起こしている。それは、固定化された信条や公的な信仰告白を発明することなしに、あるいは何千もの信条や信仰告白を生み出すことなしに、キリスト教が存在するようになり、時代を通して発展することができたと考えられ得るかどうか、という問いである。教会が始まった時に周りを取り巻いていたギリシアやローマの異教は信条を必要としなかった。プラトンの著作の現代の翻訳家が説明していることとして、ギリシアと同様にローマにも当てはまる記述がある。「アテネの宗教は信条や教義の問題ではなく、レゴーメナ（*legomena*）〔語られた事柄〕よりも儀式の遵守であるドローメナ（*dromena*）〔行われた事柄〕の問題であり、このことは、その教えの内容がどんなものでも取り込んでしまうと言えるホメロスとヘシオドスの神話から主として構成される多神教の宗教であったため、ふさわしいものだったと言えるだろう[2]」。また同じことはゲルマン民族、ケルト民族、スラブ民族、他の「未開人」の宗教でも言えることであり、それらの人々は西方と東方の中世の時代にキリスト教徒になったのである。キリスト教の宣教師が世界中に福音のみならず信条をもたらしたすべての時代にわたって、他のほとんどの国の宗教の中に「信条」（creeds）が存在することはなかった[3]。

（1） 17・1「近代意識による信条への不信感」を参照。
（2） Allen 1984, 1:74.
（3） 11・2「宣教と移住における信条の宿命」を参照。

しかし多くの神々ではなく唯一の真の神への排他的な信仰が、信仰告白のためのある種の定式を必要としたように思われ、一連の特定の歴史的出来事を通して唯一の真の神が啓示され、それらの出来事が権威ある書物に記録され、この啓示が共同体の中に継続的に委ねられたことと結びついていると言えるだろう。一九世紀末にアレクサンダー・ペンローズ・フォーブスが「啓示の本質には確信がなければならない[4]」と言ったように、確言されて告白され得るものでなければならないことが示唆される。それゆえに、ユダヤ教とイスラム教という他の二つの一神教と並んで、キリスト教も信仰告白が必須であり、信仰告白以前の信じること（と教えることや説教すること）も必須だったのである[5]。新約聖書で「もしあなたがあなたの唇で告白し……あなたの心で信じるなら……あなたは救われるだろう[6]」と語られているように、三つの宗教とも何らかの告白の形式を実際に語っているのである。

実際にヘブライ語聖書の中の様々な箇所に、信条のような定式が現れている。これらのうちで最も有名なのは、信条というよりも、「私はある、私はあるという者だ」（I am that I am）という芝の中から神がモーセに神の名を自己開示したものである[7]。また、タルムードやユダヤの伝統の中の様々な時代における個人やグループの著作の中にも信条的な宣言が見られ、「一三信仰箇条」（the thirteen articles of faith）という中世の考え方へとつながっている[8]。それにもかかわらず、少なくとも原理的にユダヤ教は、「聞け、イスラエルよ。私たちの神である主は、唯一の主である（*Shemaʿ Yisraēl, Adōnai Elōheinū Adōnai echād*）」という単一の信条を復唱することで、この信仰告白の命令を満たしてきたのである[9]。これと同様に、ウィリアム・モンゴメリー・ワットが言うように、イスラム教では少なくとも部分的に「教会の司教会議や公会議に等しいものはなく、キリスト教界における使徒信条やニカイア信条のように信条に公的な地位を与える者が誰もいないため、イスラム教の信条は学者個人や学者たちのグループの信仰定式となっている」のであり、ムスリム全体の伝統というわけではない[10]。このような信条の一例として、シーア派のイブン・バーバワイヒのものが挙げられる[11]。しばしば「ムスリム信条」（the Muslim creed）と置き換えられる「イスラムの信仰」（Faith in Islam）は、祈り、断食、施し、巡礼という他の四つの要件と合わせて「イスラムの五本の柱」（five pillars of Islam）の一つである。[12] しかし、キリスト教の多くの信条や信仰告白やユダヤ教のシェマーなど、私たちがここで語る際に使う公的な、共同の、拘束力がある意味での「信条」に関して、イスラム教は基本的に「神のほかに神はなく、ムハンマドがその使者である」というシャハーダ（*The Shahādah*）の告白で満足しており、コーランの中にそれほど多くこの言葉が出てくるわけではないが、中心的なメッセージを要約している。それではなぜ、キリスト教にとって、自己流のシェマーやシャハーダを告白している、そして唯一の主、イエス・キリストがおられ、万物は彼を通して存在し、私たちは彼を通して存在している」）、（パウロが定式化したのがまさにそれであるが。「唯一の神、父がおられ、万物は彼から出て、私たちは彼のために存在しその流れで行くだけでは不十分だったのだろうか。[13]

以下の四つのそれぞれの章では、この問いに答える一つの構成要素を提供することを試みるものである。四つ

（4）　Forbes 1890, 129.

（5）　第2章「信条と信仰告白の必須性」を参照。

（6）　ロマ一〇・九。

（7）　出三・一四、11・4「シェマーからホモウシオスへのパラダイム」を参照。

（8）　Kellner 1986.

（9）　申六・四、5・1「聖書の中の信条」と13・1「原始的な信条」を参照。

（10）　Watt 1994, 3.

（11）　Fyzee 1942.

（12）　Wensinck 1932.

（13）　一コリ八・五―六。

の章では、四つの歴史的要因（最終的には一つにまとめることができる）を調査することになり、キリスト教会における信条と信仰告白の起源とキリスト教史を通じて増大していった理由を説明するのを助けることになる。教会生活においても、その信仰告白においても、これら四つ（釈義、祈り、論争、政治）が他の三つと分離されて機能するのではないことは、指摘する必要もないだろう。政治的な行為と祈りは、個人的なものであれ集団的なものであれ、敬虔主義者と行動主義者の両者に見られることである（ただ、その方向性は異なり、まったくの正反対を行くかもしれないが）。しかしキリスト教史を通して、良くも悪くも、四つのものは繰り返し交差してきた。個々の教会や教派のどの信仰告白においても、聖書の釈義は、「聖なる所から何も学んでいない[14]」者たちや、神の言葉の明確で卓越であるものを人間の伝統という死んだ手によるものだと非難する者たちとの論争の機会をしばしば提供してきた[15]。肯定的な側面として、信仰告白は、聖書解釈の適切な方法、礼拝の基本原理、神学的考察の限界、国家の義務、国家に対する教会の義務といったことを、他のどんなものよりも、より教会が具体的に示す手段をしばしば果たしてきた。したがって、これら四つの要因が信条と信仰告白の起源に関係しているだけでなく、逆方向にも同様に影響を及ぼしている。というのは、四つの要因それぞれが、信条と信仰告白の歴史的起源（historical genesis）と最終形態（eventual form）を持っているためである。その結果、釈義史、礼拝史、論争史、政治史を書いたり研究したりする際に、信条や信仰告白を見落としてしまうことは重大な過ちになってしまい、その逆に信条や信仰告白の起源史を書く場合に釈義史、礼拝史、論争史、政治史を見落としてしまうことも同様に然りである。

（14） *Tome* 1.
（15） *Helv I* 4; *Helv II* 2.6; *Scot I* 14; *West* 20.2.

第5章　聖書、伝統、信条

信条と信仰告白が生まれた時、それらに同意する特定の構成員によって信じられ、教えられ、告白されるように定められたものとして、[1] あるいは、より意欲的に言えば、「全キリスト教会」[2] もしくは「すべてのキリスト者たち」[3] と言ってよいほど普遍的に信じられ、教えられ、告白されているものとして、信条と信仰告白は自己表現をしてきた。しかしそのような起源は、明示的にせよ暗示的にせよ、それら自身や特定の構成員を超えたところをも示しており、前にも述べたように堂々巡りの議論によく似ているところがある。聖書は伝統として理解されるべきであり、この特定の信条が聖書を解釈するのだが、この特定の信条はおそらく伝統と共に、聖書に拘束されるものである。この堂々巡りの議論とその緊張関係は、キリスト教史を通して、信条と信仰告白の定式のプロセスに付随してきたものである。

正統的公同の伝統（あるいはすべての正教会とカトリックの諸伝統）では、一一人の弟子または使徒たちに対する復活のキリストの最後の言葉は、彼らと数世紀にわたる「使徒たちの後継者」の両者に、[4]「大宣教命令」と呼

（1）例えば、*Belg* 1; *Dosith* 1.
（2）*Fid rat* pr.
（3）*Ans* 3.40.
（4）*Vat II* 5.2.24.

ばれるようになった総合的な体系を制定させ、彼自身の位格（person）もその中核に置かれた。[5]「天と地のすべての権威は私に与えられている。それゆえ行ってすべての国々を弟子にしなさい、彼らに父と子と聖霊の名によって洗礼を授け、私があなたがたに命じたすべてを遵守するように彼らに教えなさい。そして見よ、私はいつもあなたたちと時代の終わりまで共にいる」[6]。究極的には、これらの言葉は「すべての舌がイエス・キリストが主であることを告白し、父なる神に栄光を帰す」[7]ことを求めている。したがって、正式な信仰告白の手段のいかんによらず、キリスト者としてこれまでに認められたすべての者たちは、イエス・キリストが主であると認めたことにおいて一つに結ばれたのである。プロテスタント改革の信仰告白による伝統の再解釈では、大宣教命令のこれらの言葉を、教会はキリストが命じたことだけを教え、教会の伝統の中に「想像したことや作り上げたことを入れない」ことであるとし、[8]『ウェストミンスター信仰告白』の表現では、これらの最後の言葉によって、洗礼が「キリストご自身によって制定され、彼の教会において世の終わりまで続けられる」ことが明言された。[9]同様に、『第二スイス信仰告白』は、キリストのこれらの言葉を用いて、「聖霊を人に与えることによって内的照明を与える方は、命令による（言葉の外的な説教を要求する）方でもある」と告白している。[10]『ベルギー信仰告白』はキリストの最後の言葉を、「すべての信仰者の洗礼」のための「キリストによって規定された……形式」と見なし、[11]その後半の言葉を、キリストが「彼に属するすべての者が純粋な水で洗礼を受けるように命じた」ことを証明するために用いている。[12]『ハイデルベルク信仰問答』はこれらの言葉を、「聖なる晩餐の制定」の類型によって、「洗礼の制定」であるとしている。[13]一九〇五年『アメリカ・バプテスト連盟教理宣言』はこう宣言している。「私たちは大宣教命令が、キリストの日から今日に至るまで、洗礼の宣教が続けられてきたことを教えていると信じる」[14]。

それにもかかわらず、特に一六世紀の改革以降の世紀において、キリスト教会は、時には目に見える制度的な教会間でさえ、この大宣教命令のキリストの最高主権と信条や信仰告白との関係を明らかにすることにおいて、まったく一致してきたわけではなかった。「父と子と聖霊の名によって彼らに洗礼を授け」ということが、使徒信条のような三位一体が明示された定式の洗礼信条を必要とするのだろうか。またこの大宣教命令が、『第二スイス信仰告白』の「神の統一と三位一体」[15]というタイトルが付けられた章の証拠聖句として仕えることができるのだろうか。「私があなたがたに命じたすべてを遵守するように彼らに教えなさい」という戒めが、バシレイオスがそう考えたように[16]、ニカイア信条にとてもよく似た教えへと必然的に導いたり、さらにはアタナシウス信条へと導いたりするのだろうか。しかしこれらの議論とはまったく別に、約束を伴うこの任務は、『バルメン宣言』がこの任務の土台に基づいてナチの全体主義に反対し、「自由に基礎づけられた教会の任務は、キリスト

(5) *ABD* 2:1090-91 (A. Boyd Luter, Jr.).
(6) マタ二八・一八—二〇。マコ一六・一五、使一・八も参照。
(7) フィリ二・一一。
(8) *Ans* 2.15.
(9) *West* 28.1.
(10) *Helv II* 1.6.
(11) *Belg* 9.
(12) *Belg* 34.
(13) *Heid* 71, 77.
(14) *Am Bap* 12.
(15) *Helv II* 3.4.
(16) Basil of Caesarea *On the Holy Spirit* 17.43 (*NPNF*-II 8:27).

の代わりに、すべての人々に神の自由な恵みのメッセージを伝えることにある」[17]と主張しているようなことだけでなく、よりいっそう多くのことを意味しているのではないだろうか。また、『ドルトレヒト信仰規準』の中で、この約束は「教会史のすべての時代において前面で輝く」という意味で一般化して適用されているが、特に『ドルトレヒト信仰規準』が、キリストの昇天以後の「使徒的」教会会議（councils）や「聖なる教会会議（synods）」やその布告や信仰告白（『ドルトレヒト信仰規準』もここに含まれる）に並んでキリストの祝福を受けた、としていることは適切なのだろうか。[18]さらに、このような会議が、聖書に基づいて、しかし聖書の言葉を超えて、さらにはそれ以前の伝統の言葉を超えて、[19]教理やさらなる信条や信仰告白の定式を制定する時、この約束はなおもこのような教会会議に適用されるのだろうか。それともある教会会議だけにしか適用されないのだろうか。それともまったく適用されないのだろうか。また、それらの教会会議は可謬なのか不可謬なのか。『ウェストミンスター信仰告白』では「使徒の時代以降のすべての地域的（synods）また公会議的（councils）教会会議は、一般的であれ特殊的であれ[20]」可謬であるとしている。そうなると、初期のものであれ後期のものであれ、「エキュメニカル」であれローマ・カトリックであれ東方正教会であれプロテスタントのものであれ、それらの教会会議と信条と信仰告白は、「一つ」「聖なる」「公同」を加えた「使徒的」な教会であるということと、どのように調和するのだろうか。[21]そもそも「神の家族であり、使徒と預言者の土台の上に立てられ、キリスト・イエスご自身がかなめ石である」ということではないのだろうか。[22]要するに、聖書と伝統と信条の関係は何なのか。[23]そしてどのようにケリュグマがドグマになるのだろうか。[24]

5・1　聖書の中の信条

このような仕方で問題提起をすると、確かに問いを求めることになるし、実際にいくつかの問いが湧いてくる。

新約聖書の名によって信条の概念そのものに反対を表明する者たちは、旧約聖書の諸信条からの引用が新約聖書にあるように、イエス自身と彼の使徒たちの教えの中に、信条が（論理的にではなく年代的に）優先されていることと折り合いをつける必要がある。[25] というのは、敵対者たちの挑戦に答えて、イエスは原始的な信条シェマーを唱えているからである。「聞け、イスラエルよ。私たちの神である主は、唯一の主である」。[26] 別の挑戦に対して、使徒パウロもシェマーで答えており、彼と彼に追従する信仰者たちにとって（より古い信条や賛美歌から生じたであろう定式を採用し）、「唯一の神、父がおられ、万物は彼から出て、私たちは彼のために存在している、そして唯一の主、イエス・キリストがおられ、万物は彼を通して存在し、私たちは彼を通して存在している」[27] のである。三二五年にニカイアで開かれた第一回公会議での信仰告白も同様に、福音書や新約聖書の他の部分からではないが、新約聖書に先行しているイスラエルの原始的な信条と同じ形で告白を始めている。「私たちは唯一

(17) *Barn* 6.
(18) *Dort* pr.
(19) *Ecth* 5.
(20) *West* 31.4.
(21) *N-CP* 9.
(22) エフェ二・一九―二〇。
(23) Geiselmann 1966.
(24) 13・2「ケリュグマと洗礼的なシンボル」を参照。
(25) Proksch 1936.
(26) マコ一二・二九を参照。七十人訳の申六・四からの逐語訳である。
(27) 一コリ八・四―六。

の神を信じます」[28]。そして、子なる神が「父と同本質」（*homoousios tōi patri*）であることについて語られる時も同じ基盤になっている[29]。というのは、子についてのいかなる言葉の中に、神の唯一性の信仰告白であるこの原始的なモーセ的な信条と矛盾や妥協するようなものは一切なく、むしろ正当化しているものと見なされるからである。ニカイアの正統によれば、一神教の信条は、キリスト教界の内外の敵対者に対して、三位一体の教理によって妥協させられることはないが[30]、子なる神と聖霊が父よりも劣った存在であって神ではないとするアレイオスや他の者たちの教えによって損なわれてしまうことがある[31]。それゆえ、アレクサンドリアのアタナシオスは、ニカイア信条の主要な擁護者として、シェマーを引用し、「私たちが『唯一の神』と読む時、これは『子を否定していることが言われているのではない』」と主張している[32]。東方正教会では（年代順に挙げていくと）、『グレゴリオス・パラマスによる正統信仰の告白』はこのように告白することで始まっている。「唯一の神がおられる」[33]。『メトロファネス・クリトプロスの信仰告白』はこう始まる。「公同の使徒的教会は、私たちの救いの土台は神ご自身だけである、と教えている」[34]。『ペトロ・モヒーラによる東方教会の公同で使徒的な正統信仰告白』もシェマーを引用している[35]。『ドシセオスとエルサレム教会会議の信仰告白』はニカイア（とシェマー）を繰り返し、最初にこう言っている。「私たちは唯一の神を信じます」[36]。西方教会でもシェマーは、次から次へと生み出される改革期の信仰告白の冒頭部分を規定したし、カトリック教会から再洗礼派に至るまでの信仰告白の全体にも横断している。（同様に、年代順に挙げていくと、）一五二九年『マールブルク条項』[37]、一五三〇年『アウグスブルク信仰告白』[38]、一五三四年『第一バーゼル信仰告白』[39]、一五五九年『フランス信仰告白』[40]、一五六〇年『スコットランド信仰告白』[41]、その第一条の表題が「唯一の神」（The Only God）である一五六一年『ベルギー信仰告白』[42]、ニカイア・コンスタンティノポリス信条の「西方修正版」を採用した一五六四年『トリエント信仰宣言』[43]、逐語的にシェマーを引用している一五六六年『第二スイス信仰告白』[44]、一五七〇年『ハンガリー信仰告白』[45]、ラテン語版が「唯一である」（Unus est）で始まる一五七一年『イングランド教会の三九箇条』[46]、メノナイトの一五

(28) *N* 1.

(29) *N* 2.

(30) ap. *Gennad* 2.

(31) Gregory of Nyssa *On "Not Three Gods"* (*NPNF*-II 5:331-36).

(32) Athanasius *Discourses Against the Arians* 3.24.7 (*NPNF*-II 4:397).

(33) *Greg Palam* 1.

(34) *Metr Crit* 1.1.

(35) *Mogila* 1.8.

(36) *Dosith* decr 1.

(37) *Marburg* 1.

(38) *Aug* 1.

(39) *Bas Bek* 1.

(40) *Gall* 1.

(41) *Scot I* 1.

(42) *Belg* 1.

(43) *Trid Prof* 1.

(44) *Helv II* 3.2; Koch 1968, 59-61 を参照。

(45) *Czen* 1.

(46) *39 Art* 1.

九一年『ケルン理念』[47]と一六一八年『ハンス・デ・リースの（メノナイト）小信仰告白』[48]。数多くの中からわずかな例だけを挙げるのは難しいが、一七四九年の兄弟団（Unitas Fratrum）の近代的信仰告白の冒頭の言葉「私たちは唯一の神を信じます」[49]、ニカイア・コンスタンティノポリス信条の逐語訳が引用されている一八八三年のアメリカ会衆派の『「宣教」信条』の冒頭の言葉[50]、一九三〇年『韓国メソジスト信条』の「私たちは唯一の神を信じます」[51]、土着の多神教とアニミズムに囲まれていることから特別な意義がある二〇世紀のアフリカのキリスト教の『マサイ信条』の「私たちは、愛によって美しき世界を造り、その中のすべてのよいものを造られた、唯一の至高の神を信じます」[52]、を挙げることができる。

旧約聖書のシェマーだけが新約聖書の中に見られる信条または信条のような宣言の唯一の存在ではなく、『キリスト教の伝統における信条と信仰告白』の第一部「新約聖書における信条声明」に含まれている信条コレクションの中に他の聖書的な諸信仰告白が記載されているように[53]、多くの証言がある。教皇制を支えるテキストでもあり、キリストからの「あなたはペトロ、この岩の上に私は私の教会を建てるだろう」という返答の言葉のゆえに、おそらく最も引用されているのが、フィリポ・カイサリアでのペトロの信仰告白の言葉である。「あなたはキリスト、生ける神の子です」[54]。しかし、最も広範にわたり、「信条的」（creedlike）なのは、明らかに先行史料に依存しているテモテへの手紙一であり、シェマーを取り入れた上でキリスト教の信仰の基準へと拡張している箇所である。

唯一の神がおられる。
　神と人との間の唯一の仲保者もおられる。
イエス・キリスト、彼ご自身が人であり、
　彼は彼ご自身をすべての人のための代価として与えた。[55]

同じ手紙の一章後ろのところに、別の引用が見られる。

彼（もしくは神）[56]は肉において明らかにされ、
霊において義とされ、
天使によって見られ、
異邦人の間で宣べ伝えられ、
世界中で信じられ、
栄光のうちに上げられた。[57]

---

(47) *Cologne* 1.
(48) *Ries* 1.
(49) *Morav* 1.
(50) *Com Cr* 1; *N-CP* 1.
(51) *Meth Kor; Philip UCC* 1.
(52) *Masai* 1.
(53) Schaff, 2:3-8; Leith, 12-16.
(54) マタ一六・一六―一八。
(55) 一テモ二・五（ＮＲＳＶ）。
(56) 冒頭のギリシア語を、関係代名詞 *hos* ととるか、名詞 *theos* ととるかによって異なる。
(57) 一テモ三・一六（ＮＲＳＶ）。

当時、いずれかの福音書が存在したかどうかは別にして、福音書からでもなく、より古いイエスの言葉集からでもなく、口伝であれ書かれたものであれ、この書簡で引用されている両方の記述が、キリスト教信仰の最初期の信仰告白から生じていることはもっともらしいことである。

テモテへの手紙が真正なパウロ書簡であるかどうかは疑わしいが、少なくとも部分的には、このような信条的また伝統的（また進歩した教会職制体系の）定式がまさに存在しているために、[58]明らかに真正パウロ書簡であるフィリピの信徒への手紙には、もっと広範にわたる、似たような確言が見られる。

キリスト・イエス
神の形において彼はあったが、神と等しいことに固執しようとせず、
彼ご自身を無にして、僕の形を取り、人間と同様にお生まれになった。
人間の形において見られ、へりくだって、十字架の死に至るまで従順となった。
それゆえ神は彼を高く上げ、すべての名を上回る名を彼に与え、
そのためイエスの名に、天と地と地下のすべてのひざはかがみ、
すべての舌がイエス・キリストは主であると告白し、父なる神をたたえる。[59]

細かいことを言えば、当時は固定化された「キリスト教信条」はまだなかったと、たとえ私たちが見なしたとしても、『新エルサレム聖書』ではこの箇所に対して「（イエス・キリストが主であるという）この公言はキリスト教信条の本質である」とコメントしている。そして「イエスの名に、すべてのひざはかがみ」という命令は、ヴェルナー・エーレルトが言うように「教理ではなく、礼拝行為[60]」なのである。信条であれ賛美歌であれ、これは

原始的な「信仰の基準」（rule of faith）であり、私たちのどの福音書よりも先んじているものであり、新約聖書の中に入れられた最も古い書簡の一つにも含まれているのである。

この章のタイトルでもある「聖書、伝統、信条」という三つの組み合わさっている相互関係が、聖書とフィリピの信徒への手紙第二章で引用されているこの信仰の基準との間の関係にも反映されていることが認められ、アウグスティヌスもこのフィリピの信徒への手紙の箇所を「聖書全体を通して（キリストの位格の）問いを明らかにしている基準」と「神の子に関する聖書の解釈」であるとしている。[61] このことを土台に、彼はより公的な方法で基準を据えた。「私たちの主イエス・キリストに関して、正典的基準と呼ばれるものを私たちは最も固く保っている。その基準は聖書を通して広まり、同じ聖書を扱う学識あるカトリックの者たちによって証明されたものである。すなわち、神の子というのは、彼がそうであるところの神の形によれば父と等しく、また、彼が取ったところの僕の形によれば父より劣っている、という両方が等しく成り立つのである」。この「正典的基準」（*canonica regula*）を述べた直後に、「神の形」なのか「僕の形」なのか、「聖なる書の中にはどちらの基準の方に言及しているのか、曖昧なまま残っているものがある」と認めざるを得ないように彼は感じた。[62] アウグスティヌスの「正典的基準」の定式における「神の形」と「僕の形」の用語がこのように使われていることから、直接の史料がフィリピの信徒への手紙第二章五―一一節であることが示される。その後、彼は三位一体的な解釈の基

（58） *ABD* 6:560-71 (Jerome D. Quinn).

（59） フィリ二・六―一一（ＮＲＳＶ）。

（60） Elert 1957, 15.

（61） Augustine *On the Trinity* 1.7.14, 1.11.22 (*NPNF*-II 3:24, 29-30).

（62） Augustine *On the Trinity* 2.1.2 (*NPNF*-II 3:37-38).

盤を提供するため、ヨハネによる福音書第一〇章三〇節「私と父は一つである」と出エジプト記第三章一四節「私はあるという者だ」をフィリピの信徒への手紙第二章六節「神と等しいことに固執しようとせず」に結び付けた。[63] こうして、旧約聖書の三位一体的またキリスト論的解釈が新約聖書の構築に先行したように、先行した「信条」が新約聖書に組み込まれ、新約聖書の残りの箇所の公同また正統的解釈の鍵となったのである。あるいは、二〇世紀のプロテスタント神学者のヘルムート・ゴルヴィツァーが認めているように、「新約聖書の記述はすでに、伝統（*Paradosis*）としての共同体の信仰告白のすべての定式を前提としており、それらを詳述したものである」[64]。そして次なる数世紀では、さらに首尾一貫して同じことを続けている。というのは、新約聖書が「聖徒たちに一度《ひとたび》伝えられた（*hapax paradotheisē*）信仰のために戦いなさい[65]」と信仰者たちに促す時、それは「伝統（*paradosis*）によって伝えられた信仰なのである。ギリシア語の名詞は、英語でも珍しい動詞ではないが、「伝統のために」（to tradition）[66]と訳すことができるギリシア語の動詞から来ている。それゆえに、ウルガタではユダの手紙三節をこのように訳している。「聖なる者たちに一度《ひとたび》伝えられた信仰のために」（*pro semel tradita sanctis fide*）。異端として非難された教師や教会会議も、正統と認められた者たちもそうであるが、伝統的な「私たちの師父たちから所有してきた信仰」を継承していると主張した。[67] ニュッサのグレゴリオスによれば、グレゴリオス・タウマトゥルゴスが三世紀に使徒ヨハネから啓示によって信仰の基準を受け、次のように確言したことは、この見解にまったく一致している。「完全なる三位一体。栄光と永遠と権威において、分割されることも離れ離れになることもない[68]」。

5・2　信条と信仰告白の中の聖書

なるほど、聖書の中に信条と信仰告白があり、聖書はそれらに言及し、それらと一致しながら、師父たちや教会会議によって、また信条や信仰告白によって解釈されるが、今度は教会の信条と信仰告白が自身を超えて聖書に言及する番になる。ニカイア公会議の数か月前に開かれた三二五年のアンティオキアにおける最初の教会会議の信条は、その信仰告白を「霊的な人たちによって明らかにされた信仰は……常に霊的な書物の聖なる記述の手段によって、霊において形成され訓練されている」と記述している。[69] またアンティオキアでは、三四一年の不幸な『奉献教会会議の信条』が、後世において至るところで繰り返されることになる「福音的また使徒的な伝統に従う」[70] という定式で閉じられている。[71] ニカイア・コンスタンティノポリス信条は聖霊を「預言者を通して語ったお方」[72] とし、パウロの定式を採用し、[73] キリストを「聖書に書かれている通り（*kata tas graphas*）、三日目に復活し」[74] と告白している。パウロのこれらの言葉とニカイア・コンスタンティノポリス信条は旧約聖書の様々な

(63) Augustine *On the Trinity* 5.3.4 (*NPNF*-II 3:88).
(64) Gollwitzer 1962, 156.
(65) ユダ三、2・2「信仰の定義」を参照。
(66) Lampe, 1013-16; *OED* 11-I:225-26.
(67) *Ar. Smyr.*
(68) *Greg Thaum.*
(69) *Ant* 325.
(70) *Ant* 341 con.
(71) *Rom Syn* con.
(72) *N-CP* 8.
(73) 一コリ一五・三―四。
(74) *N-CP* 5.

箇所を引用しており、「(復活のキリストはエマオ途上の道で)モーセとすべての預言者たちから始めて、(二人の弟子に)聖書全体の中に彼ご自身についてのことを解釈した」[75]のである。復活のキリストのこの最高の先例に従い、後の信仰告白も、とりわけプロテスタント改革のものがそうであるが、かなりの聖書引用や言及に満ちている。『ハイデルベルク信仰問答』の一五六三年の初版は、結論部分を「問答の中で説かれてきた重要な証拠聖句のリスト」としているし、後の版では個々の問答の中に付けられるようになった。一六四七年『ウェストミンスター信仰告白』[76]では、その教理を証明するため、タイトルの頁で「聖書の引用と言及の付録」を提供すると約束されており、聖書からの引用数は一五〇〇を超えるものになっている。東方正教会の『メトロファネス・クリトプロスの信仰告白』も、聖書と並んで書かれた伝統・書かれていない伝統の権威にも依拠しているものの、聖書引用は約二〇〇を数えるほどである。[77]

しかし、改革期またその後の信仰告白における聖書の中心性は、教理の証明をただ単に提供するという実務をはるかに超えるものである。聖書の権威は、最終的に、すべての教理の土台や証明となっただけでなく、プロテスタント教会の教理的な態度をローマ・カトリック教会および東方正教会から分かつことにもなった。一五六〇年『スコットランド信仰告白』は「私たちは宣言する」、そして「聖書には教会から受け取った権威以外には何もないと言っている者は、神を冒瀆する者であり、真の教会を傷つける者である。真の教会は常に自分自身の配偶者と羊飼いの声に聴き従うが、決して同等に並ぶことはしないのである」[78]と言う。それゆえに、一九世紀には、聖書のみ(*sola Scriptura*)の権威の教理と信仰のみ(*sola fide*)による義認の教理がそれぞれ、プロテスタント改革の「形式原理」(formal principle)と「内容原理」(material principle)として認められた。[79]完全な全数調査をせずとも、シェマーや三位一体で始まっていない改革期の信仰告白のほとんどが、聖書の権威に関する項目に冒頭部分を割いている場合がほとんどのように思われる。改革派では、一五三六年『ジュネーヴ信仰告白』[80]、一五三六年『第一スイス信仰告白』[81]、一五六六年『第二スイス信仰告白』[82]が聖書を第一項としており、一六四七年『ウエストミンスター信仰告白』[83]も同様であり、一六一五年『アイルランド宗教条項』の冒頭の「私たちの宗教の基盤と信仰の基準と救いの真理は、聖書の中に含まれている神の言葉である」[84]という宣言に沿って、さらに拡張されている。しかしながら、ルター派の一五三〇年『アウグスブルク信仰告白』は、改革派のこれらの信仰告白と違い、聖書の権威で始まってはおらず、ルター派の同年の『コペンハーゲン条項』もそうである。[85]ルター派の一五七七年『和協信条』もそのすべての条項の前置きで、このような要約(*Epitome*)で始めている。「私たちは、旧新約の預言者と使徒的な文書が、すべての教理と教えも同様に評価され判断されるべき唯一の基準であり規範であることを信じ、教え、告白する」[86]。一五三五年『(第一)ボヘミア信仰告白』はその第一条項に聖書の

---

(75) ルカ二四・二七。
(76) *West* pr.
(77) *Metr Crit* 7.10.
(78) *Scot I* 19; *18 Diss* 8 も参照。
(79) *PRE* 16:146 (Ferdinand Kattenbusch).
(80) *Genv Con* 1.
(81) *Helv I* 1.
(82) *Helv II* 1; Thomas 1853, 155-63 も参照。
(83) *West* 1.
(84) *Irish* 1.
(85) Andersen 1954, 67-128, 469.
(86) *Form Conc Epit* pr.

権威と首位性を記載し、[87] 一五七五年『(第二)ボヘミア信仰告白』も同様である。[88] 教会や信条に対する聖書の唯一的な権威を表す「聖書のみ」(*Sola Scriptura*)は、かくしてプロテスタント改革のいくつもの信仰告白の家族内コンセンサスとなった。教会はせいぜい、『イングランド教会の三九箇条』の言葉のように「聖書の証人で保有者」にすぎず、聖書と並ぶことはないのである。[89]

5・3 信仰告白と正典の問題

しかしながら、プロテスタントの信仰宣言の体系の中で、改革派とルター派(同様に両者とローマ・カトリック教会の定式との間)の聖書に関する信仰告白の違いは、旧約聖書正典の問題の取り扱いに懸かっている。[90] 最初の数世紀の公会議の布告も初期の信条も、ヘブライ語聖書にはないが七十人訳聖書には含まれている旧約聖書の外典や第二正典といった問題の決定的な解決をなしていない。[91] プロテスタントの諸信仰告白が自分たちの正典的な立場を支持するために引用可能であったアウグスティヌスは、[92] パレスチナのヘブライ語の正典として定義されているユダヤ人の聖書には含まれていないにもかかわらず、外典を教会のキリスト教の正典の中に含めることを支持する一人であった。[93] ヒエロニムスは両方を彼のラテン語の翻訳に含めているものの、「正典的」書物と「教会的」書物とは区別されるべきであるという理由から、外典を正典に含めることに反対している。アウグスティヌスの見解が支配的となったが、ヒエロニムスの見解も継続して現れ、二つの旧約聖書「正典」(canons)が中世の西方ラテン世界では共存したのである。東方正教会の信仰告白には(七十人訳聖書が霊感による特別な神的権威を持ち、教会の旧約聖書の規範を有しているため)、いくらかの多様性がある。[94]『メトロファネス・クリトプロスの信仰告白』は外典のことを「キリスト教会はそれらを正典また権威的なものとして受け入れたことはない」と言っているが、『ドシセオスとエルサレム教会会議の信仰告白』は、正教会の主流を代表し、西方のそれとは

若干異なっているが、より包括的な聖書正典を受け入れていると語っている。(95)

聖書の正典性は、改革期の信仰告白における神学論争でいくつかの理由で問題となった。ローマ・カトリック教会の聖人崇拝と死者への祈りの効力についての教えは、両方とも改革者たちによって反対されたが、正典であることに疑いのない書物からは支持されているとは思われないものの、逆に外典から、特にマカバイ記二に根拠があると思われる。(96)ルネサンス期の人文主義者と改革期の神学者の両者ともヘブライ語に対する新しい理解を発展させた結果、ヘブライ語聖書を新しく評価し、それゆえに七十人訳聖書に収められてきた広範囲にわたる正典は（神の霊感によると思われているが）翻訳にすぎず、オリジナルのものではないため、この正典よりもパレスチナの正典を優先するという新たな見解を示した。どの書物が聖典の中に属するかを決める権利は、教会と聖書の相対的な権威についてのプロテスタントとローマ・カトリックとの間の論争において、特に挑戦的なテストケ

---

(87) *Boh I* 1.
(88) *Boh II* 1.
(89) *39 Art* 20.
(90) Sanders 1972.
(91) *ABD* 1:837-61 (James A. Sanders, Harry Y. Gamble).
(92) *Helv II* 1.9 では Augustine *City of God* 18.38 (*NPNF*-I 2:382) を引用している。
(93) Augustine *City of God* 18.36 (*NPNF*-I 2:382).
(94) *Resp Pius IX* 21.
(95) *Metr Crit* 7.8; *Dosith* q 3.
(96) 二マカ一五・一二―一六、一二・四二。Syndogmaticon 3.8, 8.9 を参照。

ースとなった。[97] というのは、まさにプロテスタント教理が教会や伝統に対して優位性を主張していた聖書の中に、どの書物を聖書正典として入れるか入れないかを決める権威が教会にあったとしたら、聖書の解釈についても決める権利を教会が持つということが続くのではなかろうか。また聖書成立後の伝統や信条や布告に関しても同様になるのではなかろうか。[98]

プロテスタントの挑戦に答えて、トリエント公会議の第四会期の一五四六年四月八日に「この公会議によって認められた書物がどれであるかと疑念を抱く者が現れた場合に備えて、聖なる書の書かれたリストがこの布告の中に含まれるべきであるということを決定した」。続けて、論争のある書物を含めて完全なリストを公表し、「カトリック教会で確立した慣習によって読まれ、古ラテン語のウルガタ版に含まれているこれら全体の書物とそのすべての部分を、聖なる正典として受け入れない」者にアナテマを宣告している。[99] 次いでこれに対する応答が『フランス信仰告白』の第三条項として出され、そこでは外典を除くヘブライ語聖書のテキストに従い、より限定的な正典の書物リストとなっている。正典の一覧は第四条項の中に以下のように説明されている。「私たちはこれらの書が正典的であり、私たちの信仰の確かな基準であることを知っており、教会の協定や提案によるのではなく、聖霊の証言と内的照明によるのであり（*le tesmoignage et persuasion interieure du sainct Esprit*）、この基準によって私たちは、たとえどんなに有用なものであったとしても信仰のいかなる根拠にもできないような他の教会的な書物から、正典の書物を区別することができるのである」。[100] 他の多くの改革派の信仰告白が同じようなリストを含んでいる。一五六一年『ベルギー信仰告白』は、教会の権威に依拠するのではなく、「とりわけ聖霊が私たちの心の内でそれらの書物が神からのものであることを証言し、それらの書物自体も神からのものであると証明している」という経験的な理由から、正典の書物の妥当性を同じように検証することを含めている。[101]『イングランド教会の三九箇条』は、「旧新約聖書の正典的書物の権威は教会で疑われることのなかったもの」としている。[102] 一六一五年『アイルランド宗教条項』[103]、一六四七年『ウェストミンスター信仰告白』では「外典と一般的に呼ばれる書物は、神の霊感によるのでなく、聖書正典の一部ではない。そしてそれゆえ神の教会では権威がなく、人間による他の著作と同様に承認されたり利用されたりすることがない[104]」という特徴があることから、外典を却下している。一六五五年『ワルドー派信仰告白』もそうである[105]。最終的に、英国外国聖書協会（the British and Foreign Bible Society）は、それまで外典を含めて印刷していた翻訳聖書も含めて、言語にかかわらず聖書に外典を含めて印刷することを禁じた。しかし、『アウグスブルク信仰告白』や一五七七年『和協信条』のいずれもこのような記述こそないものの、後者の著作の中で「預言的使徒的著作である旧新約聖書」のことを「唯一の基準と規範であり、これに従ってすべての教理と教師も同様に評価され判断されなければならない」と言及することで〔外典の排除を〕示唆している[106]。ルターのドイツ語聖書は外典を含んでいるが、区切られた部分に置かれ、それらは読むのに有益かもしれないが、聖書と同じレベルに置かれるべきではないという警告が発せられている。

---

(97) Möhler［1832］1958, 1:432-36. Syndogmaticon 8.11, 8.12, 8.13 を参照。
(98) *Chr Trad* 4:262-67.
(99) *Trent* 4.1.
(100) *Gall* 3-4.
(101) *Belg* 3-5.
(102) *39 Art* 6; Forbes 1890, 102-12 を参照。
(103) *Irish* 2-3.
(104) *West* 1.3.
(105) *Wald* 3.
(106) *Form Conc Epit* pr 1. 傍点は著者による。

5・4　聖書解釈の信仰告白的な基準

聖書との関連で信条と信仰告白が果たす役割として少なくとも重要なのは、聖書解釈の基準を定義することである[107]。キリストの受難と復活が起こったのは「聖書に従って」(in accordance with the scriptures)である、と主張しているコリントの信徒への手紙一第一五章を引用しているニカイア・コンスタンティノポリス信条は、旧約聖書をイエス・キリストの証言として解釈することを要求し[108]、それによって聖書の解釈を信条「に従って」(in accordance with)なすことも要求している。というのは、両者は相関的で相互依存的であると見なされるからである。「造られず、生まれ、父と同本質[109]」という信条の定式は「ホモウシオス」(*homoousion*)としてよく知られ、この語は非聖書的で、異教的な起源さえ持っているが[110]、「造られず、生まれ」(*gennēthenta ou poiēthenta*)という両者の言葉は結びついているが否定形で分離されてもおり、両者とも極めて聖書的である[111]。「造る」(*poieō*)は七十人訳聖書(初代教会の正典の中に入れられた翻訳の「旧約聖書」である)の最初の動詞であり、「初めに神は天と地を造った(*epoiēsen*)」とある[112]。また、「生む」(*gennaō*)は新約聖書の最初の動詞であり、「アブラハムはイサクを生んだ(*egennēsen*)」とある[113]。さらに、両者は多かれ少なかれ、同義語として用いることができる[114]。実際のところ、父と子の関係性に適用される場合、「生む」(*gennaō*)の同義である動詞「創造する」(*ktizō*)(突き詰めると「無からの創造」[to create *ex nihilo*]となる)という第三の可能性が見出されねばならず、父と子の関係性にこの語を用いると、むしろ二つの語よりもずっと問題をはらんでしまうことになる[115]。四世紀の論争の中で、ヨハネによる福音書第一章に匹敵するほど、しばしば引用された箴言第八章では[116]、人となった知恵(キリスト教注解者たちによって先在の神の子であると見なされた)が「主がその働きの初めに私を造った(*ektisen*)……山々が据えられる前に、彼は私を生んだ(*gennai*)」と言っているのである[117]。これらの言葉では明らかに、神の知恵が「生まれること」（begetting）と神の「創造すること」（creating）を同一視しており、アタナシオスが認めざるを得なかったように、父が子を第一の被造物として創造した／生んだ（created/begotten）のであり、彼を通して（他の）万物が創造された、と教えたアレイオスの教えの手ごわい頼みの綱であった。アタナシオスはそれとは反対に、この記述が「非常に宗教的で正統的な意味を持っている」と主張し[118]、「生む」（*gennaō*）と「創造する」（*ktizō*）は、神の人間に対する関係に適用する時でさえ、同じ意味を持っているのではまったくない、と主張した[119]。この区別を成文化することによって、後の教会会議と信条に繰り返し引用されたニカイア信条は、ニカイア信条それ自体に、

---

(107) *ABD* 3:149-54 (Bernard C. Lategan). Syndogmaticon 8.15 を参照。
(108) *N-CP* 5; 一コリ一五・三―四。
(109) *N-CP* 2.
(110) Prestige 1952, 197-218.
(111) 教父の使用法については、Lampe, 311, 1108 を参照。
(112) 創一・一（LXX）。
(113) マタ一・二。
(114) ヘブ三・二。
(115) May 1994; Lampe, 782.
(116) *Chr Trad* 1:191-97.
(117) 箴八・二二、二五（LXX）。
(118) Athanasius *Defense of the Nicene Definition* 3.13-14 (*NPNF*-II 4:158-59).
(119) Athanasius *Discourses Against the Arians* 2.59 (*NPNF*-II 4:380-81).

また後の諸信条に、聖書の用語を明確にして分類するという解釈機能を付与したのである。[120]

同様に、ニカイア・コンスタンティノポリス信条が「彼の王国は終わることがないだろう」と宣言する時、[121] マリアに対する天使ガブリエルの受胎告知の預言の引用がなされたが、[122] その預言は、カイサリアのバシレイオスによれば、聖霊の霊感によって天使に与えられたものである。[123] アウグスティヌスの「正典的基準」(canonical rule) に従うと、ニカイア・コンスタンティノポリス信条のこの部分に対するその役割は、オリゲネスが愛した使徒パウロの言葉をより正確にすることであり、さらに言えば正統的な解釈を見出すことである。

次いで終わりが来る、(キリストが) 父である神に王国を引き渡す時……。というのは、(父が) (子の) 足の下に (子の) すべての敵を置くまで、(子は) 支配する。……しかし彼が万物を彼の下に置かれると言う時、(父を) 除いて (子の) 下に万物を置いたことが明らかにされる。そして万物が (子に) 服従する時、子自身もまた万物を彼の下に置いた (父に) 服従し、神はすべてにおいてすべてとなる。[124]

歴史的には、この信条のこの項の中に天使の受胎告知のメッセージを挿入したことは、ニカイア信条の強力な擁護者であったアンキュラのマルケロスの複雑で論争的な教えと結びついており、彼はキリストの王国が世界の歴史と同一の広がりを持つが、歴史の終わりには、世界は終わりを迎えて父なる神の国が「すべてにおいてすべて」として与えられるだろうと教えた。[125]

ヨハネス・クヴァステンによる要約では、「アレイオスの異端が貧弱にも多神教のベールを被ったにすぎないことを証明しようとしたマルケロスの試みにおいて、彼自身は経綸的三位一体しか知らない一神教を教えている。……世界の創造の前にはロゴスは神の中にのみ存在し、終わりには彼は神の中にだけいることになるだろう、という異端的な教理へと彼が導かれてしまう傾向にあった」[126]。サベリオス派と明らかな類似性があったため、このマルケロスの教えはニカイアの擁護者の間で困難を作り出してしまった。西方よりも東方において著しくそれが現れ、おそらく四世紀と五世紀にすでに行き渡っていた三位一体の理論との相違が理由となり、その相違がフィリオクエ論争の中で明らかになっていった。[127]この終末論によって父と子と聖霊の区別の永続性と永遠性が、また本質において父と子と聖霊が等しいということが危険にさらされるために、ニカイア・コンスタンティノポリス信条はキリストの「王国は終わることがないだろう」との継続する宣言を正統信仰の告白として謳い続けることになった。[128]三二五年の〔ニカイア〕信条は「『彼が存在しない時があった』と言う者たち」にアナテマを宣告している。[129]今や、ロゴスである子に初めがなく、創造や受肉の前にも彼が父と常に区別されることを主張するために、三八一年の〔ニカイア・コンスタンティノポリス〕信条では、ルカによる福音書第一章にあるように、彼の王国と支配も同様に終わることがないだろうと主張しているのである。[130]

---

(120) Person 1978.
(121) *N-CP* 7. Syndogmaticon 7.2 を参照。
(122) ルカ一・三三。
(123) Basil of Caesarea *On the Holy Spirit* 16.38 (*NPNF*-II 8:24).
(124) 一コリ一五・二四—二八 (AV)。
(125) *DTC* 9:1993-98 (Marie-Dominique Chenu).
(126) Quasten, 3:199.
(127) 7・4「一致の聖霊と一致のサクラメント——二つの歴史的な皮肉の事例」を参照。
(128) Seibt 1994; Feige 1991.
(129) *N* anath.
(130) Gregory of Nazianzus *Orations* 30.4-5 (*NPNF*-II 7:310-11); *Tol XI* 18; *Mogila* 1.34.

四四九年『教皇レオ一世の書簡』も同じことに基づいて、聖書と信条の相互依存性を確言し、エウテュケスを非難している。「信条それ自体について最も基本的な理解を持たない者は、新旧約聖書の聖なるテキストから何も学ぶことができない。……彼は聖書の隅々にまで取り組んで理解の光を望むことはしなかった。それゆえ、少なくとも彼は、信仰者が告白している共通の分割されない信条に注意深く聞き、受け入れるべきであった」(131)。次いで、この『書簡』は最も重要な「新旧約聖書の聖なるテキスト」を「信仰者が告白している共通の分割されない信条」の光の下で概観し、多くの箇所が他の箇所と相互参照を必要としていることを明言している（新約と旧約、書簡と福音書だけでなく、聖書から信条へ行って再び聖書に戻ってくるということも）。「最大にして最古の司教座であるローマの最も祝福され最も聖なる大司教レオから、聖フラビアヌス大司教に宛てて」と自らが書いたが、これと同様に『カルケドン公会議の信仰定式』も、自らが「聖なる師父たちの追従者」であり、「まさに預言者たちが最初から教え……主イエス・キリストご自身も教え、師父たちの信条によって私たちのところにまで手渡された」教えを記述することにより、聖書と伝統との相互関係を規範とすることを主張しているのである(132)。

古代の信条の解釈学的機能は、東方と西方における後の信仰宣言に倣うべき様式を据えた。東方では、『ペトロ・モヒーラによる東方教会の公同で使徒的な正統信仰告白』がニカイア・コンスタンティノポリス信条の宣言を取り上げ、聖霊は「預言者を通して語った」ということが、聖霊が聖書全体の「真の著者」（real author [*heuretēs*]）であることと、「聖なる師父たちが大小にかかわらず正統的な教会会議で布告してきたすべてのもの」が同じ起源から生じたゆえに永続的に教会を拘束すること、の両方の意味であるとしている(133)。それゆえ、「そこに表されている以上のことを信じてもいけないし、それ以下となってしまってもいけない(134)」。西方では、トリエント公会議の第四会期の布告が、外典を旧約聖書正典のリストの中に含めることを定めただけでなく、聖書を私的に解釈するプロテスタントを非難し、こう警告している。

何人も、信仰やキリスト教教理の確立と結びついている慣習の事柄を個人的な判断に依拠して聖書を解釈しようとしてはならない。聖なる母なる教会（その役割は聖書の真の意味と解釈を判断することである）によって確立し保たれてきたものに反対して個人的な見解によって聖書テキストを捻じ曲げてはならないし、師父たちの一致した同意に対して反対の意味を与えてもならない。[135]

トリエント公会議のこの布告をそのまま引用する形で、『第一ヴァチカン公会議の教義憲章』は、「信仰と道徳の事柄において、それらはキリスト教教義の確立に属するため、聖なる母なる教会が所有して保持している真理に照らし合わせて聖書の解釈がなされなければならない。聖書の真の意味と解釈を判断する権利を持っているのは教会だけだからである」という意味に置き換えている。[136]

聖書と信条的伝統との間の相互依存、これら二つと教会における司教の使徒継承との間の相互依存の複雑さは、二世紀の神学者リヨンのエイレナイオスの著作の中で包括的な定式化がなされ始め、その著書は、初期キリスト教信条テキストの知識を私たちに与えたのみならず、[137]「信仰の基準」（rule of faith）のまさに概念と言葉の重

(131) *Tome* 1.
(132) *Chal* 1, 25-27.
(133) *Mogila* 1.72.
(134) *Mogila* 1.5.
(135) *Trent* 4.2 decr.
(136) *Vat I* 3.2.
(137) *Iren.*

要性を示した意味で、とても重要なものである。[138] グノーシス主義に応答して、エイレナイオスは使徒からの連続性の保証としてこの相互依存を前提とし、異端者を非難している。[139] 真理は「使徒たちからの教会の継承を所有している者たちから」学ぶことができる。これらの者たちは、「万物を創造した唯一の神に関する私たちのこの信条を（*eam fidem nostram*）保持する」者たちでもあり、「神を冒瀆せず、司教の名誉を汚さず、預言者を軽蔑せず、私たちにとって危険なく聖書を説明する」ことができる信頼に足る者たちでもある。[140] その少し後のところで、彼は「使徒たちの教理」（*hē tōn apostolōn didachē*）を信条と同一視し、「教会の教理の完全な体系」（*to archaion tēs ekklēsias systēma*）に基づいてのみ「聖書の完全な説明」が可能であるとした。[141] そして、この著作の最初で引用して主張し、[142] また『使徒たちの使信の説明』の中で「私たちの信仰をまとめたもの」と要約したように、[143] 信条が「完全な体系」なのである。アレクサンドリアのクレメンスも「主の教えに従って使徒たちを通して神から与えられて委ねられたもの（*parathēkē*）」を「神の伝統の理解と実践」とみなし、「教会の基準に従い、主によって説き明かされた聖書の説明を受けて目撃した」者たちに伝えられたとしている。「教会的基準とは、主が来られた時にもたらされた契約における律法と預言者の一致と調和のことである」と彼は説明している。[144]

教会における聖書、伝統、信条の相互依存というこの前提は、一六世紀のプロテスタント改革者たちの信仰告白を根本的な挑戦にさらすことになり、教会や伝統や信条の光に照らしてではなく、「一つの聖書箇所は別の聖書箇所によって解釈される」[145]と彼らは主張したのである。これらの信仰告白の中で最初期のものとして、ウルリッヒ・ツヴィングリの一五二三年『六七箇条』を挙げることができ、「福音と並んで、あるいはより高い別の教理を考えるすべての者」は「教会の承認なしには福音はないと言うすべての者」と等価であり、非難されるべきであるとしている。[146]『スコットランド信仰告白』では、教会の権威を「古さ、詐称された称号、直線的な継承、定められた場所ではなく、誤りに同意している人の数でもなく」、「神の言葉の真の説教」にあるとしている。[147] より穏健な『第二スイス信仰告白』では、「私たちの主イエス・キリストの受肉の神秘に関して聖書から定義されたこと、また栄えあるアタナシウス信条や他の同様の信条も含め、ニカイア・コンスタンティノポリス・エフェソ・カルケドンの最初の四つの最も優れた信条や布告の中にまとめられているすべてのこと」に対する忠実さを確言している。(148)

聖書研究の歴史批評的方法をめぐる一九世紀や二〇世紀の論争に焦点を当てて振り返ってみると、その論争において一六世紀の信仰告白への顕著なる欠落は、聖書の権威への宣言と並んで、聖書の霊感の教理と聖書の無謬性という二つの相互関連する教理についての沈黙に等しく、その後の論争では、聖書の権威が信仰告白に結びついていると考えられた。(149)ここでも「自明なことは定義しない」という公理を適用するが、(150)それは限定的な説

(138) 第1章「信条と信仰告白の連続性と変化」、第4章「信仰と職制」を参照。Syndogmaticon 1.4 も参照。
(139) *Chr Trad* 1:108-20; Eynde 1933; Flesseman-Van Leer 1954.
(140) Irenaeus *Against Heresies* 4.26.5（*ANF* 1:498）.
(141) Irenaeus *Against Heresies* 4.33.8（*ANF* 1:508）.
(142) Irenaeus *Against Heresies* 1.10.2（*ANF* 1:330-31）.
(143) Irenaeus *Proof of the Apostolic Preaching* 6（*ACW* 16:51）.
(144) Clement of Alexandria *Stromata* 6.15（*ANF* 2:509）では一テモ六・二〇、二テモ一・一四が引用されている。
(145) *Ans* 3.25.
(146) *67 Art* 5, 1.
(147) *Scot I* 18.
(148) *Helv II* 11.18; 16・3「宗教改革の信仰告白におけるカトリックの本質とプロテスタントの原理」も参照。
(149) Welch 1972-85, 2:165-71.
(150) Florovsky 1972-89, 1:57.

明にすぎない。ツヴィングリの一五二三年『六七箇条』は「*theopneustos*（すなわち神による霊感）と呼ばれる聖書に基づいて」その告白をなしているし、[151]『アイルランド宗教条項』では聖書正典を「神の霊感によって与えられ、その点では最も確実な信頼と最も高い権威を置くことができる」と確言している。[152]このような諸宣言は、細心の簡潔さをもって、一つの結び合わされた定式の中に権威、霊感、無謬性の教えを表現している。『アイルランド宗教条項』を拡大した偉大な後継者である一六四七年『ウェストミンスター信仰告白』では、「すべて（の旧新約聖書の正典的な書物）は……神の霊感によって与えられ[153]」と主張した後、「ヘブライ語で旧約聖書が……ギリシア語で新約聖書が……直接、神による霊感がなされ、彼の特別な配慮と摂理によりすべての時代において純粋に保たれているため、真正であり[154]」、続けて「聖書解釈の誤りなき基準は、聖書それ自体である[155]」と宣言し、それは完全にそうではないがほとんど「聖書解釈の基準は、誤りなき聖書それ自体である」（フレーズはそのままだが順序を入れ替えている）と言っているようなものである。この改革派の『ウェストミンスター信仰告白』から八年後、ルター派の補足的な信仰告白である一六五五年『真のルター派信仰の共通認識の再宣言』はかなり改革派寄りの姿勢を見せているが、[156]信仰告白としての規範的な地位にまではたどり着かなかった。一九世紀から二〇世紀にかけて、クロード・ウェルチが「聖書論争における最も顕著なものは……長老派の伝統であった」と注釈しているように、[157]その時期に異なる国々の間で多くの補足的な信仰告白が生み出された。[158]しかし、宗教改革の信仰告白の主要な伝統であるルター派と改革派・長老派の両者とも、今や、聖書の霊感と無謬性に関する新しい信仰告白の定義の問題に取り組まなければならなかった。一例を挙げる。

私たちは、聖書が神の言葉であるという点で、聖書は他の書物とは異なるということを教えている。聖書を書いた神の聖なる人たちは、聖霊が霊感によって彼らに伝達したために、聖書は神の言葉なのである。……私たちはまた、聖書の逐語霊感が、いわゆる「神学的推論」ではなく、聖書の直接的記述によって教えられていることも教えている。……聖書は神の言葉なので、聖書には誤りや矛盾が含まれていないことは言うまでもないが、歴史、地理、他の非宗教的な事柄の部分も含めて、すべての部分と言葉において誤りのない真理である。[159]

他の二〇世紀のプロテスタントの信仰告白もこれと同じである。[160] 例えば、一九〇五年『アメリカ・バプテスト連盟教理宣言』は、第一条として「私たちは聖書全体の無謬の逐語霊感を信じる」、第三条として「創造の創世記的説明」を据えている。[161] 一九七四年『ローザンヌ誓約』の第二条では、聖書のことを「神の言葉の唯一書かれたものであり、その主張に誤りはなく、唯一の誤りなき信仰と実践の基準である」と語っている。[162]

(151) *67 Art* pr では二テモ三・一六を引用している。
(152) *Irish* 2.
(153) *West* 1.2.
(154) *West* 1.8.
(155) *West* 1.9.
(156) *Cons rep* 2.6.
(157) Welch 1972-85, 2:166.
(158) 第11章「他文化への信条と信仰告白の伝播」を参照。
(159) *Br St Luth* 1.
(160) *Naz* 4; *Bat* 4; *Camb Dec* 1.
(161) *Am Bap* 1, 3.
(162) *Laus Cov* 2.

一六世紀と一七世紀のプロテスタントのすべての信仰告白では、『ウェストミンスター信仰告白』の「使徒の時代以降のすべての地域的（synods）また公会議的（councils）教会会議は、一般的であれ特殊的であれ、誤り得るし、多くが誤ってきた。それゆえ、教会会議は信仰や実践の基準とされてはならず、両者の助けとして用いられるべきである」[163]という原理に同意している。『スコットランド信仰告白』もこれと同じことを言っている。[164]それにもかかわらず、正確に言うならば、これら二つの信仰告白自体も聖書の正しい解釈を判断しているのである。陪餐者の信仰を抜きにしてサクラメントのパンと杯においてキリストの体と血が客観的に現臨するという教理を否定している『ベルギー信仰告白』は、福音書と使徒言行録の物語を「ユダも魔術師シモンもサクラメントを受けたが、それによって指し示されたキリストを受けなかった。彼は信仰者たちとだけ交わるのである」として解釈している。[165]「サクラメント」（*sacramentum, the sacrament*）と「サクラメントの事柄」（*res sacramenti, the substance of the sacrament*）を区別している『第二スイス信仰告白』では、そのような価値のない陪餐者がキリストの体と血に与ることを否定している。[166]英国教会の『三九箇条』[167]、『ベルギー信仰告白』[168]もそうであり、ツヴィングリ派とカルヴァン派との間の『チューリッヒ協定』では、「聖晩餐での厳粛な言葉を字義的な意味で受け止めなければならないと主張するばかげた解釈者たち」に対抗し、「象徴的に受け止めるべきであることは……疑いの余地なく」、「神は彼の力を、無差別にサクラメントを受けるすべての者たちに及ぼすのではなく、選ばれた者にのみである」と主張している。[169]新約聖書の言葉の改革派のこの解釈に対して、ルター派の『和協信条』でも、改革派とルター派との間の「争点となっている主要問題」を明らかにし、公式な聖書解釈を次のように定義している。「真実に本質的に現臨する私たちの主イエス・キリストの真の体と血は……彼らがふさわしい者であれそうでない者であれ、信心深い者であれそうでない者であれ、信仰者であれそうでない者であれ、サクラメントに与るすべての者たちにより口で受け取られる……聖餐象徴主義者たち（Sacramentarians）はこれを否と言い、私たちは然りと言う」[170]。福音書の最後の晩餐のルター派のこの公式見解は、一五九二年『ザクセン訪問条項』で補強された。[171]

ウィリアム・チリングワースのおなじみの定式の中に「聖書、そして聖書だけがプロテスタントの宗教である」というのがある。しかしほとんどのプロテスタントの信仰告白において、そのことが正しく理解されなければならない。つまり、『ドルトレヒト信仰規準』の序文で多くの言葉で明示しているように、信仰告白に従って理解されなければならないのである。[172]信仰告白と聖書は、原理的には相互依存が否定されたとしても（まさに信仰告白によって否定されていた）、実践において相互依存を保っていたのである。このことを正当化するために、一六四七年『ウェストミンスター信仰告白』は聖書の唯一の権威という原理に磨きをかけ、「神の計画全体は……聖書の中に明示されているか、正当で必然的な結果として聖書から引き出される」という二重の原理を意味させている。[173]「神の計画全体」に到達するに際して、聖書釈義によってなされる「正当で必然的な結果」のこの

(163) *West* 31.4.
(164) *Scot I* 20.
(165) *Belg* 35; *Genv Cat* 370 も参照。Syndogmaticon 10.6 を参照。
(166) *Helv II* 21.9.
(167) *39 Art* 29.
(168) *Belg* 35.
(169) *Tig* 16-17, 22.
(170) *Form Conc Epit* 7.2.
(171) *Sax Vis* 1.1.6.
(172) *Dort* pr.
(173) *West* 1.6.

規定は妥当なものだし、必要なものでさえあるし、聖書の一つの節の「まさしくその言葉」（*ipsissima verba*）で表現される教理と同じように、聖書的と呼ばれるにふさわしい教理へと到達するに際して、一つの節または一つのグループの節が示していることを引き出すことも、妥当で必要なことである。主たる例は三位一体の教理についてである。しかしながら、解釈のプロセスにおいて、人間の理性によって「推論すること」の機能が必要であることも示唆される。ニカイア・コンスタンティノポリス信条とアタナシウス信条の中で告白されている三位一体の教義に関して言えば、ソッツィーニ主義者や反三位一体論者は聖書的な権威と理性の両方の理由からこれらの信条を否定したが、[174]『ウェストミンスター信仰告白』は聖書的教理を示し、教会でも伝統でも教会会議でも信条でもなく聖書の唯一の権威に依拠し、「位格」（persons）と「本質」（substance）という語彙、さらには信条に対するフィリオクエの西方独特の付加といった語彙を伴わせ、西方全体の教義を完成させている。[175]ところが、急進的改革の中の三位一体の信仰告白には、聖書の解釈についての一般的なプロテスタントのコンセンサスに対して異議を唱えているものがある。それらの信仰告白では、聖書の「ともし火」に対応させて内的照明の必要性を強調し、「聖書それ自体では……闇を完全には取り除けない」としている。[176]しかし急進的な立場のこの主観主義者は、『フランス信仰告白』のようなプロテスタントの主流派との類似性をも主張することができたのであり、この信仰告白は前述の通り、聖書正典と外典を区別し、「教会の協定や提案によるのではなく、聖霊の証言と内的照明によるのであり、これによって私たちは、他の教会的な書物から（正典を）区別することができる」[177]としている。

一五三六年『第一スイス信仰告白』は、第一条項「聖書について」を掲げた直後に、第二条項で「聖書解釈について」を据えているが、その内容自体は「聖書はそれ自体以外（*ex ipsa sola*）の方法で解釈されるべきでなく、信仰と愛の基準によって説明されるべきである」というプロテスタントの普遍的な基準となっている。[178]一五六六年『第二スイス信仰告白』はこれを拡張し、改革期のどの信仰告白よりも最も詳細な解釈の手引きとなっているものの一つである。「聖書の預言は何一つ自分自身の解釈の問題とならない」[179]ということは、すべての者が聖書を読んでいる際に顔を出してくる警告である。『トリエント公会議の規準と布告』では、聖書の正しい解釈を決定する教会の権利よりも「信仰やキリスト教教理の確立と結びついている慣習の事柄への個人的な判断」を重視するプロテスタントのこの原理を断罪している。[180] 急進的改革の信仰告白は「(聖書を)解釈するのは聖霊に属する事柄である」とし、人間や制度や伝統ではないということを示している。[181] ところが『第二スイス信仰告白』では、新約聖書に記されているこの禁止事項を次のように行うように求めている。「私たちが正統で真正とする聖書解釈は、聖書それ自体からなされるものであり(聖書に書かれている言葉の本来の意味から、同様に聖書が記された状況から、また類似・非類似の箇所や多くの関連する箇所の光の下で詳述されたことから)、信仰と愛の基準に一致し、神の栄光と人の救いへと貢献するものである」[182]。そうなると、信仰告白的に言えば、改革派の聖書解釈には複数の要素が存在するということになる。『ウェストミンスター信仰告白』の第一章では、聖書の言語である

(174) *Trans; Rac;* しかし *Socin* を参照。
(175) *West* 2.3. 7・4「一致の聖霊と一致のサクラメント――二つの歴史的な皮肉の事例」や16・3「宗教改革の信仰告白におけるカトリックの本質とプロテスタントの原理」も参照。
(176) *Denck* 1.
(177) *Gall* 3-4.
(178) *Helv I* 2.
(179) 二ペト一・二〇。
(180) 例えば *Trent* 4.2.
(181) *Denck* 1.
(182) *Helv II* 2.1.

「ヘブライ語（これが昔の神の民の母国語だった）の旧約聖書とギリシア語（書かれた当時の諸国民の間で最も一般的に知られていた）の新約聖書」を把握することが第一のこととされている。[183] しかし聖書の言語に対するルネサンスと宗教改革のこの固執は、宗教改革特有の教えと衝突する可能性があり、[184]『ウェストミンスター信仰告白』では、すべての信仰者が聖職者として教理の事柄を判断し、それゆえに聖書を解釈する権利と義務を持つのであるから、「聖書に対する権利と関心、そして神への畏れをもって聖書を読み、探求するように命じられている」。[185] このことから、「学識のある者だけでなく、そうでない者も、通常の手段を適切に用いることにより、それらの十分な理解を獲得することができる」という主張が生じた。[186] そのためには、複数の日常言語に（哲学的にも教理的にも）信頼に足る翻訳がなされなければならない。第二の基準として、〔『第二スイス信仰告白』の〕「状況から」という記述を考察することがある。これには少なくとも以下のことが必要であると思われる。歴史的なコンテクストを学術的に調査し、その「状況」と現実との間の類似点と相違点を合わせて考察すること。『イングランド教会の三九箇条』に、教会は「聖書の一つの箇所を他の箇所と矛盾するように説明する」ことをしてはならない、とあるように、他の箇所の「比率」（*ratio*）を量ること。[187] そしてこの箇所の示しているように〔『第二スイス信仰告白』の〕「神の栄光と人の救い」のためになること。

おそらくすべての中で最も重要なのが、曖昧な定式ではあるが『第二スイス信仰告白』のものであり、一五三六年『第一スイス信仰告白』の言葉をそのまま引用し、[188] 正しい解釈は「信仰と（and）愛の基準に同意する」（*cum regula fidei et caritate*）ことであるとしている。あるいは、『スコットランド信仰告白』では、「私たちの信仰の主要点、聖書テキストの明白な文章、愛の基準に矛盾するいかなる解釈も受け入れたり、あるいは（or）認めたりはしない」と表現している。[189] 二つの『スイス信仰告白』の定式の中での接続詞「と」（and）と『スコットランド信仰告白』での接続詞「あるいは」（or）が使われているのは、聖書の権威と並んでもしくは加えて、「信仰の基準」（*regula fidei*）あるいはその他の規範的権威が再導入されていると見なせるだろうが、これは「聖なるギリシアやラテン教父たちの解釈」（盲従するのではなく尊重に値すると宣言されている解釈）のことではない[190]。聖書解釈の規範としての「信仰の基準」（the rule of faith）への言及のこのような曖昧さは、ここで考察されているまさにその点で、特に深刻になってくる。いくつかのプロテスタントの信仰告白には、「信仰の基準」（the rule of faith）を、新古にかかわらず信条とはまったく同等ではなく、聖書とだけ同等に扱っているものもある。『ベルギー信仰告白』は、第七条に見出しを付けてその同等を主張している、「聖書の十全性[191]」。また、『ウエストミンスター信仰告白』は、聖書正典のリストの後に、こう記されている。「これらすべては神の霊感によって与えられ、信仰と生活との基準である[192]」。『和協信条』は「私たちは、旧新約の預言者と使徒的な文書が、すべての教理と教えも同様に評価され判断されるべき唯一の基準であり規範である」と言っている[193]。聖書の唯一の権威（単なる最高［*supreme*］の権威ではなく唯一［*sole*］の権威）というプロテスタントの信仰告白での主張が、

(183) *West* 1.8.
(184) Cf. *Trent* 4; *Dosith* q 1.
(185) *West* 1.8.
(186) *West* 1.7.
(187) *39 Art* 20.
(188) *Helv I* 2. Syndogmaticon 1.4 を参照。
(189) *Scot I* 18.
(190) *Helv II* 2.2.
(191) *Belg* 7.
(192) *West* 1.2.
(193) *Form Conc Epit* pr 1.

古代信条の権威を拒絶していることを示唆していると受け取られかねないため、正統的なプロテスタント信仰告白では「信条」（creeds）、すなわち「ニカイア信条、アタナシウス信条、一般的には使徒信条と呼ばれている三つの信条」を重んじていることを主張することが必須になった。[194] 聖餐におけるキリストの体と血の真の現臨をめぐるツヴィングリに対するルターの論争は、キリストの二つの本性の教理を全面的に見直す方向へと進展させ、聖書釈義だけでなく教会会議や教父の引用を総動員し、一五七七年『和協信条』の付録として「証言集」（Catalog of Testimonies）が作成された。[195] この「証言集」は、規範的な『一致信条書』における位置付けについて物議を醸したものの、ルター派の信仰告白の一部として収録されている。

この問題に対するプロテスタントの活発な弁護と論争の鋭さは、ローマ・カトリック教会の聖書と信条的伝統との関係を明確に一貫して反対しているという印象を与えるかもしれないが、そのような印象は歴史的には誤りである。[196] この問題に関するローマ・カトリック教会の信仰告白の立場における未解決問題の中心は、一五四六年四月八日にトリエント公会議の第四会期で定められた定式である。

この公会議は、この真理と基準には、キリストご自身の口から使徒たちによって受け取られ、また聖霊の霊感を受けて使徒たち自身から手渡された書かれた書物と書かれていない伝統が含まれていることを、明確に認める。……この公会議は、旧新約のすべての書物……および信仰と行いに関する伝統を受け入れ、敬虔の念をもって（*pari pietatis affectu*）尊重する。どちらもキリストによって語られ、聖霊によって指示されたものであり、カトリック教会の中で途切れることなく保存されてきたものである。[197]

一五六四年『トリエント信仰宣言』では以下を明確に確言している。「私は確固として使徒的で教会的な伝統を受け入れ、支持している……私は同様に、聖なる母なる教会が保持してきて、今も保持している意味に従って聖書を受け入れる」[198]。これらの定式、特に「書かれた書物と書かれていない伝統」という等位構造が、聖書と聖なる伝統（書かれたものと口伝の両方があり、信条だけに制限されないが信条において明確化されている）という神の啓示の二つの並行した、しかし区別された源を意味するのだろうか。トリエント公会議はこの問いには答えず、一六世紀以降も活発な議論がなされたものの、ローマ・カトリック教会の公式な教えとしては答えられないままである[199]。第一ヴァチカン公会議の布告でさえ、決定的な解決を提供していない[200]。この公会議に引き続き、一八七四年にボンで開かれた『正教会・聖公会の古カトリック連合会議の一四命題』は、伝統が「教えの権威ある源である」と主張した上で、トリエント公会議の定式に言及して批判を加えており、「部分的には原始教会との歴史的な連続性の中に立っている偉大な教会の体系のコンセンサスの中に見られるが、部分的にはすべての世紀にわたって書かれた史料から科学的な方法によって集められる」という異例の条件を加えている[201]。このことは歴史学者や哲学者を規範的な役割へと押し上げるようなものである。二〇世紀にはローマ・カトリック教会の信仰宣言がこの問題を扱っているが、いくぶん異なるものとなっている。一九五〇年に教皇ピウス一二世によって処女マリアの被昇天の教義を公布したことは、聖書がこの主題に対して沈黙しているという厄介な問題を扱わなけれ

（194） *39 Art* 8.
（195） *Triglotta* 1105-49; *BLK* 1101-35.
（196） Tavard 1959.
（197） *Trent* 4.1; 傍点は著者による。
（198） *Trid Prof* 2.
（199） Geiselmann 1966.
（200） *Vat I* 3.2.
（201） *Bonn I* 9.1（傍点は著者による）; also *Leuen* 5; *Com Dec* 4; *LuRC Just* 14.

ばならなくなり、それゆえに聖書と並ぶ第二の啓示の源として、非聖書的な伝統の権威を確言したものと見なすことができる。[202] しかし、第二ヴァチカン公会議の「神の啓示について」(On Divine Revelation) の憲章は、ある者たちが期待し、他の者たちが恐れたように、啓示の二つの源を合法化するような主張ではなく、以下のような宣言で満足し、多くの問いを回避するものであった。「聖なる伝統と聖書は密接かつ相互に関係し合いながら結び付けられる。両者は神の同じ源から流れ出、ある程度に互いに結び合い (*in unum quodammodo coalescunt*)、そして同じ終わりに向かって進んでいる。……伝統と聖書は共に、教会に託された神の言葉の聖なる一つの委ねられたものを形作るのである[203]」。

(202) *Munif* 26, 38, 29.
(203) *Vat II* 8.2.9-10.

第6章　祈りの法則と信仰の法則

教会生活において信条と信仰告白が決定的に重要であることを最も強く擁護する者であったとしても、様々な事柄の位置づけをすれば、祈りを信条よりもずっと上位に置かなければならないことを認めざるを得ないだろう。この認識は、たとえ新約聖書の断片の中に、原始キリスト教の信条や信条のような史料が引用されているとしても成り立つものである（これらの断片に関しては本書の至るところで論じているし、『キリスト教の伝統における信条と信仰告白』の第一部「聖書的また原始的な信仰の基準」にも収められている）[1]。最初期の弟子たちも、彼らの後に続くすべての時代のキリスト者たちも、新約聖書で「イエス・キリストは……ポンテオ・ピラトの面前で証言する際に、よき告白（the good confession）をなした」[2]と言われていることを思い起こし、彼らも続く二〇世紀の間に長きにわたって続いていったポンテオ・ピラトの後継者たちの前で証言する際に、「よき告白」（good confessions）を証言することを求められた時に、彼らのなしうる限り忠実に模倣しようと努めたのである。それにもかかわらず、キリストの昇天直後に霊感を受けた使徒たちによって直接作られたと西方では広く受け入れられている使徒信条も含め[3]、イエス・キリストご自身に直接遡ると主張することができる信仰告白や信条が一つも

(1)　5・1「聖書の中の信条」、第13章「初代教会における信仰の基準」を参照。
(2)　一テモ六・一三。
(3)　Rufinus of Aquileia *Commentary on the Apostles' Creed* 2 (*ACW* 20:29-31).

ないという事実が残ってしまう。

しかし、祈りは遡ることができるし、実際にそうなのである。「主よ、ヨハネが彼の弟子たちに教えたように、私たちにも祈りを教えてください」と、[4]ルカによる福音書によれば弟子たちはイエスに願い、彼らの願いに応えて主の祈りを与え、[5]マタイによる福音書では「山上の説教」の一部に入れられている。[6]アウグスティヌスが信仰、希望、愛のパウロの区別に基づき、[7]信条と主の祈りとの間の違いを明らかにし、「信条に簡潔にまとめられている信仰告白からは……信仰者のよき希望とそれに伴う聖なる愛が生まれる。しかし真の信仰の精神で信じるべき事柄のすべては、主の祈りの中に含まれている希望に関係するものだけである」としている。[8]それゆえに、キリスト教信者に継続してきた活動は、信仰告白ではなく、祈りなのである。「絶えず告白しなさい」ではなく「絶えず祈りなさい」と使徒パウロはテサロニケの信徒たちに諭し、[9]その言葉は「イエスの祈り」（the Jesus Prayer）を支持する際に東方正教会の信仰告白で引用される言葉である。[10]この諭しは、カリストス・ウェアが言うように、「暗黙の状態としての継続的な祈り」を描いている。[11]祈りはキリスト者にとって必要であり、信条や教理を最大限に重視する『ハイデルベルク信仰問答』でさえも、「なぜなら、神が私たちに要求する感謝の最も重要な部分だからであり、神が自分の恵みと聖霊を与えようとする者たちは、絶えず神に祈り、神からの賜物に感謝する真摯な者たちだけだからである」と言っている。[12]また、モスクワの大主教であるフィラレート・ドロズドフの『ギリシア・ロシア正教会のキリスト教カテキズム』では、祈り（特に思いと心の内面的な祈りだけでなく口からの外面的な祈り）が「救いの望みを獲得するための手段」として、すべての中で第一の位置を占めるとしているが、対照的に信条における信仰告白は、「外面的な神礼拝に関する義務」の第一のものにすぎないとしている。[13]

もちろん、このような方法で祈りと信仰告白との間に線を引いてしまうことは、極めて誤解を招くことになるし、人為的にもなり得る。なぜなら、その理由の一つとして、様々な伝統の信仰告白は祈りの意味について繰り返し扱っているし、教理との関係、教理としての信仰告白との関係についても扱っているからである。[14] 例えば、一六一五年『アイルランド宗教条項』は、「私たちは祈る前に心の備えをし、私たちが祈る時に私たちが求める事柄を理解すべきである」と勧告している。[15] より論争的なものとして、一五三六年『ジュネーヴ信仰告白』では、どのように祈るべきなのか、神から与えられたモデルとして主の祈りに言及しており、そのような普遍的な共通見解を超えて、ローマ・カトリック教会の教理と実践に反対している。「私たちは聖人による執り成しを聖書に反する人によって考案された迷信として退ける。なぜなら、イエス・キリストの完全な執り成しを信頼しないことにつながってしまうからである」[16]。一五五九年『フランス信仰告白』も同様であり、このことを実証する

（4）ルカ一一・一。
（5）ルカ一一・二—四。
（6）マタ六・九—一三。
（7）一コリ一三・一三（AV）。
（8）Augustine *Enchiridion* 30.114 (*ACW* 3:106).
（9）一テサ五・一七（AV）。
（10）*CP 1341* 48; *Mogila* 1.87.
（11）Ware 2000, 81.
（12）*Heid* 116（傍点は著者による）; *West* 21.3 も参照。
（13）*Russ Cat* 388, 507; 傍点は著者による。
（14）*Tetrapol* 7. Syndogmaticon 8.8 を参照。
（15）*Irish* 48.
（16）*Genv Con* 12-13; *Genv Cat* 238 も参照。 Syndogmaticon 3.8 を参照。

ために主の祈りを引用している。「私たちはイエス・キリストが私たちの唯一の擁護者であることを、また彼が彼の名において父に求めるように私たちに命じられたことを、また彼の言葉によって神が私たちに教えてくださったモデル以外の祈りを私たちがすることは非合法的であることを信じる。死んだ聖人の執り成しに関する人間の想像のすべては、人間を正しい神礼拝から逸れさせるサタンの悪弊と考案である（*abus et fallace de Satan*）」[17]。一五三〇年『アウグスブルク信仰告白』では、聖人への祈りを少し穏やかに批判し、「聖人に祈ったり、助けを求めたりすることは、聖書から証明することができない」と異議を唱えることで満足している[18]。この批判の説明として、『アウグスブルク信仰告白弁証』では、なおも穏やかであるが、「天上の聖人たちは、地上にいた間に普遍的教会のために祈っていたように、教会一般のために祈っている」と認めているが、死んだ聖人によるこの祈りが、死んだ聖人に対する私たちの祈りを正当化するために用いられるわけにはいかない、としている[19]。このような論争的な文脈の中だけでなく、牧会的な文脈の中でも、祈りが信仰告白のトピックとして持ち上がり、その多くの事例を一五二七／二八年『ザクセン訪問者のための一七箇条』に見ることができる[20]。それゆえ、ローマ・カトリック教会の第二ヴァチカン公会議の布告で、牧会的な関心を表現して「教会のため、私たちを支配する世俗権力者のため、様々な種の欠乏に悩まされている者のため、最終的にはすべての男女のため、そして全世界の救いと幸福のため、人々によって共有される祈りがある」と規定した時、それはどの時代でも、どの信仰告白に関しても共通のことである、としたのである[21]。

6・1　信仰告白の中の主の祈り

祈りに関して論争的なもの、牧会的なもの、教理的なもの、実践的なものを数多く引用してきたが、これらの違いを超えていくつかの信仰告白において見られるのは、祈りを考察するということが、結果的に、主の祈りの全体的な解説をしていくのが主たる要素になっていった、ということである。「信仰、希望、愛、これら三つ」というパウロの三重構造は[22]、アウグスティヌスの『エンキリディオン』（*Enchiridion*, 別タイトルとしては『信仰、希望、愛』）や、中世・宗教改革期のカテキズムの標準的な目次となり[23]、三部から成る注解を形作っている。信仰（正確には *fides quae creditur*［人が信じるところの信仰］としての「特定の信仰」［*the* faith］[24]）は信条に基づいて説明される（その信条とは、プロテスタントも含めて西方の信仰告白やカテキズムでは使徒信条のことであるが、東方正教会ではニカイア・コンスタンティノポリス信条のことである[25]）。希望は主の祈りに、愛は十戒に基づいて説明され、多くの信仰告白の中でそうなっているのが見られる[26]。この方法を通して、主の祈りの解説、またひいては祈り全体のテーマが、単なる教育的なツールとしてだけでなく、同時に信仰告白的な宣言として、カテキズムという教会の公の教理の中に組み込まれることになったのである[27]。

（17） *Gall* 24.
（18） *Aug Ger* 21.2; *Smal Art* 2.2.26 も参照。
（19） *Apol Aug* 21.9.
（20） *17 Art* 3.
（21） *Vat II* 3.53 decr.
（22） 一コリ一三・一三（ＡＶ）。
（23） *Helv II* 25.1; 13・4「教え、カテキズム、悪魔払いの定式」を参照。
（24） 2・2「信仰の定義」を参照。Syndogmaticon 1.1 も参照。
（25） 例えば、*Heid* 23-58 と *Mogila* 1.4-126 を比較されたい。
（26） *Heid* 92-115; *Metr Crit* 6.1.
（27） 3・3「『諸教理』と教理」を参照。

教理的な相違がいくつかの宗派や教派にあり、その相違が信仰告白において顕著に現れ、それがすぐさま対立を生んでしまうこともしばしばあるが、[28] 検討の対象となっているテキストが信条ではなく祈り（実際にはキリストご自身の祈り）である場合には、その相違がわずかなものになったり、時にはその相違が見えなくなることもある、ということは驚くべきことではない。二〇世紀になっても毎日のように、信仰告白的な対立があるものの、キリスト者個人によって、また至るところでなされる礼拝の会衆によって、この祈りが多かれ少なかれ同じ形で祈られ続けている。主の祈りの注解を含んでいる信仰告白的なカテキズムとして、プロテスタント改革から二つのものを取り出し、東方正教会から二つのものを取り出して比較すると、教理的な違いがほとんど強調されていないことが分かる。（四つを年代順に並べると、）一五二九年『マルティン・ルターの小教理問答』、一五六三年『ハイデルベルク信仰問答』、一六四三年『ペトロ・モヒーラによる東方教会の公同で使徒的な正統信仰告白』、モスクワの大主教であるフィラレート・ドロズドフの一八三九年『ギリシア・ロシア正教会のキリスト教カテキズム』。プロテスタントと東方正教会との間の相違のみならず、ルター派と改革派の相違においてもそうであるが、別問題に関する相違が、明らかに論争的な神学著作に劣らず、これらのテキストの中からも聞き取ることができる。『ペトロ・モヒーラによる東方教会の公同で使徒的な正統信仰告白』では[29]（またフィラレートの『カテキズム』も同意見である）[30]、聖餐の奉献において「パンの実体とぶどう酒の実体はイエス・キリストのまさしく体と血の実体そのものに変わる」ということを教えている。さらに、『ペトロ・モヒーラによる東方教会の公同で使徒的な正統信仰告白』（またそれに次ぐ『ドシセオスとエルサレム教会会議の信仰告白』）では、西方のスコラ学の用語「実体変化」（*metousiōsis*）という後期ビザンチンのギリシア語の新造語すら採用しており、[31]『聖ヨアンネス・クリュソストモスによる聖体礼儀』で使われているパンとぶどう酒が体と血に「変化する」（*metabalōn*）という、より普遍的で専門的でない分詞をそのまま単純に使っているわけではないのである。[32]

同じ問題について、『マルティン・ルターの小教理問答』には、祭壇の秘跡が「パンとぶどう酒の下で、私たちの主イエス・キリストの真の体と血である」という彼の主張が含まれており、[33] この定式は翌年の『アウグスブルク信仰告白』の第一〇条で繰り返され、そこでは一二一五年の第四回ラテラノ公会議の布告で用いられた同じラテン語の専門用語が採用され、[34]「キリストの真の体と血は真実に現臨し（*vere adsint*）、主の晩餐において食する者たちに分配される」としている。[35] この定式へのローマ・カトリック教会からの応答は、「第一〇条の言葉には違法性はない」ということを認めたものであった。[36] そのため、『アウグスブルク信仰告白弁証』でも、満足気にこう語ることができた。「彼らは第一〇条を承認している。そこでは、主の晩餐における私たちの信仰を告白し、キリストの体と血は、真実に実体的に現臨し（*vere et substantialiter adsint*）、サクラメントを受ける者に対して、パンとぶどう酒として目に見えるものとして真に献げられるのである[37]」。英国教会とルター派との間で定められた一五三六年『ヴィッテンベルク条項』の第六条では、この『アウグスブルク信仰告白』の第一〇条を逐語

（28）　7・1「アナテマ信条と論争」を参照。
（29）　*Mogila* 1.107. この問題全般に関してはSyndogmaticon 10.7を参照。
（30）　*Russ Cat* 315.
（31）　*Mogila* 1.107; *Dosith* decr 16.
（32）　*Lit Chrys* 2.F.5; *CP 1691* を参照。
（33）　*Luth Sm Cat* 6.2; 傍点は著者による。
（34）　*Lat 1215* 1.
（35）　*Aug Lat* 10.1. *Def Plat* 1.5, 2.9 を参照。
（36）　*Confut* 10.1.
（37）　*Apol Aug* 10.1.

的に繰り返している。[38] 同じ言葉を使うことにより、同年の英国教会の『一〇箇条』では「パンとぶどう酒の形式と形態の下……、処女マリアから生まれ、私たちの贖罪のために十字架で苦しんだ私たちの救い主イエス・キリストの体と血とまさに同じものが、確かに、実体的に、実在的に含まれ、包含された」ということを教えている。[39] 聖餐における「体」とマリアから生まれた「体」を同一視するのは中世カトリック教会の定式であり、[40] 英国教会の初期の信仰告白には、よりプロテスタント的で改革派的になった一五七一年『イングランド教会の三九箇条』の聖餐に関する最終的な信仰告白のようなものはまだ見られない。[41] このようなカトリック的な定式とは正反対に、『ハイデルベルク信仰問答』では、ツヴィングリの聖餐の教えの一部を修正しつつ、最終的な決定版として以下の論点を取り入れた。「ミサは根本的にイエス・キリストの一回限りの犠牲と受難を完全に否定してしまうものである（そのような偶像礼拝は非難されるべきものである）[42]」。初期の版でも、「洗礼の水がキリストの血に変わるわけではなく、水自体によって罪が洗い流されるわけでもなく、神的なしるしとその確認にすぎない。主の晩餐における聖別されたパンもキリストの体そのものになるのではなく、サクラメントの性質と用法に従って、キリストの体と呼ばれるのである」という主張が含まれていた。[43] 洗礼と聖餐を並べることは、すでに初期のスイスの改革派の信仰告白に現れており、例えば、一五二八年『ベルン提題』[44]、ツヴィングリの一五三〇年『信仰の弁明』[45]、一五三四年『第一バーゼル信仰告白』[46]、ツヴィングリ派とカルヴァン派との間の一五四九年『チューリッヒ協定』[47] が挙げられるが、このことはカテキズムの中に取り入れられるようになった。しかしトリエント公会議の布告では明確に否定されている。[48] この洗礼と聖餐を並べることは、『ウェストミンスター信仰告白』ではより顕著になり、聖餐における要素を「真に、しかしサクラメント的にのみ、……時にはそれらが表している事柄の名によって呼ばれる……。だが、それにもかかわらず、それらは実体と本性において、依然として真にパンとぶどう酒のままとどまる」と明示している。[49] 一五七一年『イングランド教会の三九箇条』では、いかなる考えであれ「主の晩餐におけるパンとぶどう酒の実体変化」は否定される。それどころか、「邪悪な者は

……主の晩餐に与ったとしても、キリストの体を食したことにはならない」という主張がなされる。(50)

しかし主の祈りの解説に関しては、つまりは祈りの教理に関しては、これら四つのカテキズムの信仰告白による教理的な違いの記述は、聖餐の教えの相違に比べれば、まったくないと言ってもよい。『マルティン・ルターの大教理問答』では、同じく一五二九年に出版された彼の『小教理問答』と同様、聖職者や信徒でも上級者向けであるが、主の祈りを解説する際に、ミサや修道院で見られるお決まりの時間の祈りのことを「教会での祈りとしてまかり通っているおしゃべりやわめき声」といった標準的なプロテスタント的攻撃が含まれている。(51) ルタ

---

(38) *Witt Art* 6.
(39) *10 Art* 4.1.
(40) 15・2「西方のサクラメント的な教理の信仰告白化」を参照。
(41) *39 Art* 28-29.
(42) *Heid* 80; Beyer 1965; Syndogmaticon 10.9.
(43) *Heid* 78; 傍点は著者による。
(44) *Bern* 4.
(45) *Fid rat* 8.
(46) *Bas Bek* 6.
(47) *Tig* 22.
(48) *Trent* 13.1.3 decr.
(49) *West* 29.5.
(50) *39 Art* 28-29.
(51) *Luth Lg Cat* 3.7.

ーの『大教理問答』は、主の晩餐に関するツヴィングリとの不一致が深かったにもかかわらず、一五二三年『ウルリッヒ・ツヴィングリの六七箇条』の「真の献身を欠き、報酬の目的のためだけになされる単調な繰り返しや騒々しい叫び声」といった非難でも一致しており、[52]『フランス信仰告白』とも儀式主義の批判を同じくしている。[53]対照的に、ルターの『小教理問答』では、その「主要部分」は子どもや家族に向けられており、主の祈りの解説が「家長が彼の家庭で教えるための平易な形式」でなされ、そのことから主の祈りは常に同じ言葉遣いで用いられるべきであることが示されている。[54]その結果、この祈りに関する問答に、ローマ・カトリック教会の者であれ、それに対抗するプロテスタントの者であれ、根本的に異議を唱えることのできる者は誰もいなくなる。まったく同じことが、あるいは概ね同じことが、ハイデルベルクや大司教フィラレートの『カテキズム』の主の祈りの解説についても言え、カテキズム的な『ペトロ・モヒーラによる信仰告白』もそうである。このようなエキュメニカルな一致は、教父時代におけるニュッサのグレゴリオスやモプスエスティアのテオドロスのような「我らの師父」(Our Father) による古典的キリスト教注解のほとんどにも見られ、[55]同様に一五四九年『英国カテキズム』における主の祈りの短い要約も含めたプロテスタントの伝統にも、ごく最近の注解にも見られることである。[56]

6・2　祈りの法則、信仰の法則

祈りの教理や主の祈りの解説に関して、上述の信仰告白やカテキズムやその他でも用いられたことを超えて、祈りと信仰告白との間の極めて特殊な相互作用の形が、信条と信仰告白の歴史を通して、またキリスト教教理の発展の歴史を通して、大きな力を持つようになった。この相互作用は、古代における原理である「祈りの法則、信仰の法則 (*lex orandi lex credendi*)」、もしくはより詳しく言えば、五世紀のアクィタニアのプロスペルに由来する定式「祈りの法則が信仰の法則を規定すべきである（*ut legem credendi lex statuat supplicandi*）」に要約される。[57] それゆえ、『フォティオスの回勅』にあるように、「伝統によって手渡されてきたものをわずかに無視しただけでも、しばしば教理を完全に蔑ろにすることになってしまう（*pros holēn tou dogmatos ... kataphronēsin*）」のである。[58] キリスト教界の三大主要教派のそれぞれからの信仰告白が、この原理を示している。例を挙げると、一六五五年『ワルドー派信仰告白』には、「宗教改革の先駆者」の一つの祖先をたどっていった教会から生じたプロテスタント教理が言い表されており、「最終的には、すべての者がこの点に関して、私たちの信仰を明白に理解するようになる」とのワルドー派の典礼での聖餐の祈りが、[59] 広範囲にわたって引用されている。ほぼ同時期に、『ペトロ・モヒーラによる東方教会の公同で使徒的な正統信仰告白』は、ニカイア・コンスタンティノポリス信条において「言及されていないものの」、キリストの陰府降りの教理を証明するために、典礼の賛美歌を引用している。[60] また、祈りの法則の古代の表現と信仰の基準の最近の定式との関連の一つとして、処女マリアの被昇天の教義が、一九五〇年一一月一日に至るまでローマ・カトリック教会の教義としての地位を正式に得ることはなかったが、ピウス

（52）*67 Art* 46.
（53）*Gall* 24.
（54）*Luth Sm Cat* 3.1; pr 7.
（55）Simpson 1965.
（56）*Ang Cat.*
（57）*Chr Trad* 1:339, 2:34-35, 3:66-80.
（58）*Phot* 5.
（59）*Wald* 30; 傍点は著者による。
（60）*Mogila* 1.49.

一二世による使徒憲章『最も恵み深き神』でそれを得たことが挙げられる[61]。しかしこの教義や信仰告白が発布されるずっと前から、何世紀にもわたって、西方では処女の被昇天祭の祭儀が行われていたし、東方でもテオトコスの生神女就寝祭(the Feast of the Dormition, *koimēsis*)が行われていた(最初の数世紀に行われていた証拠がない[62])。

被昇天の教義が定義されたのは、「祈りの法則が信仰の法則を規定すべきである」という公理が適用されたごく最近の事例であるが、この原理の最も古くて最も重要な文書は三位一体の教義であり、特に神の子の神性の十全性と同格性の教義がそうであり、次いで(かなり異なる経路ではあるが)聖霊の神性に関する教義の発展が挙げられる。一九世紀のバプテスト派の信仰告白でさえ、洗礼の定式と「至高の祭儀礼拝行為である使徒によって宣言された祝福」が、三位一体の教理の主たる証拠であり続けている[63]。三二五年の原ニカイア信条では「また(私たちは)聖霊を信じます」という肯定的な確言で結んでおり[64]、聖霊についてはそれ以上のことは言及していない。しかし、三八一年のニカイア・コンスタンティノポリス信条では、聖霊が「父と子と共に礼拝されて栄光を受ける(*symproskynoumenon kai syndoxazomenon*)」といった祭儀的な宣言を含めた様々な説明が付されている[65]。聖霊への礼拝の宣言は、説明的であるのと同時に慣習的でもある。というのは、聖霊が父と子と「本質(*ousia*)」が等しいということを規定するいくつかの文言を組み入れるため、三八一年に信条における信仰の法則が拡張されるよりも前に、祈りの法則がすでに聖霊への礼拝(*proskynēsis*)も聖霊への栄光(*doxa*)も等しいということを規定する行為に取り組んでいたからである。この「共に栄光を帰す」の最たる事例は、頌栄(Gloria Patri)であり、「父と子と聖霊に栄光あれ」(Glory be to the Father and to the Son and to the Holy Spirit)となっており、三者が同格に置かれている[66]。それゆえ、頌栄で定式化された祈りの法則を土台にして、カイサリアのバシレイオスはニカイア信条で定式化された信仰の法則は聖霊が完全に同格であることの認識が必要であり、三位一体における三つの神的位格は完全に同格でなければならない、と議論している。三八一年の第一回コンスタンティノポリス公会議の直前に書かれた『聖霊論』では、このことが教会の教義として結びつけられた。バシレイオス版の頌栄には、いくつかの興味深い（また彼も気づいていたように論争的な）テキストのバリエーションがあり、例えば「父に、子と共に（*meta*）、聖霊と一緒に（*syn*）、栄光あれ」や「父に、子を通して（*dia*）、聖霊において（*in*）、栄光あれ」というものがある。しかし、彼は様々な批判に対して、教理的な結果としては同じであると主張した。(67) あと知恵になるが、第一回ニカイア公会議やその後も含めたキリスト教史の最初の二世紀や三世紀の間に正式に採用された教理的な言語を、(68) 後の正統に照らして判断するとしたら、三位一体論における聖霊のこの問題が明らかになるよりずっと前から、キリスト教著作家たちが父と子の関係を記述する概念や専門用語に驚くべき多様性があったことが分かる。(69)

神が唯一であることを絶対に妥協することなくイエス・キリストの唯一性の教理を体系化するため、教会の信条や信仰告白に一貫性のある専門用語を展開しようとしていたキリスト教思想家たちの間で、最終的に疑わしくなった信仰の言葉に関するある定式が、なおも支持を得ていたことがあった。しかしながらその間、祈りの言語

---

(61) *Munif* 16; しかし *Munif* 20も参照されたい。
(62) Jugie 1944; Daley 1998, 1-45.
(63) *Free-Will Bap* 6.5; 傍点は著者による。
(64) *N* 8.
(65) *N-CP* 8; Syndogmaticon 8.7 を参照。
(66) *ODCC* 682.
(67) Pelikan 1993, 304-5.
(68) 1・3「連続性と変化の例としての三位一体の教理」を参照。
(69) 5・4「聖書解釈の信仰告白的な基準」を参照。

は、概念の正確さや専門用語の一貫性を犠牲にしてでも、キリストを神であると単純に認めることに重きが置かれていたように思われる。『クレメンスの手紙二』として知られるようになった初期の頃の説教の冒頭で、「兄弟たち、私たちはイエス・キリストを、神と同じように、『生ける者と死せる者を裁くお方』として考えるべきである」と述べている[70]。

この傾向の例外であるように思われるのが、アレクサンドリアのオリゲネスの『祈り』であり[71]、主の祈りが紹介される際に「だからこう祈りなさい『私たちの父よ』」とイエスが命令したことを、「私たちは何か生み出されたものに対して（キリストに対してさえも）祈ることは決してなく、むしろ神であり万物の父である方に対してのみであり、そのお方に対して私たちの救い主ご自身も祈ったのである」ということを要求している排他的な原理としている[72]。ところが、エリック・ジェイは「オリゲネスは常に一貫しているわけではなく、彼がキリストに献身するあまり、彼自身は大胆にキリストに向かって祈り、他者にもそうするように勧めているが、彼がこのテーマで著作を書くようになったら、この祈りを神学的に正当化することができなかった」と指摘している[73]。そうなると、祈りの法則がすでに信仰の法則よりもずっと先んじていたこと、もしくは信仰の法則が祈りの法則の後塵を拝していたことは明らかであり、オリゲネスの場合もそうだったのである。それゆえに、オリゲネスは他のところで、キリスト教の使信に対する異教徒からの批判に応答し、「私たちは至高の神のみに祈るべきであり、また神の独り子であり、万物に先立って生まれたロゴスにのみ祈るべきである」と、さほど排他的でない形で応えることができた[74]。キリスト者の祈りの慣習は矯正することができないものであり、それゆえに祈りの法則が、オリゲネスによって明確化された信仰の法則を絶え間なく損なっている（もしくは軽視している）のである。また、オリゲネスの祈りの法則に従うならば、祈り、賛美、請願、感謝といった子なる神へ向けられる礼拝用語が、父なる神へ向けられる言葉よりも劣っているわけでもないのである。アレイオスとその追従者たちも、信仰の法則（*lex credendi*）では父なる神に対して子なる神が劣っていることを告白していたが、祈りの法則

(*lex orandi*)では彼らの礼拝用語が子の従属といった神学的な定式としばしば矛盾する傾向を持っていたことが認められるのである。

キリスト者の祈りと献身の実践と衝突することなく、かえって実際に強化するものとして、三二五年のニカイア信条を規範的な信仰宣言として擁護する際に(それゆえに信仰の法則は完全に祈りの法則を正当化する)、アレイオス主義の反対者たち、とりわけアレクサンドリアのアタナシオスは、アレイオスの矛盾を突いたのである。[75]彼らはそうすることにより、主として祈りの言語として表現される「信者の大部分の正統」を主張していった。[76]アレイオス論争から何世紀も経った後、宗教改革期に反三位一体論者が現れた時に、三位一体の教理における信仰の法則と祈りの法則との間のこのような矛盾の問題が再浮上した。彼らはカトリック教会と宗教改革の主流派の中にある「伝統」(traditions)と形而上学的なニカイアの三位一体の言語が、聖書と理性の両方に対する冒瀆であると批判し、[77]偶像崇拝の罪となることなく、キリストを神として、祈りと賛美を向ける妥当性をめぐり、「キリスト礼拝主義者」(Adorantists)と「非キリスト礼拝主義者」(Non-Adorantists)の二つの派に分裂した。[78]「私た

(70) 2 *Clement* 1 (tr. Cyril Richardson).
(71) マタ六・九。
(72) Origen *Prayer* 15 (*ACW* 19:57-60).
(73) Jay 1954, 127.
(74) Origen *Contra Celsum* 8.26 (Chadwick 1953, 471).
(75) Athanasius *Discourses Against the Arians* 3.16 (*NPNF*-II 4:402-3).
(76) 第12章「信者の大部分の正統」を参照。
(77) *Rac 1.2*.
(78) G. H. Williams 1992, 504, 1128-33; Möhler [1832] 1958, 1:688-95.

ちは、父が子にすべてのものを与えたために、この同じイエス・キリストが礼拝され、崇められることを信じる」と、キリスト礼拝主義者（Adorantist）であるユニテリアンの『トランシルバニア信仰告白』では告白されている。[79] しかし、一六〇五年『ラコビア・カテキズム』の一六〇九年のラテン語訳のタイトルでは、ソッツィーニ主義者は「私たちの主イエス・キリストの父以外のいかなるものも、イスラエルの真の神と認められず、告白しないし、処女から生まれたナザレのイエス以外に、前にも後にも、神の独り子は認められず、告白しない」と宣言している。[80]

父と子の関係を扱った信条的な信仰の法則を、祭儀的な祈りの法則に順応させていくこのプロセスの最終結果は、三八一年の第一回コンスタンティノポリス公会議でのニカイア・コンスタンティノポリス信条でその決定的な成果が成し遂げられ、三世紀ほどの期間が必要とされる結果となった。さらに長引いたのが、西方の七つのサクラメントと聖餐における現臨の教理に生じた歴史的発展のプロセスである。[81] 初期の信条は聖餐の教理についてはほとんど沈黙しているように見える。使徒信条の *sanctorum communio* というラテン語と *hagiōn koinōnia* というギリシア語は、[82] 今ではたいていは「聖徒の交わり」（the communion of saints）というように〔男性複数属格で〕「人」のことを指していると理解されるが、その代わりに〔中性複数属格で〕「聖なるものの交わり」（the communion / communication in holy things）というように洗礼と聖餐のサクラメントに言及していると訳すべきであることも考えなければならない。[83] しかしながら、そのように読んだとしても、信条の言葉はサクラメントの教理の言葉に多くを費やしているわけではなく、サクラメントに関する告白には程遠いと言わざるを得ない。その後の時代、とりわけ宗教改革期において、信仰告白の議論の対象として前面に出てきた時に、「聖なるもの」と読まれることはほとんどなかったのである。

「聖徒／聖なるものの交わり」（the communion of saints）の解釈に関して、この言葉はプロテスタントのあらゆる改革者の信仰告白では、続く「聖なる公同の教会」（the holy catholic church）と同格かつ同義のものとして受け止められ[84]（ルターの大・小『教理問答』の両方とも、「公同」［catholic］を「ローマ・カトリック」［Roman Catholic］と混同されてしまうことを避けるため、「聖なるキリスト教教会」［holy *Christian church*］と読まれた[85]）、天にある聖人のことを主として言及しているのでもなく、ましてやサクラメントに言及しているわけでもないとされた。『ウルリッヒ・ツヴィングリの六七箇条』によれば、「頭（であるキリスト）において生きるすべての者は、聖徒の教会または交わり（または共同体）（*Gemeinschaft der Heiligen*）」にある[86]。『第一スイス信仰告白』の教理でも、教会は「すべての聖徒の交わりや会衆（*die Gemeinschaft und Versammlung aller Heiligen*）」となっている[87]。その後継である『第二スイス信仰告白』では、教会のことを「世から呼び出されたか、集められた信仰者の集いである。聖徒の交わりとはすなわち（*sanctorum inquam omnium communionem*）、救い主キリストにおいて真に知り、正しく礼拝し、真の神に仕えている者たちのことである」と呼んでいる[88]。『スコットランド信仰告白』によれば、教会は「それゆえ、

（79）*Trans* 2.
（80）*Rac* ttl.
（81）15・2「西方のサクラメント的な教理の信仰告白化」を参照。
（82）*Ap* 9.
（83）Elert 1966.
（84）*Ap* 9.
（85）*Luth Sm Cat* 2.3; *Luth Lg Cat* 2.34.『シュマルカンデン条項』のラテン語では、次の定式が含まれている。「私は聖なる公同または（*sive*）キリスト教教会を信じます」（*Smal Art* 3.12）。
（86）*67 Art* 8.
（87）*Helv I* 14; *Bas Bek* 5.
（88）*Helv II* 17.1; also 24.3.

不敬な人たちではなく、聖徒の交わりと呼ばれる」[89]。「聖徒の交わり（*die gemeinschaft der Heiligen*）について、あなたは何を理解していますか」という問いに対して、『ハイデルベルク信仰問答』は、使徒信条の説明をする中で、改革派の立ち位置を表現しながら定義している。「第一に、信仰者は、一人であれ全体であれ、主キリストのすべての宝と賜物に与っており、一つの交わりにおいて共有していること。第二に、それぞれが、他のメンバーの利益と幸福のために、彼の賜物を自由に、喜んで用いる義務があることを知るべきであること」[90]。メノナイトの一五九一年『ケルン理念』も、教会を「聖徒の交わり（*gemeynschap der Heyligen*）」として語っている[91]。一六四七年『ウェストミンスター信仰告白』の第二六章では「聖徒の交わりについて」と題され、改革派の立ち位置を要約している。それによれば、この章の表題が「イエス・キリストに結ばれたすべての聖人」に拡張され、ローマ・カトリック教会や東方正教会の伝統的な用い方のように、公式に列聖されるかどうかによらず、「聖人」（saints）という肩書が与えられる比較的少数の者を選び出すということではない[92]。しかし、ここでは「キリストと聖人たちが持つこの交わりは、いかなる方法においても神格の本質に参与することでもないし、いかなる点においてもキリストと等しくなることでもなく、そのいずれかでも主張することは不敬で冒瀆的である」ということも主張している[93]。改革派の別の信仰告白で「神的本質との交わり」について肯定的に語ることができたものもあるが[94]、『ウェストミンスター信仰告白』によるこの主張は、東方正教会の *theōsis*（「生得的でない神化」[unbegotten deification]もしくは「私たちの本性の神化、よりよいものへの変化、本性を超えたものへの恍惚や上昇」のことであり[95]、これらは新約聖書の「神的本性に参与する」に基づいている[96]）としての救いの定義を拒絶する意図を持っているように思われる。もしくは、まったく別の意味であるが、急進派の改革の信仰告白で確言されているような、似た響きを持っている教理への拒絶であるかもしれない[97]。

　しかし、上述の三位一体論やサクラメント論に加えて、プロスペルが導入した「祈りの法則が信仰の法則を規定すべきである」という原則が、教会会議や信条制定（や大規模な政治論争）で実施された最も劇的な事例がプロスペルの時代から数世紀後に、西方ラテンではなく東方ギリシアで起こった。教会における聖画像の正当性をめぐる問いである。(98) それまでの初期の教父の伝統における曖昧な証言からでは、信仰の法則の伝統とその正統的な解釈者たちは、聖画像のキリスト教的な使用に明白な正当性を与えることができず、それどころか信仰の法則を考慮するならば否定的な判断へ導かれる可能性さえあった。しかし、祈りの法則の伝統がその間にも独自路線をたどっており、イコンが東方教会のキリスト教礼拝にとって不可欠なものとなっていたのである。聖画像破壊論者によって主張される信仰の法則の読み方が、聖画像崇拝者によって示される祈りの法則の読み方と衝突した時、論争の初期の段階では聖画像破壊論者の方が勝利を収め、イコンは非難されて撤去されていった。しかし最終的な勝利は、イコンとその擁護者の方であった。三二五年に第一回ニカイア公会議が最初の公会議として開かれ、三位一体の教義が採択されて信条が定式化された同じ街で、七八七年に第二回ニカイア公会議が開かれ、その信仰告白の中でイコンの利用が「神の言が人となったことが現実であり単なる虚構ではないことが確認でき

---

(89) *Scot I* 16.
(90) *Heid* 55; 傍点は著者による。
(91) *Cologne* 7.
(92) *West* 26.1.
(93) *West* 26.3.
(94) *Helv I* 11.
(95) *CP 1341* 26, 19; *Jer II* 1.10. Syndogmaticon 8.2 を参照。
(96) 二ペトー・四。
(97) *Denck* 3; *Ries* 19.
(98) Boespflug and Lossky 1987. Syndogmaticon 8.10 を参照。

る」という理由で正当化され、このことによって信仰の法則が祈りの法則と一致するに至ったのである。[99]

別の形で、聖画像破壊論が一六世紀のプロテスタントのいくつかの信仰告白の中で復活し、『第二スイス信仰告白』が言っている「異教徒の偶像だけでなく、キリスト教徒による模造をも」反対する立場を取っている[100]（ただし、「これはすべての彫刻や絵画が普遍的に禁止されているという意味ではなく、神礼拝におけるすべての像や神を見える形で礼拝することが禁じられている」と明記されているものもあるが）[101]。『ハイデルベルク信仰問答』もこう宣言している。「いかなる方法であっても、神は描かれ得ないし、そうするべきではない。被造物については、確かに描写され得るが、神はそれらを礼拝したり仕えたりするために、それらと似たようなものを作ったり所有したりすることを禁じておられる」。ここでの「被造物」という言葉は、明らかに処女マリアや他の聖人たちを含む（または、むしろ崇拝の対象として排除する）意図がある。[102] また、『第二スイス信仰告白』での修辞的な問い[103]「天にある祝福された霊たちと聖人たちは、地上に生きていた間、自身が礼拝されることも偶像も非難していたのに、天にある聖人たちや天使たちが自分自身の像の前に人がひざまずき、頭を垂れ、栄誉を与えることを、いったい誰が喜ぶのであろうか」を挙げることができる。[104] すでに『ベルン提題』で、このような偶像の伝統的な原則への拒絶が、「像の設置が崇拝の危険を含んでいるならば、それらは取り除かれなければならない」という実践的な結論へと導かれていた。[105] 特にスイス改革派では厳格にこのことが守られていった。[106] プロテスタント宗教改革のこの新しい聖画像破壊論に対して、トリエント公会議の第二五会期の布告では、「これらの聖なる救いの実践に忍び込んだ誤りを完全に根絶する」という願望を表明しているが、同時に東方と西方での共通の教えを繰り返し、「キリスト、神の母である処女、他の聖人たちの像は、特に教会に設置され、保たれるべきであり、ふさわしい栄誉と敬意が払われて当然である」としている。[107]

東方の正統的な定義および聖画像破壊論との対立の解決策として示されているように、「祈りの法則、信仰の法則」（*lex orandi lex credendi*）は西方に由来し、ラテン語の言葉として定式化されたが、ある意味では東方正教会の伝統を特に言い表していると言える。『キリスト教の伝統における信条と信仰告白』の第二部「東方正教会における信仰の確言」に収められているテキストは、一定の水準では、東方正教会と西方カトリック教会の信仰告白の間に多くの一致と類似を広範囲に確証できるものとして受け止められるし、プロテスタント教会との対比においてもそうである。一方で、「信仰告白の」(confessional) 場は、ローマ・カトリックでは『トリエント公会議の規準と布告』や『第一ヴァチカン公会議の教義憲章』や『第二ヴァチカン公会議の教理布告』に基づき、プロテスタント改革では『アウグスブルク信仰告白』や『第二スイス信仰告白』や『ウェストミンスター信仰告白』に基づいているが、東方正教会によれば、より最近のものやより東方的な信仰宣言よりもむしろ、東方と西方で共通の七つの公会議での信条や教理的な布告にとりわけ基づいている。他方で、東方正教会の信仰とその教理の最も代表的で規範的な要約は、『ペトロ・モヒーラによる東方教会の公同で使徒的な正統信仰告白』でも一六七二年『ドシセオスとエルサレム教会会議の信仰告白』でもなく(両者とも公式に、教会会議の、総主教の承認を得ているが)、『聖ヨアンネス・クリュソストモスによる聖体礼儀』であり、ギリシア語、教会スラブ語、他の典礼

(99) *Nic II*; Pelikan 1990a; Giakalis 1993.
(100) *Helv II* 4.2.
(101) *Genv Cat* 148. しかし *Loll* 12 も参照。
(102) *Heid* 97.
(103) 使一四・八―一八、一七・二二―二五。
(104) *Helv II* 4.3; *Belg* 26 も参照。
(105) *Bern* 8.
(106) Wandel 1995.
(107) *Trent* 25.2 decr; *Vat II* 5.1.51 も参照。

言語で用いられ、現代では英語も含め、他の東方の礼拝式順で用いられている。[108]『聖ヨアンネス・クリュソストモスによる聖体礼儀』には、「一つの思いで父・子・聖霊を告白し、互いに愛し合おう」という導入部分の勧告に続くニカイア・コンスタンティノポリス信条が含まれているだけでなく、[109]「主よ、生ける神の子であるキリストが真実であると、私は信じ、告白します。……私は真実にこれがあなたの純粋な体であり、真実にあなたの純潔な血であることも信じます」という聖餐の信仰告白とキリスト論的な確言も含まれている。[110]これは東方正教会の標準的な信仰告白集の完全版にも含まれているものである。[111]

「信仰告白の」(confessional)機能を持つ礼拝用テキストの他の二つの事例は、英国教会の『祈禱書』と一七四九年『モラヴィア教会の復活祭祈禱』である。東方正教会にとって、カルミレスの信仰告白集に、『聖ヨアンネス・クリュソストモスによる聖体礼儀』が、公会議の布告の直後に、東方の諸信仰告白(*homologiai*)の前に含まれている。しかし英国教会にとって、その関係は逆である。英国教会の『祈禱書』の編集には『三九箇条』が付録として含まれている。それゆえ、ローマ・カトリックの英国人であるチャールズ・バトラーは、一八一六年に「英国教会のシンボル的な書は、『三九箇条』と『祈禱書』である」と書くことができた。[112]一六世紀の改革期に遡るその歴史のほとんどにおいて、結果的に、英国教会の教派としての教理的権威の体系はプロテスタント的であり、『三九箇条』の決定版ではより改革派的なアクセントがあるが、[113]一六世紀の連続的な改訂の成果である『祈禱書』ではよりカトリック的なアクセントがあり、[114]両者の緊張関係が保持されてきたのである。しかしながら、後者にも極めてプロテスタント的で改革派の言葉が連続して並んでいることにも注意すべきであり、[115]東方正教会の批判者が指摘したように、『祈禱書』には聖餐の要素の「変化」に関するいかなる教理も欠いているのである。[116]それゆえ、同時に、英国教会では聖職者に対して、職を停止されたり、時には投獄さえされてしまう危険を踏まえた上で、『三九箇条』への同意と『祈禱書』への厳守を要求したのである。[117]

特に一九世紀と二〇世紀におけるこの緊張関係の歴史的展開からすると、あるローマ・カトリックの参考書によれば、次の問いに答えるのは「極めて困難」であるとしている。「今の聖公会の真の教理とはいったい何であるか」[118]。この問いは、特に、信仰告白に基づいて諸教会の展開を比較分類しようとする教科書にとって、悩みの種となったのである[119]。それにもかかわらず、一九世紀のある教科書では、『三九箇条』について、次のように語ることができた。「その教理的体系は緩やかなカルヴァン主義を取っており、その説明の明快さと正確さはこの信条を改革派教会の最も優れたものの一つにしている」[120]。また、『三九箇条』のごく最近の編集者はこのように主張している。「この箇条の神学は堅固なプロテスタント的なものであり、カルヴァン主義的な色彩さえ持っている。クランマーが一五五三年版を生み出した時（ここでは『四二箇条』というタイトルで引用する）、その時に存

(108) 14・2「教会の信仰告白が突出した典礼」を参照。
(109) *Lit Chrys* 2.D; 10・4「キリスト教信仰告白のための前提条件としてのキリスト者の愛」を参照。
(110) *Lit Chrys* 2.H.1.
(111) Karmirēs, 1:246-70; Michalcescu, 277-98.
(112) Butler 1816, 67.
(113) Higham 1962.
(114) これらの改訂版については Daniel 1901 を参照。
(115) Hague 1893.
(116) *Resp Non-Jur* q 9-22; cf. *Lit Chrys* II.D.5.
(117) 9・4「法令の追従としての信仰告白への同意」を参照。
(118) *DTC* 1:1299-1301 (A. Gatard).
(119) Mayer 1954, 273-90; この問題について、Schmidt 1966 も参照。
(120) Hofmann 1857, 269.

在していたものの中で最もプロテスタント神学を優れて体系化したものであった」[121]。したがって、改革派の信仰告白に特化した多くの信条集の中に『イングランド教会の三九箇条』が含まれ、アウグスティ、ベッケル、ニーマイヤーなどのものがそうである[122]。しかし同時に、一九七二年『プラハ報告』が宣言したように、『祈禱書』は「典礼の環境における信仰告白的な資料として長きにわたって仕えてきた」[123]。『三九箇条』と『祈禱書』との間の緊張関係も、これを矛盾であると見なすようになった聖公会の人たちの心や良心の対立の種となったのである[124]。しかしながら、結果的には、信仰の法則（*lex credendi*）である『三九箇条』を祈りの法則（*lex orandi*）である『祈禱書』に従属させていくこの努力は、一九世紀の後半の時期以降、かなりの成功を収めたと言うことができる。というのは、『三九箇条』の信仰告白的な機能が着実に低下し、『祈禱書』の中で、多かれ少なかれ正確に定義されている権威ある実践の影に隠れることになったからである。

聖公会の展開とは大きく異なる歴史的産物として、『モラヴィア教会の復活祭祈禱』を挙げることができ、そのタイトルにもかかわらず、復活祭での厳密な典礼の言葉であるよりも、少なからず信仰告白のようなものとなっており、実際、複数の権威筋によって「ボヘミア兄弟団の主要な信仰告白」と呼ばれている[125]。これは使徒信条と『マルティン・ルターの小教理問答』を、礼拝祈禱と信仰宣言といった他の要素と組み合わせたものになっており、その最初は信条的な言及で始まっている。「私は、万物をキリストによって、キリストにおいてご自身を世と和解させた父であり、子であり、聖霊なる唯一の神を信じます」、これに対して「私は本当にそう信じます」と応答している[126]。また、「私がキリスト教会の一員として組み込まれる」ための手段として、洗礼の確言も含まれている[127]。また、ある理由から、聖霊の箇条では、西方と逆行する東方正教会の考えが強調されており、「発出」（proceeding）と「派遣」（sending）の区別がなされている[128]。「祈りの法則、信仰の法則」（*lex orandi lex credendi*）という同じ原則を取り戻しているのが、二〇世紀の一九七八年に発行された改革派の歴史的な信仰告白を再宣言したものであり、そのタイトルは『私たちの希望の歌』である[129]。

6・3　礼拝の中での信条の位置

礼拝における祈りの法則と、信条と信仰告白における信仰の法則との相互補完的なこの関係は、他の観点からも同様に明らかである。というのは、信条が長きにわたって礼拝の不可欠な構成要素だったからであり、いくつかの重要な事例も礼拝から生まれてきたことさえあるからである。英語圏の古代信条の研究者の第一人者であるJ・N・D・ケリーは、一九五〇年『初期キリスト教信条史』の初版で言っていることを、一九七二年の第三版でも繰り返しているが、残念ながらそれはなおも真実なのである。「典礼の分野において、洗礼とそれにかかわる祭儀を分類し、その進展の理論を構築すること以上に、今日、最も優先度の高い課題はない」[130]。しかし、学術的に同意が得られているのは、使徒信条とその祖先である古ローマ信条が、「私は（父と子と聖霊を）信じます」

(121) Bray, 284.
(122) Augusti, 126-42; Böckel, 664-79; Niemeyer, 601-11.
(123) *A-L* 30.
(124) Middleton 1951.
(125) *ODCC* 522; Schaff, 3:799.
(126) *Morav* 1.
(127) *Morav* 4.
(128) *Morav* 3; 7・4「一致の聖霊と一致のサクラメント――二つの歴史的な皮肉の事例」を参照。
(129) *RCA*.
(130) Kelly, 38.

という志願者が洗礼の質問に返答する形での初期の形態を取っていたということである（三つの数は、キリストの洗礼命令である父と子と聖霊に対応するものであり[131]、教会の洗礼定式となった）。種々の洗礼の祭儀におけるこれらの「質問的信条」（interrogatory creeds）と並んで「宣言的信条」（declaratory creeds）がもしあったとすれば、どのような役割を果たしたのかということは、ほとんど明白でないままである[132]。幼児洗礼が標準的な実践となり、それゆえに洗礼志願者がもはや個人において信条的な質問に答えることができず、自分自身の名において信条を言うのではなく、親や代父母や保証人や会衆の証言者が代わりに言ってくれるようになると、信条（西方では使徒信条、東方ではニカイア・コンスタンティノポリス信条）は洗礼のサクラメントの執行の規定された要素となっていった。

聖餐のサクラメントの祭儀の中にニカイア・コンスタンティノポリス信条が唱えられたり歌われたりすることを、いつ、誰によってなされたのかについての歴史的証拠は、五世紀の後半を示唆している[133]。ケリーから再引用すると、「読師であったテオドロスの断片集の中に、何らかの形で入り込んだ断片的な匿名の文章によれば、修道士を退いて四回もアンティオキアの総主教座に就いたペトロス・フッロ（四八八年没）は、『すべての集会で信条を唱えること……を主張した』」。しかし、ケリーは続けて、「このような疑わしい雰囲気で異端者によって始まった実践はすぐさま定着し、正統派が実権を握った後にも続いていった」と述べている[134]。ビザンチン典礼における信条の位置の最初期の言及の一つは、アレオパギテースの偽ディオニュシオスの『教会位階論』であり（「彼に由来するか多くの疑義がある」[135]が）、そこにはこう書かれている。「最も普遍的な賛歌である……この賛美歌は、時には信仰告白の賛歌と呼ばれ、時には崇拝のシンボルと呼ばれ、時には（ここでは最も神的事柄に近いと私は思っているが）位階的感謝（*hierarchikēn eucharistian*）と呼ばれる。というのは、この賛美歌は神から私たちへやって来た祝福された賜物のすべてを要約したものだからである。私にとって、この歌は私たちのための神のすべての働きを祝う歌なのである[136]」。つまり、この影響力のある偽の「使徒的」権威によれば、信条は同時に「賛歌」であり「賛美歌」であり「信仰告白の賛歌」であり「崇拝のシンボル」であり「位階的感謝」なのである。これらすべてが特に信仰の法則よりも祈りの法則として言及されており、先に引用したトマス・アクィナスの「信仰告白」の第三の定義よりも第二の定義に当てはまるのである。(137)

西方の聖餐の祭儀における最初期の言及は、すでに存在している「東方教会での使用」を認めた上で、やはり六世紀に生じ、それは五八九年の第三回トレド教会会議である。

最も聖なる信仰への崇敬と人の揺らぎやすい心を強めるため、聖なる教会会議は、敬虔で高貴な王リカルドの忠告に基づき、スペインとガリアの教会で、一五〇人の司教たちによるコンスタンティノポリス公会議での信条を、東方教会のしきたりに従って唱えることを決議した。主の祈りが言われる前に、信条が会衆によって大きな声で唱えられ、それによって真の信仰が証しされ、人々が信仰によって清められた心でキリストの体と血に与るにふさわしくなるのである。(138)

(131) マタ二八・一九―二〇。
(132) Kinzig, Markschies, and Vinzent 1999; 13・2「ケリュグマと洗礼的なシンボル」を参照。
(133) Brightman, 532 n10; 最近の議論では Capelle 1955-67, 3:60-81 を参照。
(134) Kelly, 348-49.
(135) *Metr Crit* 1.11.
(136) Dionysius the Areopagite *The Ecclesiastical Hierarchy* 3.3.7 (*CWS* 217-18.).
(137) Thomas Aquinas *Summa Theologica* 2a2ae.3.1; 2・3「信仰を告白すること」を参照。
(138) *Tol III* can, Kelly, 351 に翻訳がある。

ローマの典礼がこの実践に一貫して従うようになったのは、一一世紀になってからであることは明らかである。このようにして、中世のミサ式順はプロテスタント改革によって継承され、ルター派と聖公会の教会では改訂されはしたが、このしきたりを全く拒絶することなく、「ニカイア信条」、つまりここで私たちがニカイア・コンスタンティノポリス信条と呼んでいる信条が含まれていた。ルターやツヴィングリらによる一五二九年『マールブルク条項』のように、この信仰の確言は「世界中の全キリスト教会によってニカイア信条において歌われ、読まれる」としている[139]。それゆえ、ルターの一五二三年『ミサ定式』と一五二六年『ドイツ・ミサ』の両方とも、教会の項目で「カトリック」(catholic)を「キリスト教」(Christian)と置き換えているものの、ニカイア信条がそのまま保持され、『祈禱書』でも、同じ項目で「聖なる」(holy)の省略はあるものの、保持されている[140]。そして二〇世紀には、聖餐の典礼には信条を含めるべきであるというエキュメニカルな合意が広く行き渡った[141]。

6・4　教会会議と礼拝での信仰告白

教会の礼拝の中で信条が重視されることは、その帰結として、信条や信仰告白の中で教会の礼拝が重視されることにつながってくる。結果的に、祈りの法則、信仰の法則(*lex orandi lex credendi*)という原則が時には反対になり、祈りと礼拝の法則が信仰と教理の法則の導きに従うことになった。先に言及したように、最古の例が三八一年の第二回公会議によって採択されたニカイア・コンスタンティノポリス信条なのであり、そこでは聖霊が「父と子と共に礼拝され、栄光を受け」とあり[142]、その意味するところは、聖霊が父と子と共にキリスト教の礼拝言語で、単に法的だけでなく義務としても慣習としても「神」としての名を保証されたということである。三八一年の信仰告白に至るまでの議論の中で、聖霊を「神」と呼ぶことを擁護していた者たちにとって、聖霊についてのそのような言語が個人の典礼の祈りや賛美歌に採用されていなかったためにハンディキャップを負うことになったが、子については祈りにしても賛美歌にしてもその数が顕著だったために、アタナシオスや他のニカイア信条の擁護者にとってはそれらを採用して有利に戦いを進めることができたのとは対照的だった。教会での祈りは聖霊の賜物や現臨のために祈るが、聖霊への祈りではない。したがって、『聖ヨアンネス・クリュソストモスによる聖体礼儀』の聖霊を求める祈り（Epiclesis）の中で（この定式において、パンとぶどう酒がキリストの体と血に変化するのが、制定の言葉を言った時なのか、聖霊を求める祈りをした時なのかをめぐって、東方と西方の信仰告白との間で論争が交わされている）[143]、聖餐における奉献の祈りは父なる神に向かってこのように述べる。「あなたの聖霊を私たちの上に、これらのここにある賜物の上に降してください。……そしてこのパンをあなたのキリストの尊い体にしてください。またこの杯の中身をあなたのキリストの尊い血にしてください。あなたの聖霊によって変化させてください（*metabalōn tōi Pneumati sou tōi Hagiōi*）」[144]。しかし、この典礼の冒頭の祈りは、テキストのほとんどの部分よりも後に付け加わったものと思われるが、「天におられる王であり、慰め主（*paraklēte*）なる真理の霊よ」という聖霊への祈りで始まるのである[145]。西方でも、単に聖霊のための祈りというよりも聖霊への祈りの賛歌としてよく知られている二つのもの、カロリング神学者のラバヌス・マウルスにたいていは帰される「来たり給え、

(139) *Marburg* 1.
(140) *Luth Sm Cat* 2.3; *Luth Lg Cat* 2.34; *BCP*.
(141) *BEM* 2.27.
(142) *N-CP* 8.
(143) *Mogila* 1.107. Syndogmaticon 10.7 を参照。
(144) *Lit Chrys* 2.F.5; 傍点は著者による。
(145) *Lit Chrys* pr A.1.

造り主なる霊よ」(Veni Creator Spiritus)と、おそらく神学者ステファン・ラングトンによって作られた「来たり給え、聖霊よ」(Veni Sancte Spiritus)があり[146]、これらは三八一年のコンスタンティノポリス公会議よりもずっと後のものである。

信仰の法則から祈りの法則への同じ動きが、四三一年のエフェソ公会議で起こり、「聖なる処女である神の母(Theotokos)」と呼ぶ実践が正統として定められた[147]。このことは、すでに存在していた祈禱(またおそらく礼拝)の呼び名に、信条的また信仰告白的な地位を与えたことになる。しかし、信条と信仰告白として制定されたことは、東方と西方の両方で、今度は祈禱と礼拝の創造性を刺激するものとなる。神の母としての処女マリアの独特の地位は、東方の典礼の中での「テオトキオン(Theotokion)」(典礼歌の最後のところで彼女に向けられた節のこと)の発展を見ることができる[148]。マリアに関する祭儀は、エフェソ公会議とビザンチンにおけるイコン論争の勃発との三世紀間に拡張され、彼女に奉献された聖画像やモザイク画が多くあることがその証拠である(これらは聖画像破壊論者によって拒絶されて破壊されたが[149])。この祭儀に対する攻撃が再び起こり、今回はプロテスタント宗教改革からのものであり、東方キリスト教界も信仰告白の中で弁護する必要に迫られた[150]。西方では、四三一年のエフェソ公会議での布告と直結しているのが、世界の中でも最も大きなマリア教会として四三四年に再建されたローマにあるバシリカ様式の「聖マリア大聖堂」(Santa Maria Maggiore)であり、ミラノのアンブロシウスによってすでに明言されていた西方のラテン語の表現が神の母に対して献げられた[151]。

公会議や地方教会会議や信仰告白において教理、規律、教会の制度の問題と同様、祭儀的な形式が次から次へと議論され、法制化されていったが、しばしば礼拝での問題となったのが教理、規律、教会の制度の方である。しかし西方キリスト教界にとって、ローマ・カトリックとプロテスタントを問わず、信仰告白によって示された信仰の法則が、公の礼拝によって示された祈りの法則についての最も重要で影響力のある判断を下したのは、宗教改革期においてであった。プロテスタント宗教改革では会衆賛美が強調され、そこには信条の歌唱も含まれていた。マルティン・ルターは一五二四年の賛美歌「私たちは皆、唯一の神を信じる」（Wir glauben all an einen Gott）に、ニカイア・コンスタンティノポリス信条の言葉を当てた。これは英語にも複数回、訳されている。[152] ヨハン・ゼバスティアン・バッハはコラール前奏曲の中にこの賛美歌を取り入れたが、「教理問答書前奏曲」（Catechism Preludes）とそれに伴うフゲッタ（fughetta）の中でとりわけ取り入れられている。[153] 最終的にニカイア・コンスタンティノポリス信条のテキストは、彼の最晩年の「ミサ曲ロ短調」（Mass in B Minor）の中に「ニカイア信条」（*Symbolum Nicaenum*）として盛り込まれた。[154] バッハがニカイア・コンスタンティノポリス信条を組み込んだことは、〔バッハより数十年早く生きた〕ジョヴァンニ・バッティスタ・バッサーニの「アクロアマ・ミサ」（*Acroama Missale*）の写しがバッハの書庫から発見されたことでなおさら注目を浴び、クリストフ・ヴォルフはこう解説している。

「ミサ曲ロ短調」からの大きな動きに関する研究……両曲ともに「私は唯一の神を信じる」（Credo in unum

---

(146) *ODCC* 1686, with bibliographies.
(147) 1・1「公会議の決定における連続性 vs 変化」を参照。
(148) *ODCC* 1677.
(149) Pelikan 1990a, 121-51.
(150) *Dosith* q 4.
(151) Huhn 1954.
(152) Julian [1907] 1957, 2:1287.
(153) シュミーダーによるバッハのカタログ *BWV* 437, 680, 681 を参照。
(154) Wolff 1983, 107, 139-40.

Deum）という信条の条項を中心に、音楽を通しての絶えず繰り返される「特定の強調」がなされている。なぜバッハが〔教会音楽のア・カペラ様式の〕スティーレ・アンティーコ（*stile antico*）を「コントラプンクトゥス・オスティナトゥス」（*contrapunctus ostinatus*）の中に組み入れたのかは明らかである。古代キリスト教の信条との最終的な有効性と信仰に関する信仰告白への信頼性が、象徴的な音楽表現として与えられるからである。(155)

この方法によって、「信仰に関する信条と信仰告白の信頼性の古代のキリスト教定式」とプロテスタント宗教改革の典礼的な神学は、教会だけでなく、全世界のコンサートホールにまで響き渡ることになったのである。

同様に、西方教会の宗教改革以前の種々の乱用を批判しつつ、ミサ祝典を法制化する一環として、『トリエント公会議の布告』では司教たちに「オルガン演奏や歌唱に、卑しく挑発的な要素（*lascivum aut impurum aliquid*）を含んでいる類の音楽を教会から取り除かなければならない」と要求している。(156) したがって、これらの「トリエント公会議によって発行された指示は音楽の領域ではほとんど何もなかった」ということが厳密な意味での正確な見方なのではあるが、(157) この単純で一見すると当たり障りのない法制化は、これが実行された時には、教会とコンサートホールの両方で広範囲の影響を持つようになっていた。作曲家が次から次へと「トリエント公会議の改革に従った」ミサ曲を発表したからである。そのような曲すべての中で最も著名なのは、パレストリーナの「教皇マルチェルスのミサ曲」（*Missa Papae Marcelli*）であり、彼が作曲した一〇〇曲以上の中の一つであり、ローマ・カトリック教会の「教会音楽を救った」と認められるものでもあり、(158) 祈りの法則と信仰の法則（と音楽的な独創性の法則）の調和がとてもよく成し遂げられているものである。このような一六世紀の発展の結果、ニカイア・コンスタンティノポリス信条はキリスト教史の中で組み入れられた他の信条よりもずっと多く、東方でも西方でも典礼の中に組み込まれるようになったし、より頻繁に多様な音楽の中にも組み入れられるようになったのである。

(155) Wolff 1991, 96.

(156) *Trent* 22 decr.

(157) François Lesure in Abraham 1968, 250.

(158) Abraham 1968, 317 の Hery Coates and Gerald Abraham の引用を参照。またその書の目録 Trent and church music も参照。

第7章　一致の定式–またその不一致

本章のタイトルは、一五七七年に合意がなされ、一五八〇年『一致信条書』(*The Book of Concord*)の中に取り入れられたルター派の最後の公式の信仰告白である『和協信条』(*Formula of Concord*)が基になっている。[1] しかし「一致」(*concord*)という言葉はしばしば、「一致に導く」という信仰告白の目的の定義としてだけでなく、[2] 一五三六年『ヴィッテンベルク一致』(*The Wittenberg Concord*)、一五六三年『シュトラスブルク一致』(*The Strassburg Concord*)、一五七四年『シュヴァーベン一致』(*The Swabian Concord*)におけるタイトルとしても用いられている。[3] これらの「一致」(concords)は、『キリスト教の伝統における信条と信仰告白』の第四部「和解と同盟を試みる信仰告白」のグループに属しているが、いずれもプロテスタント教会内での永続的な一致という目的を達成できなかった。一五七七年の信仰告白は「一致の定式〔和協信条〕」(formula of *concord*)と呼ばれているが(ルターの死後三〇年が経ち、特にドイツでルター派の中で対立していた教理的な一致を図ったもの)、不一致の信条とも言えてしまうかもしれない。現代のある研究では、「不一致、対話、一致」(*Discord, Dialogue, and Concord*)というタイトルが

(1) *Form Conc.*
(2) *Gall* 33.
(3) Ritschl 1908-27, 4:116-19, 87, 119.

ふさわしいとされる。[4] というのは、『和協信条』は、プロテスタント主義のルター派と改革派の間の不一致という継続中の原因があったし、ルター派内でも同様の不一致があったからである。[5]「相違の一致」(*Concordia discors*, Zurich, 1607) は、さらにその三〇年後に、スイス改革派の神学者ルドルフ・ホスピニアンからの応答を書いたタイトルである。[6] これに対し、今度はルター派の神学者レオンハルト・フッターが「同意の一致」(*Concordia concors*, Wittenberg, 1614) というタイトルで返答を書いた。[7] このやり取りが示しているように (これで終わりというわけではなかった)、「一致の定式」(formula of concord) と「不一致の定式」(formula of disconcord) とも、宗教改革期だけでなくキリスト教史を通して、他の多くの信条や信仰告白の正確な名前だと言えるだろう。ウェルチが「宗教論争に疲弊し、嫌悪した時代」と呼んだように、[8] 信条や信仰告白の一致を主張する者たちによってさらに分裂を深めてしまうという執拗な傾向に反発が深まり、教会の外においても中でさえも、「信条への不快感」(discomfort with creed) を増大させてしまう原因ともなった。[9]

第五回公会議は、すべての教会会議と信仰告白を代弁して、教理的な議論の役割を規定している。「聖なる師父たちは……共同の討論によって異端や当時の問題を扱った。なぜなら、論争の問いがそれぞれの側から共同の討論の場に出される時、真理の光が偽りの影を追い出すことになり、確かなこととして確立されるからである。真理は、信仰の問いについての討論を通してしか、明白にする方法はない。なぜなら、誰もが隣人の助けを必要とするからである」。[10] もしくは、アルフレッド・ノース・ホワイトヘッドの特色のある金言にあるように、「信条のあるところに、その角の周りや墓の中に異端がいるのである」。[11] 厳密に言えば、すべての信条に当てはまるわけではないが、これら信条が一般化されていく歴史的な証拠はたくさんある。例を挙げると、西方キリスト教界でほぼ普遍的に受け入れられている使徒信条は、異端や異端者の名前が名指しされているわけではない。しかし、その冒頭の宣言で「神」=「父」=「全能」=「天地の造り主」という等式を仮定しているのは、[12] 新約のキリスト教の神であるイエス・キリストの父を、旧約のユダヤ人の神である天地の造り主から分離しようとする異端マルキオンの二元論に対抗していることが示唆されているのである。(13) 反マルキオン派のもう一つの初期の信条は、より明白に、しかし肯定的にこう述べている。「私たちは、唯一の第一原理であり、律法と福音、義と善の両方の神である唯一の神を信じる」(14)。というのは、マルキオンは、旧約の律法の義と怒りの造り主なる神と、新約の福音の善と愛の父なる神をも、分離していたからである。しかしこの言葉遣いでも、より拡張している使徒信条の表現と同様、この定式自体は肯定的なものである。というのは、多くの信条とは異なり、使徒信条は異端や異端者によってではなく、入会のサクラメントである洗礼の執行とのかかわりで用いられた簡素な信仰告白としての教会の必要性から生まれたと思われるからである。(15)

聖霊が「父と子から（*ex Patre Filioque*）発出し」というニカイア・コンスタンティノポリス信条の「西方修正

（4） Spitz and Lohff 1977.

（5） Dingel 1966ではこれらの論争を論争の一致（*Concordia controversa*）として記述している。

（6） *PRE* 8:392-94 (K. Sudhoff, E. F. Karl Müller).

（7） *PRE* 8:497-500 (Johannes Kunze).

（8） Welch 1972-85, 1:31.

（9） 17・1「近代意識による信条への不信感」を参照。

（10） *CP II* decr.

（11） Whitehead［1933］1942, 68.

（12） *Ap* 1.

（13） Harnack［1924］1960, 1:93-143.

（14） *Meros* 2; also *Tol I* anath 8.

（15） 13・2「ケリュグマと洗礼的なシンボル」を参照。

版」で告白されている聖霊の教理に関して[16]、東方からの批判に応えることのみならず、聖霊の発出について信条に加えることの是非がトマス・アクィナスによって詳細に問われることになり、彼は暗示と明示というおなじみの論理的な区別を採用している。「すべての公会議は特定の誤りを非難する見解を信条に据えている。したがって、後の公会議は古い信条と異なるものを制定するのではなく、出現した異端に対して、前の信条で暗示されていたことに新しい文言を加えて明示するのである」[17]。トマスがここで土台としているのは正統的な教えの連続性であり、それゆえに暗示的かもしれないが最初からすでに存在しており、挑戦を受けると結果的にその教理が明示的になっていくのである。私たちが採用してきた用語では[18]、このような教理は暗示的に「信じられている」のであり、明示的に「告白されている」のではない（あるいは「教えられている」のでもない）と言われている。さらに、アクィナスによれば、以前の定式に暗示されていて明示的にされる可能性があったいくつかのものの中で、最終的に正統を達成したものだけが、最初からずっと真に「暗示的」であったと言うことができる。このように、付加は新しい信条を意味するのではなく、実質的な付加または修正と言え、本質的な変化はないのである。しかし、異端の挑戦と正統からの応答があった後に、そのような正統的な応答の暗示的な予期が、前の信条テキストの版の中に見られるというのは、あくまでも後から振り返ってみた話である。加えて、それらがどのような方法で見出されるにしても、そのような暗示を引き出し、それらを「定義する」（define）ことができるのは、教会的な権威を持った機関だけである。

7・1　アナテマ信条と論争

初代教会のそれぞれの公会議で、「空虚で意味のない語りと誤り」[19]に対するアナテマが目立っていることは確かなことである。ニカイア信条は、肯定的な文言に続き、アレイオスとその追従者たちに対する提言を列挙し、こう締めくくっている。「これらを公同の使徒的教会は呪う」[20]。この公会議からアレクサンドリアとエジプトの教会へ宛てた手紙では、「（アレイオスの）不敬な意見と、子なる神にあてがわれた冒瀆的な言葉と表現に対してアナテマが発せられるべきであると、全会一致で同意がなされた」と説明している[21]。第二回公会議のニカイア・コンスタンティノポリス信条にはもはやニカイア信条のアナテマは含まれていないが（「エピファニウス信条」など、同時代の二つほどには含まれているが）[22]、この公会議では「ビティニアのニカイアに集まった聖なる師父たちの信仰告白は、破棄されることなく効力を保ち続けている」という肯定面だけでなく、三二五年以降に発生した三位一体の教理に対する新しい異端も含め、ニカイアのアナテマのように「すべての異端を呪う」という否定面をも明らかにしたのである[23]。エフェソ公会議の名において、この公会議によって非難されて排斥されたネストリオスに対して、アレクサンドリアのキュリロスの一二のアナテマは、処女マリアを「テオトコス」（Theotokos）と呼ばずに単に「キリストトコス」（Christotokos）と呼ぶ者を非難することから始め、ロゴスが「肉

(16) *N-CP Occ* 8; 7・4「一致の聖霊と一致のサクラメント――二つの歴史的な皮肉の事例」と Syndogmaticon 8.6 を参照
(17) Thomas Aquinas *Summa Theologica* 1a.36.2 (tr. Blackfriars).
(18) 第2章「信条と信仰告白の必須性」を参照。
(19) *Polyc.*
(20) *N* anath.
(21) *Nic I* ep.
(22) *Epiph.*
(23) *CP I* can 1.

において死を味わった」お方であることを認めない者を非難することで閉じられている。[24]『カルケドン公会議の信仰定式』が出される直前に、第四回公会議の布告は、「反対する」「反対の立場に立つ」「追放する」という言葉を使い、最後に念を押して「呪うものである」と宣言することによって種々の誤りに対して応答している。[25]この冗長とも思えるアナテマ定式は別の時代でも繰り返されており、特に異端の教えの一覧表が示された最後のところに置かれ、異端的な教えが追い出される代わりに正統的な教えが残ることが示唆されている。[26]第五回公会議は、これら四つの公会議すべてを引用した後に、「公同の教会と前述の四つの公会議によって以前に非難されて呪われた者たちを、私たちも非難して呪うことを告白した」[27]。このことと同様に、東方でも西方でも、宗教改革前でも後でも、ローマ・カトリック教会や東方正教会はもちろんプロテスタント教会でも、教会では次から次へとアナテマが繰り返されている。アナテマを用いることに反対の現代人でさえも、耳障りな論争の声に対して、その反対の声をあげることによって論争を終わらせようとすることがしばしばあるだろう。

このような反対論があるにもかかわらず、これらの公会議とその後の集会や教会の信仰定式によって発せられた「アナテマ」という呪いの定式の祖先は、新約聖書に直接的にたどり着くことができる（福音の教えの真理を肯定的に告白すると、その結果、その反対の教えを非難することが必然になるのと同じである）[28]。「その者を呪う」（*ētō anathema* or *anathema estō*）は、パウロ書簡において、「主への愛がない者」[29]、つまり愛に欠けている者が誤りであり、愛に対する罪を犯している者に対してだけのことではなく、「あなたがたが受けたものに反する福音をあなたがたに対して説教している者」[30]、つまり教理に誤りがあり、信仰に対する罪を犯している者たちに対してのこと、という響きがある。新約聖書のその他の箇所でも、明白にこう警告している。「父と子を否定する者、これこそ反キリストである。子を否定する者は、父を持つことはない。子を告白する者は、父をも持つのである」[31]。使徒信条はその本文の中でいかなる異端にも触れることをしていないが、教会の聖なる生活においてはそのような含蓄を文脈の中で有している。なぜなら、使徒信条の宣言形式は、信条の質問形式が部分的に発展した結果だと考えられるため、受洗志願者は悪魔とその「虚飾」（pomp）を放棄することが要求されたからである。[32] テルトゥリアヌスの記述にその儀式の最古で原始的な証言が見られ、信条のことだけでなく、[33] 初期キリスト教の洗礼の教えと洗礼の実践を記してくれている。[34]「私たちが水の中に入ろうとするその直前に、会衆の前と司式者の手の下で、私たちは厳粛に悪魔とその虚飾とその使いとの断絶を公言する。そして私たちは水の中に浸され、主が福音書の中で命じたことよりもいくぶん多くの文言で誓約をする」（すなわち、洗礼の定式のことである）[35]。テルトゥリアヌスの他の箇所からも明らかなように、「悪魔とその虚飾とその使いとの断絶」というこの告白が、異教徒からキリスト教徒へと回心する者にとって、悪魔の放棄と誤った神々を刻んだり礼拝したりすることを拒否することなのである。テルトゥリアヌスはレトリックを用いて、「もし私たちが悪魔とその使いを刻むのなら、私たち

(24) *Eph 431* anath 1-12.
(25) *Chal* decr.
(26) *Cum occas* con; *Syl.*
(27) *CP II* act.
(28) Bauer-Arndt-Gingrich, 54. Syndogmaticon 1.5 を参照。
(29) 一コリ一六・二二。
(30) ガラ一・八―九。
(31) 一ヨハ二・二二―二三。
(32) Jürgens 1972, 1-2; 13・2「ケリュグマと洗礼的なシンボル」も参照。
(33) *Tert.*
(34) *Chr Trad* 1:163-66.
(35) Tertullian *The Chaplet, or De corona* 3（*ANF* 3:94）; マタ二八・一九。

はどのようにしてそれらを放棄したのだろうか」と尋ねている[36]。

しかしながら、「偽りの霊と悪魔の教え」といった言葉がすでに新約聖書の中にあることから明らかなように[37]、入会のサクラメントの儀式の一部としての洗礼志願者によって断絶された「悪魔とその虚飾とその使い」とは、単に教会外の異教の誤った神々への礼拝に駆り立てるような存在であるのみならず、うわべではキリスト者の仲間内にある誤った教えや「不敬なおしゃべりと偽って知識と呼ばれている反対論(*tēs pseudōnymou gnōseōs*)」に駆り立てる存在でもあるのである[38]。悪魔との断絶は、自分の時代のものだけでなく、過去も、現在も、将来のものも含めて、異端を非難することを意味する。また、洗礼の執行という文脈ゆえに、このような断絶や非難は、キリストご自身の洗礼命令「父と子と聖霊の名」[39]に基づく洗礼定式の意味そのものと、教会の三位一体の信仰告白そのものに違反している特定の異端に対して適用されているのは明らかである。使徒たちに対するキリストのこの言葉の中に、カイサリアのバシレイオスが議論したように、聖書には聖霊を「神」と呼んでいる箇所がないにもかかわらず、聖霊の神性の十全性をこう議論している。「聖霊は、子が父と共に語られるのとまったく同じ方法で、(神の子である)主と共に語られる。……洗礼の際に語られる言葉の等位性によれば、子に対する聖霊の関係は、父に対する子の関係と同じである。そしてもし聖霊が子と、子が父と等位であるならば、聖霊と父が等位であることも明らかである[40]」。信仰告白と非難の言葉が並んで置かれる構造もそうだが、このような異端を排斥する言葉の細部は、私たちがよく知っている定式でさえも定式ごとに異なっている。しかし、三位一体の信仰告白と、その背後にあるキリストご自身に由来する三位一体の洗礼定式は、洗礼における正統的な三位一体の信仰告白に反する者たちに対するアナテマを宣言する根拠と自ずとなった。

三二五年のニカイア信条がまさにそうである。まずは肯定的な言葉で概ね出発し、三位一体に関する教会の正統的な信仰、特に父と子との間の関係に関する信仰を告白している(しかし、すでに言及したように、聖霊に関しては同じような詳細な言葉は欠いている)。すでにこの肯定的な宣言の中に、神の子は「造られずに生まれ」ということを部分的に既定している信条の言葉があり、この言葉は、まず子が父の第一の被造物として造られ、次いで子を通して全被造物が造られたと考えるアレイオス派に対して向けられている言葉である。[41]ニカイア信条は続けて、アレイオス派や他の異端に帰される三位一体を含めた一連の誤りに言及していく。「『彼が存在しなかった時があった』とか、『彼が生まれる前は存在しなかった』とか、彼は存在しないものから生じたとか、別の実体もしくは本質から生じたとか、神の子は変化や変容を受けると主張する者たちを、公同の使徒的な教会は呪う[42]」。

すでに見てきたことだが、その後の公会議の事例として、この第一回公会議での信条で取られた方法が、初代教会におけるその後の多くの信条のパターンとなっていった。そしてこのパターンは、宗教改革期も含めて、初代教会以後の多くの時代において継続していった。少なくともこの点で、トリエント公会議の布告は、「誤りを暴き、否定することをせず、真理を宣言するだけでは不十分である」というように[43]、どの教派にも当てはまり、すべての時代に横断することを語っている。早くも一五二九年『マールブルク条項』には、ルター派とツヴィングリ派に共通する教えが、最初の一四箇条に定式化されている。最後の箇条では、主の晩餐の教えをめぐる両者

---

(36) Tertullian *On Idolatry* 6 (*ANF* 3:64); *ANF* の英訳で、傍点はオリジナルである。
(37) 一テモ四・一。Syndogmaticon 1.11 を参照。
(38) 一テモ六・二〇。
(39) マタ二八・一九。
(40) Basil of Caesarea *On the Holy Spirit* 17.43 (*NPNF*-II 8:27).
(41) ap. Athanasius *Discourses Against the Arians* 2.50 (*NPNF*-II 4:575).
(42) *N* anath. *Ar* を参照。
(43) *Trent* 13.1 con.

の違いが取り上げられているが、その語りは融和的である。[44] より成功を収め、永続性のある「一致の定式」は、一五四七年『チューリッヒ協定』であり、これはツヴィングリの後継者であるハインリヒ・ブリンガーと、ジャン・カルヴァンとの間で、同じ聖餐論の教えを扱った改革派内での一致事項である。両者をここで結び付けていると言われるのは、第一義的に論争があったからである。「教皇主義者たちの実体変化の作り話のみならず……、愚かな空想と価値のない屁理屈をこねる」ルター派の聖餐における字義通りの現臨に反対し、[45]「特に局所的な現臨というあらゆる考えを拒絶する必要」がある。[46] このことが、ツヴィングリ派の特徴である「象徴」（symbols）としての聖餐理解と、カルヴァンが傾倒していた恵みの「手段」（instruments）としてのいくぶん不徹底な見解との間の一致の定式となったのである。[47]

会衆派の一六五八年『サヴォイ宣言』のような非教理的な信仰告白でさえ、聖餐も含めたその教えに不同意の者たちと聖餐の食卓を共にすることへと拡張しているが、それにもかかわらず、その詳細や名前は示していないものの、「今の時代の共通の誤りや異端に対して反対を表明する」ことを示している。[48] 改革派では、一六一九年『ドルトレヒト信仰規準』の五条項はニカイア信条のパターンを踏襲し、肯定的な条項に次いで誤りの拒絶へと進み、以下のような肯定的な定式に否定的な定式をつなげている。「正統的教理を示してから、教会会議は誤りを教えている者たちの誤りを拒絶する……」。[49] もう一つのプロテスタントの主要な伝統であるルター派は、一五九二年『ザクセン訪問条項』で、まずは四つの再確認をしている条項、「主の晩餐の」「キリストの位格の」「聖なる洗礼の」「神の予定と永遠の聖定の」純粋で真実なルター派の教えを示した上で、上記四点の「カルヴァン主義者の誤った異端的な教え」を非難する論争的な四つの条項が続いている。[50] 半世紀以上が経った後、一六五五年『真のルター派信仰の共通認識の再宣言』では（ルター派教会全体としては公式な信仰告白として採用されることはなかったが）、八八の点を三つの部分に分割している。「真のルター派信仰」として示されている積極的な再確認事項、「ルター派」のレッテルを貼ってくる批判者たち（特にゲオルク・カリクストゥス）に反対を向けてい

る「私たちは拒絶する（*Reiicimus*）」という定式を用いたアナテマ、反対の立場の資料の引用である。(51)

似たような形式であるがその代わりになり得るものとして、二部構成の『アウグスブルク信仰告白』が挙げられる。第一部は二一条から構成され、ルター派の改革の教理的な教えが示され、そのほとんどが肯定的な言葉であるが、時折、「私たちは非難する（*damnamus*）」という言葉が現れる。(52) 第二部は様々な乱用に関することであり、そのほとんどが教理的な根拠があるものの実践的な乱用があるものに対してであり、宗教改革は「私たちの教会はカトリック教会に対して、信仰箇条に関する限りはいかなる異議も唱えていないが、新しいもので規範の意図に反して時代の誤りによって採用されたいくつかの乱用を取り除くためである」との抵抗を示している。(53) また、二〇世紀に、インドネシアの一九五一年『バタク・プロテスタント・キリスト教会信仰告白』の序文では、「ローマ・カトリック教会は……再びその翼を広げている。私たちの教理はカトリックの教えとは反対の立場である」と宣言しており、これは非キリスト教とキリスト教が隔たっているように他の多くの隔たりと同じもので

(44) *Marburg* 15.
(45) *Tig* 24.
(46) *Tig* 21. Syndogmaticon 10.6 を参照。
(47) *Tig* 12, 15.
(48) *Sav* pr.
(49) *Dort* 1-5; De Jong 1968.
(50) *Sax Vis* 1-4.
(51) *Cons rep.*
(52) Gensichen 1967.
(53) *Aug Lat* 22 int 1.

ある。他の続くほとんどの条項と同じく、この第一条項の中に、自分たちが信じていることが宣べられ、次いで「この教理によって、私たちは拒絶し、反対する……」と始まる段落が加えられている。[54] しかしながら、この肯定が先に来てアナテマが後に来るパターンが必ずしも普遍的なものではなく、アナテマが時折、最初に来る場合もある。例えば、初期のプロテスタントの信仰告白であるウルリッヒ・ツヴィングリの一五二三年『六七箇条』は、このような記述で始まる。「教会の承認がないと福音が無意味であると言う者は、誤りであり、神を中傷している」。その直後にこう宣言される。「それゆえ、別の教理を福音と同等もしくは高次と見なす者は、誤りであり、福音が何たるかを知らない」。[55]

7・2　直接・間接的非難

ニカイア・コンスタンティノポリス信条は、ニカイア信条のように異端に対するアナテマという結論を含んでいないものの、〔プラトンの著作に出てくる〕エウエノスが用いている用語「間接的非難（*parapsogoi*）」をいくつか含んでいる。[56] ニカイア・コンスタンティノポリス信条では暗に非難する言葉が用いられており、ロゴスが被造物であると教えるアレイオスに反対して神の子が「造られず生まれ」との宣言だけでなく、「彼の王国は終わることがないだろう」と福音書での天使ガブリエルの言葉の引用もそうである。[57] 一八三九年『ギリシア・ロシア正教会のキリスト教カテキズム』は、全教会的に共有されている恵みの王国と栄光の王国との間の区別を持ち出し、[58] ニカイア・コンスタンティノポリス信条のこの条項を、この王国が永遠であるがゆえに栄光の王国であると適用して読んでいる。[59] このような読み方は、ニカイア・コンスタンティノポリス信条の条項と矛盾するものではないが、元来の論争的な意図を見落とすことになる。[60] したがって、このような信条の中にある論争的な言及の消えかかった注釈を見つけることは、第一義的に歴史的な課題であるが、そうすることで信条や信仰告白に

不明瞭だったままのものに光を照らすことになるだろう。一九世紀以降、歴史神学は特にこの課題に励んできたのである。(61)

そのようなことは、場合によって、信条と信仰告白が意味することを明確にするために、有益なだけでなく絶対的に必要なことであるかもしれない。例えば、宗教改革の信仰告白が、ローマ・カトリック教会の反対者たちから、お前たちは古代の異端の再発だと繰り返し非難されたことに対し、古代の異端を名指しで非難するとともに、より最近現れた他の異端や同類のものを非難していることもそうである。(62)『ドルトレヒト信仰規準』が、例えば「ペラギウス派の誤りを地獄から呼び戻す」者を攻撃するため、「古代かつ新しい種々の誤り」を据えているように、これは一括してアナテマをしてしまう戦略なのである。(63)遠回しに、あるいはそれほど遠回しにではなく、ペラギウスのようなこれらの古代の誤りへの拒否は、時折、ローマ・カトリック教会の論敵たちをも含んでいた。例えば、『アウグスブルク信仰告白』は、原罪の教理の記述をしているところで、「ペラギウス派とそ

(54) *Bat* 1.
(55) *67 Art* 1, 5.
(56) Plato *Phaedrus* 267A (tr. Benjamin Jowett).
(57) *N-CP* 7; ルカ一・三三。
(58) 例えば、*West Sh Cat* 102 や Syndogmaticon 7.2 を参照。
(59) *Russ Cat* 236-37.
(60) 5・4「聖書解釈の信仰告白的な基準」を参照。
(61) 17・3「近現代における信条または信仰告白の学問的開花」を参照。
(62) 16・3「宗教改革の信仰告白におけるカトリックの本質とプロテスタントの原理」を参照。
(63) *Dort* pr, 2.2.3.

の他の者たち」を非難している。[64] ここでの「その他の者たち」とは、ツヴィングリも含まれるかもしれないが、主としてこの語は中世のスコラ主義者たちのことを指していると思われ、人間の意志でできる限りのことをする者たちに対して神は恵みを否定することはないと教える傾向を持っている者たちを、ルター派も改革派もその信仰告白で絶えずペラギウス主義だと非難していたのである。『アウグスブルク信仰告白』の公式な注解である『和協信条』では、その他の者たちの中で、中世のスコラ学者たちを指して「半ペラギウス主義の教義の誤り」を特定し、詳細に説明をしている。[65] 罪と堕罪の教理の中で、『第二スイス信仰告白』は、歴史的な解釈を提供していないものの、「ペラギウスとすべてのペラギウス派、およびヨウィニアヌス派」と同列に特定している。しかし、神がアダムを堕落させた原因であるかについて、最近の名もなき神学者の憶測を「興味本位の問い」として否定もしていて、こう但し書きを加えている。「教会の信心深い教師たちがしばしば行ってきたように、異端の邪悪や無作法な他の者たちが私たちに神の言葉から説明することを強いるならば話は別であるが」[66]。最後の章では、古いものと新しいものも一緒に様々な誤りを、同様の方法だがいくぶん新しい方法で結び付け、「アレイオスとアレイオス派の不敬虔な教理……特にスペイン人のミカエル・セルヴェトゥスとその追従者たちによって、いわば地獄から沸き上がってきた冒瀆」という名前を出してアナテマを宣告している。[67] 同様に、『フランス信仰告白』は「主イエスに対して空想的な神性を帰すセルヴェトゥスの邪悪な表現」を攻撃している。[68] 古代のアナテマの再宣言と新しいアナテマの定式化は手を取り合っているのである。一五六〇年『スコットランド信仰告白』は、実体変化と犠牲としてのミサの定義の両方に言及し、他の宗教改革の信仰告白を代弁し、次のように結んでいる。「この教理はキリスト・イエスに対する冒瀆であり、聖なる者となるようにされたすべての者たちを清めた十字架での一度限りの、その十分な彼の唯一の犠牲を奪うことになるだろう。私たちはそれを嫌悪し、放棄する」[69]。また、単に実体変化だけでなく、犠牲としてのミサの定義と現臨の教理を結び付けることに対し、宗教改革の信仰告白では特に激しいアナテマと論争の事例となり、論争的な神学著作の中よりもカテキズムの中で取り上げられ、『ハイデルベルク信仰問答』の後の版では「主の晩餐と教皇ミサとの間の違いは何か」という問いが取り上げられた。その答えはこうである。「ミサでは、生きている者と死んだ者も、キリストが日々、司祭によって彼らのために献げられることなしに、キリストの苦難による罪の赦しが与えられることはなく、キリストがパンとぶどう酒の形態の下にあるので、それらが礼拝されるべきである、ということを教えている。それゆえ、ミサはイエス・キリストの一回限りの犠牲と受難を根本的に否定するものであり、非難されるべき偶像礼拝である」[70]。この問八〇とその答えは一五六三年『ハイデルベルク信仰問答』の初版には含まれていないが、トリエント公会議の実体変化とミサの犠牲の布告（一五六三年一二月三―四日の最後の第二五会期が終わるまでは、まとめられて出版されなかった）に反論する補足として後の版に入れられたものである[71]。また、「トリエント公会議でなされた誤った血なまぐさい布告」に対して向けられ、「五つの不法なサクラメント」や「一連の冒瀆的な典礼」を含めた公会議後に次々と出される布告を拒絶している一五八一年『国王の信仰告白』は、「私たちは教理と宗教に反するすべてを嫌い、憎む」ことを説明しようとし[72]、従来の一五六〇年『（第一）スコットランド信仰告白』

(64) *Aug* 2.3; 傍点は著者による。
(65) *Form Conc Epit* 2.2.3.
(66) *Helv II* 8.7, 8.10. Syndogmaticon 1.11 を参照。
(67) *Helv II* 11.3.
(68) *Gall* 14.
(69) *Scot I* 22.
(70) *Heid* 80. 問 80 の詳細研究と弁護については Beyer 1965 を参照。
(71) *Trent* 13.4. Syndogmaticon 10.9 を参照。
(72) *Scot II*.

を強化しようとして論争的な補足を加えているものである。トリエント公会議よりもかなり前に、ルターの一五三七年『シュマルカルデン条項』は（最終的には一五八〇年『一致信条書』の一部に入れられた）、ミサを「最大にして最もひどい嫌悪を覚えるもの」として、また、「害虫の品種や多種の偶像礼拝の毒をもたらす」「竜の尾」として非難している。[73] ほぼ同時期に、『ジュネーヴ信仰告白』は「教皇ミサは……聖なる食卓の神秘を腐敗させている堕落した邪悪な儀式であり……、私たちにとって神によって非難されるひどい偶像礼拝である」と呼んでいる。[74] それ以前に、長文である一五二四年『アンスバッハの福音的勧告』は、ミサを犠牲として定義することは、唯一の真の大祭司であるキリストの犠牲に対する侮辱であるとしている。[75]

7・3　一致の道具としての信条と信仰告白

信条や信仰告白はしばしば論争やアナテマを起源とし、さらなる論争の機会をなおも繰り返すことはあるものの、たびたび一致の道具となることに成功してきたことも思い起こすべきだろう。特に近代においてはこのような一致の数も範囲も急速に広がっている。例えば、およそ一五〇〇頁から成る二巻本『協定の拡大』（*Growth in Agreement*）のテキストは、二〇世紀後半に書かれたものである。[76] この二巻本には、同時代や二〇世紀前半の教派間にまたがった信仰告白が含まれているのではなく、教派内でなされた信仰告白群からの一致や協定が含まれているのでもなく、[77] 二〇世紀初頭の教派や大陸間を超えた合同を提案した信仰告白が含まれているわけでもない。[78] そうではなく、この章のタイトルともなっている一五七七年『和協信条』のサブタイトルからの信仰告白をもって始めている。「『アウグスブルク信仰告白』のいくつかの条項をめぐって神学者たちの意見の相違がある時期があったが、この信仰告白の徹底的な、純粋な、正しい、最終的な再宣言と説明」。[79]『和協信条』の第七、八、一一条項において、「『アウグスブルク信仰告白』をめぐって神学者たちの間で論争になっている箇条だけ、主の晩餐、キリストの位格、予定の三つの教理について展開している。これらをめぐる意見の相違は、「変更不可」である『アウグスブルク信仰告白』を受け継いでいるルター派の中の内輪の論争が主たるものではなく、ルターとツヴィングリとの間ですでに始められ、宗教改革の二つの伝統であるルター派と改革派との間の論争の方であった。それゆえに、『和協信条』には、一五三六年にルターとマルティン・ブツァーの両者が受け入れた『ヴィッテンベルク一致』の聖餐の教理における融和的な宣言も含まれている。(82) しかし『和協信条』の本体部分は、ルター派神学者の様々な派閥間の論争に終始し、一致のための表現と手段を前面に出している。例えば、原罪と自由意志の教理について、またそれらに続く論争中の教理について、根本的に神学が違うのか、それとも単に専門用語が違うだけなのかを鋭く区別するために「論争の状況」を正確に示し、対立する両派閥それぞれの事情を考慮に入れた上で、相違を和解するために、対立を乗り越えていくことができる言葉を、常にではないかもしれ

(80) 半世紀の間になされたプロテスタント主義の教理論争のすべてを扱うのではなく、主(81)

---

(73) *Smal Art* 2.2.1, 11.
(74) *Genv Con* 16.
(75) *Ans* 10.82.
(76) 「編纂書、集成書、参考書」を参照。
(77) *Pres Un* (Presbyterian) 1906; *Un Ref Ch* (Reformed) 1972, 1981, 1997; *Morav Am* (Moravian) 1995.
(78) *Un Ch Can: Union* 1925; *Un Ch Japan* 1954; *Sri Lanka* 1963; *Ghana* 1965; *Zambia* 1965.
(79) *Form Conc* pr.
(80) *Form Conc Sol Dec* 7.1; 傍点は著者による。
(81) 9・4「法令の追従としての信仰告白への同意」を参照。
(82) *Form Conc Sol Dec* 7.12-16; *Witt Conc* 1-3.

ないが頻繁に聖書と伝統の中から見つけて提案していこうとしているのである。[83]『和協信条』は「徹底的な、純粋な、正しい、最終的な再宣言と説明」を提供することを目指すものであったが、続く数世紀の神学論争の歴史は、ルター派内部でさえ、ある意味では「最終的な」ではなく「徹底的な」結果になったと言える。

宗教改革後の時代からの別の事例として、一六三二年『ドルトレヒトのメノナイト信仰告白』は、メノナイトのフラマン人の古くからの会衆と比較的若い会衆とを結びつけ、メノナイトの伝統を受け継ぐほとんどの信徒たちにとって、最終的に一致の定式となった。「この場所で今や結び合わされた会衆としての私たちのこの要求の名とその目的のために」語っているこの信仰告白は、[84]その設立以降、メノナイトの共同体内で対立してきたことを描き出している。信仰者たちの間で平和と一致が求められている聖書の一連の箇所を引用し、この信仰告白はこのように認識している。「私たちは（これらの箇所から）外れてしまい、そうすることで平和の道を失ってしまったことを見出した」。これを正すために、この信仰告白は「私たちと信仰、教理、実践において一つである散らされた羊たちと共に（私たちはその中で最も小さなものではなかったのだが）、平和のうちに生き、歩くために、また互いに愛し合うために」という解決策を表明している。この信仰告白によれば、和解への道は、「以前の誤り、間違い、悪い行い、制約のすべてを相互に完全に赦し、解放し、無罪にする」ことである。[85]この信仰告白の第一条では、それゆえ、こう宣言している。「私たちは口で告白し、心で信じる。[86]聖書に従って、すべての敬虔な男女と共に」。[87]三位一体についての正統的でカトリック的な伝統の本質を再確言し、「私たちは彼が生ける神の子であるとすべての聖徒たちと共に告白する」[88]というキリストについての宣言をした後に、この信仰告白は再洗礼派とカトリックの正統的な伝統との間で論争となっているいくつかの教えを取り上げるが、再洗礼派の内輪で論争されていること、例えば、「選ばれた世代間でキリストの霊的な血縁関係にある者たちの間で結婚する（その他の者とはしない）[89]」という義務や、「洗礼、主の晩餐、教会員であること、いかなる外面的な儀式[90]」をも信頼しないという義務に関しては取り上げられていない。それゆえ、『ドルトレヒト信仰告白』では、主の晩餐の教理に関しては「私たちが神や相互間で持つ一致と交わり、パンを裂くことによって表され示される一致」ということを強調している。[91]

しかし、信条と信仰告白のキリスト教史において、すべての時代にわたる古典的な一致の定式のモデルは四五一年『カルケドン公会議の信仰定式』であり、特に「混同されず、変化されず、分割されず、分離されない二つの本性を認める（*en duo physesin asynchytōs, atreptōs, adiairetōs, achōristōs gnōrizomenon*）」というイエス・キリストの一つの位格の告白がそうである。[92] 否定の接頭辞であるアルファを伴うギリシア語の副詞によって表現されているこれら四つの述語はすべて、非常に論争的な一面を持つ。この信条が直後のところですぐ説明しているように、「混同されず、変化されず」という最初の二つの語によって、「結合を通して二つの本性の違いが取り除かれることはなかった」ということが主張されている。[93] これは「単性論」（Monophysitism; *monē*: 単一、*physis*: 本性）というキ

（83） Schlink 1961, 41-52; Spitz and Lohff 1977, 38-57.
（84） *Dordrecht* con.
（85） *Dordrecht* pr.
（86） ロマ一〇・一〇。
（87） *Dordrecht* 1; 傍点は著者による。
（88） マタ一六・一六に言及している *Dordrecht* 4; 傍点は著者による。
（89） *Dordrecht* 12.
（90） *Dordrecht* 6.
（91） *Dordrecht* 10.
（92） *Chal* 17-18; Grillmeier and Bacht 1951-54, 1:389-418.
（93） *Chal* 19.

リスト論的な傾向に対して向けられているものであり、神・人の位格の統合を強調するあまり、受肉後の神性と人性との間の区別が曖昧になってしまい、それゆえ、受肉と結合後は二つの本性ではなく、「受肉したロゴスの神人（theanthropic; divine-human）の一性」を教えることになってしまうことに対する非難である。[94]しかし、「分割されず、分離されない」という三番目と四番目の言葉を、「混同されず、変化されず」という一番目と二番目の言葉と、区別しながらも明確に結び付けることによって、この信条は「両性の特質は保たれ、一つの位格と一つの固有の存在のうちに統合している」ということを舌の根の乾かないうちに主張しようとしているのである。[95]これと対極にあるのが、『エフェソ公会議の定式』によって二〇年前に非難されたネストリオスのキリスト論である。[96]人性と神性の永続的な区別を鋭く強調するあまり、一人の主イエス・キリストの「一つの位格と一つの固有の存在」の統合が危うくされている。それゆえ、これら二つ（もしくはそれ以上）のキリスト論の衝突の光に照らして読むならば、[97]四五一年のカルケドンにおける第四回公会議の定式にはアナテマが、もしくはむしろ対になっているアナテマが示されており、その二番目のものは四三一年のエフェソにおける第三回公会議を強化したものであり、その一番目のものはコンスタンティノポリスにおける五五三年の第五回と六八〇―八一年の第六回公会議で繰り返されたアナテマを予期するものであり、それら公会議では、公正であるかは別にして、単性論（Monophysitism）を改変・拡張した単意論（Monothelitism; 受肉したロゴスにおける単一の意志［*thelēma*］の教理）や単行論（Monenergism; 受肉したロゴスにおける行動［*energeia*］が単一の中心を持つという教理）の教えが非難されている。だからこそカルケドン公会議はこの両方のキリスト論に対して「反対する」「反対の立場に立つ」「排斥する」「呪う」と宣言したのである。[98]

『カルケドン公会議の信仰定式』は、使徒的なアナテマを継承する立場に立っているものの、同時に一致の定式となることを意図している。[99]というのも、決して唯一無二のものというわけではないが『カルケドン公会議の信仰定式』の構造が、二つ（またはいくつか）の選択肢の双方とも正しいと見なされるが、それは部分的な認識であり、それゆえ教理の包括的な宣言を提唱していて（つまり反対の教理への否定だけをしているのではない）、双方を越えて弁証法的な真理へと向かうものになっているという点である。キリスト論は、キリスト教教理の中でも、独特の逆説的なものであるだけでなく、独特の弁証法的なものでもあると議論され得る。この事例に最も当てはまるのが、罪の教理と神の像における創造の教理との間の弁証法であり、これがプロテスタントの信仰告白で注目されるようになったのは、アウグスティヌスの原罪の教理を宗教改革が新たに強調したために反対者たちからマニ教に傾いていると非難されたためであり[100]、どちらの方向にこの弁証法が弱められたとしても、キリスト論が歪められてしまうのである。『カルケドン公会議の信仰定式』の構成は、一つのヒュポスタシスないし位格と並んで、二つの本性を同時に肯定することを通して、一致を達成することを目的にしている。両者ともに正しいと認められるが、両極端なものは間違っているとされる。全体の文脈を弁証法的に肯定している場合に限って、それぞれが好んでいる定式を埋め込むことが許される。コンスタンティノポリスで五五三年と六八〇―六八一年にかけて行われた第五回公会議と第六回公会議の前後の論争からも明らかなように、カルケドンの目論見は、さしあたって短期間としては失敗に終わった[101]。少なくとも、一九九六年一二月のローマ・カトリッ

（94）*Ecth.*
（95）*Chal* 20-21.
（96）*Eph 431* anath.
（97）*Chr Trad* 1:226-77, 2:37-90.
（98）*Chal* decr.
（99）Sellers 1940, 202-57.
（100）*Helv I* 7-8; *Form Conc Epit* 1.1.
（101）*Edict*; *Ecth.*

ク教会とアルメニア使徒教会との『共同宣言』[102]、また、一九九四年一一月の『カトリック教会とアッシリア東方教会との間のキリスト論共同宣言』[103]といった二〇世紀の一致の定式に至るまで、カルケドンの用語が使われなかったことからその失敗は明らかであり、論敵から「単性論」(Monophysite)とレッテルを貼られた東方諸教会(Oriental Orthodox churches)や、別個の教会的な存在として歩み、「ネストリオス派」(Nestorian)のレッテルを貼られたアッシリア東方教会の歴史に示されている通りである。しかし、西方教会とほとんどの東方教会で一五世紀間にわたって共通の信仰宣言であったことは、長い目で見れば『カルケドン公会議の信仰定式』が一致の定式としての機能を果たしてきたと言え[104]、少なくとも現代的な攻撃にさらされるまではそうだったのである[105]。

しかしながら、もっと深く、それ以前とそれ以後の歴史の両方の光の下で『カルケドン公会議の信仰定式』を考察することは、信条がどのように一致の定式の機能を果たしてきたか(また「受容」されてきたか)[106]を示すことになる。ラテン語で境界を意味するのは *finis* である(de-fine というのは境界を据えるという意味)。それゆえ、信仰と教理の定義としての信条は、一つの意味としては、境界の外にいる者から境界の中にいる者を区別するための線である。ニカイア信条が「これらを公同の使徒的教会は呪う」と宣言している通りである[107]。しかし、『カルケドン公会議の信仰定式』が描いているのは、砂の中の直線よりも円である。現在に至るまでの「カルケドン派」(Chalcedonian)と「非カルケドン派」(non-Chalcedonian)との間の分離のように、内側と外側の者たちがやはりいるのである。しかしこの公会議で議論がなされていた時にも、このカルケドン派の輪の中に、キリストの位格に関する伝統的な「アンティオキア学派」(Antiochean)の強調点を見る余地もまた残されていた。つまり、キリストの人性が受肉によって損なわれないまま保たれ(もしそうなってしまうとキリストの完全な人間性が損なわれてしまう)、「罪を除いては、私たちとあらゆる点で同じ誘惑に遭われた」[108]キリストの人性と人間との結びつきが守られる、という強調点を共有していたのである。それと同時に、「アレクサンドリア学派」(Alexandrian)の強調点を見る余地もまた残されており、彼らは、分離という区別を執拗に誇張しようとする傾向に対して、受肉のロゴスの統一性、つまり、彼の人性だけでなく、彼において「神性に参与する」すべての信仰者たちの人間の本性をも高めることを守ろうとしたのであり、[109] それが *theōsis* もしくは「神化」(deification) としての救いという東方の特徴的な定義となっていった。[110]『カルケドン公会議の信仰定式』は、両学派がその輪の権威を認め、カルケドン的なこの輪の中でのみ懸念事項を追求していくことを条件としたものである。このことは、カルケドン以降のキリスト論の歴史のほとんどにおいて、まさにやってきたことである。例えば、東方では『メトロファネス・クリトプロスの信仰告白』の定式が共通理解となっている。[111] 西方では、昇天後のキリストの人性と体の遍在性を否定する改革派も、肯定するルター派も、カルケドンが立脚したその場に立ち、その権威とその言葉そのもので、自分たちの主張をすることができたのである。改革派のいくつかの信仰告白では、そのまま『カルケドン公会議の信仰定式』の副詞を引用している。[112] また、『和協信条』の「根本宣言」は「カルケドン公会議前後の古代

(102) *Com Dec 3.*
(103) *Chr Dec 2.*
(104) Gregorios, Lazareth, and Nissiotis 1981 を参照。
(105) 17・1「近代意識による信条への不信感」を参照。
(106) 9・2「批准としての信条、教会会議、信仰告白の受容」を参照。
(107) *N* anath.
(108) ヘブ四・一五。
(109) 二ペト一・四。
(110) *CP 1341* 26, 19; *Jer II* 1.10. Syndogmaticon 8.2 を参照。
(111) *Metr Crit* 17.7.
(112) *Fid rat* 1; *West* 8.2; *Wald* 13; *Sav* 8.2.

の教会の教師たち」から引用し、『一致信条書』の付録である「証言集」(Catalog of Testimonies) と題される一連の教父テキストでは、カルケドン派全体の信条が繰り返されている。[113]

7・4　一致の聖霊と一致のサクラメント——二つの歴史的な皮肉の事例

先に言及したように、ニカイア信条とニカイア・コンスタンティノポリス信条のホモウシオスが、大きな不一致と論争の定式になったことは確かである。[114][115][116]同様に、二〇世紀のエキュメニカルな信仰告白も「恵みのみ（*sola gratia*）という表現は……大きな論争のテーマとなってきた」と認めている。[117]宗教改革の信仰告白の信仰のみ（*sola fide*）にも同じことが当てはまる。一五三〇年『四都市信仰告白』は論争的な対比を記述している。「義認は神の善き意志とキリストの功績に帰されるべきで、信仰によってのみ受け取るのである」。[118]『第二スイス信仰告白』は「それゆえ、私たちは使徒と共に、キリストの信仰によってのみ（*sola fide in Christum*）罪ある人間が義とされると教え、信じる」と主張している。[119]『アウグスブルク信仰告白弁証』は、ルターがローマの信徒への手紙第三章二八節のドイツ語訳に挿入した「のみ（*allein durch den Glauben*）」という言葉が聖書テキストへの不当な付加だという批判を、憤然と否定している。[120]一五三五年『（第一）ボヘミア信仰告白』でも他のプロテスタントの信仰告白と共に、「人は、いかなる努力、価値、働きなしに、イエス・キリストにおける信仰と信頼によってのみ、神の前に義とされる」と宣言している。[121]また、『ウェストミンスター信仰告白』は、信仰を「唯一の義認の手段」と呼んでいる。[122]この信仰のみによる義認の教理に反応し、トリエント公会議の布告は信仰のみ（*sola fide*）を非難している。[123]

しかしながら、皮肉なことに、信条と信仰告白の歴史において目につく「不一致の定式」（formula of disconcord）の最有力候補は、新約聖書に「平和の絆において霊の一致を保つように」という勧めがあり、[124]また、元来は一致のための主要なサクラメントとして意図されていた聖餐の教理があることから、[125] これら二つであると思われるが、実はそうではなく、聖霊の教理こそがそうなのである。

「また聖霊を（私は信じます）……聖霊は父と子から発出し（*qui ex Patre Filioque procedit*）」[126]。ニカイア・コンスタンティノポリス信条のテキストへの西方のフィリオクエ（Filioque）の付加ほど、長きにわたるキリスト教史で、不一致の定式となった信条や信仰告白はない[127]。この論争におけるすべての立場の信仰告白は、少なくとも原則として、「あらゆる言語や言葉を尽くしても、神的な事柄に適切な定義を与えることは不十分となる」ことを認

（113） *Form Conc Sol Dec* 8.18; *BLK* 1105-6.
（114） *N* 2.
（115） *N-CP* 2.
（116） Prestige 1956, 197-218.
（117） *F & O Edin* 6.
（118） *Tetrapol* 3; 傍点は著者による。*Heid* 61 も参照。
（119） *Helv II* 15.4; *Gall* 20 も参照。
（120） *Apol Aug* 4.73-74.
（121） *Boh I* 6.10.
（122） *West* 11.2.
（123） *Trent* 6.7-8; しかし *LuRC Just* 25-27 も参照。
（124） エフェ四・三。
（125） 一コリ一〇・一六—一七。
（126） *N-CP Occ* 8. Syndogmaticon 8.6 を参照。
（127） Oberdorfer 2001.

めている。[128] 上述のホモウシオス（*homoousios*）や信仰のみ（*sola fide*）の激しい論争と比べてみても、フィリオクエは一〇〇〇年にもわたるものであり、そして今もなお、東方と西方のキリスト教界の主要な教義の分裂点となり続けているのである。同時に、ルター派、カルヴァン派、英国教会という古プロテスタントのほとんどの信仰告白にまたがって、またカトリックとの垣根を超えて共通となったこのフィリオクエという不一致の定式は、[129] 皮肉なことに最も大きなインパクトのある一致の定式となったのである。なぜなら、東方正教会に対する西方教会のあらゆる教派で共有される信仰告白の教えとなったからである。

ニカイア・コンスタンティノポリス信条の（西方の付加がなされる前の）元来のテキストの言葉遣いでは、「聖霊は……父から発出し（*to pneuma to hagion ... to ek tou patros ekporeuomenon*）」であり、[130] そのほとんどが逐語的にヨハネによる福音書から取られたものであり（ただしギリシア語の関係節を分詞に置き換えており、英語では関係節として訳されている）、そこではイエスが「父から発出する真理の霊（*to pneuma tēs alētheias ho para tou patros ekporeuetai*）」と語っている。しかし、この福音書の言葉はもっと長い文脈の中にあり、その前半部分でイエスは聖霊を「父からあなたたちに私が送る弁護者（*ho paraklētos hon egō pempsō hymin para tou patros*）」とも表現している。[131] さらに、同じ福音書の前の章で、イエスは「父が私の名において送るだろう弁護者なる聖霊（*ho de paraklētos, to pneuma to hagion ho pempsei ho patēr en tōi onomati mou*）」と語っている。[132] それゆえ、この福音書の言語に立脚すると、聖霊の「発出（*ekporeusthai*）」は父からであるが、聖霊を「送ること（*pempein*）」は父から子によって、あるいは子の名において父によってなされる。福音書のこの言葉の東方の読み方に従えば（また、福音書に由来する信条の言語では）、この「発出」は時間を超えた永遠における聖なる三位一体の内なる生の神秘に言及しているのである。このことは、専門的な区分としては、『メトロファネス・クリトプロスの信仰告白』で、「神の経綸（*oikonomia*）の神学」や歴史的配剤の部分であるよりもむしろ「神の唯一の本質の知識」として定義される「純粋神学」（*haplē theologia*）に属する部分である。[133] 子は「神から唯一生まれた子であり、すべての時代に先立って父より生まれ……造られず生まれ」とされ[134]、聖霊は同様に父からの永遠の「発出」である[135]。それゆえ、三位一体の単一の神的「本質（*ousia*）」の中で、子の位格もしくはヒュポスタシスは父から永遠に生まれたものであり、聖霊のヒュポスタシスは父から永遠に発出されたものであって「二つの起因（*dyo aitiai*）」なのではない[136]。

しかし聖霊を「送ること」は、「聖霊と処女マリアから」の子の受肉と同様[137]、福音書が「あなたたちのために」と言っている通りである（専門用語では、「純粋神学」や存在論の一部であるよりはむしろ、「神の経綸の神学」の一部である「経綸的」ということである[138]）。救済の歴史は時間と人間の歴史の中で起こったことであり、それゆえ東方は「聖霊のこの降下（*epiphoitēsis*）[139]が父からと子からの両方であることを告白すべきでない理由など何もない」ということを認めている。しかし東方においては、ニカイア・コンスタンティノポリス信条の「聖霊は父

(128) *Metr Crit* 1.6. Syndogmaticon 1.3 を参照。
(129) 16・3「宗教改革の信仰告白におけるカトリックの本質とプロテスタントの原理」を参照。
(130) *N-CP* 8.
(131) ヨハ一五・二六、傍点は著者による。
(132) ヨハ一四・二六。
(133) *Metr Crit* 1.2.
(134) *N-CP* 2.
(135) *N-CP* 8.
(136) *Phot* 9.
(137) *N-CP* 3.
(138) *LTK* 4:1119 (Josef Schmid).
(139) *Metr Crit* 1.7; 傍点は著者による。

から発出し」というこの特定の文で告白されているのはそのことではないのである。コンスタンティノポリスの総主教フォティオスから西方に対する八六七年『回勅』では、西方のある神学者たちが「聖霊が父だけからでなく子からもまた発出するという新奇な挿入をした（*kainologēsantes*）」ということを、「聖霊（もしくは三位一体全体）に対する冒瀆」として、また「悪の頂点にあるべきもの」として、報告している。フィリオクエのような神学を受容するかどうかということは置いておいたとしても、西方がこのような付加によって「神聖なる信条に……粗悪な考えを混ぜた言葉を挿入してしまった」と猛烈に非難するのである。[140] 総主教ミカエル・ケルラリオスが議長となって行われたコンスタンティノポリス教会会議による一〇五四年『非難』は、「彼らはこの記述を福音書記者から得ているわけでもないし、この冒瀆的な教義が公会議に由来しているわけでもない」という理由からフィリオクエを拒絶し、元来の信条を促進させていった。[141] フィリオクエは東方と西方との間の次なるすべての戦いにおいて、不一致の定式となった。『西方ラテンによるフィリオクエのいわゆる「教義化」』と呼ばれている一二七四年『第二リヨン公会議信仰告白』の中で、[142]「聖霊が父と子から永遠に発出したと否定する者」と「聖霊が一つではなく二つの原理としての父と子から発出したと主張する」者の両方にアナテマが宣告されている。[143] フィリオクエは『ゲンナディオス二世の信仰告白』における中心点であり、それは三位一体の教理に対する一神教のイスラム教徒からの批判を和らげるという理由からであった。[144] 一六二五年『メトロファネス・クリトプロスの信仰告白』にもおよそ五分の一を占めている。[145] また、一八三八年『ラテン革新に反対する回勅』の中で、コンスタンティノポリスの教会会議はなおも西方の「新奇性」（novelties）に対する非難を筆頭に挙げている。[146] 宗教改革よりも一世紀前に、一四三九年フィレンツェ公会議で、「父から子を通して（*ex Patre per Filium*）」という定式が西方によって提案され、妥協として東方の代表団のほとんどによって一時的に受け入れられた。[147] フィリオクエが第一ヴァチカン公会議をきっかけに再浮上し、古カトリック教会と東方正教会と聖公会との間で結ばれた一八七五年『フィリオクエ論争に関するボンでの古カトリック協定』では、「信条に対するフィリオクエの付加は教会的な世紀の手続きでなされなかった」ものの、「聖霊は父から子を通して発出した」と告白している。[148] しかし、フィレンツェ公会議でのこの定式は、時折、言及されることはあっても受け入れられることはなく、東方と西方で普及することはなかった。[149] そして、プロテスタント改革が勃発して教皇制が批判を浴びて注目されるようになった時には、フィリオクエは三位一体の教義の一部として、西方の信条テキストの中にしっかりと取り入れられていた。プロテスタントの信仰告白は、ほぼ例外なく、東方と西方との論争に言及することさえなく、この教理が正統であると繰り返しているのである。[150]

一九世紀のプロテスタント主義では三位一体の教理の位置付けが曖昧だったため、フィリオクエのような難解に思える問いに対する関心が失われてしまった。[151] しかし、エキュメニカル運動によってもたらされた東方正教

(140) *Phot* 33, 8.
(141) *CP 1054* 4.
(142) Haugh 1975, 14.
(143) *Lyons* anath.
(144) Zēzēs 1980, 460-67.
(145) *Metr Crit* 1.
(146) *CP 1838* 1; *Resp Pius IX* 5.
(147) *Flor Un.*
(148) *Bonn II* 1.3, 2.3. *Cologne* 3 も参照。
(149) フィレンツェ公会議については、9・2「批准としての信条、教会会議、信仰告白の受容」を参照。
(150) 16・3「宗教改革の信仰告白におけるカトリックの本質とプロテスタントの原理」を参照。
(151) Welch 1952 ではこのプロセスの概観を分析している。

会とローマ・カトリック教会だけでなく聖公会やプロテスタント教会も含めた神学的交流の刷新の始まりが逆方向へと動き出すことになり、東方と西方を分割したすべての問題の中で、なぜこの難解な問題が最大の分割の問題となったのか、その理由を明らかにしたのである。そして西方神学で三位一体の教理の関心が復活し、議題にもう一度上がってきた。エキュメニカルな問題として、再び信条的な問題となったのであり、一致の定式の可能性として「三つのエキュメニカルな信条」の問題となった。しかしこれらのうちの二つは、フィリオクエの問題を避けて通ることができなかった。「西方修正版」のニカイア・コンスタンティノポリス信条だけでなく、アレクサンドリアの教父アタナシオスの名を冠するラテン語で書かれた西方の信仰告白の中にも、こう告白されている。「聖霊は父と子から発出する（*a Patre et Filio*）」[152]。そして、エキュメニカルの流れの中で両教派（あるいは全教派）の三位一体論や教会論に関わる問題のより深い理解が進んだにもかかわらず、これら「エキュメニカルな信条」は不一致の定式となり続けたのである[153]。

似たような歴史的皮肉が、「救い主が彼の教会に調和と愛のシンボルとして残し、すべてのキリスト者が相互に結びついて調和するように彼が願い……調和のしるし、愛の絆、一致のシンボルであるサクラメント」の教理を悩ませ続け、『トリエント公会議の布告』が示しているように、今や不一致の定式であり「忌まわしい分裂」の定式となってしまっている[154]。パウロのコリントの信徒への手紙一や最初期の説明も含めた私たちが持ち合わせている聖餐の最初期の考えによると、聖餐の役割と効果がこのように記述されている。「私たちが賛美する賛美の杯は、キリストの血に参与すること（あるいは、交わること）ではないか。私たちが裂くパンは、キリストの体に参与すること（あるいは、交わること）ではないか。一つのかたまりであるのだから、私たちは多くても一つの体であり、私たちすべては一つのかたまりに共に与っているのである[155]」。この節を引用して、『ウェストミンスター信仰告白』は他のすべての信仰告白を代弁し、「真の信仰者たち」のために、主の晩餐はキリストによって「彼の霊的な体の一員として、彼との交わり、また相互の交わりの絆と保証」となるように制定されたと宣言している。[156] ところが、同じ新約聖書の記述なのに、『ハイデルベルク信仰問答』の第二版と第三版では、トリエント公会議に対する論争的な攻撃のための証拠聖句の機能として使われているのである。「ミサは根本的にイエス・キリストの一回限りの犠牲と受難を完全に否定してしまうものであり、そのような偶像礼拝は非難されるべきものである」。[157] さらには、コリントの信徒への手紙一それ自体の中にすでに、「私はあなたがたの間で分裂があると聞いている」とのパウロの不平から痛みがあることが明らかになり、また、「あなたがたが共に会う時に、あなたがたが食べているのは主の晩餐ではない」との彼の非難から、[158] コリントの集会のメンバーが主の晩餐における一致のサクラメントからほど遠く、かえってあらゆる種の争い、分派的精神、激しい不一致の時として主の晩餐を取り扱っていたことが明らかになるのである。

この皮肉の根底には、根本的な堂々巡りが存在している。キリストの体と血を共有することは、教会における信仰者たちの間で信仰と愛を養って深めることだけでなく、信仰と愛における一致が存在していることをも想定している。この信仰における一致は、教理と信仰告白における一致を必要とし、さらには聖餐におけるキリストの体と血の現臨についての教理の信仰告白における一致も必要としているのだろうか。コリントの信徒への手紙

(152) *Ath* 23; 15・1「カトリック教会の信条また会議の伝統の西方教会の受容」を参照。
(153) Vischer 1981.
(154) *Trent* 13.1.int, 13.1.8.
(155) 一コリ一〇・一六—一七（RSV）、別訳「交わること」はRSVの訳者からのものである。Syndogmaticon 10.8 を参照。
(156) *West* 29.1; *Dordrecht* 10.
(157) *Heid* 80; *Gall* 37.
(158) 一コリ一一・一八、二〇。

一が「体をわきまえずに飲み食いする者は、彼自身への裁きを飲み食いしている」という警告を発する時、[159]この「わきまえる」はルター派の『和協信条』では「パンとぶどう酒によって、キリストの体と血は、信仰によって霊的にだけではなく、口頭によっても与る」ということを証明するものであり、またそれゆえ「真の信仰者やふさわしい人たちだけでなく、ふさわしくなく不信仰な者たちも、キリストのまことの体と血に与る」ことになると受け止められている。[160]これは、先に引用した『フランス信仰告白』や『ハイデルベルク信仰問答』のような改革派の信仰告白、また『イングランド教会の三九箇条』[161]も含めた信仰告白が激しく拒絶している結論である。そのことが根拠となり、改革派とルター派というプロテスタントの主要な二つの信仰告白の伝統は、サクラメントの一致において一つになることができなかったのである。もしくは、二〇世紀のエキュメニカル運動の議論でしばしば取り上げられた例では、聖公会とルター派とバプテスト派が（もし各派が自分の信仰告白の基準に厳密に固執すると）かなり多様な理解であるがゆえに、サクラメントを共有することができない。聖公会は、ルター派やバプテスト派の牧師が、『ランベス四綱領』[162]で「歴史的な司教職」（the historic episcopate）と呼んでいる使徒継承に立った司教によって叙階することができていないために、それでは聖餐を有効に成立させることができないとしている。ルター派は、聖公会とバプテスト派が、真の現臨の教理を明確に確言している信仰告白を支持していないために、同様である。[163]バプテスト派は、聖公会とルター派が、幼児洗礼を施し、それゆえに、ある再洗礼派の信仰告白の言葉で言えば、「キリストの制定に従って受洗者の信仰に基づいて洗礼を受ける」ことができていないために、同様である。[164]

この皮肉を解消しようとする一六世紀の努力は、教理的な違い自体が始まったのと同時期に、信仰告白の手段によって始まっていった。「マルティヌス・ルター、ユストゥス・ヨナス、フィリップ・メランヒトン、アンドレアス・オジアンダー、シュテファヌス・アグリコラ、ヨハンネス・ブレンティウス、ヨハンネス・エコランパディウス、フルドゥリクス・ツヴィングリウス、マルティヌス・ブツェルス、カスパル・ヘディオ」によって署名された一五二九年『マールブルク条項』は、教理的に一致している一四の信仰箇条に言及した後、こう結論付けている。

私たちすべては私たちの愛する主イエス・キリストの最後の晩餐に関して……祭壇のサクラメントがイエス・キリストの真の体と血のサクラメントであり、この体と血に霊的に参与することが特にすべての真のキリスト者に必要であるということを信じ、保持している……そうではあるが、現時点で、私たちは真の体と血がパンとぶどう酒の中に具体的に現臨しているかどうか同意していないが、それにもかかわらず、両派は互いに良心の許す限りキリスト教的愛を示すべきであり、全能の神が彼の霊によって私たちに正しい理解を与えてくださるように、両派は熱心に祈るべきである。アーメン。(165)

マールブルクでのこの行き詰まりに対処するため、ブツァーとルターとの間で交わされた一五三六年『ヴィッテンベルク一致』は、ブツァーとルターとの間で同意した定式を表明している。「私たちは、エイレナイオスの言

(159) 一コリ一一・二九。
(160) *Form Conc Epit* 7.6-7.
(161) *39 Art* 29.
(162) *Lamb Quad* 4.
(163) *Aug Lat* 10.
(164) *Ries* 33. Syndogmaticon 10.3 を参照。
(165) *Marburg* 15.

葉に従って、聖餐が天的なものと地的なものの二つの事柄から成り立っていると告白する。[166] それらは、それゆえに、パンとぶどう酒と共に、キリストの体と血が真に実体として存在し、提供され、受け取られることを保持し、教えている」。このテキストは「サクラメント的な結合によって、パンはキリストの体である」ということも付け加えているが、同時に「実体変化」（transubstantiation）と「局所的に〔パンとぶどう酒の中に〕包含されていること」（local inclusion）の両方を拒絶している。[167] しかし、一致は長続きすることはなかった。

また、ルター派と改革派との間の聖餐理解の違いが、唯一の相違ではなかった。改革派の内部にも、鮮明な違いがあった。最大の成功の懸け橋となったのはジャン・カルヴァンとウルリッヒ・ツヴィングリの後継者であるハインリヒ・ブリンガーとの間で交わされた一五四九年『チューリッヒ協定』であり、真正な一致の定式としての信仰告白の用い方が明確に定義されている。「私たちは、宗教的な論争を廃止したり、今は分裂が存在しないものとして疑念をゼロに抑えたりするための他の方法やよりふさわしい道を見出すことができない……意見が異なると思われる者、あるいは実際に意見が異なる者と、口頭でまた書かれた資料の言葉によって、……また、明確で、適切で、意義深い声明を宣言することによって、自分の見解を代わる代わる明らかにしていけば……」。[168] この協定では、「神が私たちのうちに、彼の霊によってサクラメントが私たちの目と他の感覚に示すものを付与する」ということを教えているが、「しるしと示されたものとの間」に区別があるということも教えており、それゆえにパンとぶどう酒という要素とキリストの体と血との間には区別があるということになる。[169] 一六四五年『荊の宣言』では、聖餐に関する平和の定式が試みられたが、無駄に終わった。[170] 一六世紀と一七世紀では失敗に終わったが、二〇世紀にはいくつかの一致の定式が依然として続けられ、最初に一九五七年『アルノルトシュハイン提題』が、[171] 次いでこれに続く一九七三年『ロイエンベルク協定』が打ち出された。しかしながら、『ロイエンベルク協定』はさらなる説明を提供しているわけではなく、自分自身でも「この協定に加わっている教会の信仰告白の拘束力に手を付けることなく」（このことは歴史的には和解不可能なことであったが）ということや「この協定は新しい信仰告白と見なされるものではない」と言っており、むしろ「異なる信仰告白の立場を持つ教会間で、教会の交わりを可能にするための……コンセンサス」と見なされるべきものである。[172] 従来の改革派・ルター派、聖公会・プロテスタントという対立を超えた一致の定式として、一九八二年『洗礼、聖餐、職務』というわゆる「リマ文書」は、「この声明で表現された相互理解の深化は、いくつかの教会で聖餐のより大きな交わりの基準を獲得するかもしれないし、キリストの分かたれた人々が主の食卓を囲んで目に見える形でより近づくことができるようになるかもしれない」という希望を表明することによって、相互の交わりという問題を全体の文脈の中に置いているのである。[173]

(166) Irenaeus *Against Heresies* 4.18.5 (*ANF* 1:486); *Send* にも引用されている。
(167) *Witt Conc* 1-2.
(168) *Tig* con.
(169) *Tig* 8-9.
(170) *Thorn*; also *Send.*
(171) *Arn* 4-5; Boelens 1964.
(172) *Leuen* 37; Rusch and Martensen 1989.
(173) *BEM* 2.33.

第8章　信仰告白の定式と宗教政治

『すべてのことは政治であるが、政治はすべてのことではない』（*Everything Is Politics but Politics Is Not Everything*）は一九八五年に出版され、一九八六年に英訳された本のタイトルである。[1]このタイトルの短い表現は教会史の分野の多くにも適用させることができ、例えば、司教がどのように、誰によって選ばれるかという、こんがらがった歴史がそうである。最初のキリスト者のローマ皇帝であるコンスタンティヌス一世は、回心した後、洗礼を受ける前であったが（彼は死の直前まで洗礼を受けなかった）、司教団に対して演説を行い、エウセビオスの報告によれば、彼は「『自分自身も司教である』という表現を止めさせ、私の聞いた限りでは彼らにこう言った。『あなたたちは教会内を管轄する司教である。私も神によって叙任された教会外を管轄する司教である』」。[2]三二五年にニカイア公会議を招集し、ニカイア信条における最も重要な語である「父と同本質（*homoousios*）」を擁護し、[3]次なるニカイア・コンスタンティノポリス信条において、[4]彼と彼の帝国の後継者たちは信条史の一部となったのである。

（1）　Kuitert 1986. Syndogmaticon 7.3 を参照。
（2）　Eusebius *The Life of Constantine* 24（*NPNF*-II 1:546）.
（3）　*N* 2.
（4）　*N-CP* 2.

キリスト教徒の皇帝による権威の主張は、「教会外のいかなるところも」統治するという宣言を越えて広がり、事実上、「教会内」のことも含んでいた。例えば、五五三年の第二回コンスタンティノポリス公会議では、その勅令の冒頭のところで、いとも簡単に以下の対等関係を宣言することができた。「私たちはこの帝都に、神の意志と最も敬虔な皇帝の命令によって集まり、招集された」[5]。ジョージ・ハントストン・ウィリアムズが注釈したように、「四世紀には父に対する子の関係をめぐる論争が公会議に鳴り響いたが、それはほとんど重要ではなく、その舞台裏では、公会議そのものとキリスト教徒の皇帝とのふさわしい関係をめぐる関心が高まっていた」[6]。ウィリアムズは、第一回ニカイア公会議に続く数十年における、信仰告白のいくつかの立場と政治のいくつかの立場との間の相関関係を見出している。

神が創造し、贖い、最後の審判をなすことにおいて本質的に一人の神であると主張することによって、カトリック教会はカルバリーの主が〔ローマの丘〕カピトルの主でもあると主張していたのである。しかしまさしくこの理由から、典型的なニカイア派は、帝国のためにキリスト教の結束力を高めることへの関心があっても、啓示を理性に適用させることに乗り気ではなかった。それとは対照的に、キリスト論の位置づけが相対的に低いアレイオス派は、皇帝の中に神的な顕現や手段やキリストご自身のような半神を見ることに乗り気であった[7]。

この光に照らして考えると、ニカイア信条の正統的な定式は[8]、「見えるものも見えないものも万物の造り主、全能の父」である「唯一の神」[9]、また「父と同本質」である神の子を告白しているニカイア・コンスタンティノポリス信条でも再確言され、正統的なキリスト教皇帝も含めて、すべての政治的な権威を、父なる神と父と同等である子の主権に、根本的に従属させることを示唆しているように受け止めることができる。

コンスタンティヌス以降も、ハンス・フォン・シューベルトが「信仰告白の形成と宗教の政治」と呼んでいる並列が[10]、政治だけでなく信仰告白の歴史においても決定的な役割を果たし続けている。次々に出てくる宗教改革の信仰告白を適切に理解するためにも、初期の数世紀の公会議や信条を理解するのと同様、政治的な文脈に注意を払う必要がある。中央政治権力と信仰告白支持者との力関係はどうだったのだろうか。信仰告白を提示していく働きの中に、またとりわけその構成の中に、政治的戦略を見分けることが可能だろうか。信仰告白はあからさまに政治的な立場を支持するのだろうか。また、信仰や道徳の問題についての立場はどのような方法で政治的な帰結をもたらすのだろうか。新しい信仰告白がいったん作られると、政治的な連合は、もし変化するとすれば、どのように変わったのだろうか。ある政治的な党派や指導者が一つの信仰告白の連合から別のものに移ったのだろうか。またその理由は何だったのか。これらの問いは、似たような問いも含めて、宗教改革の政治史には欠かすことができない材料である。しかし、宗教改革期（およびすべてのキリスト教史の時代）の信条と信仰告白の歴史においても、見過ごされてはならないものである。

（5）　*CP II* decr; 傍点は著者による。
（6）　G. H. Williams 1951, 20-IV:12-13.
（7）　G. H. Williams 1951, 20-III:13-14.
（8）　*N* 1-2.
（9）　*N-CP* 1-2.
（10）　Schubert 1910.

8・1　政治的な行為としての信仰告白

信条や信仰告白の起源に偶然的な特徴はなく、それらの解釈が付随的なものでもなく、[11] それらの多くは、国家、州、都市、支配者といった政治的な「権力筋」（powers that be）の肩書を帯びている。[12] いくつかの事例では、信仰告白が発行されたり公会議が行われた地理的な場所が肩書になっているにすぎない場合もある。再洗礼派と（あらゆる）政府との関係に問題が生じたため、一五二七年『シュライトハイム信仰告白』、一五九一年『ケルン理念』、一六三二年『ドルトレヒトのメノナイト信仰告白』といった信仰告白のタイトルには、明らかに特別な意味が込められている。しかし、三二五年のニカイア公会議によって採用された信仰告白の場合もそうだが、ある意味ではニカイア信条と呼ぶよりも「ニカイアでの信条」の方がより正確であろう（しかしより具合が悪いが）。というのは、ニカイア・コンスタンティノポリス信条のことが、たいていはニカイア信条と呼ばれてしまっているので、その区別をすることができるからである。しかしこの場合、ニカイア（*Nikaia*）というギリシアの都市名が、ギリシア語の勝利に由来することや、ニケ（*nikē*）が異教の女神に由来するという意義を見出すことも可能であった。このことはまさに七八七年の第二回ニカイア公会議の布告でなされたことであり、「預言者たちと共に教会に勝利の賛歌（*tous epinikious hymnous*）を歌う」といった言葉遊びもなされたようである。[13] 世界教会協議会や信仰と職制委員会の会合は、毎回違う都市で行われ、そこで発行された信仰宣言を識別するためにその都市名が用いられており、例えば、インドのバンガロールでの一九七八年『信仰共同宣言』[14]、しばしば「リマ文書」と呼ばれているペルーのリマでの一九八二年『洗礼、聖餐、職務』[15] がある。

しかしながら、より多くの場合、信条や信仰告白の地理的な識別は、政治的であることが多い。最初の数世紀において、新しいローマであるコンスタンティノポリスの都市名には、特別な力点が置かれていた。七つの普遍的（もしくはほぼ普遍的）な公会議のうち三つが、三八一年、五五三年、六八〇—八一年に、ここで行われた。他の三つのものも（三二五年の第一回ニカイア、七八七年の第二回ニカイア、四五一年のカルケドン）、首都から数キロメートルしか離れていないところで行われた。したがって、七つのうち、四三一年のエフェソ公会議だけが、東方ではあるがコンスタンティノポリスからある程度離れた場所で行われた。三八一年に第一回コンスタンティノポリス公会議が開かれた時（東方の司教だけが参加した）、また四五一年にカルケドン公会議が開かれた時、ここが帝国の新しい首都であるということを理由に、新しいローマが古いローマと並び立つ司教座であることが正当化されたのは、神学と政治（帝国政治と教会政治）の両面からである。[16] 古いローマと新しいローマとの間だけでなく、それぞれの領域内での分裂は、ジョン・メイエンドルフの言い回しを採用すれば、[17]「キリスト教の分裂」であったことが繰り返し示され、それらのほとんどは政治的な意味も含み、「帝国の一致」よりももっと強大なものであり、時にはキリスト教の一致よりももっと強大な場合さえもあるのである。

この政治と教理の遠心力は、宗教改革においてより大きな力で自己主張するようになり、それゆえに信仰告白においてもそうだった。これらの多くの信仰告白のタイトルの中に国名や都市名を含んでいるのは、それら

(11) 9・5「信仰告白の解釈の基準」を参照。
(12) ロマ一三・一（AV）。
(13) *Nic II* decr.
(14) *F & O Ban.*
(15) *BEM.*
(16) *CP I* can 3; *Chal* can 28; also *Resp Pius IX* 21. 4・2「東方と西方の教会の職制の教理」を参照。
(17) J. Meyendorff 1989.

が公になった場所という理由だけでなく（『アウグスブルク信仰告白』がそうである）、特に信仰告白と政治的な声が結びついて政治的な実体になったという理由もある。『ハイデルベルク信仰問答』は、もともとは『プファルツ教会規定』の一部であり、教会的な資料だっただけでなく、政治的なものとしての役割もあった。[18] 宗教改革の信仰告白で政治と国家の次元が明らかになったものもあり、例えば、「スコットランドの諸階級」（the Estates of Scotland）の代弁者が「同胞と、彼らと共に主イエスを告白するすべての国々」に向けて、次のタイトルの下で一五六〇年『スコットランド信仰告白』を出版した時がそうである。「スコットランドのプロテスタントによって信じられ、告白される信仰と教理の信仰告白、一五六〇年八月に議会でスコットランドの諸階級に提示され、無謬の神の言葉に基づく教理として公の投票によって承認され、その後に議会の種々の行為によって確立され、公に確認され、議会で法定化された」。[19] 二〇世紀のアジアやアフリカの教会は、自国の政治的また民族的意識の高まりがあることを自覚し、[20] 例えば、一九五八年に発行され、一九六八年にも再発行された『マダガスカルにおけるイエス・キリスト教会の信仰宣言』、[21] 一九六三年にスリランカで発行された『セイロン教会合同計画』[22] が挙げられる。

信仰告白の政治的文脈のもう一つ別の指標は、その信仰告白がどれだけ政治的な支配者に直接向けられているかということである。一五三〇年『アウグスブルク信仰告白』は、アウグスブルク帝国議会に出席した皇帝カール五世に向けられ、「最も高貴で、最も力強く、無敵の皇帝、最も慈悲深い主」と言っている。この言葉は、彼からの「ここアウグスブルクに招集される帝国議会」への招集に応えているものであり、そして二つの異なる、しかし関連する目的がある。ヨーロッパ中央への脅威であり、前年にはウィーンの門にまで攻撃してきた「私たちとキリスト教の伝統的な敵であるトルコ人に関する問題を審議するため」。また、トルコに対する共同の防衛力を弱めていると多くの者たちが懸念している「私たちの聖なる信仰とキリスト教の宗教に関する意見の衝突をどうすればよいのか」を審議するため。[23] 同年、マルティン・ブツァーとその同僚たちの『四都市信仰告白』は、皇帝カール五世のことを「全世界から愛されるようになった比類なき寛容を持ち、寛大であり、敬虔なる皇帝陛下」と称賛し、「敬虔な皇帝陛下が、私たちがキリストの教理として、またより純粋な宗教の教えとして、以前から受け取ってきたすべての事柄に関する真理を認めてくださるように」という希望を表明している。(24) この同年に、ツヴィングリの『信仰の弁明』は皇帝に対するもっと楽観的な希望を語っている。「いかなる力であれ、あなたがこれまでに福音の純潔さに対して及ぼしてきた力は、神を畏れぬ教皇主義者の犯罪的な試みに対して向けることができる」。(25) 一五五九年『フランス信仰告白』は、「王へ」(*Au Roy*) と宛てた長い序文で始まり、「私たちが被り、日々苦しんでいる迫害の厳しさを、これまでのところ陛下にお知らせする機会がありませんでしたが」、今やその機会を得たという感謝を表明し、「私たちの信仰告白をお見せし、聞いていただけるように懇願します」と言えるようになったとし、「私たちの主イエス・キリストが唯一の救い主であり贖罪者であり、彼の教理が命と救いの唯一の教理である」との告白をしている。(26) 加えて、キリスト者は「たとえ支配者が不信仰

(18) 第4章「信仰と職制」を参照。
(19) *Scot I* pr.
(20) *Un Ch Japan* 1954; *Ghana* 1965; *Zambia* 1965; *Togo* 1971.
(21) *Madag.*
(22) *Sri Lanka.*
(23) *Aug* pr 1-2.
(24) *Tetrapol* pr.
(25) *Fid rat* con.
(26) *Gall* pr.

者であっても」、彼らに服し続けなければならないと言っている。[27] 冷戦という政治的雰囲気の中で、二〇世紀にもこのパターンが継続し、例えば、一九七三年『韓国キリスト者宣言』[28]、ホンジュラスでの特殊な状況下での一九八〇年『取り残された大衆の信条』[29]、一九八四年『エルサルバドル基本教会共同体の信仰宣言』[30]、一九七七年『キューバ長老・改革派教会信仰告白』[31] などの信仰告白がある。一六四七年『ウェストミンスター信仰告白』として通常は知られている信仰告白の正式名称は、同様にして政治的権威に向けられたもので、こう呼ばれている。「ウェストミンスターで議会の権威によって、現在、開かれている神学者会議の信仰告白に関する謙虚な助言。聖書の引用とテキストを付した。両議会に最近提出されたもの」[32]。

これらの信仰告白の多くは敵対する政治的な権威者に宛てられたものであり、『アウグスブルク信仰告白』の冒頭の聖書的な題目をそのまま自分のところに取り入れることができた。「私はまた王の前であなたを証しして語り、恥じることはないでしょう」[33]。加えて、それらの信仰告白は反対や迫害の経験の中で、聖書の先例である「ポンテオ・ピラトの前で証言したキリスト・イエスがよき告白をなした」という別の事例を自分自身で作っているのである。[34] これらを告白する者たちは、ポンテオ・ピラトの前で告白することだけでなく、ニカイア・コンスタンティノポリス信条と使徒信条が言うように[35]、「ポンテオ・ピラトの下で苦しみを受け」ということも心に留めていた。「ポンテオ・ピラトの前で」の彼の告白と、「ポンテオ・ピラトの下で」の彼の苦しみは、その後の数世紀にわたって教会を迫害した帝国の政権と、教会が信条を定義し始める同じ数世紀に敵対したギリシア・ローマ世界の異教の両方を、ピラトに代表させているのである。したがって、「イエスがローマ帝国を表しているポンテオ・ピラトの前で真理を証言したように、私たちも今日、支配者の前で真理を語るのである」[36]。

初期の信条が「唯一の神」という信仰を冒頭で宣言する時はいつでも、キリスト教史を通して信条や信仰告白の数々がそうだったように、シェマーが響き渡っており[37]、またキリスト教信仰（とユダヤ教の信仰）をギリシアの偶像礼拝とローマの多神教から区別している一神教を定義しており、特に皇帝礼拝に対しては辛辣な表現が用いられた。なぜなら、そのような信条には、神学的であれ政治的であれ、一つの重大な問題「政治的な問題としての一神教」が背景にあるからである。[38] 聖書が書かれた時代に次ぐ最初のキリスト教殉教伝である『ポリュカルポスの殉教』の中で、ポンテオ・ピラトの政治的・精神的な子孫であり皇帝アントニヌス・ピウスの代理者であるローマの地方総督スタティウス・クアドラトゥスが、老ポリュカルポスに「皇帝の幸運を誓え！」と要求する時、ポリュカルポスはその代わりに「大胆に『私はキリスト者です。もしあなたがキリスト教の教えについて学ぶことを望むなら、私に日を指定してください。そうすればあなたはお聞きになるでしょう』」と告白した。そしてそのようにして、彼は死に至った。[39] キリスト教に敵意を向けたナチや共産主義による全体主義体制の台

---

(27) *Gall* 40.
(28) *Korea.*
(29) *Hond.*
(30) *BEC.*
(31) *PRCC.*
(32) *West* ttl.
(33) 詩一一九・四六。
(34) 一テモ六・一三。
(35) *N-CP* 4; *Ap* 4; 傍点は著者による。
(36) *Korea* 2.
(37) 5・1「聖書の中の信条」および Syndogmaticon 1.7 を参照。
(38) Peterson［1935］1951.
(39) *The Martyrdom of Polycarp* 10（*ANF* 1:41）.

頭が見られた二〇世紀にも、この特別な意味での政治的な行為としての信仰告白がいくつか生み出された。これらの中で突出しているのは、ドイツやその地域を越えるいくつかのプロテスタント教会により[40]、当時もその後も規範として採用された一九三四年五月の『バルメン宣言』であり、キリスト教の福音に敵対する多神教と皇帝礼拝に対して（明白にではない部分もあるが）見劣りすることなく辛辣な応答をしたキリスト教の信仰告白である。六つのテーゼのうちの五つ目では特に、教会が「国家の機関」であり、国家が「生活の全体秩序」であるという教えに抵抗しており[41]、『バルメン宣言』は、国家社会主義や民族純化イデオロギーに対するキリスト教的な拒否であり、信仰告白を超えた結集地となった[42]。また、この宣言は、植民地主義、人種差別、偶像崇拝的な国家主義に対する発展途上国である「第三世界」の社会的展開の次なる政治的・神学的闘争に従事する教会にとっても、同じ役割を果たしてきた[43]。全体主義を取る共産主義者による教会への迫害は（ナチによる迫害は少なからず激しくて破壊的であったが）、「信仰告白的」（confessional）と呼び得る多くの「信仰告白者」（confessors）や「新しい殉教者」（new martyrs）やいくつかの反応を生み出したが[44]、どういうわけか、マルクス・レーニン主義に対しては、バルメンでの結集力と比べると、強力で明白な信仰告白が生み出されることはなく、和解に向けての精力的な信仰告白的な努力が若干引き起こされただけだった[45]。

しかしながら、コンスタンティヌスがニカイア信条の作成に直接関与した事例が示している通り、政治権力が教会に好意的な場合であっても、その信仰告白は政治的な行為にならざるを得ない。これとは異なる政治的な文脈であるが、一六一九年『ドルトレヒト信仰規準』の序文では、教会に対するキリストの告別の「見よ、私は世の終わりまでいつもあなたがたと共にいる」という約束が記され[46]、「教会の支援のために神の子が敬虔な皇帝、王、君主を歴史の中で起こしてくださったことが文書でも示されており[47]」、成就したのである。このような教会への「支援」は多くの形で行われてきたが、信条や信仰告白における宗教政治の役割として最も決定的なものは、多くの信条や信仰告白を発行してきた教会会議や公会議を「敬虔な皇帝、王、君主」が権威をもって招集してきたことである。それゆえ、英国教会の『四二箇条』[48]での定式を繰り返している『イングランド教会の三九箇条』は、中世ローマ・カトリック教会の教えに反対し、「教会会議全般は君主の命令と意志がなければ開くことができない」と明確に述べることができたのである。[49]『ウェストミンスター信仰告白』はこの条項をより長きにわたって詳細に説明している。誤解を避ける目的のため、一六一五年『アイルランド宗教条項』では、[50]「権力者には神の言葉やサクラメントの執行、天国の鍵の権威は割り当てられていない」ということを明らかにする表現から始められている。それにもかかわらず、「教会の一致と平和が保たれ、神の真理が純粋かつ完全に保たれ、すべての冒瀆と異端が抑えられ、礼拝と戒規におけるすべての悪用と乱用が防がれて改革され、神の布告のすべてが正当に据えられ、執行され、監視されるという秩序を保つ」ことは彼の権限でもあり、また義務でもある、とされている。それゆえ、権力者は「教会会議を招集し、そこに出席し、神の御心に従って議事進行をしていく」こ

(40) これらの教会の一覧については Burgsmüller and Weth 1983, 68-77 を参照。
(41) *Barm* 5.
(42) Scholder 1988, 122-71; A. Cochrane 1962; Ahlers 1986.
(43) *Bat* pr.
(44) *Sheng Kung* 5.
(45) *PRCC* 3.D-E; この違いについての考察は、Spinka and Reinhold Niebuhr 1954 を参照。
(46) マタ二八・二〇。
(47) *Dort* pr.
(48) *42 Art* 22.
(49) *39 Art* 21.
(50) *Irish* 58.

とにつながっていくのである。[51] しかしながら、その後の章では、「もし権力者が教会の公然たる敵であるならば、キリストの聖職者たちは彼らの職務として、自分たちで、もしくは教会からの委任を受けたふさわしい者たちと共に、会議を開くことができる」のであり、そのような教会会議や公会議は政治的な権威を必要とすることなく、ちょうど使徒たちがエルサレムにおける教会会議でポンテオ・ピラトの許しなしに集まったように、政治的な権威は要らないのである。[52] しかしこの信仰告白は「教会会議と公会議は……公益にかかわる民事に干渉してはならない」という警告をしており、「宗教における不信仰や相違は、為政者の正当で法的な権威を無効化するものではないし、教会人といえども彼らに従う義務が消滅するわけでもない」という説明もなされている。[53]

8・2 信条遵守のための市民法

宗教政治がどのように信条や信仰告白の形成およびその永続性に影響を与えるのか、その特殊な事例として信条遵守の法的な側面を挙げることができる。信条や信仰告白と、様々な教会での教会法としてのそれらへの同意に加えて、[54] 市民法も重大な意味を持つようになった。コンスタンティヌスの決定の後を引き継いだ『テオドシウス法典』では、皇帝テオドシウス一世が三八〇年二月二七日に、次のような布告を発行した。

私たちは、私たちの皇帝の寛大さの影響下にあるすべての人たちが、使徒ペトロによってローマに伝えられて私たちが信じている信仰を告白すべきであること、また伝統的な形式で今日に至るまで伝えられてきた信仰（教皇ダマススと、使徒的聖人であるアレクサンドリアのペトロスにおいて守られている全く同じ信仰）を公言することを望んでいる。すなわち、使徒的規律と福音的教えに従って、私たちは唯一の神、父・子・聖霊の聖なる三位一体の神を信じ、等しい威厳をもって礼拝しなければならない。そして、私たちはこの信仰の基準に従う者はカトリックのキリスト者の名で受け入れられること、しかしこの基準外にある他の者は狂人であり、異端者として定められることを要求し……そのような者として非難され、神からの罰をまずは受け、それによって私たちが天からの権威を授けられた力によって罰を与えるのである。(55)

これは、三八一年に同じく皇帝テオドシウス一世によって招集されたコンスタンティノポリス公会議の前年に発布されたものである。しかし、この布告で言及されている「私たちは唯一の神、父・子・聖霊の聖なる三位一体の神」との告白である「使徒的規律と福音的教え」は、三二五年のニカイア信条の権威の主張に立つものであり、次いで三八一年のニカイア・コンスタンティノポリス信条でも同等の扱いを受けた。(東ローマ帝国の「ビザンチン帝国」、西方の「神聖ローマ帝国」を含めた)キリスト教のローマ帝国で政治的な地位を得、それを保つためには、この信条を受け継ぐことが必須となる。この信条を否定する者には、「神からの罰」だけでなく、「私たち(テオドシウス一世)が天からの権威を授けられた力によって与えられる」政治的な罰という脅威も差し迫ることになり、彼の後継者たちも同じことを続けたのである。

それゆえ、一六世紀のプロテスタント改革者たちには、信条の教義を守るために必須である教理的な理由と並

(51) *West* 23.3.
(52) *West* 31.2, 使一五・六―二一。
(53) *West* 31.5, 23.4.
(54) 第9章「教会法としての信条的教義」を参照。
(55) *Theodosian Code* 16.1.2.

んで、[56] 彼らがこれらの教義を受け入れず、そのことによって彼らには政治的な正当性がないというローマ・カトリック教会の敵からの攻撃に対し、まさしく政治的な理由から自分たちを弁護したのである。『アウグスブルク信仰告白』のラテン語版の冒頭には、『テオドシウス法典』の響きがあるのかもしれない。「私たちの教会は、神の本質の統合と三つの位格に関するニカイア公会議での布告が、真実であり、疑いの余地なく信じられるべきであるということを全会一致で（*magno consensu*）教えている」。[57] この教義的な正統が意味しているのは、「私たちの土地で、公国で、領地で、町で、領域で、これらのことが説教され、教えられ、伝達され、受け入れられている」ということを告白しているドイツの「選挙人、諸侯、領主」を罷免する有効な理由は何もないということであり、[58] そうであるからには帝国の法の下で彼らは正当に改革を主張することができるのである。正統的な三位一体の教理を否定したため、一五五三年にミカエル・セルヴェトゥスが処刑されたが、それはニカイアの教義に対するプロテスタントの厳かな忠誠を示している。[59] 厳密に言えば、セルヴェトゥスの処刑は、ローマ・カトリック教会の異端審問所で行われる場合のように、スイスにおけるカルヴァン主義者の教会の権限によってというよりも、むしろ市当局によってなされたものだった。しかしたとえどちらであったとしても、教会的な戒規に従った者たちが、信仰の擁護者としてその行為を行ったのである。[60] また、三位一体の教理の確固たる神学的な覇権は、四世紀に始まって一八世紀や一九世紀に終わりを告げたが、[61] 基本的にそれを適用し続ける市当局の意思と能力が広く行き渡っており、そのこと自体が驚くべきことである。

チャールズ・ノリス・コクランによれば、三八〇年のテオドシウスの布告が、「新（ローマ）共和国が正統（ローマ）帝国に変遷する過程」を示したものであったように、[62] 宗教改革の多くの信仰告白も、プロテスタントの教理を確言しただけのものではなく、彼らを支援した国家の政治的な成熟さを表現したものでもあったのである。この点に関しては、ルター派よりも改革派の信仰告白の方がずっと進んでいた。[63]『アウグスブルク信仰告白』は元来、ドイツの共通見解を表現したものであり、『シュマルカルデン条項』は「この条項を受け入れ、全会一致で自分たちの信仰告白として採用し、これらの条項が私たちの信仰告白として公に示されるべきであるとの決議をした」ドイツの諸侯や自由都市の信仰宣言を示したものであり、(64)また、間もなく開催されようとしていた公会議で示されるものであった。しかしこの形式は、例えばスカンジナビアのいくつかの国がルター派に加入した時、それぞれの国の独自の信仰告白を定式化したため、一般化することはなかった。コペンハーゲンで発行された一五三〇年『コペンハーゲン条項』という信仰告白があった。(65)しかしすぐに同年の『アウグスブルク信仰告白』に屈することになった。スカンジナビアのルター派の教会すべては、『アウグスブルク信仰告白』、『ルターの小教理問答』、『一致信条書』の全部もしくは一部を受け入れたのである。一五六六年『第二スイス信仰告白』はスイス以外の改革派教会でも広く共感を呼び起こし、(66)一六一九年のドルト教会会議とその教理の布告である

(56) 16・3「宗教改革の信仰告白におけるカトリックの本質とプロテスタントの原理」を参照。
(57) *Aug Lat* 1.1.
(58) *Aug* pr 6-8.
(59) 7・1「アナテマ信条と論争」を参照。
(60) Kamen 1998, 163-65.
(61) Welch 1952.
(62) C. N. Cochrane 1944, 327-29.
(63) 16・2「ルター派、改革派、ローマ・カトリック、急進派の『信仰告白主義』」を参照。
(64) *Smal Art* pr 2.
(65) Andersen 1954.
(66) Staedtke 1966, 81-202.

『ドルトレヒト信仰規準』は大陸とイギリスからの代表者たちが出席した国際的なものである。[67] しかし改革派の信仰告白のおそらくほとんど多くは、他の国で告白されている改革派の信仰を共有していたものの、その大部分が自国に限定されたものだった。一五三六年『第一スイス信仰告白』、一五五九年『フランス信仰告白』、一五六〇年『（第一）スコットランド信仰告白』、一五六一年『ベルギー信仰告白』、一五七五年『（第二）ボヘミア信仰告白』、一五八一年『（第二）スコットランド信仰告白』。このことは、心情的・精神的なことかもしれないが、改革派全体を（東方正教会で用いられている専門用語の）「独立正教会」（autocephalous）なる制度的のみならず信仰告白的な教会同盟を作り上げていることであり、ルター派やローマ・カトリック教会の両者がそうであるように（両者はかなり異なる仕方であるが）、信仰告白による中央集権化ではない。[68] 近現代における改革派とルター派教会のこの違いは、海外宣教から生じた「若い教会」（younger churches）において、派遣元教会のいくつかの信仰告白を、文化的また政治的次元の両方においてどのように関連させるかについての折衝の中で姿を現すこととなったのである。[69]

8・3　信仰告白と政治定式

宗教政治が信条と信仰告白へ影響を及ぼすように、その対極として、政治的・経済的・社会的な様々な分野の中で教会が影響を及ぼした一部分にすぎないが、信条と信仰告白が政治定式へ影響を及ぼすこともある。新約聖書の記述は、キリスト教の信仰者の手に政治的な権力が渡る可能性について、そんなに多くの言葉を費やしているわけではない。それどころか、福音書には「カエサルのものはカエサルに、神のものは神に返しなさい」という戒めもあるし、[70] 書簡には「すべての人は政治権力者に従いなさい。なぜなら神に由来しない権力はなく、存在するものは神によって制定されたのである」という戒めもあり、[71] ローマ帝国の異教徒の「カエサル」と「政治権力者」の後者は、おそらく皇帝ネロのことを指していると思われる。ポリュカルポスのようなキリスト者の殉教者たちが唯一の主（*Kyrios*）としてイエス・キリストを至高の主であると告白したことは、カエサルが神的な「主たち（*kyrioi*）」であり礼拝に値するという主張に反対するためであった。ニカイア・コンスタンティノポリス信条が「唯一の主イエス・キリスト（を私たちは信じる）」と宣言しているように[72]、皇帝が異教徒であろうとキリスト者であろうと、例外を除いては、誰もこの称号に完全にふさわしい者はいないのである。しかし、万が一にもカエサルがキリスト者になり[73]、「使徒たちに等しい（*isapostolos*）」という称号を得ようとするなら、信仰告白に何が起こるのだろうか[74]。ニカイア信条を支持している三八〇年の勅令を含んでいる『テオドシウス法典』は、特に強い嫌悪と共に、何が起こり得るか、また何が起こったかを示している。しかし『テオドシウス法典』には数多くの他の条項も含まれ、そこには教会や家族についての法など、キリスト教の信仰告白と実践の起源のしるしも示されている[75]。

それでも四世紀に「アタナシオスが……皇帝から教会会議が完全に独立すべき……と主張するようになった」

（67）　*Dort* con.

（68）　14・1「正教会の『信条書』に対する曖昧さ」を参照。

（69）　Nortier 1941; 11・2「宣教と移住における信条の宿命」、17・2「キリスト教信仰告白の新旧の文脈」を参照。

（70）　マタ二二・二一。

（71）　ロマ一三・一。

（72）　*N-CP* 2; 傍点は著者による。

（73）　Tertullian *Apology* 21 (*ANF* 3:35-36).

（74）　Sophocles, 603.

（75）　Boyd 1905.

ように[76]、後の東方のキリスト教の公会議や信仰告白で、特にキリスト教徒の皇帝の権威に対して、この主張を繰り返し明確に示す機会があった。六世紀に、五五一年『真の信仰に関する皇帝ユスティニアヌスの勅令』が「三章」(the Three Chapters) について「彼らの死後」に起訴することに成功し[77]、それゆえに二年後の第五回公会議で彼らは非難された[78]。しかし七世紀に、似たようなことが皇帝ヘラクレイオスによってなされ、キリストには二つの「行為 (*energaiai*) の原理」があるか、それとも一つであるか[79]、そのことをめぐる論争に対処するために第六回公会議が開かれ、キリストにおいて「人間の救いのために、二つの本性的な意志と行為の原理が調和を保っている」という教理が定義された[80]。そして八世紀に、第七回公会議による聖画像破壊論に反対する正統信仰の確認がなされたが、それは同時に、その正統信仰が告白された典礼を整えるための教会の権威の主張もなされた[81]。したがって、一つの同じ定義の中で、第二回ニカイア公会議の司教たちは「神の恵みによって、私たちの敬虔でありキリストを愛する皇帝コンスタンティヌス六世と皇后エイレーネの命令によって」と宣言したが、自分たち自身も「神からの霊感を受けた公同教会の伝統が公的な布告による承認を受けるために、あらゆる場で聖職者としての責任を負っている」司教たちであることも明らかにしている。それゆえに、「支配者たちによってなされた司教、司祭、助祭のいかなる選出も無効となる」[82]。このことを保持するため、『聖ヨアンネス・クリュソストモスによる聖体礼儀』には、「全市民的権威」を支持する特別な祈り (東方正教会、ローマ・カトリック教会、プロテスタント教会、イスラム教、マルクス主義などのいかなる「権威」からも妨害されることなく続けられてきた祈りのこと) が含まれているが、「諸侯により頼んではならない」という詩編の警告も繰り返し含まれ[83]、すべての「諸侯」(princes) と政治権力は、たとえ彼らに信仰があろうとなかろうと、「死すべき者」であり、究極的な信頼には値しないということを告白している[84]。さらには、一六七二年『ドシセオスとエルサレム教会会議の信仰告白』は、総主教は「政治権力者によって選ばれる」ことはないと警告しており、「たとえ総主教が徳において傑出していたとしても」、正統において傑出していたとしてもそうであるとしている[85]。

西方でも、宗教政治の歴史のほとんどは、信条や信仰告白の領域というよりも、教会と社会という現実的な領域をめぐる闘争の中で展開されてきた。それにもかかわらず、中世のいくつかの信仰告白にはこのような闘争が反映されている。教皇グレゴリウス七世が俗人による叙任の実践に反対し、皇帝ハインリヒ四世を破門したことはカノッサの屈辱で頂点を迎えたが、中世の政治の歴史の重要な一章である。『教皇令』の中でグレゴリウスは「(教皇は)皇帝を退位させる権利を持つ」という信仰告白をしており、「教皇自身は他の誰からも裁かれるべきではない」としている。[86] この二世紀後、教皇ボニファティウス八世は、一三〇二年『ウナム・サンクタム』という勅書の中において最も明確な言葉で、彼自身の権威が政治的な支配者たちからの攻撃で崩壊しているにもかかわらず、中世の規範的な立場として見なされるべきであると明言している。『ウナム・サンクタム』によれば、福音書が明記しているように「二振りの剣」があり、キリストが弟子たちに「それでよい」と明言したように、

(76) G. H. Williams 1951, 20-IV:12-13.
(77) *Edict* con.
(78) *CP II* anath.
(79) *Ecth* 5.
(80) *CP III.*
(81) 14・2「教会の信仰告白が突出した典礼」を参照。
(82) *Nic II* can 3.
(83) 詩一四六・三。
(84) *Lit Chrys* I.A.2.
(85) *Dosith* decr 10.
(86) *Dict Pap* 12, 19.

それ以上は必要ない[87]。「霊的」な剣と「物質的」な剣があり、「両方とも教会の権威の中にある」のだが、霊的な剣は「（教会）によって使われ」、世俗的な剣は「教会のために使われる」。最高位の教皇に与えられる教会の霊的な権力は、地上のすべての権威を裁く権限があるが、そのいかなる地上の権威から裁かれることはないのである[88]。

しかしながら、一六世紀の宗教改革において、特に改革派において、支配者と政治の義務を規定する信条と信仰告白の量が増加に転じていった。一五三〇年『アウグスブルク信仰告白』は、市民による政府が有効であると確言し、再洗礼派に反対してキリスト者による現職の正統性を主張することだけに留めている[89]。ところが、改革派の最初期の信仰告白である一五二三年『ウルリッヒ・ツヴィングリの六七箇条』は、政治的な権威を「キリストの教理と働き（*aus der Lehre und That Christi*）に根拠づけている」が、後期の信仰告白では「イエス・キリストの主権」に根拠づけている[90]。この箇条の「キリストの教理」の意味が明らかになるのは、『六七箇条』が、行政者が神の意志に反するいかなることも命じないことだけでなく（これはあらゆる時代の異なる信仰告白の共通的な部分であり[91]、しばしば新約聖書の「私たちは人間ではなく神に従わなければならない[92]」との命令に立ち返るものである）、「すべての法が神の意志と適合すべきである」との肯定的な要求した時である。この箇所以降のところで、「彼らが不信仰であり、キリストの基準（*regula*）に従って行動しない場合、彼らを神の名において退位させることができる」と続けられている[93]。フィリップ・シャフがこの定式に、「この箇条は革命の権利を主張している」という脚注を付けている[94]。ツヴィングリ派の一五三四年『第一バーゼル信仰告白』は、「すべてのキリスト教政府」の義務として、「神の名が民の間であがめられ、神の国が進展するように、全力を尽くす」ことを定めている[95]。

同じ傾向で、一五三六年『第一スイス信仰告白』は市政府の義務として、「もし専制君主になりたくないのなら、神の真の栄誉と、あらゆる冒瀆に罰を与えて根絶することによってふさわしい神礼拝を守り、促進し、また、教会の聖職者と福音の説教者が神の言葉に基づいて教え、語ることを促進し、効果的に実行できるように可能な限り努めるようにすること」としている。[96] このことが意味するのは、「教会の聖職者」が自身で市の公職を執行する義務はないが、市の行政者が聖職者の教えから神の意志を学び、政治秩序の中でそれを実行に移す義務があるということである。同様に、『第二スイス信仰告白』は、「宗教に対する配慮は特に聖なる行政者に属することである」と促し、彼に「真実で誠実な信仰の説教を促すこと」と「(真に異端者である)頑迷な異端者を取り締まること」という責任を割り当てている。[97] 一五六一年『ベルギー信仰告白』も同様に、キリスト教の支配者の義務として「反キリストによるすべての偶像礼拝と誤った礼拝を取り除き破壊することを視野に入れて、聖職者を保護すること」というリストを挙げているが、この信仰告白を継承した後の者たちがこのリストのいくつかを非聖書的であると否認している。[98] 一六四七年『ウェストミンスター信仰告白』は「信仰、礼拝、行為のいずれで

---

(87) ルカ二二・三八。
(88) *Unam* 8; 傍点は著者による。
(89) *Aug* 16.
(90) *67 Art* 35; *Un Pres* 37.
(91) *Aug* 16.7; *Boh I* 16.6; *Jer II* 1.16, 1.28; *Cumb Pres* 72; *New Hamp* 16.
(92) 使五・二九。
(93) *67 Art* 38-39, 42.
(94) Schaff, 3:204.
(95) *Bas Bek* 8.
(96) *Helv I* 26.
(97) *Helv II* 30.2-3.
(98) *Belg* 36.

あっても、自然の光またはキリスト教の既知の原理に反するような意見を出版したり、そのような実践を固持する」罪を犯した者は「責任を問われ、教会の問責と市の行政者の権威によって訴追される」と警告している[99]。注目すべきなのは、この最後のフレーズがアメリカ版の『ウェストミンスター信仰告白』では省略されたことである[100]。新世界において、『ケンブリッジ・プラットフォーム』では「宗教の事柄に配慮するのは行政者の義務である」としながらも、「不信仰、心の頑迷さ、誤った意見を吐露しないことは単に心の内部の問題であり、その認識と見解は対象外である」として範囲からは除外している[101]。一九〇八年『メソジスト教会社会信条』の教理的立場はアルミニウス主義の信仰告白にかなり近いものがあるが[102]、「社会の最高法規とすべての社会悪の確実な矯正としての黄金律とキリストの心の認識」という最終目標が掲げられる結論部分では、古典的な改革派の信仰告白とも近いものがあることも表明しており、教会の境界線を超えることとなった（同年後半に改訂された『教会社会信条』では最終目標の部分が削除されている[103]）。

「神の意志」「キリストの支配」「主イエス・キリストの主権」「黄金律とキリストの心」「真の宗教の維持と偶像礼拝と迷信の抑制」といったキリスト教の支配者の義務がこのような信仰告白の根底に存在していることは、単に聖書の神的な啓示の権威をキリスト者が普遍的に受け入れているという理由からだけではない。これらの信仰告白の規定の中に、説教者と教会によって発せられた聖書的な啓示が具体的な政治問題に適用でき、「社会の最高法規とすべての社会悪の確実な矯正」という特別な信仰が作用しているのである。六八〇—八一年『第三回コンスタンティノポリス公会議の信仰告白』では、異端に対抗する働きをしている「敬虔な皇帝」を「新しいダビデ」として称賛している[104]。しかし、一五二九—三〇年の政治的な危機のただ中で書かれた『アウグスブルク信仰告白』では、「皇帝陛下はダビデの例に倣って有益で敬虔な仕方でトルコ人に戦争を仕掛けることができる」と規定しているが、これは神の啓示の権威に基づいてではなく、そうできる理由を挙げて正当化しているものである。「（ダビデもカール五世も）両者はその人民を防衛して保護する要件のために王の地位に就いている[105]」ため、異教徒のローマ皇帝（やイスラム教徒のトルコのスルタン）に対する場合でも、イスラエルの王に劣らずに適用することができる。二〇世紀の歴史において激しく揺さぶられて批判されたものの、この政治的な信仰告白の見解によれば二つの神の領域があり、神がダビデ王（や皇帝カール五世やフリードリヒ賢侯）を通じて統治をなさるのは「左手の領域」なのである。[106] これとは対照的に、ダビデのような古代イスラエルの君主の例は、一五六〇年『スコットランド信仰告白』で、「宗教の保護と浄化……真の宗教を維持し、偶像崇拝と迷信を抑圧することは、特に王、君主、支配者の義務である」と示されている。[107] しかしながら、旧約聖書を含む聖書の法を政治的な生活や制度に適用するというこの特徴は、すべての聖書的な法を現代社会に直接適用できるわけではないため、『ウェストミンスター信仰告白』や他の改革派の信仰告白の例では大きな制約を受けることになる。なぜなら、イスラエルの人々にとって、「政治体制として、（神は）種々の司法を与えたが、人々の状況とともにそれらは廃れ、一般的な公正性が要求される以上に、もはやその義務はなくなった」からである。[108]

（99）*West* 20.4; 傍点は著者による。
（100）*West Am* 20.4.
（101）*Cemb Plat* 17.6-7.
（102）*Remon.*
（103）*Soc Meth* 11; *Soc Ch* 14; *Meth Braz* 3.5.
（104）*CP III* decr.
（105）*Aug Ger* 21.1.
（106）Schlink 1961, 226-69. Syndogmaticon 7.2, 7.3 を参照。
（107）*Scot I* 24.
（108）*West* 19.4.

改革派の信仰告白でも見られるこのような政治的な原理としての「一般的な公正性」や「自然の光」といった言及は、教派に関わらずほとんどの信仰告白で共通の信仰を表現しているが、神的な法としての「キリストの支配」や「神の意志」の聖書的な啓示が政治規範と見なされる場合でも、市民法の制定や公共政策の実施は、基本的には自然法に基づく人間の理性の職務であるとされている。『ウェストミンスター信仰告白』は冒頭で「自然の光と創造と摂理の行為は、人が弁解の余地がないほどに、神の善性、知恵、力を十分に証言している」ことを認めている。それゆえ、人間社会において「再生されていない人によってなされる行為は……その行為の事柄としては……神が命じたことであり、彼らにも他者にも有益であるかもしれない」という認識へと進んでいる。[109]神の啓示は「彼の言葉において」、「より明白に」与えられるが、『フランス信仰告白』によれば、「彼の創造の行為だけでなく、それらの保持と統治における」啓示もある。堕罪後も、人間は「全的に堕落している」状態であるが、それにもかかわらず理性を用いることによって「善と悪をなおも見分ける」ことができ、社会や政治においてもそうなのである。[110]『第二スイス信仰告白』によれば、「堕罪後の人間」の状態は、「彼の理性は彼から取り去られないし、意志も奪われず、石や木（*lapis et truncus*）に完全に変えられてしまったわけではない」としている。それゆえ、「地上的な事柄に関して、堕落した人間は完全に理解力が欠如しているわけではなく」、「知性の力」や「自然的な賜物」を持ち、「術」（arts）の一つとしての政治的な事柄でも理性と理解力の両方にかなりの程度、通じることができるのである。[111]

一八六九―七〇年『第一ヴァチカン公会議のカトリック信仰の教義憲章』は、神の啓示に関する布告を宣言する冒頭の箇所で、これらの宗教改革の信仰告白に比べてより寛大に堕罪の理由を評価してまとめている。「同じ聖なる母なる教会は、万物の源であり終わりである神が、人間の理性の自然の力によって、被造物の考察から確実に知られ得ることを保持し、教えている」。[112]換言すれば、神の啓示には、その限界の範囲内で理性を信頼することを必要とするのである。そして、神の啓示の権威には、その啓示が受け入れられるに際して何らかの権威を必要としない真理があることを教えているのである。『第二スイス信仰告白』の「堕罪後も人の中に地上的な事柄への理解が残っていること」と、『第一ヴァチカン公会議のカトリック信仰の教義憲章』の「人間の理性の自然の力によって、被造物の考察」をすることが、政治的な事柄や法的な事柄にまで多少なりとも及んでいるのであり、『アウグスブルク信仰告白弁証』が「市民正義（*iustitia civilis*）」と呼んでいる可能性を生み出すものであった。[113] 東方正教会での言い方として、『メトロファネス・クリトプロスの信仰告白』でも、「私たちが慣れ親しんでいる自然法（*emphytos nomos*）という自然の光」と言われている。[114]

政治的な困難や対立に対する教会会議、信条、信仰告白の応答は、多くの場合、具体的であり実際的な問題に対するものである。『ギリシア・ロシア正教会のキリスト教カテキズム』はカトリックと正教会の共通理解を表現し、ギリシア的キリスト教神学における「サクラメント」の専門用語である新約聖書の *mystērion* としての結婚に基づき、[115] こう定義している。「婚姻はサクラメントであり、男女の自由な意志に基づき、互いに誠実に司祭と教会の前で、二人の夫婦の合一がキリストと教会の合一の典型に基づいて祝福される」[116]。このことは東方正教会の伝統から生じた他の信仰宣言でも教えられていることであり、『メトロファネス・クリトプロスの信仰告

---

(109) *West* 1.1, 16.7. Syndogmaticon 1.2 を参照。
(110) *Gall* 2, 9.
(111) *Helv II* 9.2, 6. Syndogmaticon 1.2, 1.3 を参照。
(112) *Vat I* 2.
(113) *Apol Aug* 18.9; 10・1「改革期の信仰告白におけるキリスト教戒規の教理」を参照。
(114) *Metr Crit* 3.1.
(115) エフェ五・三二、Lampe, 892-93.
(116) *Russ Cat* 361-62. Syndogmaticon 10.15 を参照。

白』[117]、『ペトロ・モヒーラによる東方教会の公同で使徒的な正統信仰告白』[118]、『ドシセオスとエルサレム教会会議の信仰告白』[119]などがそうである。西方のカトリックの伝統を代表するものとして、『トリエント公会議の規準と布告』は、結婚のサクラメント的な地位を否定する者、あるいは「(婚姻を含む)新しい律法であるサクラメントが古い律法と何ら変わりがないと言う」者に、アナテマを宣告している。[120]

東方正教会と西方カトリック教会の信仰告白において、このことを再確認して反論することが必要になったのは、プロテスタント宗教改革が、ローマ・カトリックの伝統に対して、結婚のこの評価がそんなに高くないにもかかわらず高すぎるものとしてしまっていることを非難してきたからである。少なくともプロテスタントの信仰告白の中の一つでは、今なおも「天の国のために自分の独身主義を貫いている者は、結婚に巻き込まれて縛られるよりも的確に安全に行為している」というように自発的な独身主義を掲げているが、[121]プロテスタントの信仰告白は聖職者の独身主義の規定を「神の法、自然法、市民法に反しているだけでなく、教皇たち自身が作った教会法や最も知られている教会会議の決定に反する」と非難をもしているのである。[122]『イングランド教会の三九箇条』によれば、「司教、司祭、助祭は、神の法により、独身の誓願を立てたり、結婚を控えることを命じられてはいない」としている。[123]したがって、独身主義を要求することは、『第一スイス信仰告白』では、「神の秩序に反して、人間が発明し、考案した忌まわしく、恐ろしいもの」と攻撃している。[124]このように、独身主義に対して婚姻を擁護しているが、これらの信仰告白では同時に、婚姻のサクラメント的な地位を拒否している。再度、『イングランド教会の三九箇条』の言葉を挙げると、婚姻は「洗礼や主の晩餐のサクラメントと同様の性質を持っていないが、聖書の中で許されている生活の状態」の一つであると教えられている。[125]この拒否が一貫しているのは、少なくともいくつかの宗教改革の信仰告白が新約聖書における婚姻が旧約聖書のそれと変わるところがないと言っていることだけでなく、第一義的に婚姻が教会ではなく国家の事柄である、としていることである。その立場を最も率直に表しているのが『アウグスブルク信仰告白弁証』であり、「婚姻が最初に制定されたのは新約聖書ではなく、人類の創造のまさに最初のところにおいてである」と主張している。「サクラメント」のいくつかの標準的な定義（必ずしも一貫しているわけではないが）の一つを引用し、婚姻が「神の掟であり、約束でもある」ことを認めているものの、「これらは物理的な生活に適用され、新しい契約には厳密な意味では適用されない」と主張している。[126]『ウェストミンスター信仰告白』のように、そこまできっぱりと言い切らない信仰告白であっても、結婚が「教会（と）国家の行政者」の両方にとっての関心事であることを認めている。[127]また、『第一スイス信仰告白』によれば、結婚は「公の勧告と尊厳を保った誓約によって教会の前で確証される」が、「政府もそれを尊重すべきであり、結婚が合法でふさわしく執り行われ、法的に名誉ある承認が与えられるように注意すべきである」とされている。[128]

(117) *Metr Crit* 12.1.
(118) *Mogila* 1.115.
(119) *Dosith* decr 15.
(120) *Trent* 7.1.1-2; also *Syl* 65-74 and *Lam* 51.
(121) *Boh I* 19.2.
(122) *Aug Ger* 23.13. Syndogmaticon 10.13 を参照。
(123) *39 Art* 32.
(124) *Helv I* 27.
(125) *39 Art* 25.
(126) *Apol Aug* 13.14.
(127) *West* 24.6.
(128) *Helv I* 27.

教会と国家の行政者との間の共通の関心事である結婚の高潔さを守ることは、自ずと教育の分野にまで拡張された。『第二スイス信仰告白』は、「教会の中に合法的な裁判所を設立し、結婚の事柄を扱う聖なる裁判官を置く」ことを促している段落から、「子どもたちの教育（*Educentur quoque liberi*）」という言葉で始まる段落へと、いきなり移行している。[129] 子どもたちの教育は、第一義的には親の責任である。しかし、『ハイデルベルク信仰問答』によれば、十戒における神の律法が「福音宣教とキリスト教教育は維持されなければならない」ことを要求している。[130]『プファルツ教会規定』の文脈の中での『ハイデルベルク信仰問答』だけでなく、すべての他のカテキズムは、正式な信仰告白の地位を得たものもそうでないものも、この神の要求を満たすための道具として作られている。そしてもし『第二スイス信仰告白』の次の箇所が教えているように、行政者が「真理で誠実な信仰の説教を促進する」ならば、[131] 若者へのカテキズム教育も彼の任務に属するのは間違いない。かなり政治的な含蓄のあるこの立場への支持が、他の改革者やカルヴァン主義の信仰告白からだけでなく、やや意外なことに、『ルターの小教理問答』からも来ている。世俗的な科目だけでなくカテキズム教育も含めた子どもの教育は、親と「政治当局（*Oberkeit*）」の両方の責任であり、それを怠ることは「神の国とこの世の国の両方を損ない、荒廃させる」ことになってしまう。なぜなら「私たちは誰をも信じるように矯正することはできないし、すべきではないが」、それにもかかわらず、公共道徳と市民秩序のために、「人々が生活し、生計を立てていく基準に従って、どのように善悪を区別するのかを知るために学ぶことを主張する」義務があるのであり、このことはまさにカテキズムの中の十戒から教えられ得ることなのである。それゆえに、もしこのような教育を拒否する者がいれば、「君主はそのような無礼者を彼の領地から排斥することができる」[132]。

婚姻と教育は、古代教会以降、中世の時代を通して、信条、カテキズム、教会会議の政治的・神学的議題の上位であり続けてきた。しかし、宗教改革期に新しい議題が信仰告白の中に現れ始め、一三九五年『ロラード派の一二論題』が「戦闘での過失致死、もしくは一時的な目的のための偽りの正義の法」という非難を始めていた。[133]

このことは、カトリック教会や正教会の政治的な共通理解に対する挑戦を表しているだけでなく、キリスト者が「剣」を使う正当性が問われ、行政者がそのような共通理解を持ち続けてよいのかという政治的な前提に対する挑戦をも表している。新約聖書の政治についての重要な証拠テキストによれば、政治を行う行政者は、「無駄に剣を帯びているのではない。彼は神の僕として悪を行う者に懲罰を実施しているのである」[134]。ところが、メノナイト再洗礼派の一五二七年『シュライトハイム信仰告白』では、「剣はキリストの完全の外側にある神の命令である」という彼らのこだわりの声をあげている。したがって、「キリストの意志を理解しない多くの者たちが私たちに、善を守ったり保護したりするために、または愛のために悪に対してキリスト者が剣を用いてもよいのか、用いるべきなのかと尋ねる」時、答えは「キリスト者が行政者になることはふさわしくない」ということが「満場一致で示される」[135]。一世紀（また多くの迫害）後の「一つの都市や国家から別のところへ逃亡した（している）」後に[136]、一六三二年『ドルトレヒトのメノナイト信仰告白』は、「国家に対抗し、嫌悪し、非難する」いかなる教理的立場からも明白に決別した。また、真の信仰者にとって、「敵に対して剣をもって復讐したり抵抗したりすることに関して、私たちの主イエス・キリストが、彼の弟子たちや信仰者たちと共に、すべての復讐を禁じてい

(129) *Helv II* 29.2-3.
(130) *Heid* 103（出二〇・八の注解）.
(131) *Helv II* 30.2.
(132) *Luth Sm Cat* pr 19, 12-13; see Schlink 1961, 226-69.
(133) *Loll* 10.
(134) ロマ一三・四。
(135) *Schleit* 6; 傍点は著者による。
(136) *Dordrecht* 14.

ることを教えていると、私たちは信じ、告白する」という促しをさらに続けている。[137] ところが、ほぼ同時期に、ほぼ同じ教理的な方向づけをした英国のバプテスト派の信仰告白は、「宗教問題で私たちと反対の考えを持つ者たちの喉を切らなければならない」との反対派からの非難に対して、自身を弁護する必要を感じていた。[138] 再洗礼派の剣の解釈に反対して、行政的宗教改革の信仰告白では、十戒の殺すなというのは禁止ではなく実質的な要求であると教えており、例えば『ハイデルベルク信仰問答』は「権威者は殺人を抑制する手段として力を帯びている」と表現し、そのような「手段」の中には死刑も含まれている。[139] また、『ウェストミンスター信仰告白』の言葉では、「剣の権能」も含めて「キリスト者が行政者の職務に召された時に、それを受け入れ、執行することは合法的である」ということを教えている。[140] この教えは、『アウグスブルク信仰告白』でも再洗礼派の剣に関する見解に対してアナテマを発しており、「キリスト者が罪を犯すことなく……剣をもって悪人を罰し、正義の戦争を行い、兵士として仕えることができる」という立場を弁護し、[141] 同じアナテマが『和協信条』でも繰り返されている。[142] 改革派の信仰告白も「再洗礼派（と）他の無政府主義者の誤り」を、[143] またそれらと並んで「権威を拒否する同様の者たち」をも非難し、[144]『第二スイス信仰告白』の言葉では、そういう者たちは「キリスト者が行政者の職務を行うことを拒否し、行政者による死刑の執行も拒否し、行政者が戦争を行うことも拒否し、行政者に対して誓約をなすことも拒否している」と非難している。[145]

8・4　信仰告白の多様性の政治

英国教会の最初の信仰告白の宣言である一五三六年『一〇箇条』の序文の中で、ヘンリー八世は、彼の王としての義務と責任を「とりわけ私たちの宗教に関する事柄について、意見の一致と調和が増して前進するように、またすべての不同意や不一致の機会が抑制されて完全に根絶されること」と表現している。[146] ほぼ一世紀後の一六一五年『アイルランド宗教条項』にはこう示されている。「私たちの主なる神の年、一六一五年にダブリンで開催された会議において、大司教、司教、他のアイルランドの聖職者によって合意された宗教条項、意見の多様化を避けるために、また、真の宗教に関する同意を確立するために」。[147] この信仰告白は、ジェームズ一世の治世下にアイルランド監督教会（プロテスタントでは「アイルランド教会」と呼ばれているが）の政治的な状況から、またその状況に対して語られたものであり、一五九五年『ランベス条項』にすでに表明されている英国教会やカルヴァン主義の教理的な状況下で、[148] 一六一九年『ドルトレヒト信仰規準』の直前に英国教会の代表者たちによって署名がなされたものであった。一七世紀後半にイギリスでも、クエーカーによる一六七五年『ロバート・バークリーの神学テーゼ』では、「良心の問題だけで、また礼拝や意見の相違だけで、人を苦しめる殺人、追放、罰

(137) *Dordrecht* 13, 14; also *Ries* 37.
(138) *Gen Bap* 25.
(139) *Heid* 105.
(140) *West* 23.2, 1.
(141) *Aug Ger* 16.2-3.
(142) *Form Conc Epit* 12.12-16.
(143) *Belg* 36.
(144) *Gall* 40.
(145) *Helv II* 30.4.
(146) *10 Art* pr; 傍点は著者による。
(147) *Irish* pr; 傍点は著者による。
(148) *Lamb Art* 1-4.

金、投獄、その他すべてのものは、殺人者カインの霊から生じたもので、真理に反している」と抵抗している。[149]

これらのイギリスの信仰告白において、一方の側の「すべての不同意や不一致の機会」を抑圧し完全に消滅させることを強調している一番目の信仰告白や、二番目の「意見の多様化を避ける」というものと、他方の側の三番目の「良心の問題だけで、また礼拝や意見の相違」を擁護する信仰告白との間の対比は、特にイギリスにおける信仰告白と政治の近代発展史の中心思想となってきた。[150] 最終的に一七世紀の終わりに、イギリスは宗教的寛容を保証することの主導的役割を果たしたが、他国や他の信仰告白でもこのプロセスに同様に参与している。というのは、政治に対する信仰告白の多様性に関して、社会においても、ローマ・カトリック教会と教皇と教会会議においても、他の信仰告白においても、この二面性があったからである。

先に引用した『テオドシウス法典』の言葉は、信仰告白の多様性というまさにその考えを妨げてしまった。多様性の唯一の場所は、ニカイア信条によると「公同の使徒的教会が呪う」というところにだけ存在することになり、[151] その場所でまさにその多様性が誤りであると認められるのである。[152] なぜなら、もし教理の領域における異端が、政治の領域における扇動に等しかったとすれば、国家の統合のために、単一の信仰告白に適合させることを通して、教理的な一致が図られることになるからである。この信仰告白からの逸脱は、破門と追放による罰則を科せられた。一六世紀の宗教改革は、この信仰告白（それゆえに政治）の理想に対して、根本的な挑戦を示したように思われる。神聖ローマ帝国の一五三〇年の議会に『アウグスブルク信仰告白』、『四都市信仰告白』、ツヴィングリの『信仰の弁明』が提出された時、神聖ローマ帝国は絶対的な権力を持つ一人の独裁者に達するピラミッド構造に統合された一枚岩ではなかった。事実上は、公国、侯爵領、王国、自由都市といった「領邦」（estates）の連合であり、一三四八年『黄金勅書』の規定により、皇帝は世俗と教会の両方からの諸侯である選挙人のグループによる投票で選ばれた。一五三〇年一月二一日に皇帝カール五世によって発行された招集状によれば、アウグスブルク帝国議会の一つの目的は、「聖なる信仰とキリスト教の宗教に関する誤りと分裂の問題について……すべての人の意見、考え、概念を寛容をもって聴き、それらを理解し、それらを熟慮するため、あらゆる配慮がなされなければならない」ことを決定することであった。しかしこれらすべてをなすためには、「キリスト教の真理において人を集めて和解させる」意図が必要であり、それゆえ「一つの単一の真の宗教が私たちすべてによって受け入れられて保たれ、私たちすべてが一人のキリストの下で生きて戦うように、私たちが一つの共通の教会に統合されて生きる必要がある」(153)。この「一人のキリストの下で」生きて戦うという神聖ローマ帝国議会の定式を引用しつつ（二〇世紀にはローマ・カトリック教会とルター派との和解の声明文のタイトルともなった(154)）、『アウグスブルク信仰告白』の序文は、ドイツの諸侯や自由都市が自身の領邦内で教会の改革を実施する権利があると主張している(155)。誰も意図したわけではないのだが、このプロセスの歴史的な結果は、信仰告白の多様化であった（少なくとも最初は、一つの領邦の中で多様化したのではなく、神聖ローマ帝国内で多様化した）。領主の宗教が領邦の宗教を決定すべきである（*cuius regio, eius religio*）という原則であり、最終的に一五五五年「アウグスブルク宗教和議」で成文化された。それゆえ、しばしば述べられるように、信教の自由は宗教改革者による産物ではなく、宗教改革の産物であった。一つの信仰告白がこのことを教えたのではなく、多くの信仰告白が競合して

---

(149) *Friends II* 14.
(150) 17・2「キリスト教信仰告白の新旧の文脈」を参照。
(151) *N* anath.
(152) 1・2「連続性と変化の教父思想」を参照。
(153) Reu, 2:71-72; 傍点は著者による。
(154) *LuRC* 4.
(155) *Aug* pr.

存在した結果から生じたのである。

信教の自由と信仰告白の多様性について、すべての信仰告白の中で最も範囲を広げたものの一つが、一九六五年一二月七日の第二ヴァチカン公会議の第九会期に発行された『信教の自由に関する宣言』(*Dignitatis humanae, the Declaration on Religious Freedom*)である。良心の自由についての宣言をするにあたり、ニカイア・コンスタンティノポリス信条を言い換えた信条的な定式、[156]「私たちはこの一つで唯一の真の宗教が、公同で使徒的な教会の中に存在していることを信じる」と記すことによって始めている。しかし、この宣言は、「古いものと調和する新しい洞察を絶えず引き出すことは、教会の聖なる伝統と教え」からまったく逸脱していないと主張している。[157]それにもかかわらず、この公会議での「古いものと調和する新しい洞察」(古いものと対照的でもあるが)の顕著なものの一つとして、次のことが挙げられる。「個々人は信教の自由の権利を持つ。このような自由は、すべての人は、個人からの、集団からの、いかなる人間の力による抑圧から解放されるべきであり、宗教の問題において彼の良心に反することを強いられるべきでないし、彼の良心に従って行為することを妨げられるべきではない、ということから成り立っている」。この権利は政治的な便宜に基づくのではなく、(まさにこの宣言のタイトル *Dignitatis humanae*〔人間の尊厳〕で明白なように)「神の言葉の啓示と理性それ自体から知られる個々人の尊厳」に基づいているのである(啓示のみというわけではない)。そしてこれは市民の権利として、教会と国家の両方によって認められるべきものである。[158]信教の自由についてのこの教理的な発展に関連して、『信教の自由に関する宣言』は、過去にキリスト者個人と組織が信仰告白の違いにより弾圧と迫害の罪を犯してきたことを認めており、「人類の歴史の紆余曲折を経ながらの巡礼の旅路において(*per vicissitudines historiae humanae peregrinantis*)、時折、神の民も、福音の精神にほとんど調和しない形で、いやそれどころか反する形で行動してしまうことがある」。[159]このように、「教会の聖なる伝統」が「罪の告白」と「信仰の真理の告白」を同時に行うことにより、[160]第二ヴァチカン公会議の信仰告白は、少なくともこの点では、他の信仰告白を代表する声になったのである。

(156) *N-CP* 9.

(157) *Vat II* 9.1.

(158) *Vat II* 9.2.

(159) *Vat II* 9.12.

(160) Thomas Aquinas *Summa Theologica* 2a2ae.3.1（tr. Blackfriars）；２・３「信仰を告白すること」を参照。

第三部　信条と信仰告白の権威

信条と信仰告白の権威の問いは、多くの点で、その起源の問いと表裏一体である。とりわけ、信条の起源における聖書と伝統との関連の調査には、キリスト教の教えに関するこれらの規範（場合によっては単一の規範のこれら二つの面）との関連と区別の両方に注意を払う必要があり、またこれらの規範によって行使される相対的な権威にも、注意を払う必要がある。[1] もし、聖書のみ（*sola Scriptura*）の教理が、聖書の正典性と聖書解釈の一般原理であるだけでなく、その実践のための具体的な基準であり、論争になっている個々の聖句の正しい教理的な釈義の基準であり、そのことを積極的に主張することがプロテスタントの信仰告白で妥当であるならば、教理的な権威の真の場として機能しているのが、聖書「のみ」なのか、信仰告白の伝統の文脈で解釈される規範としての聖書なのか、そのどちらなのかが問われなければならない。[2] 教会にとって、信仰告白の中に「私たちは聖書の他にいかなる信仰箇条、信条、規律を持たない」と宣言することが、権威ある伝統になり得るのである。[3]

しかしながら、信条と信仰告白の権威の全般的な問いは、教会の伝統だけでなく、教会での具体的な構造と活動という特別な形を取る。教会生活を形作り、礼拝を整え、組織を管理し、奉仕者を立て、献金をするという教会のすべての営みは、権威と法に依拠する必要があり、教会法のある側面にとって（あるいはキリスト教であ

（1） 第5章「聖書、伝統、信条」を参照。
（2） 5・4「聖書解釈の信仰告白的な基準」を参照。Syndogmaticon 8.13, 8.15; Thompson et al. 1963, 124-56.
（3） *Adv* pr.

るかどうかにかかわらず、すべての宗教組織にとって）、組織的になることが避けられない特徴だからである。[4] 一五二〇年一二月一〇日に、マルティン・ルターが、教会と教皇制に不従順であるために彼を破門にさらした教皇レオ一〇世からの教書『主よ、立ち上がり給え』を焼いた時、グラティアヌスによる中世の教令集も一緒に焼いた。この出来事は、翌年のヴォルムス帝国議会で、「私はここに立っています。私はそれ以外のことはできないのです！」という宣言と同じく、個人的な反抗の表明であった。しかしこれ以外にも、一五一九年、一五二三年、そして大著として一五三五年に『ガラテヤ書注解』を著し、中世の教会の律法主義的な固定観念に対する神学的な抵抗を表明している。数年後に、ルターとその追従者たちを代弁した『アウグスブルク信仰告白弁証』では、これを〔自分で義を獲得できるという〕律法への考え（*opinio legis*）と呼ぶようになった。[5] しかしながら、その教令集を焼いた数年後に、ルターとヴィッテンベルク大学神学部の同僚たちは、ザクセン選帝侯領のプロテスタントの市当局から、結婚の実践と結婚の法に関する根本問題について、専門的な学問的・司法的な意見（もしくは見解〔*Gutachten*〕）を表明するように要請された。そのために、他の史料も含めたグラティアヌスの教令集を参照する必要が生じた。[6] そして最終的には、ザクセン選帝侯領とその他の地域の教会と国家を治めるルター派の当局は、一五三〇年『アウグスブルク信仰告白』と、次いで一五八〇年『一致信条書』の全体を、法的必要条件として強制することになった。[7]

確かに、教会の歴史で信条や信仰告白が提起される時点までは、信仰や教理についての公式な提案や助言のガイドラインにすぎず、それゆえに教会的な制裁や強制もなく、ましてや市当局からの制裁や強制もなかった。そのため、会衆派の一六五八年『サヴォイ宣言』は、「私たちの内にある信仰告白は、正当な要求のある時に、主権者なる神の栄光のためにすべての者が負う不可欠なものであるため、第一の戒めとしての義務に位置付けられている」という主張で始めている。しかし、第一の戒め「他の神々があってはならない」[8]という至高で「不可欠な」告白的な義務と、それゆえ正しい信仰告白を作成していくことは、明らかに信仰告白に権威を与えることや信条の強制を伴わないことである。なぜなら、同じ『サヴォイ宣言』の中で、「この性質の問題で、力や圧迫を伴ういかなるもの」も否定されているからである。[9] このことは、英国教会の設立に異議を唱えた英国会衆派に対する迫害をした市政府による圧迫に言及しているだけでなく、[10] 会衆派を苦しめていた他教会や、教会員の信仰に基づいた会衆派教会を含めたあらゆる教会の圧迫にも言及しているものである。それゆえ、後の会衆派の信仰告白である一八三三年『イングランド宣言』では、「統合の絆としての信条や宗教箇条の有用性を認めず、交わりの条件としての人間のいかなる定式に同意することに反対する」としている。そして、自らのルーツである『サヴォイ宣言』のような過去の信条や信仰告白（使徒信条も含めた古代教会のエキュメニカルな教会会議での信条や布告も含む）に関してだけでなく、自分自身に関しても、「以下の文章は、何らかの権威を持つべきではなく、同意を要する基準とすべきであることは意図していない」と主張している。後述のように、その理由は「人間の伝統、教父や教会会議、教会法や信条が、キリスト者の信仰と実践にまったく権威を持たない」のである。[11] ウィリンストン・ウォーカーは、これら二つの信仰告白および英国とアメリカでの他の多くの会衆派のものも含めた教理宣言集成である彼の一八九三年『会衆派の信条と綱領』の序文の冒頭で、この態度に関して、「会衆派は

（4）第4章「信仰と職制」を参照。
（5）*Apol Aug* 4.265.
（6）Möhler [1832] 1958, 1:497-98.
（7）9・4「法令の追従としての信仰告白への同意」を参照。
（8）出二〇・三。
（9）*Sav* pr.
（10）8・2「信条遵守のための市民法」を参照。
（11）*Eng Dec* 1.5, 4, 3.2; 傍点は著者による。

教理と政治の解釈に関して、地域教会に対して常に大きな自由を与えてきた。会衆派の信条は排他的な拘束力を持たず、その綱領は常に改訂の余地がある。同意のための試験ではなく、教会の信仰と実践の証人なのである」と定式化している[12]。

この「教理と政治の解釈」とあらゆる「同意のための試験」を避けるための「大きな自由」（その後もますますより大きな自由へと拡大）に則った傾向は、会衆派の中、とりわけアメリカ（この教派を継承したキリスト連合教会で）の会衆派の中においてだけでなく、一八九三年にウォーカーがこの言葉を書いた直後からまさに始まろうとしていた世紀に、会衆派を超えたリベラル・プロテスタント主義（Liberal Protestantism）の中で、ずっと強くなっていった[13]。しかし、信条や信仰告白の権威を最小限に解釈する近現代のプロテスタントの支持者たちでさえ、この「大きな自由」がほとんどのキリスト教の伝統から逸脱したものであったため、この事例に深い後悔があることを認めざるを得なかったのである。どちらかと言えば、これはリベラル・プロテスタント主義に固有の一つの特徴であり、ローマ・カトリック教会や東方正教会の人たちだけでなく、改革の時代に遡ったプロテスタントの先人たちやその対抗者たちも、ずっと信条と信仰告白の権威にこだわり続けた（続けている）からである。二〇世紀のエキュメニカル運動が繰り返し示すように、どんなに誠実に相互で開放と寛容に進んでいたとしても、突如、予想外で根の深い信仰の違い、つまり信条と信仰告白の権威が持続していたことによるつまずきが起こってしまうのである[14]。

（12）　Walker, xv.
（13）　17・1「近代意識による信条への不信感」を参照。
（14）　17・2「キリスト教信仰告白の新旧の文脈」を参照。

第９章　教会法としての信条的教義

三二五年の第一回ニカイア公会議から四五一年のカルケドン公会議にかけての最初の四つの公会議は、いまなおキリスト教の規範的な教えの信条と信仰告白の土台となっている三位一体とキリストの位格の教義を発布するだけでなく、ピーター・ルイエが指摘しているように、「教会職制の歴史の中に、教会法と規律の布告というマイルストーンを打ち立てた」(1)。これらの公会議および続く教会会議での教会法と規律の布告は、常に膨らんでいく教会の法体系の中に、道徳、行政、典礼の法として組み込まれていった。それらは、とりわけローマ・カトリック教会だが、東方正教会やプロテスタント諸派の相当数でも、神学的科学・歴史的規律となっていく教会法の基礎を形成していった(2)。そのようなものとして教会法は、教会の教理からは伝統的に区別され、より密接な関係があると思われるキリスト教の倫理や道徳の神学の分野からも区別されてきた。断食の教会の規定に違反することは実際に罪と言われてしまうが、それは教会に対する不従順の行為という理由からであり、国が違えば断食の規定もまた変わってくる(3)。教会が「サクラメントの執行において、受領者の益のために便宜を図る判断がな

(1) L'Huillier 1996, ix; 第４章「信仰と職制」を参照。
(2) Kuttner 1960.
(3) *Metr Crit* 18.4.

されれば、その規定を廃止したり変えたりする力」と権限を持っているからであり[4]、また、金曜日に肉を食べることが本質的に不道徳であるとか間違いであるということでなく、教会への不従順が神への不従順に等しいとされているからである。しかし、教会には規則を変える権限もある。このことは、第二ヴァチカン公会議の後にローマ・カトリック教会の断食と節制の規定が劇的に変えられた時に、何百万・何千万の教会員に明らかになったが、これまでの歴史では、教会の特例による免除によって、断食と節制の規定はたびたび運用停止状態に陥っていたのである。

しかしながら、いっそう十分に、いっそう正確に理解するために、教会法の概念は信条的教義も含める方法で定義すべきである。それは、その教会（もしくはある教会［*a church*］）がメンバーを拘束する教理に言及しているものであり、（西方ラテン教会で）*credendum*「信じなければならないもの」であり、（東方正教会で）「すべてのキリスト者が信じるべき教理」であり[5]、結果的には、必要に応じて教え、告白する義務も生じる。それゆえ、ヨハネ・パウロ二世の『信仰を守るために』は、形式的には「ある規範が法典の中に挿入されることによる」教会法の改訂であったが、それは大いに教理に関係することであった[6]。私たちがこれまでに「信仰の法則」（the rule of faith）と訳してきた *lex credendi* というラテン語は[7]、字義的には「信じることの法」（the law of believing）という意味がある。しかしいずれにしても信条的教義は、キリスト教界のそのほとんどの歴史の中で理解されてきたように、少なくとも一つの重要な点で規律的な法とは異なる。その教理的内容（言語的な意味とは異なるが）に関して、廃止されたり改正されたりするのではなく[8]、第一ヴァチカン公会議で教皇無謬性として定義された教理のように「改正不可」（irreformable）なのである[9]。加えて言えば、このような教義の見解はローマ・カトリック教会と東方正教会だけに限定されるものではない。ごく最近の信仰告白である一九四七年『フィリピン独立教会の信仰宣言と宗教箇条』にも、その結論部分の冒頭に、明確な禁止事項が記されている。「この信仰宣言は、変更されたり、改正されたり、無効にされるべきではない[10]」。この規律と教義との間の中心的な区別が無視される時（しばしばそうであり、あらゆる面でそうである）、その場合には、例えば、ローマ・カトリック教会の結婚の法は根本的に誤解されることになる。前例のないわけではなかったが（一五九五年一二月二三日『ブレスト合同』の例から明らかなように、ポーランドとリトアニアにおけるいくつかの正教会がローマ教皇庁と完全な交わりを持つに至った）[11]、ローマ・カトリック教会が、教区の聖職者に独身であることを要求する法を廃止し、既婚男性の叙階を認める東方正教会と初代キリスト教の実践を採用したことは、確かに革新的な行為であった[12]。このことは規律の問題であり、プロテスタントの攻撃に対して聖職者の強制的な独身主義を弁護している間もトリエント公会議の布告は多くの言葉を費やして「教会法（*lex ecclesiastica*）」の問いに取り組んでいた[13]。しかし、後のローマ・カトリック教会の公会議や教皇が、「新たな法としてサクラメントの中に正しくも数えられている（*merito inter novae legis sacramenta annumerandum*）」婚姻の定義を取り消すことは単純に考えにくいことであり、「私たちの聖なる師父たち

（4）*Trent* 21.2.
（5）*Aug Lat* 1.1; *Russ Cat* 66.
（6）*Ad tuendam* ttl.
（7）6・2「祈りの法則、信仰の法則」を参照。
（8）第1章「信条と信仰告白の連続性と変化」を参照。
（9）*Vat I* 4.
（10）*Philip Ind* 2.21.
（11）Halecki 1958.
（12）*Metr Crit* 11.6.
（13）*Trent* 24.9 decr.

と教会会議と教会の普遍的な伝統」であるこの定義はトリエント公会議の同じ布告によっても再確言され[14]、一五六四年『トリエント信仰宣言』では[15]、プロテスタント教会がサクラメントを洗礼と主の晩餐に限定することに固執したことへの対抗する部分となった[16]。こうなると、これはもう教理の問いである。

このような規律的な法と教義との間の区別にもかかわらず、教会によって信条と信仰告白の中に定められたこれらの教理がそれでもなお法的な力を持つことを理解する必要があり、前述のように[17]、ある時は世俗的な政府によって施行される市民法だけでなく、過去にはしばしば教会法と市民法が合体した形での教会法としても施行された。教会法としての信条的教義の地位は、『キリスト教の伝統における信条と信仰告白』の最初の四つの部に含まれる種々のコレクションの中の大部分の信条や信仰告白に当てはまるし、また、これらの信条や信仰告白を最初から、もしくは最終的に自分たちのものとした教会（ローマ・カトリック教会や正教会だけでなくプロテスタント教会といったほとんどの教会を含む）の歴史にも当てはまる。したがって、信条と信仰告白は法の体系を構築し、法の力を伴うため、自然法を抱き込むことも理にかなっている。世俗法も宗教法も、それゆえに教会法や信条法も含めたすべての法部門には、少なくとも次の五つの問題が含まれることになる。制定、批准、施行、遵守、解釈。しかし、これらのそれぞれは、本章では特別な仕方で適用される。なぜなら、教会法と市民法との間には根本的な違いがあるし、信条と信仰告白が教会とその教会員が神の啓示に基づいて信じ、教え、告白する宣言という独特の性質を持っていることも事実だからである。

9・1　法令としての信条的な定式

法の制定に関して、教会法が市民法の分野と類似していることとして挙げられるのは、信条と信仰告白の定式化である。法制化のプロセスと同様に信条化のプロセスにおいて、定式化に向けての重要な準備として、討論の果たす役割がある。あるプロテスタントの信仰告白では、「反対していると思われる者、実際に反対している者は、その見解を口頭と文書の両方で、明確で、適切で、重要な記述の宣言によって……公然と順々に説明する（べきである）」としている。[18] もしくは、ある公会議の言葉では、「真理は、信仰の問いについての討論がなければ、明らかにすることはできない。なぜなら誰もが隣人の助けを必要とするからである」と言われている。[19] それゆえ、信条の定式化の結果を後になって理解するための重要な要素は、先行する論争の複数の陣営を調査することであり、それらの陣営のそれぞれが、信条の最終テキストに何らかの指紋を残したはずだからである。信条テキストが討論との関係を説明しているものについては、三二五年のニカイア信条を挙げることができ、結論部分に「公同の使徒的教会は呪う」という立場を一連の引用を列挙して確言的な信仰告白をなしているが、[20] これは先行する討論の非難やアナテマの節だけでなく、肯定的な確言をもその文脈の中に織り込んでいることなのである。このケースについての場合、法学者が「原意主義」（original intent）と呼んでいるところの解明は、認められた立場に立つか、アナテマとされた立場に立つかによって相当変わってくる。もちろん、論争勃発以前の教理の確定状況にも依存してくる（必ずしもそうでない場合もあるが、歴史史料が残存していることが前提となる）。しか

(14) *Trent* 24.1 decr.
(15) *Trid Prof* 3.
(16) *Heid* 68; *39 Art* 25.
(17) 8・2「信条遵守のための市民法」を参照。
(18) *Tig* con.
(19) *CP II* decr.
(20) *N* anath.

し討論は、最終的に異端として非難を受けた立場と最終的に正統として勝利となった立場との間ではなく（だけでなく）、規範的で教理的な定式が信条や信仰告白の中に制定された後にも、正統派を主張するいくつかの立場の間でも交わされていったのである。ここでも信条の制定化と定式化の議論の役割は劣らず重要であるが、ただよりいっそう困難である。教理史の中に欠けている脚注を提供するのは、学術的な研究次第なのである。[21] 一五四五―六三年『トリエント公会議の規準と布告』は、多くあるものの中でも一つの例となるだろう。トリエント公会議からの多くのメモ、手紙、日記、提案書、布告草案は『トリエント公会議』の中に保存されて編集され、一九〇一年の初めにゲレス協会（Görres Gesellschaft）によって出版された。この貴重な埋蔵物の一次史料のお陰で、この公会議の第一六会期での信仰と行為を通しての義認の教理は、従来からの古い論争の学術文献に見られるように、多様なプロテスタント版の信仰のみ（*sola fide*）による義認に対してだけでなく、[22] アウグスティヌス派であるジロラモ・セリパンドを筆頭とするトリエント公会議の師父たちの間の一つまたは複数の派によって中世から受け継がれ、支持された義認と信仰のいくつかの多様な定義にも向けられていたことが、研究によって明らかになった。[23] このような再解釈は、トリエント公会議の初めからの定義「公会議が開かれた主目的は二重である」、つまり外的なものであるのと同時に内的なものである、ということにも合致するものである。[24]

信条や信仰告白は、その歴史のいくつもの時代の中にあって、確言や非難の定式が多く繰り返されているが、非常に多種多様な著者や支持者（偽名の信条もそうで、その最たる例がアタナシウス信条である）がその制定の過程にいたことが分かる。広範囲にわたる個人的なもの、地域的なもの、教会会議のもの、公会議のものを、最初の数世紀の信条の展開に適用したとしても、[25] そのことは教会史におけるいずれかの時代の信仰宣言の定式化を引き受けたキリスト教機関のリストを網羅したことにはならない。加えて、これらの機関が論争に応答して信条を定式化し、教会法としてそれを広めようとする正当性と能力は、それ自体が繰り返し論争の主要問題となっていき、それゆえ最終的にそれ自体が信条や信仰告白のテーマにもなっていった。逆説的ではあるが、少し後の時代になって信条や信仰告白の再確言をする際に、元来その信条を定式化した権威そのものに対する抗議を伴っている場合、正統性と能力は特に微妙な問題となり得る。一例を挙げると、東方との分裂後の西方教会は、以下の二つの公会議が（西方の目からすると異端的に）新ローマとしてのコンスタンティノポリス総主教を旧ローマ総主教と並べてあるにもかかわらず、三八一年の第一回コンスタンティノポリス公会議でのニカイア・コンスタンティノポリス信条の三位一体論的定式を、また、四五一年のカルケドン公会議での『カルケドン公会議の信仰定式』のキリスト論的定式を確言し続けた。[26] 同様の微妙な問題は、プロテスタントの信仰告白の中に、これらの三位一体論やキリスト論の教義が受け入れられるかどうかということである。というのは、これらの教義は四、五、六、七世紀の公会議で司教たちによって法制化されたものであり、その司教たちの後継者である一六世紀や後の世紀の司教たちのことを、同時代の宗教改革の信仰告白では断固として同等の権威を認めることを拒否し、これらの司教たちの中の「同輩中の首席」（*primus inter pares*）である教皇かつローマ司教のことを「真の反キリスト」と見なしていたからである。[27] プロテスタントの信仰告白は、この明らかな首尾一貫性のなさを（ローマ・カトリック教会と東方正教会は聖書と伝統の分離を引き起こすものとして容認できないが）、ニカイア・コンスタンティノポ

(21)　17・3「近現代における信条または信仰告白の学問的開花」を参照。
(22)　*Trent* 6.7-8.
(23)　*Chr Trad* 4:279-89 を参照。これは『トリエント公会議』に基づいている。
(24)　*Trent* 3.
(25)　第13章「初代教会における信仰の基準」を参照。
(26)　4・2「東方と西方の教会の職制の教理」と *Flor Arm* 9 を参照。
(27)　*Smal Art* 2.4.10; *West* 25.6; *Sav* 26.4; *Philad* 4. Syndogmaticon 11.3 を参照。

リス信条と『カルケドン公会議の信仰定式』が正統で拘束力を持つのは公会議の権威によってではなく、聖書的な正しさからである、という理由で正当化している。つまり、正統的な信条を受け入れることは、必ずしも司教、教皇、教会会議を受け入れる必要はないのである。[28] しかし、このような立場を取ることにより、プロテスタントの信仰告白は、信条、教会会議、信仰告白を教会法として「受容」することについて、自分たち自身で、教会法や神学の厄介な問題提起をしていることになってしまうのである。

9・2　批准としての信条、教会会議、信仰告白の受容

ほとんどの信仰宣言は、特定の必要を満たすため、また特定の問題に対して返答するため、一つの時代、一つの場所という特別な環境下で最初は起草された一時的な資料として制定されたのであり、必ずしも不明確な将来に目を向けたものではなかった。聖書のいかなる構成であっても伝達であっても、それを取り巻く歴史的な（少なくとも知り得る限りの）環境の考察が現代における解釈にとって不可欠な要素であるように、[29] どんな信条や信仰告白であっても同じことが当てはまる。本書と『キリスト教の伝統における信条と信仰告白』の序文と注の中に、歴史史料が提供されているのはそのためである。聖書も同様だが、信条や信仰告白において、その程度が適切かどうかは別にして、時には最も興味深く、しばしば最も重要な歴史的事柄は、信仰告白がその後、教会の生活や教えの中でどうなったかということである。特定の環境下で書かれた教会的な法の一部である信条や他のものが、一時的なものから規範的なものへと移行するプロセスは、受容（*reception*）という専門用語で呼ばれている。[30]

特に、一九六二―六五年の第二ヴァチカン公会議以来、教会史や教会法における権威的な力としての教会会議に新たな注目が浴びせられ、受容ということが神学的また学問的な研究対象として拡大していった。[31] ちょう

ど同じ時期に文芸批判や文芸史の発展もあり、著作の「受容史」(reception history)が、著作それ自体とその後の時代の両方を照らし出す言葉として使われていた。この語は法律学や法律史でも同様に共通なものとして使われ、その代表例が中世西方のローマ法と蛮族の法との関係の「受容」についてである。[32] この語が信仰告白や教会会議に適用される場合、依然として法的なプロセスのことを指していることに変わりはない。というのは、この語が教会(国家的であれ、宗教的であれ、地域的であれ、教派的であれ、もっと言えば、普遍的であれ)の意思決定と法制化のあらゆるメカニズムに関わってくるからであり、教会の信仰と教え、礼拝と実践の基準を採択することに用いられるからである。あるいは、イヴ・コンガールが定義しているように、「受容は教会(組織)が自分自身には由来しなかった決定を真に自分自身のものとして引き受けていく手段としてのプロセスのことであり、自分自身の生活に適用することができる基準としてそれが広まる措置を認めることであり……ある程度の同意、場合によっては判断が含まれ、そこでは組織の生活が表現され、その源にある霊的資源を発揮することも含まれる」。[33] 市民法での同様の概念は批准であり、その適用例として、『アメリカ合衆国憲法』の「理想的な基準を定義するに至った二つの基本原則。憲法はこの目的のためだけに選出された議会(この場合は教会会議のこと)によって提案されるべきで、その後、人民のある同意のメカニズムを通して批准される」ということに基づいていっ

(28) *Scot I* 20; *Helv II* 3.4, 11.18. Syndogmaticon 1.4, 8.11, 8.12, 9.1, 9.8 を参照。
(29) 5・4「聖書解釈の信仰告白的な基準」を参照。
(30) Hauck 1907.
(31) Grillmeier 1970; Congar 1972.
(32) この例についてはHazeltine 1926, 754-55 を参照。
(33) Congar 1972, 45.

る。[34]伝統的に、『イングランド教会の三九箇条』の結論は、信仰告白の受容を説明する「批准」(The Ratification)という見出しがつけられた節を含んでいる。「この箇条が実施される前に、私たちの主権者である女王エリザベスの同意と承諾によって再び承認され、領内で保持され、実行されることが許される……この箇条は丁寧に朗読され、上院の大司教と司教の手による署名と、議会の下院の全聖職者の署名によって、再び確認が取られる[35]」。

批准と受容の問題は、特別な形で、東方と西方との一つの対立問題となった。「エキュメニカル」だと認められた七つの公会議すべては東方で開かれ、その一つ(四三一年のエフェソ)を除いて、新しいローマであるコンスタンティノポリスもしくはその近郊で開かれたことは、歴史的・地理的に動かしようのない事実である。出席した司教の数の報告はしばしば不正確であるし、時には象徴的な数字であるため、そこから確かな統計的結論を出すことは困難である。ニカイア公会議が「三一八人」であるのは、アブラハムがロトを救出する際の僕の数がそうだからである。[36]カルケドン公会議が「六三〇人」であるのは、「カルケドン」の最初の二つの子音がギリシア文字でカイとラムダであり、その数価だからである。[37]しかし、これらの七つの公会議すべてで、西方よりも東方の参加者の方が多かったようであるが(三八一年の第一回コンスタンティノポリス公会議では、東方からのみだった)、東方の司教たちが古いローマの代表者たちに繰り返し敬意を払っていたことを見落としてはならない。加えて、公会議は皇帝によって招集されたのであり、司教や総主教が自分の権限だけで行ったものではなく、ましてや古いローマの司教や総主教が一方的な権限で行ったものでもない。教皇である大グレゴリウスは、私たちがここで『教皇グレゴリウス一世の信条』と呼んでいるものを作っただけではない。[38]ローマの司教の権威の定義を広げる一環として、彼は教会会議の権限の特別な理論の定式化をもしていったのである。一方では、彼は最初の四つの公会議である第一回ニカイア、第一回コンスタンティノポリス、エフェソ、カルケドンについて、こう確言している。「私たちが聖なる四つの福音書を受け取っているのと同じように、普遍的な聖なる教会の四つの教会会議を受け取る」。しかし他方では、彼は「(ローマの)使徒座の権限と同意がなければ、(教会会議によって）取り扱われた事柄はいかなる拘束力を持たない」とも言い、教会会議や公会議の行為にどんな後ろ盾があろうとも、ローマの使徒座には無効にする特権があることを保持している。(39) それが、コンスタンティノポリス総主教の地位に関する第一回コンスタンティノポリス公会議とカルケドン公会議の法令に対して起こったことである。(40)

そうなると、受容は常に不受容の可能性を秘めていることになる。(41) それゆえ、歴史的に受容へのプロセスとその意味を明確化する最良の方法は、受容を達成した信仰告白と達成できなかったものとを調査することであろう。第三回公会議として認知されるようになった四三一年のエフェソでの会議とは対照的に、四四九年の「エフェソ盗賊会議」は教皇レオ一世によって付けられた蔑称であり、その名が定着した。(42) ハルナックの妙言「カルケドン公会議は、盗賊会議と区別するために、盗賊・裏切者会議と呼ぶべきである」(43) は、極端な判断であることは確かである。にもかかわらず、その表面上にはいくつかの注目すべき類似点があり、それは四四九年のエフ

---

(34) Rakove 1996, 98; 彼の著書の「批准の概念」（The Concept of Ratification, 94-130）の章全体を参照。
(35) *39 Art* con.
(36) 創一四・四。
(37) See L'Huillier 1996, 85n. 10 on Nicaea, 303n. 48 on Chalcedon.
(38) *Greg I.*
(39) *Chr Trad* 1:335, 354.
(40) 4・2「東方と西方の教会の職制の教理」を参照。
(41) O'Gara 1998 の第一回ヴァチカン公会議を参照。
(42) Grillmeier-Bacht 1951-54, 1:213-42, 2:197-231.
(43) Harnack［1893］1961b, 4:196.

ェソと四五一年のカルケドンとの間だけでなく、特に四三一年のエフェソと四四九年のエフェソとの間もそうだった[44]。四三一年のエフェソと四四九年のエフェソの両方は、皇帝テオドシウス二世によって招集され、後者は四四九年三月三〇日の日付で、「ローマ、アレクサンドリア、エルサレム、テサロニケの司教たちの聖なる教会会議」に宛てられた訴えに応答してのものである。出席した司教たちの人数はほぼ同じであった。マリアを「神の母」（Theotokos）と宣言した四三一年六月二二日のエフェソでは約一六〇人、四四九年のエフェソでは約一四〇人であった。両教会会議ともアレクサンドリアの総主教によって支配されており、四三一年はキュリロス、四四九年はディオスコロスによってであり、ディオスコロスが後者の教会会議で、キュリロスが前者の教会会議で取ったような高圧的な態度だったわけではないというテーゼは、歴史的にもっともらしいと言うことができる。両教会会議ともコンスタンティノポリスの総主教によって非難され、四三一年はネストリオスによって、四四九年はフラウィアノスによってである。エフェソの教会会議がなされた四四九年末のフラウィアノスからの訴えに対し、テオドシウス二世は伝統的な皇帝の役割を行使し、エフェソの教会会議での布告を確認し、帝国のすべての司教にニカイア・コンスタンティノポリス信条への同意を再確認し、異端的なコンスタンティノポリスの総主教であるネストリオスとフラウィアノスを支持するいかなる司教をも選ばないように求めた。したがって、なぜ四三一年のエフェソが第三回公会議として成立し、四四九年のエフェソが盗賊会議となったのか、教理的な理由よりも手続き的な理由から（市民的であれ教会的であれ現実政治的な理由からは言うまでもなく）説明するのは困難であろう。コンガールは皮肉な仕方で、「第三回公会議の歴史は、それがエキュメニカルにふさわしいものと見なされることはほとんどなかった」と解説している[45]。しかし、四三一年と四四九年の法律上の根本的な違いは受容の違いであり、特に教皇レオ一世の四四九年の勅書による返答は、四四九年の会議によって退位させられたコンスタンティノポリスの総主教フラウィアノスに宛てられ、四五一年『カルケドン公会議の信仰定式』の土台として用いられた[46]。

四四九年のエフェソと、あるいは四三一年のエフェソと比較すると、フィレンツェ公会議では、一四三九年七月六日に公布された布告『天よ、喜べ』を受容する東方正教会のかなりの大規模な勢力の出席があり、会議の冒頭から支持を表明していた。彼らの中には、東方側のコンスタンティノポリス総主教ヨセフ二世やビザンチン帝国皇帝ヨアンネス八世パレオロゴスが含まれていた。加えて、受容の問題は、まさしくこの時、公会議の西方側の権力ある支持者たちから注目を受けていた。(47) 教会会議によって発布された信仰宣言が受容されるための一因は、たいていの場合、問題となっている教理が徹底的な吟味を受け、それゆえに早まった判断ではないということが認識されることに依存している。そのような理由から、フィリオクエをめぐる論争を切り拓いていこうとするフィレンツェ公会議の努力は、聖霊の二重発出の教理についての何世紀にもわたる両陣営の議論の論考を打破するためのものとして提示されたのである。この公会議での信仰告白は、「父と子から」（東方はこれを誤りであると拒否した）という定式を、「父から子を通して（*ex Patre per Filium*）」に置き換えただけでなく、「父から」のみ（これはニカイア・コンスタンティノポリス信条の元来の言葉であるにもかかわらず、西方は不完全と見なした）にも置き換えたのである。キュリロスのアナテマ主義の支配下でなされた四三一年のエフェソ公会議、および四三一年に排斥されたネストリオス派とアンティオキア学派全体が団結した四四九年のエフェソ盗賊会議は、単一の神学グループの勝利と見なすことができる。ところが『フィレンツェ信条』は、両極端のものを拒否しながら、両グ

(44) Vogt 1993 は注意深く四三一年のエフェソを調査している。Horn 1982 は四四九年のエフェソとカルケドンでの教皇レオの役割を比較している。
(45) Congar 1972, 46.
(46) Grillmeier-Bacht 1951-54, 1:1-242, 389-418.
(47) Krämer 1980.

ループによって主張される妥当な点を一つの信仰宣言にまとめるという形で、『カルケドン公会議の信仰定式』を模倣したものとして解釈することができる。[48]

それでも『フィレンツェ信条』は東方教会によって受け入れられ、受容されることに失敗した。[49] このフィレンツェ合同それ自身がそうだったように、反フィレンツェ合同もまた、大衆信仰、神学的研究、政治的現実主義、軍事的戦略、実用主義の集合体にすぎなかった。[50] フィレンツェ合同に対するモスクワ教会からの反対は、その履行を実質的に拒否し、また一五八九年にモスクワの総主教座がほどなく確立されたこともあり、ある面ではフィレンツェの受容の最も決定的な拒否を構成していた。[51] 教理的には、最も権威ある反対の声はエフェソの大司教であるマルクス・エウゲニクスから挙がり、『回勅』だけでなく『信仰告白』も書いて反対した。[52] しかし、イゴール・シェフチェンコがフィレンツェ公会議の「反響」(repercussions)と呼んでいるものは、[53] 直接的であれ間接的であれ、数世紀にわたって続いており、ウクライナにおける一五九五年『ブレスト合同』や、その一世紀後の『ウジホロド合同』がそうである。

9・3　正統の強制

他の法と同様、正統の教えを必要とする信条的な法も、効果的な強制力を必要とする。しかし歴史的には、教理的な一致を達成し、それを強制するために信条や信仰告白の権威が常に必要であったわけではないことを、ここでは注意すべきである。したがって、最終的にキリストの弟子(もしくは単純に「キリスト者」)となった者たちは、「信仰告白主義」のみに立脚した者たちか、逆に完全にそれを欠落させた者たちだったと主張するトマスとアレクサンダー・キャンベルとその追従者たちの教理的な正統の考えに基づいて結論を出すことは、誤りに陥る可能性が高い。というのは、トマス・キャンベルの一八〇九年『提言』の論文にあるように、[54] 彼らはいかなる教義も信仰告白も信条も法的に拒絶し、使徒信条でさえも「現在よりも恵まれない時代の軽信の実践に基づく宗教的な押し付け」であるとし、それゆえに「党派主義の原因と結果の両方であり、分裂を永続させている主因」であるとした。彼らはその代わりに新約聖書の唯一の権威を主張し、それとの関係で旧約聖書を第二の立場に据えた。(55)反対派（聖書と伝統が不可分であることを擁護するローマ・カトリック教会、聖書のみにこだわり「その原則を共有して」普遍的または特殊的な信仰告白を内包している改革派とルター派のプロテスタント教会）は、そのような信条の切り離しが教理的な無秩序に必然的に陥ると予言し、一六一五年『アイルランド宗教条項』ではそのことを「意見の多様性」と表現し、「避ける」べきことであると見なした。(56)今度はアレクサンダー・キャンベルが、聖書の唯一の権威を主張しながら現実的には妥協したものであるとプロテスタントの信仰告白の根本的な矛盾を攻撃したが、ディサイプル派（the Disciples of Christ）に属するある神学者たちが、明らかに平然と三位一体や受肉といった信条や信仰告白の伝統の主流である基本的な教理を否定するようになった時、反対者たちの予言は二〇世紀に差し迫ったものとして現れ始めた。しかしそれが矛盾であったかどうかはさておき、ディサイプル派の初

(48) 7・3「一致の道具としての信条と信仰告白」を参照。
(49) 12・2「大衆の宗教、祈りの法則、伝統」も参照。
(50) Geanakoplos 1966.
(51) *Prav Slov* 2:2446-54. 資料と分析は Krajčar 1976 を参照。
(52) *Mark Eph.*
(53) Ševčenko 1955.
(54) *Dec Addr.*
(55) *Chr Trad* 5:269-70.
(56) *Irish* pr; 8・4「信仰告白的な政治の多様性」を参照。

期の世代の者たちも、その後の世代の大部分のメンバーたちも、実際のところ信条が教えているほとんどのことを教えていたのである。最終的には、彼らはほとんど「信仰告白」とも呼ぶことができる教理的な宣言を起草した[57]。それゆえ、三位一体や受肉の教理に関して、歴史的な信条を継承していたローマ・カトリック教会、東方正教会、聖公会、信仰告白を重んじるプロテスタント教会といった他のキリスト者たちと、彼らは同じ教理の共通認識を保っていたのである。同様に、キャンベルの時代の英国会衆派も、「信条や信仰箇条に同意することへの警戒心にもかかわらず、また、信仰や規律といった人間的ないかなる基準を強いることへの不賛成にもかかわらず、人間的な正統の基準に同意を求めて強制するどんな教会よりも、彼らが教理においても実践においてもはるかに一致していた」という信仰告白を誇りに思うことができた[58]。

一九世紀から二〇世紀にかけて、特にアメリカだけというわけではないが、プロテスタントのいくつかの教派を破壊してしまった聖書の逐語霊感と字義的無謬性をめぐる議論は、信仰告白主義との曖昧な関係を露呈している。一六世紀の最初期の宗教改革の定式は、聖書の霊感と無謬性の教理を含み損なったが、その理由の一つはこの教えが争点ではなかったことが挙げられ、（すでに初代教会や中世からあったように、時にはかなり強調の度合いが変わっていたが[59]）競合する教派すべての共有財産であったことが挙げられる。一七世紀の間に、いくつかの新しい信仰告白がこの不十分さの埋め合わせを開始し、そのうちのいくつかは、一六四七年『ウェストミンスター信仰告白』のように、聖書は「神の霊感によって与えられ」ており、原語では「神によって直接霊感され、神の特別な配慮と摂理によってあらゆる時代に純粋に保たれている」というように、多くの言葉を費やして教えている[60]。一九世紀から二〇世紀にかけて、聖書の歴史批評的研究と聖書の創造の説明と現代科学との間に認められる矛盾の複合的な影響により、いくつかの教会にとって、聖書の霊感と無謬性がすべての教理の中で最も激論が交わされていた時に、長老派の『ウェストミンスター信仰告白』のような一七世紀の信仰告白のいくつかが、なおも標準的な信仰告白の体系の一部となっており、逆に、より最近の準・信仰宣言的なものがその権威を失っている状況だった。[61] 対照的に、一六五五年『真のルター派信仰の共通認識の再宣言』のように、聖書は「神の霊感によって書かれ、神はその内容を提供し、その言葉を既定した（*Deo inspirante, suggerente et dictante*）」と教えたが、[62] 広く採用されるに至らなかった。このような状況のため、さらなる補強が必要であると思われた。[63] しかし、聖書に関するこのような信仰告白が存在したことにより、アメリカの長老派教会やルーテル教会で、無謬性の教理を強制した者やその信仰告白を否定して非難した者に対する戒規の執行が効果的になされたのかということは、まったく明らかではないし、教理的基準に関しては明白に信仰告白的であったし、教会運営に関しては相対的に中央集権的であったが、それに比べて南部バプテスト連盟[64]や一般的なアメリカの福音派や原理主義はそれほど中央集権的でも信仰告白的でもなかった。[65]

宗教改革期の古典的な信仰告白には聖書の無謬性と逐語霊感の教理の詳細が欠けていたため、それが最も必要となった時期には、信仰告白の権威が鋭利でない武器のようになってしまったように思われたが、教会の信条と信仰告白の歴史のほとんどを通してそうだったように、その教理的な戒規が信仰告白を強制することと密着して

（57） *Design* (1968).
（58） *Eng Dec* 1.7.
（59） Kropatschek 1904, 423-35.
（60） *West* 1.2; 1.8.
（61） *Aub.*
（62） *Cons rep* 2.6.
（63） 5・4「聖書解釈の信仰告白的な基準」を参照。
（64） *Abst Prin* 1; *Am Bap* 1, 3. Syndogmaticon 8.14 を参照。
（65） *Camb Dec* 1.

いた事実はそのまま残っていた。コンスタンティヌスの時代からプロテスタント改革の時代と教派の時代を超えて、教理の強制の手続きが示しているように、霊的権能と世俗的権能との同盟により、最も効果的な信条の強制というくつかのメカニズムを作り上げていった[66]。宗教改革後のルター派信仰告白が、信仰告白的な一致の要件を定めているのは、教会や聖職者に関する条項でも信仰告白において一つになるという条項でもなく、「政治的行政官について」（On the Political Magistracy）とタイトルがつけられた条項においてである[67]。しかし、このような状況が続いている中で、特に教会と国家との間の同盟に徐々に亀裂が入り、最終的には分離したが、諸教会は公の教理を法的に順守させる必要性から、独自の手段と法律を追加して発展させていった。多くの異なるキリスト教共同体において、強制と受容（もしくはより正確には最初の受容と区別された進行中の受容）の特殊事例となったのは、信仰告白に対する忠誠を確認して法的に順守させる教会法であり、そこではしばしば信仰告白への同意、あるいは一五八一年『国王の信仰告白』の包括的な表現を借りれば「私たちの信仰告白、約束、誓約、同意」と言及している[68]。英国の事例では「自分の名前で署名することによって、宗教箇条、もしくは何らかの原則の公式な宣言に同意を示すこと、特に英国教会における『三九箇条』に同意すること」と定義されている[69]。歴史的な具体例のいくつかのものは、信仰告白への同意に関する神学的、知的、道徳的な問いを明らかにするために役立つだろう。

9・4　法令の追従としての信仰告白への同意

信仰告白への同意の神学的な問題の多くは、ルターの宗教改革によって最初に提起され、その後継者たちにとっても特別な関心事であり続けている[70]。その理由の一つとして、『アウグスブルク信仰告白』がプロテスタント宗教改革の信仰告白の最初のものの一つとして（最も早いものではないが）、早くに成立したからである。もう一つの理由として、一六世紀にすでに自分たちがそう呼び始めていたが、[71]「『アウグスブルク信仰告白』の神学者たち」が純粋な教理に没頭し、福音の教理（*doctrina evangelii*）とその純粋な理解を、教会とその一致の構成要素とするまでに至ったからである。[72] 一五三〇年に皇帝カール五世へ提出された『アウグスブルク信仰告白』の原本に諸侯や自由都市の名前が付されたように、一五八〇年以降にも『アウグスブルク信仰告白』が使用されることが増大していった。というのは、『一致信条書』が叙階や加入のための基準として要求されたからであり、そのことは信仰告白への同意が要求されるようになった最初の、もしくはほぼ最初の事例となった。[73]

　しかし、このような同意を求める状況はより複雑化していき、一五四〇年『改訂されたアウグスブルク信仰告白』へ向けて『アウグスブルク信仰告白』のテキストが改訂された結果、一九世紀と二〇世紀における信仰告白への同意と信仰告白の解釈をめぐる両方の問題へと後に波及していく前兆の道が敷かれることになった。ルター派の教えを定式化するため、『アウグスブルク信仰告白』のオリジナル（かつ公式）版の中で、フィリップ・メランヒトンが抱いていた平和に関するいくつかの懸念が、信仰告白の中で「古代教会がその著者から私たちに知られている限りにおいて、聖書やカトリック教会やローマ教会から逸脱しているものは……なにもない」と著さ

(66) 8・2「信条遵守のための市民法」を参照。
(67) *Cons rep* 16.78.
(68) *Scot II*.
(69) *OED* 10-II:44 からの適訳。傍点は著者による。
(70) *Def Plat* 1.1; *Br St Luth* 45-48; Walther [1858] 1972; Friedrich Bente in *Triglotta* 1:7-9.
(71) *Form Conc Epit* 1.
(72) *Aug Lat* 7.2; 3・3「『諸教理』と教理」を参照。
(73) Ritschl 1908-27, 1:193-403.

れているが、[74]『アウグスブルク信仰告白』の新しい版である『改訂されたアウグスブルク信仰告白』が生み出され、いくつもの重大な箇所で改革派のプロテスタントとの融和では反対の方向へ向かってしまった。これらの変更の中で最も重要なものは、聖餐におけるキリストの体と血の現臨の教理に与えた影響であり、このことをめぐってルターは、スコラ神学者たちや『ラテラノ信条』の追従者たちと実体変化の教理をめぐって論争したよりも、彼の生涯の最後の二〇年間に他のプロテスタント神学者たちとずっと激しく痛烈に論争をしていた。一五三〇年のオリジナル版では、「私たちの教会は、キリストの体と血が真に臨在し（*vere adsint*）、主の食卓で食べる者たちに配られる、と教えている。彼らは他の教えを教える者たちを認めていない」としているが、[75]『改訂されたアウグスブルク信仰告白』ではこの言葉を「パンと杯と共に、キリストの体と血は真に示される（*exhibeantur*）」と置き換え、反対の教えに対するいかなる非難も省略されている。[76]それゆえ、ジャン・カルヴァンと彼の追従者たちが進んで同意をしたのは、一六五五年『ワルドー派信仰告白』によれば、[77]『アウグスブルク信仰告白』に対してであるが、それは〔後者の〕「著者によって説明された」『アウグスブルク信仰告白』の定式の方である。[78]しかし彼らは、「『アウグスブルク信仰告白』という最初からの変わることのない（*ungeänderte*）私たちの時代のシンボル」であるルター派信仰告白の権威に強く固執する者たちからは、反対されたのである。[79]

一六世紀から一七世紀にかけての信仰告白への同意に関するもので特に興味深いのは、一五七一年『イングランド教会の三九箇条』の位置づけについてである。大司教ウィリアム・ロードによって国王チャールズ一世の名で作成され、しばしば『三九箇条』に付し印刷された一六二八年のいわゆる「国王の宣言」は、表面的には信仰告白とそれへの同意に関する位置づけを、かなり明確に定義しているように見える。

現在のところ、若干の違いは生じているものの、私たちの王国内のすべての聖職者が制定された箇条のほとんどに進んで同意していることに、私たちは慰めを感じている。このことは私たちにとって、彼らすべてが当該の箇条を真実な意味で、通常の意味で、字義的な意味において同意している中での議論であり、今のところ相違が残っている気がかりな点があったとしても、すべての人々が自分たちのものとしてイングランド教会のこの箇条を受け入れている。議論が生じたとしても、彼らのうちの誰もが制定されたこの箇条を放棄する意図はないからである。

国内の大学に属する者やその長、他のところに属するいかなる一般の読者も、この箇条に新しい意味を加えたり、公に朗読したり、決定したり、論争を生み出したり、あるいは大学内でそのようなことが起こるのを許したりしてはならない。また、国王の同意を得て議会ですでに確立した以外のことを、大学の会堂で語ったり印刷したりする神学者がいれば、彼もしくは彼ら違反者は、私たち教会の委員会のメンバーや他の者たちから、不興を買うことになるだろう。そして私たちは彼らに相応の処分が下されるのを見るだろう。[80]

しかしながら、数年後に、チャールズ国王自身が一六四九年一月三〇日に究極の「相応の処分」を被ることになり、大司教ロードも四年前の一六四五年一月一〇日に同様のことを被った。イングランド教会における信仰告白

(74) *Aug Lat* con 1.
(75) *Aug Lat* 10; see *Lat 1215* 3.
(76) *Aug Var* 10.
(77) *Wald* 33.
(78) McNeill 1957, 197-98 の短い議論を参照。
(79) *Form Conc Epit* pr 4.
(80) Forbes 1890, l-li; 傍点は著者による。

への同意の曖昧さは、厳格なカルヴァン派寄りに採択された一六一八―一九年『ドルトレヒト信仰規準』への受容の問題によってさらに複雑化し、それに署名した様々な国の代表団の中の筆頭に、イングランド教会の代表団が含まれていたのである。[81] このようなドルトレヒトへの英国教会の「同意」は（こう言うのがふさわしいのかは別にして）、一七世紀の英国教会の多くの者たちに、『ドルトレヒト信仰規準』の中核である全的堕落、限定的贖罪、二重予定といったカルヴァン派の教理への敵意を植えつけてしまった。

これらの二つの事例は、一六世紀および一七世紀以降、ルター派教会であれ英国教会であれ、信仰告白への同意のほとんどの原型となり、それゆえに次なる時代の多くの問題を輪郭づけていった。それにもかかわらず、一九世紀と二〇世紀には、これらの問題が教会生活の中で具体的にどのように機能したのか、いくつかの劇的な事例が見られる。[82] カール・ゴットリープ・ブレトシュナイダーは、一八世紀末から一九世紀初頭にかけてのドイツのプロテスタントの同時代人たちと同じく、宗教改革の信仰告白へ同意することが道徳的また知的に誠実なことなのか、大きな疑念を個人的には抱いたが、最終的にはこれらの思いに妨げられることはなく、神学研究を行い、聖職者として按手され、総監督（*Generalsuperintendent*）にまで登り詰めた、という経験をした。彼が見出したこの同意へのジレンマの答えの一つが、ルター派と改革派の信仰告白との間の和解と両教会の合同であるプロイセン合同（the Prussian Union）で表明された取り組みであった。[83] しかし、ブレトシュナイダーが改革派とルター派が違いを乗り越えて「福音主義教会」（*evangelische Kirche*）や「合同教会」（*unierte Kirche*）という名において一致する努力に参与したことに加えて、彼が一八四一年に出版した異例の著作の中で、この同意の問題に立ち向かったことも挙げられる。信仰告白からの引用に伴い、宗教改革神学の文脈では、法的順守としての信仰告白への同意の考え、つまり「信仰告白への強制」（*Symbolzwang*）としての正統的な信仰告白への強制の考え方は、一六世紀の定式それ自体の精神とも文言とも矛盾していることを、彼は検証しようとしたのである。[84] この彼の主張は広く受け入れられた。

別の研究事例として挙げられるのは、近代主義によってもたらされたローマ・カトリック教会における危機である。プロテスタントの信仰告白からは形式も効力も異なっているが、『トリエント公会議の教理布告』や『トリエント信仰宣言』には、(また、『第一ヴァチカン公会議のカトリック信仰の教義憲章』の大部分にも)先に述べた欠陥が共通に含まれており、それは、聖書とキリスト教の伝統に適用される歴史・批評的研究への関わりに対する詳細な注目が欠けているというものである。この欠陥があったおかげで、世間では近代主義者として認められているローマ・カトリックの学者たちが聖書のラディカルな解釈を提示したとしても、教会の公式の教えを超えたわけではないとの主張を展開することができた[85]。通常の神学論争の過程も、教会の通常の教導権(magisterium)も、教理的な規律も、そのような考えを取り除くことに成功せず、その反対にさらなる反感や分断を助長してしまう恐れがあったため、教皇ピウス一〇世は一九〇七年『検邪聖省』という布告の中で、聖書の霊感と無謬性に関係している一一の誤りを列挙した[86]。同年の回勅『主の群れを養う』で、彼は近代主義者が聖書の著者たちの霊感を(量的にではなく質的に)「どんな信仰者も自分の信仰を言葉や文字(*verbo scriptove*)で表現するように促された」衝動にすぎないものとして縮小してしまったことを非難した[87]。そこで、一九一〇年九月

(81) *Dort* con.
(82) この問題の全体像については、Hall 1995 を参照。
(83) Bretschneider 1841, 15; *PRE* 3:389-91 (Karl Rudolf Hagenbach).
(84) Bretschneider 1841, 40-49.
(85) *Chr Trad* 5:298-99, 325-26.
(86) *Lam* 9-19.
(87) *Pasc*.

一日の彼の「自発教令」（*motu proprio*）である『聖なる司教たち』の中で、彼はローマ・カトリック教会の神学教師たちに「反近代主義」の誓約をさせることを法制化した。「私は断固として、教会の無謬な教導権によって定義され、確認され、宣言されたすべてのことを、特にこの時代の誤りに対して直面している主要な教理を、総合的また個別的に取り入れ、受け入れる」。これらは詳細に列挙され、近代主義者によって提起された問題に多くのものが関わっている。一九九八年『信仰を守るために』の中で、このことは「時の流れの中で、『真理全体を教えるであろう』（ヨハ一六・一三）という聖霊の導きの下で、教会がより深く探求し、また探求し続けるだろうカトリック信仰の真理」を含めて拡張されるのである。[88]

『キリスト教の伝統における信条と信仰告白』の第五部の後のセクションで紹介されているテキストの多くが示唆しているように、信仰告白への同意の考察は、歴史的な信仰告白に同意をしてきた者たちが、同じ信仰告白に同意してきた者たちと、あるいは特に他の信仰告白に伝統的に同意してきた者たちと、合同や和解を歩む時に、とりわけ顕著なものとなる。もし和解が信仰告白の家族内で行われるのであれば、[89]二〇世紀の初頭の一九〇六年『アメリカ合衆国長老教会とのカンバーランド長老教会の再合同』の事例のように、[90]和解する両教派は、たとえ信仰告白とそれへの同意がうまくまとまらなかったり全員の同意を取り付けることができなかったとしても、従来まで十分であるとみなしてきた互いの信仰告白が十分な標準となっているか、という問いに取り組む必要が生じてくる。もし数世紀にわたって分離してきた二つかそれ以上の教派が和解するのであれば、例えば一九七三年『ロイエンベルク協定』によるヨーロッパのルター派と改革派教会のように、[91]もしくは数世紀の長きにわたって分裂してきたが、一九九四年『カトリック教会とアッシリア東方教会との間のキリスト論共同宣言』によって少なくとも合同に着手し始めた事例のように、[92]従来まで一つの信仰告白に固着してきた者たちは、なぜ和解が以前の信仰告白の立場への根本的な妥協にならないのか、同じ信仰告白の家族内の者たちに説明しなければならない立場に立たされる。『ロイエンベルク協定』によってなされた主張は、「加盟教会内では信仰告白の拘束力はそのまま残されている」ということであり、「新しい信仰告白であると見なされるべきではないが」、「異なる信仰告白の立場を取っている教会間の交わりを可能とするものである」という主張である。[93] また、南インド合同教会（the Church of South India）や他の合同教会の創設へと導いた交渉から生じた一連の資料を見ると、[94] 加盟教会のすべてが母教会の宣教によって生まれた場合、それぞれの教会は種々の信仰告白を持っており、ほとんどの教会は国内で相手と協定を結ぶことに成功したことがないため、新旧の信仰告白へ忠実であるかどうかの潜在的な矛盾の問題は避けて通ることができない。[95]

本書全体を通して議論されている信条や信仰告白の歴史の中からの他の事例によっても容易に増補することができるが、これらの歴史的な事例は、同意についての多くの問いを引き起こしており、それらの問いの中でも、本章で取り上げるように、神学的な問いが最も切迫したものとなっている。これらの第一の問いは、他の多くの神学的な問いと同様、例えば、宗教改革後のルター派の信仰告白や、[96] 二〇世紀に再確言された教理的に

---

(88) *Sacr ant; Ad tuendam* 2.
(89) *Un Ref Ch*（Reformed）1972/81/97/2000; *Morav Am*（Moravian）1995.
(90) *Un Pres; Pres USA.*
(91) *Leuen.*
(92) *Chr Dec.*
(93) *Leuen* 37.
(94) *CSI 1929; CSI 1947;* also *Ghana.*
(95) 4・4「エキュメニカル信仰告白的な対話における信仰と職制」を参照。
(96) *Cons rep* 16.78.

同様なものなども含め[97]、ラテン語で定式化されている。これら両方の新・宗教改革信仰告白（neo-Reformation confessions）は、「条件的」なものではなく、ルター派の信仰告白への「分類的」な同意を要求するものである。信仰告白が聖書と一致する「*quatenus*（限りにおいて）」ではなく、「*quia*（なぜなら）」信仰告白が聖書と一致しているからである。この *quia* は、これらの信仰告白の教えに対する忠誠が、聖書の教えに対する忠誠に等しいということを示しているように思われる。批評家たちは、信仰告白に関するこの意味合いが、本来の聖書のみ（*sola Scriptura*）の原則への矛盾を表していると見なした。というのは、プロテスタント宗教改革の諸信仰告白がまさしく『トリエント公会議の規準と布告』の中にある次のような定式に反対して、聖書のみということを精力的に支持してきたからである。「公会議は、敬虔と崇敬の念を込めて、旧新約両書のすべての書簡を……カトリック教会の絶えることのない継承の中で保存されてきた……信仰と行いの両方に関する伝統を……受け入れ、尊ぶものである[98]」。ルター派の『一致信条書』への *quia* 方式の同意は（改革派でも例えば『ウェストミンスター信仰告白』への同意がこれに相当する）、たとえそこでの伝統が聖書のみを教理として定めた場合であっても、伝統の権威へのひそかな回帰になるのだろうか。この反対に対する応答は、*quatenus* 方式の信仰告白への同意は、無意味であり強制力がないというものだった[99]。それは「教理のあらゆる風によって前後に揺さぶられて運ばれる」ことに対する架空の保護にすぎないものである[100]。信条を聖書と一致する「程度にまで」というだけの同意では、どの程度までなのかということをまったく特定できていない。結局、修辞的な議論では、キリスト教徒はコーランでさえ、聖書と調和する程度にまで同意することができるとなってしまい、例えば一神教の教えや、モーセやイエスの権威を認めることなどもその中に含まれてしまう[101]。

第一の問いと同一ではないが、その由来としては関連する第二の神学的な問いはこうである。信条や信仰告白への同意は、そこに記述されている教理にだけ及ぶのだろうか。それとも歴史、政治、科学、道徳的判断、とりわけ聖書の特定箇所の解釈といった事柄にも及ぶのだろうか[102]。繰り返しになるが、代替案も同じく受け入れられないものになる可能性がある。[103] もし聖書の特定箇所の解釈が同意の対象外であるなら、特定の信条の教理が明らかに寓意的または類型的な聖書の読みに依存している場合のように、たとえその聖書釈義によって導かれた教理が受け入れ難く、少なくとも決定的でないものであったとしても、信条への忠誠がその教理の受け入れを要することを意味するように思われた。例えば、マリアの終生の処女性（*Maria semper virgo*）の教理の厳密な釈義は、少なくとも部分的には、旧約聖書の「この門は閉ざされたままである……イスラエルの神である主がそこから入られたからである」[104] といった記述の類型的な解釈に依存している。[105] 終生の処女性は、東方と西方の両方における公同的な伝統の一部であり、ルター派の『シュマルカルデン条項』[106]、フス派の『（第一）ボヘミア信仰告

(97) *Br St Luth* 47.
(98) *Trent* 4.
(99) Walther [1858] 1972, 64-70.
(100) エフェ四・一四。
(101) Walther [1858] 1972, 58.
(102) 5・4「聖書解釈の信仰告白的な基準」を参照。
(103) Bretschneider 1841, 66-94.
(104) エゼ四四・二。
(105) Athanasius *Discourses Against the Arians* 2.70 (*NPNF*-II 4:386).
(106) *Smal Art* 1.4.

白』[107]、ツヴィングリの『信仰の弁明』[108]、改革派の『第二スイス信仰告白』[109]を含めたプロテスタントを代表するいくつかの信仰告白の伝統の中でも、ラテン語の言葉で繰り返されていたのである。それゆえに、新約聖書で言及されているイエスの「兄弟たち」(brothers)の字義的な意味は、この解釈に従わなければならない[110]。しかし、もしこの聖書的釈義が、その教理に対してだけでなく、信条と信仰告白に対しても規範的なものであるとするならば、「聖書を探求せよ」という命令は切り落とされてしまうもののように思われる[111]。なぜならこのような「探求」は、信条ですでに言及されていることと矛盾している何かを探し出すことを、先験的に(a priori)除外するだろうからである。

次なることとして、この問題は多くの深刻な道徳的問題を提起している。それらの中の一つが、信仰告白への同意と良心の自由との両立の問題であり、この自由は職業上の権利でもあるため、そこには学問の自由と聖書学者や他の神学者の職業上の義務の問題が含まれている。彼の名が永久に付されることになった『エゴ・ベレンガリウス』を筆頭とするトゥールのベレンガリウスによる二つの信仰告白から引き出された中世における権威の環境は[112]、強要であり拷問でさえあった。しかし、キリスト教史において、これだけが孤立した事例であるわけでは決してない。前述のように、『第二ヴァチカン公会議の信教の自由に関する宣言』は、この事例や他の事例を挙げることはしていないものの、「神の民の生において、時には、人間の歴史の中で紆余曲折をしながら巡礼を続けてきたように、福音の精神にそぐわない、それどころか反するような行為を取ってきたこともあった」と認めている[113]。良心の自由と密接に関連しているのは、純然たる正直さの問題である。『イングランド教会の三九箇条』への同意について、ジョン・ヘンリー・ニューマンの自叙伝である実話小説(roman à clef)(サムエル・ジョンソンを引用しているが、出典は不明)の中の特徴の一つによると、「私たちは平和の箇条としてこの信仰箇条に署名しているだけだ。この信仰箇条を本当に守っているものとしてではないが、反対するものとしてでもない。したがって、私たちがこの信仰箇条に署名する時、私たちはこの信仰箇条に反対して説教しないことだけを誓約しているのである」が挙げられる。[114]著者としての個人的な経験が、彼の「トラクト九〇」〔『三九箇条』がカトリック的に解釈できるという彼の見解が示された一八四一年に発行されたもの〕をめぐる論争の中で明らかになったように、信仰告白への同意についてのこのような意見は、その問題の解決よりも、信仰告白の解釈の問いをより多く引き起こしたのである。

9・5　信仰告白の解釈の基準

信条や信仰告白の位置付けは、もしくは他のいかなる法でもそうだが、その解釈の程度にかなり依存し、それゆえに、後の世代による解釈の原理が適用されることになる。[115]聖書解釈の信仰告白的な基準があるように、[116]それゆえ、信仰告白的な解釈の基準も必要とされているのである。しかし、初代教会が旧約聖書の解釈を決定する

(107) *Boh I* 17.4.
(108) *Fid rat* 1; also *Hub Chr Cat* 2.14.
(109) *Helv II* 11.4.
(110) マタ一二・四六、一三・五五、マコ三・三一、ヨハ二・一二、七・三、五、一コリ九・五、ガラ一・一九。
(111) ヨハ五・三九、例えば *West* 1.8 に引用されている。
(112) *Brngr 1059; Bngr 1079.*
(113) *Vat II* 9.12.
(114) John Henry Newman *Loss and Gain*, ch 15.
(115) Garet 1985.
(116) 5・4「聖書解釈の信仰告白的な基準」を参照。

ために、まずは口伝伝承を、次いで新約聖書を用いたように、またその後に、新約聖書の解釈を決定するために伝統と信条と信仰告白を用いたように、教会は結局、信条と信仰告白の解釈の基準も発展させなければならなかった。このような解釈の基準の必要性はすでに三二五年に噴出していたのであり、ニカイア信条の解釈をめぐる激しい論争に始まり、最終的には三八一年の第一回コンスタンティノポリス公会議とニカイア・コンスタンティノポリス信条の採択へと至っている。変更不可の信条として指定され、その結果としてそのような変更不可の信条に唱えられる実践がなされた信条がニカイア・コンスタンティノポリス信条であり、後の公会議では、少なくともこの信条の形式では、これまでのところ扱われてこなかった神学的な問いに対する答えが求められたため、一つの信条で別の信条を解釈する解釈の原理を発展させる必要があったのである。[117]

信条と信仰告白の解釈論を最も明確に定式化したものの一つは、一五三六年にルター派と英国教会が共同で採用した『ヴィッテンベルク条項』の冒頭の言葉である。「私たちは単純に明白に、いかなる曖昧なところもなく、私たちが信じ、保持し、教え、弁護している正典である聖書と三つの信条、すなわち使徒信条、ニカイア信条、アタナシウス信条のすべてを、信条そのものが意図し、聖なる教父たちが用い、弁護したのと同じ意味で、告白する」。[118]これら二つの教派の主要な信仰告白である一五三〇年『アウグスブルク信仰告白』と一五七一年『イングランド教会の三九箇条』は、本章のこれまでのところで述べてきたように、信仰告白への同意の問題を分析する上で歴史的な基盤となるものであり、同時に信仰告白の解釈をめぐる議論で最も激しく争われたものでもある。宗教改革とその信仰告白において「カトリック的な性質とプロテスタント的な原理」を並置したことは、[119]これら二つの信仰告白の解釈にとって何を示唆するのだろうか。『イングランド教会の三九箇条』のよりプロテスタント的な要素を、[120]『祈禱書』の中になおも残存しているよりカトリック的な性質をもとに「訂正」(correction)するのだろうか。『アウグスブルク信仰告白』のよりカトリック的な要素を、[121]おそらく「若きルター」が最初に改革者となった時のより過激なプロテスタントの原理の光の下で「訂正」(correction)するのだろうか。

『一致信条書』の解釈の長年の問題は、とりわけ、一五八〇年『一致信条書』の中に収められている信仰告白の資料の最後である一五七七年『和協信条』へ同意できるかどうかの問題であったが、最初の厳密な信仰告白である『アウグスブルク信仰告白』の解釈に重点が置かれていた（ルターの『小教理問答』と『大教理問答』が前年にすでに書かれていたが）。これらの背後には、『一致信条書』の最初のところに置かれている使徒信条、西方改訂版ニカイア・コンスタンティノポリス信条、アタナシウス信条の解釈問題が横たわっていた。というのは、一五四〇年『改訂されたアウグスブルク信仰告白』をめぐる論争は、ジャン・カルヴァンのような改革派の神学者たちによる、従来版である一五三〇年『アウグスブルク信仰告白』への同意の許容度に影響を与えるような、主としてメランヒトンによってなされた一方的な変更の合法性だけが関連していたのではなく、テキストそのものの解釈も関連していたからである。一九五九年に『一致信条書』の英訳をした二〇世紀の翻訳家であるセオドア・G・タッパートは、ルター派の信仰告白の解釈に関する「三つの主要な引用元」についての広く受け入れられている共通認識を要約してくれた。「マルティン・ルター、宗教改革以前の教会、聖書」[122]。英訳をした翻訳チームのもう一人のメンバーであるアーサー・カール・ピープコーンは、その解釈の原理と手順についての彼の見解を述べている。

---

(117) 1・1「公会議の決定における連続性 vs 変化」を参照。
(118) *Witt Art* 1; 傍点は著者による。
(119) 16・3「宗教改革の信仰告白におけるカトリックの本質とプロテスタントの原理」を参照。
(120) *39 Art* 20.
(121) *Aug Lat* con 1.
(122) Tappert 1947, 359-65.

私たちは、シンボル（the Symbols）という元来の歴史的な意味を理解し、告白すべきである。すなわち、問題となっている問いが定式化された時点でこの語が持っている意味においてであり、その後の論争における弁証を通してこの語が獲得した何らかの意味においてではない。つまり私たちは、改革者たちがその用語に当てはめた意味をもって、宗教改革以前の資料であるカトリックの信条を読み替えてはならない。同様に私たちは、その後のルター派の組織神学者たちがその用語に教理的な洞察を当てはめた意味をもって、一六世紀の特定の信条を読み替えてはならない[123]。

これら両方の処方があって、信仰告白の解釈と信仰告白への同意が成り立つのである。

しかし、一九世紀後半から二〇世紀前半にかけて発展した解釈方法の多様性は、「長きにわたって確立した秩序を逆転させ、宗教改革の動的な信仰を、信条の教理に適用させる代わりに、改革者たちの教えに照らして宗教改革の信条と信仰告白を解釈したのである[124]」。この方法論は、信仰告白者がただ「静的」に信仰告白をするとしていたものに代わって、宗教改革の教えのより「動的」な解釈と見なされるものに、ルター派の信仰告白の解釈を調整しようと努めたものである。ルターが作者である三つの信仰告白（二つの『教理問答』と『シュマルカルデン条項』）だけでなく、とりわけ新たに発見された一五一六年『ローマの信徒への手紙講解』を中心とする彼の初期の著作への新たな注目は、ルターの再解釈に実存的また動的な強力なツールをこの方法論に提供し、『アウグスブルク信仰告白』とより強制力のある『和協信条』は軽視されていった。一八一七年のプロイセン合同に始まり、一九三四年『バルメン宣言』、一九五七年『アルノルトシュハイン提題』、一九七三年『ロイエンベルク協定』で終結した一世紀半にも及ぶドイツの改革派とルター派の信仰告白の和解の努力とちょうど重なるように[125]、この信仰告白の権威の再解釈は、信仰告白の解釈そのものにも多くの影響を与えた。結果として、ヴェルナー・

エーレルトの信仰告白者論争によれば、「二種類のルター主義（一方は信仰告白の中に制限される立場、他方は一九世紀の神学教授たちの中に最もふさわしい表現を見出した立場であり、ルター主義が元来持っていた意味を客観的な規範としてもう一度据え直すべきだと考える立場）」との間の対照が出現した。[126]

同じ時期に、反対の方向に向かってではあったが、似たような解釈の努力が（宗教改革の信仰告白のカトリック的本質の痕跡から離れるのではなく、カトリックとの共通見解と想定されるものに向かって）、『イングランド教会の三九箇条』に適用されていた。信仰告白の解釈をめぐるあらゆる論争の中で最も有名なものの一つは、『時局トラクト』の第九〇番目のものとして一八四一年二月二七日に出版されたジョン・ヘンリー・ニューマンの「三九箇条のある箇所に関する考察」に対する応答の中で勃発した。[127] このシリーズ本は、一八三三年以来の英国教会内でのオックスフォード運動を引っ張ってきたニューマンや他の「トラクト派」（Tractarian）の指導者たちから出版されてきたものである。[128] ニューマンが「トラクト九〇」を出した目的は、彼がその序文のところで言っているように、「私たちの祈禱書は全面にわたってカトリック起源であることは誰もが認めるところであるが、私たちの三九箇条も、非カトリック時代の産物であるが、神のよき摂理を通して、少なくとも言えるのは非カトリック的でないことであり、心と教理においてカトリック的であることを指向している者は同意できるものであるこ

(123) Piepkorn 1993, 19-20.
(124) Pauck 1961, 334.
(125) *Barm; Arn; Leuen.*
(126) Elert 1962, 9-10.
(127) Middleton 1951, 同時代史料からの豊富な引用も含まれている。
(128) Brilioth 1933.

とを示すこと」にあった[129]。この目的のため、ニューマンは「トラクト九〇」の中で、『三九箇条』をできる限りカトリック的に読むことに努めた。一八六四年に彼が説明しているのは、「この箇条に柔軟性があるのはまったく疑いの余地がない」ということである。このことを土台にして、プロテスタント主義とローマ・カトリック教会との間で論争となっている多くの問題、特に煉獄の教理、画像と遺物の崇敬、聖人への祈り、ミサの問題に関して、彼は「ローマの教義の方向性の柔軟性の限界がどこまでであるかを確かめたかった」のである[130]。他の事柄はともかく、「トラクト九〇」は、『イングランド教会の三九箇条』に対する信仰告白への同意が曖昧な状況になっていることに対して、劇的な注目を与えた[131]。個人としての最終結果であるが、四年後に、ニューマンはローマ・カトリック教会の交わりに受け入れられた。しかし、この箇条や信条と信仰告白の解釈への取り組みは、なおも続けられている。

(129) Newman [1841] 1964, 150-51.
(130) Newman [1864] 1967, 80. Syndogmaticon 12.1, 8.10, 3.8, 10.9 を参照。
(131) Schmidt 1966.

第10章　信条ではなく行為か？

教会史のどの時代であっても、信条と信仰告白の権威への最も執拗な挑戦は、道徳が損なわれてしまう懸念が広がることであり、一方の道徳律と、他方の教義的信条やそれと密着している礼拝祭儀との間に調和が取れないことによって生じ得るものである。このような認識は、ヘンリー・ワズワース・ロングフェローが詩で表した現代におけるスローガン「信条ではなく行為」（deeds, not creeds）に象徴されている。

大学からの神学者
ケンブリッジからのチャールズがいた
舌も筆も熟達し
彼はどこでもすべての人たちに説教した
黄金律の福音を
その人たちに与えられた新しい契約を
信条ではなく、行為を考えていた
私たちの最大の必要を助けてくれるだろう
敬虔な足取りで大地を踏みしめた
彼の計画から自然を払いのけなかった

しかしなおも深い探求がなされている
普遍的な教会を建てるために
神の愛と同じように高尚なもの
人間の必要を満たすのに十分なもの(1)

この警告は、三位一体の第二位格であるイエス・キリストと神の子の受肉についての信条を強調するあまり、道徳的な教師であり模範であるイエス・キリストの行為が犠牲にされてしまうことへの危機感からのものであり、一九世紀の別の詩の中にあるレトリカルな問いによっても劇的に強調されている。

ああ！　もし恥じることのない聖画像破壊論者が
いにしえのぼろぼろの衣類崇拝者がいたとしたら、
死者の埋葬の衣服からキリストがついに甦るのだろうか。
もし人が導かれるところに従うとしたら、
アタナシウス信条をつぶやくのに疲れるのだろうか。(2)

この危険性はずっと以前から認識されて指摘されてきたことであり、とりわけ正統キリスト教の代弁者が、自身の説明や弁証の文書の中で述べていることである。アレクサンドリアのクレメンスやアウグスティヌスといった初代キリスト教の弁証家たちは、ギリシア・ローマの異教を、儀礼的な細部にこだわりすぎて、道徳的な行いとの調和が取れていないことを攻撃していた。(3)　イスラム教徒からの批判に対して、『コンスタンティノポリス総主教ゲンナディオス二世の信仰告白』は「正しく信じ、かつ、正しく生きる者の魂と体は、楽園へと出で立つだろう」と明示している。[4] しかし実際にはキリスト教は礼拝の正しさのみならず、教理的な正統という細かい点にこだわりすぎて、道徳を犠牲にしてきたという印象が広まっている。このことは、キリスト教の信条と信仰告白の歴史を貫いて継続してきた問題である。イエスの聴衆に語りかけた譬え話の中で、こう定式化されている。「あなたがたはどう思うか。ある人に二人の息子がいた。父は最初の息子のところに行き、言った、『子よ、今日、ぶどう園へ行き、働きなさい』。彼は答えた、『嫌です』。しかし後になって彼は悔い改めて、行った。父は二番目の息子のところに行き、同じことを言った。彼は答えた、『はい、行きます』、しかし彼は行かなかった。二人のうちどちらが父の意志を行ったか」。[5] 明らかに答えは最初の息子であり、その行い（「悔い改めて、行った」）は、教理的には正しいが無味乾燥な信条を言った二番目の息子（『はい、行きます』、しかし彼は行かなかった）よりも、ずっと真正なものであることが、遅かれ早かれ明らかになるからである。行いを犠牲にした信条への批判は、啓蒙主義の時代以降、とりわけ近現代においては顕著になっている。[6] この問題への返答は、異なる歴史的時代の中で、異なる教会や信仰告白の中で、多様な文化的背景の中で、様々な変化を遂げてきたのである。[7]

（1） Henry Wadsworth Longfellow *Tales of a Wayside Inn*, Prelude; 傍点は著者による。
（2） Roden Noël "The Red Flag."
（3） Clement of Alexandria *Exhortation to the Heathen* 3（*ANF* 2:183-84）; Augustine *City of God* 2.6（*NPNF*-I 2:26）.
（4） *Gennad* 11; 傍点は著者による。
（5） マタ二一・二八―三一。
（6） 17・1「近代意識による信条への不信感」を参照。
（7） 第11章「他文化への信条と信仰告白の伝播」を参照。

10・1　改革期の信仰告白におけるキリスト教戒規の教理

諸教会における内外での信条と信仰告白への批判は啓蒙主義以降だけの話ではなく、信条や信仰告白の著者自身もしたし、そこにはプロスタント宗教改革の信仰告白の著者も含まれており[8]、彼らは行為なき信条の危険に関して声を挙げていたのである。中世の社会に対して、また、トリエント公会議の布告の中で教会を「すべての教会に対する母であり教師（*omnium ecclesiarum mater et magistra*）[9]」と呼んだ役割をローマ・カトリック教会が占めるという歴史的な主張に対して多くの異なる抗議が向けられている中で、一六世紀のプロテスタント宗教改革は、多くの信仰告白を生み出すことを通して、教理を告白すること、典礼を遵守すること、道徳行為をなすこととの間の関連についての新たな問いへの注目を引き起こした。一五二三年『ウルリッヒ・ツヴィングリの六七箇条』の中での中世の礼拝への批判は、「真の敬虔を欠き、報酬目的だけのためになされる賛美や大声は、人間の称賛か物質的な利益を求めているかのいずれかである」ということへの非難であり[10]、中世の教会の典礼において存在していると考えられた空虚な祭儀主義の脅威を取り上げているのである。しかし、宗教改革のほぼすべての信仰告白でそうであるように[11]、ルター派や改革派の信仰告白が、行いを伴わない信仰によって義とされる教理を説き、行いによる義を攻撃しているキリスト教教理の分野の文書の中で、信仰なき行いや信条なき行為の問いがほぼ支配的になるのは、もちろんまったく理解できることである。『ウェストミンスター信仰告白』では、場合によって、キリスト者の働きとキリスト者でないまともな市民（他の箇所で述べられているように、自然の本性と、彼らが告白している宗教の法に従って自分たちの生活を整えようと努めている者たちのこと[12]）の働きは、「その事柄」とその外見的な内容に関して、互いに明白な違いはないということを認めている。どちらの側の人間であったとしても、そのような働きは「神が命じたことであり、自分にも他人にも有益なことである」。これら二種類の働きの決定的な違いは、両方とも「有益なこと」なのであるが、たとえそれらが社会に対して利益をもたらすとしても、「新生されていない人によってなされた働きは……信仰によって浄められた心から出たものではなく、御言葉に従った正しい方法でなされたものではないし、神の栄光という正しい目的のためになされるものでもない」[13]。聖書的またキリスト教的な意味での真に「よい」が何なのかをめぐるこれら三つの基準すべて（真のよい働きの基盤としての信仰、真のよい働きの規範としての神の言葉、真のよい働きの目的や目標としての神の栄光[14]）は、特にプロテスタント宗教改革全体の名において『ウェストミンスター信仰告白』によってこのように詳細にここで述べられているように、キリスト教教理が独自に扱う問題であり、そこでは自然宗教と自然道徳が不完全であると考えられている。というのは、同族の『ウェストミンスター小教理問答』の冒頭の言葉が、「人間の主な目的は神に栄光を帰し、神を永遠に喜びとすること」だからである。ここでの神に栄光を帰し、神を喜びとすることが何を意味するのか、後に説明が加えられているように、「神が人間に要求する義務は、神の啓示された意志に服従すること」であり、この服従は神の喜ばれる行為を表しているのと同時に、神の喜ばれる信条を言い表すことも含まれ、両方ともが神の栄光の手段なのである[15]。

（8） *Dosith* decr 13-14.
（9） *Trent* 22.8.
（10） *67 Art* 46.
（11） 3・1「教会の教え」を参照。
（12） *West* 10.4. Syndogmaticon 1.2 を参照。
（13） *West* 16.7.
（14） 例えば、*Gen Bap* 39 も参照。
（15） *West Sh Cat* 1, 39.

この教理的な強調は、宗教改革の信仰告白が、道徳と、単なる市民的な品格と対照されるキリスト教的な服従という二つの関連する問題にどのようにアプローチするのか、動機の問題の核心に迫っているのである。そのため、『ベルギー信仰告白』では、恵みなしの人間にとっては「神への愛から何事もするのではなく、自分自身への愛と非難されることへの恐れからしている」としており、新生されていない人の人間の本性としては否定しがたく有能であり、社会的に価値があって外見上は道徳的な行為を行っていたとしても、その動機が堕落しているのである。[16] この宗教改革のすべての信仰告白が強調している道徳的な働きにおけるキリスト教的な正しい動機が不可欠であるということは、一五三一年『アウグスブルク信仰告白弁証』に要約され、こう宣言されている。

それゆえに、私たちは市民的な義（*iustitia civilis*）と霊的な義を、前者を自由意志に、後者を聖霊の再生の働きに、有益に区別することができる。これによって外面的な規律は守られる。なぜならすべての人は、神がこの市民的な義を求めておられ、また、ある程度までは（*aliquo modo*）、私たちが達成できることを知るべきであるからだ。同時に、人間的な義と霊的な義の違い、哲学的な教えと聖霊による教えの違いも示される。そして、聖霊を必要としていることが示されている。[17]

「市民的な義」（civil righteousness）の定義は、それによっては救いを達成することはできないものの、堕落した人間の意志が、市民秩序の中で何かよいことに貢献する真の道徳的な能力を、限定的であるが有していることについて、教える道を継続させていった。[18] しかし、アリストテレス『ニコマコス倫理学』に極端に依存している中世スコラ神学の道徳に見られるような「哲学的な教えと聖霊による教え」の区別の強調は、宗教改革の信仰告白に比べるとその鋭さはずっと劣っているように考えられ、信条に確言されている真の信仰の受容は、今もなお、キリスト教的な真のよい働きと認められる行為をするための必要条件と見なされているのである。ある鋭敏な解釈者の注釈によれば、トマス・アクィナス『神学大全』の倫理に関する「第二部の序文」には、「聖書の中で私たちに啓示されている『人間』という概念そのものが表現されている」のであり、アリストテレス的な用語を表面的にしか読んでいない多くの者は、この教えが圧倒的に哲学であるとしてしまっているのである[19]。

しかし、その教派の支持者たちでさえも痛々しく思うようになったこととして、プロテスタント改革の第二世代と第三世代の信仰告白が、「よい働きは救いに必要である」という教えと「よい働きは救いに有害である」という教えの両方を等しく非難しなければならない不合理な状況に達した時のことであり[20]、道徳的無関心主義の明白で現実的な危険性は、元来のプロテスタント改革者たちもその継承者たちの世代も心に留めてきたことであった[21]。ルター派の定式 *satis est*（「説教［*Predigt*］」［ドイツ語版］または「教え［*doctrina*］」［ラテン語版］とサクラメントの執行が、教会の一致を保証するのに、また現状の教会を拡張するのに「十分」であるという『アウグスブルク信仰告白』の主張）に対して[22]、改革派の信仰告白の一貫した要求は、一五六〇年『スコットランド信仰告白』の言葉では、「神の言葉で規定されているように、教会的な戒規は正しく執行されねばならず、そこでは悪が抑制され、美徳が増すのであり」、真の教会の「符号、しるし、確かな証拠」の中に挙げられなければならない。この「戒

（16）*Belg* 24.
（17）*Apol Aug* 18.9; *Confut* 18.1 も参照。*17 Art* 12 の「世俗的な」善も参照。*Helv II* 16.9.
（18）*Cons rep* 18.86.
（19）Eschmann 1997, 166.
（20）*Form Conc Epit* 4.1-2, 16-17; *Helv II* 16.8.
（21）*Cons rep* 4.57.
（22）*Aug* 7.2.

規」は、もちろん、神の言葉の教えと説教およびサクラメントの執行に取って代わることを意図したものではなく、サクラメントの内容に関しては相違があったものの、[23] 改革派もルター派の信仰告白の中心点としては少なくとも原理的には合意しており、さらに加えて、サクラメントの遵守それ自体が義務であり、戒規にかかわることだったからである。[24]「このキリストの教会と集会は神の目にのみ開かれて知られているのであり」、それゆえ究極的には人間のまなざしには見えないが、『第一スイス信仰告白』ではこれらのしるし（「普遍的で、公的で、秩序だった戒規」を含む）を、地上と人間の目にも「知らせる」ことができるものとして説明している。[25] 一〇〇年後に『ウェストミンスター信仰告白』が説明しているように、[26] 真の教会は「時にはよりよく、時にはあまり見えない」ことも歴史的にはあり、同様に時間の経過とともにキリスト教道徳の戒規の実践にも大きな変動が生じることにもなる。これらの教会の「しるし」（marks）は、「すべてのことが純粋な神の言葉に従って管理され、これに反するすべてのことは拒絶され、イエス・キリストが教会の唯一の頭として認められる」という包括的な必要条件で理解されるため、『ベルギー信仰告白』によれば、この必要条件には正しい教理だけでなく「誤りを正していく教会の戒規」が含まれなければならない。[27]『ハイデルベルク信仰問答』によれば、「聖なる福音の説教とキリスト教的戒規（*die christliche Busszucht*）」はひとまとめであり、この二つによって「天国は信仰者に開かれ、不信仰者に対しては閉じられる」ことになる。[28] ルターの序文が付されて出版されたフス派兄弟団の『（第一）ボヘミア信仰告白』は、戒規の絶対的な必要性という従来の立場をいくぶん軟化させているが、これは道徳的な行いによる義が再導入されることになるのではないかというルターの懸念に配慮したためである。[29] しかし、一五七五年までには、フス派はルター派の影響と同様に改革派の影響下にも置かれるようになり、宗教改革以前のある種の伝統をも再確言したのである。[30] それゆえ、『（第二）ボヘミア信仰告白』は、御言葉の説教とサクラメントの執行と並んで、「聖なる教会の確実で誤りのないしるし」の「第三」のものとして、「キリストの福音と律法が命じているすべてのことを遵守する当然で合法的な服従」を挙げている。[31] 福音の説教とサクラメントの執行と並んで、「真の教会のしるし」の一つとして改革派の戒規に固執することは、二〇世紀のインドネシアの『バタク・プロテスタント・キリスト教会信仰告白』にもなお見られることであり、これは改革派とルター派の両方から引き出された信仰宣言で[32]、種々のプロテスタント宣教の結果がこの合同教会に反映されているのである[33]。信条と行為、信仰と働き、サクラメントと戒規、正統の説教と道徳の説教、これらすべては改革派の信仰告白では結び付けられている。『ウェストミンスター小教理問答』では、「聖書は主として、人が神に関して何を信じなければならないか、また神が人に要求する義務が何であるかを教えている」と結びつけられて説明されている[34]。それゆえ、『第二スイス信仰告白』の冒頭部分では、聖書の内容を「救いをもたらす信仰のすべて、神に受け入れられる生活の枠組み（*cum ad salvificam fidem, tum ad vitam Deo placentem*）」と記述することによって、その両者

(23) *Helv II* 17.11.
(24) *Scot I* 18; *Cumb Pres* 103. Syndogmaticon 9.4 を参照。
(25) *Helv I* 14.
(26) *West* 25.4.
(27) *Belg* 29.
(28) *Heid* 83.
(29) *Boh I* 8.
(30) David 1999, 324.
(31) *Boh II* 11.
(32) *Bat* 8.
(33) 11・2「宣教と移住における信条の宿命」を参照。
(34) *West Sh Cat* 3.

を確言している。[35] その後の箇所で、この信仰告白は「戒規は教会において絶対的に必要なものである」ということを自明のこととしている。[36] 一五六一年『ベルギー信仰告白』の言葉では、「すべての人が神に服従するためには、神の言葉に従ってなされる破門、それに付随するすべてのことが必要である」となっている。[37] 後の会衆派の信仰告白では、プロテスタントやローマ・カトリックの他のほとんどの信仰告白とは反対に、「信条はキリスト者の信仰と実践に何の権威も持たない」と主張しているものの、キリスト者の信条に対する態度いかんを問わず、「キリスト教会の戒規に従う意志表明をする者以外は……誰も教会員として受け入れてはならない」と要求している。[38]

メノナイト派や他の再洗礼派の信仰告白での特有な教会論では、教会のことを、キリストの召しによって、彼の意志、模範、言葉に「従順に従う（*Nachfolge*）」弟子として集められた共同体として定義している。[39] そのことによって、真の教会は世から、また同様に、いわゆる「教皇派や反教皇派〔プロテスタント主流派〕の行いと偶像礼拝、集会、教会出席」などの誤った教会から、厳密に分離されるのである。[40] それゆえ、一五二七年『シュライトハイム信仰告白』では、破門にかかわる第二条「放逐」の議論が、第一条「洗礼について」と第三条「パン裂きについて」の間に置かれている。[41] メノナイトの一五九一年『ケルン理念』には、「兄弟と名乗る者が不道徳の罪を犯している場合」の扱いについてのパウロの訓戒が引用され、[42]「そのような人たちとは、一緒に食べることも含めて、一切かかわらないようにする」ということが要求されている。しかし、数世代にわたる実戦的な経験に基づいて明白な形で厳粛に警告しているのは、この堕落してしまった兄弟に対する拒絶が「熟考した判断で」実施されるべきであるということであり、なぜならその目的は、永久に誰かを排除することではなく、「戒規を受けた者」が「自分の道を改めて」、集会へと戻ってくるようになることを助けるためだからである。[43]『ハンス・デ・リースの小信仰告白』では聖職者の義務を以下のように列挙している。「神の言葉を教えること、サクラメントを執行すること、貧しい人を助けること。同様に神はこれらの職務に仕える者たちに、兄弟を訓戒すること、懲らしめること、最終的には悔い改めない者を兄弟たちの間から引き離すことを意図しておられる」。しかしそのような分離や忌避が「日常生活の必需品や他の要求を無視」すべきではないと警告している。[44] 同様に、一六三二年『ドルトレヒトのメノナイト信仰告白』は、「教理的であろうと生活的であろうと、邪悪な者」に対する教会戒規の行使に関する問いを特に強調している。しかし、破門された者の「忌避（*Mydinghe*）」を含めたこのような戒規は「罪人を滅ぼすのではなく癒す効果をもたらすように、キリスト教的な節度をもってなされるべきである」という牧会的な警告が繰り返しなされている。[45]

特に予定と棄却の教理をめぐる論争のために（これは、東方と西方の両方の多くのキリスト教信仰告白の中である

(35) *Helv II* 1.2.
(36) *Helv II* 18.20.
(37) *Belg* 32.
(38) *Eng Dec* 3.2, 3.6.
(39) Littell 1958.
(40) *Schleit* 4.
(41) *Schleit* 2.
(42) 一コリ五・一一。
(43) *Cologne* 7.
(44) *Ries* 25, 36; also *Geloof* 27.
(45) *Dordrecht* 16-17. *Camb Plat* 14.4 も参照。

役割を必然的に果たしているが、[46] ローマの信徒への手紙のような聖書の一部で見られるように、[47] 特に改革派やカルヴァン主義者の信仰告白で強調されている）、信条と行為との関係だけでなく、運命と道徳的行為に関連する自由意志との関係も、改革派の戒規への注目と共に、そこでは根本的な検討の対象となる。それゆえ、『第二スイス信仰告白』はこれら二つの教理を取り上げる時、すぐさまこう明示している。「私たちは、『選ばれる者はわずかであり、私がその数の中に入っているかどうか分からないのだから、享楽にふけることにする』と言う不敬な者たちを認めない」[48]。『ウェストミンスター信仰告白』は、第三章「神の永遠の聖定について」の冒頭で、「神は永遠の昔から……起こりくる何事であれ変わることのないように定められた」という決定論に聞こえる命題を掲げている。しかしその直後に、「神は、罪の著者でもないし」、また「被造物の意志に暴力が加えられることもないし、第二原因の自由や偶然性を取り去られることもないし、むしろ確立される」ということも付け加えている。[49]『ドルトレヒト信仰規準』も予定の説明を、「旧約と新約の時代に、預言者たち、キリストご自身、使徒たちを通して宣べ伝えられ、その後、聖書の中に書き記され、それゆえ今日では神の教会の中にある」という教理として明確に宣言している。[50] 予定は、「世界が造られる前に、まったくの恩恵により、神の自由なよき喜びの意志にしたがって、（神が）キリストにおいて、全人類の中から特定の数の人々を救いのために定めて選ばれた」ということを意味している。[51] さらに、その必然的な結果としての棄却の教理も、「神は、完全に自由で、最も正しく、非難の余地なく、不変のよき喜びをもって、以下の決断をされた。（神の永遠の選びの中に選ばれなかった者たちを）彼ら自身の過ちにより、彼ら自らが陥った共通の不幸の中に放置された。彼らには救いの信仰と回心の恵みが与えられない」ということを意味する。[52] 予定の教理と棄却の教理の両方を確固たる定式の信条にしようと固執したことにより、『ドルトレヒト信仰規準』にさらなる固執をもたらすことになった。つまり、キリスト教道徳に言及して反対者への応答として、「この選びについての教えや、それに対する熟考が、神の子らに神の戒めを守ることを怠慢にさせたり、肉欲的な自己満足に陥らせたりするようなものとは到底言えない」と説明していったのである。実際には、その逆のことが起こることもあり得る。カルヴァン主義の予定論への批判者たち、特にアルミニウス主義者が徹底的に非難したこととは裏腹に、[53] 選びの正統的な教理をきちんと受け入れる者たちよりもむしろ「神の正しい判定によれば、恵みの選びを軽々しく当然だと考えたり、怠惰に厚かましく語ったりするが、選びの道を喜んで歩もうとしない者たちに、このこと（怠慢や肉欲的な自己満足）がよく起こっている」のである。[54] 道徳的命令を無効にするような教理の「告白」はないのであり、『第二スイス信仰告白』によれば、「口では福音を賛美して告白し、恵みに反する生活によって福音を汚す者たちの怠惰と偽善」のような行為なき信条という過ちに陥ることは、信条なき行為という妄想に他ならないのである。[55]

(46) *Metr Crit* 4.1; *Mogila* 1.26, 1.30; *Dosith* decr 3; *Form Conc Epit* 11. Syndogmaticon 3.2, 1.13 を参照。
(47) ロマ九―一一章。
(48) *Helv II* 10.6.
(49) *West* 3.1; 傍点は著者による。
(50) *Dort* 1.1.14.
(51) *Dort* 1.1.7.
(52) *Dort* 1.1.15.
(53) *Remon.*
(54) *Dort* 1.1.13.
(55) *Helv II* 16.9; also *Lucar* 13.

10・2　異端と／または分派

このように、正統と道徳、信条と行為、教義と倫理は、すべての教派のキリスト教信仰告白にとって不可分であると断言できる。不可分である一つの理由は、両者の真の場が、単に個人の信仰と生活の場であるだけでなく、公同の教会の信仰と生活の場であるからである。信仰へ執拗な冒瀆である異端、愛への執拗な冒瀆である分派は、両者ともに教会に対する罪である。カイサリアのバシレイオスの定式によれば、マニ教のような異端は「実際の信仰に関する問題において、まったく断絶され疎外されている人たち」とされ、カタリ派やヴァレンティノス派のような分派は「それぞれで解決可能な教会的な理由と問いのために分離した人たち」とされる[56]。あるいは、ラテン語で同じ区別をしたアウグスティヌスによれば、異端（彼自身がかつて信奉していたマニ教を含む）は「神に関して誤った見解を持つことにより、信仰そのものを傷つけてしまう」。しかし分派（彼が北アフリカで争っていたドナトゥス派を含む）は「彼らが私たちと同じことを信じていたとしても、兄弟愛を邪悪に引き裂いてしまう」としている[57]。あるいは、アウグスティヌスの師であるアンブロシウスの言葉によれば、「分派は神への信仰を保っているかもしれないが、彼らは神の教会を保ってはいない[58]」。しかしながら、異端と分派について、またこれらの言葉の区別について、このように語ってしまうのは誤解を招く恐れがある。なぜなら、ラテン語であれギリシア語であれ、教父史料の注意深い精査から生じたものというよりも、これら二つの語の一貫性と正確さはかなり大まかなものと考えられるからである[59]。それにもかかわらず、最終的に定式化された区別の内容は、必ずしも常に成り立つわけではないが、長きにわたって確立してきた考え方を反映したものとなっている。

一例を挙げると、三二五年の第一回ニカイア公会議の『決議録』の中に、ニカイア信条の規定によってアレイオス派の異端を「公同の使徒的教会は呪う」のであるが[60]、異端についての公会議の教義的また信条的な布告よりも注目されることはずっと少ないが、分派について扱っている以下の教令が含まれている。

> 自らカタリ派と名乗る者たちについて、また時折、公同の使徒的教会に渡って来る者たちについて、この聖なる偉大な教会会議は、手を置かれることを受けた後に、聖職者に留まることができることを宣言する。ただし、その前に、彼らが公同教会の布告を受け入れて従うと書かれた誓約書（*homologēsai autous engraphōs*）を提出するのがふさわしい。すなわち、彼らは再婚した人たちや迫害の時に背教してしまった者たちの中に加わり、彼らのために備えられている（懺悔の）期間を過ごし、（和解のための）機会を割り当てられ、すべてのことが公同の使徒的教会の布告に従うようにされるためである。[61]

このニカイアの教令は「公同の使徒的教会」について、単に（二回にわたって）、教理と異端に言及するニカイア信条の結論部分のアナテマを繰り返しているわけではなく、戒規と分派についても語っているのである。しかしこの教令では、分派からの者に対して「書かれた誓約書」を要求しているのであり、動詞 *homologein* は、新約聖

（56） Basil of Caesarea *Epistles* 188.1（*NPNF*-II 8:223）.
（57） Augustine *On Faith and the Creed* 10.21（*NPNF*-I 3:331）.
（58） Ambrose *On the Decease of Satyrus* 47（*NPNF*-II 10:169）.
（59） Greenslade 1953, 15-34.
（60） *N* anath.
（61） *Nic I* can 8.

書以来、信仰を「告白すること」というキリスト教的なギリシア語として採用されてきた専門用語である。[62] そうであれば、分派も異端も両者ともに公同の使徒的教会を冒瀆しているのであり、両者ともそこから抜け出して事態を正すために *homologia* を必要としているのである。ここで語られている「カタリ派」とは、厳格主義者の分派である（同様の道徳的な厳格さから同じ名前で認知されているが、他の多くの点で異なっている中世のカタリ派と同一視してはならない）。[63] 彼らはテルトゥリアヌスと同意見で、[64] 並行的な重婚は（すべてのキリスト者がそう考えていたように）許されないとしているだけでなく、連続的な重婚、すなわち自分の配偶者の死後の第二の結婚も許されないとしていたのであり、また、彼らはデキウス帝の下での二四九―二五一年の迫害の間に妥協によって安全を買い取ったと非難されている者たちとの交わりを拒絶したのである。分派と異端との間の区別の発展にとって重要なことは、これらの「カタリ派」の指導者がローマの長老であったノウァティアヌスであったことを心に留めておくことである。後から振り返ってみると相互に矛盾していると思われる二つの事柄で、彼は注目された。この厳格主義者の分派の創始者で、厳正な正統的著作である『三位一体論』の著者であるということであり、その著作の冒頭には「真理の基準が要求している（*Regula exigit veritatis*）」という言葉があり、[65] クヴァステンはこれを「神学に対するラテン語における最初の偉大な貢献」と評価している。[66] したがって、バシレイオスとアウグスティヌスによってなされた区別は、教会の中で用いられるようになって最終的に確立されたものであり、これをそのまま採用するのはいくぶん時代不相応であり、ノウァティアヌスとノウァティアヌス主義者は分派では有罪であるが異端ではないと言い得る。あるいは、ここでの文脈で採用されている用語で言えば、彼らは教理的信条においてではなく、過度な道徳的厳格さを求めたという点で、道徳的行為において誤りであると非難されるのである。[67]

特に迫害下で信仰を裏切った司教や司祭の排斥を訴えたノウァティアヌスとカタリ派の厳格主義は、新しくより大規模な形でのドナティスト運動へと展開していった。[68] 北アフリカにおける社会的、政治的、民族的な勢力と一体化することにより、この抵抗運動は北アフリカを超えて、カトリック教会とその一致に対するこれまでの中でも最も深刻な挑戦となった。このことは、アレイオス派が異端に関する教会的基準の定義に決定的な役割を果たしたように、分裂に関する教会的基準の定義に決定的な役割を果たしたのである。しかし、異端も分裂も、公同の使徒的教会がそのようなものであると認めていたことを意味したため、ドナティストによる既成の制度的教会の権威への反抗は、教会の交わりを分裂によって破壊するだけでなく、教会の教理を捻じ曲げる異端としても見られた。これが、最終的に宣言されたことなのである。[69]ドナティストとの対決を通して、アウグスティヌスは、彼自身も他の者たちもこれまでに経験したことのないほど、教会の教理、職制、サクラメントに関して明確化することを強いられた。ドナティストは、彼らによって執行されるサクラメントの恵みと聖性の保証が、司教と司祭の個人的な聖性によるのであり、彼らは殉教者であり正統の司教であったカルタゴのキプリアヌスの遺産を用いてそのように主張して正当化することができたのに対して、[70]アウグスティヌスは、ニカイア・コンス

(62) Bauer-Arndt-Gingrich, 568-69; Lampe, 957-58. 2・3「信仰を告白すること」を参照。
(63) *ODCC* 301.
(64) Tertullian *On Monogamy* (*ANF* 4:59-72).
(65) *Novat* 1.1 (*ANF* 5:611).
(66) Quasten, 2:217; DeSimone 1970 を参照。
(67) *Metr Crit* 11.8.
(68) Frend 1952.
(69) Willis 1950, 129-30.
(70) *Cyp*; Willis 1950, 145-52.

タンティノポリス信条[71]と使徒信条[72]の教会に付されている「聖なる」ということを、教会の聖職者やヒエラルキーの中にある者たち個人の経験的で主観的な聖性に第一義的に依存していると説明したのではなく、たとえ聖職者が公的な行為によって自分が聖であると示すことができなかったとしても、聖霊の恵みによって聖とされ、キリストによって制定された教会のサクラメントを通して信仰者に授けられた客観的な聖性で説明したのである。[73]しかしながら、このドナティスト論争で決定的だったのは、ニカイア・コンスタンティノポリス信条と使徒信条における「聖なる教会」という言葉の解釈が、アウグスティヌスとその追従者たちによって、一〇〇〇年にわたって中世の西方ラテンを規定したということであり、中世後期と宗教改革期に「ドナトゥス派の台頭」と呼ばれるにふさわしい出来事が起こり[74]、アウグスティヌスの基準となる解釈がこれまでで最も厳しい試練にさらされた際に、新たな重要性を獲得していった。それゆえ、この「台頭」は、行いと信条との伝統的な関係に大きな危機を引き起こしたのである。[75]

以上のように、異端と分派を区別するいくつかのパターンはそれなりの有効性を持っているように思われるが、いくつかの重要な点において作為的なものと見なされ得るだろう。なぜなら、宗教改革の信仰告白においても、ローマ・カトリック教会や東方正教会においてもそうであるが、信仰告白をするのは教会であって、個人だけがするのではないからである。弁護（信仰の弁護、異端に対する教理の弁護、分派に対する教会の一致と愛の弁護）をするのもまた教会だからである。同様に、教会の戒規も、信仰と教理の違反だけを扱えばよいのではなく、一致と愛の違反に対しても適用する必要がある。この理由により、第一回ニカイア公会議では、拘束力のある最初の普遍的な信仰告白を、異端に対するアナテマを含んだ信仰と教理だけのものとして発行したのではない。分裂主義者に対して声を挙げ、異端に対して信条と行為の両方において、彼らに「告白すること（*homologein*）」と「彼らが公同の教会の布告を受け入れて従うこと」をも保証するように要求しているのである。[76]

10・3　正統と禁欲主義

正統としての教義（dogma-as-orthodoxy）と禁欲としての規律（discipline-as-*askēsis*）との間の特別な親和性、とりわけ信条とある種の行為の親和性は、東方と西方のキリスト教修道院運動との正統をめぐる関係の歴史によって証明されてきた。しかし、その親和性はまったく自動的なものではない。「カルケドンをめぐる教会政治論争（四三一―五一九年）における東方修道院運動の役割」と題された数百頁以上の小論の中で、ハインリヒ・バハトは、四四九年「エフェソ（盗賊）会議」にまつわる環境について、このように述べている。「この帝国教会会議が、修道士たちの特定のグループの陰謀を通して重要な意味を持って誕生したため、かなり最初の頃から修道的な色彩の強い方向性があった」[77]。それゆえ、東方にも西方にも、修道的な異端の傑出した系譜があったことを覚えなければならない。それぞれから一つずつ、二つの事例の要点を挙げれば、この傾向を十分に示せるだろう。東方では、『皇帝ユスティニアヌスの勅令』に至るまで[78]、オリゲネスの終末の教えをめぐる対立が長き

（71）*N-CP* 9.
（72）*Ap* 9.
（73）Pelikan 1986, 106-22. Syndogmaticon 9.3 を参照。
（74）Oberman 1963, 220-22.
（75）16・3「宗教改革の信仰告白におけるカトリックの本質とプロテスタントの原理」を参照。
（76）*Nic I* can 8.
（77）Heinrich Bacht in Grillmeier-Bacht 1951-54, 2:227.
（78）*Edict.*

にわたって続いており、その間、オリゲネスの論争されていた理論を弁護したのは主として修道士たちであった。[79] 修道士たちの中で、エウアグリオス・ポンティコスが最も著名で学識の深い人物であったが、彼は最終的に最も悪名高くなってしまった。[80] 五五三年の『第二回コンスタンティノポリス公会議の三章問題の非難』の中で、「オリゲネス（と他の者たち）および彼らの異端的な著作」に対して発せられたアナテマにエウアグリオスの名前は含まれていないものの、[81] 彼がその中に含まれることは明らかである。六八〇―八一年『第三回コンスタンティノポリス公会議の信仰告白』[82] と七八七年『第二回ニカイア公会議の布告』の両方とも、彼のことを第五回公会議から引き継いできたアナテマの対象者としている。後者はまた、彼と他の者たちのことを「神話的憶測（*mytheumata*）」の著者であるとしている。[83] しかしこれらのアナテマにもかかわらず、東方正教会の修道士のグループには教理的な逸脱が現れ続けたのである。

西方教会から生じた古代の最も傑出した異端もまた修道士であった（ルター派や改革派に限らず、プロテスタント改革の信仰告白の中で、一〇〇〇年以上にわたって警告的な物語として、その名が語り継がれている人物）。[84] 彼の禁欲主義は、少なくとも部分的には異端の要因となった。ペラギウスはアウグスティヌスの恩恵の教理を禁欲主義の規律に対する脅威と見なしたのである。なぜなら、ピーター・ブラウンが言うように「ペラギウスはすべてのキリスト者が修道士になることを欲した」からである。[85] それゆえ、彼は四一三年に、ある若い女性が修道士になることを決心したことを支持し、「聖なる生活の行動とふるまいを定めることを私が語る時はいつでも、私は何よりもまず、人間本性の力と機能を指摘し、何をなしうるかを示すことを常としている」と書いた。[86] アウグスティヌスの恩恵と原罪の考えに暗示されているとペラギウスが受け止めた無抵抗主義と道徳的受動性により、すべての人間本性に固有の「力と機能」が脅威にさらされており、さらには拒絶されているように彼には映ったのである。アウグスティヌスは、『告白』の第一〇巻の有名な「あなたが命令するものを与え、あなたが欲するものを命じてください」という言葉でこれらの考えを表したが、[87] ペラギウスはこれを危険で侮蔑的なものだと感じた。[88] ペラギウス論争がほぼ集結し、アウグスティヌス主義が少なくとも原理的には勝利を収めた時でさえ、この論争による「手がつけられていなかったある肝心な領域」が「修道院」生活だったことは驚くべきことではない。[89] そのため、次なる世紀の間に、修道院が様々な模様の「半ペラギウス主義」（semi-Pelagianism）の温床となったのである。[90]

しかし、エウアグリオス・ポンティコスとペラギウスという二人の異端者を、東方と西方の典型的な修道士とみなすのは誤りであろう。その歴史の大部分を通して修道制の精神を最もよく代表しているのはエジプトのアントニオスであり、その名がキリスト教禁欲主義の生活様式の先駆者また創始者として伝統的に結びつけられている。その原理と実践は、ほぼ間違いなくアタナシオスが書いたとされる『アントニオスの生涯』からの影響が

（79）Diekamp 1899.

（80）彼の修道的な著作については、J. Driscoll 1991 の注解を参照。

（81）*CP II* anath 11.

（82）*CP III*.

（83）*Nic II*; also *Greg Palam* 6.

（84）*Aug* 2.3; *Helv II* 8.7; *Form Conc Epit* 2.2.3; *Dort* 1.3.2.

（85）Brown 2000, 348.

（86）Pelagius *Epistle to Demetrias* 2（*PL* 30:178）, Brown 2000, 342 に訳がある。

（87）Augustine *Confessions* 10.31.45（*NPNF*-I 1:155）.

（88）ap. Augustine *On the Gift of Perseverance* 20.53（*NPNF*-I 5:547）.

（89）Brown 2000, 400.

（90）*Chr Trad* 1:319-24.

大部分であるため、アントニオスの禁欲主義は、すでに彼の若い頃から示されてきた彼自身の個性に根があるものの、教会の典礼の中でイエスの言葉が読まれた時に明確な形となった。「もしあなたが完全になりたいのなら、行って、持っているものを売り払い、貧しい人々に与えなさい、そうすれば天に富を積むことになるだろう」[91]。この命令に従い、彼は自らを律する修道生活を送っていった。[92] 彼としてはその大部分が悪魔や他の悪霊との戦いであったが、彼は多くの人たちを禁欲生活へと惹きつけていった。しかしながら、アタナシオスの『アントニオスの生涯』によれば、分派や異端に対するアントニオスの戦いもそれに劣らず精力的なものだった。彼は異端と分派の悪魔的な起源についての広く行き渡ったキリスト教的な意見を共有していたため、二つの戦いはアントニオスにとって究極的には同じものだったのである。彼はメレティオスの分派とマニ教の異端とのかかわりを持つことを拒絶した。しかし、アタナシオスが描いたように、アントニオスがとりわけ反対の立場を取ったのはアレイオスの異端に対してであった。[93] アントニオスにとってこの反対はとりわけ必須のものであった。なぜなら何らかの理由により、「アレイオス派が偽って、自分たちの意見はアントニオスと同じであると主張していた」からである。[94] それに対し、アタナシオスの『アントニオスの生涯』で少なくとも描き出されているのは、アタナシオス自身がアレイオス派に対して採用した神学的な議論の多くをアントニオスも用い、三二五年のニカイア信条のアナテマをパラフレーズしながら、[95] アレイオス派の異端を非難しているということである。「神の子は被造物ではないため、彼は存在しなかったところから生じたのではなく、父の本質の永遠の言と知恵（*Logos kai Sophia*）なのである。それゆえに、言は常に父と共に存在していたため、『彼が存在しない時があった』と主張することは不敬虔なのである」[96]。アントニオスが「機転が利き、聡明な人であった」ことは確かであるが、彼が「文字を学んでいなかった」ために、[97] この神学的で専門的な水準はとりわけ注目に値する。この正統の弁護と禁欲主義の擁護という二重のテーマは、アントニオスを探し求めた異教の哲学者たちにアントニオスが投げかけた修辞的な二重の問いの中で、混ぜ合わされて相互に支え合うものとなった。三位一体というニカイアの正統的な教理が明らかになった今、古代ギリシアとローマ世界において、これほどまでに「神に関する知識が輝きを放った時」があっただろうか。あるいは、男女を問わず、献身して自らを律するキリスト教禁欲主義が増大をしている今、異教の最も高貴な精神において、これほどまでに「自制心と処女性がすぐれていた時」があっただろうか[98]。

教理的な正統の擁護者としての東方の修道士のモデルは、アントニオス以降の数世紀にもわたってしばしば再登場したが、例を挙げればドストエフスキー『カラマーゾフの兄弟』の中のゾシマ長老のような人物である。しかし、ビザンチン帝国の「イサウリア朝」のレオ三世によって発せられた聖画像破壊に反対し、七八七年『第二回ニカイア公会議の布告』において信条的な定義を獲得するに至ったが、キリスト教における聖画像の使用を弁護するため、修道士がこれほどまでに力強く闘争的になったことは一度もなかっただろう。他に類例を見ないやり方で、正統と修道制との間に公正かつ公平に「容赦のない敵意」を独特の仕方で展開したエドワード・ギボンは、この正統の擁護と最終的な聖画像の勝利に対する修道士たちの貢献を、以下のように記述した。

---

(91) マタ一九・一二。
(92) Athanasius *Life of Antony* 1-4 (*NPNF*-II 4:195-97).
(93) Athanasius *Life of Antony* 68 (*NPNF*-II 4:214).
(94) Athanasius *Life of Antony* 69 (*NPNF*-II 4:214).
(95) *N* anath.
(96) Athanasius *Life of Antony* 69 (*NPNF*-II 4:214).
(97) Athanasius *Life of Antony* 72 (*NPNF*-II 4:215).
(98) Athanasius *Life of Antony* 79 (*NPNF*-II 4:217).

公然に、また、密かになされたすべての反逆行為のたびに、富と影響力を帰していた迷信の忠実な奴隷である修道士たちの容赦ない敵意を、皇帝は感じた。彼らは祈り、説教し、赦し、燃え立ち、謀った。パレスチナの荒れ野に非難の嵐が注がれた。最後のギリシア教父であるダマスコスの聖ヨアンネスの筆が、この世でも来世でも、暴君の首をすげ替えた。修道士たちがどれほど挑発したのか、どれほど彼らの真実また見せかけの苦しみを誇張して語ったか、どれだけ彼らが命や手足、目やあごひげを残忍な皇帝によって失ったか、私には調査する暇はない。(99)

東方の伝統における正統にとって、修道制の特別な重要性は東方の教会法によっても高められてきたのであり、西方ラテン法とは異なり、既婚者の司祭への叙階を認めていたが、六世紀までに司教職は未婚者に限定された。したがって、候補者は修道士であることが要求され、もし彼が妻を失った司祭か未婚の信徒であれば、司教に聖別される前に修道院で誓願を立てることが要求された。(100) このことは七世紀のフォティオスに当てはまり、彼は新しいローマの総主教に登用される前は「コンスタンティノポリス大学」(university of Constantinople)の信徒学者だったのであり、フィリオクエや西方の他の教えに対して八六七年に『フォティオスの回勅』を作成した。(101)

西方でも、正統と禁欲主義は相互に支え合ってきた。その相互の支え合いの特に顕著な例は、一二世紀のクレルヴォーのベルナルドゥスの経歴である。修道士また神秘主義者として、彼は極めて個人的で主観的な霊性で自身を養い、他者を奨励したのであるが、特に処女マリアへの傾倒は深く、ダンテ『神曲』のクライマックスでは、ベルナルドゥスの著述をほぼそのまま引用した『天国』の一節で祝われている。(102) しかし、修道院長また神学者として、彼は教会と教義の客観的な権威への絶対的な服従を主張した。この主観性と客観性の両方が、キリストの主権と「キリストの学校」の規律という名の下で説かれた。(103) ベルナルドゥスは、これまでに書かれた雅歌の注解の中で最も影響力のあるものを書き、十字架につけられたキリストについての深く主観的な一連の黙想を通して、彼の聴き手を導いた。「キリストの傷を絶えず黙想することほど、良心の傷の癒しや魂の意識の浄化にふさわしいことがあろうか」と彼は彼らに問いかけた。しかし、ペトルス・アベラルドゥスが、彼の手でエロイーズに宛てて書いた最後の手紙で、非常に特異ではあるが正統的な信条を書いているが[104]、アベラルドゥスにとってはこの種のキリストの傷についての主観的な黙想はキリストの受難の解釈を提供しているように思われたし、また、この十字架において啓示された神の愛の経験が、キリストの十字架によって達成された贖罪と和解の内容の完全な定義を引き継いでいるように見えたが、ベルナルドゥスはアベラルドゥスとその門下生たちを「キリストの敵」として攻撃したのである[105]。厳密に言えば、キリストの贖罪の働きの教会の教理は、古代の公会議によって定められたキリストの位格の教理に対応するものではなかったが[106]、キリストが私たちのために（*ad nos*）だけでなく、私たちの益のために（*propter nos*）来られたことは、ベルナルドゥスにとって論争の余地のない信仰の真理であった。ニカイア・コンスタンティノポリス信条のラテン語版では、彼の著作を、すべての正統な信仰者が確言して信じることができるものとして定義し、このように言っている。「私たち人間のため、また私たちの救いのために（*propter nos homines et propter nostram salutem*）」彼は天から降り、「私たちのために（*pro nobis*）」彼はポ

(99) Gibbon [1776-88] 1896-1900, 5:254-55 (ch 49).
(100) *Metr Crit* 11.7.
(101) *Phot*; Dvornik 1948, 119-31.
(102) Dante *Paradiso* 31-33.
(103) *Chr Trad* 3:144-57.
(104) *Petr Ab*, 15・2「西方のサクラメント的な教理の信仰告白化」を参照。
(105) 15・1「カトリック教会の信条と教会会議の伝統の西方での受容」を参照。
(106) 3・3「『諸教理』と教理」を参照。

ンテオ・ピラトの下で苦しみを受け、死者から甦った[107]。一人称単数属格の強い主観性とカトリック教会の正統的な信条の揺るぎない客観性を同時に語りながら、ベルナルドゥスは彼の信条を要約した。「私の神は、カトリック信仰が神を告白しているところの神である」。一一四〇年もしくは一一四一年のサンス教会会議で[108]、ベルナルドゥスの働きかけによるアベラルドゥスへの非難は、神学者かつ修道士としてのベルナルドゥスによって提唱された正統の定義が公式に認められたものとして理解することができる。

しかし、西方中世の時代における正統と禁欲主義が明確に結びついたのは一世紀半後のことであり、それはドミニクスによって創設された修道説教者の体制によって達成され、その神学の第一人者がトマス・アクィナスである[109]。トマスの哲学的また神学的な業績があまりにも大きいため、彼の霊性、特に禁欲主義的な霊性は影に隠れてしまいがちである。彼のアリストテレス注解で語られていることや『対異教徒大全』と『神学大全』で述べられていることからすると、ドミニコ会士としてのトマスをしばしば隠してしまい、アリストテレス主義者のトマスとなってしまう。ところが、二〇世紀の研究により、彼の道徳的また神学的な教えに禁欲主義の土台があることが明らかになった[110]。というのも、彼は清貧に生きる托鉢修道会の献身を、一三世紀（とその後）の批判と中傷から弁護しただけではない。シュニュが以下のように言っていることもまたそうだったのである。

トマスが家族の激しい反対にもかかわらず（一二四四年）説教者に加わったのは、彼の魂が宗教的に方向づけられていたからであり、外的要因からだけでなく、特に教理と意欲からの点でも、彼のすべての活動が形作られていたことは明らかである……聖トマスがインノケンティウス三世のキリスト教世界に修道説教者として加わり、この新しい宗教的一門の中でアルベルトゥス・マグヌスの師事を受ける絶好の機会を持ったことも重要なことである[111]。

東方と西方の修道士の事例は、正統であるために要求される知的で神学的な服従や自己抑制の方が、表面的には類似している禁欲主義のために要求される心理的で道徳的な服従や自己抑制よりも、ずっと高いことを示している。加えて、この類似の認識は、東方正教会とローマ・カトリック教会の伝統に限定されるものではない。例えば、制度としての修道制を攻撃したものの、一五六六年『第二スイス信仰告白』では断食の禁欲的な実践を強く推奨し、[112]一六五一年のイングランドにおける一般バプテストの信仰告白でもそうである。[113]禁欲主義も正統主義も、使徒パウロの言葉によって言い表すことができ、後の信仰告白の生活と教えの両方のモットーとなった。[114]「私たちは神の知識を妨げる議論やあらゆる高慢を破壊し、あらゆる思いをキリストに従わせ、あらゆる不従順を罰する準備ができている」[115]。正しい教理だけが重要であるという理由から道徳的な無関心を助長してしまうことは、現代の批判者たちが時折、非難していることであり、[116]歴史的には正統を追い求める情熱は、清貧、貞節、服従の生活を献げてきた者たちにとっては、特別な要因となってきたものなのである。

(107) *N-CP Occ* 3-4.
(108) *Sens.*
(109) 15・3「信条に基づく理性としてのスコラ神学」を参照。
(110) Weisheipl 1974; McInerny 1997.
(111) Chenu 1964, 12, 14.
(112) *Helv II* 18.7, 24.4-8: *Camb Plat* 9.1.
(113) *Gen Bap* 73.
(114) *Jer II* 1.28; *Mogila* 1.10.
(115) 二コリ一〇・五―六。
(116) 17・1「近代意識による信条への不信感」を参照。

10・4　キリスト教信仰告白のための前提条件としてのキリスト者の愛

しかしながら、私たちがこれまで見てきたような行為と信条に関する信仰告白の違いを超えて、信条と行為の両方に対する祈りの基本的な関係は、すでに定義されている二重のものである[117]。真実な祭儀や礼拝の適切な対象が何であるかを特定することが、信条の一つの役割となってきたのであり、そのようにしてキリスト教の信仰告白をキリスト者の愛と祈りを前提として定義することで、誤った神々に向けて祈りや礼拝を献げないように、またその結果として偶像礼拝に陥らないようにしてきたのである。しかしそれに次ぐ第二の機能は、「行為」と「信条」、キリスト者の愛とキリスト教の信仰告白との間の切り離すことができない結びつきを確認することであり、また、パウロが「私が他の人たちに説教をしておきながら（あるいは一緒に礼拝をしておきながら）、私自身が失格者とならないようにするためである」と言っているように[118]、キリスト教の信仰告白とキリスト教の礼拝のための前提としてのキリスト者の愛を解釈することである。

これらの強調点を相互に依存また補強する形で一つにまとめることにより、教派を超えたエキュメニカルな信仰告白を言い表しているものとして、『聖ヨアンネス・クリュソストモスによる聖体礼儀』はニカイア・コンスタンティノポリス信条を引用する前に、以下の警告を記している。「父、子、聖霊を、私たちが告白することができるように、心を一つにして互いに愛し合おう（*Agapēsōmen allēlous hina en homonoiai homologēsōmen*）。三位一体は一つの本質であり、分割できないのだから[119]」。カリストス・ウェアは「信条はそれに生きている者だけが持っているものである」という原理の下で、『聖体礼儀』の一節について解説している。「これはまさしく正統派の伝統に対する態度を表している。もし互いに愛し合わないならば、私たちは神を愛することができない。そしてもし私たちが神を愛さないならば、私たちは真の信仰告白をすることもできないし、伝統の内なる精神に入ることもできない。なぜなら、神を知るためには神を愛する以外に方法はないからである」[120]。『ペトロ・モヒーラによる東方教会の公同で使徒的な正統信仰告白』によれば、エキュメニカルな公会議の力を通して、教会は「総主教、教皇、司教、他の者たち」を含めた教会のメンバーに力を及ぼすのであり[121]、その理由としては、新約聖書に「真理の柱また防波堤」とあるからである[122]。テモテへの手紙一のこれらの言葉は、『ドシセオスとエルサレム教会会議の信仰告白』によれば、「同じ信仰の教理を保ち、それを常に同じものとして固く信じること」を要求している[123]。『ペトロ・モヒーラの正統信仰告白』は、その後の箇所でテモテへの手紙一の言葉を再引用し、教会の「教訓と教理は決して人間的なものではなく神的なものである。人間によるのではなく神によるものである。それゆえ、私たちが教会の中にあるものを信じると告白する時、私たちは神から教会に手渡された聖書と、神によって霊感が与えられたその戒めを信じることを告白するのである」という結論を引き出している[124]。聖書と教会のこれら両方の「戒め」(commands)は、例えば、「すべての人たちとの完全な和解」が聖餐を適切に受けるために必要であることを要求しているものである[125]。

(117) 第6章「祈りの法則と信仰の法則」を参照。
(118) 一コリ九・二七(AV)、*Friends I* 15.
(119) *Lit Chrys* II.D.
(120) Ware 1997, 207.
(121) *Mogila* 1.86.
(122) 一テモ三・一五。
(123) *Dosith* decr 2.
(124) *Mogila* 1.96.
(125) *Mogila* 1.107.

この最後の指摘は山上の説教からそのまま引用したものであり、その中でイエスは、いつの時代であっても個人的な和解の必要性が断固として明確化されなければならないと、彼の追従者たちに警告している。「もしあなたが祭壇にあなたの献げ物をするなら、またあなたの兄弟があなたに対して何か反対しているのを思い出したなら、あなたの献げ物を祭壇の前に置いて、行きなさい。第一にあなたの兄弟と和解し、そうしたら戻ってきて、あなたの献げ物を献げなさい[126]」。キリスト教史のすべての時代において、儀式主義に対するキリスト教的な批判はそれゆえに、預言者たちの批判、そしてまた福音書におけるイエスご自身の批判と結びつけられてきたのであり、神との真実な人格的関係を犠牲にして典礼的な正しさにこだわるのではなく、常に道徳的な清さを追求することが含まれていなければならない。この永続的な批判は、プロテスタント改革の時期の信仰告白に、特に強く現れ出ている。『フランス信仰告白』は、新約聖書からこの種の別な箇所からの警告を引用し[127]、このことをこう要約している。「私たちは、人間が考案したすべてのもの、また、神に見かけは仕えるという口実で導入され、良心を縛ろうとする人間のすべての法を拒絶する。私たちは一致をもたらし、大いなる者から小さき者に至るまですべての者を従わせるものだけを受け取るのである[128]」。『ウェストミンスター信仰告白』によれば、「神のみが良心の主であり、信仰と礼拝の事柄に関して神の言葉に反したり外れたりしている人間の教理や戒めから良心を自由にされた」ため、そのような人間の祭儀的な考案は禁じられた[129]。しかし、全教会的な共通理解があるにもかかわらず、改革派の『フランス信仰告白』や『ウェストミンスター信仰告白』と、東方正教会を代表している『ペトロ・モヒーラによる東方教会の公同で使徒的な正統信仰告白』との間には、一つの重要かつ究極的な決定的違いがある。改革派の信仰告白では、聖書に「反する」何かを要求することだけが間違いなのではなく、聖書に何かを付け加えて要求したり、「信仰や礼拝の事柄を外れる」こともまた間違いなのである。一例を挙げれば、このことの中には正教会の祭儀的な「戒め」が含まれるが、ペトロ・モヒーラによればそれは神的な権威を有しているのである。

これらのことは、信条や信仰告白の中で詳述されているように、非常に多様であり、しばしば深く根本的な相違があるが、それにもかかわらず、これらのキリスト教的な忠実さの表現は、アウグスティヌスが「すべての美徳の母であり保護者」と言っている「信仰への従順」という使徒的なテーマのバリエーションを表しているものである。[130]『フランス信仰告白』の言葉では、「私たちは一致をもたらし、大いなる者から小さき者に至るまですべての者を従わせるものだけを受け取るのである」となっている。[131] 私たちがここで扱ってきた多様な言葉の中で、その中核となっている信仰またはそれと同類の言葉は、忠実さや忠誠を意味している。「信仰に満ちている」(faith-full) ことは、「忠実である」(faithful) ことだからである。聖書の言葉では、神への忠実さに対して使われるのがほとんどである。

もし私たちが彼を否むなら、彼は私たちをも否むだろう。
もし私たちが忠実でないとしても、彼は忠実に留まっておられる
——というのは彼は自身を否むことができないからである。[132]

(126) マタ五・一三—一四、*Heid* 105.
(127) ロマ一五・一七—一八、一コリ三・一一、コロ二・六—八、ガラ五・一。
(128) *Gall* 33.
(129) *West* 20.2.
(130) Augustine *City of God* 14.12 (*NPNF*-I 2:273).
(131) *Gall* 33.
(132) 二テモ二・一二—一三。

このように、信仰は忠実な神にとりわけ帰されているものであり、神はイスラエルの民に彼の契約を与え、神の子であるイエス・キリストの到来を通して、それを更新して拡張したのであり（廃棄したわけではまったくない）、神はその本性に逆らうことはせずに契約を破ることはできなかったのである。しかし、忠実さとしての信仰は人間にもかかわりを持つものであり、人間と神の忠実さとのかかわりでもあるし、人間同士の互いのかかわりにもつながってくる。「死に至るまで忠実であれ。私は命の冠を与えるだろう」と黙示録の著者は神の約束の言葉を聴いたのである。[133] 第一次世界大戦の時に作られたイギリスのよく知られている詩に、戦死した兵士たちが生き残った戦友たちに、「もしあなたたちが死ぬ私たちとの信仰を破ってしまうならば／私たちは眠らないだろう」と警告している。[134] それゆえ、行き先を知らなかったが神の命令に従って未知の国へと旅立っていったゆえの信頼という信仰の傑出した模範であるアブラハムは、[135] 新約聖書やそれに続く教会史にとっても、忠実さとしての信仰の第一の模範であり、彼の愛する子であるイサク奉献も進んで行い、神の約束への服従と忠誠を示した。[136] ローマの信徒への手紙で、使徒パウロはアブラハムに「信じる者すべての父」としての栄誉を贈り、[137]「（キリストの）名のため、すべての国民を信仰への服従に導くために、恵みを受けて使徒とされた」ことを冒頭で語ることができた。[138] 手紙の最後には、パウロは「信仰への服従のため、すべての国民に知らされた」神秘を再び語っている。[139] このことに基づくと、信仰告白は、「信仰」と「信仰への服従」が結びつけられたり、あるいは同一視されることもあり、[140] この一語で行為と信条との密接な関係を強調しているのである。また、教会の「聖性」も、服従への呼びかけが絶対的に強調され、何が信仰への服従であるのか、信仰告白と教理の言葉で説明する必要があることは明らかである。[141]

10・5　近代の世俗との並行

近代市民社会の道徳律として、またある種の世俗的な信条として、一九四八年一二月一〇日に国際連合の総会で採択された『世界人権宣言』は、ある面では行為と信条との間のこの密接な並行関係を示しているものである。(142) まったくのところ、このような文書として、並行は限定的なものではある。一七七六年七月四日の『アメリカ独立宣言』では、「創造主」（creator）と「自然法と自然の神の法」（the laws of nature and of nature's God）の賦与行為を、「特定の不可侵の権利」と確言して根拠づけている。アメリカの啓蒙主義の自然神学やその主要な著者であるトマス・ジェファーソンの思想の中での、これらの用語の具体的な内容がどのようなものであったかは別にしても、現代の解説者はしばしば有神論的な観点を見落としがちである。ところが、二〇世紀の背景において

(133) 黙二・一〇。
(134) John McCrae "In Flanders Fields."
(135) ヘブ一一・八—一〇。
(136) Lerch 1950.
(137) ロマ四・一一。
(138) ロマ一・五（ＡＶ）。
(139) ロマ一六・二六（ＡＶ）。
(140) 例えば、*Apol Aug* 4.308-9; *Dort* 1.1.9 を参照。
(141) *Naz* pr.
(142) Glendon 2001.

書かれた『世界人権宣言』は、いかなる有神論的な言及をするのも、いかなる形而上学的なことを前提とするのも、まったく避けているのである。それでもこの宣言は、『国際連合憲章』の「人権と基本的自由の普遍的な尊重と遵守」を促進するという公約を再確言し、「これらの権利と自由の共通理解は、この公約を完全に実現するために最重要のものである」と宣言している。このことを土台にして、『世界人権宣言』はそれ自体で、「すべての人たちとすべての国にとって共通の達成基準であり、あらゆる個人とあらゆる社会組織がこの宣言を絶えず念頭に置きながら、国内外において普遍的かつ効果的な認識と遵守を確保するために、指導と教育によってこれらの権利と自由の尊重を促進し、進歩的な措置によって努力すること」を提示している。[143]「普遍的な尊重」を追い求め、「普遍性」の遵守と適用を主張することに関して、『世界人権宣言』は、教会の信条や信仰告白が「公同」であり普遍的であるとしている主張と、ある種の類似性を持っている。規則として自らを定義し、また「絶えず念頭に」保っている「共通理解」の達成を意図している「共通基準」として自らを定義している点に関して、信条もまた同様に、共有された「信仰の基準」と行いの基準として機能することを願っているのである。また、「促進」と「指導」を強調していることに関して、プロセスとしてだけでなく暗黙のうちに内容としてもそうなのであるが、旧新約聖書に共有されている信条定式の中で明確化され、すべての信仰告白の土台となっている人間の根本的で普遍的な行動要因を例証している。「私は信じた、それゆえに私は語った」[144]。

(143) Laqueur and Rubin 1989, 197-98.
(144) 詩一一六・一〇、二コリ四・一三。第2章「信条と信仰告白の必須性」を参照。

第11章　他文化への信条と信仰告白の伝播

私たちに伝わっている最初期のキリスト教の中での「信条的」な確言は、福音書の時系列をそのまま採用すると、フィリポ・カイサリアでのシモン・ペトロの「あなたはキリスト、生ける神の子です」という言葉と[1]、復活後のトマスの「私の主、私の神よ！」という言葉である[2]。アラム語で語られたと思われるが、その後ギリシア語で書き留められ、次いでヨーロッパ中にラテン語で広がり、最終的には二〇〇〇を超える言語で七つの大陸と島々に共有されたのである。

同様に、『キリスト教の伝統における信条と信仰告白』の第一部に収録されているテキストに示されているように、教会の初期の信条のほとんどすべては、もともとギリシア語かラテン語で書かれて保存されてきたものである。同じことが最初の七つの公会議の教義的な布告に関しても言える。しかし、初代教会が信じ、教え、告白したギリシア語またラテン語の宣言のいくつかは、とりわけニカイア・コンスタンティノポリス信条と使徒信条がそうであるが、他の多くの言語に翻訳され、教会が世界中の他文化へと広がり、信仰が伝えられ、主として礼拝のために用いられ[3]、黙示録で預言されている「あらゆる国民、すべての種族、人々、舌」という終末的

（1）　マタ一六・一六。
（2）　ヨハ二〇・二八。
（3）　6・3「礼拝の中での信条の位置」を参照。

な幻に貢献したのである。[4] 同様に、『キリスト教の伝統における信条と信仰告白』の第四部に収録されている一六世紀のテキストに示されているように、プロテスタント改革の信仰告白のほとんどはラテン語で書かれ、ラテン語はルネサンス期と宗教改革期のほとんどで、学問、神学、法の普遍的な言語であり続けた（加えて西方中世の典礼言語も規定した）。しかし、宗教改革の信仰告白が自国語の使用を強調したことに関して、[5] いくつかの宗教改革の信仰告白は最初から現地語で書かれたものもあり（たいていはドイツ語、フランス語、英語であった）、また、いくつかのものに関しては、元来ラテン語だったものが現地語へと翻訳され、ラテン語のものと現地語のものが教会の中で等しい教会的な権威を持つこともあった。

一六世紀以降、これらのプロスタント信仰告白のいくつかにも、世界の他の大陸に伝えられ、そのプロセスの中で新しい言語に翻訳されるものもあった。二〇世紀の間に、この伝達のプロセスは、『キリスト教の伝統における信条と信仰告白』の第五部「近現代キリスト教の信条と信仰告白」へと移行し、「二〇世紀――教会と信仰告白のグローバル化」というサブタイトルが用いられるにふさわしい状況となった。信条と信仰告白の国際的また異文化間における「受容」（reception）と新たな環境における権威の再定義は、それゆえに、その歴史における重要部分なのである。[6] 一七世紀における『ウェストミンスター信仰告白』[7]や一九世紀における一八一四年『カンバーランド長老教会の信仰宣言』[8]や一八三七年『オーバーン宣言』[9]のような事例を挙げられる長老主義は、二〇世紀にはキューバで、[10]チリで、[11]南アフリカで、[12]新しい信仰告白を生み出し、一九二五年『北アメリカ合同長老教会信仰声明』[13]や同教会の一九六七年『信仰告白』[14]もそうである。加えて、カナダ合同教会（the United Church of Canada）が生み出した諸信仰告白もそうである。[15] このような国際主義と異文化主義から新しい主張が擁立されるようになり、たとえ「公同」（catholic）または普遍的（universal）教会」が「時にはよりよく見えたり、時にはあまりよく見えない」としても、[16] 原則としてはすべての信条と信仰告白がその教会のことを真に「公同（catholic）」であるとしたのである。

このグローバル化と国際主義と「多文化主義」の現象は、キリスト教界に限ったことでは決してない。六三二年の預言者ムハンマドの死後、一世紀以内にイスラム教が急速にアラビア半島から小アジア、スペイン、さらには中央アジアや東アジア、その後にはアフリカ、最終的には南東ヨーロッパと西半球（マーシャル・ホジソンが「イスラム教界」を「キリスト教界」との対抗軸に据えて呼んだ言葉）にまで広まったことにより、コーランの特別な霊感を受けた言語である神聖な権威を持つアラビア語と、トルコ語、ペルシア語、ウルドゥー語などの複数の特定の言語との関係は、イスラム教徒にとっては常に問題となり、時には豊かさにもなった。これと類似して、（少なくとも理論的な）自由民主主義のグローバルな受容は、国家や文化の特別なニーズや伝統に対して民主主義

（4）黙七・九、*Morav Am* 6.
（5）*Apol Aug* 24.2-5; *39 Art* 24; *Helv II* 23.1.
（6）Sanneh and Wacker 1999; 9・2「批准としての信条、教会会議、信仰告白の受容」も参照。
（7）*West.*
（8）*Cumb Pres.*
（9）*Aub.*
（10）*PRCC.*
（11）*Chile.*
（12）*Pres So Afr.*
（13）*Un Pres.*
（14）*Pres USA*; see Dowey 1968 and Rogers 1985.
（15）*Un Ch Can: Union*; *Un Ch Can: Crd.*
（16）*West* 25.3.

の教理の適応をめぐる継続的な議論を引き起こし、そこでは自由民主主義やその哲学的な前提が生来からのものではなく、未だ広く受け入れられていなかったのである。バーナード・ルイスが言うように、コーランのイスラム法である「シャリーア（*sharīʻa*）には、アラビア語の外来語である民主主義（*dimuqratiyya*）という言葉は存在しない」[17]。また、マルクス・レーニン主義の二〇世紀における台頭と没落は、政治的・哲学的な実験所であることが証明され、そこでは階級を克服し、国籍を超え、宗教を廃止することを目指したイデオロギーの実験が、根強く残っている文化的、地域的、民族的、宗教的な特性と激しく衝突し、最終的にはそれらによって粉砕されたのである。キリスト教に限らず、これら三つの運動のいずれにとっても、真の信仰を信じ、教え、告白していると主張してきた者たちは、信仰の最初から表れていたものも含め、歴史の中で表面的にも内面的にも偶発的に表れてきた信仰の「本質」を精査する必要に繰り返し迫られてきたのである。そしてその者たちは、極めて「信条的」と思われる命題で、その本質を定式化しようとしてきたのである[18]。

11・1　文化との境界にまたがる祭儀、法典、信仰告白

人類学や他の社会科学の語彙の中で、頭韻を踏んだ言い回し「法典、祭儀、信条」（code, cultus, creed）は、古代ギリシアの三つ組である善、美、真の適用とも言えるが、これは多種の宗教組織の権威構造を記述するための一連のカテゴリーとして採用されているものである。『オックスフォード英語辞典』によれば、法典（*code*）という語は第一義的にローマ法に適用され、そこでは「『テオドシウス法典』や『ユスティニアヌス法典』など、後の皇帝によって作られた種々の体系化された修正の一つ。特に後者のもの」として言及されている[19]。おそらく、グラティアヌスの教令集と中世のローマ法の受容との歴史的密接な関係のために[20]、法典（*code*）も同じく「教会法」（church law）の意味合いも伴い、例えば、西方での『カノン法典』のタイトルが付けられているようなもの

がそうである。しかしながら、『オックスフォード英語辞典』は続けて、そこから「転じて」、「あらゆる主題に関する基準や規則の体系または集成」という意味にもなり得るとしている。「あらゆる主題」という包括的な言葉にもかかわらず、後者の意味での用例のすべてはキリスト教「法典」からのものであり、神的な法の「法典」に従順なキリスト教倫理のことを指している。また、ノースロップ・フライによる文学、哲学、神学的な考察をした権威ある書のタイトルの中に、聖書はそれ自体で「偉大な法典」(great code) となっている、とある。(21)

キリスト教史を通じて、法典、祭儀、信条の間の権威の変動は、それぞれのものと文化の多様性の現象との間の対立の結果として鋭く表面化してきたように思われ、特に教派とそれぞれの信仰告白が他の文化に移植される時にそうだったように思われる。このプロセスはすでに新約聖書の中に、ユダヤ人から異邦人環境への「信仰の伝達」において見られることであり、(22) あるいはより正確かつ完全に言うならば、パレスチナのユダヤ人からヘレニズムのユダヤ人環境へ、次いでヘレニズムのユダヤ人からヘレニズムの異邦人環境へ、連続的な伝達がなされた(これら三つの環境の境界線も曖昧なままだっただろうし、それぞれへの伝達も曖昧なままではあるが)。『ゲンナディオス二世の信仰告白』が宣言しているように、キリスト教の三位一体の普遍主義をイスラム教徒の聴き手に説明する際に、「全能で目に見えない神は、彼の言を通して、真理をエルサレムに植えたが、彼の霊を通し

---

(17) Lewis 1997, 8.
(18) 10・5「近代の世俗との並行」を参照。
(19) *OED* 2:582-83.
(20) *NPNF*-II 14; xxix-xxxv.
(21) Frye 1982.
(22) Walls 1996.

て、彼は彼の使徒たちに真理を世界中に蒔く力を与えた」と言っている[23]。それゆえ、（もちろんギリシア語で書かれた）使徒言行録は、エルサレムで始まり、他のヘレニズムのユダヤ人に対するステファノの説教において最初のクライマックスに達し、最終章でこのように重大な宣言をしている。「ついに私たちはローマに着いた[24]」。ユダヤ教の要素のうち、どの要素がユダヤ的キリスト教の要素として、キリスト者になった異邦人に規範的となるのかという問いが、使徒言行録に記されているように、史上初めての第一回教会会議の議題となり[25]、それゆえに教会会議によって公布された「使徒と長老によって結論へと到達した教義（*dogmata*）」の最初の主題だったのである（その決定や布告は新約聖書のギリシア語ですでにそう呼ばれていた[26][27]）。

したがって、私たちがここで他の文化への伝達やその土着化と呼んでいるものは、同一視されないものの、広く議論されている文化変容（acculturation）の考え、そしてより最近では文化受容（inculturation）の考えと、緊密に関係があるのである[28]。文化受容（*inculturation*）という語は、人類学よりも主として神学の語彙の中に入ったと言われており、スペイン語、イタリア語、フランス語を含めた他の言語では以前から用いられ[29]、英語に神学的な用い方として導入された。このことは、イエズス会総長であったペドロ・アルペによって、一九七八年に権威あるエッセーの中にその意義が定義されている。「特定の文化的状況におけるキリスト教的生活およびキリスト教的メッセージの受肉は、この経験が当該の文化にふさわしい要素を通して表現されるようにするだけでなく、文化に活力と方向性と統合の原理を与え、『新しい文化』へと移行し、作り変える仕方でなされなければならない[30]」。ここでの定義で使われている受肉（*incarnation*）という言葉が示しているように、イエス・キリストの位格において「言が肉となって私たちの間に宿った[31]」ロゴスなる神の子による神的な行為が、その後に続く「キリスト教的生活およびキリスト教的メッセージの受肉」という規範的な図式としてここでは見られている[32]。このことは、例えば、「私たちはアフリカをキリスト教化するのではなく、アフリカ化されたキリスト教でなければならない」という現代的なスローガンへとつながった[33]。また、パウロ的な言葉である「新しい創造（*kainē ktisis*）」

の使用は、[34]「古い被造物」としてすでに存在していた現実が変質することを示唆しており、抜本的な刷新を通して効果的に贖われて根本的に変容していくが、消滅してしまうわけではないのである。

キリスト教の福音が新しい文化へ移植される時はいつでも、その権威の定義が、最初からであろうと最終的にであろうと、メッセージをもたらす者たちともたらされる者たちにとって直面しなければならない問題であり、土着化と文化受容について無数の決定を伴うことになる。ベント・シュミット・ハンセンは、インドにおける教会の文脈において、「宣教戦略」あるいは「外国の伝統からの挑戦に対する土着の反応」という土着化（*indigenization*）の二つの定義を提起した後、これらの定義に対応して土着化の二つのパターンを区別している。「宣教師が追求する土着化、あるいはよりよい表現として外部からの土着化は、プロテスタントの主要な関心事

---

(23) *Gennad* 4.
(24) 使一・六、六・八―七・五三、二八・一四。
(25) 使一五・二二―二九。
(26) 使一六・四。
(27) Pokrovský 1914, 3-94.
(28) Standaert 1994.
(29) Lacoste, 565-68, 豊富な参考文献もある。
(30) Arrupe 1979-86, 3:172-81.
(31) ヨハ一・一四。
(32) Hillman 1993, 30-32.
(33) *EC* 1:30 (George Evers).
(34) 二コリ五・一七、ガラ六・一五。

であり、インドの聖職者の教育と訓練に集中しているものである。しかしながら、この結果として、指導者の土着という礎石が据えられたことにより、次いで、宣教師の後を継ぎ、内部からの土着化という新しい時代を切り拓いていくことになるのである」[35]。これらのプロセスにはキリスト教の礼拝と祈りの祭儀、キリスト教の行動と道徳の法典、キリスト教の信仰と教えである信条、つまり三つすべてが含まれている。祭儀、法典、信条というこれら三つの領域は、別個のものではあるが不可分でもあるため、キリスト教の文化に対する（より正確に言えば少なくともそれが生まれた文化、それが最近伝えられた文化、それが今伝えられている文化を含むいくつかの文化に対する）関係についてのいかなる決定も、必然的に三つすべてに影響を与える。

　三つの中で祭儀は、いくぶん大きな違いはあるものの、新しい文化や異なる文化に最も順応しやすい傾向がある。リチャード・フレッチャーが「六〇一年にイングランドの宣教師へ送られた超有名書簡」と呼んだものの中に、教皇グレゴリウス一世はカンタベリーのアウグスティヌスとその宣教団に、アングロ・サクソンの異教徒を扱うのに際して、「その民族の偶像の神殿（*fana idolorum*）は決して破壊されるべきでなく、その建物内にある偶像のみが破壊されるべきである。聖なる水を取り、それをその神殿で撒き、祭壇を作り、（キリスト教の聖人の）遺物を置きなさい。……この人々が自分たちの神殿が破壊されないのを見れば、彼らは心のうちに抱いていた誤りを追いやることができ、彼らが慣れ親しんでいた場所で真の神を認識し、礼拝する準備が整うだろう」との励ましを与えている[36]。中世西方のキリスト教宣教師たちは、異教徒に対するこのグレゴリウスの原則に一貫して従ったわけではなかった。彼らは異教の祭儀に向けてだけでなく、異教の文化に向けても激しく排他的な態度を取ることが多かった。この排他的な方向性の最も強力なものは、キリスト教への新規参入国を統一された典礼言語としてラテン語漬けにし、ラテン語を強制するという西方教会の主張であり、個々の教区がローマの権威を中心に据える普遍的なカトリック教会の営みに取り込まれていった。この主張は九世紀に、コンスタンティノポリスからモラヴィア王国へやって来たスラブ人への宣教師であるキュリロスとメトディウスが、ビザンチン典礼をギリシア語からスラブ語に翻訳し、グラゴル文字（Glagolitic alphabet）を作った時に（この文字は最終的にはキュリロスの名前にちなんでキリル文字となったが、キュリロスがこれを発明したわけではない）、歴史的な重大結果をもたらすことになった。この出来事は西方の聖職者たちの抵抗を呼び起こし、彼らのうちのある者たちは最終的には「三か国語主義」（trilingualism）と呼ばれる教理を定式化した。それによれば、教会の公の礼拝と聖餐の祭儀を執行することができる合法的な言語は三つだけであり、それらの言語はポンテオ・ピラトによってキリストの十字架の際に刻まれたものであり、ヨハネによる福音書によれば「ナザレのイエス、ユダヤ人の王」という文字が「ヘブライ語（アラム語）、ラテン語、ギリシア語」で刻まれていた[37]。この典礼の土着化をめぐる意見相違の対立により、東方教会と西方教会との分裂へ最終的につながり、スラブ諸民族が東方正教会とローマ・カトリック教会との間で永続的に分割されることになった[38]。その七世紀後に、宗教改革の信仰告白が最も要求していることであり[39]、プロテスタント教会の標準となった現地語での礼拝に対する反動として、トリエント公会議の第二二会期では、ミサの言語としてラテン語の優位性を再確認し[40]、それはちょうど第四会期で、「古くよく知られたラテン語版ウルガタ（*haec ipsa vetus et vulgata editio*）」と呼ばれた聖書の翻訳に特別な権威を割り当てたのと同じであ

(35) Hansen 1986, 239-40; 傍点はオリジナルである。
(36) Fletcher 1997, 253-54, the Venerable Bede *Ecclesiastical History of the English People* 1.30 を引用している。
(37) ヨハ一九・一九―二〇。
(38) Dvornik 1970.
(39) *Aug* 24.2-4; *Apol Aug* 24.2-5; *Genv Cat* 247; *Helv II* 22.4, 23.1; *39 Art* 24; *18 Diss* 10; *Meth Art* 15.
(40) *Trent* 22.8.

った。[41]

それゆえ、長い世紀にわたって多くの世界の地域に支配的であったローマ・カトリック宣教のこのラテン語化戦略と鋭く対立するものとして、第二ヴァチカン公会議は教皇大グレゴリウスに倣い、その第一会期にはミサ典礼での現地語の使用を認めただけでなく、第三会期には特に教会音楽を扱ったが、教会の礼拝生活全体とキリスト教祭儀の文化への土着化の関係をより広範囲に示す布告を定式化した。

世界のいくつかの地域、特に宣教地では、独自の音楽的伝統を持つ民族、宗教的また文化的な生活様式に重きを置く（*magnum momentum in earum vita religiosa ac sociali*）伝統を持つ民族がいる。この音楽には相当な重きを置かなければならない。宗教的感覚を発達させるため、また特定の気質に宗教的礼拝を適合させるため、適当な範囲が認められなければならない。[42]

この方針は、一九六五年のガーナ教会合同委員会（Ghana Church Union Committee）の「神がガーナの人々に与えた特別な賜物を敬虔に用いて献げる礼拝の形を発展させること」という希望の中に反映されている。[43] このことは、キリスト教宣教の歴史を通して、東方正教会の修道院宣教師やプロテスタントの宣教団体を含めた様々なグループによって、繰り返し礼拝に適用されてきたことである。その典礼と賛美歌の結果は、二〇世紀の国際的なエキュメニカルな大集会のほとんどで見られるようになり（聴けるようになり）、そのため参加者たちはしばしばこれを新しいペンテコステと結びつけ、バベルの塔の典礼的また文化的な混沌を、多様性において調和させることによって解消し、それと同時に画一化での一致の達成を避けようとしている。[44] その結果として、いくつかの国や教会によっては、ペンテコステは文化や信仰告白の境界線を越えてキリスト教の一致のための特別な祈りを献げる時として、教会暦の中に組み込まれているのである。[45]

祭儀の土着化に向けてのローマ・カトリック教会の姿勢に表れているこの複雑な歴史的背景は、一六世紀から一七世紀にかけてのイタリア人イエズス会士マテオ・リッチの中国宣教活動を考察するための文脈を提供してくれる。教師また著作家として、リッチは中国に西洋の科学技術をもたらし、一連の弁証的な著作の中で儒教を福音と自然に調和させようと努めた。(46) 儒教の賢人の生活様式を採用することで、彼は中国固有の宗教的祭儀（孔子という個人に対する中国の伝統的な傾倒、祖先崇拝の慣習、「天」や「神」といった中国語の宗教的用語の継承）を、ローマ・カトリック教会の礼拝に適応させようとした。偶像礼拝や多神教は祖先を敬う中国的な祭儀に必要不可欠というわけではなく、それゆえに異教的な祭儀は一神教と両立することができる、というのがリッチの主張だった。彼は儒教の体系そのものの起源に一神教を見出しさえした。そのような儀式は、それゆえにキリスト教やカトリックの典礼の実践に適応させることができ、聖人崇拝と中国の祖先崇拝との顕著な類似性を彼は見出したのである。リッチの方針は、適応をめぐる「中国祭儀」論争や、異教に対する「宣教師の適応」といった論争を引き起こした。(47) 中国での祭儀をめぐる事例は多くの点で独特であるが、この大胆な典礼と弁証の実験プログラムに対する教皇庁の反応は（当初は注意を払いながらも支持的であり、次いで明確に非難し、次いで教皇ピウス一二世

(41) *Trent* 4.2.
(42) *Vat II* 3.36, 3.119.
(43) *Ghana* 11.2; *Laus Cov* 10.
(44) 使一二・一—一三、創一一・一—九。
(45) *DEM* 791 (Geoffrey Wainwright).
(46) Spence 1984.
(47) Mungello 1994.

の任期が始まるとずっと肯定的になった)、他文化へのキリスト教典礼の土着化には多くの未解決問題が残されていることに注意が呼びかけられたというものだった[48]。

このような「宣教の適応」は、法典ということになった時に、実践的な困難だけでなく、神学的な困難をも伴っていた。新約聖書はアブラハムのことを「信じる者すべての父」と呼び、キリストの日を「彼は見ることを楽しみにしていた」としている[49]。また、キリスト教の信仰告白は、アブラハムをキリスト教の夫のモデルとして受け入れている[50]。それにもかかわらず、創世記には彼が奴隷所有者であり、一夫多妻制をとっていたと記されている[51]。それでも、キリスト教の皇帝であるコンスタンティヌス一世、テオドシウス一世、ユスティニアヌス一世の下で、キリスト教がローマ社会の実権を握り、法の改訂を行った時、彼らは根本的に矛盾して見える仕方で進めていった。エルンスト・トレルチが言うように、彼らは「奴隷に影響を及ぼす法は一切変えなかった」のである。しかし彼らは「聖書に基づく教会の宗教哲学によれば、一夫一婦制の家族は社会と国家の基盤である」と主張し、それゆえに一夫多妻制は教会法によってだけでなく、帝国法によっても禁止されることになった[52]。しかしながら、トレルチの記述はいくつかの重大な点で不十分である。というのは、最終的には「奴隷に影響を及ぼす法」だけでなく、奴隷制に関する教会の教えと実践も、数世紀にわたる遅延と発展と論争の末にではあったが、劇的に「変わった」からである[53]。同時に、トレルチが語った「一夫一妻制の家族」の関係におけるキリスト教の結婚倫理の進展だけでなく、離婚の理由（既存の一夫多妻制の家族にも）、障がいや近親相姦の定義、どの程度の血縁関係や婚姻関係が許容されるかといった複雑な問題との関係の進展も、キリスト教道徳、教理、教会法の文化的背景の歴史における入り組んだ研究を引き起こしている。これらの発展の最中に多くの緊張関係が生じることになり、それらはモーセの律法であるレビ法典と、ローマ法と、宣教師によってキリスト教がもたらされた各民族や国家での婚姻の実践との間の緊張関係だけでなく、これらすべてとローマ・カトリック教会と東方正教会での七つのサクラメントの一つとしての婚姻の教会的な定義との間の緊張関係もそうであり、また司教はもちろん、西方ではすべての聖職者が独身でなければならないという緊張関係もそうであった。[54] 西方の伝統におけるいくつかの信仰告白には、これらの緊張関係が「西方の結婚法の中核にある結婚の四つのモデル（それぞれに複数のバリエーションがある）」を生み出した。「カトリックのサクラメント的モデル」「ルター派の社会的モデル」「カルヴァン派の契約的モデル」「英国教会の連邦的モデル」[55]である。

信条の他文化への移植は、祭儀と法典の土着化に関するこれらの適応や論争の歴史的図式と比較してみると、どこに属しているのだろうか。[56] 表面的には、信条や信仰告白は、典礼の慣習や道徳的な実践に比べると、移植を通しての変化や適応の対象がずっと少ないように見えるかもしれない。結局のところ、信条は、聖書そのものと同様に、新しい文化に成功裏に移植され、最終的に土着化されるために、新しい言語に翻訳される以上のことを必要としないように見られがちである（神学的にも言語的にも困難であることはしばしば証明されているが）。ウルガタ、ルターのドイツ語聖書、英語の欽定版は、聖書のこの事例が成功裏に終わった数少ない三つの事例であり、そのどれもが何世紀にもわたって文化全体を形作る文語モデルとなり続けたのである。教会が新たな改宗国

(48) *DTC* 2:2364-91 (J. Brucker).
(49) ロマ四・一一、ヨハ八・五六。
(50) *Metr Crit* 12.2.
(51) 創一七・一二、一六・一―三。
(52) Troeltsch [1931] 1960, 1:133, 130.
(53) Maxwell 1975.
(54) *Trent* 7 can 1; *Mogila* 1.115.
(55) Witte 1997, 10.
(56) Devadutt 1949.

のために新しい聖書を書かずに彼らに同じ聖書正典を利用可能にしたように（そのプロセスの中で、時折、それまでは口語のみであった言語にアルファベットを発明したり適応したりすることがあったとしても）、改宗者たちは伝統と信条において「聖なる者たちに一度《ひとたび》伝えられた信仰」[57]の正統を教えられることになったのであり、そこではその実質的な内容に変更や「適応」（adaptation）はほとんどないのである。変更することなく翻訳するという原則は、一つの宣教地から別の宣教地へと移る際に、初期の時代から教会がニカイア・コンスタンティノポリス信条と使徒信条に適用してきた規範であり、そのプロセスはなおも進行中である。しかし、『キリスト教の伝統における信条と信仰告白』の特に第五部「近現代キリスト教の信条と信仰告白」に収められている数世紀にわたって最初から多様な言語で書かれた無数のテキストは、神学的にも戦略的にもそうであるように、歴史的にも、信条や信仰告白を他の文化に移植することが、表面的な判断から予想されるよりもずっと複雑であることが明確に示されている。というのも、ある宗教改革の信仰告白が「よき芸術やすべての栄誉ある学問の部門を表明すること」の正当性と必要性を強調していることは[58]、芸術と新しい文化である他の学問も「栄誉ある」ものとなり得るということであり、信仰を告白するための媒介となり得るからである。聖書であれ信条であれ、翻訳は単純な一対一の置き換えにはなり得ない。というのは、「西方の翻訳の理論と実践のほとんどは福音を普及させ、別の舌で聖書を語る必要性に直結している」ことが見受けられるからであり、この必要性は典礼や信条や信仰告白にも当てはまるからである[59]。さらには、信条をできる限り良く翻訳することはもちろん必要なことなのだが、それだけで十分な戦略でないことは繰り返し示されてきたのであり、信仰の内容を移植して新しい文化の中に信条の権威を定義する必要があるという課題に対しては十分とは言えないのである。

11・2　宣教と移住における信条の宿命

教会史における移植と土着化の二つの主要な手段は宣教と移住であり、いずれも法典、祭儀、信条が決定的役割を果たしてきた。宣教史家のケネス・スコット・ラトゥーレットは、彼の偉業である『キリスト教拡大史』全七巻の各巻で、彼の要約を用いてこう尋ねている。「キリスト教はその周辺にどんな影響を及ぼしたのか。その周辺はキリスト教にどんな影響を与えたのか。キリスト教が広まる過程で、キリスト教が周辺に及ぼす影響と、周辺がキリスト教に及ぼす影響とに、どんな関係があるのか」。[60]ラトゥーレットのこれらの三つの問いそれぞれには、祭儀と法典だけでなく信条のことも含まれている。同じことだが、初期キリスト教の歴史家であるシャーリー・ジャクソン・ケースを記念して、一九三九年『教会史における周辺要因』という論文集成が出版された。その中に、西方の典礼の歴史における蛮族の侵略の意義を扱ったマッセイ・H・シェパードによる論文（祭儀）、プロテスタント宗教改革の民族主義〔ナショナリズム〕の重要性に関するヴィルヘルム・パウクによる論文（法典）、西方キリスト教神学史におけるアリストテレス主義の役割、特に中世のスコラ主義の時期に、創造の教理に影響を与えたことに関するリチャード・P・マッキーオンによる論文（信条）、が含まれている。[61]

宣教と移住の相互作用による移植のとりわけ魅力的な事例は、「ゴート族の使徒」であるウルフィラにまつわる歴史であり、その中で二つの要素が一つになって新しい文化における信条の命運と、新しい文化そのものを形作った。この歴史における最も頻繁に引用される文化的適応例は、アレイオス派の歴史家フィロストルギウスの

（57）ユダ三。
（58）*Tetrapol* 6; しかし *Loll* 12 も参照。
（59）Steiner 1992, 257; *RCA* 6.
（60）Latourette 1937-45, 7:416.
（61）McNeill, Spinka, and Willoughby 1939.

報告であり、(信ぴょう性に欠けるかもしれないが) ゴート語に聖書を翻訳する際に、ゴート族はもう十分に好戦的で、新しい信仰の聖典からこれ以上、戦争へと駆り立てられなくてもよかったため、ウルフィラが列王記を削除させたというものである。ウルフィラが、当初はニカイア信条の信奉者であったが後に反対者になったとか、アレイオス派のキリスト論や三位一体論をずっと肯定していたとか、他の多くの具体的な伝記もまた不明である。いずれにしても明らかなのは、三四一年の第二回アンティオキア教会会議または「奉献教会会議」(Dedication Council)[62]で、ウルフィラはアレイオス派のリーダであるニコメディアのエウセビオスによって司教に叙階されたことであり、それゆえ彼が三四〇年代の初めにコンスタンティノポリスからゴート族への宣教に赴いた時、ニカイア正統派ではなくアレイオス主義の説教を語って教え、ゴート族もそれを受け入れたということである。彼は三六〇年の『コンスタンティノポリス教会会議の信条』にも署名をした。[63]彼はアレイオス派の異端の単なる受動的な弟子ではなかったのである。「ウルフィラは、今日残存しているアレイオス派の著作家たちの中で、多かれ少なかれ、直接的な仕方で教理面で活躍した師匠であり、原動力となった人物とみなすことができる」と言われている。[64]

このアレイオス派の傾向は、欠損の多い『ウルフィラの信仰告白』からの証拠から明らかなように(彼の墓碑に刻まれたと言われている)、聖霊について、彼は「神でも私たちの神でもなく、キリストの仕え人であり、すべてにおいて子に従属し、従っている」と宣言している。[65]ここでの第三位格の従属は、子が父と「同一本性」と確言したニカイア信条の再確言だけでなく、ニカイアでの主張を超えて、聖霊が完全な意味で神であり主であると主張している三八一年のニカイア・コンスタンティノポリス信条への対抗的なアレイオス派の教えである。[66]したがって、ゴート族がヨーロッパに移住したのは(東ゴート族が主としてイタリアへ、西ゴート族が主としてスペインへ)、異教徒としてではなくキリスト教徒として、正統的なカトリック教徒としてではなく異端者としてであった。アレイオス派の異端の形式ではあるが、西ゴート族のアラリクス王はキリスト教を受け入れていたため、四一〇年に彼の軍隊がローマを略奪した際に、カトリックのキリスト教徒はそれを免れることができた。しかし、このアレイオス派の異端を受け入れたことは、やがてカトリックの住人との衝突を生み出し、特にイタリアではそうだった。この衝突の最も悪名高いものは、原因は今なお完全にははっきりしていないが、東ゴート族のテオドリック王が西方の最も偉大なカトリックの神学者であり哲学者であるアニキウス・マンリウス・トルクアトゥス・セウェリヌス・ボエティウスを投獄した時のことであり、彼は獄中で、中世ラテン時代に最も愛読された書物の一つである『哲学の慰め』を執筆した。ボエティウスの処刑は、正統カトリック教会の信条と三位一体の教理のために、殉教者として記念された。というのも、ボエティウスはこの二つの項目について、非常に影響力のある信条的な著作『カトリック信仰について』と『三位一体論について』を書いたからである[67]。

アレイオス派のゴート族とは対照的に、別のゲルマン民族であるフランク族は、異教徒として西ヨーロッパに侵入した。それゆえに彼らの場合、宣教と移住の順番はゴート族の場合と逆であった。移住が先であり、宣教が後だった。しかし彼らが改宗したのは、アレイオス派の異端の『ウルフィラの信仰告白』ではなく、正統的なカトリックのニカイア・コンスタンティノポリス信条によってであった。そして、中世の神聖ローマ帝国の主要国であり、ローマ教皇庁と自ずと同盟を結んでいったのは、アレイオス派のゴート族ではなく、カトリックのフラ

(62) *Ant 341.*
(63) *CP 360.*
(64) Quasten, 4:97.
(65) *Ulph.*
(66) *N-CP* 2, 8.
(67) *Fid cath;* Chadwick 1992, 52-56, 175-80, 211-22.

ンク王国であった。この同盟はフランク人の歴史家であるトゥールのグレゴリウスによれば、フランク王のクローヴィスが四九六年に改宗したことによって成立した。ひとたびカトリック信仰に改宗すると、クローヴィスは、彼がこれまでに燃やしてきたものを礼拝し、礼拝していたものを燃やすという有名な訓戒に従って異教と戦ったのみならず、ゲルマンでのアレイオス主義に対抗して(長い時間を要したが)最終的には排斥したのである。(68)教皇庁とフランク王国との同盟は八〇〇年にその頂点を迎え、フランク王カール(歴史上はシャルルマーニュとして知られている)が教皇によってローマ皇帝の戴冠を受けたのである。コンスタンティノポリスにおけるキリスト教の「ローマ」帝国の王座が現存しているにもかかわらず、西方のライバルである教皇庁がこのような刺激をしたことは、両教会の距離を隔てる文化的また政治的な大きな要因となった。(69)西方のローマ皇帝となったフランク王のカール大帝によってニカイア・コンスタンティノポリス信条の西方版にフィリオクエを盛り込んだことは、(70)ウルフィラの宣教の結果として西ヨーロッパのゲルマン民族に持ち込まれて尾を引いていたアレイオス主義に対抗し、三位一体の教理をより強く打ち出す必要があるという彼の感覚に起因していると考えるに足る理由がある。聖霊の発出が父からのみという元来の信条の教理は、沈黙からの議論によって、従属主義的なにおいがしたと思われたのかもしれない。(71)その限りにおいて、宣教と移住もしくは移住と宣教を通しての他文化へのキリスト教信条の移植は、キリスト教史における最も重大な信条の変化を形成していく上での一翼を担ったとも言えるだろう。(72)

一九世紀から二〇世紀にかけての宣教の拡大と「若い教会」の成熟の時期が重なり、(73)その同時期に世界の多くの新しい地域への前例のない規模での移住がなされたことも、信仰告白に大きな影響を与えた。特に教派や信仰告白をまたがったり超えたりする合同の試みは困難を極め、(74)自分たちの教理的な表現としての信仰告白の定式を常に持ってきたわけではないグループにとってはそうであった。ローザンヌにおける一九二七年『一致への呼びかけ』に見られるように、「すでに宣教地では、西方教会の分裂に耐えられずに反旗を翻し、自らの権利を求めて一致のための大胆な冒険を行っている」[75]。顕著な事例は南インド教会の創設であり、教会政治の実践的問題と政治の教理的基盤という両方を含んでいた[76]。バプテスト派の伝統では、ルター派からの分裂は『スウェーデン・バプテスト派の信仰告白』[77]を生み出した。また、『オーストラリアのヴィクトリアのバプテスト合同の教理基準』は、聖書の「神的な霊感」というような「他の教派と共通のキリスト教真理の多くのフレーズ」の告白を加えることで、「新約聖書に啓示されたキリスト教信仰の基本的な原理に従って重点を置くこと」を確言している[78]。ほぼ同時期にニュージーランドで、似たような文書である一八八二年『ニュージーランドのバプテスト合同の教理基準』も同様に、「聖書の霊感と信仰と実践のすべての事柄に関する権威」と冒頭に記している[79]。し

(68) Gregory of Tours *History of the Franks* 2.31.
(69) Ostrogorsky 1969, 182-86.
(70) *N-CP Occ* 8; *Fréjus* 4.
(71) Cavadini 1993.
(72) 7・4「一致の聖霊と一致のサクラメント――二つの歴史的な皮肉の事例」と15・1「カトリック教会の信条また会議の伝統の西方教会の受容」を参照。
(73) Nortier 1941.
(74) *Ghana; Un Ref Ch; Morav Am; Un Ch Can: Crd; UCC; Sri Lanka; Zambia.*
(75) *F & O Laus* 1; also *Sri Lanka* 12.
(76) 4・4「エキュメニカル信仰告白的な対話における信仰と職制」を参照。
(77) *Swed Bap.*
(78) *Bap Aus* 1.
(79) *Bap NZ* 1.

かし、一九三〇年『韓国メソジスト教会信仰告白』のようなテキストでは、元来、母国で定式化され、イギリスや大陸から福音伝道者たちによってアジアにもたらされた信仰告白の表現を、新しい文化的背景の中で満たし続ける必要はないという新しく成熟した教会の認識を表現しているのである。[80] 東アジアでも同様に、『中国キリスト合同教会契約』では中国人キリスト者の間の深い交わりが意識されて表現されており、[81] 一九五四年『日本基督教団信仰告白』では彼らの信仰と教理の信仰告白定式を見出そうとしている。[82]

11・3　信条の土着化のパターン

宣教であれ、移住であれ、帝国的な征服や経済的な貿易のような他の（時には関連する）経路を通してであれ、あるいは現代における印刷や放送を通してであれ、このような方法での一つの国や大陸から別のところへの信仰告白の伝達は、テキストを新しい言語と文化の中に翻訳するだけでなく、信仰告白の政治的コンテクストを再考する必要も時には生じる。多くの場合、この再考は、信条の土着化の局面において、最も顕著で最も論争的なものであったことが示されている。特にそのことは、既成の教会に由来を持ち、国家からの支持と支援によって施行されていた信仰告白が、根本的に異なる政治状況の中で再確言されることになった場合に必須となった。新たな共和国としてのアメリカ合衆国は、既成教会であった英国教会の支配下からの独立を、独立戦争を行って勝ち取ったため、『三九箇条』の一八〇一年『アメリカ改訂版』によって母国からの離脱を余儀なくされた。「敬虔で健全な教理」という理由のため、[83]『イングランド教会の三九箇条』の典拠となっている『説教集』に言及するにあたり、『アメリカ改訂版』は「イングランドでの憲法と法に関するすべての言及は、この教会の状況下では当てはまらないと考えられる」と明示し、[84] それはちょうど『英国カテキズム』が「王に栄誉を帰して従う」と従来はしていたものを「市当局に」と変更したのと同じことであった。[85]『三九箇条のアメリカ改訂版』では、その後の条文が次のように置き換えられている。「市当局の権力は、世俗的な事柄に関して、聖職者にも俗人にもすべての人に及ぶ。しかし純粋に霊的な事柄に関して、何の権威もない」[86]。『三九箇条』の条項の中の一つでは、教皇の権威の主張に反対して、「公会議は諸侯の命令と意志がなければ招集されない」と記述している[87]。ところが、一八〇一年『アメリカ改訂版』ではこの条項は完全に削除されている[88]。これと同様に、アメリカでの長老主義の『ウェストミンスター信仰告白のアメリカ改訂版』でも、市当局が「教会会議を招集し、そこに出席し、神の御心に従って何らかのことを処理する権力を持っている」という教理を削除しているのである[89]。

しかし、合衆国におけるプロテスタント監督教会が、英国教会の『三九箇条』の改訂版に、元来は英国教会で結びつけられていた三つの古代信条の中からニカイア信条と使徒信条を残してアタナシウス信条を削除した時[90]、その主たる理由はおそらく政治的な違いではなかっただろう。それよりも文化的な作用によって説明され、少な

(80) *Meth Kor.*
(81) *Chin Un.*
(82) *Un Ch Japan.*
(83) *39 Art* 35.
(84) *39 Art Am* 35.
(85) *Ang Cat.*
(86) *39 Art Am* 37.
(87) *39 Art* 21.
(88) *39 Art Am.*
(89) *West* 23.3, 31.2; *West Am* 23, 31.
(90) *39 Art* 8; *39 Art Am* 8.

からず合衆国も同様だったように英国でも、[91] 特に「滅びの条項」に対してだが、アタナシウス信条の不快な言葉として認識されたものに、とりわけ敵意が広がっていたのである。「これが公同の信仰である。これを完全に純粋に守るのでなければ、確実に永遠に滅びるだろう」[92]。これに類似しているのは、英国の長老主義の一六四七年『ウェストミンスター信仰告白』と一六五八年『サヴォイ宣言』の「幼児のうちに死んでしまった選ばれた幼児は、キリストによって再生され救われる」という排他的な文言の意味合いを、[93] アメリカでの一八二九年『カンバーランド長老教会信仰告白』が包括的な文言に変えたという事例であり、これは政治的なことよりも文化的また神学的な理由によるものであることは確実である。「幼児期に死んでしまったすべての幼児は、キリストによって再生され救われる」[94]。同じように、一八五五年『確定綱領』に据えられた「アメリカ的ルター主義」は、宗教の自由というアメリカ的な命題を強く受け入れることによってというよりも、一五八〇年『一致信条書』のルター主義を、聖餐や私的告解などの問題に関して、アタナシウス信条の削除も伴うものであるが、他のアメリカのプロテスタント教派と融和させることによって、「アメリカ的」であることを示した[95]。

これらの歴史的事例のすべてが示しているように、もし信条を新しい文化の中に真に土着化させるために単に翻訳する以上に多大なことが必要であるなら、以下のような問いがしつこく持続することになる。受容された信仰宣言のどの要素が、その信条や信仰告白がもともと持っていた本質ではなく、文化的基盤から偶発的に生じたものなのか。特定の文化のどの要素が、キリスト教信仰の宣言を受け継ぐのに、順応性や中立性が十分にあるのだろうか。文化のどの要素が、生得的に福音に異質であり、悪魔的でさえあり、清められることなく悪魔祓いされるしかないのだろうか。

これらの問いは、キリスト教信仰それ自体に並んで古くからあるものである[96]。使徒パウロは、彼の書簡の中でユダヤ教の聖書の権威に訴え（たいていの場合はギリシア語の七十人訳聖書から）、イエスが約束されたメシアであるとの彼のメッセージが信頼に足ることを、その言葉の文法的な詳細から証明しようと議論しただけでない[97]。

しかし、彼がアテネでギリシア人の聴衆に直面した時、旧約聖書の権威とその中に語られているメシア待望はまったく無意味だっただろうし、[98] 彼は旧約聖書の引用から、「知られざる神に」や「あなたがたのうちの詩人」が言っていることとして「彼の中で私たちは生き、動き、存在する」「というのは、私たちは実際に彼の子孫だから（*Tou gar kai genos esmen*）」ということへ、置き替える必要を感じた。[99] 次いで、異教の神々についてのギリシアの多神教の言語を使徒的に的確なものに当てはめ（このような神々の固有名詞は「知られざる神」以外にないことに注意すべきである）、「彼の（*tou*）」という代名詞の所有格を、ユダヤ教とキリスト教の一神教であり、天地の造り主なる神であり、主イエス・キリストの父である唯一の神へと移し替えたのである。一世紀ほど経って、アレクサンドリアのクレメンスはさらに大きな自由を行使し、ギリシアの文化の言語や文学だけでなく、とりわけ哲学を福音のために当てはめた。有名な並行論として、彼はパウロの「律法はキリストへと私たちを導く養育係（*paidagōgos*）である」という言葉から、[100] 以下のような類似している大胆な議論を提示した。

(91) 17・1「近代意識による信条への不信感」を参照。
(92) *Ath* 2.
(93) *West* 10.3; *Sav* 10.3; 傍点は著者による。
(94) *Cumb Pres* 54; 傍点は著者による。
(95) *Def Plat* 1.5, 2.9, 1.2, 2.3.
(96) Harnack［1908］1961a, 44-72.
(97) ガラ三・一六。
(98) 一コリ一・二三。
(99) 使一七・二二―三一。
(100) ガラ三・二四（ＡＶ）。

神はすべてのよいものの原因である。しかし旧約聖書や新約聖書のように第一義的なものもある。哲学のように帰結的な他のものもある。ひょっとすると哲学は、主がギリシア人を召されるまで、直接的に第一義的にギリシア人に与えられたのかもしれない。というのは、律法がヘブライ人たちを「キリストへ」導くように、哲学が「ギリシア人の心」を「キリストへ」と導くのも、この養育係（*paidagōgos*）だからである。それゆえ哲学は準備であって、キリストにおいて完全にされる者への道を拓くものである。[101]

中世の時代の東方ギリシアと西方ラテンの両方における弁証学と「自然神学」において、このようなことを当てはめて適応することは、信条の解釈を「知解を求める信仰（*fides quaerens intellectum*）」という方向へと導くことになった。[102]

しかしながら、プロテスタント宗教改革の信仰告白が中世教会の様々な伝統を攻撃する時には、「哲学的な教えと聖霊の教えとの間の……違い」が根本的なものであり、折り合いがつかないものであることを見落としていると主張することによって、非キリスト教的な教えと実践へのこの種の調和をとりわけ批判するのである。[103] 中世における祭儀、法典、信条のすべては、プロテスタントの信仰告白によって、この根本的な違いを致命的なまでに曖昧にしてしまったと非難されている。祭儀に関して、処女マリアも含めた聖人と画像の崇拝は、多神教の礼拝を模倣しているものであり、「人間の想像や意匠にすぎず、サタンからの示唆」の産物であるとして非難された。[104] 法典に関して、教会の伝統とアリストテレス『ニコマコス倫理学』に依存したスコラ哲学的道徳神学は、真によい行いの唯一にして完全な規範である神が啓示された法に対して、信仰に特有な従順の鋭さを著しく鈍くしてしまうものであると非難された。[105] 信条に関して、過去と現在における様々な神学者たちの「多面的で洗練されて細心なものであるが、あまりにも難解な教え」は、キリスト教信条の中心的な教理を、哲学的な抽象論に置き換えてしまったと非難された。[106] 一八世紀から一九世紀にかけての敬虔主義に触発されて、プロテスタント福音主義は、宗教改革の信仰告白がこれまでにしていた以上に、他の文化や思想体系との関係における福音とキリスト教信条の独自性を、より強く主張するようになった。[107] そうしたことによって、ローマ・カトリック教会と東方正教会から一線を画しただけでなく、プロテスタント主義の初期段階とも一線を画したのである。[108] なぜなら、この敬虔主義的福音主義は、一九世紀におけるヨーロッパ・プロテスタント宣教の増大現象の主要な原動力としての役割を果たしたからであり、その「偉大な世紀」において、[109] もしキリスト教信条と他文化との間の接点の可能性があるならば、その接点を特定するということは、二〇世紀において、これまでは信じられず、教えられず、告白されてこなかった場所での新しい文化的な文脈の中で信仰告白をしようと努めている人たちにとって、課せられた問題だったからである。これらの文化的な文脈が新しい問題であったのは、福音がそれらの地域にそれ以前に浸透していなかったか、歴史的にキリスト教文化であったものが近現代において根本的に変質し

---

(101) Clement of Alexandria *Stromata* 1.5 (*ANF* 2:305).
(102) *Chr Trad* 2:242-52, 3:255-67; 15・3「信条に基づく理性としてのスコラ神学」を参照。Syndogmaticon 1.2 も参照。
(103) *Apol Aug* 18.9; 10・1「改革期の信仰告白におけるキリスト教戒規の教理」を参照。
(104) *West* 21.1-2. Syndogmaticon 3.7-8.
(105) *Heid* 91. Syndogmaticon 8.5.
(106) *Helv II* 18.9.
(107) Hutchison 1987, 62-90.
(108) Troeltsch 1981.
(109) Latourette 1937-45, 4-6.

たためである。
二〇世紀の間に作られた二つの信仰宣言が、この重大問題に劇的な示唆を与えることができ、その一つが肯定面、もう一つが否定面である。『マサイ信条』と『バルメン宣言』である。それぞれが、教会の経験の中での新しいと見なした考えや信仰の体系化に対して、意識的な反応を示している。それぞれは、その文化の最も深いニーズや最も深い伝統へのある種の応答として、自らを示しているのである。それゆえ、それぞれは、それぞれのやり方で、教会の信条と信仰告白の伝統の連続性の中に自らを位置付けている。しかしこれらの類似性はあるかもしれないが、私たちは両者の違いにこそ大きな探求心を向けねばならず、その違いにこそ、信条の土着化の現実利用可能な理論や実践の基準を見出すことができるかもしれないからである。[110] さらに、二〇世紀の定式におけるこのような基準は、信条的な伝統や初期のギリシアやラテンの信条との連続性を示さなければならず、それと同時に、文化を反映したり、文化と対抗したりすることを示さなければならないのである。[111]
アフリカは二〇世紀の間、信条との関係を文化に受容させていくのか、キリスト教的な伝統のまま留まる決定をしていくのか、そのようなるつぼであった。[112] このことは一九二一年に「アフリカ正教会」(African Orthdox Church) が創設された時や、[113] 二〇世紀後半に植民地主義から脱却した諸国家からの信仰宣言の中で明らかになったが、マダガスカルにおけるイエス・キリスト教会の『信仰宣言』の第一条項ほど、偶像礼拝的信仰と実践が明確に非難されているものはない。[114]『マサイ信条』は、一九六〇年代に東アフリカの聖なる霊的父祖たちによって作成されたもので、「アフリカ的キリスト教に向けて」の運動の中で、「適用された文化受容」と呼ばれるものの意識的な努力の一部であった。[115] 古代キリスト教伝統の継承者たちにとって、四世紀から七世紀にかけてなされた三位一体論やキリスト論の論争や信条の光の下で見るならば、この定式はとても素朴なものであると映ったかもしれない。一見すると、『マサイ信条』は、『キリスト教の伝統における信条と信仰告白』の第一部に収められているような、最初期のギリシアやラテンの信条の繰り返しや言い換えにすぎないと見えるかもしれない。しかしよく見ると、イエス・キリストを「善を行い、神の力によって人々を癒し、神と人について教え、宗教の意味は愛であることを示していたのは、常にサファリにおいてであった」と描くことにより、アフリカの民族的伝統に土着化していることが示される。[116] この要約は、実際のところ、初代教会のギリシアやラテンの信条が「処女マリアから生まれ」から「ポンテオ・ピラトの下で苦しみを受け」というところまで飛んでいるのを、[117] 福音書における教えと癒しの宣教物語の要約を加えたものである。さらにより土着化したのが、キリストが死んだ後に「彼は墓に横たえられて葬られたが、ハイエナは彼に触れることはなく、三日目に、彼は墓から甦った」と宣言していることである。[118] これは、詩編の一節をキリストの埋葬に適用させた新約聖書を言い換えたものであり、[119] 他の信仰告白でも引用されている。[120]「あなたは……あなたの聖なる者に腐敗を見させない」。墓を荒らす野生動物が一世紀のパレスチナでも二〇世紀のアフリカでも問題となっていたのは、キリスト教徒にとって真実で根本

(110) H. Richard Niebuhr 1951 の中の分類方法を参照。
(111) C. N. Cochrane 1944; Pelikan 1993.
(112) Sanneh 1983.
(113) *Afr Orth*.
(114) *Madag* 1; *Ghana*; *Togo*.
(115) Hillman 1993.
(116) *Masai* 2.
(117) *Ap* 3-4; *N-CP* 3-4; cf. *Genv Cat* 55.
(118) *Masai* 2.
(119) 詩一六・一〇 (LXX)、使二・二七、一三・三五。
(120) *Metr Crit* 3.9.

問題だったのである。このことは、十字架につけられたキリストの遺体を、「岩から切り出された」墓の中に埋葬し、「墓の扉の所に石を転がしておいた」という死者を葬る慣習からも明らかである。[121] ヴィンセント・J・ドノヴァンの『キリスト教再発見』の第一版には、「マサイからの手紙」というサブタイトルが付けられている。「神は……地上のすべての国と種族を愛している」と『マサイ信条』の中で告白されてはいるが、[122] 教会の広い意味での正統かつ公同の伝統の中で勝ち取られた確言が何であったのか、文化的適応をめぐる二〇世紀の激しい対立が勃発した。このことが起こったのはアフリカや発展途上の地域や宣教地ではなく、神聖ローマ帝国や宗教改革の地、一九世紀の文化闘争（*Kulturkampf*）において教会が国家に抵抗した地など、西方ヨーロッパのキリスト教界の真ん中であった。[123] 皮肉にも、ここは科学的な神学、聖書（信条と信仰告白）学の中心地であった。[124] 「ドイツ・キリスト者」（German Christians）は、ルターの改革を論理的に拡張させて完成させたものとして、キリスト教を第三帝国の精神に適合させようと強要した。この方針には、キリスト教の中にあるユダヤ的な要素の多くに、とりわけ旧約聖書のユダヤ教の聖典としての権威に、重点を置かなかったり、排除したりすることも含まれ、また、キリストの最初の十二使徒のように（またキリストご自身もそうであるように）ユダヤ人の血を引く者をキリスト教の聖職者に叙階するのを禁じることも同様であった。[125] 総統（führer）についてのナチの神秘主義の中にある深い精神性と、北欧のイデオロギーの中にある刷新された権力とを見出したと主張することにより、「ドイツ・キリスト者」は、行き過ぎた部分は否定しながらも、新しい信仰の重要な要素に対して真の親和性の感覚を持つことができるという主張を、教会の中にいる多くの者たちにもアピールすることに成功したのである。[126]

この信条的な土着化を達成するための新・自然神学を用いたことは、一九三四年『バルメン宣言』（正式名称は「ドイツ福音主義教会の現状に関する神学的宣言」）を引き起こすことになった。その冒頭の命題は、教会の使信がギリシア的であれ北欧的であれ、自然神学や時代精神と調和すべきであるという誘惑的な提案に対する拒絶であった。「私たちは暗闇の中でも至高の神を知っており、今や私たちは彼を光の中で知っている」と告白している『マサイ信条』よりもさらに毅然として、[127]『バルメン宣言』は教会が「神の唯一の言葉」(*das eine Wort Gottes*)であり、神の実在と意志の唯一にして究極的な啓示であるキリストを、信じ、教え、告白しなければならないと主張している。[128] キリスト教会は初期のギリシア・ローマの異教に(ドイツの異教にも)対して、教会の信条の中で繰り返しこのことを告白してきたのであり、そして今も再び告白することが求められ、教会生活と使信の全体において信仰告白の結果を受け入れることが求められてきたのである。

11・4　シェマーからホモウシオスへのパラダイム

そうであるにもかかわらず、キリスト教史の中で新しい文化における信条の土着化・差別化の成功を収めた最も急進的で広範囲に及んだものであり、意識的であれ無意識的であれ他のすべての信条の範例として仕えてきたのは、申命記のシェマーの伝統からニカイア信条とニカイア・コンスタンティノポリス信条のホモウシオスの

(121) マコ一五・四六。
(122) *Masai* 1; 傍点は著者による。
(123) Reese 1974.
(124) 17・3「近現代における信条または信仰告白の学問的開花」を参照。
(125) Gutteridge 1976, 69-313.
(126) Ericksen 1985; Lewy 1964.
(127) *Masai* 1.
(128) *Barm* 1.

伝統への移行である。[129] というのは、バーナード・マージェリーの歴史的逆説定式では、「蘇ってくる異教の混交主義と効果的に戦うために、（三二五年のニカイア）公会議は、アレクサンドリアのクレメンスを通してグノーシス主義の混交主義者の文献からもたらされた用語を使用することが不可欠であると判断した」からである。[130] このような移行の正当性は、その後の土着化と文化受容のすべての試みに対して注意を払わなければならない重要な問題提起となり、アレクサンドリアのアタナシオスによって定式化された事例のように、[131] これらの問いに対する四世紀の正統派からの答えは、このような試みに対する規範となったのである。ジョン・コートニー・マーレイは、現代におけるキリスト教の信仰告白の行き詰まりに関して、かつてこう述べた。「エキュメニカルに関する最初の問いは、あなたは教会をどう考えるか、あるいはあなたはキリストをどう思うか、ということではないように思う。あなたはニカイアのホモウシオスをどう思うかというのが最初の問いであれば、現在の混乱から抜け出す対話となるだろう」[132]。もし異端や異教からこのような用語を借用してくることが正当であり、それによって「彼らの悪しき発明をよく用いる」ことが正当であるならば、[133] 新約聖書の「まさしくその言葉」（*ipsissima verba*）を超える教理の発展を通して、また土着の信条の語彙の使用を通して、新しい文化の中に福音を再定式化することも正当なことになるからである。

この移行の決定的な要素は、単純に語彙的なものであった（もちろん、現実的にはそれほど単純なものではなかったが）。ヘブライ語のシェマーからギリシア語のホモウシオスへ、である。この特殊な言語的ギャップの橋渡しの歴史における最初の大規模な試みは、紀元前二世紀から三世紀の間にアレクサンドリアでユダヤ人学者（伝統的には七二人）のグループによって、ヘブライ語聖書からギリシア語に翻訳がなされた七十人訳聖書である。七十人訳聖書は、使徒パウロを含めた新約聖書のほとんどの著者が用いたものであり、今日に至るまでのギリシア語を話すキリスト者にとってもそうである。原典のヘブライ語のものと比較してもその権威は際立っており、旧約の「聖書の原語（*ho prōtotypos tēs graphēs logos*）」について四世紀のニュッサのグレゴリオスが語った時、彼は実際には元来のヘブライ語ではなく、七十人訳の翻訳のギリシア語について語ったのである。(134) したがって、シェマーからホモウシオスへの歴史的な移行は、七十人訳聖書によって表されている重大な移行とかかわりを持ち、訳者たちもヘブライ語からギリシア語へ翻訳がなされる際に、まったく損なわれることなく聖書の内容を引き継ぐことができるという前提で進行することが可能だと感じていたようであった。

すぐさま取り組まなければならなかったのが、語彙の分野における言語的な問いであった。七十人訳聖書がシェマーをギリシア語で「*Akoue, Israēl: kyrios ho theos hēmōn kyrios heis estin*」と表した時、(135) ギリシア語の宗教語彙でもあるこれらの中心要素の両方を（ヘブライ語の *elōhēinu* の訳として *ho theos hēmōn*「私たちの神」としたこと。神聖な神の名である *JHWH* を置き換えたヘブライ語の *adōnai* の訳として *ho kyrios*「主」としたこと）、聖書的な教えに役立てようとしたのである。これらギリシア語の用語がもともと持っていた異教の意味のすべてを呑み干して、イスラエルの信仰で埋め尽くしたと主張していたのだろうか。これら二つの中心要素であるギリシア語の宗教語彙の問題が最も明白に引用されたのは、おそらく七十人訳聖書のシェマーの引用だっただろうが、使徒パウロが、ニカイア・コンスタンティノポリス信条で用いられている「唯一の神（*hena theon*）」と「唯一の主（*hena kyrion*）」という

(129) *Shema: N* 2; *N-CP* 2; 13・1「原始的な信条」も参照。
(130) Margerie 1982, 91.
(131) Athanasius *Defense of the Nicene Definition* 6.27（*NPNF*-II 4:168-69）.
(132) Murray 1964, 53.
(133) *CP 1341* 50.
(134) Gregory of Nyssa *Against Eunomius* 3.9.33［11.3］（*NPNF*-II 5:234）.
(135) 申六・四（LXX）。

最終的には信条の用語を宣言した時である[136]。「天や地に神々と呼ばれるものが存在したとしても（実際には多くの「神々」[*theoi polloi*] と多くの「主たち」[*kyrioi polloi*] が存在しているが）、私たちにとって、唯一の神（*heis theos*）であり、父であるお方がおられ、万物は彼によって存在し、私たちは彼によって存在しているのであり、また唯一の主（*heis kyrios*）であるイエス・キリストがおられ、彼を通して万物は存在し、彼を通して私たちは存在するのである[137]」。

ある面では翻訳の言語的な面が反映されているが、シェマーとホモウシオスの違いは二つの面を語ることができ、第一に歴史、第二に存在論に集約される。シェマーのより大きな文脈は、申命記全体を構成するモーセの大規模な講話である。それゆえ、シェマーは実際のところ、神に選ばれた民としてのイスラエルの歴史に根差して、また、契約によりイスラエルの特別な地位が明らかにされ、それによって形作られていく出エジプトの歴史に根差して定式化されている。テキストは「聞け、イスラエルよ。私たちの主は、唯一の主である」と語っている[138]。このように、イスラエルに対する耳を傾けて注意を払えという説教は、一神教の枠組みそのものに先行している（枠組みを作っている）。この原始的な信条によって「唯一」であると告白されている神は、第一に「私たちの」神であると告白され、イスラエルの民をエジプトから脱出させ、シナイで契約と律法を与えることをなされた方であり、荒れ野をさまよった間のことがモーセの講話全体の主題である。シナイですでに十戒が与えられたほどに、律法もまた契約の歴史による枠組みがある。「私は主、あなたの神、エジプトの地、奴隷の家からあなたを導き出した者[139]」。この物語が、「それゆえに」と示されることによって、その後の禁止命令を導いていくのである。

このことはまた、シェマーとホモウシオスの劇的な対照を示している。五世紀の信条と信仰告白がことさら強く強調したように[140]、「父と同本質（*homoousios tōi patri*）」という述語は、数項目後に出てくる「ポンテオ・ピラトの下で苦しみを受け」と言われているお方と、歴史においてかかわりを持ったことが意図されている[141]。しかし、ホモウシオスの第一義的な強調点は、彼の存在が永遠であるということであり、先に触れた信仰告白の違いで言えば、[142]「神の唯一の本質を知ること」である「純粋神学（*haplē theologia*）」なのであり、「神の経綸（*oikonomia*）の神学」や歴史的配剤の神学なのではない。[143]三二五年のニカイア公会議やそれ以降に論争で争点となったことは、父なる神の「本質（*ousia*）」との関係における子なる神の「本質（*ousia*）」のことであり、子の本質が父と同一なのか、それとも「類似（*homoios*）」なのかが問われた。「私の意志ではなく、あなたの意志が行われるように」という子の祈りがあるように、[144]父の意志と受肉した子の意志が一致することだけでなく、シェマーの中で「唯一」と告白されている真の生ける唯一の神の本質そのものと子の本質そのものが一体である、ということもそうなのである。二年前の信条に続き、[145]三五九年『第四回シルミウム教会会議の信条』では、「聖書に記されてい

(136) *N-CP* 1-2.
(137) 一コリ八・五―六。
(138) 申六・四、傍点は著者による。
(139) 出二〇・二―三。
(140) *Tome* 10; *Chal* 9.
(141) *N-CP* 2, 4. この三位一体の信仰がどのように初期の宣教師によって信条の中に採用されて輸出されていったのかについての事例は、*Patr* を参照。
(142) 7・4「一致の聖霊と一致のサクラメント――二つの歴史的な皮肉の事例」を参照。
(143) *Metr Crit* 1.2.
(144) マタ二六・三九。
(145) *Sirm 357*.

ないことから、人々に知られていないとして不快を与える」という理由から *ousia* という語を除外した[146]（事実としては新約聖書の一節に登場するが[147]、キリストの放蕩息子の譬え話の中の浪費した財産を表す言葉である）。したがって、子を *homoousios* と呼ぶのか、それとも *homoiousios* と呼ぶのか、両者にとって「〔ギリシアのアルファベットの〕イオータの違い」以上のものがあったのである[148]。

シェマーからホモウシオスへと続く聖書的な筋道は、芝の中からの神の声によってモーセに与えられた啓示であり、七十人訳聖書の訳では以下のように、初代教会にまで知られ、伝えられている。「私はあるという者である（*Egō eimi ho ōn*）[149]」。この「高遠なテキスト」にとって[150]、存在論を示している *ho ōn* の起源は、哲学者の形而上学的な憶測にあるのではなく（もちろん実在することもあるが）、その同じ声と言葉で神が彼の僕のモーセを通して神の民にシェマーを与えたことにある。教会の信仰告白も神学者もこの記述を、*homoousios* の正当化と同様に、三位一体の語彙における「本質、存在（*ousia*）」（実分詞 *ho ōn* と同じ動詞に由来する）の考えを神学的にふさわしく正当化するために用いたのであり、それゆえにホモウシオスとシェマーの必然的な関係も生じてくるのである[151]。新約聖書での前例に基づき[152]、聖画像には燃える芝から語られた「あるという者（*ho ōn*）」という銘を神の子に刻んでいる[153]。そのことから、燃える芝自体を、そこから言葉が生じたが「燃え尽きなった」ために[154]、類型的に「処女マリアの母性と解釈された[155]」。その結果、モーセは東方神学においても西方神学においても、イスラエルの信条における申命記のシェマーだけでなく、出エジプトの *ho ōn* においても、その霊感の権威が認められる人物と見なされ、それゆえ *ousia* となり[156]、それゆえニカイア信条に *homoousios* が用いられた[157]。このことは、信条を別の文化に移植するあらゆる行為のモデルとしてふさわしい。というのも、「エジプトのあらゆる知恵を教え込まれ[158]」、それゆえ異邦人哲学に精通していると見なされ[159]、シナイ山から降りて神の律法をもたらした時、一神教のシェマーを暗唱することをイスラエルの人たちに教え、約束の地に導いた人物が同一のモーセだからである。

(146) *Sirm* 359.
(147) ルカ一五・一一―一三。
(148) *Chr Trad* 1:209-10.
(149) 出三・一三（LXX）。
(150) Murray 1964, 5.
(151) Athanasius *Defense of the Nicene Definition* 3.6（*NPNF*-II 4:396）.
(152) 黙一・四、七。
(153) Onasch and Schnieper 1977, 133.
(154) 出三・一二。
(155) Daniélou 1960, 224.
(156) Augustine *On the Trinity* 5.2.3（*NPNF*-I 3:88）.
(157) Athanasius *Defense of the Nicene Definition* 5.22（*NPNF*-I 4:164-65）.
(158) 使七・三二。
(159) Pelikan 1993, 31-32.

第12章　信者の大部分の正統

一見すると、信条や信仰告白の権威は、社会的であれ経済的であれ、政治的であれ教会的であれ、種々の上流階級による一般市民への抑圧のための究極の道具のように見えるかもしれない。それは確かに、農奴や小作農といった無産階級の土着宗教の信仰と実践（特にキリスト教以前の異教からの生き残りの要素であると非難されるもの）への抑圧を表しているのかもしれない。司祭や聖職者の手にある強力な武器として、信条の権威は、押し付けられた教理的な正統に完全に従わなかったために、今ここにおいても永遠においても続いていく天罰である破門やサクラメントの恵みからの締め出しによって信徒を脅すものである。「これがカトリック信仰である」とアタナシウス信条が厳粛だが重苦しく唱えている。そして最も高き者から最も低き者に至るまで、すべての者が聴くように付け加えられている。「信仰深くまた確固として信じない限り、救われることはできないだろう」[1]。ごく近代に至るまでのキリスト教史のほとんどの世紀にわたってそうだったように[2]、押し付けられた教理的な正統こそが制度的な教会にとってだけでなく、政治的な「権力者」[3]にとっても公式な信条であったのであり、拷問、投獄、追放、さらに処刑による宗教的反対者への脅迫は、これらの宗教的な制裁に加えることができる。

（1）*Ath* 42.
（2）8・2「信条遵守のための市民法」、17・2「キリスト教信仰告白の新旧の文脈」を参照。
（3）ロマ一三・一（AV）。

それゆえ、ジェンダーや人種や階級という理由から歴史家たちが無視したり見落としてきた社会の主要層に、より公平な歴史的注目を与えることを意図した方法論での社会史の台頭が、制度的な教会の歴史を見るための実質的で学術的な成果をもたらしたことは驚くべきことではなく、特にキリスト教信仰、教理、信条においても、よく言われているように「下から」、つまり、制度的な教会を反映して支持するために書かれた史料の証拠から抽出することによってなされるのである。[4] 二〇世紀後半からの研究を無作為に抽出しただけでも分かるだろうが、この革新的な歴史学は、様々な歴史時代での「その土地における沈黙者」の宗教的な信仰と実践における多くの新しい洞察をもたらし、その洞察は霊性史や信条や信仰告白の歴史にとって重要な示唆をもたらすのである。

このように、古代末期から中世初期にかけての北アフリカのキリスト教史は、ヒッポのアウグスティヌスの著作に基づいて私たちに最もよく知られている特別な信条定式を生み出したが、[5] これまで大部分が無視されてきた考古学的な証拠にも基づき、ピーター・ブラウンが「ドナティスト運動の社会的・文化的基盤に関する壮大で魅力的な仮説」と呼んでいる入念な検証が、[6] W・H・C・フレンドによって行われた。この「仮説」はフレンドを「五世紀と六世紀において、カトリック主義は先住民の大半に何の魅力ももたらさず……社会変革の効果的なメッセージもなかった」という結論へと導いた。結果として、「アフリカにおけるカトリック教会は、その対抗勢力であるエジプトにおけるメルキト教会（Melkite Church）と同じ運命をたどることになった」のであり、忘却の彼方に追いやられた。[7] 六世紀に、『皇帝ユスティニアヌスの勅令』が示しているように、[8] ユスティニアヌスは、自分自身や総主教や司教の名だけから行動しているのではなく、「すべての信仰者」と信者の大部分の名において行動していることを主張し、帝国における正統の擁護者としての彼の力を発揮し、五五三年の第二回コンスタンティノポリス公会議で『「三章問題」に対するアナテマ』に参与した。[9] しかし、「彼は小作農の息子であったため」、五三二年のニカの乱（Nika Revolt）の後のハギア・ソフィア大聖堂の再建は、「一般市民や人民よりも議員を非難する」というユスティニアヌスのポピュリストの傾向の表れとなった。[10] また、中世の西方教会における聖人の遺物を盗む「聖なる窃盗（*furta sacra*）」という一見すると奇妙な現象が見られるが、「不完全にキリスト教化された信徒や教会の『無産階級』の大衆……による八世紀末のフランク王国の宗教が、本質的には聖人を通して媒介されるものだったたし、長い間、そうあり続けた」ことが示され、大衆の想像力を豊かに掻き立てたのである。[11] また、一五世紀のフス派による改革は、最終的には一五三五年『（第一）ボヘミア信仰告白』と一五七五年『（第二）ボヘミア信仰告白』を発行しているが、[12] チェコの社会歴史学者フランティシェク・グラウスによれば、「脅威にさらされているという民衆の感情と、その結果何かをしなければならないという決意が、フス派の運動に特別な刺激を与え、草の根の土台が重要な行動をもたらした」と突きとめられている。[13] 不幸にも、この刺激的な新しい方法論は、ある種の極端な単純化主義と還元主義へと導かれてしまい、「古代の異端」をあたかも民衆の不安を背景とする「隠された社会運動」にすぎないものであったかのように解釈されてしまうのである。結果的に、ほとんどの場合、大衆の宗教は、教会や国家が公式な信条的な正統としているものと、対立す

（4）Vauchez 1993.
（5）*No Afr.*
（6）Brown 2000, 484.
（7）Frend 1952, 334.
（8）*Edict.*
（9）*CP II* anath 1-12.
（10）Treadgold 1997, 181-82.
（11）Geary 1990, 31.
（12）*Boh I; Boh II;*
（13）Graus［1969］1971, 83-84.

るものであると見なされているのである。[14]

しかし、全く正反対の方向へ、人々の宗教の歴史を解釈することも可能である。このような解釈は、一八五九年にジョン・ヘンリー・ニューマンが『ランブラー』誌の中で「アレイオス派の支配下における信者の大部分の正統」というタイトルを付けて出版した論文によって支持されている。この論文は、その後のニューマンの最初の著作『四世紀のアレイオス主義』の後版の付録として再版された（一八三三年に出版され、この時はまだ聖公会の著者としてであった）。この論文には一貫して、ステファン・W・サイクスが一八四五年にニューマンの『発展に関する小論』について、「数十年にわたって論争者たちをつなぎ留めておいた深遠な独創性と輝きとともに、まったくの混乱、強情、偏見」と呼んだいくつかの標識が見られる。[15] その印象的な冒頭の文章はこうである。「アレイオス派の台頭に関してニカイアであれほど迅速かつ一致して行動した司教団であったが、公会議の結果として引き起こされた問題、つまり人々の階級や職制に関してはよい役割を果たさなかった。ところが信徒は違ったのである。キリスト教界の隅々にまで及ぶカトリックの民衆はカトリックの真理の頑強な擁護者であったが、司教たちはそうではなかったのである」。[16] ニューマンは、これらの根拠薄弱な一般論に、ある種の「例外」を双方の側に認めたのである。彼が後に注意深く付け加えなければならないと感じた枠組みの追記の中で、教皇の無謬性の教理（ニューマンからの反応も入り混じりながら、一八七〇年七月一八日に『第一ヴァチカン公会議の教義憲章』によって公布された）を強調しなかったことに関して彼を非難してきたローマ・カトリック教会の批判者たちに、彼はこう反論した。「アレイオスの問題が起こっている間、カトリックの司教たちのふるまいとカトリックの会衆の一団のふるまいを比較してみると」とニューマンは説明し、「Ecclesia docens（すなわち、教会が教える時）の無謬性や、そのために教皇と司教たちが教会を構成していることと矛盾したりする結論を私が引き出していると理解してはならない」と述べている。[17] 興味深いことに、彼はなおも第一義的に教会に、そしてその限りにおいて「教皇と司教たち」に無謬性を帰していたのに対し、『第一ヴァチカン公会議の教義憲章』では明確に「ローマ教皇のそのような定義はそれ自体で成り立っているものであり、教会の同意によるものではなく、修正不可なのである」と宣言している。[18]

それゆえ、ニューマンにとって、教会が信じ、教え、告白していることの宣言としての信条、教会会議、信仰告白の権威は、教会の権威の一部なのである。もちろん法的な構造や運営は階層的ではあるが、信条が表明している権威を持つ教会は、信者の大部分から構成されているのであり、「支払い、祈り、従う」顧客や受動的な主体としてではなく、「相互の会員」として構成されるのである。[19] 信条や信仰告白と、大衆の宗教や民衆の信仰との関係は、特別な意味で、本書のこれまでの一一章すべてを横断する特別なテーマであるため、そのような一連のテーマにしてしまう代わりに、本章ではこれまでの章で以前にも示されてきたいくつかの素材や問題を同じ順序で見直していくことにしよう。

（14） 批判的な議論に関してはJones 1966を参照。
（15） In Ker and Hill 1990, 355-56.
（16） Newman［1859］1901, 445.
（17） Newman 1901, 464.
（18） *Vat I* 4; 傍点は著者による。
（19） エフェ四・一二五。

12・1　信徒は何を信じ、教え、告白したか？

三二五年のニカイア信条と三八一年のニカイア・コンスタンティノポリス信条の「私たちは信じる」から、[20]四四九年『教皇レオ一世の書簡』の「信者が告白する共通の分割されない信条」に至るまで、[21]また一五三〇年『アウグスブルク信仰告白』の「ニカイア公会議の布告に従い、私たちは一致して保ち、教えている」に至るまで、[22]また一五六一年『ベルギー信仰告白』の「私たちすべては私たちの心で信じ、口で告白する」に至るまで、[23]一六七二年『ドシセオスとエルサレム教会会議の信仰告白』の「私たちの使徒座に服するすべてのキリスト者の共通の名」に至るまで、[24]多くの言語（ここに挙げたのはギリシア語、ラテン語、ドイツ語、フランス語、再びギリシア語）またすべての主要な伝統からのキリスト教信条と信仰告白は、一貫してニューマンが言うところの「信者の大部分」（the body of the faithful）の名において自身を示しているのである。『キリロス・ルカリスによるキリスト教信仰の東方の信仰告白』でさえ、最終的には自身の教会によって否定されたものの、「すべてのキリスト者の共通の名において」と語っている。[25]このような主張は、先に引用したアウグスティヌスの言葉「信条におけるカトリック信仰は、信者に知られ、記憶され、状況が認める限り、できるだけ簡潔な表現形式にされる」ということを少なくとも示唆している。[26]しかしこのような言葉を用いると、信条と信仰告白はより強い意欲的な主張をしているように見え、限定的な意味においては「民主的」とさえ特徴づけることができた。その教えは、信徒がおそらく本当には理解していないかもしれないが、実際のところずっと信じてきたことや教えられてきたことに取って代わるものでも、訂正されるものでも、改訂されるものでも、増幅されるものでもない。単に、直近の異端的な敵対者に対してこれを明確に表して弁護したり、あるいはより専門的な神学的語彙を採用することによってより正確なものにしていたり、あるいは暗示的なものから明示的なものに、無意識的なものから意識的なものにしているにすぎない。それゆえ、信徒はこのテキストで自らの信仰をなおも告白しているのである。「人は何かを明確にして信じなければならないのか」、「すべての人が等しく明確な信仰を持たねばならないか」という問いに対して、トマス・アクィナスはこう結論付けている。「人が信仰を持つ義務があるように、主要な思想（すなわち信仰箇条）を明確に信じなければならない。それ以外の点については誰も明示的な信仰に縛られることはないが、暗示的な信仰や信じる準備（すなわち聖書に含まれていることなら何でも信じる用意があるという信仰）にだけ縛られる。そうではあるが、信仰の教えの中に真理が含まれていることが明白である時にだけ、人はそのような事柄を明確な信仰として抱くのである」。このことから、トマスによれば、「信仰の明確化はすべての人の一様な救いにつながらない。他者に教える公職にある者は、より多くの明確な信仰を他者よりも持っていなければならない」ということが続くのである。[27]

それにもかかわらず、すべての教会におけるほとんどすべての信条と信仰告白が、トマス・アクィナスが「他者に教える公職にある者」と呼んでいる神学者・牧師・聖職者の筆によって生み出されたという歴史的事実は残っている。しかもそれらの多くは、学者としての研究の中で構成されたという紛れもない証拠を残している。そ

(20)　*N* 1; *N-CP* 1; 傍点は著者による。Syndogmaticon 1.1 を参照。
(21)　*Tome* 2; 傍点は著者による。
(22)　*Aug Ger* 1.1; 傍点は著者による。
(23)　*Belg* 1; 傍点は著者による。
(24)　*Dosith* pr.
(25)　*Lucar* 1.
(26)　Augustine *On Faith and the Creed* 1 (*NPNF*-I 3:321).
(27)　Thomas Aquinas *Summa Theologica* 2a2ae.2.5-6 (tr. Blackfriars).

れゆえ使徒信条は（使徒信条を詳述している一五二九年『マルティン・ルターの小教理問答』や一五六三年『ハイデルベルク信仰問答』も同様）、東方と西方の他の多くの信仰告白に見られるような言語や学識の典型的なものとして見ることはできない。東方からの一例は、神と人間のエネルゲイア（*energeia*）と「造られざる光」についてグレゴリオス・パラマスの論争となった概念を弁護している『一三五一年コンスタンティノポリス教会会議の会議書簡』であり、その中では聖書の引用に勝って、しばしば非常に難解なものも含まれるが、教父からの多数の引用がなされている。[28] 西方からの一例は、それ以前のものもすべて含めた第二世代とそれ以降の改革の世代からのものである。[29] 一五七七年『和協信条』は、自身を「信徒の聖書」（the layman's Bible）と呼んでいる『マルティン・ルターの小教理問答』との連続性の中に立脚していることを示している。[30] オランダでは、「改革派教会の信仰告白」の権威に訴えている一六一八―一九年『ドルトレヒト信仰規準』は、名前こそは出していないものの『ハイデルベルク信仰問答』との同列の関係の中に置いている。[31] このカテキズム的な信仰告白は改革派の信者の大部分に広く配布され、一五八五年までにオランダだけで六二の版が存在していた。[32]『ドルトレヒト信仰規準』と『ベルギー信仰告白』は、オランダ改革派教会の信仰告白の基準として最終的に結びつけられた。しかし、「キリストの位格」、特に「根本宣言」を扱っている『和協信条』の第八条と、[33]「神の予定に関して」とタイトルが付けられた『ドルトレヒト信仰規準』の「教理の第一の見出し」の両方とも、[34] 高度な訓練を受けたエリートしか十分に理解できない抽象的、教理的、哲学的な博識のレベルへと進んでいる。人文主義のギムナジウム（*Gymnasium*）としての古典的な下地に基づく大学で神学教育を受けた者でさえ、『和協信条』の「属性の交流（*idiomatum communicatio*）」を図式化したギリシア語やラテン語の重厚な専門的な語彙についていくことは期待できないだろう。[35] この教理によると、改革派のいくつかの信仰告白でも確言されているが（ただし多種多様な結論であるが）、[36] キリストの神的本性の遍在性や「普遍性」（ubiquity）を含めた彼の一方の本性の属性は、受肉における彼の単一の神的・人的位格との交流を通して、他方の本性と共有される。この属性の交流の結果は、『和協信条』の要約（*Epitome*）によれば（これは信徒にも、より一般的に理解可能であるように意図されている）、キリストが「実際に最も容易に、（どこにでも）現臨しておられ、聖なる晩餐において彼の真の体と血を授けられる」ことができるのである。[37] これは、聖餐における真の現臨の教理を、キリスト論の特定の形而上学的な説明に依存させているように思える。もちろんのこと、このキリスト論は元来、現臨をめぐる改革派とルター派との間の論争の副産物だったのであり、その逆なのではない。加えて、改革派でもないルター派でもない他の信仰告白から明らかなのは、「交換の方法（*tropos antidoseōs*）」の概念が確言されて、この真の現臨の教理を曖昧でない形で断言したとしても、キリスト論の遍在性の概念とは必ずしも結びつかないということである。[38] 同様のことがトリエント公会議での義認の教理の明確化にも言え、最終因、作用因、質料因、動力因、形相因といったアリストテレス的

（28）*CP 1351*.
（29）16・4「宗教改革の信仰告白から信仰告白のスコラ主義」を参照。
（30）*Form Conc Epit* 1.5.
（31）*Dort* con.
（32）Heijting 1989, 1:84-85.
（33）*Form Conc Sol Dec* 8.
（34）*Dort* 1.1.
（35）*ODCC* 386.
（36）例えば *Helv II* 11.10 を参照。
（37）*Form Conc Epit* 8.12.
（38）*Mogila* 1.56; *Metr Crit* 3.5; *Dosith* decr 17. Syndogmaticon 10.6 を参照。

な語彙によってそれがなされているのである。[39]

これらの様々な信仰告白におけるこのような図式化された高度な専門的語彙を理解し、神学的な議論についていくために、それらを執筆した神学者の著作に直接あたったり、それらが依拠している初期の教父やスコラ神学の史料にあたればよいことを知っておくことが有益である。これらの史料がテキスト（現代の批判的な版であっても）の中に見分けられない場合もしばしばであるが、その時にもこのことは当てはまる。ついでに言えば、このような準備も、宣教師や改宗者によって信条や信仰告白が新しい言語に翻訳されていく土着化のプロセスの歴史が示しているように、[40]信仰告白の専門用語を別言語に翻訳するためには必要なことであり、『キリスト教の伝統における信条と信仰告白』の各巻で繰り返し示していることも準備のために必要なことである。『ドルトレヒト信仰規準』、『ウェストミンスター信仰告白』、『和協信条』の形式と内容の両方から、「信仰告白」あるいは「信条」が、学識のある階級の神学者が扱った事柄として定義されるべきだと結論付けるのは簡単であるが、それは誤りに陥ってしまう。[41]

しかしながら、教会が学校であったことはないし（あるいは少なくとも学校だけであったことはないし）、また、教会の教えが学者や神学者だけ、あるいは信徒だけのビジネスにすぎなかったこともない。なぜならキリスト教教理は教会、また教会全体の関心事であるし、そうでなければならないし、信条や信仰告白はその教会全体、すなわち「すべてのキリスト者」のために語っていると主張しているからである。[42]同じように、一七七六年七月四日にフィラデルフィアでアメリカ『独立宣言』を生み出した運命的審議に出席した一三の植民地からの代表者すべてが（ましてや彼らを派遣した植民地の市民の全員が）、トマス・ジェファーソンが書いたものを書けたわけではない。ところがジェファーソンは、彼が書いた時、彼は彼自身の名においてではなく、すべての人の名において語っていることを意識していたと強く主張したのである。それゆえ、政治的状況について『独立宣言』の結論でこれら代表者が語ったことは、いつの時代であれ、キリスト教の信条や信仰告白の起草者が、その教理的宣言について語ったことと同じなのである（いくぶん言葉遣いは異なるが、実際にこう言ったのである）。「そして、この宣言を支持し、神の摂理による保護に固く信頼し、私たちは互いに私たちの生命、私たちの運命、私たちの神聖な名誉にかけて誓う」[43]。一五六〇年『スコットランド信仰告白』の序文は、「親愛なる兄弟たちよ、私たちが公言してきた教理を、またそのことのために私たちが悪口と危険にさらされてきたことを世界に知らしめたいと、私たちが長い間、渇き求めてきた」としているのである[44]。したがって、西方キリスト教界では、使徒信条が個々の洗礼志願者によって（あるいは、幼児洗礼の場合は幼児のために）告白され、同時に会衆によっても告白されてきたのである。ニカイア・コンスタンティノポリス信条は、やがて東方と西方の両方において聖餐の祝いの祭儀の中に組み込まれ、同様に東方では洗礼のためにも用いられた[45]。ルターの一五二九年『小教理問答』、一五六三年『ハイデルベルク信仰問答』[46]といった信仰告白は、一般大衆のキリスト教教理に無知な者に対して書かれたものであり、「家長が彼の家庭で教えるための平易な形式」で提示され[47]、教会の子どもたちが学んで暗記し、繰り返し唱えて吟味し、一般信徒が「生きるにも死ぬにも、ただ一つの慰め」（後者のカテキズムの冒頭の問

(39) *Trent* 6.1.7; Aristotle *Physics* 2.3 (194b-95b).
(40) 11・2「宣教と移住における信条の宿命」を参照。
(41) 16・4「宗教改革の信仰告白から信仰告白のスコラ主義」も参照。
(42) *Ans* 3.40.
(43) Laqueur and Rubin 1989, 109.
(44) *Scot I* pr.
(45) 6・3「礼拝の中での信条の位置」を参照。
(46) *17 Art* pr.
(47) *Luth Sm Cat* 1（〔冒頭だけでなく〕他の「主要部」それぞれのタイトルにも含まれている）.

いの言葉）を心に留めるものなのである。(48) このすべてのことは、誰が書いたものであれ、これらの信条、カテキズム、信仰告白の元来の構成や教理的な表現のすべてに当てはまることである。

12・2　大衆の宗教、祈りの法則、伝統

信条と信仰告白を、少なくともある程度は、信者の大部分の正統を擁護するためのものであると認めること、またそれゆえに権威ある信仰告白の伝統を「大衆の宗教」（この語の従来の意味とはおそらく違うだろうが）の弁明として解釈することは、論争とアナテマの歴史によって立証される。公会議の要件を満たしているかのように見えるものであっても、なぜある教会会議(49)（例えば、四四九年のエフェソ）が承認されずに「受容」されなかったかという先に提起された問題に答えるために、ロシアの信徒神学者であるアレクセイ・ステパノヴィチ・ホミャコフは、東方正教会の聖職者の「宗教の保護者は、まさに教会の体である人々自身である（*auto to sōma tēs ekklēsias, ētoi autos ho laos*）」という最近の主張を引用した。そして彼は、このことが「信仰の問題において、学者と無学な者、聖職者と信徒、男と女、王と臣民との間に違いがない人たちや世界の中で、彼らの決定が教会の声として教会全体の人たち（*cerkovnom narodom*）によって認められたからに他ならず、……そしてそこでは……学識のある異端の司教は無学な羊飼いによって反駁されることで、神の霊の現れである生きた信仰の自由な一致にすべての者が加わることができるようになる」と宣言している。(50) 四世紀の「アレイオス主義の覇権」（ニューマンの論文での呼称）の期間はこれに当てはまるし、またこのテーゼを支持するためにニューマンによって用いられた。三八一年の第一回コンスタンティノポリス公会議とニカイア・コンスタンティノポリス信条は、彼にとって信徒の霊性の正統を擁護するためのものであり、この場合、聖霊の賜物を経験することにおいて、信者たちは造られた「もの」ではなく、ほかならぬ唯一の真の神の現臨を最初からずっと知っていたと言えるかもしれない。このことは、

三八一年に公会議の信条が最終的に公式に告白したことなのである。

次の世紀にはもっと魅力的なさらなる事例がある。残存する一次史料の状況に基づいて判断すると、より一層、信頼性の高いものとなるだろう。第三回公会議である四三一年のエフェソ公会議に至るまでに、教会は布告によって「聖なる処女は神の母（Theotokos）である」という教えを正式なものであるとしていた。「新しいローマ」であるコンスタンティノポリス司教のネストリオスは、処女マリアのことを「キリストの母（Christotokos）」以上の称号で呼ぶことを拒否したために異端として非難され、彼の司教区の座から排斥された。[51] そのため、このマリアの称号は信仰基準の一部となり、改革派でもルター派でも、プロテスタントのいくつかの信仰告白の中に含まれてさえいる。[52] このすべてのことは、権威ある公会議や信条の教義のレベルで公式に行われたことであり、あらゆる教義と共に、一般の信者の信仰と祈りも永久にこれに従わなければならなくなったのであり、先に列挙したように一時的にも永遠的にも悲惨な恐ろしい罰を伴うものなのである。

しかし、テオトコス（Theotokos）としての処女マリアの教理は、単に大衆の宗教の上に教義を押し付けた一例として扱うことはできない。私たちはまったくこちら寄りのものでない史料からこのことを知ることができる（それゆえに客観的であると見なし得るのだが）。皇帝である「背教者」ユリアヌスは、かつては教会の一員であったがキリスト教を拒絶した。彼は私たちに、エフェソ公会議の一世紀ほど前に、権威ある教会会議や信条的教

(48) *Heid* 1; Barth 1964.
(49) 9・2「批准としての信条、教会会議、信仰告白の受容」を参照。
(50) *Resp Pius IX* 17; Chomjakov［1907］1995, 2:91 (tr. Vera Shevzov).
(51) *Eph* 431.
(52) *Tetrapol* 11; *Form Conc Epit* 8.12.

義や帝国の布告による上からの圧力なしに、まだ正統教会がその公的な教義や信条を定める前であったにもかかわらず、キリスト教徒は私的な祈りでもおそらく公的な賛歌でも、「マリアを神の母と呼ぶことをやめないであろう（*Theotokon de hymeis ou pauesthe Marian kalountes*）」と語っている。この証言を文脈から判断すると、彼は司祭や聖職者のことに言及しているのではなく、少なくとも彼らに対してではなく信徒のキリスト教徒のことを語っているのである。[53] このことはさらに、学者たちによってしばしば取り上げられているが、『アレクサンドリアのアレクサンドロス信条』の中に（アレクサンドロスは三二八年に死去）、テオトコスという言葉の最も早い明らかな事例を見出すことができるが、[54] それは一世紀後にテオドレトスによる『教会史』に保存されているだけであり、[55] アタナシオスや他の初期の著作家たちによってこの語が使用された著作はテキスト的に疑わしい。[56] それゆえこの称号は、下に向かってではなく上に向かって、四世紀あるいはそれ以前の信徒の実践と祈りから五世紀の公会議の議題へ向かって、「祈りの法則が信仰の法則を規定すべきである」という原則に従い、[57] 新しいローマの司教さえも打ち倒しながら動いてきたと言えるのである。現代の学者の中には、かなり不安定な根拠に基づくものだが、エフェソの町の大衆の宗教のこの称号をめぐるより長い継続性、つまり母なる女神アルテミスに始まって神の母マリアへと至るものを探ろうとしている者もいる。[58] 使徒パウロの宣教旅行の間、エフェソでは大衆の暴動が起こり、もし偶像が廃棄されれば自分たちの生活が脅かされるとした金細工職人や偶像職人たちが興奮し、「エフェソのアルテミスは偉大な方!」と叫んだのである。[59] それから四世紀も経たないうちに、同じエフェソの町にある二つの聖マリア教会が、テオトコスとしての祝福された処女マリアの祭儀を擁護する場となった。多くの歴史家と共に、すべてを考慮した上で、たとえネストリオスへの断罪が教理的にも法的にも不当であるとの結論に達したとしても、目下の問いとして重要なのは次のことである。この対立にはあらゆる面での個人的策略や政治的競争が絡み合っていたことのほかに、マリアを「テオトコス」（Theotokos）と一般大衆が呼んでいた教えと祈りを拒絶したために、コンスタンティノポリスの司教が断罪されるというかなり驚くべき光景が示されたことである。

さらにこのことは、フィレンツェ公会議に対するコンスタンティノポリスの市民の反応を見ればわかるように、大衆の意見の力が示された唯一の事例というわけではない[60]。フィレンツェの『東方との合同の布告』の受容およびそれに対する「大衆の反対」に関するある研究によれば、ビザンチンでは、「大衆の反対は……この合同は圧迫の下でなされたものであるということに基づいており、教皇庁が合意した軍事援助は、以前の教皇の約束がそうだったように、効果のないものであることを信じてやまず、ビザンチンの大衆はしまいには、信仰の純潔さが変えられてしまうなら神の裁きに服することになってしまってもよいという確信さえ抱いていた[61]」。しかし東方におけるこのような最も劇的な出来事は、直接には「大衆の反対」に帰することはできないものの、フィレンツェ公会議の受容をめぐる差し迫った問いと同様に、信者の大部分の正統の問題を含むものであった。一六二九年に発布された『キリロス・ルカリスによるキリスト教信仰の東方の信仰告白』の拒絶である。彼は一六二〇年一一月にコンスタンティノポリス総主教に選出された。コリン・デイヴィーが指摘しているように、「彼は

(53) Julian *Against the Galileans* 262D (*LCL* 157:399).
(54) *Alex* 3.
(55) Theodoret *Ecclesiastical History* 1.3 (*NPNF*-II 3:40).
(56) Lampe, 639-41.
(57) 6・2「祈りの法則、信仰の法則」を参照。
(58) Jenny-Kappers 1986.
(59) 使一九・二三—四一。
(60) Marx 1977, 341-48; 9・2「批准としての信条、教会会議、信仰告白の受容」を参照。
(61) Geanakoplos 1966.

その座から四度も退位と復位を繰り返したが、彼は一八年間のうち一五年もギリシア教会の首長だった」[62]。彼の『告白』は、彼自身の名によってだけでなく（彼の職務に照らして考えるならばすでに高名な信任を得ていただろう）、「アレクサンドリアとエルサレムの総主教の名と同意において」も出版された。これはつまり、聖書のみの権威[63]と二重予定[64]といった改革派の教理の擁護が、古代五大「総主教座」[65]のうちの三つ（コンスタンティノポリス、アレクサンドリア、エルサレム。アンティオキアともちろんローマは除く）で正典的権威を有していると見なせることであり、その彼は「一四五三年のコンスタンティノポリスの陥落以来、東方教会の最初の最も重要な神学者であり……、一七世紀の最も優れた傑出した政治力を持つ総主教であり国家的な指導者（行政長官）」という知的な力と名声の持ち主だったのである[66]。ウクライナ、ルテニア、東スロバキアの正教会の信者は、フィレンツェ合同（the Union of Florence）を再確認し、一五九五／九六年のブレスト合同（the Union of Brest）と一六四六年のウジホロド合同（the Union of Užhord）を受け入れることを望んでいたという物議を醸している仮説を唱えている者もある[67]。というのは、多かれ少なかれ、正教会の信仰が最も著名な公人たちによって損なわれたという明確な認識があったので、彼らはローマと再統一を求めながらも東方の霊性や祭儀を保存しようとしたからである。彼らが「ビザンチン」のままでいる唯一の方法は、「ビザンチン」と決別することであったようだ。東方と西方の代表者が共に認めているように、このことは政治的・民族主義的な「教会外の利害関係の干渉なしには」起こらなかったことである[68]。しかし、キリロスの『信仰告白』は非難され、その著者とされた総主教も同様に悲劇的な最期を迎えた。プロテスタントの信仰告白も同様なところがあるが、一七世紀の東方正教会のいくつかの「信仰告白（*homologiai*）」について、この奇妙な努力が正教会の信仰告白（*Orthodox Confession*）に対する同等かつ反対のリアクションであったと見なすのは妥当であろう[69]。

ネストリオス、フィレンツェ公会議、キリロス・ルカリスの悲劇的な歴史から、信者の大部分の正統の名においてこのような非難を受けたのが新しいローマだけのことだった、と結論付けることも正しくないだろう。実際のところ、現代にまで歴史的な影響を及ぼしている最も論争的な非難の問題は、古いローマの総主教である教皇ホノリウス一世という人物である。この非難は、新しいローマ、アレクサンドリア、アンティオキアからも言及された。つまりこの場合、五大「総主教座」のうちエルサレムだけが控えたことになる。単位論の異端に対し、六八〇―八一年の『第三回コンスタンティノポリス公会議の信仰告白』は、受肉したロゴスであるイエス・キリストの一つの位格に二つの完全な区別された意志があり、その一つが神的な意志であり、もう一つが人的な意志であり、単一の合成された神的・人的な意志ではない、という教義を確言している。信者たちは、彼らの救い主があらゆる点で、「ただし罪を除いて」[70]、自分たちと同様の人間の意志を引き受け、それゆえ彼によって彼らの意志は癒される、ということを確信しなければならない。このようにして、『第三回コンスタンティノポリス公会議の信仰告白』は、「ファランの司教であったテオドロス」を加えた以下の総主教たちに、この教理に誤った者としてのレッテルを貼り、断罪している。「帝都（コンスタンティノポリス）の司教であったセルギオス、ピロス、パウロス、ペトロス。さらに、ローマの長老である教皇（*papan tēs prebyteras Rōmēs*）ホノリウス。アレクサン

---

(62) Davey 1987, 98.
(63) *Lucar* 2.
(64) *Lucar* 3.
(65) 4・2「東方と西方の教会の職制の教理」を参照。
(66) *ODCC* 1001.
(67) Halecki 1958, 199-419; Lacko 1966.
(68) *Balamand* 8-9.
(69) 14・4「作用と反作用としての東方の信仰告白」を参照。
(70) ヘブ四・一五。

ドリアの座についていたキュロス。最近アンティオキアの司教であったマカリオスと彼の弟子であるステファノス」。[71]教皇ホノリウスのキリストの二つの意志についての誤った教えを非難することによって、この公会議（東方でも西方でも第六回公会議として数えられる）は、一二世紀後に直面することになる一八六九／七〇年『第一ヴァチカン公会議の教義憲章』（西方では第二〇回公会議として数えられるが、東方では数えられていない）という最も困難な歴史的障害を生み出してしまった。この信仰告白は「ローマ教皇が司教座から（*ex cathedra*）語る時、すなわち、すべてのキリスト教徒の羊飼いであり教師として、その至高の使徒的権威によって彼の職務を行使する時、彼は全教会に保持される信仰と道徳に関する教理を定義し、祝福されたペトロにおける彼に約束された神の助けによって、信仰や道徳に関する教理を定義する際に、贖い主である神が教会に享受した無謬性を彼は保持する」ということを布告している。[72]『第三回コンスタンティノポリス公会議の信仰告白』ではホノリウスがそうであると言っているように、もし歴史上、一人でも教皇が公式で公的な教えにおいて誤りを犯したとするなら、それは教皇の無謬性を弾劾するに十分であると思われ、教皇の発言が平均的なものになるというよりは、一〇〇かゼロになるかの問題となる。[73]そのため、第一ヴァチカン公会議に引き続き、一八八九年『ユトレヒト古カトリック宣言』では、聖書の権威と並んで伝統の権威も主張しているが、教皇の無謬性は否認しているのである。[74]

先に引用したアクィタニアのプロスペルの言葉に沿って言えば「祈りの法則が信仰の法則を規定すべきである」[75]との原理である「祈りの法則、信仰の法則（*lex orandi lex credendi*）」の解釈者たちは、詩的な言語、信徒の敬虔、大衆の迷信（また、神学的な憶測、学問的な博学）といった気まぐれを、教理や信仰基準といった地位にまで高めて、無差別に適用されるものではないことを注意深く強調してきた。[76]アラン・ブザンソンは、聖画像をめぐる論争について、「聖画像破壊論者たちは、何の躊躇もなく悪口を浴びせ、大衆の宗教を虐げた」と言っている。[77]そのため、聖画像崇拝の立場としての七八七年『第二回ニカイア公会議の布告』でさえ、一般大衆にとって「これら聖画像に敬意を表して崇敬の念を献げること（*aspasmon kai timētikēn proskynēsin*）」は合法的であると宣言し、それと同時に、乱用してしまう可能性と現実性があるため、「確かにこれは私たちの信仰に従えば完全な崇拝ではなく、その崇拝は神的本性に対してのみ向けられるべきであり（*tēn kata pistin hēmōn alēthinēn latreian*）」、それゆえに聖画像や聖人、また、テオトコス（Theotokos）としての処女マリアの人格に対しても崇拝が向けられるのはふさわしくない、としている。[78] 聖画像への崇敬は、聖画像そのものに向けられるのでなく、聖画像の原型との「関係（*schetikōs*）に基づいて」なされるのである。[79] 西方では、『トリエント公会議の規準と布告』が同様に、「これら聖なる救いの実践に忍び込むかもしれないあらゆる乱用を完全に根絶すること」という決定を表明している。[80] 東方正教会の信仰告白と西方カトリック教会の信仰告白は、それゆえ、「崇拝（*latria*）」ではなく「崇敬（*dulia*）」（あるいは処女の場合には *hyperdulia*〔特別崇敬〕）[81] ということが聖人およびその像に向けられたふさわしい「礼拝（*proskynēsis*）」であることに同意している。しかし、彼らは「異端者の群れは尊敬を崇拝と取り違えてしま

（71） *CP III* anath; *Lat 649* 18.
（72） *Vat I* 4.
（73） *Chr Trad* 2:67-68, 150-53, 5:250-59.
（74） *Utrecht* 1-2.
（75） *Chr Trad* 1:339, 2:34-35, 3:66-80.
（76） *Munif* 20. See Möhler［1832］1985, 1:22-23.
（77） Besançon 2000, 124.
（78） *Nic II*.
（79） *Greg Palam* 4.
（80） *Trent* 25 decr.
（81） Thomas Aquinas *Summa Theologica* 3a.25; *Metr Crit* 15.3, 17.9.

っている」と訴えている。[82] 信者の大衆の宗教が、三位一体にのみ関係する「完全な崇拝」とマリアと他の聖人たちとその像に関係する「健全で尊敬を表す崇敬」との間の区別の境界線を無視したり薄くしたりしてしまう可能性について、このような東方正教会とローマ・カトリック教会の警戒心は、プロテスタント改革の信仰告白の中でも鋭く強調されている。そのような禁止表現の代表的なプロテスタントのものは『第二スイス信仰告白』であり、こう規定されている。「私たちの人生のあらゆる危機や試練において、私たちは（神）だけを求める」[83]。また、こうも忠告している。「信者のすべての祈りは、神のみに注がれ、キリストのみに仲保され、信仰と愛からなされるべきである。主キリストの祭司職と真の宗教は、天の聖人への祈りや彼らを執り成し手として用いることを禁じる」[84]。しかしこのことは、東方と西方の教会の一般大衆が（聖職者も同様）、「キリスト教の最初期から」行ってきたことであると、擁護者たちは論じることができた[85]。『ウェストミンスター信仰告白』も全く劣ることなく、こう宣言している。「宗教的な礼拝は、父・子・聖霊なる神に対してなされるべきである。その神に対してのみである。天使、聖人、他のいかなる被造物……他のいかなる仲保者に対してではなく、キリストに対してのみである」[86]。このことは、神の母としてのマリアの仲介に対する信者の伝統的な傾倒に対しても向けられており、マリアは「ケルビムよりも誉れ高く、セラフィムよりも比類なき栄光」であるにもかかわらず[87]、被造物のまま留まっているのである（これはローマ・カトリック教会と東方正教会の教えでも共通である）。

12・3　市民法と信条法への教会の人々による協調

教会と国家の関係の問題、すなわち信条的規範と社会的協調との相互関係の問題は、しばしば教会の指導者と政治の指導者との間でなされる最上位層での対立であった。一〇七七年一月二八日のカノッサにおいて、聖なるローマ教会の教皇グレゴリウス七世と神聖ローマ帝国の皇帝ハインリヒ四世という二人の指導者による対決は、最も劇的な象徴となってきた。「私たちはカノッサに向かうのではない！」と、オットー・フォン・ビスマルクは一九世紀にヴァチカンと新しく再建されたドイツ帝国（*Reich*）との間の文化闘争（*Kulturkampf*）の際に宣言して言ったのである。しかし、先に挙げた章である「信仰告白の定式と宗教政治」や「教会法としての信条的教義」と呼んだ領域において、[88] 支配者の指導者層よりも信徒や他の階級の方が、信条的規範と社会的協調との相互関係を最も鋭く意識する経験をしなければならなかった、と結論付けた方がよいだろう。

一九三四年五月の『バルメン宣言』は、教会が「国家の一機関」の地位にまで低められ、国家が「生活全体の秩序」のための体系としての地位にまで高められるという国家社会主義の攻撃により、[89] ドイツのプロテスタントの信徒（ナチ政権に魅せられた者や政権に協力する誘惑に駆られた教会指導者たちも含む）のためだけではなく、プロテスタントの信徒のために、その名において、彼らに代わって語られたのである。このことは、一九三四年の世論調査によって、プロテスタントやローマ・カトリックを問わず、ドイツの様々な教会の信徒、聖職者、神学者、構成員の間に反ユダヤ主義、ナチズム、人種差別主義の存在が明らかになったとしても、適用されるもの

（82） *Dosith* q 4.
（83） *Helv II* 5.3.
（84） *Helv II* 23.1.
（85） *Trent* 25; *Metr Crit* 17.4.
（86） *West* 21.2; *Cumb Pres* 75.
（87） *Lit Chrys* F.6.
（88） 第 8 章と第 9 章を参照。Syndogmaticon 7.3 も参照。
（89） *Barm* 5.

である。[90] 国家社会主義だけでなく共産主義もまた、キリスト者とキリスト教会から新たな状況に対する新しい信仰告白を呼び起こし、一八四四年のジェームズ・ラッセル・ローウェルの詩の言葉で言えば、「新たな機会が新たな義務を教えてくれる」ことが改めて明らかになった。[91]「新たな中国建設における中国キリスト教の努力指針」と題された中国共産党政権を積極的に支持する宣言や、中国キリスト教三自愛国運動が発行した『キリスト教宣言』に対し、[92] 批判的な応答の声を挙げている一九五〇年の牧会書簡の中で、中国聖公会（Sheng Kung Hui）の司教団は、信徒を代表して、信仰宣言とその目的の妥当と思われる点を認めた上で、過度の妥協をしていると思われる点の修正を求めた。「今後、私たちの教会は、一方ではキリストのような人格と家族を持つことができるように霊的生活と宗教教育を積極的に促進し、他方では労働を生み出して社会に仕えることに注意を払っていく[93]」。

これらの反応は同時に、ナチズムや共産主義社会だけでなく、キリスト教史を通じて世俗的な民主主義社会を含めた他の多くの社会においても、信条的規範と社会的協調との相互関係に関して、キリスト教教育ほど重大または脆弱な分野はない、ということを明らかにした。教育は、教会の信条や信仰告白にとって、中心的な重要な分野でもある。これらのうちで最も重要なもののいくつかは、教育が主たる目的で作成され、多くの者たちは、大人も子どもも含めた信徒に教える責任を負うこととなった。『第二スイス信仰告白』から先に引用した「子どもたちの教育」（*Educentur quoque liberi*）というラテン語の定式は、[94] 少なくとも暗黙の了解として、ほとんどが信条と信仰告白のための正確な処方箋であろう。『ハイデルベルク信仰問答』が強く促しているように、「福音宣教とキリスト教教育が維持されること」は義務なのである。[95]『ヴィッテンベルク一致』は、「より教養のない者たちのため、また「経験の浅い者たちが教えを授けられるために」、プロテスタントの様々な教派間での共通理解として、「私的な赦免は、良心の慰めのためにも戒規のためにも、教会にとても有益であるため、教会で保たれるべきである」と述べている。[96] キリスト教教育のための制度的な構造は、社会や教会によって大きく異なっていた。同様に、老いも若きも含めた信徒のキリスト教教育のための手段や方法についていくつかの信仰告白が強調していることも、それぞれの異なる教会や信仰告白の性格、倫理、祭儀、神学の特徴を反映している。これらの中には、プロテスタントの学校ではいかなるレベルであれ聖書の位置づけが[97]、東方正教会では宗教教育での主要な教材としての典礼と聖画像の役割が[98]、ローマ・カトリック教会では「信仰深い人々のための指導に満ちた（ものとしての）ミサ」の用法が含まれるだろう[99]。しかし、教会や信仰告白におけるこれらのすべての違いを超えて、ほとんどすべてにおける重要な教材は、「信者の大部分の正統」を表明することにおいても養育することにおいても、カテキズムが「信徒の聖書」であり続けてきたことであり[100]、その理由は先に述べたように信条とカテキズムの間には相互関連があるからである[101]。

---

(90) Ericksen 1985; Dietrich 1988; Ericksen and Heschel 1999 を参照。
(91) James Russell Lowell "The Present Crisis," st 3.
(92) *Chin Man*; 一九七七年にキューバで行われた *PRCC* も参照。
(93) *Sheng Kung* 5.
(94) *Helv II* 29.3; 8・4「信仰告白的な政治の多様性」を参照。
(95) *Heid* 103.
(96) *Witt Conc* 5.
(97) *Heid* 103; *So Bap* 12.
(98) *Nic II*.
(99) *Trent* 22.1.8.
(100) *Form Conc Epit* pr.5; *Helv II* 18.18, 25.1 を参照。
(101) 第3章「教理としての信仰告白」と6・1「信仰告白の中の主の祈り」を参照。

ローマ・カトリック教会もまた（あらゆるレベルの教育に、特に若者の教育のためのプログラムと、そのプログラムのために女子修道院と男子修道院の職務に当たる人を置くことに、長い歴史の中で関心を払ってきたのであり）、公式な信仰告白の宣言を通して、かなり詳細にこれらの問題に取り組んできた。それゆえ、一八六四年『教皇ピウス九世の誤謬表』では、非難されるべき最近の「誤り」の中で最も危険なものの一つとして、キリスト者やローマ・カトリック教会の子どもたちをも含めた教育をめぐって、「市民的・政治的権威の絶対的な意志」は、教会とキリスト者の両親の教育的権威と責任に優先する、という現代の政治的世俗主義の主張を挙げている。[102]一世紀後に、『第二ヴァチカン公会議キリスト教的教育に関する宣言』は、「人間生活に教育が非常に重要であること、この時代の社会の進歩にますます影響していることを、注意深くまた慎重に」述べ、「特に学校において、キリスト教教育の確かな基本原理」を確認している。したがって、この『宣言』が定義しているように、「真の教育は人間の人格形成の最終的な目標に向かうのと同時に社会善へと向かうことを目指す」としているが、全体主義だけでなく、たとえ民主主義であってもこの世の世俗主義が主張するような排他的な社会善というわけではない。というのは、これは子どもたちや思春期の若者にとっての特権ではなく「権利（*ius*）」なのであり、「正しい良心で道徳的価値を量り、個人的な責任を持つことでそれを受け入れ、より完全に神を知り、神を愛するように促進される」のである。これらの原理から、子どもたちの両親は「彼らの第一の、また主要な教育者として認められるべきであり」、「学校を選択する自由」を伴い、もちろん教会の学校も含まれるが、そのような選択が国家によって不当に介入されるべきではない、という機能的な結論が導き出されるのである。[103]

東方正教会にとって、七八七年の第二回ニカイア公会議による聖画像の復権は、信徒の聖画像を支持する熱意に後押しされる議論の中で批准され、聖画像を「神の言が人となったことが現実のことであり、想像上のことではないことを承認した」と解釈した。これに基づき、公会議は「栄光ある、命を与える十字架の姿のように」（これについては聖画像破壊論者も承認し続けた）と宣言し、聖画像は教会や司祭の祭服に現れただけでなく、「家庭や公共の道にも」現れた。キリスト、マリア、他の聖人の聖画像の教育的価値に関して宣言したように、「具象的な芸術をより頻繁に見れば見るほど、それを見た者はますますモデルとして仕えている者たちを思い起こして慕うようになり、これらの聖画像に敬意と称賛を払うようになる」からである。[104] 第二回ニカイア公会議の「聖なる崇高な聖画像の崇拝をすべての時代で確立し、承認した」というこれらの規準に言及し、『ペトロ・モヒーラによる東方教会の公同で使徒的な正統信仰告白』は、キリスト教信者による聖画像崇拝と異教の偶像礼拝との間には、巨大な埋めがたい質的な相違があることを強調している。[105] 同様に、今度は西方の史料からの言及であるが、大教皇グレゴリウスの『セレヌスへの手紙』では「教会で絵による表示が使用される理由は、文字を知らない人たちが、少なくとも壁に描かれたものを観て、読むことができるようにするためである」と説明し、[106] 一八三九年『ギリシア・ロシア正教会のキリスト教カテキズム』は、「聖画像が用いられる時、文字の代わりに人や物の形で書かれたものになるがゆえに、神聖な表示として聖画像を重んじ、神の働きと聖人たちを宗教的に思い起こすために用いること」は十戒に反するものではないと説明している。それゆえ、これらはあらゆるレベルでのキリスト教教育の基本的な要素となるものである。[107]『第二スイス信仰告白』は、信徒の大部分の真の正統という名の下になされた両者の擁護に反論し、改革派として聖像の拒絶を表明している。信徒のためにキリスト

(102) *Syl* 45-48.
(103) *Vat II* 7 act.
(104) *Nic II* can. Syndogmaticon 8.10 を参照。
(105) *Mogila* 3.55-56.
(106) Gregory I *Epistles* 9.15 (*NPNF*-II 13:23).
(107) *Russ Cat* 521.

教聖画像をキリスト論的に弁護することに対して、「確かにキリストは人間本性を引き受けたとはいえ、彼は彫刻家や画家に模型を提供するためにそうしたのではない」と反論している。教育的な弁護に対しては、キリストは「画像という手段で信徒のために描いたり教えたりすることではなく、福音を宣べ伝えることを命じたのである」と反論している。[108]

『第二スイス信仰告白』が、信徒に教える手段として神から命じられたことの中で、福音を宣べ伝えよとのキリストの命令を第一のものと主張したことは、プロテスタント改革の信仰告白にとって決定的なことである。『ウルリッヒ・ツヴィングリの六七箇条』によれば、それは信徒であれ聖職者であれ「すべてのキリスト者」の義務なのであり、「あらゆる場所でキリストの福音のみが宣べ伝えられるようにする」のである。[109] 一五三〇年に発行された二つのプロテスタントの主要な信仰告白も、このことを鳴り響かせている。『アウグスブルク信仰告白』は、「福音はその純粋な理解と協調して説教される（べきである）」と教えている。[110]『四都市信仰告白』は、第一条のタイトルを「説教の内容について（*De materia concionum*）」とするほどに、信徒に対して神の言葉を説教することに強調を置いている。[111] 一五三六年『第一スイス信仰告白』によれば、「神の言葉の説教と主の群れの世話の権威は、適切に言えば鍵の務めである」。それゆえ、その後のところでは、「この務めにおける最優先で主要なことは、教会の聖職者が罪を悔い改めて悲しみ、罪の赦しを説教し、すべてキリストを通してなすことである」と続けている。[112] 一五六六年に大幅に拡張された後継版である『第二スイス信仰告白』は、「教会の真の調和」をとりわけ「真実に調和的にキリストの福音の説教をすること」であると記述している。[113] 一六四七年『ウェストミンスター信仰告白』は、改革派であれルター派であれ、その世紀に至るまでのほとんどのプロテスタントの信条と信仰告白をまとめ、聖職者であれ信徒であれ、すべてのキリスト者に適用され得る「宗教的礼拝」の義務のリストを筆頭にし、「神への畏れをもって聖書を読むこと。健全な説教、神への従順、理解を伴う信仰と敬虔をもって良心的に御言葉を聴くこと」と規定している。[114] 付随する『ウェストミンスター小教理問答』ではこのことを「御言葉を読むこと、特に説教すること」と語ってはっきりさせている。[115] 一六世紀のローマで、キリスト教伝道の課題への新たな注目を反映し[116]、また、中世後期の教会が説教を通しての信徒への教育を相当に軽視したことにより、プロテスタント宗教改革を招いてしまったという満場一致の批判が妥当であることを、少なくともある程度認めた上で、ルターの死から四か月後の一五四六年六月一七日、第五会期に公布された『トリエント公会議の規準と布告』は、「福音の説教は……司教の主要な職務である」と規定している。[117] 東方正教会の一六七二年『ドシセオスとエルサレム教会会議の信仰告白』[118]も、司教の義務のリストの中に、「聖なる福音を説教し、正統信仰のために闘う」と規定している。

---

(108) *Helv II* 4.2-4.
(109) *67 Art* 14.
(110) *Aug Ger* 7.2.
(111) *Tetrapol* 1.
(112) *Helv I* 16; 19.
(113) *Helv II* 17.17.
(114) *West* 21.5.
(115) *West Sh Cat* 89; 傍点は著者による。
(116) O'Malley 1979.
(117) *Trent* 5.2.9-10 can; 3・3「『諸教理』と教理」も参照。
(118) *Dosith* decr 10.

12・4　法典、信条、民俗文化

「信者の大部分の正統」をそのように強調する直接的な意味合いの一つは、聖職者と信徒の違いを際立たせ、キリスト者の大衆宗教を道徳にすぎないものへと減じてしまうようないかなることも避けることであり、教理に関する問題は聖職者や神学の専門家に任せ、あたかも普通の人々は自分たちがどうふるまうかしか気にかけず、何を信じるかを気にかけないかのようにしてしまわないことである。先に言及したように、「教理」(doctrine)は、「信仰」(faith)や「信念」(beliefs)が明文化されたり定義されたりするときに取る特定の形のことである[119]。それゆえ、聖職者と信徒の違いは、信徒が信念の道徳的な結果だけに心を奪われて信念の内容に関心を持たないというわけではなく、トマス・アクィナスから引用された区分によれば、公式かつ公的な教理あるいは「信念の明確さは万人に一様に救いをもたらす事柄ではない」のであり、「他の者に教える者はより多くの信念に関することを他の者よりも保持しているだけである」と考えることができる[120]。そして、もし本章の冒頭で挙げたいくつかの事例の大衆宗教の社会史から確固たる結論を引き出せるとすれば、たとえその祈りや祭儀の様式の中心が懐疑論者の軽蔑、指導者の俗物根性、大審問官の皮肉による迷信だと否定されたとしても、教会の普通の人々も行為だけでなく「信仰」や「信念」の事柄についても気にかけているということになる。

第一〇章「信条ではなく行為か？」で提起された二つの問題は、「信者の大部分」に影響を及ぼす道徳的行為と教理的信念との間の区別(と密接な関係)をするための例証となるだろう。ドナティストに反対したアウグスティヌスの主張は、邪悪な司祭のサクラメントでさえ、叙階のサクラメントによってその職務の客観性が保証されているために有効であるというものであり、そのことは人々の信仰の観点から定式化されたものであった。というのは、もし普通の一般信徒が司祭や司教の道徳的な状態とは無関係に神の恵みの媒介としてのサクラメントに依り頼むことができず、司祭や司教の手から受ける洗礼や聖油や赦免や聖餐が真に有効であるか、その人の誠実さを調査する義務があるとするなら、教会のサクラメント構造全体の信頼性が根底から危うくなってしまうからである。先に引用したフレンドの主張、「五世紀と六世紀において、カトリック主義は先住民の大半に何の魅力ももたらさず」に基づけば[121]、アウグスティヌスのドナティストに対するサクラメントの客観的な有効性の弁護は、大衆を納得させるのに失敗したことになり、それは歴史的によくあることであろう。いずれの方法でも検証することは不可能であり、不確かな証拠ばかりなのである。グレイアム・グリーンの〔小説の〕不道徳な「ウイスキー司祭」（whisky priest）の発言は、「私は神を人間の口の中にいることができるのとちょうど同じように、私は神の赦しを彼に与えることができる」であるが[122]、これはアウグスティヌス的な主張を少し変えただけのものである。アウグスティヌス的な議論の有効性を疑問視した大衆宗教の傾向を示した中世初期に関するフレンドの解釈は、ハイコ・オーバーマンが「ドナティストの台頭」と呼んだ問題が起こった中世後期にもより当てはまりそうであり[123]、さらに改革期にもとりわけそうなったのである。

行政的宗教改革の信仰告白が、ドナティストに対するアウグスティヌス的な立場を継承することを、これほど苦心して次から次へと繰り返しているのは、プロテスタント改革が古代の分派とドナティストの異端であるというローマ・カトリック教会の批判を絶えず受けていたということだけでなく、牧師に関して、プロテスタント教

---

(119) 2・1「信じることと告白すること」や第3章「教理としての信仰告白」を参照。
(120) Thomas Aquinas *Summa Theologica* 2a2ae.2.5-6 (tr. Blackfriars).
(121) Frend 1952, 334.
(122) Graham Greene *The Power and the Glory*, part 3, ch 3.
(123) Oberman 1963, 220-22.

会内にも、自分たちのプロテスタントの牧師に対してさえ、ドナティスト的な考えを抱いている信徒が存在し得た、ということもあったのだろう。(124) しかしながら、プロテスタントの信仰告白において特徴的な強調点は、「邪悪な聖職者」の手から受けた聖餐でさえも有効であることは一つの要素であり続けたが、(125) それらにとっての問題の客観性とは、第一には神の言葉の説教であり、サクラメントは第二に派生的に問われるにすぎないのである（このことは優れた説教者であったアウグスティヌスにとってそうだったのだが）。説教壇から語られるいかなる説教も主観的になってしまうのは避けられないので、個人的な確信の欠如は、サクラメントの執行よりも、聖書的な言葉の（解釈と）宣言よりも、より容易に損なってしまう立ち位置にあるように見えるかもしれない。アウグスティヌスが『キリスト教の教え』の第四巻で、キリスト教のレトリックについて、「説教者は説教をすることによって、たとえ彼らがそう生きていなかったとしても善を行う。しかし彼らが説教した通りに実践することによって、より大きな善を行えるだろう」と述べている。(126) これに基づき、『第二スイス信仰告白』の第一条には、「説教された言葉自体を考慮すべきであり、説教する聖職者にではない。というのは、たとえ彼が悪人であっても罪人であっても、神の言葉は真実でよいままに留まるからである」という教会の人々に対する保証のことが含まれている。(127) その後の章では、「ドナティストの誤り」を「忌み嫌う」という最も強い言葉で非難している。(128)『ウェストミンスター信仰告白』では、「サクラメントについて」とタイトルが付けられた章の中でさえ、ドナティストの拒絶の根拠を、叙階の客観性に置くのではなく、神の言葉の客観性の教理に置いているのである。「聖餐の効力はそれを執行する者の敬虔や意図に依存しているのではない。聖霊の働きと、その執行を権威づける指針と共に、ふさわしい陪餐者への益を約束することを含む制定の言葉とに基づく」のであり、その言葉、その制定、その指針、その約束は、聖職者の人格にかかわらず、信じられるのである。(129) 同じ改革派の信仰告白の著者たちにとって細心の注意を払って定式化する必要があったのは、とりわけカルヴァン主義の選びと予定の教理であり、『アウグスブルク信仰告白』も「神への畏れと不安な良心」と呼び、(130) ローマ・カトリック教会と東方正教会の信仰告白でも、教会の人々の信仰と敬虔を保つために、この主題を同様に警告している。[131]アルミニウス派の一六一〇年『レモンストラント』にはすべての信仰者に対するこの保証が含まれ、カルヴァン主義の予定論に対する「間接的非難」とアルミニウス主義が神の恵みを放置しているとの非難に対する応答をしていった。「真の信仰によってキリストの中に接ぎ木され、それによって命を与える彼の霊に参与された者は、サタン、世、自身の肉を拒む力が豊かに授けられ、勝利を得る。常に聖霊の恵みによって助けられることは、常によく理解されていることである」。[132]この『レモンストラント』の信仰告白に反対して、カルヴァン主義の予定論の教理を厳格に定式化した古典的信仰告白が、一六一八―一九年『ドルトレヒト信仰規準』の定式である。[133]選びと棄却の両端を明瞭に定義した教理により、この『規準』は教理の実存面と牧会面、つまり「キリストへの生ける信仰、あるいは心の確かな確信、良心の平和、子どものような従順な熱心、キリストを通して神に栄光を帰すことを、自

(124) 10・2「異端と／または分派」と16・3「宗教改革の信仰告白におけるカトリックの本質とプロテスタントの原理」を参照。Syndogmaticon 9.3 も参照。
(125) *Cons rep* 10.69.
(126) Augustine *On Christian Doctrine* 4.27.60 (*NPNF*-I 2:595-96).
(127) *Helv II* 1.4.
(128) *Helv II* 18.21.
(129) *West* 27.3; 傍点は著者による。
(130) *Aug* 20.15; *Form Conc Sol Dec* 2.47.
(131) *Trent* 6.1.12-13 decr, 6.2.15-17 decr; *Dosith decr* 3. このテーマ全体については Syndogmaticon 3.2 を参照。
(132) *Remon* 5; 傍点は著者による。Syndogmaticon 11.2 を参照。
(133) 10・1「改革期の信仰告白におけるキリスト教戒規の教理」を参照。

分のうちにまだ積極的に経験することができていない者たち」といった苦悩の事柄にも取り組んでいる。そのような人たちは「手段を用いて勤勉に続け、より豊かな恵みの時を熱心に望み、敬意と謙遜をもって時を待つように」と勧められている。しかしこのことは「神の隠された深みを探求すること」に反対であることや、「御言葉なしに、あるいは御言葉の外での何らかの私的な啓示」に寄り頼んでしまわないように、といった警告も伴っている[134]。神の棄却の教理が個人や牧会の意味を損なってしまう可能性について、信者の大部分に向けての特別な強調点として、『ドルトレヒト信仰規準』は「神を信じる両親は、神が幼児期にこの世から召し出してくださった子どもとして、自分の子どもの選びと救いを疑ってはならない」という点を特に促している[135]。

一つの改革派の信仰告白から別のものへ、これらの注記は響き渡っていった。カルヴァン主義的な英国教会の一五九五年『ランベス条項』の冒頭の言葉は、「神は永遠より、ある者を命に予定し、ある者を死に定めた」となっている。しかし後の条項では、確実と保証の問題を正面から取り上げている。「真に信仰深い者、すなわち義とする信仰を授けられる者は、キリストを通して罪の赦しと永遠の救いの信仰の完全な保証によって確実にされる[136]」。『ウェストミンスター信仰告白』によれば、「神が命に予定されたすべての者を、そして彼らだけを、彼が定めた受け入れる時に有効的に召してよしとされる[137]」。この中には、洗礼を受けたかどうかが明記されていない「幼くして死んだ選ばれた幼児」も含まれる[138]。このことは「御言葉の宣教によって外的に召されることができない他の選ばれる人たちすべて」にも同様に当てはまる[139]。しかし、幼児だろうと大人であろうと、「選ばれていない他の者たちは、御言葉の宣教によって召され、聖霊のある共通の働きを受けていたとしても、彼らは決して真実にキリストのもとに来ることはなく、それゆえ救われることができない[140]」。『ウェストミンスター信仰告白』では、この「有効的に召すこと」についての避けることができない不安の問いに後の章の全体を費やし、「主イエスを真実に信じ、彼を誠実に愛し、彼の前に全くよい良心をもって歩もうと努める者は、この世において恵みの状態を確実に保証される」と約束している[141]。しかし、「この誤りなき保証は、信仰の本質に属しておらず、真の信仰者はそれに与る前に、長く待ち、多くの困難と闘う必要がある。……それゆえ、自分の召命と選びを確実にするために、あらゆることを勤勉に努めることは、すべての者の義務である」ということも認めている。[142] これらの理由から、『ウェストミンスター信仰告白』によれば、聖職者や神学者の間で、とりわけ信徒の間で、「この予定という高度に神秘な教理は、特別な注意と配慮をもって扱われなければならない」[143]。

とりわけ、選びと棄却の教理をめぐって、「多くの困難と闘う」必要のある人たちは、キリストとその十字架に注意を向けなければならない。『第二スイス信仰告白』の言葉の中に、「それゆえキリストが私たちの予定を考察する鏡としてあるべきである。……予定に関する試練の中で、これほどまでに危険なものはないが、私たちは神がすべての信者を神の約束へと当てはめてくださったことによって慰められる」とある。[144] 信者の選びと棄

(134) *Dort* 1.1.16, 1.1.12, 5.1.10.
(135) *Dort* 1.1.17.
(136) *Lamb Art* 1, 6.
(137) *West* 10.1; 傍点は著者による。
(138) Cf. *Dosith* decr 16.
(139) *West* 10.3.
(140) *West* 10.4; 傍点は著者による。
(141) *West* 18.1.
(142) *West* 18.3.
(143) *West* 3.8.
(144) *Helv II* 10.9; 傍点は著者による。

却の意味を改革派神学が問い続けた結果であるが、この点に関してツヴィングリの『信仰の弁明』[145]の影響を受けた一八二九年『カンバーランド長老教会信仰告白』が、一六四七年『ウェストミンスター信仰告白』の「幼くして死んだ選ばれた幼児は、キリストによって再生され、救われる」[146]を非難し、このように書き換えた。「幼くして死んだすべての幼児は、キリストによって再生され、救われる」[147]。このことは、『ドルトレヒト信仰規準』、『ウェストミンスター信仰告白』、『第二スイス信仰告白』、『カンバーランド長老教会信仰告白』といった信仰告白に触発されたカルヴァン正統主義とピューリタン主義における大衆の宗教の歴史から結論付けられることであり、この大衆の宗教が人間社会の生の中で自らを表現してきたように、ここでもまた、ニューマン枢機卿が彼の言葉の中に含めなかった正統という言葉の意味としての「信者の大部分の正統」について語り得るのである[148]。

(145) *Fid rat* 5.
(146) *West* 10.3; 傍点は著者による。
(147) *Cumb Pres* 54; 傍点は著者による。
(148) Weber [1930] 1992.

第四部　信条と信仰告白の歴史

信条と信仰告白のテキストのほとんどすべての集成や個々の版は、歴史的序文を含んでいる。これらの版は本書の「略語」のところでテキストごとに記載されているし、「編纂書、集成書、参考書」のところで書誌情報も分かるようになっている。それゆえ、本書を使用しない読者にも有益となるように意図しているが、歴史を扱うここでの五つの章は、タイトルとテーマの両方とも、『キリスト教の伝統における信条と信仰告白』の五つの部（初代教会、東方正教会、中世西方、改革期、近現代キリスト教）と、五つの部で示されているキリスト教の伝統の歴史の時代と対応するようにしてある。それぞれの章の内容を書き改めたものも、それぞれの部の序のところに掲載されている。しかしながらここでの五つの章は、これら五つのすべての時代からの信条と信仰告白の個々のテキストに含まれる歴史を複製したり、それに取って代わろうと意図したものではない。むしろ、歴史とテキストに基づいて、それぞれの時代の主要テーマと際立った特徴を明らかにし、それらがその時代の信条形成に影響を与え、信条と信仰告白の歴史において他の時代から区別されていることを、それぞれの章は示そうとしているのである。結果として、それぞれの章は、その時代の信条と信仰告白からの多くの引用を含んでいるだけでなく、比較・対象をする目的のために、他の時代からのもの（例えば、一つの時代や一つの信仰告白的な伝統のみに仕えてきた信条や信仰告白）も枚挙にいとまがないほどに多数引用されている。[1]

それゆえにキリスト教の伝統における信条と信仰告白の歴史学にとって、信条と信仰告白のテキストの構成と分類にとっても（教会組織、キリスト教教理、キリスト教倫理、キリスト教礼拝における歴史学も同様である）、時

（1） 本書の「編纂書、集成書、参考書」を参照。

代区分の問題は避けることができない問いであり、歴史家にとって自分の直接の研究領域をはるかに超えた神学と哲学の前提が必須になってくる。(2) マンデル・クレイトン（大著である『教皇制の歴史』の著者で、『英国歴史批評』の最初の編集者〔で最終的にはロンドンの聖公会の主教〕であった）(3) の言葉で、『ケンブリッジ近代史』の初版の「序論」の中で、「歴史の時代区分」についてこう言っている。

歴史区分が恣意的になることは疑い得ない。しかし厳密に科学的な見地から歴史に課せられたすべての義務を履行することは不可能である。もし歴史が人間の歩んできた出来事をたどることであるという立場を私たちが受け入れるなら、はるか前の私たちの出発点のところに絶えず引き戻されなければならないが……それもどこかで区切らなければならない。始まりを定めるのであれば、人類の発展をどこかの期間で把握しなければならない。その地点の選択は、認識可能な便宜的動機から定められなければならない。(4)

「利便性の動機」ではおそらくないが、この「恣意性」の極端な例として、和解論と贖罪論のキリスト教教理史の優れた学識ある論文が、近代歴史神学の創始者の一人であるチュービンゲンのフェルディナント・クリスティアン・バウアによって一八三八年に出版された。(5) バウアの著書では歴史全体がかなり偏った三つの時期に分けられている。キリスト教の初めから改革期まで（およそ一五世紀間）、改革期からイマヌエル・カントまで（およそ三世紀間）、カント以降（三四年間、カントは一八〇四年に死去）。バウアの優れた分析的な調査である『教会史叙述の時代』でも、それまでの歴史学を犠牲にして、教会史の「科学的」（*wissenschaftlich*）叙述の始まりとして、一八世紀と一九世紀に同じく集中している。(6) しかし、このことは、〔以下の〕代替となるそれぞれの主要な歴史哲学が、キリスト教史の一つまたは別の説明を形成するのに役立ち、それゆえに歴史的な時代区分化の一つまたは別の体系を形成するのに役立ったという一般論を正当化しているように思われる。古代より唱えられてきた歴史循環論、二つの国に概念化されるアウグスティヌス的中世、教理が漸進するという啓蒙主義、(バウアによって適用され、支持を得て創造的だった)定立・反定立・総合によるヘーゲルの弁証法、トマス・カーライルの「偉人論」(great man theory)、二〇世紀社会史。[7]

聖書と伝統の関係の問いは、改革期のほとんどすべての信仰告白が教派に関係なく示しているように、[8]プロテスタントとカトリックとの間を常に分裂させる問題であったが、両陣営の歴史家がどのように自分たちの物語の材料を組み立てるかによって大きく影響されるものである。このことは、新約聖書をどのように教会史の最初期の時代に含めるのか、またその後のすべての時代にどのようにして源泉と基準としていくのか、ということにも反映される。同様に、一六世紀(またその他のいくつかの改革)の歴史学は、プロテスタントにおいてもカトリックにおいても、特に時代区分の問題について根本的な問いを生み出し、物議を醸す領域であった。[9] また、キリスト教史の分野によって、時代区分の境界や分類がまったく同じであるというわけでもない。信条と信仰告白の歴史はキリスト教史の他のいかなる分野に無関係というわけではなく、教理と礼拝と教会法の歴史と特に密接

(2) Pelikan 1971, 120-28.
(3) *ODCC* 430-31.
(4) Creighton 1902, 1-2.
(5) Hodgson 1966.
(6) Baur [1852] 1962, 152-246.
(7) 第12章「信者の大部分の正統」を参照。
(8) 第5章「聖書、伝統、信条」を参照。Syndogmaticon 8.11-12.
(9) Jedin 1946, 39-49.

な関係を持っている[10]。それでも、時代区分の大枠は、とりわけキリスト教教理史と密接な結びつきを持ち[11]、それゆえにその時代区分は（歴史史料をどのように配列しようとも）信条と信仰告白の歴史に対しても適用される。ここでの場合も、『キリスト教の伝統――教理発展の歴史』の五巻本での構成を採用している。

歴史学と歴史区分のこれらと同じいくつかの考察は、『キリスト教の伝統における信条と信仰告白』の五つの区分間だけでなく、各区分内でのテキストの配列にも表されている。第二部（東方正教会の信条と信仰告白）、第三部（中世西方の信条と信仰告白）、第五部（近現代キリスト教の信条と信仰告白）では、基本的に年代順での配列が最も利便性が高いということが分かった。この第五部のものは「一七世紀と一八世紀（改革の結果としての信仰告白化）」、「一九世紀（信仰告白主義と教派主義における試練）」、「二〇世紀（教会と信仰告白のグローバル化）」にさらに分割できる。しかし、初代教会の信条を提示したり、解釈したりすると、すぐに年代順というのは破綻してしまう。その理由の一つには、最も重要なものも含めて、それぞれの信条の正確な日付を特定できないという単純な理由がある。それに加えて、今の私たちに伝わってきた多くの信条の書かれた形式の背後に、今や失われてしまった書かれたものや口伝のより初期の形式が存在することが示唆されるからである。にもかかわらず、私たちはできる限り、年代順を採用してきた。改革期もまた年代順は不適切であることが分かる。なぜなら、この時代には、信条としての信仰告白（confessions-as-creeds）間の違いが独自に決定され、教派としての信仰告白（confessions-as-denominations）によって独自に決定されたからである。それゆえに、これらの信仰告白はどの教派に属するのかという題目のもとにまとめてある。しかし教派の中では、基本的に年代順で並べてある。

（10） 第6章「祈りの法則と信仰の法則」と第9章「教会法としての信条的教義」を参照。
（11） 第3章「教理としての信仰告白」を参照。

第13章　初代教会における信仰の基準

前述のところで論じた歴史の時代区分の問題は、初代教会を考察するにあたって特に深刻である。というのは、「初代教会」という言葉は、本章および『キリスト教の伝統における信条と信仰告白』の第一部で信条テキストを扱っているところで用いているが、キリスト教の動きの他のまっとうな切り口とは幾分異なる一つの切り口にしておくべきである、という性質があるからである。教会と国家との関係の歴史研究において（これを抜きにしてはいかなる時代の信条や信仰告白の歴史をほとんど理解することができないが[1]）、「初代教会」（もしくは「古代教会」）の時期は皇帝コンスタンティヌス一世が三一三年に「法的に許可された宗教（*religio licita*）」としてキリスト教を受け入れたことと密接にかかわり、三八〇年に皇帝テオドシウス一世によってローマ帝国の公的に確立された宗教として法的に採用されたことと密接にかかわると言ってよいだろう。西方の修道院の歴史にとって、特にある時期には信条の発展に大きな役割を果したが[2]、「初代教会」は禁欲の実践、隠者の活動、五二九年にヌルシアのベネディクトゥスによってモンテ・カッシーノに設立された修道院へと帰結する集団の修道院の試みの全期間を入れるべきだろう。この出来事が中世の時代やベネディクト修道会の時代を切り拓いていき、中世後期にはドミニコ会やフランシスコ会といった新しい秩序が台頭し、プロテスタントの改革の結果として西方の修道

（1）　第8章「信仰告白の定式と宗教政治」を参照。Syndogmaticon 7.3.

（2）　10・3「正統と禁欲主義」を参照。Syndogmaticon 10.14.

院制度に危機が訪れるまで続いていった。東方と西方の両方におけるキリスト教教理史にとって、西方の教皇グレゴリウス一世と東方の証聖者マクシモスの存在は、七世紀の「初代教会」の特徴的な発展の線を描くのにちょうどよい起点であり、それ以降、東方における教理的な発展と西方の中世の時代が始まった分岐点となり、それまで以上に決定的に別の道を歩むようになった。[3] 厳密な意味で、また公式な意味での「教義」という言葉の領域では、[4] やや遅いが境界線（*terminus ad quem*）としてふさわしいのはすなわち、七八七年の第七回公会議である第二回ニカイア会議であり、[5] 東方と西方の両方で認められている権威ある最後の公会議となった。

信条の領域では、信条であれ教会会議であれ、いかなる信仰声明も拘束力があると認めてよいと思っている大多数のキリスト者や教会によって、拘束力が継続して認められる形で、唯一の信仰声明が生じた時代の教会の歴史を、初代教会と認めることができる（後の時代の特定の定式としばしば結びついているが）。この発展の結果、『キリスト教の伝統における信条と信仰告白』の第一部に含まれる主要な信条のいくつか、とりわけ最初の七つの「公」会議での教理的な布告は、その後の時代を扱う各章で大々的に取り上げられ、規範と見なされ続けるのである。それゆえに、それ自体で完全な集成となるためには、第二部、第三部、第四部に収録されているテキストが、初期の信仰声明のいくつかを含んでいなければならない。[6] これらの普遍的な（もしくはほぼ普遍的な）ものと認められている信仰宣言は、実際のところ、初期キリスト教の最初の数世紀から生じたシンボル、信条、布告、信仰の基準から生き残ったごくわずかなものにすぎず、本書の「編纂書」に挙げた初期の信条の編纂物のリストを見れば明らかである。[7] このことが、『キリスト教の伝統における信条と信仰告白』の第一部「初代教会における信仰の基準」という題目の下で、様々な史料からこんなにも多くのテキストを集めた理由の一つである。この信条の多様性の現実は、神学的また歴史的な様々な理由から、時に否定されたり、少なからず無視されることがあった。しかし、後の時代、特に改革期と近代に特徴的であった信条の多様性の現象がすでに最初の数世紀の教会史に起こっており、奇妙なことだが、多かれ少なかれ普遍的なものとなった少数の継続的な信仰の基準の規範的地位に、より大きな注目を払う必要が示されるのである。その中でも特にニカイア・コンスタンティノポリス信条は、(三八一年の元来版と聖霊の二重発出の西方修正版の重大な相違はあるものの)[8]東方正教会、東方諸教会(the Oriental Orthodox Churches)〔非カルケドン派で単性論を取る教会〕、ローマ・カトリック教会、いくつかの主要なプロテスタント教会で特権的な地位を有している。ニカイア・コンスタンティノポリス信条、および西方にとって使徒信条も同様であるが、キリスト教史のその後のすべての時代の教会会議や信仰告白によって、何度も繰り返し現れ、何度も繰り返し引用される信条であり、それゆえに『キリスト教の伝統における信条と信仰告白』の第四部の至るところに触れられている。それらは礼拝の信仰告白としても採用されている。[9]

初期キリスト教の諸信条の歴史と集成は、一八世紀以降、[10]様々な方法でグループ化されており、それには利点もあるが欠点もある。聖書、伝統、信条の神学的な相互依存性に加え、[11]文学的な複雑さにより、私たちが

(3) *Chr Trad* 1:332-57.

(4) 3・4「教義としての教理」を参照。

(5) *Nic II.*

(6) 14・3「七つの公会議の聖なる伝統」、16・3「宗教改革の信仰告白におけるカトリックの本質とプロテスタントの原理」を参照。

(7) Caspari; *COD/DEC* 1-156; Denzinger, 1-615; Gerrish, 49-65; Hahn; Leith, 16-56; Schaff, 2:11-73.

(8) 7・4「一致の聖霊と一致のサクラメント——二つの歴史的な皮肉の事例」、15・1「カトリック教会の信条また会議の伝統の西方教会の受容」を参照。

(9) 6・3「礼拝の中での信条の位置」を参照。

(10) 17・3「近現代における信条または信仰告白の学問的開花」を参照。

(11) 第5章「聖書、伝統、信条」を参照。

「聖書的・原始的 (*biblical and primitive*) な信仰の基準」と呼んでいるテキストをまとめることから始めなければならなくなっている。「聖書的」と共にひとくくりにされる「原始的」の分類の中には、キリスト教史の最初の二世紀が含まれる。この二世紀を一つの時代として捉えることは、ローマ・カトリック教会の標準版であるヨハネス・クヴァステンの四巻本の『教父学』の第一巻の内容が最初の二世紀として割り当てられているだけでなく、プロテスタントの主要な英語版の教父を扱ったものでも、「使徒教父が我々の時代の最初の二世紀を占めるものであるとここでは理解されている」とあり、近代において「使徒教父」とグループ化された通常のテキストに加えて、殉教者ユスティノスとエイレナイオスの著作も含まれている。[12] 地理的な分類を採用するのも魅力的であり、初期のものから決定的な分裂へと至るまでの東方と西方との間の分類だけでなく (決して正確に一致するわけではないが、ギリシア信条とラテン信条との間の区別にも関連している)、東方と西方それぞれの地域の中の様々な地方、例えばギリシア語圏の小アジア、ラテン語圏の北アフリカが挙げられ、それらの地方も独特で、時には特異な信条を生み出したのである。しかし信条というものは空間、時間、言語の境界をまたがって絶えず移動するものであり、それらの多くは史料の現状から、私たちに知ることが許されているのは、どこで始まったかではなく、どこで終わったかということだけである。[13] それでも、地域信条の分類は特定の価値もある。

しばしば「守秘規定」(*disciplina arcani*) と呼ばれる初代キリスト教における信条の秘密主義のため、また、翻訳や写本の保存や伝達のための歴史における事故のため、これら信条の多くは個々の教会会議や神学者の著作の中に含まれた (あるいは、せいぜい部分的に引用された) 形でしか私たちに提供されてこなかった。その結果、多くの場合、どのくらいこれらの特定の言い回しが個人的なものであるか、どのくらいこのテキストがもはや存在しない以前の史料からそのまま引用されたものなのか、私たちには知る術がもはやなくなってしまったのである。いくぶん後の時代だが有名な例を挙げると、アウグスティヌスは『告白』の第一巻で、ニカイア・コンスタンティノポリス信条の標準的なラテン語のテキストと非常によく似ている、あるいは言い換えた信条を引用しているが、その元の言葉を正確にたどることができない。(14) さらに、アウグスティヌスはこの著作の後半(15)や他の著作(16)で、さらに異なる様々な教会の信条のテキストを引用している。それゆえに、アウグスティヌスだけでなく、初代キリスト教著作家たちの多くを、多かれ少なかれ、個人的信条として分類する必要があり、それらのうちのいくつかは後の定式やより公的な信条となっていったように思われる。それでも、私たちが重視している信条テキストは、神学者や司教といった個人ではなく、たとえそれが普遍的な受容を最終的に得なかったとしても、司教たちが集まった教会会議によるものである。それゆえに、教会会議の信条という分類が必要である。信仰を告白しようとする推進力の源がとても強力で(17)、その結果の信条的な伝統もますます支配的となったので、正統性が認められた（もしくは、場合によっては正統化された）個々人やその集いだけが信条の定式を制定することになったわけではない。また、私たちは、たいていは正統の敵対者との論争からであるが、異端的な教会会議の信条を復元することができ、例えば、三五七年の「第二回シルミウム（冒瀆）教会会議の信条」(18)（ポワティエのヒラリウスが伝えている）(19)、アレイオス主義の神学者エウノミオスの異端的な個人的信条(20)（彼に対してカイサリアのバシレイオス

(12) Quasten, 1; *ANF* 1:vii.
(13) Cyril of Jerusalem *Catechetical Lectures* 5.12 (*NPNF*-II 7:32); *ODCC* 488.
(14) Augustine *On the Trinity* 1.4.7 (*NPNF*-I 3:20).
(15) Augustine *On the Trinity* 15.14.23 (*NPNF*-I 3:213).
(16) Augustine *On Faith and the Creed* (*NPNF*-I 3:321-33).
(17) 第2章「信条と信仰告白の必須性」を参照。
(18) *Sirm 357*.
(19) Hilary of Poitiers *On the Councils* 38 (*NPNF*-II 9-I: 14-16).
(20) *Eun*.

とその弟ニュッサのグレゴリオスが長い応答を記した)[21]を挙げることができる。

ギリシア語 *synodos* とラテン語 *concilium* は教会においては同義語であり、翻訳の際の対応語であるが、教会ラテン語では借用語である *synodus* も採用され、非キリスト教ラテン語としての宗教会議を表す語としてすでに使われている[22]。しかし、英語の発展に伴う慣習に従い(一貫性なく使われているが)、私たちは synod と council の区別に一貫性を持たせている。正統的なものであれ異端なものであれ、地域会議から始まり、地域の起源からそのまま権威的となったものを、*synodal* 信条と私たちは定義する。*conciliar* 信条は、エキュメニカルであると会議によって宣言された(または後にその事実を「受け取った[23]」)信条とする。この分類も、七八七年以降に西方で開かれたいわゆる一四の公会議の位置づけについて、東方と西方との間で根本的な相違があるため、曖昧である[24]。教会史の最初の数世紀の間のこれらの会議の中で、東方と西方の両方から、七つだけしか「公会議」(ecumenical council)という称号が与えられていないのである(そしてそこでの教理的な布告と信条が「エキュメニカル」と指定されるのである)。第一回ニカイア公会議(三二五年)、第一回コンスタンティノポリス公会議(三八一年)、エフェソ公会議(四三一年)、カルケドン公会議(四五一年)、第二回コンスタンティノポリス公会議(五五三年)、第三回コンスタンティノポリス公会議(六八〇―六八一年)、第二回ニカイア公会議(七八七年)。

13・1　原始的な信条

使徒時代およびそれに準ずる時代の初期のすべての信条の背後に、キリスト教会の原始的な信条や信仰告白であるシェマー(*The Shema*)が存在している。「聞け、イスラエルよ。私たちの神である主は、唯一の主である[25]」。シェマーはもちろんキリスト教界の歴史の中で生じたものではまったくない。むしろ、キリスト教界の歴史がシェマーの中から生まれてきたと言った方が真実かもしれない。新約聖書学者によって最初期の福音書であるとたいていは見なされているマルコによる福音書によれば、「あらゆる掟のうちで、どれが第一でしょうか」とイエスが尋ねられた時、彼はシェマーの言葉で「第一の掟は、これである。『イスラエルよ、聞け、私たちの神である主は、唯一の主である。心を尽くし、精神を尽くし、思いを尽くし、力を尽くして、あなたの神である主を愛しなさい』」と答えている。[26] この明示的な言及は、沈黙からの議論を有効に利用したと思われるものによって補強されている。「フィロンが（聖書的な一神教を）支持するにあたり、この古典的な聖書箇所を証明のために一度も直接言及したことがない」という奇妙な状況を説明しようとするにあたり、ハリー・A・ウォルフソンはシェマーのことを、「この原則は、彼が著作の中で語り掛けようとしている彼の同時代人たちの間では、ごく普通に知られており」、パレスチナで「毎日二回、復唱することによって、神が唯一であるという信仰の原則を信じていた」のと同様に、フィロンがいたアレクサンドリアを含めたディアスポラのユダヤ人たちの間でも、「神が唯一であるという同様の信仰告白が、ヘレニズムのユダヤ人によって毎日二回、告白されていたことは疑いなく」、フィロンはシェマーに言及する必要性がなかったのである、と説明している。[27] この議論をフィロンと同時代のユダヤ人に当てはめるだけでなく、パレスチナにおけるイエスと彼の最初の弟子たち、タルソスにおけるパ

(21) Quasten, 3:306-9.
(22) Lampe, 1334-35; Blaise-Chirat, 188, 806.
(23) 9・2「批准としての信条、教会会議、信仰告白の受容」を参照。
(24) 14・3「七つの公会議の聖なる伝統」を参照。
(25) 申六・四、六・五—九、一一・一三—二一、民一五・三七—四一。
(26) マコ一二・二八—三〇。
(27) Wolfson 1947, 2:95.

ウロのヘレニズムのユダヤ人たちに当てはめるのは確かに正しいように思われる。信仰告白としてのシェマーの最も感動的な賛辞が述べられているものの一つに、ハーマン・ウォークによって書かれた第二次世界大戦の歴史小説の終幕部分が挙げられる。二〇世紀のディアスポラのユダヤ人であるアーロン・ジャストロウは、死のキャンプの中で書いた遺言として、こう告白している。私の人生の大部分が「棄教者であった。私は外面的にも内面的にもユダヤ人であることを落としてしまった。……しかしここドイツで、私はユダヤ人であることを取り戻した」。彼はガス室の中で、幼き頃より繰り返してきた信仰告白を遺言とする。「彼は死の床で、呼吸が止まりながら、肺が詰まりながら、口が腫れながら、息が止まる痛みの中で告白するのである。『主は神である。彼の名は永遠にほめたたえられよ。聞け、イスラエルよ。私たちの神である主は、唯一の主である』。彼は床に倒れ落ちた[28]」。

二〇世紀のユダヤ人のホロコーストでのアーロン・ジャストロウと彼の同胞に加えられた脅迫と拷問にさらされることも時にはあったように、これらの原始的な信仰の基準から生まれてきた初代キリスト教信者も、自分たちが聖書的な信条シェマーで告白されている唯一の神の証言者であると見なしていた[29]。ギリシア語で「証人」を意味する言葉は殉教者（*martyres*）であり、彼らの信仰のゆえに死んだ者たちを表す用語へと最終的にはなったのであり、迫害者たちの手によって苦しんだものの実際には死ななかった者たちは「聖証者」（*homologētēs*）という称号を得るに至った[30]。一世紀から二世紀にかけての原始的な信仰の基準（キリスト教史を貫いているその後の多くの信条や信仰告白へと拡張されていった）の歴史は、原始的で不可侵な信仰告白であり、三位一体の教理についての神学的思索が入り込んで危うくされたり、妥協したり、修正したり[31]する余地がまったく許されなかった古代のシェマーを、礼拝で祝われ、新約聖書に記載されている救済史の新たなリアリティとキリストにおける啓示の新しい伝統の中で正しくしていくためのキリスト教共同体の努力の発展形態であると、誇張なしで見なし得るかもしれない[32]。というのは、イエスがシェマー[33]の最高の権威に訴えて引用したマルコによる福音書では、そこに至るまでの章で、イエスの洗礼とイエスの変容の記事を載せているからである。どちらの場面でも、天の父なる神からの、イエスが愛する子であり、御心に適う者であり、すべての人が彼に聴かなければならない者である、との宣言の声が介入した[34]。もしシェマーが、私たちがここでしているように信条と呼ぶにふさわしいとすれば、イエス・キリストが子であると繰り返しているこの宣言の中に、ほとんどすべての人がそうしたように「イエス・キリストは神の子である」との信仰を告白した原始的な信条に近い源泉があると見なすことが適切だろう（マルコによる福音書の中に書き留められるまでに、おそらく口述されたのだろう[35]）。父なる神「と（*kai*）」子なるキリスト「と（*kai*）」最終的には聖霊への信仰は、シェマーの損なわれず手つかずのままの一神教を保つことと並行して、歴史上の多くのキリスト教信条と信仰告白の基本的な土台となったのと同様、三位一体の教理の発展の前提ともなったのである[36]。「父と子と聖霊の名によって[37]」というキリストの言葉に基づき、カイサリアのバシレイオスのような「ニカイア信条」の擁護者たちは、この接続詞「と（*kai*）」を、信条や洗礼定式や三位一体の頌

（28）Herman Wouk *War and Remembrance*, ch 89, 93.
（29）Irenaeus *Against Heresies* 2.1.1（*ANF* 1:358）.
（30）Lampe, 828-33, 957.
（31）Gregory of Nyssa *On Not "Three Gods" to Ablabius*（*NPNF*-II 5:331-36）.
（32）1・3「連続性と変化の例としての三位一体の教理」を参照。
（33）マコ一二・二九。
（34）マコ一・一一、九・七。*Tol 17* を参照。
（35）Feine 1925 の議論が今なお有益である。
（36）*CP 1351* 1.
（37）マタ二八・一九。

栄の中で名づけられている父と子と聖霊との間での不平等や従属ではなく、単数名詞「名」が用いられている文脈の中で、平等や対等の証明であると見なした[38]。

信条のこの基本的なアウトライン[39]は、イエスに従う者たちのいくつかの密接に結びついた（もしくは重なった）テーマと活動に結びついており、使徒言行録第二章の初代教会の生活についての最初の要約の記述の一つの中に列挙されていることが分かるだろう。「彼の言葉を受け入れた者たちは洗礼を受け……彼らは使徒の教え、相互の交わり、パンを裂くこと、祈ることに熱心であった[40]」。

13・2　ケリュグマと洗礼的なシンボル

「彼の言葉を受け入れた者たちは洗礼を受け」という使徒言行録のこの宣言から、初期の信条とこの「言葉」の説教（教会に対する、教会による原始的なキリスト教宣教、もしくは現代英語で「ケリュグマ」とも呼ばれるようになった[41]）との間の密接な関係を推論できる。初代教会のこのケリュグマを再構成しようと新約聖書学者たちが努力した結果、ケリュグマはとりわけ福音書の中に反映されているが、新約聖書の他の書簡や初代キリスト教の文献にも反映されており、これらの要素が認識されるに至った。

唯一の真の神、天地の造り主。
彼の独り子、処女マリアから生まれ、神的で
　言葉と行いにおいて力があり、ポンテオ・ピラトの下に十字架につけられ、
　死者から甦り、世の裁きのために再び来る。
聖霊、古の預言者たちに霊感を与え、

その息吹が聖なる教会の生である。

新約聖書以後の古代キリスト教著作家の残存しているテキストの多くが、教会内部よりも外部に主として宛てられているが、二〇世紀になってから発見された二世紀後半以降のサルディスのメリトンの『過越の説教』というパピルスの中に、キリスト教信者が集った共同体に向けて明らかに口伝で語られた、まさしく初期のこのケリュグマの定式が見られ、特に復活を頂点とするキリストの「受難（*pathos*）」の出来事がメッセージの中心であることが確認されるのである。[42] それゆえに、キリスト教の説教の土台にこのようなある種のアウトラインの蓄積があるのだが、一人の説教者から次の説教者へ、叙階の際に手を置いたり教育期間の時に授けられたと考えるところまで利用できる証拠を広げられないと思われる。いつの時代でもそうであるが、ある説教者はこのアウトラインに沿う説教に集中するが、別の説教者はヘブライ語聖書から翻訳された七十人訳聖書からの特定の記述に沿う説教に集中するのである。

しかし、このケリュグマのアウトラインの蓄積が、私たちが今持っている信条とかなりの類似性を持つと考えたり、全体であれ部分であれ、時折試みられるようにまったく同一視できないものの、信条がこのアウトライン

(38) Anderson 1980, 11.
(39) 例えば、*Ep Apost.* を参照。
(40) 使二・四一—四二（ＲＳＶ、ＮＪＢ）、傍点は著者による。同様のことは、これとは異なる配列で使徒言行録の引用であることを明示していないが、Kelly, 13-14 にも出てくる。
(41) *OED* 5-IV:679.
(42) Quasten, 1:242-48.

を反映していると考えるのは大きな飛躍ではない。初期の信条の内容を決定し、その輪郭を形成する上で、ケリュグマが果たした決定的な役割は、原始的な信仰の基準にも及んでいった。実際に、初期の信条の進展における重要な要素の一つと見なし得る実例として（『キリスト教の伝統における信条と信仰告白』の第一部での分類を採用すると）、最初の二世紀における「聖書的また原始的な信仰の基準」から始まり、三世紀、四世紀の「地域的、教会会議的、個人的なシンボル」へ向かい、四世紀から八世紀の「教会会議と公会議の布告――第一回ニカイア公会議から第二回ニカイア公会議」へと至る実例にはケリュグマの権威があり、新約聖書が正典として徐々に形成されたのと同様、より決定的で規範的な形で据えられていった。それはアタナシオスの主張でもあり、三二五年に定式化されたニカイア信条の三位一体の教理が非聖書的な革新であるという非難に対して、彼は同様の方法で弁護した。ニカイアが「公会議であり、最初からの目撃者と御言葉の奉仕者たちが私たちに至るまで手渡してきた……ことを書く責任を持つ（持った）のである。なぜなら、公会議が書かれたものを告白した信仰は、公同教会の信仰だからである」[44]と彼は主張した。[43]

ケリュグマの宣教と洗礼の執行が結びついているため、新約聖書の証言にすでに見られるように「父と子と聖霊の名によって」[45]もしくは「キリストの名によって」[46]というキリスト教の洗礼の要求によって、信条も必然的にそうなっていった。原始的な信条の洗礼との相関関係の仮説は、「父と子と聖霊の名によって彼らに洗礼を授け」という弟子たちへのキリストの最後の言葉であり、定式化された言葉だけでなく、遣わされたフィリポとエチオピアの宦官が出会った出来事の記述の一部である使徒言行録のテキストの異本によって立証されている。（すべての写本であまねく証言されている）宦官の問い「ここに水があります！　私が洗礼を受けるのに何の妨げがありますか」が続いていき、使徒言行録の「西方テキスト」がこのように話を続けている。「そしてフィリポが言った。『もしあなたがあなたの心から信じているのでしたら、あなたは受けることができます』。そして彼は答えた。『私はイエス・キリストが神の子であると信じます』[47]」。この読み方は、有力写本と新約聖書の初期の版によって代表され、ウルガタ版、英語欽定版、様々な言語の翻訳版へと引き継がれていった。「私はイエス・キリストが神の子であると信じます」というキリストについての最後の告白は、ペトロのキリストへの告白「あなたはキリスト、生ける神の子です[48]」から「信条的な」(creedal)発展をしたように聞こえるものである。ルカによる福音書と使徒言行録の著者は、この志願者に対する洗礼の言葉に既に存在している信仰の声明をあてがい、おそらく書かれたものよりも口伝のものと思われる。この例が示唆しているように、これらの原始的な定式の中には、三位一体の定式よりも、父なる神と子なる神から成り、聖霊を明示していない二者の定式が存在していた[49]。「万物は彼から(*ex*)、彼を通して(*dia*)、彼に向かって(*eis*)いる[50]」という三つ組み(「三位一体」が意図されているかどうかは別にして)の定式の中で使われているのと同じ前置詞を至るところで使っている使徒パウロは、「信条的な」(creedal)響きのある言葉で告白することもできた。「私たちにとって唯一の神、父がおられ、万物は彼から(*ex*)出て、私たちは彼に向かって(*eis*)存在している、そして唯一の主、イエス・キリストがおられ、万物は彼を通して(*dia*)存在し、私たちは彼を通して存在している」、ここでは聖霊への言及はまったくない[51]。三

(43) ルカ一・二。
(44) Athanasius *Defense of the Nicene Definition* 6.27 (*NPNF*-II 4:168-69).
(45) マタ二八・一九。
(46) 使二・三八、八・一六、一九・五。
(47) 使八・三六―三七(異本)。
(48) マタ一六・一六。
(49) Macholz 1902.
(50) ロマ一一・三六、Augustine *On the Trinity* 2.15.25 (*NPNF*-I 3:49) を参照。
(51) 一コリ八・六。

二五年の原ニカイア信条でさえ、子が「父より唯一、父の本質より生まれ、神よりの神、光よりの光、真の神よりの真の神、父と同本質」であることをかなり詳細に主張した後、「聖霊を」と述べただけでその部分を締めくくり、それ以上の言葉は一切ない(52)。さらに続く異端対策の非難部分では、父と子との間の関係に逆戻りし、聖霊についての言及は一切ないのである。

しかし洗礼定式の三位一体の権威は（明らかに頌栄［Gloria Patri］を土台としている）、二者の定式（たとえそれらに聖書的由来があったとしても）よりも優勢であった。多くの初期キリスト教著作家たちもこれに同意している。一般的にはローマのヒッポリュトスに帰される『使徒伝承』は、洗礼式をこのように記述している(53)。

受洗者が水の中に入る時、彼に洗礼を授ける者は彼に手を置いて言わなければならない。「あなたは全能の父なる神を信じますか」。受洗者は答える。「私は信じます」。そうすると、彼の手を受洗者の上に置いて、彼は一度、彼に水を浸す。

次いで彼は言わなければならない。「あなたはイエス・キリスト、神の子、聖霊と処女マリアから生まれ、ポンテオ・ピラトの下に十字架につけられ、死んで葬られ、三日目に死者の中から生きて甦り、天に昇り、父の右に座し、生ける者と死せる者とを裁くために来られる方を信じますか」。その人は答える。「私は信じます」。彼は再び水に浸される。

再び司式者は言わなければならない。「あなたは聖霊を、聖なる教会を、体の甦りを信じますか」。受洗者は答える。「私は信じます」。彼は三度目に水に浸される(54)。

東方と西方の両教会を通して長きにわたって用いられてきたことに基づいて、ミラノのアンブロシウスは洗礼の実践と三位一体の質問形式の信条の両方で説明している(55)。

あなたは尋ねられる。「あなたは全能の父なる神を信じますか」。あなたは言う。「私は信じます」。そしてあなたは水に浸された、すなわち葬られたのである。

再びあなたは尋ねられる。「あなたは私たちの主イエス・キリストと彼の十字架を信じますか」。あなたは言う。「私は信じます」。そしてあなたは水に浸された。こうしてあなたはキリストと共に葬られた。というのは、キリストと共に葬られた者は、彼と共に復活するからである。

三度目にあなたは尋ねられる。「あなたは聖霊も信じますか」。あなたは言う。「私は信じます」。そして三度目の葬りがなされ、あなたの三度の告白が以前の生活での種々の過ちを消し去ったのである。[56]

同じようなことが、カイサリアのバシレイオスによる『聖霊論』でも論じられている（ラテン語で書かれたアンブロシウスの『聖霊論』はかなりバシレイオスのものに依存しているとされる[57]）。デービッド・アンダーソンはギリシア語から英語に訳して、要約してくれた）。「もしも父と子と聖霊の単数形の名（*name*）による洗礼を通して救いの

（52）　1・3「連続性と変化の例としての三位一体の教理」を参照。
（53）　Quasten, 2:191-92.
（54）　*Hipp;* 似たような定式が *Test Dom.* にある。
（55）　Kinzig, Markschies, and Vinzent 1999 を参照。
（56）　Ambrose *De sacramentis* 2.7.20, Kell, 36-37 に英訳がある。
（57）　Quasten, 4:169-70.

再生が始まるならば、父と子と聖霊の三者すべてが同格の等しい位を形成することになる」[58]。

したがって、原始的な信条に分類されるすべてが、たいていは「洗礼のシンボル」（baptismal symbols）であると認められる。この分類には、アウグスト・ハーンの仮説である「東方の洗礼信条の原型と推定される」再構成されたものを含んでいる。

私たちは唯一の神、全能の、目に見えるものと見えないものの造り主を信じます。

また、唯一のイエス・キリストを、彼の唯一生まれた子、すべての時代に先立って父から生まれた。彼を通して万物は生じた。彼は私たちのために天から降って人となり、処女マリアから生まれ、ポンテオ・ピラトの下に十字架につけられ、葬られ、聖書に従って三日目に甦り、天に上り、父の右に座し、生ける者と死せる者とを裁くために栄光のうちに来られるだろう。彼の王国は終わることがないだろう。

私たちは命の与え主、唯一の聖霊も信じます。唯一の聖なる公同の使徒的教会、罪の赦しのための悔い改めの唯一の洗礼、死人の復活、天の王国、永遠の命を信じます。アーメン[59]。

ハーンが再構成したテキストは、この洗礼信条がおそらく土台となって最終的にニカイア・コンスタンティノポリス信条となったテキストに非常に近いものである[60]。

その結果、唯一の「信仰の基準」[61]としての「聖書のみ」（*sola Scriptura*）の権威に傾倒している信条と信仰告白研究の歴史家でさえ、以下の六つの提示された証拠に拘束されるのを余儀なくされた。

キリスト教会の非常に初期の時代から、洗礼志願者はどこにおいても彼らの信仰の告白を求められたこと。

最初期からすべてのキリスト教共同体には信仰告白の定式が存在し、信仰の基準や真理の基準などと呼ばれたこと。

この基準は、洗礼志願者の信仰告白のために求められたものと一致していたこと。

この基準は、使徒的な起源を持つと宣言されたこと。

この真理の基準の要約と注解が著作家たちによってなされ、部分的には使徒信条のフレーズと一致していること。

四散して独立していったキリスト教共同体が、この信仰の基準の採用を、キリスト教の一致と交わりの唯一の必須条件であると見なしていたこと。[62]

これと同様に、よく引用されるものとして、初代教会の主要な歴史家であるハンス・リーツマンは次のように主張することができた。「すべての信条の根が受洗者によって発せられた信仰の定式であり、あるいは洗礼前に彼の耳に入れられ、彼によって同意された信仰の定式であるということは、議論の余地がない[63]」。

(58) Anderson 1980, 11. 傍点はオリジナルである。
(59) Hahn, 122.
(60) Kelly, 296-331.
(61) 5・2「信条と信仰告白の中の聖書」を参照。
(62) Friedrich Bente in *Triglotta* 1:10; 傍点は著者による。
(63) Kelly, 30; 傍点は著者による。Lietzmann 1966 も参照。

13・3　信仰、福音、弁証の委ねられているもの

最初の使徒たちの後に現れた者たちは、「使徒たちの教えに忠実であり続け（*ēsan proskaterountes*）」[64]、教会の内外のすべての敵に対して信仰の「委ねられているものを守り（*depositum custodire*）」、福音の宣教者であり擁護者である使徒たちに倣うことに最高の敬意を払っていた。このような敬意が顕著であることは、牧会書簡の中だけでなく、パウロに帰されるかどうかによらず、パウロの名があてがわれている他の書簡や彼の真正の書簡でも言えることであり、少なくともある原始的な型のようなものがあり、このような「委ねられているもの（*parathēkē*）」の存在を前提としているようである。これらすべてもしくはほとんどの書簡は、四つの福音書が最終的な形態になる前に書かれたものと思われる。パウロの真正性に疑いの余地がなく、一世紀の五〇年代の前半に書かれたと思われるコリントの信徒への手紙一の中で、彼個人がコリントの集会に訪れるよりも前に、口伝の形式で「あなたがたに伝えた（*paredōka hymin*［この動詞は名詞である伝統 *paradosis* に対応している］）」キリストの受難、死、復活についての「福音（*to euangelion*）」に、彼は言及して書くことができた。次いで彼は、迫害者から使徒に回心した後、すでにそれを主イエス・キリストから（また、明らかに教会の伝統を通して）「受け取っていた（*ho kai parelabon*）」と言う[65]。そのため、〔この伝統の〕究極的な出発点は、これらの出来事からわずか数年前のことなのである。「委ねられているもの」として、パウロが受け取り、その後に口で伝え、今や彼の書簡によって確証された福音伝承は、ユーカリストの制度（数章前で彼は同じような定式を導入している。「私があなたがたに伝えたのは［*paredōka hymin*］、私も主から受けたものである」[66]）も含めて、受難、死、復活というこれら救いの記述（必ずしもそれだけに限定されないが）を含んでいたように思われる。すでにコリントに宛てた二つの手紙の中で、またその後の書簡の中でパウロは、ローマの信徒への手紙の結論部分で書いているように、「あなたがたが教えられた教理に反し

て（*para tēn didachēn hēn hymeis emathete*）、争いや困難を作り出す者たちに注意しなさい(67)」と信者たちに促したのである。信者たちは「同じ思いとなり、同じ愛を抱き、心を合わせて思いを一つにして(68)」いた。信徒の集いの内側で御言葉の説教をするためだけでなく、「あなたがたが教えられてきた教理に反して」委ねられている信仰を攻撃された時に弁護するためにも、委ねられた信仰を受け取った教え（*didachē*）としてその権威を示せるように構造化しておく必要があった。二世紀末のリヨンのエイレナイオスの著作の中などで(69)、このような構造化された形式に出会えるようになり、まだ完全とは言えないものの、確固たるものであると見なせるだろう(70)。

　最初期の信条のいくつかの中に、「委ねられているものの弁護」という論争における要求が、信条の言葉の構成と選択に果たした役割を想定しなければならない(71)。しかしながら、ほとんどの場合、信条によって言及された誤った教師や教えについての推測は、私たちが「〔地域的〕教会会議」（synodal）もしくは「個人的」（personal）、または特に私たちが「〔公会議的〕教会会議」（conciliar）と呼んでいるところの信条では不必要である。なぜなら、教会会議（conciliar）の一連のテキストの中に、著名な参加者の私的な文書や、時には信条テキストそのものの中

---

(64) 一テモ六・二〇（Vulg）、二テモ一・一四（Vulg）。これら二つの節が Tertullian *The Prescription Against Heretics* 25（*ANF* 3:254-55）で用いられている。
(65) 一コリ一五・一―七。
(66) 一コリ一一・二三―二五。
(67) ロマ一六・一七。
(68) フィリ二・二。
(69) *Iren.*
(70) Eynde 1933.
(71) 7・1「アナテマ信条と論争」を参照。

に、論争の意図がしばしば非常に詳細に述べられているからである。このような例は、最初の公会議での信条である三二五年のニカイア信条にすでに見られる。父と子と聖霊についての肯定的な宣言に続いて、非難宣告がなされている（ただし、おそらく必要がなかったからであるが、異端の名前や著者については言及されていない）。「『彼が存在しなかった時があった』とか、『彼が生まれる前は存在しなかった』とか、彼は存在しないものから生じたとか、別の実体もしくは本質から生じたとか、神の子は変化や変容を受けると主張する者たちを、公同の使徒的な教会は呪う」[72]。この論争的な点は、後の時代の信条や信仰告白の中に引き継がれていき、それどころかますます強調され、とりわけ改革期にはそうであった。

マタイによる福音書のギリシア語原文では、昇天前の復活のキリストから使徒たちに対する別れ際の命令、「父と子と聖霊の名によって洗礼を授け（*baptizontes*）」と「私があなたがたに命じておいたことをすべて……教え（*didaskontes*）」とあり、両方とも「すべての国民を弟子にしなさい（*mathēteusate panta ta ethnē*）」[73]という命令形から、文法的には分詞の形に修正している。この命令形を遂行するために、初代教会は教会員外に向けて二重の戦略を発展させた。積極面では、キリスト者の会衆への説教とは別に、福音宣教はまずユダヤ人に、次いで異邦人へと前進していった。消極面では、キリスト者でありながら誤った教えに対する論争とは別に、外部からの攻撃に対する弁証や弁護があった。ここには福音宣教の務めが含まれている。というのは、まだ聞いておらず、信じていない者たちに対してケリュグマを提示することは、すでに信じている者たちである会衆への説教のメッセージとは違い、内容は異なるわけではないが、異なる強調点が要求されるからである。しかしここには弁証的な要素も含まれている。というのは、福音への反対者たちの中の教養人からの異議に、彼らの土台に立って、また時にはキリスト教の聖書ではなく異教の哲学や詩に立脚して対応する必要があると感じられたからである。この二重の使徒的な戦略のために、標準化された信条的定式が発展したが、これは会衆への説教、洗礼、反異端的論争において作用していたものと類似している。このような二重の活動のための定式のいくつかの例が、すでに使徒言行録の中の使徒に帰された説教に見られる。福音宣教のためになされたペンテコステにおけるペトロの説教と、執事であり殉教者であるステファノによってなされたイスラエルの歴史を要約した説教との両方が、ヘレニズムのユダヤ人の聴衆に対して、ギリシア語で示されている。(74) 弁証のためになされたものとして、パウロとバルナバのリストラでの彼らが異教の神々であると誤解されてしまった後のものや、アテネのアレオパゴスでのパウロのものが知られている。これらの両方、特に後者のものは、ギリシアの異教の資料に直接言及している。(75)

使徒言行録の物語の筋書きでは、福音宣教の説教が弁証的な説教よりも先になっているが、一世紀から二世紀にかけてのパウロとバルナバによって提供されてきたユダヤ人から「異邦人の方に行く」という変遷は、完全ではないが、(76) 二世紀初頭にはそれとは逆の順序が標準的になった。このことはその後もそのまま継続し、例えば、東方教会のダマスコスのヨアンネスの『正統信仰』や西方教会のトマス・アクィナスの『神学大全』を挙げることができる。理性的な神の存在証明とやがて「自然神学」と呼ばれるようになった他の要素を含んでいる弁証がまず先にあり、次いで教会の体系的な信仰の説明がなされるようになった。この逆の順序は、パウロのローマの信徒への手紙で定められているという理由から、正当化された。この手紙で、パウロは自分の使徒性を示した後で、他のことを差し置いて自然神学からその記述を開始している。「世界の創造以来（もしくは、世界の創造を基にして [*apo ktiseōs kosmou*]）、彼の見えない性質、すなわち彼の永遠の力と神性は、被造物の中に明らかに認めら

(72) *N* anath.
(73) マタ二八・一九。
(74) 使二・一四―三六、七・二―五三。
(75) 使一四・一一―一八、一七・二二―三一。Wilckens 1961 の特に 86-91 を参照。Syndogmaticon 1.2.
(76) 使一三・四八―五一、一七・一七。

れる」[77]。次いでローマの信徒への手紙の残りの章で、キリストと救いについての使徒的なケリュグマを詳しく説明していく。このような順序は、例えば、アタナシオスの初期の頃に書かれた『異教徒駁論』と『言の受肉』という二部作に見られる。もし一般的に受け入れられている日付が正しいなら、この二部作は一つの著作として見なされるのが最もよい。重要なのは、第一部のほぼ終わりまで信条的な言及がまったくなく、第二巻ではかなりの長きにわたって信条的な言及が続くことである[78]。これと同様に、殉教者ユスティノスが二世紀の中頃に、ローマの皇帝アントニウス・ピウスに宛てて書いた弁証的な文脈の中に、初期の三位一体的な信条が記されている。

私たちはこの世界の創造主を礼拝しているため、無神論者ではない……
また、私たちはこれらのことを私たちに教えてくださり、この目的のために生まれた方を、よき理性によって敬う、
イエス・キリスト、
皇帝ティベリウスの時代のユダヤの支配者、ポンテオ・ピラトの下で十字架につけられ、
真の神の子であることを知り、
彼を第二の位に、
預言の霊を第三の位に据え、
私たちは論証へと進んでいこう[79]。

信条の言葉がいったん定式化されて確立すると、福音宣教や弁証のためのものとして役立てられるということとしか、この史料は私たちに教えてくれない。しかし、キリスト教の運動の内側に立つと言いながらそのメッセージを否定したり覆したりする者たちに対する論争的な攻撃と同様、外側に立つ者たちへの弁護の応答としても、信

条の言葉が福音宣教や弁証のために影響力を持ったことを、これらや他の例から結論付けられるだろう。

13・4　教え、カテキズム、悪魔払いの定式

これまで述べてきたように、[80]「教え」（ギリシア語 *didachē*, ラテン語 *doctrina*）は過程と内容の両方を指している。しかし私たちのここでの目的は、特に教会のキリスト教教育（catechesis）に、内容と過程の両方を適用することである。教育と洗礼の密接な関係は、原始的な信条の研究において、時には見落とされてしまうことがあった。しかし、J・N・D・ケリーが、質問形式の信条と異なるものとして宣言的信条について言及しているように、「信条の根は、教会への入会のキリスト教的なサクラメントというよりも、それに先立つ教育の訓練の中にある」[81]。『十二使徒の教訓』、もしくはより正確な『十二使徒を通して諸国民に与えられた主の教訓』、もしくは単に『ディダケー』は、クヴァステンが「使徒後時代の最も重要な史料であり、私たちが所持している最古の教会法の史料」と呼んでいる書物のタイトルである。一九世紀末に発見されたばかりであるため、キリスト教史の大部分で利用できないままであった（教父研究史でも同様である）。クヴァステンは、「この時以来、驚くほど、私

(77)　ロマ一・二〇、Pelikan 1993, 65-66.
(78)　Athanasius *Against the Heathen* 46-47（*NPNF*-II 4:28-30）; *On the Incarnation of the Word* 20-32（*NPNF*-II 4:46-53）. Kannengiesser 1970 では伝統的な日付に抗って議論している。
(79)　Justin Marty *First Apology* 13（*ANF* 1:166-67）, ここでの翻訳と構造は Kelly, 72 に従っている。*Patr.* も参照。
(80)　3・1「教会の教え」を参照。
(81)　Kelly, 50.

たちの教会の初期の知識は豊かになり、深まっていった」と続けている。しかしながら、このタイトルにもかかわらず、「使徒の時代に遡らない」ことも明らかである。むしろ、さらに驚くべきことに、この中には、そのタイトルと後の信条の両方から予想されるような、また「アタナシオスが私たちに教えてくれているように、受洗志願者の教育（instruction）のために用いられた」という報告から推測されるような「普遍的な信条の定式をまったく見出すことができない」[82]。しかしながら、三位一体の洗礼定式は含まれている[83]。他の証拠として、重要な論文ではあるがしばしば置き去りにされてきたアルフレート・ゼーベルクによって一九〇三年に出版された著書『原始キリスト教のカテキズム』がある。彼は、新約聖書の主要部と、それに続くほぼ最初からの原始的な史料の主要部に、受洗志願者の教育（instruction）を見出すことができると主張している。ケリーによって是認される形で引用されている要約の中で、ゼーベルクは「原始的なキリスト教信条は、教育的な実態に基づき、三位一体の地平の定式を土台にして、簡略で単純にまとめたものである」と結論付けている[84]。さらに、議論されているのは、パウロ書簡と他の新約聖書書簡の言語の背後に、すでに「教育的」（catechetical）構造さえもあるということである[85]。

最終的に、キリスト教カテキズムは、新約聖書の「信仰、希望、愛、これら三つのもの」[86]を土台として、次の三つの要素を結びつけるだろう。信条（西方では使徒信条、東方ではニカイア・コンスタンティノポリス信条[87]）、主の祈り[88]、十戒。後者の二つは聖書に起源があり、主の祈りはマタイによる福音書第六章のヴァージョンでの使用が教会の中で徐々に固まっていき、十戒は出エジプト記第二〇章の文言で固定化された。成人の改宗者と、すでに教会に属しているますます増大していく子どもたちの両方のためのカテキズム教育の不可欠な要素として、主の祈りと十戒は、礼拝のため、また洗礼前教育のため、暗記することが求められた。それゆえ、「希望」と「愛」に対応する言葉が整えられたのに、「信仰」に対する言葉が整えられなかったとしたら、それはどんなに大きな驚きになってしまうだろうか。アウグスティヌスは先に引用した言葉の中で、そのように示唆していたようである。「私たちは、信徒たちに知られ、記憶され、状況によって許容されたできる限り簡潔な表現の形式に収められている信条の中に、カトリックの信仰を持っている」[89]。アウグスティヌス自身の著作『教えの手ほどき』は、カテキズムそのものでも洗礼志願者に向けられたものでもなく、指導者へのハンドブックである[90]。ニュッサのグレゴリオスの『教理大講話』も同じことが言える。このようなタイトルが付けられているにもかかわらず、その冒頭のところで「御言葉に近づくすべての者たちが同じ教育（instruction）の方法がふさわしいとは限らない」という警告が発せられ、信仰者たちのための教育（instruction）という通常の意味での「教育的」（catechetical）務めのためではなく、外部の者たちに向けられた弁護と説明のための「弁証的」（apologetic）務めとここでは呼んでいるものに近いために、奉仕者たちの準備を本書が意図しているのは明らかである[91]。実際のところ、「キリスト教会に完全に入会することを求めている志願者たちに対して、最初の数世紀になされた教

（82）Quasten, 1:30, 36, 37; Athanasius *Festal Letters* 39.7（*NPNF*-II 4:552）を参照。
（83）*Did* 7.
（84）Seeberg［1903］1966, 271; Kelly, 50.
（85）Carrington 1940.
（86）一コリ一三・一三。
（87）例えば *Heid* 23-58 と *Mogila* 1.4-126 を比較されたい。
（88）6・1「信仰告白の中の主の祈り」を参照。
（89）Augustine *On Faith and the Creed* 1（*NPNF*-I 3:321）; 傍点は著者による。
（90）Augustine *On the Catechizing of the Uninstructed*（*NPNF*-I 3:282-314）.
（91）Gregory of Nyssa *The Great Catechism* pr（*NPNF* 5:473）.

育（instruction）の最初にして唯一の完全な事例[92]」であり、信条とカテキズムとの間のかかわりの最も有名な例は、『教理講話』において見られ、最後の五巻は『秘儀講話』とタイトルが付けられることもあり、三四八年のおそらくレントの期間中にエルサレムでキュリロスによってなされたものである。ここから、この講話の下敷きとされた「エルサレムの洗礼信条」を再構成することが可能である。[93]「この要約は」とキュリロスは聴き手たちに言う。「私がこれを唱える時、私はあなたたちに暗記することと、あなたたち自身で練習するように、ただし、紙に書いてはならず、あなたたちの心に記憶によって刻むように望んでいます[94]」。このことの理由は、敵に信仰の神秘を明かす危険が続いていたからである。[95]

原始キリスト教共同体では、使徒たちの教えだけでなく使徒たちの「交わり（*koinōnia*）」にも忠実であったと使徒言行録に記載されている。使徒信条では「聖徒たちの交わりもしくは聖餐」（ギリシア語 *hagiōn koinōnia*、ラテン語 *communio sanctorum*）を信仰の対象とさえしている。[96]しかし、教会内での交わりや使徒たちとの交わりに関するこのような記述や確言には、使徒たちも聖徒たちもキリストを土台とする交わりを第一義的に持っていることだけでなく、キリストとの交わりと悪魔との交わりの間に両立しない対立があることも、常に暗示されているのである。コリント教会における状況からして、キリストと悪魔との対立は、特に使徒パウロによってコリント教会に宛てて書かれた二つの手紙で顕著である。これはユーカリストに関する問題であった。「私はあなたたちに悪魔の仲間になってほしくはない。あなたたちは主の杯と悪魔の杯の両方は飲めない。あなたたちは主の食卓と悪魔の食卓の両方に着けない[97]」。しかし、コリントの信徒への手紙二で彼が再びコリントの人たちに警告をした時、彼はこの問題をより一般化した。「光が闇とどんな交わり（*koinōnia*）があるか。キリストがベリアルとどんな調和（*symphōnēsis*）があるか。信仰者が不信仰者とどんな共通点があるか。神の神殿が偶像とどんな一致があるか[98]」。

使徒信条にあるような、もしくは使徒言行録に記載されている「使徒たちの交わり」としての「聖徒たちの交わり」を確言する定式は、悪魔やベリアルとの交わりを放棄する定式と対になって発展してきたと思われるため、信条という手段で肯定的に表現する信仰告白と悪魔払い定式という手段で否定的に表現する信仰告白との間には、かなりの親和性があった。例えば、ユダヤ教の主張に対して、キリスト教の悪魔祓いの実践で示された悪魔の力に対するキリストの力の優位性を議論している殉教者ユスティノスは、[99]皇帝アントニウス・ピウスに宛てた『第一弁明』の中で一連の箇条を記しているが、[100]それらは最終的には『ユダヤ人トリュフォンとの対話』で宣言されているニカイア・コンスタンティノポリス信条と使徒信条に取り入れられたものと非常に近いものであった。

このまさしく神の子である名において万物の中で最初に生まれた方、
処女マリアを通して生まれ、
受難できる人となり、
あなたたちの人々によってポンテオ・ピラトの下に十字架につけられ、

---

(92) Edward Hamilton Gifford in *NPNF*-II 7:xlvi; Quasten, 3:363-67 および参考文献も参照。
(93) *Cyr Jer.*
(94) Cyril of Jerusalem *Catechetical Lectures* 5.12 (*NPNF*-II 7:32).
(95) *Lit Chrys* 2.H.1.
(96) *Ap* 9; 6・2「祈りの法則、信仰の法則」も参照。
(97) 一コリ一〇・二〇―二一。
(98) 二コリ六・一四―一六。
(99) *Just.*
(100) Justin Martyr *First Apology* 13 (*ANF* 1:166-67).

死なれ、
死者の中から再び起き上がり、
天に昇り、
すべての悪魔は祓われ、征服され、制圧された。[101]

ユスティノスのトリュフォンとの後の対話の中に同様の形式が何回か出てきており、少なくともそれらの中の一つが、悪魔祓いとの関連も示唆している「冒瀆」への言及が含まれている。[102] 二世紀ほど経ち、ニカイア信条で正統の基準が定められた後、アタナシオスも同様に、キリスト教の禁欲主義の父であるエジプトのアントニオスの『生涯』という聖人伝の中で、正統信条の告白者と悪魔祓いとの密接な因果関係を証言しており、彼はアントニオスの正統と禁欲主義の混合を、異端との闘いと悪魔祓いの二重の務めとして描き出している。[103] アタナシオスは、コリントの信徒への手紙二からの「光が闇とどんな交わりがあるか」[104]の引用を基にして、アントニオスがニカイア信条を否定したアレイオス派との交わりをまったく持たないように聴聞者たちに促していたことを記述している。[105] 同じ文脈で、アタナシオスはアントニオスが特別な悪魔祓いの力を持ち、悪魔との戦いの勝利をも非常に生き生きと描き出しているのである。[106]

13・5　祈りと信仰告白の規定された型

キリストの死と復活と共に、キリストによるユーカリストの制定は、共観福音書の三つすべてとパウロのコリントの信徒への手紙一に記載されたキリストの生涯における二つの特別な出来事の中の一つである。[107] コリントの信徒への手紙一は正典であるどの福音書よりもおそらく先に書かれたため、永久に書き留められることになったイエスの最初の言葉は、譬え話でも山上の説教でも主の祈りの中にでもなく、パウロによって言及されることになった。「これは私の体……この杯は私の血による新しい契約である」[108]。ユーカリストの制定に関する四つの記述は、いくつかの重要な細部で互いに異なり、ルカの場合はパンと（二つの）杯という順序に注目する必要がある。「そして彼は杯を取った……。そして彼はパンを取った。……そして食事の後で杯を同じようにした」[109]。四つの記述の写本の歴史は（例えば、福音書のいくつかの写本に見られる簡略な「契約」という言葉に代わって、パウロの言葉では「新しい契約」と付加されていること、など）、教会の聖書的・典礼的な伝統が記載されたテキストの多様性と、これらのテキストを均質化（もっと言えば同質化さえ）してしまうことに抗いたいという願いの両方の証拠を示している。しかしながら、テキストの多様性の背後にははっきりと認められる共通の核があり、その意味では複数の伝統の中に一つの伝統があるのである。さらに、コリントの信徒への手紙一第一五章の復活伝承と

---

(101) Justin Martyr *Dialogue with Trypho* 85.2（*ANF* 1:241）, Kelly 74 に翻訳がある。
(102) Justin Martyr *Dialogue with Trypho* 126.1; 132.1（*ANF* 1:262-63; 1:266）.
(103) より詳細には10・3「正統と禁欲主義」を参照。
(104) 二コリ六・一四—一六。
(105) Athanasius *Life of Antony* 69（*NPNF*-II 4:214）.
(106) Athanasius *Life of Antony* 63-64（*NPNF*-II 4:213）.
(107) ユーカリストに関して——マタ二六・二六—二九、マコ一四・二二—二五、ルカ二二・一九—二〇、一コリ一一・二三—二五。死と復活に関して——マタ二六—二八章、マコ一四—一六章、ルカ二二—二四章、一コリ一五・一—八（ヨハ二〇—二一章も）。
(108) 一コリ一一・二三—二五。
(109) ルカ二二・一七、一九、二〇。

同様に、この伝統（ギリシア語 *paradosis*）はパウロ自身がまず受け取った後に、コリント教会に次いで「手渡した（*paredōka*）」ものであった[110]。

しかしながら、最初期の信条とユーカリストの関連についての早急な結論や仮説を出すのは、二つの密接にかかわる注意事項によって抑制されなければならない。この関連は、洗礼の場合がそうであるように、ユーカリストの場合でも残存する史料が十分なものではない[111]。さらに、信条やヨアンネス・クリュソストモスの名を冠した典礼などのように[112]、より古い時代の主要人物に後世の形式を帰す実践が、至るところの教会で広くなされていた。これらを総合すると、信条の進化の要因となった使徒言行録の言う「パンを裂くこと」という祭儀の日付を割り当てるのは、事実上不可能であるということになる。しかしともかく、本章で取り上げられた時代の終わりまでに、東方教会やその前身における『聖ヨアンネス・クリュソストモスによる聖体礼儀[113]』や、その後の西方教会のラテン語ミサは、規範性を確保する必要から、ユーカリストの礼拝でニカイア・コンスタンティノポリス信条を唱えることを取り入れた[114]。信条とユーカリストの祭儀との関連が定着した結果として、この発展は、礼拝の中で信条や信仰告白が役割を持つようになったことの反映でもある。しかし、礼拝と信条のテキストの固定化に向けてのプロセスは確かに並列的なところがあり、場合によっては同一であったと仮定してもよさそうである。

使徒言行録の言語の中に、「特定の祈り」（*the* prayers）という定冠詞の力を引き出さなかったとしても、少なくともここに祈りの固定化された型の不完全な引用を見い出せるかもしれず、そしてそこから派生して、信仰告白の固定化された型についても同様のことが言えるかもしれない。これらの固定化された祈りと信仰告白の型のすべての中で、主の祈りはそれ自体で一つの分類であったし、常にそうである[115]。二〇〇年に至るまでに、最初期の三つのテキストの証言がある。マタイによる福音書、ルカによる福音書、ディダケー（マタイに依存しているように思われる）であり、テルトゥリアヌスの証言はこれより少し後の証言であるとする必要がある。これら最初期の三つの証言を比較すると、一定の概要と構造が明らかになるが、顕著な多様性を許容しなければならず、その多様性はテルトゥリアヌスの証言によってさらに確実になる感触である。[116] 主の祈りのテキストの伝播と使用はそれ自体で極めて重要なテーマであり、オリゲネスやニュッサのグレゴリオスといった古代キリスト教著作家たちが、主の祈りの意味の基本的な注解も提供してくれているからである。[117] しかしここで重要なのは、教会の聖なる様々な形式の伝播の中に、固定化と変化との間の関係性という捉え難い問題が置かれているということである。というのは、伝統と聖書の両方により、教会の主に帰されている祈り（特定の祈り）でさえ、新約聖書の頁の中にすでに二つの異なる型で手渡されてきたからである。さらには、新約聖書の最後が書かれた後でさえも、これらはさらに変化し、発展し続けた。この変化のプロセスは、「国と力と栄えとは限りなく汝のものなればなり」という頌栄を伴うまったく新しい結語が加えられて、頂点を迎えた。[118] この結語は、当時に利用可能な基本的な版であったギリシア語の「受け入れられたテキスト」（*textus receptus*）にも含まれていたため、ルター訳聖書や英語標準版聖書などの改革期の新約聖書の翻訳の中に取り入れられた。それゆえに、聖書本文からの証言

（110）一コリ一一・二三。
（111）6・3「礼拝の中での信条の位置」を参照。
（112）*Lit Chrys* ttl.
（113）14・2「教会の信仰告白が突出した典礼」を参照。
（114）Brightman, 574.
（115）6・1「信仰告白の中の主の祈り」を参照。
（116）*ABD* 4:357 (J. L. H. Houlden).
（117）Simpson 1965.
（118）マタ六・一三（異本）。

は疑わしいにもかかわらず、プロテスタントにとって祈りの不可欠な部分となり、今なおそうである。[119] したがって、比較的後期の西方の伝統だけによって十二使徒に帰されている教会の信仰告白〔使徒信条〕が、より大きなばらつきを示しても驚くにはあたらない。しかし、主の祈りを含む「特定の祈り」（*the* prayers）の場合と同様、「特定の信条」（*the* creeds）における信条間に相違があっても、共通な核があるために定冠詞の使用を正当化できる明瞭な連続性がある。

コンスタンティヌス帝の回心に伴う教会生活のあらゆる面での激変の中には、建築家コンスタンティヌスによって建てられた新しいバシリカで祝われる固定化された典礼の型が増加していくことが含まれていた。[120]『ゲラシウス典礼』を教皇ゲラシウスに、『聖ヨアンネス・クリュソストモスによる聖体礼儀』をアンティオキアとコンスタンティヌスのヨアンネス・クリュソストモスに帰す伝統的な説に信頼を置かずとも、[121] これら礼拝規則のいくぶん個人的な部分や、特に集禱や祈りは、かなり初期のものであると結論付けてよいだろう。ニカイア信条によってすべての正統的なキリスト教信者を結びつける信仰の基準が公的に採用されたことが、このような集禱や祈りを随伴させることにつながった。信条と祈りという両者の発展は、ムラトリ正典やアタナシオスに見られるような新約聖書の正典の定義や、教会政治における司教制の発展（結果的に公会議に最高の権威を与え、公会議と公会議の合間にも、特にローマ・コンスタンティノポリス・アレクサンドリア・アンティオキア・エルサレムという総主教座を構成することになる「五大総主教座」［pentarchy］に継続的な権威を与えることになった）と並んで、同時代の同一のものであった。[122] 規定された信条と信仰告白（最終的に四五一年のカルケドン公会議の時あるいはその後までに言及された「ニカイア・コンスタンティノポリス信条」のことであるが、しばしば「ニカイア信条」や「ニカイア公会議の三一八人の信仰」も取り入れられた）という考えは、このようにして、「祈り」（the prayers）と「使徒的な」（apostolic）正典と「使徒的な」（apostolic）司教座／総主教座と共に、正統的な公同の権威の包括的な体系の中に位置づけられたのである。

(119) *Heid* 128.

(120) Eusebius *The Life of Constantine* 2.45-46, 3.25, 29-43; 4:58-60（*NPNF*-II 1:511-46, 526-27, 528-31, 555）; Eusebius *Panegyric on Constantine* 9.12-19（*NPNF*-II 1:593-94）.

(121) *Lit Chrys*.

(122) 4・1「使徒的信条と使徒的宣教」を参照。

第14章　東方正教会における信仰の確言

本書の前章で論じた初期の信条史は、[1]『キリスト教の伝統における信条と信仰告白』の第一部「初代教会における信仰の基準」の様々な版での信条も含め、キリスト教史の最初からの数世紀の資料と出来事すべてが反映されたものである。これらの信仰の基準が、現代に至るまで、キリスト教の伝統のすべての世紀にわたる信条と信仰告白の様式と内容を決めてきたため、本章での東方正教会、次章での中世西方教会は、正確かつ完全なものとするため、すでに述べてきたことをかなりの部分で繰り返すことになるだろう。さらに初期の時代の「教会会議」の権威的なテキストも、東西の両方での規範的な信仰告白の総体系に属するものとして、両方の時代の集成の中に再掲されなければならないだろう。このすべてのことは、どちらかと言えば、西方よりも東方の伝統の見方が当てはまる。それゆえ、もし個人の学者や学生のクラスが、ミハルチェスクあるいはカルミレスの版や、[2]『キリスト教の伝統における信条と信仰告白』の第二部に記載されているような東方正教会の公的で公式の「信仰告白」にのみ基づいて東方正教会の教理を研究しようとするなら（ローマ・カトリック教会とプロテスタントの「比較信条学」のマニュアルを書いた西方の著者が時折そうしていた）、後の東方の信仰告白を書いた者が最初に指摘したように、東方正教会の教えをゆがめることになるだろう。

（1）第13章「初代教会における信仰の基準」を参照。

（2）「編纂書、集成書、参考書」を参照。

箴言を引用している『一三五一年コンスタンティノポリス教会会議の会議書簡』は、[3]正統の基準をこう定式化している。「師父たちの永遠の境界を尊重すること」[4]。ビザンチンの人たちが、船乗りとして、戦士として、未知のところへ乗り出して行くときに示した向こう見ずな点を強調し、また、典礼的なものであれ教義的なものであれ、古代の宗教的伝統の境界線を越えることに、臆病なまでに警戒心を抱く点を対照させて記述している者の中の一人、一二世紀の神学者テオリアヌスは、その著書『アルメニア人ネルセスとの論争』の中で、彼らが「他の点では非常に男らしいのだが、聖なる教父たちの境界線を越えることになると、極めて臆病になってしまう」とコメントしている[5]。このようなビザンチンの人たちの自尊心の洞察は、「新しい」信仰告白に対する態度にも適用できる。現代神学が大いに大切にしている独創性と創造性の理想は、異端の特徴である「新奇さを広めること（*kainotomia*）」や「革新を切望すること（*neōteropoia*）」といった流行として、ギリシア語を話すキリスト教思想家によって、真の正統を示す連続性と「聖なる使徒たちの継承（*diadochai*）」と対照させることにより[6]、初期の時代から退けられてきたのである。

　したがって、東方正教会に関する信仰告白主義（*confessionalism*）という用語の使用は[7]、「聖霊の賜物としての教理と連続性の両方（の中）で、壊れることも変化することもない[8]」古代の使徒的伝統の包括的権威の枠組みの中でのみ、理解可能であるし、そこでしか理解可能にならないのである。これに基づくとすると、「信仰告白主義」は、先に述べた二つの使徒的連続性の必須性という弁証法の中に見出されるだろう[9]。第一に、「イエスが主であるとあなたの唇で告白すること[10]」。第二に、このような信仰告白によって「聖なる者たちに一度《ひとたび》伝えられた信仰を強く主張すること[11]」（その信仰は、再び伝える必要はなく、まして再発明する必要もない）。三八一年に第一回コンスタンティノポリス公会議が「（三二五年に）ビティニアのニカイアに集まった聖なる師父たちの信仰の告白は、破棄されることなく効力を保ち続けている」と制定した時[12]、公会議の師父たちは、半世紀前の先人たちだけでなく、第一回ニカイア公会議に至るまでのほぼ三世紀間の使徒たちとその後継者たちも含め、信仰と信仰告白の連続性の中に自らを位置付けていたのである。彼らもまた、後の世紀にも続いていく規範的なものとして、後の世代が自分たちにも適用される伝統の権威への服従を定めたのである。[13]

14・1　正教会の『信条書』に対する曖昧さ

敵対的な環境からの挑戦を含め、教理的な分裂の危機、土着化の必要性など、キリスト教史におけるいくつかの要因から、信仰告白の発行へとつながることがしばしばある。この出来事を振り返ってみると、西方で特に過剰なまでの信仰告白を伴った改革期がそうだったように、東西分裂以降の東方キリスト教界でも同様に強力に推
(3) 箴二二・二八、*Lat 649* 20; *Resp Non-Jur* 1-5 も参照。
(4) *CP 1341* 1.
(5) *Chr Trad* 2:8-10.
(6) Eusebius of Caesarea *Ecclesiastical History* 1.1.1 (*NPNF*-II 1:81).
(7) 様々なキリスト教伝統に対するこの語の適用性あるいは不適用性について、16・2「ルター派、改革派、ローマ・カトリック、急進派の『信仰告白主義』」を参照。
(8) *Russ Cat* 274.
(9) 第2章「信条と信仰告白の必須性」を参照。
(10) ロマ一〇・九―一〇。
(11) ユダ三。2・2「信仰の定義」や5・1「聖書の中の信条」も参照。
(12) *CP I* can 1; 1・1「公会議の決定における連続性 vs 変化」を参照。
(13) *Chal* 1, 27.

し進められていった。それでも、東方正教会の歴史のほとんどの期間、初代教会がそうだったように、また宗教改革期やそれ以降の西方がそうだったように、これらの要因によって膨大な信仰告白の体系が生み出されたわけではなく、多かれ少なかれ（たいていは「多かれ」というよりも「少なかれ」）公式なものとなったのは、ごく限られた少数の信仰告白だけであった。その結果として、公式な信仰告白を持つ他のほとんどの共同体とは異なり、ほぼ一世紀離れた二人の学者であっても、信仰宣言にさほど言及することなく、正教会の「正統」について語れたほどである(14)。

信仰告白の必須性は、教会と教会員が敵対的な環境や敵対的な政治体制の下で生きるたびに、特別に差し迫ったものとなった(15)。中でも、最も長く継続的に、教会が宗教的信仰を対立的に公言してきた政治体制は、妥協なき一神教であるイスラム教に対してである。かつてキリスト教であった土地と住民への支配領域は（ただし、東方のある信仰告白は「反キリストの圧政が支配的な場所」と呼んでいるにもかかわらず、同じ信仰告白がイスラムはしばしばキリスト教徒に対して寛容であると認めている(16)）、七世紀から現在へと至るキリスト教史の中で、三分の二にも及んでいる。エキュメニカルなものとして世界的に認められている七つの公会議の開催地は、かつてはギリシア語を語るキリスト教界の領域だったが、今はイスラム教の領域である。西方もまたイスラムとの激しい軍事衝突を経験し、ラテン語圏の北アフリカ、スペイン、次いで聖地をめぐる十字軍、さらには中央ヨーロッパにおいてもそうだった。例えば、『アウグスブルク信仰告白』、ツヴィングリの『信仰の弁明』、『四都市信仰告白』が提出された一五三〇年の神聖ローマ帝国のアウグスブルク帝国議会での主要議題は「トルコ人に関する問題」であった(17)。しかし、トマス・アクィナスや彼の同時代人が「アヴェロエス主義」（Averroism）に出会う前から、特にその数世紀前からだが、キリスト教とイスラム教の教理の出会いの矢面に立たされたのは東方の神学者たちであった。それゆえ、これらの神学者たちが、コーランの信仰への教会の反応として、多くの信仰告白を書いただろうと予測することができる。年代不定の『サラセン人に対するキリスト教信仰告白』がギリシア語で残されているが、西方が起源と考えられる。(18) イスラム教と対立した東方正教会から生じた、特にギリシア語とアラビア語での著作、論文、対話、論争的詩、他のテキストといった書物の中で、最も有名なのはダマスコスのヨアンネスとテオドロス・アブー・クッラのものであり、(19) イスラム教紀元（Hegira）後から八世紀以上が経って、イスラムに対する唯一の応答として、公式な信仰告白としての一定の地位を得たのである。一四五五—五六年『コンスタンティノポリス総主教ゲンナディオス二世の信仰告白』が作られたが、それは一四五三年の陥落直後に、ゲンナディオス二世という名でコンスタンティノポリス総主教になった哲学者・神学者のゲオルギオス・スホラリオスが、征服者であるメフメトの「あなたがたキリスト教徒は何を信じているのか」との問いに対する応答として書かれたものである。(20)

同様に、教会間での教理的な分裂は、しばしば信条や信仰告白の最も重要な機会となってきた。聖霊の教理とニカイア・コンスタンティノポリス信条へのフィリオクエの付加をめぐる東方教会と西方教会との論争は、このような分裂における信条の役割を示す証拠であり、(21) また、ローマの司教の至高の権威の主張をめぐる論争も同

(14) Schwarzlose [1890] 1970, ttl; Kallis 1989, ix.
(15) 8・1「政治的な行為としての信仰告白」を参照。
(16) *Metr Crit* 10.4, 23.2, 23.5.
(17) *Aug* pr.
(18) *PG* 154:1152.
(19) *Chr Trad* 2:227-41.
(20) *Gennad* ttl; Pharantos 1969, 42-71.
(21) 7・4「一致の聖霊と一致のサクラメント——二つの歴史的な皮肉の事例」と15・1「カトリック教会の信条また会議の伝統の西方教会の受容」と16・3「宗教改革の信仰告白におけるカトリックの本質とプロテスタント

様である。[22]二つの論争をまとめて考えてみると、両教会間での「祭儀的、文化的、政治的要因」[23]の相違が分裂の重要な役割を果たしたことは疑いのないことだが、主要因は宗教的相違の問題であったと、聖職者によっても学者によっても、正しくも見なされている。[24]教義と権威（この場合は、信仰義認の教義や、教会や伝統をめぐる聖書のみの権威のことである）[25]の構図が似ていることは、一六世紀から一七世紀にかけてのカトリックとプロテスタントのいくつかの教派との間の様々な分裂において、決定的な位置を占めたのである。

しかし、これら二つの分裂の類似性は、信仰告白の定義の時点で破綻している。というのは、一六世紀と一七世紀に、カトリックとプロテスタントの分裂にあたって両教派とも、教義と権威をめぐる対立の中で、攻撃にも防御にも信仰告白を主要な武器として繰り返し頼ったからであり、信仰告白に反論するために信仰告白で反論し、またその信仰告白で反論するということが繰り返され、この二世紀の間に教理的な文献の体系が生み出されていったのは独特なことであり、ある面では極めて新しいことであった。[26]しかしながら、東西分裂の期間はそれよりもはるかに長く、それに劣らず痛烈で熱烈な論者たちが、教義と権威をめぐる論争において多くの論争的で神学的な著作を交わし合い、時には破門し合うことすらあったが、信条や信仰告白に関しては相対的に少なかった。現状では、東方正教会の教えと教会法において、「信仰告白」に近い立場を取っている分裂期の公的なものとしては、八六七年に『フォティオスの回勅』[27]と『ミカエル・ケルラリオスと一〇五四年コンスタンティノポリス教会会議の勅令』[28]だけである。この問題に関して、西方からもリヨン教会会議（一二七四年）とフィレンツェ公会議（一四三九年）だけで、[29]このようなテキストは予想以上に少ない。後者は一四三九年『エフェソのマルコの信仰告白』を呼び起こした。[30]

おそらく、西方と東方の信仰告白の発展の中のすべてにおける最も顕著な対照は、「土着化」（indigenization）[31]のプロセスを考察することから浮かび上がってくるだろう。[32]最初の比較は西方と東方の類似性を示していて興味深いが、おそらく誤りへと導いてしまうものである。というもの、行政的・法的構造において、ローマ・カトリックの教皇制という単一の基準と最高権威の所在というピラミッド型とは対照的に、東方キリスト教界には単独の最高統治者がいるわけではなく、「分離・独立」[33]あるいは（東方正教会法の標準語を用いれば）「自治」（autocephalous）の国教会が連なっているからである。その点で、東方正教会はルター派よりも改革派の方がその様式が似ている。[34]しかし、その統治体系は一見すると改革派の様式との類似点が根本にあると見えるかもしれないが、各自治の正教会による個々の信仰告白の構成には反映されていない。モスクワの大主教であるフィラレート・ドロズドフによる『ギリシア・ロシア正教会のキリスト教カテキズム』の場合は、厳密な信仰告白のため

の原理」を参照。

(22) 4・2「東方と西方の教会の職制の教理」を参照。
(23) *Com Dec* 4; also *Balamand* 8-9.
(24) *CP 1054* 6; *Metr Crit* 3.8.
(25) 5・2「信条と信仰告白の中の聖書」を参照。
(26) 16・1「宗教改革期における信仰告白の拡散」を参照。
(27) *Phot.*
(28) *CP 1054.*
(29) *Lyons; Flor Un.*
(30) *Mark Eph;* Gill 1959 および Vasileiadēs 1983, 111-41 にあるフィレンツェ公会議の説明を参照。
(31) 11・3「信条の土着化のパターン」を参照。
(32) 8・2「信条遵守のための市民法」を参照。
(33) *Russ Cat* 261.
(34) 16・2「ルター派、改革派、ローマ・カトリック、急進派の『信仰告白主義』」を参照。

よりも教育的な目的のために準備された信仰宣言であり、その「西方化」の傾向をめぐるある論争を経て、ある自治教会ではその地位を確立しているが、他の自治教会では受容が微妙な状況となっている。[35] 他方、『ペトロ・モヒーラによる東方教会の公同で使徒的な正統信仰告白』は、ウクライナやロシアを越えて受け入れられ、コンスタンティノポリス、アレクサンドリア、アンティオキア、エルサレムの総主教によって、つまり元来の「五大総主教座」（pentarchy）のうち四つによって支持されている。[36] それでもモヒーラもまた、キエフにおける「ユニエイト（Uniates; 東方典礼カトリック教会）」の論争を彼が闘ったにもかかわらず、西洋化しているとの非難を受けた。[37] 加えて、ある二〇世紀の正教会の事典が、彼の信仰告白を以下のように特徴づけている。「この信仰告白（信仰宣言）は、ヤシ教会会議（一六四二年）、四つの総主教座、ルカリスを非難した他の教会会議によって承認されたが、今日あるいはごく最近では、「正教会の教理の第一証人の一つと考えられて」[38] いない。この信仰告白は、正教会内で問題視されているカルヴァン派の影響に対して（特にこの期間中のキエフとモスクワの教会がそうだった）、ローマ・カトリック教会の論証法が用いられている数多くの不幸な事例の一つである」[39]。対照的に、同じ事典で、一六七二年『ドシセオスとエルサレム教会会議の信仰告白』を、「モヒーラの文書よりもバランスの取れた正教会の伝統的なもの」としている。[40]

一九世紀から二〇世紀にかけて、西方の全キリスト教伝統における信仰告白と信条集の学術的出版が最高潮を迎えた頃、[41] 正教会の学者たちも西方の学者たちと同様に、東方正教会の信仰告白集を並行して着手するようになった。E・J・キンメルが一八四三年『東方教会信条書』を編纂し、それをH・J・C・ヴァイゼンボルンが一八五〇年『東方教会信条書の付録』によって補強し、さらにフィリップ・シャフの一八七七年『キリスト教界の信条』によって東方部門が補強された。一九〇四年にルーマニアの学者であるヨン・ミハルチェスクが、「ギリシア東方教会の信仰告白と最重要信仰証言」というサブタイトルが付けられた『正教会事典』を出版した。しかし、この種の標準的な集成は、二〇世紀のギリシアの学者であるヨアンネス・カルミレスによって編纂され、一九五二年にアテネで出版された『正教会の教義・信条の記念碑』という包括的な二巻本であることは間違いない。さらにいくつかの加筆がなされ、新改訂版（一九六八年）がオーストリアのグラーツで出版された。これらの集成が発行されたことを通して、キンメルやヴァイゼンボルンやカルミレスもそうだったように、特に西方では「東方教会の信条書」についてかなり大雑把に語ることが習慣的になり、それらの信条書があたかもアウグスト・ヘルマン・ニーマイヤーやエルンスト・ゴットフリート・ベッケルやヴィルヘルム・ニーゼルによる改革派教会の集成テキストに対抗する東方版であるかのようであった(42)。信仰告白に関する東方正教会の曖昧さは明白であり、ギリシア正教の神学者クレストス・アンドロウツォスがその著作『東方正教会の教義』の中で、その権威的な立場を認めつつも、正教会の「いわゆる信条書」としての言及だけに留まり(43)、彼の『正教会の視点からの信条』の中では、章のタイトルを単に「東方教会の特定の信条書」（*The* Symbolical Books of the Eastern Church）と呼んでいるだけである(44)。

（35）*Prav Slov* 1229-31, 2231-32.
（36）*Mogila* pr; 五大総主教座の理論について、４・２「東方と西方の教会の職制の教理」を参照。
（37）Golubev 1883-98, 1:543-53; Jobert 1974, 395-400.
（38）*ODCC* [1099].
（39）Prokurat, Golitzin, and Peterson 1996, 222.
（40）Prokurat, Golitzin, and Peterson 1996, 110.
（41）17・３「近現代における信条または信仰告白の学問的開花」を参照。
（42）Hofmann 1857, 130-41 を参照。
（43）Androutsos 1956, 20; 傍点は著者による。
（44）Androutsos 1930, 37-45; 傍点は著者による。

14・2　教会の信仰告白が突出した典礼

しかしながら、東方正教会のものを集めた「信条書」（『フィロカリア』で特別な形で明確化された東方版が特にそうであるが）のこの曖昧な立場の根本理由は、「祈りの法則（*lex orandi*）」と「信仰の法則（*lex credendi*）」の関係が不可分であることに由来している。この関係はキリスト教史を通して、西方においても教派や信仰告白の種々の境界を越えて重要であり続けている。しかし、東方正教会の伝統の解釈では、好感的であろうと批判的であろうと、東方正教会では『聖ヨアンネス・クリュソストモスによる聖体礼儀』が特に「祈りの法則、信仰の法則（*lex orandi lex credendi*）」という普遍的な原則を強く示している、という命題に同意している[45]。先に言及したように、この書は、聖公会の『祈禱書』も含めた他の伝統の典礼とは異なり、出版された標準的「信条書」集成のうち、東方正教会の信仰告白としても特別な位置に置かれているものである[46]。私たちが用いてきたこのテキストのギリシア語、スラブ語、ドイツ語の三か国語で並べて詩として整えて編纂したアナスタシオス・カリスは、その典礼版の中でこのような説明を導入している。「正教会のアイデンティティは、教理でも組織体系でもなく、三位一体の神を正しく賛美することから成り、その中心は聖餐の祝いあるいは純粋に典礼であり、それを通してキリストの名において集められた一つの会衆はキリストの体なる教会となる[47]」。アドルフ・フォン・ハルナックは、「イエス・キリストが十字架に架けられて苦しみを味わったのは、この種の宗教を破壊するためであった」という判断を言明し、東方正教会の典礼を「神秘の祭儀……大小の効能のある定式、印、画像、聖別された行為」から成ると特徴付け、「もしそれらを忠実に従順に守れば、神の恵みが伝わり、キリスト者のために準備されている永遠の命に与ることができる。そのような教理はほとんどの部分が未知なるものである。もしそれが明らかにされるとすれば、典礼の言葉の形式によってのみである」としている[48]。

しかし、この典礼において教理は「ほとんどの部分が未知なるもの」というわけではなく、「典礼の言葉」は信仰告白なのである。ポール・メイエンドルフが言うように、「典礼はそれ自体で神学の源である。聖書と同様、典礼も啓示であり、多様な意味を示唆し、神の生への参与の可能性を実際に提供している」のである。[49] 東方正教会での教理と典礼の関係は、告白の言葉と正統の言葉の両方の二重の意味が反映されている。アウグスティヌスに基づいて先に言及したように、ラテン語の名詞 *confessio* は「自分自身の告発」または「神への賛美」のいずれも意味することができ、それゆえに、神の真理の啓示において知らされた罪の「告白」または神の栄光の「告白」になるのである。[50] *Confessio* に対応するギリシア語は、同語源の動詞も含め、ラテン語と同様に両方の意味を持っているが、教父やビザンチンのギリシア語では、罪の告白には *exomologēsis* を第一義的に採用し、信仰や教理の告白には *homologia* を第一義的に採用して区別するのが一般的である。[51] そして『聖ヨアンネス・クリュソストモスによる聖体礼儀』の全体にわたって、「告白すること」のこれら両方の意味が重要な役割を果たしているのである。加えて、「主よ、憐れみたまえ（*Kyrie eleēson*）」という祈願は典礼の間で繰り返され（これは西方ミサの冒頭にも［ギリシア語で］現れ、次いでグロリア・イン・エクセルシス［the Gloria in Excelsis］とアニュス・デイ［the

（45）J. Meyendorff 1982, 122-23.
（46）Karmirēs, 246-70; Michalcescu, 277-98. 6・2「祈りの法則、信仰の法則」を参照。
（47）Kallis 1989, ix.
（48）Harnack［1900］1957a, 237-38.
（49）P. Meyendorff 1984, 41.
（50）第2章「信条と信仰告白の必須性」を参照。
（51）*Jer II* 1.4. Lampe, 499-500, 957-58; Sophocles, 485-86, 806.

Agnus Dei」の両方で繰り返されるが、ギリシア典礼と同じようにずっと繰り返されるわけではない)、聖餐の前の祈りではこう訴えている。「私を憐れみ、意図的であれ無意識的であれ、言葉であれ行為であれ、認識しているのであれ無知によってであれ、私の違反をお赦しください」。これと同じ祈りの冒頭には、別の意味での「告白」という言葉があり、キリストの位格と現臨の両方の教理的信仰の告白である。「主よ、あなたは真のキリスト、生ける神の子であると私は信じ、告白します。……私はまた、これが真にあなたご自身の純粋な体であり、これが真にあなたご自身の尊い血であることを信じます[52]」。そしてそれよりも前にニカイア・コンスタンティノポリス信条の告白があり、「私たちは互いに愛し合い、心を一つにして告白しよう」という定式によって明らかにされているように[53]、典礼を通して公にだけでなく、信仰告白のサクラメントへの参与を通して私的にも、罪を告白することをここで想定しているのである[54]。

九世紀のキュリロスとメトディウスの宣教後にギリシアのキリスト教で使われ、スラブ語に翻訳されて発展した *orthodoxy* という語の意味には、やや類似した相互に補強する二重の意味がある。これは、古典ギリシア語ですでに見られる二重性にまで遡る。名詞 *doxa* は「意見」という意味で、名詞 *orthotēs* は「正しさ」という意味である。それゆえ、アリストテレスは彼の『ニコマコス倫理学』の中で、めったに使われることのない *orthodoxia* という言葉を実際に使うことなく、この定義を提示することができた。「意見の正しさは真理である(*doxēs orthotēs alētheia*)[55]」。しかし、誰かについての他者の意見が好意的である場合、古典ギリシア語でもすでに *doxa* は「良い評判」や「栄誉」の意味を持ち、それゆえに「栄光」となるのである。新約聖書ではこの「栄光」がこの語の第一義的な意味となっている[56]。これが、「神の栄光」と、派生的な神の僕たちの「栄光」についての語り方であり、クリスマスの天使たちの「いと高き所に栄光、神にあれ」へとつながっている[57](それゆえ、小「頌栄」と大「頌栄」がある[58])。典礼のギリシア語を含めたキリスト教のギリシア語では、*orthodoxia* と *orthodoxos* は正しい信仰と正しい教えを意味する。接頭辞 *ortho-* を伴わない *doxa* それ自体は、「信仰」や「教え」や「意見」という意味をなおも持つことができ、『ドシセオスとエルサレム教会会議の信仰告白』の中では *hē pistis*（the faith; 信仰）と同義語として用いられている。[59] しかしながら、より多くの場合、*doxa* は「栄光」の意味であり、グロリア・パトリ（Gloria Patri）の「父と子と聖霊に栄光（*Doxa*）あれ」で繰り返し歌われている通りである。[60] 教会スラブ語、また他のスラブ語の言語でも、この頌栄や他のところに出てくる *doxa* は *slava* と訳され、*Orthodoxia* も *Pravoslavie* と訳される。これには、正しい仕方で信じることや教えることと、正しい方法で神に栄光を帰すことが同時に意味されており、究極的には二つのことは一つであると見なされている。[61] 四旬節（Great Lent）の最初の「正教会の日曜日」（The Sunday of Orthodoxy）は、八四三年に東方教会の暦に、イコン論争の最終的なイコンの勝利の祝いとして導入された。やがてこの言葉は、過去と現在のすべての異端に対する勝利として適用されるようになり、このようにして正しい教えと正しい礼拝としての *orthodoxia* の証明となったのである。[62]

（52）*Lit Chrys* 2.H.1.
（53）*Lit Chrys* 2.D-E; 10・4「キリスト教信仰告白のための前提条件としてのキリスト者の愛」を参照。
（54）*Mogila* 1.90; *Dosith* decr 15; *Russ Cat* 351-56.
（55）Aristotle *Nicomachean Ethics* 6.9（1142b11）.
（56）Bauer-Arndt-Gingrich, 203-4.
（57）ルカ二・一四。
（58）Day, 73-74.
（59）*Dosith* decr 9.
（60）Basil of Caesarea *On the Holy Spirit*（*NPNF*-II 8:2-50）.
（61）*Prav Slov* 1872-74.
（62）*ODCC* 1199.

この正統の証明とそれに対応する異端の拒絶こそが、『聖体礼儀』を、「そのような教理はほとんどの部分が未知なるものである」とハルナックが退けたようなテキストではなく、[63]私たちが一貫して使ってきた言葉である「信仰告白」にしているのである。ニカイア・コンスタンティノポリス信条を組み込んでいることをもちろん除けば、その文学的な構造において、信条や信仰告白の従来通りの定式に固執していないにもかかわらず、このことは真実なのである。[64]典礼におけるこの信条の用法は、ビザンチンの正教会だけにとどまらなかった。キュリロスとメトディウスの宣教を通して、またキエフの主教で最初の現地出身者であったイラリオンによる翻訳を通して、「ロシア・ウクライナにおけるキリスト教のまさに最初の時から」それが用いられていたのである。[65]正教会の典礼の信仰告白的な性格は、その教理のいくつかの研究によって示すことができ、そのことは三二五年から七八七年の七つの公会議の主題となった順番に検討するのがよいだろう。

三位一体の教理（第一回ニカイア公会議）。ローマ・カトリックもプロテスタントも、ほとんどの西方の礼拝順序に、三位一体を告白する信条の唱和が含まれている。ほとんどのプロテスタントの順序では使徒信条である。伝統的なラテンミサとローマ・カトリックから派生したところ（主として聖公会とルター派）ではニカイア・コンスタンティノポリス信条である。ある教派では、三位一体聖日のような特別な時に、アタナシウス信条が用いられることもある。[66]その他にも三位一体の装いがある場合もあり、例えば、詩編朗唱の結びのグロリア・パトリ、[67]あるいはまれではあるが、アロンの祝福に「父と子と聖霊の名において」を付加する言葉もある。[68]しかし、これらの典礼と東方正教会の典礼を表面的に比較するだけでも、東方の定式では三位一体の教理がより傑出していることが示される。西方の祭儀で共通のサンクトゥス（Sanctus）に加えて、東方の定式には聖三祝文（Trisagion）「聖なる神、聖なる偉大なるお方、聖なる常生なるお方、私たちを憐れみたまえ」[69]も含まれている。主の祈りの結び「国と力と栄えとは限りなく汝のものなればなり」[70]は、ラテンミサでは会衆と聖歌隊が「我らの父」に憐れみを祈った後に司祭によって告げられ、プロテスタントでは一貫して信徒が唱和する不可欠な部分であるが、東方正教会の典礼ではさらに拡張されてこう読まれる。「父と子と聖霊の国と力と栄えとは、今も、昔も、これから後も、限りなく汝のものなればなり。アーメン」[71]。

聖霊の教理（第一回コンスタンティノポリス公会議）。聖霊の教理がペンテコステ礼拝を除いてほとんどの西方の典礼において現れるのは、第一義的に三位一体の文脈の中である。しかし、『聖ヨアンネス・クリュソストモスによる聖体礼儀』[72]の中で、聖霊を求める祈りは特別な形を取り、まず祈りの冒頭で「天の王よ」と聖霊に呼びかけ、次いで聖餐のエピクレーシスの形を取っている[73]。ローマ・カトリック教会の典礼と聖餐の神学によれば、特に中世のスコラ主義で発展し、トリエント公会議によって成文化されたように、制定の言葉それ自体が、パンとぶどう酒の要素をキリストの体と血に、奇跡的に「変化（*conversio*）」させる効果がある。しかし、『聖ヨアンネス・クリュソストモスによる聖体礼儀』では、制定の言葉が繰り返された後、二重のエピクレーシスへと移行

（63） Harnack［1900］1957*a*, 237-38.
（64） *Lit Chrys* 2.E.
（65） Labunka 1990, 23-24.
（66） *BCP* (Blunt, 216-20).
（67） *ODCC* 682.
（68） 民六・二四―二六。
（69） *Lit Chrys* I.C.2; Day, 292-94.
（70） マタ六・一三（ＡＶ）、13・5「祈りと信仰告白の規定された型」を参照。
（71） *Lit Chrys* 2.G.2; 傍点は著者による。
（72） *Lit Chrys* pr A.1; 6・4「教会会議と礼拝での信仰告白」を参照。
（73） *ODCC* 551-52.

していく。まず、父が使徒たちの上にお遣わしになった聖霊が、集められた会衆である「私たちの上に」降るためである。それだけでなく、より強調されているのは、この「変化（*metabolē*）」が「このパンをあなたのキリストの尊い体」とし、「この杯があなたのキリストの尊い血」とすることが、「聖霊によって」もたらされるためである。[74] ペトロ・モヒーラの『東方教会の公同で使徒的な正統信仰告白』では、この変化が、エピクレーシスの「後」もしくは「その言葉の間に（*meta*）」という言葉に置き換わっているにもかかわらず、[75]『メトロファネス・クリトプロスの信仰告白』では、ラテンのスコラ主義に反対し、「それらが変化する仕方も分からないし、説明することもできない」と警告している。[76]

マリアのテオトコスと永遠の処女の教理（エフェソ公会議）。プロテスタントの信仰告白が典礼での聖人への呼びかけに厳格に反対していることは、[77] プロテスタントが「マリア崇拝」（Mariolatry）と呼んだ処女マリアに対する中世ラテンキリスト教界における過度な偶像礼拝と思われる祭儀を、何よりも意識しているものであった。[78] しかしながら、その祭儀のかなりの部分は、アヴェ・マリア（the Ave Maria）、スターバト・マーテル（the Stabat Mater）、サルヴェ・レジーナ（the Salve Regina）などの祈りを用いた非典礼的な、聖餐の典礼ではないところでなされている。[79] しかし、神の母もしくはテオトコスとしてのマリアの記念と祝いは、『聖ヨアンネス・クリュソストモスによる聖体礼儀』の初めから終わりまで、突出した位置を占めている。典礼の冒頭の大連禱（the Great Litany）での最後の祈禱では、このように言う。「私たちの最も聖で、最も純粋で、最も祝福されて栄光なる聖母テオトコスにして永遠の処女マリアをすべての聖人たちと共に記念し、私たち自身と互いを、私たちの人生すべてを、私たちの神であるキリストに委ねよう[80]」。大聖入（the Great Entrance）の後の増連禱（the Litany of Supplication）がそうであるように、小連禱（the Little Litany）でも同じ祈りが繰り返される。[81] エピクレーシスに続く「信仰をもって眠りに就いた者たちのためにこの正当な礼拝」を献げるという執り成しの祈りは、亡き者たちの間の頭（the *chief*）に対して直接適用されることになり（「信仰をもって眠りに就いた」者たちもしくは生神女就寝祭［dormition］を記念して八月一五日に守られる、西方では聖母の被昇天［the Feast of the Assumption］である）[82]、その頭とは「特に、私たちの最も聖で、最も純粋で、最も祝福されて栄光なる聖母テオトコスにして永遠の処女マリア」のことである[83]。

キリストにおける二つの本性、二つの意志、二つの行為の教理（カルケドン公会議、第二回コンスタンティノポリス公会議、第三回コンスタンティノポリス公会議）。テオトコスなるマリアへの賛美歌の中での「汚れることなくあなたは神の言葉を生んだ」という呼びかけに示されているように、『クリュソストモスによる聖体礼儀』におけるキリストの位格に関する信仰告白は、三位一体の父と聖霊と共に神の子が永遠に存在すること、つまり「私たちの神であるキリスト」と繰り返すだけでの典礼の祝いに限定されるものではない[84]。典礼で祝われるキリストは、以下の通りである。

---

(74) *Lit Chrys* 2.F.5; Germanus of Constantinople *On the Divine Liturgy* 41 (P. Meyendorff 1984, 96).
(75) *Mogila* 1.107; Day, 87.
(76) *Metr Crit* 9.11. Syndogmaticon 10.7 を参照。
(77) 12・2「大衆の宗教、祈りの法則、伝統」と Syndogmaticon 3.8 を参照。
(78) *OED* 8-II:165; *ODCC* 1037.
(79) *LTK* 7:49-50 (Emil J. Legeling).
(80) *Lit Chrys* 1.A.2.
(81) *Lit Chrys* 1.A.4, 2.C.
(82) Daley 1998 の集成テキストを参照。
(83) *Lit Chrys* 2.F.6.
(84) *Lit Chrys* 1.A.2, 1.A.4, 2.C.

神の独り子であり、不滅の神の言葉
私たちの救いのために聖なるテオトコスと永遠の処女マリアから受肉されたお方
変化することなく人となり、十字架に架かられたお方
父と聖霊と共にあり、父と聖霊と共に栄光を受けられるお方
ああ、私たちの神であるキリストよ、死を死によって踏みつけて、私たちを救ってください！[85]

この典礼の呼びかけには「ヒュポスタシス」や「本性」についてのキリスト論的な教義の専門用語に依存することなく、五五一年のキリスト論の勅令（そこではこれらの言葉が採用されている）[86]を作った皇帝ユスティニアヌスによって作られたが、それでも「キリスト論的な信仰告白」なのである。[87]祈禱や典礼（次いで教会会議や信条）の「テオトコス」という称号は、ネストリオス派の「キリストトコス」という称号が非難されたのと同じように、処女マリアからの出生を、単に人間イエスの人性に帰しているのではなく、ニカイア・コンスタンティノポリス信条が告白している受肉した「神よりの神」の唯一の完全な位格に帰しているのである。[88]これと同様、この典礼の定式は、死を彼の人間本性だけに帰しているというよりも、逆説的に彼が彼自身の死によって死を踏み潰すのであるが、三位一体の第二位格であり、父と聖霊と共に一つの栄光にとどまっているお方である神・人の全位格に帰しているのである。

聖なる画像の教理（第二回ニカイア公会議）。私たちはここでは『聖ヨアンネス・クリュソストモスによる聖体礼儀』を東方正教会の第一の信仰告白として位置付けているが、ある決定的な点では、他の「信仰告白」（confessions）と異なっている。この典礼が第一義的に読まれたり歌われたりするためではなく、典礼（*leitourgia*）の行為としての祝祭ためのものであるということである。[89]それゆえ、いつも引用される箇所は、聖障（iconostasis）

〔聖所と至聖所とを区切る聖画像が掲げられている壁〕と聖画像によって区別される祝祭が実施される聖なる場所について説明している箇所である。[90] 教会暦の祝祭の典礼が進んでいくにつれて、キリストの生涯とその記念となる聖人の生涯の出来事は、聖なる画像によって同時に記念され、これら両方の生涯の出来事は継続的に教会で季節ごとに見られることになる。ダマスコスのヨアンネスは、聖画像のテーマごとのカタログを提供している。「言葉で言い表せない彼の受肉と肉への下降。彼の処女からの誕生。彼のヨルダン川での洗礼。彼のタボル山（Mount Tabor）での変容。私たちに苦しみからの解放を与える受難と苦しみ。彼の神的本性のしるしとしての奇跡と行為。救いをもたらす救い主の埋葬。彼の天への昇天[91]」。これは、典礼や日曜日・祝祭日の聖書日課として定められている福音書の出来事を読むのと同じことである。典礼がこのような言葉で称えているテオトコスは、聖障における「高貴な扉」（royal doors）で、御子と対の面をなしている人物であり、洗礼者ヨハネと共にデイシス（*Deēsis*）〔キリストが中央、左右にマリアと洗礼者ヨハネが描かれている聖画像〕の中に見られる人物である。[92] その典礼が詩編を引用して宣言しているのは、キリストが「彼の聖人たちの中で奇しきお方である」ということで

(85) *Lit Chrys* 1.A.5; 傍点は著者による。
(86) *Edict.*
(87) Kallis 1989, 57; Day, 200-201.
(88) *N-CP* 2.
(89) Lampe, 795-96.
(90) *Metr Crit* 15.1-2; Day, 126-27; Syndogmaticon 8.10.
(91) John of Damascus *Orations of the Holy Icons* 3.8 (*PG* 94:1328-29).
(92) Pelikan 1990b, 121-26.

あり[93]、聖人たちは代わる代わるそれぞれの聖画像に描かれ、それぞれの特別な日に記念される[94]。そしてそのすべてが、典礼の中で明確に表現されている信仰告白の主題でもあるのである。

14・3　七つの公会議の聖なる伝統

教会のこの典礼における信仰告白を抽出して、次いでその方向性を確認していくと、三二五年から七八七年にかけて開かれた七つの公会議による教理的な決定と定式が、東方正教会の教えの規範的な教義を公式に蓄積していったことが分かる[95]。ブルガリア正教会の新約聖書学者ニコライ・ニカロノヴィッチ・グルボコフスキーは、「西方は絶え間なく私たちに正教会の信条書を要求してくる」と若干苛立ちながら、このように述べた。「私たちにはその必要がない。最初の七つの公会議での信仰で十分である[96]」。したがって、ある意味では、『キリスト教の伝統における信条と信仰告白』の第一部に収められているように、七つの公会議の聖なる伝統[97]は、東方正教会がローマ・カトリック教会と、また、その権威の温度差は異なるが公会議の有効性を認めている他の西方の信仰告白を有している教会と共有している遺産である[98]。

しかしながら、別の角度から見ると、東方正教会の公会議への見解は、東方特有のものである[99]。その一つの理由は、いかなる教会もその後の行為、すなわち、西方の教義や教会法に「エキュメニカル」という称号を主張する行為も、七八七年以降の東方の「地方会議」における行為も[100]、東方正教会の「信仰告白」の行為も、七つの公会議と同列に置くことができないからである。例えば、一六八二年にモスクワで開かれた有名な教会会議は、ロシアの「分裂（*raskol*）[101]」をめぐる対立に対処するための重要な布告をその地域で発行したが、この教会会議が古代のものと並んで立つとは誰も見なしていない。このことは特に、もはや正教会の支配者の手中にない古代の多くの都市における現代の分裂したキリスト教界で起こることであり、今日、同じような集いがあれば、それを「エキュメニカル」と呼ぶか「汎正教会」(pan-Orthodox) と呼ぶか、ジレンマがあるだろう。[102] このジレンマは、第一義的には教会法の分野で、しかしそれだけでなく教義の法制化の分野でも、初期の数世紀の法制化に基づき、最後の真に「エキュメニカルな公会議」以降の期間において、教会会議の司法的機能のすべてではないが一部の機能を「常設教会会議 (*synodos endēmousa*)」で行使するという考えへとつながった。[103]

東方の見解が独特である別の理由は、『聖ヨアンネス・クリュソストモスによる聖体礼儀』に基づいて私たちが見てきた七つの公会議でのそれぞれの教理の法令が、東方正教会の独特な解釈をしているということであり、それは正教会の内的発展と西方との論争を通して培われたものである。

第一回ニカイア公会議 (三二五年)、第一回コンスタンティノポリス公会議 (三八一年)。信条の目的の上では

(93) *Lit Chrys* 1.B; 詩六八・三五 (LXX)。
(94) Onasch and Schnieper 1997, 184-215.
(95) Bogolepov 1963.
(96) ap. Scott 1928, 351.
(97) 1・1「公会議の決定における連続性vs変化」と第13章「初代教会における信仰の基準」を参照。
(98) 15・1「カトリック教会の信条と教会会議の伝統の西方での受容」と16・3「宗教改革の信仰告白におけるカトリックの本質とプロテスタントの原理」を参照。Syndogmaticon 9.8 も参照。
(99) Nichols and Stavrou 1978, 183-201 に収められている Paul R. Valliere を参照。
(100) Afanas'ev 1931.
(101) Vinogradský 1899, 1:38-78.
(102) Kartašev 1932, 7-29.
(103) Hajjar 1962, 130-36.

ニカイア・コンスタンティノポリス信条として三二五年の第一回ニカイア公会議と第一回コンスタンティノポリス公会議をまとめると、公会議の権威は東方正教会にとって、この信条が永久に拘束力を持っていることを示している。当初、このことは主としてニカイア・コンスタンティノポリス信条に反する仕方で誰も教えてはならない、あるいは、多くの人にとって依然として異端の系統の多くのことを思い起こさせるホモウシオスという論争的な言葉を含めて何も削除してはならない、ということを示唆していた。[104] しかし、西方との論争で、東方の中でより重要な位置を占めるようになったのは、その逆のことであった。信条に反することだけでなく超えていくこと、信条から取り除くことだけでなく加えることが、誤りであるとされたのである。より具体的には、教会のどの教区でも、ある一つの総主教座でも、その内の第一のもの（*primus inter pares*）〔コンスタンティノポリス総主教座〕であっても、信条のテキストを変更したり加えたりする権利を自らに許すことは、誤りであるということである。真正な公会議だけがそのような権利を持つのであり、前例である公会議とその信条が不変であることが繰り返し強調され、拘束されるのである。[105] したがって、この信条の聖霊の項に「と子から（*ex Patre Filioque*）」の語を西方が付加したことは、公会議の権威への侵害として東方によって受け止められた。また、三位一体の中での父に加えての子という第二の起源もしくは「存在の根源や根拠（*pēgē kai archē, fons ac origo*）」を仮定しているように思われたため、この西方の神学的言説（theologoumenon）に対する教義的・形而上学的な異議もあった。[106] これは西方の信仰告白が否定している非難であり、例えば一二七四年に第二回リヨン公会議の主張では「聖霊は永遠のうちに父と子から発出しているのであり、二つの源からではなく一つの源からである。二つの息からではなく一つの息からである」としている。[107] しかし、東方の信仰告白は、たとえそれ自体が教理的に妥当なものだったとしても、それはニカイア・コンスタンティノポリス信条に属していないと主張するのである。例えば、神格における「本質」（essence）や「位格」（hypostases）だけでなく「行動」（energies）や「行為」（activities）を東方教会は際立って強調していたが（このことはヘシカスト論争［Hesychast controversy］をめぐって一三四一年と一三五一年にコンスタンティノポリス教会会議の決定に至るまで完全に述べられることはなかったが[108]、ニカイア・コンスタンティノポリス信条に神の「行動」についての記述を付加する改訂や拡張を正当化するような東方の論者は一人もなかった。実際にこのケースで、東方はテキストの変更をしていなかったにもかかわらず、信条に付加を加えたのは東方のほうであると非難することができたのは、また実際に非難したのは西方のほうだったのである[109]。

エフェソ公会議（四三一年）。マリアに関する教理史のほとんどを通して、聖母を「テオトコス」と呼ぶことに反対をしたコンスタンティノポリスの司教であったネストリオスがいたものの、基本的なパターンは東方から西方へ動いていった。ネストリオスに異端宣告をした四三一年のエフェソ公会議の布告では、「テオトコス」を公式なものと定め、それによって東方の神学と信心とを確認した[110]。同時に、エフェソ公会議は西方におけるマリア神学と信心の深化を促進させ、特にミラノのアンブロシウスの名と関連したギリシアのマリア論の西方とラテン化の土着を継続させていった[111]。アンブロシウスの最も有名な弟子であるヒッポのアウグスティヌスは、エフェソ公会議の前年に死去した。ペラギウス主義に反対する彼の教えに最も近い考えが公会議によって公式に承認されたのは、彼と対立していてペラギウスの支持者であったケレスティウスが非難されたエフェソにおいてだ

（104）Prestige 1956, 197-218.
（105）1・1「公会議の決定における連続性 vs 変化」を参照。
（106）*Mogila* 1.71.
（107）*Lyons* 1.
（108）*CP 1341*; *CP 1351*. Syndogmaticon 1.9.
（109）*DTC* 11:1777-1818 (Martin Jugie).
（110）*Eph 431* can 1.
（111）Huhn 1954; 6・3「礼拝の中での信条の位置」を参照。

けである（罪と恩寵に関する教えのために非難されたかどうかは定かではないが）[112]。しかしアウグスティヌスがペラギウス主義に対抗して定式化した原罪の教理と、「テオトコス」の称号によって示され、「最も聖にして、最も純粋なる（*panagias, achrantou*）」[113]彼女を典礼において祝うことが明示されている崇高なマリア論を調和させる必要性があり、ちょうどこの時期に西方のマリア論が活気づいて独自の発展を遂げ、それは最終的に東方を越え、古代の公会議を越えていくことにもなった。

アウグスティヌス自身もこの問題を認識していた。原罪の普遍性の議論を、すべてを包括する形で確固たるものにしていたため、どの聖人もどの旧約聖書の人物もそこから免れられず、彼はすぐに我に返った。「私たちは聖なる処女マリアを除かなければならず、主への栄誉のため、罪の問題に触れる時には疑問を呈することを差し控えたい。というのは、疑いもなく罪なきお方である彼を宿して産んだ彼女に、彼からあらゆる罪に打ち勝つ（*ad vincendum omni ex parte peccatum*）豊かな恵みが授けられたことを私たちは知っているからである」[114]。アウグスティヌスから一〇〇〇年が経って、西方の数え方で第一七回目となるバーゼル公会議では、その「例外」を法制化し、無原罪懐胎の教理の公式化が試みられた。しかしその頃までに教皇の権威を公会議に従わせる法制化がなされていたため、この公会議の後半の会期では、教会法や教義として受け入れられる余地がなかった[115]。『トリエント公会議の規準と布告』は、「原罪について扱う時、神の母である祝福された無原罪の処女マリアを、この布告の中に含めることは意図されていない」と注意深く説明している[116]。その結果、無原罪懐胎の教理は、ローマ・カトリック教会では普遍的あるいはほぼ普遍的になっていたものの、一八五四年一二月八日のピウス九世の教書『卓越せる神』によって初めて公式なものとなった[117]。この行為を一四世紀も前のエフェソ公会議の布告の論理的帰結として解釈しようとしたこの教書の努力にもかかわらず、東方正教会の目には、聖なる公会議の伝統から西方が逸脱したもう一つの点であると映ったのである。

カルケドン公会議（四五一年）、第二回（五五三年）・第三回（六八〇—八一年）コンスタンティノポリス公会議。

四五一年『カルケドン公会議の信仰定式』が引用している史料の歴史的記述の中で、ほとんどの部分を占めるのは四四九年『教皇レオ一世の書簡』である。というのは、「公会議の教皇」として、[118]彼はこの文書の中で、四五一年の第四回公会議で勝利を得たものだけでなく、継続中のキリスト論的な発展（第五回・第六回公会議までその論争は継続した）の基礎となるものも含めた多くの具体的な提案をしたからである。しかし四五一年以降、『カルケドン公会議の信仰定式』は宗教改革以降に至るまで西方で実質的に異議を唱えられずに残されたが、その正統を擁護する責任を負ったのは西方ラテンよりも、主として東方ギリシアにおいてであった。この擁護は近東の「ネストリオス派」（Nestorian）と「単性論」（Monophysite）の教会（当時はこう呼ばれていた）に向けられ、カルケドン派は両者に対して誤りに陥ってしまったと訴えたのである。その意味で、東方正教会はキリストの二元性と統合性の両方のバランスを維持するため、これらの真理のどちらかを強調しすぎてしまう今日ではそれぞれ「東方諸教会」（Oriental Orthodox）と「東方教会」（the Church of the East）と呼ばれるようになったこれらの共同体に応答するために、自らを表現しようと努めたのである。[119]しかしその後の歴史に照らすと、五五三年と六八〇―八一年のコンスタンティノポリス公会議でのすべての布告において、東西関係にとって最も決定的だったのは、後

(112) *Eph 431* anath.
(113) *Lit Chrys* 1.A.2.
(114) Augustine *On Nature and Grace* 36.42 (*NPNF*-I 5:135).
(115) *Chr Trad* 4:50.
(116) *Trent* 5.1.6.
(117) *Ineff.*
(118) Hugo Rahner in Grillmeier-Bacht 1951-54, 1:323-39.
(119) *Chr Trad* 2:37-61.

者の公会議で、死後にではあったが「かつて古いローマの教皇であったホノリウス（セルギウスに宛てて彼が書いたものによれば、彼はあらゆる点でセルギウスの見解に従い、その不敬な教理を認めていた）」に発せられたアナテマに同意しなければならないことである。[120]

第二回ニカイア公会議（七八七年）。規則上、第七回公会議は教会法的にも教義的にも、東西のキリスト教界で同じ立ち位置を占めている。しかしこの公会議での決定は、カール・シュワルツローゼが東方正教会において危機に瀕していたのは「特有のアイデンティティと自由」であったと言っているように、[121]西方よりも東方に比較にならないほど大きな意味を持つものだった。東方正教会の典礼において聖画像が特別な位置を占めていたため、アレイオス主義やネストリオス主義と同様、聖画像破壊論も、聖画像を含めた典礼が東方正教会の信仰告白であったため、教理的に深刻な危機を迎えたのである。[122]聖画像を支持するキリスト論的な主張がなされたことにより、第七回公会議によって聖画像の回復が必然的な結果となったが、先の公会議によって普及していた教義的な主張の延長線上の結果となったと言ってもよいかもしれない。神のみをふさわしく「崇拝 adoration（*latreia*）」することと、聖人や聖画像にもふさわしい「礼拝 worship（*proskynēsis*）」をなすこととの間の区別を、正しく訳すのに失敗した結果、それゆえに正しく把握するのに失敗した結果、七九四年『フランクフルト教会会議教理布告』は第二回ニカイア公会議を非難し、聖画像問題への西方の取り組みの努力を特に明確化している。[123]このことは、典礼的・教義的なことだけでなく法制的にも、両教会との間の相違が深まったことの表れでもある。[124]東方においても、遅くとも八六七年には、『フォティオスの回勅』が、「公会議で批准されたことは、他のどんなことよりも熱意と敬意をもって保持される」のであるが、「アレクサンドリアのいくつかの教会では……第六回までの公会議を数え上げたが、七回目は知らない」と報告して語っている。[125]聖画像問題はプロテスタント改革の一部として西方で再勃発した。[126]

14・4　作用と反作用としての東方の信仰告白

信条書（*symbolical books*）という用語だけが、西方から、特に宗教改革やその後のプロテスタント主義から東方正教会に輸入されたのではない。先に示したものも含め、様々な集成の中にまとめられた信仰告白は、宗教改革に始まるプロテスタント主義の大部分を支配していた信仰告白の原理に注目することなしに、歴史的に理解できない。[127] それゆえ、これらの後の東方の信仰告白は、「すべての動きには、作用と反作用がある」というニュートンの教えを、かなり予想外な場所で説明したものであった。

東西分裂に対する東方の信仰告白の応答が欠落している一つの理由は、東方正教会が、中世（および中世以降）の西方ローマ・カトリック教会、〔カトリックの〕「公会議」、教皇勅書（回勅、教書、書簡、憲法、布告、自発教令［*motu proprio*］など）に直接対応するような信仰宣言の媒介を自由に利用できなかったからである。七つの公会議に対する敬虔な態度は、私たちがここで取り上げないのは言うまでもないが、結果として、その後のいかなる

(120) *CP III* anath; 12・2「大衆の宗教、祈りの法則、伝統」を参照。
(121) Schwarzlose［1890］1970, ttl.
(122) 14・2「教会の信仰告白が突出した典礼」を参照。
(123) Hefele-Leclerq, 3-II:1045-60, 1240-46.
(124) Potz 1971, 34-40.
(125) *Phot* 40.
(126) Wandel 1995.
(127) 16・2「ルター派、改革派、ローマ・カトリック、急進派の『信仰告白主義』」を参照。

『コンスタンティノポリス教会会議の布告』に「公会議」という名誉ある称号を主張することを、東方教会に消極的にさせたのである（教理的にも教会法的にも、技術的にはそうすることができる権利はあるのだが）[128]。というのも、これらの教会会議は確かに公式かつ有効なものであり、服従に値するものであるが（カルミレスの編纂した集成に含まれているものも同様である）、これらには公会議というラベルは貼られることはなかった。一方、西方教会では、七八七年以降、西方において（西方によって、ということがより重要である）開催された一四の教会会議にその称号を付し続けているのである[129]。同様の制限は、一八四八年五月の『教皇ピウス九世への正教会総主教の応答』のような近代の信仰告白にも当てはまり、これにはコンスタンティノポリス総主教アンシモス、アレクサンドリア総主教ヒエロテオス、アンティオキア総主教メトディウス、エルサレム総主教キュリロスの署名があり、エキュメニカルなものである[130]。

これまでに見てきたものも含めた東方正教会の初期の定式のいくつかのものは、コンスタンティノポリス総主教によって書かれた。八六七年『フォティオスの回勅』、一〇五四年『ミカエル・ケルラリオスとコンスタンティノポリス教会会議の勅令』、一四五五―五六年『コンスタンティノポリス総主教ゲンナディオス二世の信仰告白』、一五七六年『コンスタンティノポリス総主教イェレミアス二世のアウグスブルク信仰告白への応答』。これらは新しいローマであるエキュメニカルな総主教に由来するものなので、東方の目からすると総主教座の権威のすべてが付着しているように見える。しかしこのことは、西方の教理と法にとって、古いローマの司教と総主教に属している権威が東方と等価であるわけでは決してない。これら東方の総主教の四つの定式のうちの三つは（フォティオス、ミカエル・ケルラリオス、イェレミアス二世）、ローマ・カトリックであれプロテスタントであれ西方キリスト教界への反応として作られたものであり、残りの一つは（ゲンナディオス二世）、イスラムへの反応として作られたものである。しかし、これらのうちで年代順では四番目の一六世紀末の『コンスタンティノポリス総主教イェレミアス二世のアウグスブルク信仰告白への応答』では、『アウグスブルク信仰告白』の一つ一つの項目への反論をする際にも、作用と反作用を適宜、語るようになってきたのである。

東方に起源を持つ次の四つの信仰告白は、すべて一七世紀に書かれたものであり、『告白』(*Homologia*)というタイトルを持ち、また、『キリスト教の伝統における信条と信仰告白』の第二部のテキストの大部分の頁をそれらに割いている。それらのものは、プロテスタント改革から生じた西方の信仰告白によって直接結びついて形作られている。年代順にリスト化すると、これら四つは以下の通りである。一六二五年『メトロファネス・クリトプロスの信仰告白』、一六二九年『キリロス・ルカリスによるキリスト教信仰の東方の信仰告白』、一六三八年『ペトロ・モヒーラによる東方教会の公同で使徒的な正統信仰告白』、一六七二年『ドシセオスとエルサレム教会会議の信仰告白』。東方正教会の信仰宣言研究の第一人者は、これら四つの一七世紀の信仰告白を、以下のように明瞭に比較している。

メトロファネス・クリトプロスの『信仰告白』は、クリトプロス、キリロス・ルカリス、ペトロ・モヒーラ、エルサレムのドシセオスによって生み出された一七世紀の四つの信仰告白の中で、最も独創的で独立的なものであり、異教の影響からも最も自由なものである。神学の学術的観点からはその時代の他の信仰告白の中で第一位を占め、ちょうど教会論的観点からはモヒーラやドシセオスのものを凌駕しているのと同様、正教会の信仰告白や信条書の全般を凌駕しているのである。(131)

(128)「信条と信仰告白の略語」を参照。

(129)15・1「カトリック教会の信条と教会会議の伝統の西方での受容」を参照。

(130)*Resp Pius IX* con.

(131)Davey 1987, 187 に収められている翻訳として Karmirēs 1949, 73 を参照。

もちろん、この単調に年代順に並べられたリストには重大な欠陥がある。『キリロス・ルカリスによるキリスト教信仰の東方の信仰告白』は、著名なエキュメニカルな総主教が著者であるにもかかわらず、プロテスタントの信仰告白に対して、実際には十分な「反作用」ではなく、「作用」を示していることが判明したのである。[132] しかしながら、教理的には拒絶され、最終的に「異端」（heterodox）として拒絶された他の信条や信仰告白を含めざるを得ないのと同じ理由で、歴史的にはここに属しているのである。[133] したがって、『ペトロ・モヒーラによる東方教会の公同で使徒的な正統信仰告白』も『ドシセオスとエルサレム教会会議の信仰告白』も、少なくとも先陣を切ってその後のことも予期していた『メトロファネス・クリトプロスの信仰告白』も、[134] エキュメニカルな総主教であるキリロスとプロテスタント主義の両方に対する「反作用」の反応として解釈されるべきであり、それはパパドプロスが言うように、「伝統なき聖書」に基づく権威の見解を持つキリロス・ルカリスの『キリスト教信仰の東方の信仰告白』が影響を与えた（あるいは伝染した）と見なされている。[135] 例えば、ゲオルギが注釈しているように、『ドシセオスとエルサレム教会会議の信仰告白』は、キリロス・ルカリスの『キリスト教信仰の東方の信仰告白』の一項一項、一問一問を踏襲したアウトラインになっている。[136]

ローマ・カトリックとプロテスタントを含む西方の信仰告白に対する「反作用」であることを、これらの三つの信仰告白は教理的に表明している。このことは、エルサレムの総主教ネクタリオスが、『ペトロ・モヒーラによる東方教会の公同で使徒的な正統信仰告白』の序文の中で「師父たちの真正かつ古代からの教理にまったく反する分派的で新奇的な意見（*neōterismois tisi tōn heterodoxountōn, apadousi pantēi tou orthou kai archaiou sphōn dogmatos*）」と呼ばれているものに向けて、論争を繰り広げていることからも明らかである。[137] 例えば歴史的に、東方正教会の著作家たちは、神の意志を全面的に強調するイスラム教の決定論や運命論に対抗する形で、予定論に対する論争を定式化していった。[138] しかし今やカルヴァン主義の予定と棄却の教理に対して、新しく強力な擁護を必要としていることは明らかであった。[139]「永遠の罰、残忍さ、無慈悲さ、人情のなさといったものを、私たちは神が著者であるとは決して言わない」。[140]しかしながら、このような論争により、拒絶されたキリロス・ルカリスの信仰告白だけでなく、受容された一七世紀の東方正教会の三つの信仰告白にも、他の重要な点において、西方のものとの「作用」があるという注目に値することを曖昧にしてしまってはならない。例えば、『メトロファネス・クリトプロスの信仰告白』は、その目的を「私があなたがたに東方教会の信仰告白を付加も削除もなく正確に示すために」と記述しているが、[141]そもそも「信仰告白」の概念が、とにもかくもこの形式として、正教会の環境の中で自然発生的に生じたのではなく、西方への反応と西方の影響下で生じたにすぎない、と議論することも可能なのである。

「信仰告白」の概念と同様に、その形式や方法も、一七世紀の正教会の信仰告白がいかに西方への応答であったかを示している。カテキズムは東方でも若者を導くための古くから重んじられてきたツールであり、モスクワ

(132) Hadjiantoniou 1961.
(133) *Sirm 359; Ecth.*
(134) 特にプロテスタントの西方の代表者たちとの接触については Karmirēs 1937, 72-160 を参照。
(135) Papadopoulos 1939, 104.
(136) Georgi 1940, 38.
(137) *Mogila* pr.
(138) Hildebrand Beck 1937.
(139) *Metr Crit* 4.
(140) *Dosith* decr 3.
(141) *Metr Crit* pr 3.

大主教フィラレート・ドロズドフの一八三九年『ギリシア・ロシア正教会のキリスト教カテキズム』により、ある種の「信仰告白的」な地位を獲得した。しかし、大小のカテキズムを記し、カテキズムとしてその信仰告白を組織した『ペトロ・モヒーラによる東方教会の公同で使徒的な正統信仰告白』の一問一答の方法を用いたことは、プロテスタントのカテキズム的信仰告白を同時に彷彿させるものである。[142] この『正統信仰告白』の冒頭の問い「公同で正統なキリスト教徒が、永遠の命を得るために、何を信じ、なすべきか」は、[143] ほぼ『ハイデルベルク信仰問答』の問二「この慰めの祝福のうちに、あなたが生きて死ぬために、どのようなことをあなたは知らなければならないか」を、[144] ギリシア語で呼応させているかのようである。『ドシセオスとエルサレム教会会議の信仰告白』もまた、その第二部を構成する問いを示しているが、プロテスタントのいくつかの信仰告白のカテキズム的方法を彷彿させるものとなっている。加えて、一五三〇年『アウグスブルク信仰告白』と一六四七年『ウェストミンスター信仰告白』との間の一世紀間の標準的な宗教改革の信仰告白のほとんどの先例に倣い、一連の個別の教理条項を、一六七二年のエルサレム教会会議の一八の一連の「布告（*horoi*）」として定めることによって、東方正教会の基本教理とした。例えば、その第二条では聖書と伝統の関係が示されているが、[145] これは、聖書のみの権威を定義し、他のすべての教理の土台として教理宣言の冒頭に置かれるプロテスタントの信仰告白の行き渡っている実践に対抗するためである。[146]

カテキズムの問答であれ、論争となっている教理を取り上げた条項であれ、その形式や方法だけでなく、時には教理用語においても、これらの東方正教会の信仰告白は間違いなく西方化の傾向を示している。このような傾向の顕著の例は（もちろん、『キリロス・ルカリスによるキリスト教信仰の東方の信仰告白』に繰り広げられている西方化およびカルヴァン主義は別にして）、聖餐における語彙であろう。本章で先に述べたように、『聖ヨアンネス・クリュソストモスによる聖体礼儀』は聖餐について語る際に「変化（*metabolein*）」[147] という動詞を用いているが、この「変化すること」への形而上学的な詳細については特に何も語られていない。しかし、『ペトロ・モヒーラによる東方教会の公同で使徒的な正統信仰告白』や、[148] それに続く『ドシセオスとエルサレム教会会議の信仰告白』[149]も、この「変化」をより具体的に「実体変化（*metousiōsis*）」として認識している。『キリロス・ルカリスによるキリスト教信仰の東方の信仰告白』はこの用語を「恣意的に創作された（*epheuretheisa eikēi*）」として拒絶している。[150] ジョン・メイエンドルフは、『ドシセオスの信仰告白』のことを「最も重要であり、幸いなことにこの件のラテン語への反応も少なく、『ルターやカルヴァンの誤り』をはっきり非難している」と言っている。[151] 彼は、別の箇所では、この信仰告白のことを「この時代の最も重要な正教会の教義テキストである」と呼んでいる。[152] なぜなら、『ドシセオスとエルサレム教会会議の信仰告白』は、この実体変化（*metousiōsis*）という用語を、プロテスタントの聖餐の教えと鋭く対比させているからである。聖餐における現臨と洗礼における「現臨」との間の改革派の並行論は、聖餐における「実体的（*wesentlich*）」変化によってもたらされるいかなる現臨をも拒絶するために描

---

(142) Žukovský 1997, 156 は信仰告白とカテキズムの系譜を描いている。
(143) *Mogila* 1.1.
(144) *Heid* 2.
(145) *Dosith* decr 2.
(146) 5・2「信条と信仰告白の中の聖書」や Syndogmaticon 8.11 を参照。
(147) *Lit Chrys* 2.F.5.
(148) *Mogila* 1.107.
(149) *Dosith* decr 16.
(150) *Lucar* 17.
(151) J. Meyendorff 1966, 136.
(152) J. Meyendorff 1966, 86.

かれている。[153] また、(ルター自身はこれを否定しているが)ルター派のものと認められる「聖餐のパンの中の現臨(*enartismos*)」の理論も同様に拒絶している。[154] 聖餐における現臨の改革派とルター派の両教理に対するこのような明確な論争があるにもかかわらず、ギリシア語の言葉 *metousiōsis* が中世のスコラ学、すなわち西方ローマ・カトリックに由来している直接の示唆はなく、両告白のラテン語版の中で *transsubstantiatio* というスコラ学の専門語がこのギリシア語の言葉の「翻訳」として出てくるだけである(実際には、もちろん、ギリシア語がラテン語から翻訳された)。この世紀末のコンスタンティノポリス教会会議では、実体変化(*metousiōsis*)というスコラ的な言葉を、変化(*metabolē*)という典礼的な言葉と同一視している。[155]

それにもかかわらず、これらの近代の東方正教会の信仰告白が自らを規定している通りに、すなわち公会議の権威を擁護し、[156] 典礼の権威を補強するものとして読まれる時、[157] 歴史的に重要な役割を果たしてきたし、今も果たし続けていると見なすことができるだろう。ジョン・メイエンドルフは、それらの信仰告白が「ラテン化の傾向は見られるものの、正教会の立場を強めることを助ける上での重要な働きをなした」と認めている。[158] マストラントニスは、このように言っている。それらの信仰告白は「二次的な位置を占めている。……それらは七つの公会議の布告、信条、定義(*horoi*)として知られている教義的発言と同等のレベルにあるものとして見なされない。……東方正教会の信条書は、ローマの信条書(特にトリエント公会議の)やルター派の信条書(特に『一致信条書』のような)と、その有効性を同一視すべきではない」。[159] しかし、東方正教会の信条書は、仮にそれらがなかったら困難であっただろう教理の信条的な相互比較を可能にしたし、典礼や曖昧のままだった公会議の布告における種々の教理的な強調点を分類する手助けをしたのである。

(153) *Heid* 78.
(154) *Dosith* decr 16.
(155) *CP 1691*.
(156) *Dosith* decr 12.
(157) *Mogila* 1.87.
(158) J. Meyendorff 1966, 87.
(159) Mastrantonis, xvii-xviii.

第15章　中世西方教会における信仰の公言

『哲学の慰め』から『キリストに倣いて』にかけての九世紀間のキリスト教思想の最も重要なテキストのリストには、誰が編集したかによらず、おそらく信条や信仰告白をまったく含んでいない。しかしこのリストの中に、以下の四つのテキストの一つ以上（あるいはおそらくすべて）が含まれなければならないだろう。カンタベリーのアンセルムスの『クール・デウス・ホモ』、ペトルス・ロンバルドゥスの『命題集』、トマス・アクィナスの『神学大全』、ダンテの『神曲』。これらすべては、正確な意味での信仰告白というよりは、神学的な思索、体系、作詩の傑作であった。それなのに、宗教書や教養書の中では、たとえ著者の個々の哲学や神学の考え方が大きく異なったとしても、西方の中世ラテンの時代は他のどの時代よりも「信仰の時代」（*the age of faith*）という名称で歴史家たちによって頻繁に取り上げられ[1]、その名称の信仰（*faith*）とは、「人が信じることを伴う信仰」（*fides qua creditur*）という主観的な意味だけでなく、「人が信じるところの信仰」（*fides quae creditur*）という客観的な意味で使われている[2]。それゆえ、この「信仰の時代」が、キリスト教史の他の時代のように、第一義的に信仰の公言をしていないと知ったら、最初は驚くかもしれない。例えば、ラテン人にとっても、四世紀と言えば、三二五年のニカイア信条と三八一年のニカイア・コンスタンティノポリス信条の時代である。五世紀と言えば、四五一年

（1）　*Chr Trad* 3:1-8.
（2）　2・2「信仰の定義」を参照。

『カルケドン公会議の信仰定式』によって知られている時代であり、それ以降、東西の神学における主要な力となっている。また、一六世紀と言えば、（年代順に挙げると）一五三〇年『アウグスブルク信仰告白』、一五六三年『ハイデルベルク信仰問答』、一五六四年『トリエント信仰宣言』が、教会（特にルター派、改革派、ローマ・カトリック）が何を信じ、教え、告白しているかを存分に定義している時代であった。しかしおそらく『ラテラノ信条』を除けば、これに並んで重要な中世の信条、信仰告白、教義に関する教会会議での定式はないのである。したがって、西方中世の信条と信仰告白の歴史を位置付けるには、いくぶん異なるルートで探求をしなければならない。

15・1　カトリック教会の信条と教会会議の伝統の西方での受容

「私が信じている中世思想の本質的なメッセージを二つの言葉でまとめるとしたら」と、中世文学の歴史家であるエルンスト・ローベルト・クルツィウスは言い、そのことをこう述べている。「私は言うだろう。伝統を再定義した精神であること、その精神が信仰と喜びであるということ」[3]。「再定義」される伝統の特定部分が信条や信仰告白である場合、そのような再定義の行為を表す用語は「受容」（reception）である。先に引用したように、このことはイヴ・コンガールによって「受容は教会（組織）が自分自身には由来しなかった決定を真に自分自身のものとして引き受けていく手段としてのプロセスのことであり、自分自身の生活に適用することができる基準としてそれが広まる措置を認めることであり……ある程度の同意、場合によっては判断が含まれ、そこでは組織の生活が表現され、その源にある霊的資源を発揮することも含まれる」と定義されている[4]。教会会議に由来するこの種の「決定」に適用される用語としての「受容」は、後験的（*a posteriori*）なプロセスの重要な要素として認められており、その決定が特定の時間と場所でなされると、しばしば比較的短時間で「エキュメニカル」な結びつきとなることもある。[5] この考え方は、信条のようなキリスト教の古典的テキストの長期間での伝達、翻訳、変容と同様に、受容の概念にも適用できるのである。[6]

しかしながら、中世における古代教会からのカトリックの信条と教会会議の伝統の西方での「受容」と「変容」を語るなら、その伝統のかなりの部分が実際のところ西方に由来することを頭に入れておく必要がある。というのは、東方と西方の分裂を（どの世紀と位置付けるかにかかわらず）最初期の教会の世紀にまで遡って読み込んでしまうのは時代錯誤だからである。また、最初期の数世紀間の東方と西方との間の区別が、やがて中世初期の数世紀間がそうであったように、ギリシア語とラテン語の区別に対応しているかのように遡って進めてしまうのも時代錯誤である。西方へ宛てて出された最初のキリスト教テキストは、パウロのローマの信徒への手紙であるが、それはギリシア語で書かれた。さらには、西方から宛てて出された最初のキリスト教テキストの一つは、クレメンスの『コリント人への手紙』あるいは『クレメンスの第一の手紙』であり、それはギリシア語で一世紀の終わりにローマのクレメンスによって書かれ、彼のことをエイレナイオスはペトロ、リヌス、アナクレトゥスに次ぐ四番目のローマの司教と認識していた。[7] ヨハネス・クヴァステンはこの手紙を「新約聖書以外でのキリスト教文献の中で、著者の名前、地位、日付が歴史的に証明されている最古のもの」と呼んでいる。[8] クレメン

（3）　Curtius 1953, 598.
（4）　Congar 1972, 45.
（5）　9・2「批准としての信条、教会会議、信仰告白の受容」を参照。
（6）　第11章「他文化への信条と信仰告白の伝播」を参照。
（7）　Irenaeus *Against Heresies* 3.3.3 (*ANF* 1:416).
（8）　Quasten, 1:43.

スがコリントの人たちに「私たちは一人の神、一人のキリスト、一つの恵みの霊を持っていないだろうか」と訴えているが[9]、このことをケリーに言わせれば「彼が洗礼信条の質問を念頭に置いているのはあり得ないことではなく[10]」、その信条全体が私たちのために保存されているわけではないかもしれないが、西方でもギリシア世界でも一世紀末にはすでに同時に存在していたのである[11]。

そのような初期の信条の中で、最終的には使徒信条となるものと、（現在の形ではないかもしれないが最初に完全な形で示されたのは四〇〇年頃のアクィレイアのルフィヌスの注解の中にある）従来の古ローマ信条として見なされるテキストとの間の関係の歴史は、西方での現象である。それゆえ、使徒信条の中世における受容は西方教会の中で起こった。三二五年のニカイア信条と三八一年のニカイア・コンスタンティノポリス信条の歴史では、両者は地理的にも東方であることから、西方の役割はより複雑である。ニカイア公会議にあたり、〔スペインの〕コルドバのホシウス（もしくはオッシウス）がコンスタンティヌス帝に教会会議を提案したかもしれず、おそらく議長も務め、また（ある説によれば）「父と同本質」（*homoousios tōi patri*）の定式を提案した[12]。彼が参与したことにより、第一回公会議の地理的な位置や第二回公会議の出席者が東方からのみだったという理由で公会議やその信条が厳密に東方的だったと結論づけることが誤りだと示される。したがって、中世での信条の受容は、東方から西方への流れだけでなく、ある意味では西方内で起こった出来事でもあると言わなければならないだろう[13]。このことはカルケドン公会議の場合、より明確である。四五一年公会議の『決議録』から明らかなのは、公会議以前より、教理的な問題を解決するための決定的な貢献があったことであり、そのため、『カルケドン公会議の信仰定式』の最終テキストは四四九年『教皇レオ一世の書簡』に由来している。字義的には西方の信仰声明の記述であったが、結果としては、これは西方の信仰声明ではなく公同の信仰となったのである[14]。

それでも、大教皇グレゴリウスの信仰告白といった「西方の信仰声明」にふさわしいものが現れ始めたのは、次なる一、二世紀にかけて、これらの教会会議の信条が西方ですでに受容されていた頃のことである[15]。彼は東方と西方で共有されている公同の共通理解を並列に並べて明確に定式化している。「私たちは、聖なる福音書が四つであるように、普遍的な聖なる教会の四つすべての教会会議（第一回ニカイア公会議、第一回コンスタンティノポリス公会議、エフェソ公会議、カルケドン公会議）を受け入れる」[16]。しかし彼は「（ローマの）使徒座の権威と同意がなければ、（普遍的な教会会議によって）決議された事柄でもいかなる拘束力を持たない」と定義することで、この宣言に信条と教会会議の権威の中世西方特有の解釈を与えている[17]。中世のキリスト教教理神学を「中世的」たらしめていると言われる決定的な特徴がいくつかあり、サクラメントの信仰の中核が洗礼から聖餐とミサへと移行していったこともそうであり、同様に原典からではなくキリスト教の二次史料に依存することで、ギリシア古典やさらにはラテン古典の知識からの独立も含まれる[18]。しかしこれらに加えて、信条、信仰告白、教会会議での信仰声明を「中世的」にしたのは、大グレゴリウスによるこの定義であると言い得る。これらの権威の定式は、ローマの使徒座に由来する権威であると主張され、その権威はキリストが使徒ペトロに語った言葉の中で授

(9) Clement of Rome *Epistle to the Corinthians* 46.6 (*ANF* 1:38).
(10) Kelly, 66.
(11) 13・2「ケリュグマと洗礼的なシンボル」を参照。
(12) *N* 2.
(13) Ulrich 1994.
(14) 7・3「一致の道具としての信条と信仰告白」を参照。
(15) *Greg I.*
(16) *Chr Trad* 1:335.
(17) *Chr Trad* 1:354.
(18) *Chr Trad* 3:2-3.

けられ、ペトロを通して彼の後継者たちに永続していくのである。「そして私もあなたに言う、あなたはペトロ（*Petrus*）、この岩（*petra*）の上に私は私の教会を建てるだろう、そして陰府の門もそれに打ち勝つことはできないだろう。そして私はあなたに（*tibi*）天の国の鍵を与えるだろう。あなたが地でつなぐことは天でもつながれるだろう。あなたが地で解くことは天でも解かれるだろう」[19]。

東西分裂後から現在に至るまで、他の総主教座の参加なしにローマ司教座が招集した西方の一四の公会議がそれにもかかわらず「公会議」として認められて数えられてきたのは、この権威の教理に直結しているところが大きく、西方は一九六二—六五年の第二ヴァチカン公会議までを数えると二一だが、東方は七にすぎない[20]。やがて、このような「公会議」を公会議での決定でもって招集することは不必要であると見なされた（もちろんなおも招集は可能だが）。というのは、一八六九—七〇年『第一ヴァチカン公会議の教義憲章』は、こう宣言しているからである。

ローマ教皇が司教座から（*ex cathedra*）語る時、すなわち、すべてのキリスト教徒の羊飼いであり教師として、その至高の使徒的権威によって彼の職務を行使する時、彼は全教会に保持される信仰と道徳に関する教理を定義し、祝福されたペトロにおける彼に約束された神の助けによって、贖い主である神が信仰や道徳に関する教理を定義する際に教会に享受した無謬性を彼は保持する。それゆえ、ローマ教皇のこのような定義は、教会の同意によることなく、それ自体で修正不可なのである。

一九世紀の西方のこの定式は、「教会の絶えまない慣習……と公会議、特に東方と西方の信仰と愛の結合においてなされたもの」と一致する教理として、遡って適用できるものだと自らで示している[21]。

このように、中世西方思想が「受け取り」（received）、「再定義」（restated）した信条の伝統は、最初は初代教会の正統かつ公同の遺産の全体だったのであり、それは東方正教会とも共有していたものであり、とにもかくも両者の言語と文化の障壁、もしくは受容と伝達の障壁が、そのような共有を妨げない限りはそうだったのである。しかし、中世西方キリスト教思想にとって、古代の正統かつ公同の遺産はヒッポのアウグスティヌスが特別な仕方で代表するようになり、公同の遺産を彼の特有の仕方で読み解くだけでなく、彼の特有の思想の用語、強調、様式で読み解くことでもあった。一六世紀の改革の危機の後でさえも、多くのアウグスティヌス主義の思想の強調と様式は、西方内で分かたれた両側の教会に深く根を下ろしたままであった。選びと予定の教理に関して、「アウグスティヌスは完全に我々の側にある」とジャン・カルヴァンは誇りに感じていたようである[22]。それゆえ、中世の教えとプロテスタント改革の信仰告白との間の連続性は、論争のどちらの側の後世の擁護者が認めたよりもずっと深いものがあることが証明されたのである。教理史や神学史からは区別された信条と信仰告白の歴史にとって、アウグスティヌス主義の中核にある二つの教理は、とりわけ重大な意味を持つことになった。原罪と神の恩恵、三位一体の教理である。

アウグスティヌスの罪と恩恵の教理は、長きにわたるペラギウスやペラギウス派との論争を通して定式化され、彼がとりわけカルタゴのキプリアヌスから受けてきたカトリックの伝統の上に、またパウロ書簡の独特な読み方の上に建てられたものである[23]。「西方修正版」のニカイア・コンスタンティノポリス信条では、キリストの受肉、

(19) マタ一六・一八―一九(AV、Vulg)。
(20) 16・1「宗教改革期における信仰告白の拡散」を参照。
(21) *Vat I* 4.4.
(22) *Chr Trad* 4:224-25.
(23) *Chr Trad* 1:278-331.

受難、死、復活が「私たち人間のため、私たちの救いのため（*propter nos homines et propter nostram salutem*）」に起こったと確言されている。[24] 以下のことも主張されている。「私たちは罪の赦し（*in remissionem peccatorum*）のための一つの洗礼を告白する」[25]、これは主として幼児洗礼を意味し始めていた。これら二つの信条の声明を並べてみると、アウグスティヌスは、幼児もキリストによって救われた他の人間と同じく、幼児が実際の罪を犯す機会を得る前から「罪の赦しのため」の洗礼を受けるべきであるという結論に達したのである。したがって、幼児は胎内に宿って生まれたときから罪のうちにあり、神の恩恵を必要としている。アウグスティヌスの原罪の教理は、ペラギウス派の教えに対抗して開かれた一連のアフリカの地方会議によって支持され、最終的には五二九年の第二回オランジュ教会会議によって「カトリック信仰」となった。[26]

ニカイア・コンスタンティノポリス信条に記されている三位一体の教理は、アウグスティヌスが『三位一体論』の冒頭のところで言い換えて確言した彼の信仰告白となっているが[27]、彼が公同の信条と教会会議の伝統を直接に受け継いでいる立場にあるとの主張を支持する最たる証拠であった。アウグスティヌスが心理的また存在論的な意味合いや類比で三位一体の教理を探っていったこの著作の後半における創造的思索の成果があるからといって[28]、教会が教えていることを教えているという彼が一貫して表現していた強い意志をうやむやにすることはできず、何百もの字義的な聖書からの証明だけでなく、公同で正統、つまり三位一体的な聖書解釈のための解釈原理を規定している「正典的基準」（canonical rule）も、そのことを補強しているのである。[29] アウグスティヌスの方向性に従った中世の西方教会が、特に三位一体の教理と真にエキュメニカルな信条のテキストに関して、東方のキリスト教からの分離に向かってしまったことを考えると、この強い意志はなおさら皮肉に思える。[30]「神は彼のこの霊を送ってくださった」[31]や「あなたの父の霊」[32]という新約聖書の箇所は、アウグスティヌスにとって「時間を超えた聖霊の両者からの発出」の証拠であった。[33] あるいは、同じ新約聖書の箇所に基づき、彼は他のところで「聖霊は同様に子の霊なのだから、聖霊が子からも発出したと信じるべきではないか」と言っている。[34]

アウグスティヌスがニカイア・コンスタンティノポリス信条をパラフレーズしたものでは、聖霊は「父と子の霊」と呼ばれている。[35]

五世紀から六世紀にかけて、スペインの教会会議の信条のテキストにフィリオクエが含まれているが、現在では後世に挿入されたものであると通常は考えられている。[36]しかし、同じ起源の七世紀の信条での記述には、聖霊が「（父と子の）両者から同時に発出されたことが示される」とあり、これは明らかに真正なものである。[37]一世紀後の七九六年もしくは七九七年のフレジュスでの地方会議で、この信条のテキストはこのような告白として

（24） *N-CP Occ* 5.
（25） *N-CP Occ* 10.
（26） *Orange* con.
（27） Augustine *On the Trinity* 1.4.7（*NPNF*-I 3:20）.
（28） Schmaus 1927; Schindler 1965; C. N. Cochrane 1994, 399-455.
（29） Augustine *On the Trinity* 2.1.2（*NPNF*-II 3:37-38）; ５・１「聖書の中の信条」を参照。
（30） Oberdorfer 2001; ７・４「一致の聖霊と一致のサクラメント――二つの歴史的な皮肉の事例」を参照。
（31） ガラ四・六。
（32） マタ一〇・二〇。
（33） Augustine *On the Trinity* 15.26.45-47（*NPNF*-I 3:223-25）; 傍点は著者による。
（34） Augustine *Tractates on the Gospel of John* 99.7（*NPNF*-I 7:383）.
（35） Augustine *On the Trinity* 1.4.7（*NPNF*-I 3:20）.
（36） *Tol I* 5-6; *Tol III*.
（37） *Tol XI*.

記されている。「また、聖霊は……時間を超えて父と子から分離されることなく発出される」[38]。また、カール大帝の礼拝堂でもこのような仕方で唱えられ、八〇九年に彼が招集した教会会議でも承認された。ところが、カール大帝がレオ三世に信条の中にフィリオクエを公式に付加するように願い出たところ、教皇は難色を示し、自らそうすることはなかった。彼はニカイア・コンスタンティノポリス信条をフィリオクエのない形で二つの銀のプレートに刻ませた。しかしながら、教皇自らが作った信条には「父と子から等しく発出する聖霊……父において永遠性があり、子において等価性があり、聖霊は永遠性と等価性の結び目である」と語られている。しかし彼はこう説明を加えている。「私たち自身はこれを唱えないが、私たちはこれを語り、語ることによりこれを教える。しかし私たちが語ったり教えたりすることによって、信条の中に何かを挿入するようなことはしない」[39]。ここでの「唱えること」と「語ること」の間の区別は、礼拝の中で唱えられる「祈りの法則」[40]の一部ではなく、それゆえ普遍的な教会によって公式に告白される「信仰の基準」の一部でも実際にはなく、教皇を含めた西方の神学者たちによって語られて教えられる合法的な神学的言説（theologoumenon）を意味するように思われる。しかし一〇一四年に、教皇ベネディクトゥス八世が皇帝ハインリヒ二世に、挿入付きのニカイア・コンスタンティノポリス信条を唱える許可を与えた。そしてそれからわずか四〇年ほどが経った一〇五四年に、東方と西方は互いに破門し合い、その主たる理由の一つがフィリオクエの挿入なのであった[41]。

西方のこのアウグスティヌス主義は、アタナシウス信条と冠されるようになったラテン語の定式により、決定的な信条定式に到達した[42]。「私たちは三位一体であり、統合において三位一体である一人の神を礼拝する、これがカトリックの信仰である（*Fides autem catholica haec est*）」という言葉は[43]、先に引用したアウグスティヌスの『三位一体論』からの引用「これがカトリック信仰なので、これが私の信仰でもある（*Haec et mea fides est quando haec est catholica fides*）」を反映したものである[44]。そして「聖霊は父と子から（*a Patre et Filio*）出で、造られたのでも創造されたのでも生み出されたのでもなく発出した」という告白に至っては[45]、これはニカイア・コンスタンティノポリス信条に父と子からも（*ex Patre Filioque*）という語が加えられたような元の信条の拡張ではなく、ラテン信条のオリジナルな部分として西方の教理を取り入れたものである。しかしながら、このラテン信条はギリシア教父アタナシオスの名に帰されている。実際に、後の東方のいくつかの信仰告白には、（ラテン語からギリシア語に翻訳されて）あたかもアタナシオスがこれを書いたかのように扱っているものもある。[46] これらの三つの西方信条（使徒信条、「西方修正版」のニカイア・コンスタンティノポリス信条、アタナシウス信条）によって、中世の教会が、公同の信条・信仰告白の伝統の受容を確言したのと同時に、プロテスタント改革の教会にも伝達される形式での独自の特別なアイデンティティを定義したのである。『ヴァルデス信仰告白』もその正統を証明するためにこれらの信条を用いている。[47]『イングランド教会の三九箇条』にも、「ニカイア信条、アタナシウス信条、一般的には使徒信条と呼ばれている三つの信条」と一緒に挙げられている。[48] また、ルター派の『一致信条書』も「教会で

（38） *Fréjus* 4.
（39） *Leo III*; Capelle 1954 を参照。
（40） 6・2「祈りの法則、信仰の法則」を参照。
（41） *CP 1054* 4, 6.
（42） Kelly 1964.
（43） *Ath* 3.
（44） Augustine *On the Trinity* 1.4.7（*NPNF*-I 3:20）.
（45） *Ath* 23.
（46） *Metr Crit* 1.12; *Mogila* 1.10.
（47） *Vald.*
（48） *39 Art* 8.

共通に用いられるキリスト教信仰の主要な三つのシンボルもしくは信条」と呼んでいる。[49] 使徒信条もアタナシウス信条も西方が有しているような地位を東方では有していないが、信条を比較している二〇世紀のギリシア正教会の教本でさえ「三つのいわゆるエキュメニカルなシンボル」と語っており、また東方の信仰告白を編纂した二〇世紀の最も権威あるものには、「古代の三つのエキュメニカルなシンボル」というタイトルの下、三つすべてが含まれている（もちろん、フィリオクエの付加がない形でのニカイア・コンスタンティノポリス信条であるが）。[50]

この信条の伝統が中世思想に与えた影響は、一見するとほとんど引用されなさそうなテキストであるペトルス・アベラルドゥスがエロイーズに宛てた最後の手紙の一部であり、彼が「私がよりどころとしている信仰であり、そこから私は私の希望の力を引き出す」と呼んでいる『信仰告白』から遠回しの仕方で測定できる。[51] 彼が強く主張したいくつかの教理により、彼は一一四一年に断罪された。[52] しかし、ジルソンが言うように、「言うべきすべてのことはここで言っている。……ここで彼は自分の信条を唱えている。それはすべてのキリスト者の信条である。しかしアベラルドゥスは通常の仕方でそれを唱えられないのである[53]」。

15・2　西方のサクラメント的な教理の信仰告白化

このような受容のプロセスは、キリスト教史の最初の数世紀における信条と教会会議の布告が、中世の期間に信仰の声明としてカトリックの体系に永続的な権威を有していたことを保証するものであり、中世の時代を超えて継続していった。[54] しかし、そのような権威が排他的で、そこで規定されたものだけが規範的なものであり、そこで規定されていないものは規範的でないし規範的になることはできない、という意味ではない。アタナシウス信条は、三位一体や受肉の教理以外を挙げず、「私たちは三位一体であり、統合において三位一体である一人の神を礼拝する、これがカトリックの信仰である。……それゆえ救われたいと願う者は三位一体をこう考えるべきである。しかしながら、永遠の救いのために、私たちの主イエス・キリストの受肉を忠実に信じる必要もある」と明示している。[55] しかしこうあったとしても、アタナシウス信条がこれらの教理以外に何を信じても何を考えても問題ないと言っていると考えることは、誰にも許されないだろう。[56] 例えばペラギウスは、ニカイアの三位一体の教義を受け入れていたので自分が正統であると議論していたと思われる。しかしアウグスティヌスは、ペラギウスの三位一体の教理ではなく、罪と恩恵の教理の理由から、彼が正統であると認めることを激しく拒絶した。[57] アタナシウス信条とアウグスティヌスの著作、とりわけ『三位一体論』との間に多くの言葉の類似があるため、アウグスティヌスがこの信条（もしくはその前段階のもの）から引用したのか、あるいはより可能性が高いのは、一世紀ほど経つ間にアウグスティヌスの伝統を受け継ぐどこかの場所でアタナシウス信条が作られたということである。三位一体と受肉の正統的な教義を内容的に制限してしまうことに反対するアウグスティヌスの半ペラギウス論争は、古代の信条の権威が排他的ではなく包括的なものであり、それゆえに今はまだ明示できていない他の教理も、後には明示される可能性があることを明らかにしている。このような初期のまだ明示さ

---

(49) *BLK* 21; *Form Conc Sol Dec* 12.37.
(50) Androutsos 1930, 22-36; Karmirēs, 1:34-104.
(51) *Petr Ab* 4.
(52) *Sens.*
(53) Gilson 1960, 108-9.
(54) 16・3「宗教改革の信仰告白におけるカトリックの本質とプロテスタントの原理」を参照。
(55) *Ath* 3, 28-29.
(56) 3・3「『諸教理』と教理」を参照。
(57) Augustine *On the Proceedings of Pelagius*（*NPNF*-I 5:183-212）.

れていない他の教理の中で、サクラメントの教理は特別なものであるが、信条や信仰告白の伝統の中ではいくぶん不明確に位置づけられていた。『イングランド教会の三九箇条』での「福音書の中で私たちの主であるキリストが命じたサクラメントは二つ（だけ）、すなわち洗礼と主の晩餐である」という宣言や、[58]『アウグスブルク信仰告白弁証』の「サクラメントの数と用法」とタイトルが付けられた箇条で、洗礼と聖餐と並んで「告解は改悛のサクラメントと呼ばれるのにふさわしいだろう」と説いているものの他のいわゆるサクラメントはそうではないといった宣言のように、[59]中世末期から展開されていった信仰告白論争は、初期の信条の伝統における重要な隙間を埋めていくことができたのである。新約聖書にはこのようなサクラメント論（サクラメント全般について［*de sacramentis in genere*］と後に題されるようになったもの[60]）は含まれておらず、個々の様々な規定行為が主たるものである。このサクラメント論に、そのような七つの行為のそれぞれに適用可能な論及が含まれている。興味深いことに、サクラメントとして認められた行為のリストに変動があったとしても、それが聖なる七つであるという数字は維持された。[61]最終的に「サクラメント」と呼ばれるようになったのは七つである。洗礼、堅信、聖餐、告解、塗油、叙階、結婚。しかし福音書では、キリストが「制定した」他の聖なる行為、例えば洗足もあるように思われる。[62]これは中世の教会ではサクラメントにならなかったが、後に急進派のあるグループの典礼と信仰告白の中に位置づけられるようになった。[63]新約聖書はこれら複数の「サクラメント的」行為を、イスラエルの民が雲の中で「モーセの洗礼を受けた」ことと荒れ野での彼らが奇跡的な食べ物と飲み物に与ったこととの結びつきや、[64]十字架のキリストの脇腹の傷から血と水が流れ出したことの関連といった洗礼と聖餐との間の象徴的な関係を除き、互いに結び合わせていない。[65]さらに、新約聖書の語彙 *mysterion* は、ギリシア教父にとって「サクラメント」を意味する専門用語であり、[66]『メトロファネス・クリトプロスの信仰告白』、[67]『ペトロ・モヒーラによる東方教会の公同で使徒的な正統信仰告白』、[68]『ドシセオスとエルサレム教会会議の信仰告白』[69]といった東方正教会の信仰告白の中でもそのように使われているが、新約聖書のどの箇所においても「サクラメント」を意味していないのは疑い得ない。「神の秘儀の管理者（stewards of the mysteries of God）」[70]という言葉が、ローマ・カトリック教会、東方正教会、プロテスタント教会の様々な信仰告白に引用されているが[71]、そこには特別な意味は込められていないし、正教会とローマ・カトリック教会の信仰告白の中に、*mystērion* としての結婚という記述が[72]、サクラメントとしての結婚を規定している証拠テキストとして出てくるわけでもないのである[73]。

ニカイア・コンスタンティノポリス信条には「私たちは罪の赦しのための一つの洗礼を告白する」という項が

---

(58) *39 Art* 26.
(59) *Apol Aug* 12.41, 13.4.
(60) *Trent* 7.1.
(61) *Chr Trad* 3:209-10.
(62) ヨハ一三・三―一六。
(63) *Cologne* 9; *Dordrecht* 11; *Menn Con* 13.
(64) 一コリ一〇・一―四。
(65) ヨハ一九・三四、一ヨハ五・六、八。
(66) Lampe, 891-93; Sophocles, 774.
(67) *Metr Crit* 5.
(68) *Mogila* 1.98.
(69) *Dosith* decr 15.
(70) 一コリ四・一。
(71) *Trent* 21.2; *Mogila* 1.89, 1.109; *Helv II* 18.11.
(72) エフェ五・三二。
(73) *Trent* 24; *Dosith* decr 15. Syndogmaticon 10.15 を参照。

含まれている。[74] この項との並列関係に基づき、カール・ホルは、使徒信条の「罪の赦し」の言葉も、[75] 洗礼に関する具体的な言及であるとした。[76] しかし、初期の信条や信仰告白、また教会会議での信条的・信仰告白的な布告を注意深く見直してみると、そのようなサクラメントの証言を直接しているのは、皆無ではないとしてもほとんどないであろう。[77] これら二つの初期信条の注解を扱っている一六世紀や一七世紀の信仰告白でさえ、サクラメント論を位置付けるために、論点を拡大することを余儀なくされた。『ペトロ・モヒーラによる東方教会の公同で使徒的な正統信仰告白』は、ニカイア・コンスタンティノポリス信条からの記述に基づき、「ここには教会の最初のサクラメントである洗礼への言及がなされているので、教会の七つのサクラメントについて論じていくのにふさわしい場所であると思われる」と説明している。[78]『ハイデルベルク信仰問答』は、「洗礼と主の晩餐」の二つのサクラメントを使徒信条の聖霊の項のところで議論している。[79] しかし、九世紀にベネディクト会の二人の修道士、ラトラムヌスとパスカシウス・ラドベルトゥスによる聖餐の現臨をめぐる論争が起こると、信仰の法則の中に聖餐についての告白が欠けているにもかかわらず、祈りの法則がすでにその告白を獲得し始めていることが明らかになった。この論争は、祭壇の上の聖体がマリアから生まれた体と同一であるかどうか、という問いからまさに理解できる。「マリアから生まれた体」は信仰の法則のテーマであり、使徒信条[80]とニカイア・コンスタンティノポリス信条[81]でも「処女マリアから生まれ」という表現である。しかしながら、「祭壇の上の聖体」は信仰の法則には現れず、中世のミサ典礼の発展と聖餐奉献の実践における祈りの法則のテーマである。[82] ラドベルトゥスとラトラムヌスから二世紀後に、トゥールのベレンガリウスは、後に撤回することになったが、「祭壇の上に置かれているパンとぶどう酒は、奉献の後、単なるサクラメントのものであって、私たちの主イエス・キリストの真の体でも真の血でもない」という立場を強く主張した。[83] 一〇五九年にローマで開かれた教会会議で、彼は枢機卿のシルヴァ・カンディダのフンベルトゥスが考案した信仰の公言に署名し、彼が先に宣言していたものを取り消し、現臨を確言したのである。次いで、彼は一〇七九年のローマの教会会議でも、再度、現臨の教理を受け入れていることを示した。

私、ベレンガリウスは、聖なる祈りの秘儀と私たちの贖い主の言葉を通し、祭壇の上に置かれているパンとぶどう酒が実体変化し（*per mysterium sacrae orationis et verba nostri Redemptoris substantialiter converti*）、私たちの主であるイエス・キリストの真実で固有の生ける体と血になり、聖別された後には、処女から生まれ、世の救いのために献げられて十字架に架けられ、父の右に座しておられるキリストの真の体が現臨し、真実なキリストの血が、サクラメントのしるしと力を通してだけでなく、本性の特質と実体の真実において彼の脇腹から注がれて現臨していることを、私の心の中で信じ、私の唇で告白する。[84]

（74） *N-CP* 10.
（75） *Ap* 10.
（76） Holl［1919］1928, 121-22.
（77） ６・２「祈りの法則、信仰の法則」を参照。
（78） *Mogila* 1.98.
（79） *Heid* 68.
（80） *Ap* 3.
（81） *N-CP* 3.
（82） *Chr Trad* 3:74-80.
（83） ap. *Brngr 1059*.
（84） *Brngr 1079*.

ローマ・カトリック主義において、ベレンガリウスの二回目の『信仰告白』が、この時に至って教義的にも教会法的にも現臨の教理の最も正確な定式を提示したのである。しかし、『第二スイス信仰告白』のようなプロテスタントの信仰告白に、聖餐においてキリストの体が身体的または実体的（*corporaliter vel essentialiter*）に現臨しているとの中世ローマ・カトリックの教理を批判する格好の材料を提供してしまうことにもなった。[85]

一二一五年『ラテラノ信条』は実体変化の教義を告白し、キリストの体と血は「祭壇のサクラメントにおいてパンとぶどう酒の形態のもとに真に含まれ、パンとぶどう酒は神の力によってキリストの体と血に実体として変えられる」としている。[86] しかし、これで論争は終わらなかった。[87] 改革期以降の多くのプロテスタント信仰告白において、この特殊で専門的な「実体変化」（transubstantiation）というラテラノの教理への拒絶が、真の現臨の教理を実際に否定し、パンとぶどう酒の要素がキリストの真の体と血に「変化する」（change）ことを否定するための婉曲語となったのである。これらの信仰告白の中には、「実体変化」（transubstantiation）と「現臨」（real presence）が単純に「冒瀆的な意見」と同等に考えられているものもある。[88] これらの信仰告白に対して、『トリエント公会議の規準と布告』では、いくぶん穏健な言葉で『ラテラノ信条』の信仰告白を再確言し、「聖なるカトリック教会がふさわしく適切に（*convenienter et proprie*）実体変化と呼んできたもの」と言及している。[89] この展開が示しているのは、中世という時代が、「祈りの法則」から「信仰の法則」へのある種の浸透によって「信者の大部分の正統」が教会の公式なレベルへと上昇していった時代であったということである。[90] 中世の時代のたいていが教理的権威主義の時代であり、聖職者が信徒を支配し、高位聖職者が聖職者を支配（し、伝統が高位聖職者を支配）する時代であったとしても、このことにはかなりの根拠がある。サクラメントの教理を成文化したことは、この時代における信仰告白の傑出した業績であり、その中には、キリストの真の血を人々がこぼしてしまう恐れが少なからずあったため、聖別されたパンだけに与る形式で聖餐を執行するという実践的なことも含まれていた。[91]

一二一五年の第四回ラテラノ公会議から一世紀後、サクラメントの教理はさらに明確化（またより公式に告白化）され、ヴィエンヌ公会議の一三一一―一二年『カトリック信仰の土台に関する布告』では、洗礼は罪責の赦しを与えるだけでなく、「聖化の恵みと徳は洗礼を受けた幼児にも成人にも授けられる」という教えの側に立っている。[92] しかしながら、第四回ラテラノ公会議でもヴィエンヌ公会議でもなく、後の中世の公会議であるバーゼル・フェラーラ・フィレンツェ・ローマ公会議の一四三九年一一月二二日にフィレンツェで行われた第八会期において、すべてのサクラメントに関する西方教会のこれまでの教えで最も包括的な公式な定義が、体系化された信仰告白として生み出された。[93] トマス・アクィナスに基づき、「教会のサクラメントについての真理を減らす（減らしていく）」ことにより、『アルメニア人との同盟勅書』の中では「簡潔な構成」にしていった。[94] この信仰告白は「新しい律法における七つのサクラメント」を分類し、それぞれの固有の賜物をコンパクトに示している。「洗礼によって、私たちは霊的に生まれ変わる。堅信によって、私たちは恵みのうちに信仰を成長させて強くさ

(85) *Helv II* 21.4.
(86) *Lat 1215* 1.
(87) *Wyclif; Loll* 4.
(88) *Scot II; Heid* 80.
(89) *Trent* 13.4.
(90) 第12章「信者の大部分の正統」と第6章「祈りの法則と信仰の法則」を参照。
(91) Smend 1898.
(92) *Vienne.*
(93) この重要性については Alberigo 1991 を参照。
(94) *Flor Arm* 10.

れる。生まれ変わり、強くされると、私たちは神の聖餐の食物によって養われる。しかしもし罪を通して私たちが魂を病んでしまったなら、告解によって、私たちは霊的に治療される。魂がふさわしくされたように、塗油によって、霊的にも身体的にもふさわしくされる。叙階によって、教会は統治されて霊的に増幅される。結婚によって、教会はその体が成長する」[95]。『アルメニア人との同盟勅書』は、サクラメントが効果を発揮しない（あるいは「作用しない」）三つの要素のスコラ的な詳細をも公式に示している。「物質としての事物、形式としての言葉、教会がなすことを意図しながらサクラメントを授ける聖職者の人格」。洗礼、堅信、叙階によって授与者に一意的に与えられる「消せない特徴」というスコラ的な教理を用いることで、これら三つのサクラメントは繰り返しが利かず、他の四つは繰り返しが利くのである[96]。

この布告では「聖なる洗礼はすべてのサクラメントの中で第一の位置を占めている」と宣言しているが、それは「洗礼を通して、私たちはキリストとその体である教会のメンバーとなる」からである。堅信のサクラメントにおいて、「キリスト者はキリストの名を力強く告白すべきであるため、聖霊がこのサクラメントにおいて強化のために与えられる」ことから効果的である。聖餐のサクラメントにおいて、「このサクラメントをもたらした救い主の言葉」が司祭によって聖餐式の中で語られる時、「パンの実体がキリストの体に、ぶどう酒の実体が彼の血に変えられる」ことが起こるが、「キリストの全体はパンの形相とぶどう酒の形相の下に含まれる」という仕方である。告解のサクラメントには三つの段階があり、「心の悔恨」、「口の告白」、「罪の充足」である。その「形式」は、「司祭が『私はあなたを赦す』と発する赦しの言葉」から構成される。第五のサクラメントは塗油であり、「死が予期されない限り、病者に施してはならない」ものであり、その効果は「心を癒し、魂を助ける限りにおいて肉体も癒す」ことである。叙階もしくは按手のサクラメントは司教によって授けられ、「キリストの仕え人にふさわしい人にする恵みの増大」の作用がある。最後の「第七は、キリストと教会の結びつきを示す結婚のサクラメントであり」、その効果的な目的は、二人の配偶者により「たいていは言葉で表現される双方の合意」である。

この要約は、フィレンツェ公会議によって示された「今日および将来のアルメニア人に、より容易に教え諭すための」ものである。一五九五年「ブレスト合同」（Union of Brest）や一六四六年「ウジホロド合同」（The Union of Užhorod）との試みが復活して継続したことを除いて、アルメニア人との同盟は、フィレンツェ公会議における東方全体との再合同の野望がそうであったように、無に帰した。[97] しかしその定式は、西方カトリック信者に、「より容易に教え諭す」[98] ためのものとして、ずっと有益だと判明し、プロテスタントからの批判に応えたトリエント公会議よりも前に、中世に発展していた西方のサクラメントの教理を、これまでのどの教会会議よりも明白で簡潔に規定していたのである。それゆえ、信条と信仰告白の集成に対して、中世の最も重要な貢献の一つとなった。ほぼ同時期に、バーゼル・フェラーラ・フィレンツェの公会議の直接的な結果としての一四三九年『エフェソのマルコの信仰告白』も、論争となっている様々な問いについて、東方の教えの決定的な声明を提供している。[99]

（95） *Flor Arm* 11.
（96） *Flor Arm* 12-13.
（97） Halecki 1958, 199-419; Lacko 1966.
（98） *Trent* 7.1.
（99） *Mark Eph.*

15・3　信条に基づく理性としてのスコラ神学

祈りの法則から信仰の法則に向かってこのサクラメントの教理が移行していったことに加えて、西方中世の時代の信仰告白における別の成果は、信条における信仰に基づいて理性的に考えることによって、「信仰」（the faith）それ自体の概念と内容の両方をより深く、より決定的に構成していったことである。中世神学を可能にしたのは、信条と教会会議からのすべての委託物によってであったが、信条と教会会議の教理の総意が何であったかを明確に受け取ることによって、中世神学はその委託物に実質的な付加をしていったという一種の相互関係があるのである。したがって、本章の冒頭に挙げた中世キリスト教思想と教理の四つの大著（カンタベリーのアンセルムスの『クール・デウス・ホモ』、ペトルス・ロンバルドゥスの『命題集』、トマス・アクィナスの『神学大全』、ダンテの『神曲』）は、その箇所で言及したように、確かに「正確な意味での信仰告白ではない」かもしれないが、信条や信仰告白をすべての前提としているし、信仰告白を欠いては成り立たなかっただろう。

その論証形式において、アンセルムスの『クール・デウス・ホモ』は、信条や聖書神学の解説としてではなく、思索的な思考実験（*Denkexperiment*）として構築されている[100]。この書は、神の義と憐れみとの関係において、罪深い状態にある人間の理性だけで、「あたかもキリスト不在（*remoto Christo*）として」分析するようにと主張している。神が彼の憐れみを人類に施し、なおかつ彼の義や正直（せいちょく）（*rectitudo*）によって表される全世界の道徳的秩序を犠牲にすることなく、個々の人間が有効とされる「人類の贖罪」のために、損なわれた神の栄誉を満足させ、同時に無限の価値を持つ手段を考え出す必要がある。それゆえ、贖罪の主体は完全に人間である必要があり（さもないと彼の充足の行為は有効にならない）、完全に神である必要がある（さもないとその価値は有限となってしまう）。この理性による構築は、形式的な意味においてはキリスト不在（*remoto Christo*）と表現されているが、ニカイア・コンスタンティノポリス信条に、またとりわけ『カルケドン公会議の信仰定式』によって定義されてきたイエス・キリストの神・人の位格に正確に一致する贖罪者として、最終的には規定される。「神性と人性は、神が人間に入れ替わったり、人間が神に入れ替わったりするような、相互間で変化することはあり得ない。また、両者が混ざり合って完全な神性や完全な人性が損なわれてしまう第三の性質が生み出されてしまうこともあり得ない」と、アンセルムスの『クール・デウス・ホモ』は結論付けている。[101] カルケドンが語っているのは「混同されず、変化されず、分割されず、分離されない二つの本性」ということであり、また「結合を通して二つの本性の違いがまったく取り去られることなく」、「両本性の特質が保たれ、一人の人の中に両立し、単一の存在である」と主張している。[102] ジョージ・H・ウィリアムズはこのようなワンセンテンスの長文を書いている。

一〇〇〇年間にわたってこれまでほとんど認識されてこなかった神学的関心への転換の結果、それは、キリストの勝利（*Christus victor*）の下で悪魔から解放されてキリスト教徒として聖なる者として登録されることが強調される教父によるキリスト教の一度限りの洗礼・聖餐の経験から、全世界の罪のために祭壇の上で苦しむ人間（*Homo patiens*）として屠られることによって義が回復されて漸進的に合一されていくという継続的な聖餐経験に基づくスコラ的関心への移行であったが、その結果、神学的な圧力が高まり、長い間、必要とされていた教会の成熟したサクラメントの体系と完全に一致する贖罪の教理の定式の再調整が、最終的にアン

（100） *Chr Trad* 3:129-43.
（101） Anselm *Why God Became Man* 2.7（tr. Eugene R. Fairweather）; Syndogmaticon 3.10.
（102） *Chal* 18-21.

セルムスによってもたらされたのである。[103]

それゆえ、この「教会の成熟したサクラメントの体系」のおかげで、クレルヴォーのベルナルドゥスがアベラルドゥスに用いた「私たち人間のため、また私たちの救いのために」という受肉の目的についての信条的なフレーズは[104]、古典的な信条にはまったくなかった具体性を今や持つようになった。アンセルムスによって明確化されたことは、キリストの位格に関するカルケドンとその信条の教理に（暗黙のうちに）対応するキリストの働きの教理として、西方の伝統になったのである。

ペトルス・ロンバルドゥスの『命題集』は、中世における神学の教科書として最も広く用いられ、主要問題における伝統的で多様な（そして多様化していく）記述がまとめられている。[105]この書は文字通り何千もの注解書で解説がなされ、その聡明でバランスの取れた諸記述を集めて用いることで、諸権威の調和を取れるようにしたのである。[106]注解書の著者が驚くほど多様であるため（トマス・アクィナス、ボナヴェントゥラ、ドゥンス・スコトゥス、ウィリアム・オッカム、ヤン・フス、マルティン・ルターを含む多くの者たち）、これらをたどれば中世の数世紀にわたる教理や専門用語の一連の発展を追っていくことができる。しかし、『命題集』およびその注解者たちの根底にある前提条件と長期的目的は、信条と公会議によって確言されたカトリックの統一性・多様性を発見することであった。キリスト教教義の中で、分裂前の教会における七つの公会議で何らかの形で議論を占めていたキリストの位格の教理ほど、多様性の中における一致を豊かに表現しているものはない。[107]中世神学におけるこの教理の思索的な推敲は、多元主義と教理発展への文書化をもたらした。しかし、この推敲は、これらの公会議の教義的な布告の権威を継続し、特に『カルケドン公会議の信仰定式』の意義が持続していることの妥当性を証明するものでもあった。[108]ペトルス・ロンバルドゥスの教えでは「キリストは彼の人性においては無である（*quod Christus secundum quod est homo non est aliquid*）」とされ、それが彼の神学的定式化の中で最も論争的なものとなり、それをめぐって教理的な衝突が渦巻くことになったため、キリストの位格の信条的な教理がペトルス・ロンバルドゥスの書をもとに注解されていったのは奇妙なことであろう。(109)

トマス・アクィナスによるペトルス・ロンバルドゥスの『命題集注解』や彼の他の聖書注解、アリストテレス注解に基づいた『神学大全』は、中世における（アンセルムスのアウグスティヌス的な定式とされる）「知解を求める信仰（*fides quaerens intellectum*）」の業を継続し、一三世紀以降におけるその支持者たちにとっての最高潮を迎えた。(110) この定式における信仰（*fides*）は、人が信じるところの信仰（*fides quae creditur*）であり、信条、信仰告白、教会会議、教皇の定式の伝統によって信じられ、教えられ、告白される信仰のことである。それゆえ、『神学大全』の第一部の第一問において、トマスは「聖なる学科」（sacred science）あるいは神学の機能を「信仰箇条（*articuli fidei*）の命題を確立するために議論するのではなく、それらから何かを知るように前進することである」と定義している。(111) これらの「命題」（premises）もしくは信仰箇条（*articuli fidei*）は、第一義的に、聖書に据えられ、使徒あるいは最初からの者の信条（*symbolum apostolorum seu primum*）である使徒の教えのことであり、次いでトマスは

---

(103) G. H. Williams 1960, 64.
(104) *N-CP* 5; 10・3「正統と禁欲主義」を参照。
(105) *Chr Trad* 3:216-29.
(106) Stegmüller 1947.
(107) 1・4「連続性と変化の例としてのキリストの位格」を参照。
(108) Principe 1963-75.
(109) Colish 1994, 1:427-38.
(110) *Chr Trad* 3:255-67.
(111) Thomas Aquinas *Summa Theologica* 1.1.8 (tr. Blackfriars).

その権威に関して、『神学大全』の第二部の二（*Secunda Secundae*）の第一の問いを費やしている。

> 普遍的な教会は誤ることができない、なぜなら真理の霊である聖霊によって導かれているからである。……今や信条が不変的な教会の権威によって作成されている。したがって、不適切なものは何もその中に含まれていない。……
>
> 真理が目の前に示されない限り、誰も信じることはできない。したがって、一つの定式の中に信仰の真理が集められることは、すべての人にすぐさま提示できるために必要なことであった。……「信条」（symbol）という名は真正な信仰の教えを集めてまとめたという意味に由来している。

「すべての信条は同じ真理を教えている」とトマスは付け加えている。[112] これこそが信条の真理と権威であり、その上に彼は神学全体の業を見通せると感じたのである。

ダンテの『神曲』もこの権威を前提としており、とりわけ教会とキリスト教教理の考察をする際はそうである。[113]「天国篇」第二四歌で、天上のものとはいえ、神学の学位の審査を受ける候補者の役で巡礼者ダンテを描いたことは、『神曲』における信仰の権威の最も直接的な考察をしていることである。ダンテがそこで言っているように、「私たちは信仰により、理性的に考えなければならない／三段論法から可能なことを推論しなければならない」[114]。新約聖書からの引用によって、信仰を「望んでいる事柄の実体、見えない事柄の証拠」として定義しつつ、[115] この巡礼者は信条を唱えることによってその内容を定義することへ進んでいるが、まったく自分自身のものでありながらも、カトリック教会や正教会の信仰に立ったものを作っているのである。

> 私は唯一の永遠なる神を信じる、

彼は動かざる者で、彼の愛と彼への愛で天のすべてを動かす。……
また、私は三つの永遠なる位格を信じる、
そしてこれらは一つの本質であると私は信じる、
それゆえ単一であり三重でもあり、単数（*is*）でもあり複数（*are*）でもあり得る。
この私が触れてきた神の深遠な状態について、
福音の教えはたびたび私の心に刻まれてきた[116]。

この信条の復唱に対する応答として、「使徒的な光」が彼を三度、包んでくれる。「私が語ったことは、彼にこのような喜びをもたらした[117]」。

こういうわけで、これら四つの中世の古典は、何らかの形で、それらの伝統にある信条、信仰告白、教会会議の教理を反映しているだけでなく、後の信仰声明を形作ることにも貢献している。例えば、一五六四年『トリエント信仰宣言』は、ラテン語においても教理においても中世の資料である[118]。とりわけ、アンセルムスの『クー

（112） Thomas Aquinas *Summa Theologica* 2a2ae.1.9（tr. Blackfriars）.
（113） Pelikan 1990b, 78-100.
（114） Dante *Paradiso* 24.76-77（tr. Allen Mandelbaum）.
（115） ヘブ一一・一。
（116） Dante *Paradiso* 24.63-64, 130-32, 139-41; 翻訳の中の傍点はオリジナルである。
（117） Dante *Paradiso* 24.151-54.
（118） *Trid Prof.*

ル・デウス・ホモ』で説かれた充足としての贖罪の教理は、信仰告白的な観点からすれば、中世全体の教理発展の最も大きな成功を収めた。というのも、もちろんカンタベリーのアンセルムスに帰されるよりもたいていは聖書に直結する形であったが、プロテスタントの改革期とその後の時代において広く受け入れられたからである[119]。

15・4　中世後期における教会的信仰告白の台頭

古代のエキュメニカル信条の中世におけるこの受容には、使徒信条の「聖なる公同の教会[120]」、あるいはその祖先では単に「聖なる教会」と読まれる文言が含まれており[121]、また、三八一年のニカイア・コンスタンティノポリス信条の「西方修正版」のラテン語では「唯一の聖なる公同の使徒的教会（*una sancta catholica et apostolica ecclesia*）」という文言が含まれている[122]。これが意味しているのは、これらの信条のいずれかを説く者は、教会論の問いに言及しないわけにはいかないということである。しかし教会の教理の詳細な定義は、キリスト教教理と信条の定式の中では中心的な位置を占めていない。教会の聖性の教理は、アウグスティヌスと、カトリック教会とその司教たちが聖から堕落したためにそのサクラメントが無効になったと主張したドナティストとの間の論争での争点だった。しかし、これらの論争における主要な教理の論点は、洗礼と聖なる職制の教理であった[123]。西方ラテンと東方ギリシアとの間での教会の職制をめぐる論争や、その論争によってもたらされた分裂の時でさえ、厳密な意味での教会論の教理への注目は、管轄や権威問題に比べるとしばしば二次的なものであった。教会の教理よりも、聖霊の発出についての教理であるフィリオクエが、教義的な違いの主要点であると見なされている[124]。「初期スコラ主義では」、その代表的な歴史家が指摘したように、「教会の教理に関する問題を議論することはめったにない[125]」。高度なスコラ神学で教会の教理を考察する際にも、教会についての論考（*tractatus de ecclesia*）そのものを探求するよりも、他の教理を扱う前提条件として、また、教会の伝統を構成する教父や教会会議の「権威」を扱う前提条件として機能している教会論を探索するのである[126]。

しかし中世後期になると、教会の教理は、それまでまったくそうでなかったわけではないが、神学議論のより重要な位置を占めるようになり、やがて教会論的な信仰告白が具体的に台頭してきた[127]。ある学者が「最も古い教会論」と呼んでいる著作は[128]、アウグスティヌス会士でありナポリ大司教であったヴィテルボのヤコブスの一三〇一年もしくは一三〇二年『キリスト教政治』である。その同じ日付で発行された教皇ボニファティウス八世の勅書『ウナム・サンクタム』は、具体的な教会論の信仰告白としておそらく最もよく知られているものである[129]。すでに教皇ボニファティウス八世以前にも、教皇グレゴリウス七世や教皇インノケンティウス三世が教会、

(119) 3・3「『諸教理』と教理」を参照。
(120) *Ap* 9.
(121) *R.*
(122) *N-CP Occ* 9.
(123) 10・2「異端と／または分派」を参照。
(124) 4・2「東方と西方の教会の職制の教理」、7・4「一致の聖霊と一致のサクラメント——二つの歴史的な皮肉の事例」を参照。
(125) Landgraf 1951, 1-I:30.
(126) Chenu 1964, 126-39.
(127) *Chr Trad* 4:69-126.
(128) Arquillière 1926.
(129) *Unam.*

特に教皇制の権威を扱った信仰宣言を発行している。一〇七五年『教皇グレゴリウス八世の教皇令』[130]、一二一五年『第四回ラテラノ公会議の教理布告』もしくは『ラテラノ信条』[131]。一五世紀のいわゆる改革公会議（ピサ［一四〇九年］、コンスタンツ［一四一四―一八年］、バーゼル・フェラーラ・フィレンツェ・ローマ［一四三一―四九年］[132]）によって発行された布告は、信仰、道徳、教会の職制といった多くの他の問題も扱っているが、特に教会会議と教皇との相対的な権威をめぐる教会論に集中していると言えるだろう[133]。この集中は、『キリスト教の伝統における信条と信仰告白』の第三部におけるテキストの区分けの最後「中世の改革の提唱者による信仰宣言と改革の先駆者によって据えられた教会の信仰告白」とも同じ響きを持っており、その中にはワルドー派やフス派の信仰告白も含まれる[134]。

重要なのは、ヴィテルボのヤコブスの教会に関する著作と教皇ボニファティウス八世の勅書の両方が、教会と世俗権力との間の中世後期の闘争によって相当数、引用されたことである[135]。もしこのような闘争が縄張りや権力をめぐる闘争以上のものになったとしたら（もちろんそうなったのであったが）、両陣営の代弁者にとって、国家との関係の性質を明確にする前に、教会そのものの性質を明確に定義する必要に迫られたのである。キリストの昇天前に彼の弟子たちに最後に語った言葉は、「天と地におけるすべての権威は私に与えられている。それゆえ行って……私があなたたちに命じたすべてを守るように彼らに教えなさい」であり[136]、キリストのこのすべての権威が使徒たちに（また、彼らの後継者である司教たち、とりわけペトロの後継者であるローマの教皇に）与えられているとすれば、この教える権威が王や皇帝にも向けられるのではないか。あるいは、イエスがローマの皇帝の代理であるポンテオ・ピラトに言った言葉「私の王権はこの世のものでない」や「上から与えられたのでなければ、あなたは私に対する何の権威もないはずだ」[137]は、ダンテの『帝政論』で議論されていたように、教会とその働き人に授けられた権威が天の門を開閉するものであり、国家や社会のこの世的な制度に直結していないのではないか、ということを示唆しているのではないか。中世の教会と国家との間の主要な政治問題の一つが、時の支配者が司教を任命し、司教職のシンボルを彼らに授けること（それゆえ「叙任権闘争」と呼ばれた）であったため、その権利の擁護者も反対者も、司教職、司祭職、サクラメントといった教理に言及せざるを得ず、それゆえ最終的には教会の教理全体に触れざるを得なかったのである。

中世後期における教会の教理への新たな注目は、教会の性質の教理を扱う主要な場として、教会法から教義神学へと移行していったことが関係しているように思われる。しかしながら、シャルトルのイヴォのように両方において働きをなしている中世の神学者かつ高位聖職者が存在していたため、このコントラストを強調しすぎることは危険が伴う。中世の教会法学は、不十分ながらも、この教理に対処する方法論として、自らが不可欠であることを証明してきた。というのは、叙任やサクラメントのように、同じ教会論的な多くの問題は、当然のことながら教会法にも教義神学にもかかわるからである。[138] シモニア（聖職売買）の「異端」もそうである。[139] しかし、（当時も今も）市民法における法律をめぐる論争が、その根本原因を突き止めていくと、政治哲学の教理をめぐる

(130) *Dict Pap.*
(131) *Lat 1215.*
(132) *Flor.*
(133) Bârlea 1989.
(134) *Wald; Boh I; Boh II.*
(135) 8・3「信仰告白と政治定式」、Syndogmaticon 7.3 を参照。
(136) マタ二八・一八―二〇。
(137) ヨハ一八・三六、一九・一一。
(138) 第4章「信仰と職制」を参照。
(139) *DTC* 14:2141-60 (A. Bride).

違いとなってくるように、中世後期における教会法学者の教会論的な論争は、重大な聖書テキストの釈義、教理に関する教会会議の布告、規律に関する教会会議での規準だけでなく、教会の教えの中に組み込まれていた教会法の前提を探索するよう強いられた[140]。この変遷の顕著な例が、教皇無謬性の教理である。中世の教会法をめぐる論争の中で、以前の教皇が公表した決定を覆す権利が教皇にあるかという問いを含め、教皇の法学が台頭してきたのである[141]。しかし、それは最終的に現代におけるあらゆる信仰宣言の中で最も重要なものとなり、一八七〇年七月一八日に『第一ヴァチカン公会議の教義憲章』として発行されたのである[142]。

教会法と教義神学の両方の問題として、中世後期の時代の教会の権威の危機は、行政的なことだけでなく、教理的な注目を要求した。一四世紀に起こったアヴィニョンへの教皇庁の「バビロン捕囚」は、その後、アヴィニョンの教皇とローマの教皇との間でのいわゆる大分裂（Great Schism）となったが、教会の本質と教会内の教皇庁の位置づけについて、根本的な問いを投げかけた。一五世紀前半の改革公会議での教理的布告は、権威の危機を、教皇の権威を公の教会会議に従属させることによって解決を図ろうとしたものである。そのため、『コンスタンス公会議の布告』はこう宣言している。「聖霊によって合法的に招集され、公の会議を構成し、全カトリック教会を代表しているこの会議は、キリストからの直接の権威を有し、いかなる国家であれ権威であれ、教皇でさえも、信仰と分裂の危機に関するここでの事柄に従う義務がある[143]」。教皇による中央集権主義の支持者たちが、いかなる教会会議よりも教皇の首位性を再主張した時、どちらの側も教理的な正当性を示す必要に迫られた[144]。典礼的または司法的な返答だけでなく教理的な答えを要する権威の問題の特別な事例は、聖餐の配餐において信徒を杯に与らせない中世の実践の合法性に関してであった。この実践に対して「皆、この杯から飲みなさい」というキリストの命令に基づいた反論は[145]、ヤン・フスの追従者たちの特徴的な教理となり[146]、特にトリエント公会議の時代に至るまでの一六世紀のプロテスタントの論題の一部であり続け、その公会議が続いていた間の一五五一年のドイツの二つの信仰告白にも表れている[147]。フス派の一派は「ウトラキスト（Utraquist）」（*sub utraque specie*［両形態の下に」、すなわちパンと杯の下に）というレッテルを貼られた。より包括的な教会論なくして、これらの挑戦に応えることはできないだろう。

西方教会が内部分裂の教理的な（同時に行政的、司法的な）解決を必死になって模索していた同じ頃に、東方と西方との間のより古くからの一筋縄ではいかない分裂にも注目が注がれていた。一三世紀の解決策の失敗の後（一二〇四年の第四回十字軍を契機とするコンスタンティノポリスにおけるラテン総主教座の建設、一二七四年のリヨン公会議での統合の試み[148]）、西方教会と（現在の専門用語を用いれば）アルメニア東方諸教会（Oriental Orthodox Church of Armenia）とコンスタンティノポリスの東方正教会との間の再統合の可能性への新たな関心が高まった。この関心は、一四三九年のフィレンツェ公会議で、『天よ、喜べ』と『アルメニア人との同盟勅書』につながった[149]。教会規律と教会司法の問題（もちろんフィリオクエも）が、フィレンツェ公会議での交渉のテーマとなった。しかし両陣営とも、分かたれる前の教会の正統で公同の信仰を告白していると主張している相手の面前で、何が両者を

---

(140) Tierney 1998.
(141) Tierney 1972.
(142) *Vat I*.
(143) *Const* decr 4; 傍点は著者による。
(144) *Chr Trad* 4:100-110.
(145) マタ二六・二七。
(146) *Prague* 2.
(147) *Sax; Wrt.*
(148) *Lyons* 1.
(149) *Flor Arm*; 15・2「西方のサクラメント的な教理の信仰告白化」を参照。

分裂させ、何で一致することができるか、説明する必要に迫られた。そしてフィレンツェ合同が最終的に東方によって否認されても、（その決定を動かす政治的、文化的、典礼的［さらには軍事的］な問いを超える）重大な教理的問いは、なおも教会論であることに変わりなかった。[150]「教会の教理の時代」とよく呼ばれる一九世紀から二〇世紀にかけて、信条と信仰告白はしばしばその中心に据えられ、単独のテーマとさえなったのである。

中世後期にこれらのいくつかの展開によって信仰告白の議題が据えられると、教会論が存在感を増し、支配的にさえなっていった。その議題の一環として、一六世紀に次々と生じる宗教改革の信仰告白の中で、教会論が一つ条項として加えられるのが標準的になった。[151]これらの宗教改革の信仰告白の多くが聖書の権威の教理に集中しているのも、この中世の教会論への関心の継続と見なすことができるかもしれない。[152]というのも、一五二三年『ウルリッヒ・ツヴィングリの六七箇条』の第一条第一項がこう主張しているからである。「教会の承認なしに福音はあり得ないと言うすべての者は、誤りを犯し、神を中傷している」。[153]ルター派の一五三〇年『アウグスブルク信仰告白』は、第二部での教会生活の実践における条項のほかに、二つの条項を教会論にあてがっている。[154]『イングランド教会の三九箇条』でも、教会の教理が二つの条項に分けられている。[155]そして、ニカイア・コンスタンティノポリス信条[156]と使徒信条[157]の両者にある「聖なる」といった教会の性質は、聖霊の教理と共に、宗教改革の伝統における信仰告白での教会の政治と職制に関して重要となる教理的土台であり、また、とりわけ宗教改革の信仰告白におけるキリスト教の規律の理解に細心の注意を払う教理的土台でもある。

(150) 9・2「批准としての信条、教会会議、信仰告白の受容」を参照。
(151) 16・1「宗教改革期における信仰告白の拡散」を参照。
(152) 5・2「信条と信仰告白の中の聖書」を参照。
(153) *67 Art* 1.
(154) *Aug* 7-8.
(155) *39 Art* 19-20.
(156) *N-CP* 9.
(157) *Ap* 9.

第16章　宗教改革期における信仰の告白

プロテスタント改革を受け継ぐ者たちが「信条」(creed)という言葉を用いる時、この語は『イングランド教会の三九箇条』の「ニカイア信条、アタナシウス信条、一般的には使徒信条と呼ばれている三つの信条」[1]、または他の信仰告白がリスト化しているように[2]、三つのうちのどれかを指しており、西方キリスト教界全般で共有していることである。少なくともプロテスタントでの共通の用い方として、多くの場合、「信条」(the Creed)という語は、それらの中での三番目の使徒信条を指し、『第二スイス信仰告白』では聖書の「要約」(compendium)と呼んでいる[3]。しかし、ルター派、英国教会、長老派が「信仰告白」もしくは「特定の信仰告白」(*the* confession)という語を用いる時、それは自分自身の教会の特定の信仰告白あるいはプロテスタント主義における諸信仰告白をたいていの場合は意味している。『ドルトレヒト信仰規準』が「改革派教会の信仰告白(the confessions)」を相互参照して読者にそうするように促したり[4]、会衆派の『ボストン全国会議宣言』が「一六四八年と一六八

---

(1)　*39 Art* 8.
(2)　*BLK* 21; *Form Conc Sol Dec* 12.37.
(3)　*Helv II* 17.17.
(4)　*Dort* con.

〇年の私たちの会議が提示し、再確言した信仰告白（the confessions）と綱領」と語っているのはそのためである。[5]特にルター派、英国教会、長老派では、ルター派であれば一五三〇年『アウグスブルク信仰告白』（および一五八〇年『一致信条書』の全体）[6]、英国教会であれば一五七一年『イングランド教会の三九箇条』（この信仰告白およびその前身・後身のものは、英国教会では通常、「信仰告白」ではなく「箇条」[the Articles]と呼ばれてきたが）[7]、長老派であれば一六四七年『ウェストミンスター信仰告白』である。これら三つすべての「信仰告白」は改革期の産物である。しかしながら時には、初代教会の普遍的な「信条」（creeds）と改革教会の特定の「信仰告白」（confessions）の両方の権威あるテキストの集合が、古代の「シンボル」（symbols）という名称で結び合わされて呼ばれることがある。[8]

必要なことであるのだが、「信条」（creeds）と「信仰告白」（confessions of faith）のこの区別は、本書（および『キリスト教の伝統における信条と信仰告白』）の全体の議論を通して現れているが、いくぶん恣意的であり、歴史的には一貫していない。古代の信条も時には「信仰告白（*confessiones*）」と呼ばれることがあったし、[9]宗教改革の信仰告白も「信条」と呼ばれることがあった。[10]一四三九年一一月二二日『フィレンツェ公会議のアルメニアへの布告』のような最も注目すべきテキストなども含め、[11]宗教改革以前にもいくつかのものが見られるが、「信条」（creed）とは異なる神学的・文学的なものとしての「信仰告白」が独自の地位を獲得して支配的になったのは、一六世紀の宗教改革においてであった。そのため、東方正教会が「信仰告白（*Homologia*）」というタイトルを採用し、ローマ・カトリック教会とプロテスタント主義の諸派（そのほとんどが自分たちの教理的な立場を「信仰告白」によって定式化していた）に対抗して、自身の教理的立場を体系化していったのは一七世紀のことであった。いわゆる一六二九年『キリロス・ルカリスによるキリスト教信仰の東方の信仰告白』は、聖書のみの権威やサクラメントの数といった問題ある教えがプロテスタント的な傾向を持っていたため正教会によって否認されてしまったが、主要な教理に関する一連の条項を掲載するというプロテスタント的なスタイルを採用しているわけではない。『コンスタンティノポリス総主教イェレミアス二世のアウグスブルク信仰告白への応答』は、『アウグスブルク信仰告白』の条項への返答として、各条項に分かれている。[12] 一六三八年『ペトロ・モヒーラによる東方教会の公同で使徒的な正統信仰告白』[13]、一六七二年『ドシセオスとエルサレム教会会議の信仰告白』も、一六二五年『メトロファネス・クリトプロスの信仰告白』がすでにそうしているように、問いと条項を体系化している。これら後者のすべては東方正教会の「信仰告白」(confessions) であったし、今もそうであり、多かれ少なかれ公式に承認されたものである。[14]

このような比較は、ある観点からすると適切な基準とニュアンスをもって、プロテスタント主義(この語はたいてい限定的に用いられる)を超えたすべてのキリスト教の教派の中で、一六世紀と一七世紀を「信仰告白の時代」(the confessional age) と呼ばれる明白な歴史的時期として扱い得ることを示唆している。[15] 縦割りは、とりわけ

(5) *Boston* pr.
(6) Gassmann and Hendrix 1999.
(7) *OED* 1-I:470; *ODCC* 112.
(8) *Form Conc Epit* 1.2-3.
(9) *Form Conc Epit* pr 2.
(10) 一つの例外が Piepkorn 1993, 20 にある。
(11) 15・2「西方のサクラメント的な教理の信仰告白化」を参照。
(12) *Jer II* 1.
(13) *Mogila*.
(14) 14・4「作用と反作用としての東方の信仰告白」を参照。
(15) Reinhard 1977.

宗教改革期の信仰告白を提示して研究するためには自然な分類の仕方であり、ある意味では避けられないことでもある。このような縦割りが、東方正教会と西方キリスト教の違いであり、ローマ・カトリック教会とプロテスタント主義との違いであり、ルター派とカルヴァン主義と英国教会の違いであり、行政的プロテスタント主義と急進的プロテスタント主義との違いである。しかし、歴史の時代ごとに、横割りもできる。というのは、改革派もルター派もどちらの教会にとっても、敬虔主義の前と教会改革の後に信仰告白スコラ主義の時代を迎えたという点で、改革派の敬虔主義とルター派の敬虔主義の時代には、いくつかの決定的な点で大きな類似点を持っているからである。このような時代区分の図式は、種々の理由から、カルヴァン主義やルター主義に比べるとローマ・カトリック主義や急進的プロテスタント主義にはあまり当てはまらず、また東方正教会にはなおさら当てはまらない。しかしいずれにしても、宗教改革期の信仰告白の歴史において、同時期の西方のいくつかの教派から生じた信仰告白をまとめて考察し、ここで扱っていくのに十分正当な首尾一貫性があるのである。

16・1　宗教改革期における信仰告白の拡散

H・A・ニーマイヤーによって編集されて一八四〇年に出版された改革派の『改革派教会で出版された信仰告白集』、『アウグスブルク信仰告白』の四〇〇周年を記念して一九三〇年に整えられ、それ以降数回にわたって小改訂を重ねてきた『ルーテル教会信条集』、ジェラルド・ブレイによって一九九四年に編纂された聖公会の『英国宗教改革の文書』[16]――これら三つのテキストは一九世紀と二〇世紀に出版された原語での宗教改革の信仰告白集であり、三つの書の間で重複する文書がほとんどないことから、合計で三〇〇〇頁にも及ぶものである。さらに、一番目のものと三番目のものは選集にすぎない。同様に、『キリスト教の伝統における信条と信仰告白』の第四部（これだけで全体の半分を占める）の頁数との比較では、第一部、第二部、第三部と、あるいはそれら三部すべてと並べてみると、一六世紀から一七世紀にかけて、信仰告白の生産が飛躍的に進んでいったことが示される。そしてそこに集められているのは、宗教改革の信仰告白の総数のほんの少しにすぎない。例えば、ドイツのフランケン地方だけで、一五三〇年『アウグスブルク信仰告白』に至るまでの期間だけで、ヴィルヘルム・フェルディナント・シュミットとカール・ショーンバウムは五〇〇頁もの信仰告白のテキストを編集することができた。[17] エルンスト・ゴットフリート・アドルフ・ベッケルやE・F・カール・ミュラーの信仰告白集から明らかなように、[18] 特に改革派教会にとって、いかなる信仰告白集であっても選集にすぎないのである。オランダ改革派の一六世紀だけでも、ヴィレム・ハイティングによる詳細な書誌は二巻の大著に及んでいる。[19] 改革期における信仰告白の重要性と信仰告白における改革期の重要性は、本書の歴史的序説である第一部から第三部のほとんどの章における宗教改革の信仰告白やその引用への言及から、突出していることが分かるだろう。例えば、信仰告白に同意するかという問題は、一六世紀と一七世紀に生じた信仰告白への権威に基づいて定式化されて議論されてきたが、そもそもこの問題提起はすべての時代におけるすべての信条や信仰告白に適用できるものである。[20] また、宗教改革の信仰告白の解釈がなされていく中で、信仰告白の一般的な解釈原理や方法も練られていった。[21]

(16)「編纂書、集成書、参考書」を参照。
(17) Schmidt and Schornbaum, 157-655.
(18) Böckel; Müller.
(19) Heijting 1989.
(20) 9・4「法令の追従としての信仰告白への同意」を参照。
(21) 9・5「信仰告白の解釈の基準」を参照。

近代の一七世紀に『信仰告白（*Homologia*）』というタイトルのテキストが生み出されるまでの一〇〇〇年の間に、東方正教会で信条や信仰告白がほとんどなかったことは歴史的に多くの点から不可解なことのように思われるが[22]、その逆の現象であるプロテスタント改革の時代に信仰告白が台頭してその後に拡散したことについても、簡単に説明できなそうである[23]。ドイツ、イングランド、その他の場所で、同じ時期に同じ風潮の下で、現地語の聖書の台頭と拡散の現象が起こったのと同様に、信仰告白の台頭と拡散も、一五世紀に印刷技術の発明がなければ不可能だっただろうし、少なくとも成功を収めることはなかっただろう。たとえ短い宗教改革の信仰告白であっても、配布された多くの写しが写本家の手によって作成され、それがいかに退屈で高コストなことであったかを想像する必要があるが[24]、一五七七年『和協信条』の「根本宣言」、一五八〇年『一致信条書』の全体、一六四七年『ウェストミンスター信仰告白』といった簡潔でないテキストはなおさらのことである（加えて、これらの信仰告白を発行している教会が、中世の時代に写本作成の依存をしていた修道院を廃止していたことも挙げられる）。さらに、印刷本としての信仰告白と印刷本としての現地語聖書の両方が、これらの信仰告白によって明確化されたように、宗教改革の土台の確信を表現しており、正しい聖書解釈と正しい教理内容の宣言は教会全体にとって、聖職者だけでなく信徒の権利かつ責任であり、信徒が除外されたり神学者だけの問題になるわけではない。聖書はすべての人々に対して語らなければならないし、信仰告白はすべての人々のために語らなければならない[25]。聖書の正しい解釈と見なされるものが大きく変わるたびに、その教理内容を正しく宣言するための新しい定式が次いで生まれていったように、信仰告白の場合もそれと同じ結果であったと言え、同じ宗教改革の教会、教派あるいは新しい運動や論争の結果として生まれた新しい教会であれ、このプロセスは改革期に終わることはなく、現代まで続き、世界のあらゆる地域に広がっていった[26]。

この信仰告白の増大に関する一つの消極的な説明として考えられ得るのは、宗教改革に代表される権威の危機が勃発し、神学論争の解決への共通理解が失われ、古代のキリスト教史を通して教会が信じ、教え、告白してきたことを明確に確言するための主要機関として機能してきた教会会議の制度への信頼性と位置づけも失われていくにつれて、それらに対応していく力が減少していった、という考えである。第一回ニカイア公会議が行われた三二五年から第二回ニカイア公会議が行われた七八七年の間は、そのような機関が顕著に機能していたのである。最初の七つの「エキュメニカルな」公会議の教理的な布告は、東方正教会と西方カトリック教会の共通の教義の基盤であり、両教会が分裂した後もそうあり続けた。七つのうちの最初の四つの公会議（三二五年の第一回ニカイア公会議、三八一年の第一回コンスタンティノポリス公会議、四三一年のエフェソ公会議、四五一年のカルケドン公会議）は、[27]特殊な意味で、種々のグループによってかなりの程度で取捨選択がなされたとは言え、西方カトリック教会や東方正教会だけでなく、行政的プロテスタント教会にとっても、互いに共通なものとして保持されたのである。[28]東西教会の分裂後に、東方は（神学的、教会法的、政治的な複雑な理由から）真に「エキュメニカルな」公会議を招集せずに、教理や規律の問題を独自に扱ってきた。[29]しかしながら、西方中世の時代には、西方は西方独自で自由に行う気風があり、「エキュメニカルな」ものとしているいくつかの公会議を招集してきた。これらの中で最も顕著なのは、インノケンティウス三世の下で開かれた一二一五年の第四回ラテラノ公会議であり、

---

(22) 14・1「正教会の『信条書』に対する曖昧さ」を参照。
(23) Maurer 1939.
(24) *Dordrecht* con.
(25) 12・1「信徒は何を信じ、教え、告白したか?」を参照。
(26) 17・2「キリスト教信仰告白の新旧の文脈」を参照。
(27) *10 Art* 1.5; *Helv II* 11.18.
(28) 16・3「宗教改革の信仰告白におけるカトリックの本質とプロテスタントの原理」を参照。
(29) Kartašev 1932と14・3「七つの公会議の聖なる伝統」を参照。

とりわけ実体変化の教理は『ラテラノ信条』と呼ばれることもあり、拘束力を持つ定式となった。[30] 一四〇九年から一五一二年にかけての一世紀間に西方教会によって招集された改革のための四つ（もしくは五つ）の教会会議は、西方キリスト教界の教理と規律の問題の範囲を解決するために教会会議という手段を採用する最後のチャンスと見る者もあれば、幻想的で自暴自棄な努力にすぎない試みと見る者もあり、[31] 同様に、東西分裂を修復するために開かれた一二七四年のリヨン公会議のような中世の会議が失敗に終わった後に、[32] 不成功のうちに終わってしまった試みと見る者もある。一四〇九年のピサ教会会議（教皇によって招集されていないため、公会議とは通常は数えられていない）。一四一四—一八年のコンスタンツ（第一六回）公会議。一四三一—四九年のバーゼル教会会議。一四三八—四五年のフィレンツェ公会議（現在ではローマ・カトリック教会法においてバーゼル・フェラーラ・フィレンツェ・ローマでの会期を第一七回の一つの「公会議」として法的にも数えているため、本書でもそれに従って記載する）。一五一二—一七年の第五回ラテラノ（第一八回）公会議。[33] 一五世紀のこれらの改革教会会議、あるいは場合によってはこれら公会議（コンスタンツ、バーゼル）の個々の会期は、西方神学と教会法において論争が続けられており、その主たる理由は教皇と教会会議の相対的な権威に関する法的な問題である。[34]

しかしながら、数え方の問題は別にしても、改革期から現在までの期間は七つの公会議が開かれた三二五年から七八七年にかけての期間とほぼ同じであるが、プロテスタント改革の時に至るまでのわずか一世紀の間に、西方では多くの教会会議が開かれたのである。宗教改革の挑戦が起こり、あるローマ・カトリック教会の者たちとプロテスタントの者たちに、真に普遍的な教会会議は、新・旧の教理的な問題、また、ルターや他のプロテスタント改革者たちによって提起された新たな挑戦の考察を、公に判定する場になり得るという希望を呼び起こした。[35] 教皇によって自分たちや自分たちの教派が非難されたことに応えて、改革の指導者たちは教皇たちや司教たちの行為を、そのような教会会議に対して繰り返し訴えたのである。例えば、初期の信仰告白の中でのルターの一五三七年『シュマルカルデン条項』は、そのような上訴のプロセスの一部であった。[36] コンスタンツやバーゼルのような改革がなされた一五世紀の公会議では、公会議が教皇に対しても究極的な権威を持つということが繰り返し主張されたが、改革期の教皇庁はこの行為や改革のメカニズムを評価することはほとんどなく、別の改革をするための教会会議の計画が遅れて立ち上がって始まり、また元に戻っていった。一六世紀の神学者や教会人、一六世紀以降の歴史家の意見として、このような教会会議全般が時代遅れになる前だったら（もし時宜にかなって招集され、もし以前の公会議が「共同での討論……隣人の助けを誰もが必要としているのであるから……争点になる問いが双方の側から出されて共同で議論され……」と呼んでいた形で率直かつ融和に公開討論をすることができるのなら）[37]、宗教改革の分裂（または決裂）を回避することができたかどうか、大きく意見が分かれている。一五一二—一七年の第五回ラテラノ公会議が控えめに達成したことは、この問いに対する答えをまったく打ち出していない。ところが、トリエント公会議の第一会期が開かれたのは、ルターが死去する二か月前の一五四五年一二月一三日であった。一五六三年一二月四日に閉会するまで、さらに一八年と二五の会期を要し、多くの重要な問題が未解決または取り上げられないままであった。これらの理由や別の理由から、プロテスタント主義とローマ・カトリック主義との間の対立、またはローマ・カトリック主義の内部での継続的な対立の中、教会会議は何が信じ

(30)　*Lat 1215* 1; 15・2「西方のサクラメント的な教理の信仰告白化」を参照。
(31)　*Chr Trad* 4:69-126.
(32)　*Lyons.*
(33)　Tierney 1998.
(34)　Bogolepov 1963; Huizing and Walf 1983.
(35)　Jedin 1957-61, 1.
(36)　*Smal Art* pr 1.
(37)　*CP II* decr.

られ、何が教えられるかということを告白するような主要な場でなくなってしまったのである。トリエント公会議の閉会の一五六三年から第一ヴァチカン公会議の招集の一八六九年までの三世紀間にわたる空白期間があり、ちょうどその期間は、プロテスタント諸教会が他から分裂したり、たいていは内部で互いに分裂していったのだが、多くの信仰告白を作成していた時期であった。

一五三〇年六月に皇帝カール五世によって招集されたアウグスブルク帝国議会で説明の機会を得たのは、今では『アウグスブルク信仰告白』（フィリップ・メランヒトンによって書かれ、「私たちの諸教会［our churches］」の偉大な一致［*magnus consensus*］と要約して正当化しているもので[38]、六月二五日に議場と皇帝に提示された）と呼ばれているルター派の信仰告白だけでなく、ウルリッヒ・ツヴィングリの『信仰の弁明』（二週間後の七月八日に議場と皇帝に提示された）と『四都市信仰告白』（マルティン・ブツァー、ヴォルフガング・カピト、カスパル・ヘディオによって書かれ、七月一一日に議場と皇帝に提示された）もそうであった。これら三つの信仰告白がほぼ同時に提示されたことは（メランヒトンとツヴィングリは聖餐の教理についてとりわけ正反対であり、ブツァーがこの点や他の点において調停する意図を持っていたが）、宗教改革以来、プロテスタント主義の信仰告白に付随している問題を劇的に表現している。極論すれば、これらはローマ・カトリック主義に対抗する統一戦線であるのと同時に、他のプロテスタント主義に対抗する定義づけでもあった。この二つの目的は、必ずしも果たされたわけではない。プロテスタントの共同的信仰告白（一五三六年『ヴィッテンベルク一致』、一五四〇年『改訂されたアウグスブルク信仰告白』）が主流になることもあったし、排他的信仰告白（一五七七年『和協信条』、一六一八―一九年『ドルトレヒト信仰規準』）が主流になることもあったのである。

信仰告白が拡散した別の理由は、先にも言及したように[39]、改革派もしくはカルヴァン主義の教会がルター派から一線を画して違いを鮮明にしたのもその一つである。改革派の信仰告白の多くは、国の名前がそのタイトルに入れられている。一五三五年『（第一）ボヘミア信仰告白』、一五三六年『第一スイス信仰告白』、一五五九年

『フランス信仰告白』、一五六〇年『(第一) スコットランド信仰告白』、一五六一年『ベルギー信仰告白』、一五五六年『第二スイス信仰告白』、一五七五年『(第二) ボヘミア信仰告白』、一五八一年『(第二) スコットランド信仰告白』(一五八一年『国王の信仰告白』とも呼ばれている)。これらの信仰告白で『一致信条書』の膨大な量に匹敵するものはないものの、これらすべてを合わせれば(どの信仰告白を含めるかにもよるが)それをしのぐものとなるだろう。ほとんどの点で他の信仰告白と本質的に一致していたにもかかわらず、それぞれが独立した信仰告白として、改革派信仰の主要教理のほとんどを詳述し、その信仰に反対する者たちに応えることを余儀なくされたのである。改革派のこの多元性の結果として、このことは信じがたいことであるが、一九世紀になってもドイツのプロテスタントと改革派の中に『ウェストミンスター信仰告白』の写しを見出すことができず、その存在そのものがほとんど知られていなかった。これは改革派の信仰告白の研究者・編纂者の第一人者の報告である。[40] なぜなら、改革派教会とその信仰告白にとって、先に引用したヴィルヘルム・ニーゼルの「教会の職制も信仰告白的な性格を持っている」という判断によれば、[41] 一五四七年『チューリッヒ協定』[42] に表れているような改革派内でのツヴィングリ派とカルヴァン派の伝統的なサクラメント理解の違いだけでなく、監督制・長老制・会衆制といった政治的な教理の違いに関して教会の職制理解の違いが継続して激化したことも、改革派の教派全体、

(38) *Aug Lat* 1.1.
(39) 8・2「信条遵守のための市民法」を参照。
(40) Müller, v.
(41) Niesel, v.
(42) *Tig* 7.

とりわけ英語圏で、一連の新しい改革派の信仰告白を生み出し続ける理由になったからである[43]。

16・2 ルター派、改革派、ローマ・カトリック、急進派の「信仰告白主義」

そうなってくると、信仰告白の（*confessional*）という用語は、西方キリスト教史の一六世紀と一七世紀の改革期全体を指す言葉であるとしてよいだろう。東方正教会の同じ期間も、その種の条件を満たしているため、この用語の中に含めてもよいかもしれない[44]。そうは言うものの、宗教改革から生まれた分離した教会は、それぞれ自分たち独自の「信仰告白の」仕方があった。

クロード・ウェルチが一九世紀の信仰告白主義に関して語ったことは、一六世紀の信仰告白主義にもすでに当てはまることであった。「その範例は……疑いもなく、ドイツに現れた『信仰告白的』ルター主義であった[45]」。というのも改革期には、「信仰告白主義」はおそらく、他のプロテスタントのどんなグループよりも、ルター主義において最も強調されていたからである。一九世紀のルター派の「信仰告白の原則」（confessional principle）への擁護と[46]、一九世紀のルター派の「極端な信条崇拝と超正統主義」（extreme of symbololatry and ultra-orthodoxy）への批判は[47]、他の点はともかく、この点では共通しているだろう。このことは、聖職者や神学教授が公職に就き、その働きをなしていく必要条件として、信仰告白に「同意する」ことを要件とすることにも当てはまった[48]。改革派の教会論とは異なり、ルター派の教会理解は教会の「しるし」としての戒規は含まれていなかった[49]。むしろ、『アウグスブルク信仰告白』は（ラテン語テキストで）こう規定している。「教会の真の一致のために、福音の教えに関する十分な合意（*satis est consentire de doctrina evangelii*）とサクラメントの執行に関する十分な合意があればよい[50]」。ルター主義は、教会の職制や政治の規範の問題や典礼を固定化したり規定したりする問題に対して比較的無関心であったため、なおさら教理の信仰告白に比重が置かれた[51]。早くも一五二九年『マールブルク条項』

や一五三六年『ヴィッテンベルク一致』で、改革派陣営の融和的な神学者の多くは、ルターやその追従者たちを守勢に立たせた。[52] この状況は一九世紀と二〇世紀のドイツと北アメリカにおけるルター主義でも継続していった。[53] 不動の一五三〇年『アウグスブルク信仰告白』が一五八〇年『一致信条書』によって補強されて信条の一致にますます強制力を持ったことで、北欧のルター派の国家における教会と国家の関係を規定することにもつながった。[54] ルター派の信仰告白主義は、一五三〇年『アウグスブルク信仰告白』と一五八〇年『一致信条書』全体のほとんどの部分（『アウグスブルク信仰告白』が主要部分であるが）を、信仰告白の最高権威としての唯一の規準として受け入れ、強制力を持たせることになった。『一致信条書』は、地域限定的な内容であるという理由か

(43) 4・3「宗教改革の信仰告白における教理としての政治」を参照。
(44) 14・1「正教会の『信条書』に対する曖昧さ」を参照。
(45) Welch 1972-85, 1:194.
(46) Krauth［1899］1963, 162-200.
(47) Schaff, 1:222.
(48) 9・4「法令の追従としての信仰告白への同意」を参照。
(49) 10・1「改革期の信仰告白におけるキリスト教戒規の教理」を参照。
(50) *Aug Lat* 7.2.
(51) 4・3「宗教改革の信仰告白における教理としての政治」を参照。
(52) *Marburg* 15; *Witt Conc* 3.
(53) 17・2「キリスト教信仰告白の新旧の文脈」を参照。
(54) 8・2「信条遵守のための市民法」を参照。

ら、また神学的な内容の理由からもドイツの信仰告白であったため、[55] いくつかの国家では規範的な教会法とはならなかったものの、『アウグスブルク信仰告白』は国ごとに統一された標準となったのである。特定の必要やたいていは一時的な必要を満たすため、付加的な記述があちらこちらの国で繰り返し起こっていった。

しかしながら、プロテスタント主義の改革派にとって、「信仰告白主義」は多かれ少なかれ同等の権威を持つ多くの信仰告白の定式を、多くの国や文化で引き起こした。それらのうち、プロテスタント主義の歴史における最初の一世紀のいくつかのものを年代順に挙げると、以下のようになる。一五三五年『(第一)ボヘミア信仰告白』、一五三六年『第一スイス信仰告白』、一五六〇年『(第一)スコットランド信仰告白』、一五六一年『ベルギー信仰告白』、同年の『プファルツ教会規定』の一部である一五六三年『ハイデルベルク信仰問答』、一五五六年『第二スイス信仰告白』、一五七一年『イングランド教会の三九箇条』、一五七五年『(第二)ボヘミア信仰告白』、一五八一年『(第二)スコットランド信仰告白』、一六一五年『アイルランド宗教条項』。少数の宣言だけが、特に『ドルトレヒト信仰規準』がそうであるが、国家を超えて国際的な地位を獲得し、オランダだけでなくそれ以外の国からも、以下の教会の代表者たちによって署名がなされた。イギリス、プファルツ選帝侯領、スイス、ヴェッテラウ、ジュネーヴ共和国教会、ブレーメン共和国教会、エムデン共和国教会、ゲルデルン公国、ズトフェン公国、南ホラント、北ホラント、ジーランド、ユトレヒト州、フリースラント、トランシサラニア、フローニンゲン州、オンラント、ドレンテ、フランス諸教会。[56] それゆえ、一六五五年『ワルドー派信仰告白』では、「私たちは、フランス、イギリス、オランダ、ドイツ、スイス、ボヘミア、ポーランド、ハンガリー、その他のすべての改革派教会と共に、それぞれの信仰告白の中で述べられているように、健全な教理において私たちは一致している」ということを確言している。それらの信仰告白は、ダウェイに言わせれば、「全員がいとこ同士であり強い家族性はあるが、双子や三つ子のように見間違うことはない」のである。[57]

改革期に「ローマ・カトリック教会の信仰告白主義」について語ることは一般的ではないかもしれないが、そのような用語は、「対抗宗教改革」（the Counter-Reformation）という伝統的な概念が、一六世紀の間にローマ・カトリック教会の発展に対してあまりにも限定的かつ否定的なレッテルであるという近現代の歴史学による認識の高まりとよく合致しており、すなわち「カトリックの宗教改革」（the Catholic Reformation）という用語の方が、よりバランスが取れ、より包括的な呼称であり、時代区分の問題にも重要な意味を持つだろう。[58] このことは、もちろん、「対抗宗教改革」があったことを否定しているわけではなく、一六世紀と一七世紀のローマ・カトリック教会の内での多くの変化は、主としてプロテスタント主義の台頭への応答と反動として理解できるものである。これらには、典礼的・神学的だけでなく政治的な精力的努力が含まれるが、海外宣教の拡張による失われた領土の回復や埋め合わせをも含んでいるものである。しかし、一五世紀の改革教会会議で表明されているように、中世末期の改革のための衝動があったにもかかわらず、プロテスタント宗教改革によって完全に吸収されてしまったと考えるのは単純化しすぎである。エラスムスや他の人文主義者たちが改革を求め続けただけでなく、ニコラウス・クザーヌスからジロラモ・セリパンドに至るまでの教会人たちが（両者が死んだのはほぼ一世紀の時を隔てている）、プロテスタント改革がひと段落した後も、改革と刷新への根深い熱意の永続的な力を示したのである。[59]「ローマ・カトリック教会の信仰告白主義」は、その現象の一部である。それゆえに、『トリエント公会議の規準と布告』を一節ずつ解釈していくには、中世末期の改革運動との連続性の要素と、プロテスタントの教理と実践

(55) Spitz and Lohff 1977, 136-49.
(56) *Dort* con.
(57) *Wald* 33; 傍点は著者による。Dowey 1968, 176.
(58) Jedin 1946, 39-49. しかし O'Malley 2000 も参照。
(59) *Chr Trad* 4:248-74, 69-126, 274-303.

に対する応答の両方を探求していく必要がある。公会議の布告そのものが、「公会議が主として招集された二重の目的」として、対外的には「異端対策のため」、対内的には「行為の改革」と定義したのである。[60] このことは、プロテスタント主義との教理論争で最も中心的だった問題にも言える。〔対外的には〕聖書正典の問題にも反映されているように、聖書の権威と教会の権威との関係に関する教理。[61]〔対内的には〕トマス派とスコラ派との間で争点となってきた義認の教理。[62] もちろんトリエント公会議は、これら二つの問題についてはプロテスタント改革者たちの教えに応答していたのだが、同時に、教父や中世の伝統の未解決状態を整理して明確化する必要性に、（本当の意味で解決しないかもしれないが）永続的かつ長期的に取り組んできた。[63] 伝統を管理する必要性に対処することは、常に特別な仕方で、信仰告白の歴史の課題となるのである。

「ローマ・カトリック教会の信仰告白主義」という慣例に従わない用語の正当性は、一五六四年『トリエント信仰宣言』のような信仰告白のテキストの出現によって、さらに直接的に正当化される。「私、（氏名）は、聖なるローマ教会が用いている信仰のシンボルの中の一つ一つの項を、確固たる信仰をもって、信じ、告白する（*credo et profiteor*）」。[64] 信じ、教え、告白すると宣言されている「シンボル」とは、「西方修正版」のニカイア・コンスタンティノポリス信条のことであり、当時のプロテスタントの多くの信仰告白でも確言されていた。[65] しかし、『トリエント信仰宣言』の信仰告白の意図は、次のところに並べて置かれている信仰告白の確言によって明らかになる。「私は、使徒的かつ教会的伝統、同教会の他のすべての儀式や制度を、固く受け入れ、支持する。私は同様に、聖なる母なる教会が保持してきて、今も保持しているその意味に従って聖書を受け入れる」。[66] したがって、「信仰のシンボルに含まれる一つ一つの条項」に加えて、七つのサクラメント、原罪と義認、ミサの犠牲、煉獄、聖人の執り成し、贖宥状のことが列挙されている。これらすべては「使徒的かつ教会的伝統、同教会の他のすべての儀式や制度」と見なされている（また、「信仰のシンボル」に含まれない教理として、あるいはニカイア・コンスタンティノポリス信条のようなものの中に告白されていない教理として、意図的に見なされている）。まとめると、この『宣言』に同意する者は、「聖なる公同の使徒的なローマ教会をすべての教会の母かつ教師（*matrem et magistram*）として認め」、教皇に「真の服従を約束して誓う」のであり、また公会議の教え、とりわけトリエント公会議の教えにも従うのである。(67) サクラメントに関する特定の定義を除けば(68)、西方中世の信仰告白が比較的少なかった時代の後に、このような信仰告白を公布することによって、カトリックの宗教改革（もしくは対抗宗教改革）は、従来の用法から推測されるようなことに限定されず、まさしく「信仰告白化」（confessionalization）を示すものなのであり、改革派やルター派に対抗していたものの、教会的・教理的な幅にまで及んだものだったのである。(69)

この幅の中で、急進的な改革の支持者たちにとっても、メノナイト派の学者ハワード・ジョン・ローウェンが「信仰告白の時期」（the confessional period）と認めた時期があったのであり(70)、それはちょうどバプテスト派の学者

（60）*Trent 3* decr.
（61）Tavard 1959.
（62）Rückert 1925, 134-43; Becker 1967.
（63）Maichle 1929; 5・3「信仰告白と正典の問題」も参照。
（64）*Trid Prof* 1.
（65）16・3「宗教改革の信仰告白におけるカトリックの本質とプロテスタントの原理」を参照。
（66）*Trid Prof* 2.
（67）*Trid Prof* 7-8.
（68）15・2「西方のサクラメント的な教理の信仰告白化」を参照。
（69）Reinhard and Schilling 1995.
（70）Loewen, 25.

ウィリアム・L・ランプキンが二〇世紀を「信仰告白主義とバプテスト派での教会観への関心の高まり」と語ったのと同じである。[71] 再洗礼派は、一五二七年『シュライトハイム信仰告白』が「要点と箇条で知らしめる」と言うように、[72] 一六世紀の普遍的な実践に加わった（ただその内容としては、ローマ・カトリック教会や他のプロテスタント教会と区別されるものだったが）。この信仰告白には、サクラメント、破門、宣誓することといった論争中の教理に関するメノナイト派の立場が示されている。つまり、一五二五年『ハンス・デンクのニュルンベルク教会会議前の信仰告白』のように、非伝統的で特異な信仰宣言でさえ、信仰、洗礼、主の晩餐といった事柄が、各箇条に分かれて扱われているのである。[73] 実際に、C・J・ダイクはこの皮肉な状況をこう記述している。

再洗礼派や後のメノナイト派が非信条主義であったことは一般的に正しい。既成教会の代表者たちによって語られた教理的な問題のために拷問を経験したこと、学識ある聖職者が倫理を犠牲にして教理を強調したこと、特に聖書を強調したいという願いがあったこと……、これらのことが理性的な信仰宣言への明確な反感につながった……。礼拝の自然さを考えるならば、公的な信仰告白の復唱の必要性も排除されていくことになった。

それゆえ、再洗礼派が、とりわけオランダのメノナイト派が、おそらく他の三つの宗教改革の伝統に勝って……多くの信仰告白を書いたのは驚くべきことである。[74]

メノナイト派による信仰告白の産物は、他の再洗礼派によるものも同様だが、宗教改革の時代を超えて二〇世紀に至るまで続いたのである。[75]

16・3　宗教改革の信仰告白におけるカトリックの本質とプロテスタントの原理

プロテスタント宗教改革のほとんどすべての信仰告白は、ローマ・カトリックや他のプロテスタントの反対者を過去の異端としてタールを用いて筆で塗りつぶそうとする論争的な努力によって、また、自らの内的力学によって、多かれ少なかれ形作られており、両者に対処するためには、継承してきたカトリックの本質と信奉するプロテスタントの原理との間の関係に折り合いをつけなければならない。英国教会・ルター派の一五三六年『ヴィッテンベルク条項』では、他のものよりもさらに踏み込んで、冒頭の第一条で、通常のもののように三位一体の唯一の神の教理でも聖書のみの至高の権威を語るのでもなく、[76]こう宣言している。「私たちは、正典である聖書および三つの信条、すなわち使徒信条、ニカイア信条、アタナシウス信条の中にあることを、信条そのものが意図し、聖なる師父たちによって用いられ、弁護されたと認められるのと同じ意味において、信じ、保ち、教え、弁護していることを、曖昧なところなしに、単純かつ明白に告白している」。さらに、この条項へ忠誠を誓うの

(71) Lumpkin, 5.
(72) *Schleit* pr.
(73) *Denck* 1-3.
(74) Loewen, 16-17 の序文。
(75) *Menn Con* (1963).
(76) 5・2「信条と信仰告白の中の聖書」を参照。

に、「これらの条項の言葉の形そのまま」に適用され、「最も正確に保持」されなければならないのである。[77]改革派の一五六六年『第二スイス信仰告白』は、教会会議だけでなく信条さえも含めたすべての教会的伝統をしのぐ聖書のみの権威を断固として堅持しているにもかかわらず、「神の真理は聖書と使徒信条に示されている」と語ることによって、聖書と信条をひとくくりにしているのである。[78]

アウグスティヌスとカルヴァンの両方の学術研究の著者であるベンジャミン・ブレッキンリッジ・ウォーフィールドの「宗教改革は、内的に考えれば、アウグスティヌスの教会論に対するアウグスティヌスの恩恵論の究極の勝利であった」という金句は、[79]プロテスタント改革の教えとその信仰告白の中で普及したカトリックの伝統の本質を階層化していくのに役立つものである。聖人への祈りといったカトリックの本質の部分に対して、一五五九年『フランス信仰告白』から先に引用した言葉が示すように、[80]すべての改革者の信仰告白によって共有されているプロテスタントの原理は、「イエス・キリストが私たちの唯一の弁護者であり、彼の名において父に求めることを私たちに命じ、彼の言葉によって私たちに教えられた神の模範に従わなければ、私たちの祈りは違法になるのであり、……死んだ聖人による執り成しに関する人の空想のすべては、人を正しい道から外れさせるサタンの乱用と策略である」ということであるが、[81]ここでの「人の空想」は実際のところ、東方でも西方でも共有されているカトリックの本質的な一致した教えなのである。『アウグスブルク信仰告白』や他の信仰告白でさえ、「私たちの教会はカトリック教会の信仰箇条に何一つ異議を唱えていないが、教会法の意図に反してその時代の誤りによって採用されてしまった新しいいくつかの乱用を取り除きたいだけである」と主張することによってカトリックの本質に依拠しようとしたが、[82]効果がないことが判明してしまった。しかしながら、恩恵の教理となると、ウォーフィールドの言葉が示しているように、ルターとカルヴァン、また彼らの名前で発行された信仰告白は、一貫してアウグスティヌスの神の自由で至高の恩恵を称賛し、中世後期のスコラ主義におけるペラギウス主義と半ペラギウス主義の傾向を非難して戦うのである。というのは、プロテスタントの原理である恩恵のみ（*sola gratia*）はアウグスティヌス的な主張なのであり、その意味で真のカトリックであるならば、アウグスティヌスの反ペラギウス的な著作に出典を依拠することができるし、そうしているのである。カルヴァン主義の救いへの選びと棄却という予定の教理は、アウグスティヌスの後期の著作のいくつかの中で先取りされている。[83]これとは対照的に、アウグスティヌスや「カトリック的な本質」と、信仰告白の中で弁護されている信仰義認の教理における信仰のみ（*sola fide*）というプロテスタントの原理を同一視することは、極めて不成功のうちに終わっている。

さらに、ウォーフィールドが「アウグスティヌスの恩恵論」から区別されるものとして「アウグスティヌスの教会論」と呼んだものについても、宗教改革の信仰告白はドナティストではないという意味で、アウグスティヌスの主張に依拠している。[84]それゆえ、ルター、ツヴィングリ、カルヴァンによって提唱された「改革」の思想を、初期の数世紀のドナトゥス派から、また同様に、これが正しいかどうかは別にしてジョン・ウィクリフやヤン・フスといった新ドナトゥス派から切り離すことが、ルター派と改革派の信仰告白においてしつこいくらいに

(77) *Witt Art* 1.
(78) *Helv II* 16.1.
(79) Warfield 1956, 322.
(80) 第6章「祈りの法則と信仰の法則」を参照。
(81) *Gall* 24. Syndogmaticon 3.8 を参照。
(82) *Aug Lat* 22 int.1.
(83) *Chr Trad* 1:298-99; Syndogmaticon 3.2.
(84) 10・2「異端と／または分派」と Syndogmaticon 9.3 を参照。

繰り返されていた[85]。宗教改革の先駆者として知られている『ヴァルデス信仰告白』の中ですでに、サクラメントの有効性は「罪深い司祭によって執行されたとしても」認められており[86]、この立場は一六世紀のフスの追従者たちによる信仰告白の中で補強されている[87]。時にはドナティストに言及することなしに、時にはその名前を挙げてであるが、改革派の信仰告白は、特にルター派の信仰告白と対照的に教会のしるしとしての戒規の必要性が強調されていることがよく知られているが[88]、表面的には類似しているように見えるかもしれないドナトゥス派の見解に傾倒しているわけではないとしばしば説明しているのである。一五六六年『第二スイス信仰告白』もその主張に追従し、先に引用した「戒規は教会において絶対的に必要なものである」と述べた次の段落のところで、このような否認をしている。「私たちはドナティストの誤りを強く憎む[89]」。その前身である一五三六年『第一スイス信仰告白』では、ドナティストではなく再洗礼派を名指しし、「教会の聖なる交わりと社会から自分たちを分離し、切り離しているすべての者たち」と批判しているが[90]、明らかにドナティスト（と新ドナティスト）を含む批判をしている。かなりはっきりとスイスのプロテスタントは、自分たちが分離主義の罪を犯していないと主張したのである。『イングランド教会の三九箇条』によれば、悪しき聖職者の執行であっても、キリストの名において「彼の権限と権威によって執行されるので、その執行によって神の言葉を聴くことになるし、サクラメントを受けることにもなる。彼らの悪によってキリストの制定されたものの効果が取り去られるわけでもないし、神の賜物である恩恵が減じられることもない[91]」。これはアウグスティヌスのドナトゥス派に対する事例を要約した意図をもっているのは明らかであり、同じ記述が一六一五年『アイルランド宗教条項』にもある[92]。「純粋な神の言葉が放逐され、サクラメントは堕落させられ、卑しくされ、偽られ、破壊され、あらゆる迷信と偶像礼拝が行われているものとして、教皇の集会を非難する」という文脈の中でさえ、一五五九年『フランス信仰告白』は、堕落し、迷信的になり、偶像礼拝的になっている「教皇の集会」で執行されたとしても、「洗礼の有効性はそれを執行する人に依存しない」というアウグスティヌス的な但し書きを加えているのである[93]。同様に『アウグスブルク信仰告白』の定式の背景にあったのが中世後期と宗教改革期の新ドナトゥス派であり、ローマ・カトリック教会の反対者たちによる『アウグスブルク信仰告白の論駁』も同じことを認めている。[94]「私たちの教会は、悪人による執行が教会の中で有効であることを否定し、悪人の執行が益なく効果がないと考えるドナティストと他の同様の者たちを非難する[95]」。

カトリックの伝統の中心的な確言であり、それゆえに「カトリックの本質」の中核である三位一体の教義に対する「プロテスタントの原理」の関係は、エドワード・ギボンの「公正な議論の結果、私たちの最初の改革者たちの自由さに憤慨させられるよりも、むしろ臆病さに私たちは驚かされるだろう」という評価を呼び起こした[96]。この「驚き」（つまり偏狭さ）は、これら「最初の改革者たち」の個人的な著作よりも、宗教改革の信仰告白によ

（85） Spinka 1966.
（86） *Vald.*
（87） *Boh I* 11.7.
（88） 10・1「改革期の信仰告白におけるキリスト教戒規の教理」と Syndogmaticon 9.4 を参照。
（89） *Helv II* 18.20-21.
（90） *Helv I* 25.
（91） *39 Art* 26.
（92） *Irish* 70.
（93） *Gall* 28.
（94） *Confut* 8.
（95） *Aug Lat* 8.3; 傍点は著者による。
（96） Gibbon［1776-88］1896-1900, 6:125（ch 54）.

り大きく当てはまる。改革期の反三位一体論者やソッツィーニ主義者の信仰告白や他の著作は、行政的宗教改革の信仰告白のスタンスには理論と実践の乖離がある、という主張を繰り返している。『アウグスブルク信仰告白』の言葉では、「パウロの教えは全体のほとんどが伝統に埋もれてしまった」と多くの点に不平を言っているが[97]、それと同時に、同じ告白の中で、「神的本質の統合に関する、また三つの位格に関するニカイア公会議の布告は真実であり、いかなる疑いもなく信じられなければならない」というすべての中で最大の伝統（一つの本質、三つの位格、その他すべてのラテン語の用語の完全な概念と伝統を完備している）を肯定するのに、何のためらいも感じていないのである[98]。このことは、ルターとその同僚とツヴィングリとその同僚が署名している『マールブルク条項』の言葉の中にも、「ニカイア信条の中に世界中のキリスト教会によって歌われ、読まれている」とある通りである[99]。トマス・トーランスが示したように、中世の残存物でも政治的策略でもなく、カルヴァン派であれルター派であれ、プロテスタントの改革者の本流である三位一体論は、彼らの神学にとっても彼らの霊性にとっても土台なのである[100]。少なくとも急進的な改革の挑戦が始まるまでは土台だったのであり、かつてアルフレッド・ノース・ホワイトヘッドが「すべての異なる体系が……無意識のうちに土台となっている前提」と呼んだものの一つであり、「そのような前提があまりにも当たり前すぎて、他の言い方が思い浮かばないので、何を自分が前提としているのか人々は分からなくなっている」と言うのである[101]。

　実際には、行政的宗教改革者たちはニカイアの三位一体の西方の伝統を一途に無批判に自分たちのうちに取り込んだために、フィリオクエは中世のラテン神学からプロテスタント宗教改革の信仰告白に無傷で引き継がれた[102]。一五六一年『ベルギー信仰告白』は、聖書正典のリストを論じているところで「聖霊は神からのものを私たちの心に証しする」ことを主張し、外典は正典の中には入らないと論じ[103]、こう宣言することによってフィリオクエを（他の三位一体の教えと並べて）論じている。「これらすべてのことを、聖書の証言と（三位一体の）各位格の働きから、特に私たちのうちで感じるものから私たちは認識する[104]」。プロテスタントの三位一体論の中では、フィリオクエは「土台となっている前提」として概ね当然とされているように思われる。このことは『アウグスブルク信仰告白』の「ニカイア公会議の布告」についての言葉の中にも見られ、そこではフィリオクエの明確な言及はないものの、ニカイア信条に言及するのでもなく、ニカイア・コンスタンティノポリス信条の元来の形式に言及するのでもなく、フィリオクエ付きの「西方修正版」のニカイア・コンスタンティノポリス信条に言及しているのである。[105]「聖霊は父と同様に彼（子）からも発出される」と教えている『和協信条』では、[106]フィリオクエが含まれているニカイア・コンスタンティノポリス信条とアタナシウス信条を含めた「古代から承認されてきた信条であるニカイアとアタナシウス信条」と再確言されている。[107]一六五五年『真のルター派信仰の共通認識

(97) *Aug Lat* 26.6.
(98) *Aug Lat* 1.1.
(99) *Marburg* 1.
(100) Torrance, lxx-lxxii.
(101) Whitehead［1925］1952, 49.
(102) 7・4「一致の聖霊と一致のサクラメント――二つの歴史的な皮肉の事例」と15・1「カトリック教会の信条と教会会議の伝統の西方での受容」を参照。
(103) *Belg* 5; 5・3「信仰告白と正典の問題」を参照。
(104) *Belg* 9; 傍点は著者による。
(105) *Aug Lat* 1.1.
(106) *Form Conc Sol Dec* 8.73.
(107) *Form Conc Sol Dec* 12.37.

の再宣言』も同様である。[108] 使徒信条も含め、この形式でのこれら両方の信条は、一五八〇年『一致信条書』の中に信条と信仰告白の先頭として入れられ、その見出しには「教会で共通的に用いられてきたキリスト教信仰の三つの主要なシンボルもしくは信条」と付けられている。[109] それゆえ、チュービンゲンのルター派の神学者たちがコンスタンティノポリスの総主教イェレミアス二世に対して示した反応は、彼の教会と共通に保持していると思われた信条に訴えるものであったが、一五七九年に送られた彼の第二の『返答』は「聖霊の発出について」と始まる長編の論文であり、フィリオクエに固執しているのであれば自分たちが正統であるといういかなる主張であっても弾劾される、としている。[110]

『ベルギー信仰告白』の第八条によれば、一つの神的本質における三つの位格は「混同することのない特性により永遠に区別される」としている。三位一体における父の特性は、ニカイア・コンスタンティノポリス信条からの引用である万物の「起源（ギリシア語 *archē*, ラテン語 *principium*）」としての父に言及することによって、[111]「目に見えるものであれ見えないものであれ、万物の原因、起源、源である」とされている。聖霊の特性は「父と子から発出した永遠の力と権威」としている。[112] 聖霊の教理のために独立した一つの条項を設けるという異例の段階を踏むことにより、『ベルギー信仰告白』はフィリオクエを単純に繰り返すことをはるかに超えている。「私たちは、聖霊が父と子から永遠に発出したことも信じ、告白する。聖霊は造られたのでも、生まれたのでもなく、その両者から発出したのである」。その裏付けとして、フィリオクエを証明している西方標準版を引用している。[113] その二年前の『フランス信仰告白』では、父のことを被造物に言及しながら「万物の第一の原因、原理、起源」として同様に語っており、また聖霊のことを「彼（父）の徳、力、効力である」としているが「両者から永遠に発出した」と語っている。[114]『第二スイス信仰告白』は「聖霊は真実に両者から発出し、両者と永遠から同じであり、両者と共に礼拝される（*cum utroque adorandus*）」と述べている。[115]

英国の宗教改革の信仰告白も、「西方修正版」およびフィリオクエに沿ったものとなっている。『イングランド教会の三九箇条』の教えでは、一五六三年のラテン語版でも一五七一年の英語版でも、「父と子から発出する聖霊は、父と子と共に一つの本質、威厳、栄光であり、真の永遠の神である」となっている[116]。この文言は、一六一五年『アイルランド宗教条項』にも[117]、一七八四／一八〇四年『メソジスト宗教条項』にも[118]、一八七五年『アメリカ改革聖公会宗教条項』にも[119]、逐語的に繰り返されている。一六四七年『ウェストミンスター信仰告白』では、「一つの本質、力、永遠性における三つの位格」の間の「神格の一致における」区別について、こう言われている。「父は生まれたのでも発出されたのでもない。子は永遠より父から生まれた。聖霊は永遠より父と子から発出された」[120]。同様に、『ウェストミンスター大教理問答』は「聖霊が父と子から永遠より発出するのは

(108) *Cons rep* 1.12.
(109) *BLK* 21.
(110) *Jer II* 2.1.1-42.
(111) *N-CP* 1.
(112) *Belg* 8; 傍点は著者による。
(113) *Belg* 11.
(114) *Gall* 6.
(115) *Helv II* 3.3.
(116) *39 Art* 5.
(117) *Irish* 10.
(118) *Meth Art* 4.
(119) *Ref Ep* 4.
(120) *West* 2.3.

……固有なことである」と告白している。[121] 一五六〇年『スコットランド信仰告白』では、フィリオクエに関する言及がまったくない。この信仰告白には三位一体論の独立した条項はなく、「聖霊への信仰」と題された条項では「私たちは〔聖霊が〕父と子と等しい神であると告白する」という記述にとどまっている。[122] しかし、一五八一年『クレイグの教理問答』のようなテキストからの証拠では、スコットランドでの改革の信仰告白もフィリオクエを維持し、確言している。[123] ブラウン派の一五九六年『真の告白』も同様である。[124] 西方の信仰告白の遺産の一部として、フィリオクエは、一九四七年『フィリピン独立教会の信仰宣言と宗教箇条』、クエーカーの『リッチモンド信仰宣言』、エホバの証人の『信仰宣言』といった後の信仰告白にも現れ続けている。[125] プロテスタント主義の主流派の信仰告白にフィリオクエが普遍的に保持されている中で、引用に値する一つの例外は、一七四九年『モラヴィア教会の復活祭祈禱』の信仰告白である。「私たちは、父が発出し、私たちの主イエス・キリストが去った後に永遠に私たちが彼と共にいられるようにと送った聖霊を信じる」。[126] メノナイト派の一五九一年『ケルン理念』は、聖霊を「子を通して父から発出する（*van den Vader door den Sone*）」と告白することによって、フィレンツェ公会議の定式に逆戻りした。[127] しかし、一六一〇年『メノナイト小信仰告白』では、「父と子から発出する」という西方の伝統を保持している。[128]

16・4 宗教改革の信仰告白から信仰告白のスコラ主義

『キリスト教の伝統における信条と信仰告白』の第四部「改革期における信仰告白」の中に含まれているプロテスタント改革の主要な信仰告白のいくつかは、プロテスタント改革者の第一世代からのものである。アウグスティヌス会士のルター、ドミニコ会士のブツァー、トマス・クランマー、ジョン・ノックスを含むこれらの改革者たちの何人かは、スコラ神学を多かれ少なかれ徹底的に学んだ後、それを拒否するようになった。第一世代の改革者で信仰告白を作ったのは以下の通りである。ウルリッヒ・ツヴィングリ（一五二三年『六七箇条』、一五三〇年『信仰の弁明』）、マルティン・ルター（一五二九年『小教理問答』、一五二九年『大教理問答』、一五三七年『シュマルカルデン条項』）、フィリップ・メランヒトン（一五三〇年『アウグスブルク信仰告白』、一五三一年『アウグスブルク信仰告白弁証』）、マルティン・ブツァー（一五三一年『四都市信仰告白』、一五三六年『ヴィッテンベルク一致』）、トマス・クランマー（イングランド教会の一五三六年『一〇箇条』）、ジャン・カルヴァン（一五四一／四二年『ジュネーヴ教会信仰問答』）、ジョン・ノックス（一五六〇年『スコットランド信仰告白』）。

しかし、プロテスタントの信仰告白の多くは、第二世代、第三世代、それに続く世代から生まれた。加えて、これらの信仰告白は、初期のテキストよりも数が多いだけでなく、たいていはかなり長いものになっている。違いはその長さを比べるだけで済む問題ではない。というのは、逆説的ではあるが、中世のローマ・カトリック教会のスコラ神学の訓練を受けていない信仰告白の著作家たちが、プロテスタントの新しい「信仰告白のスコラ主義」の土台を築いたからである。ホレイシャス・ボナーが言っているように、一七世紀の『ウェストミンスター信仰告白』で語っていることは、同じ世紀の『ドルトレヒト信仰規準』や前世紀末の『和協信条』にも容易に適

（121） *West Lg Cat* 10.
（122） *Scot I* 12.
（123） *Craig* 4.3.
（124） *True Con* 2.
（125） *Philip Ind* 1.3; *Richmond* 1; *Witness* 9.
（126） *Morav* 3; 傍点は著者による。
（127） *Cologne* 3; *Flor Un.*
（128） *Ries* 3.

用することができるものであった。

宗教改革の基準を一七世紀のものに変更することによって、教会が何かを獲得したかどうかは疑問であろう。後のものである鋳造したスコラ的な型が、前のものを特徴づけていた簡便さと幅広さをいくぶんか損ねている。法律家のような精密な記述をしている『ウェストミンスター信仰告白』（あるいは『和協信条』）で採用されている巧みな形而上学は、古い基準に属しているものではなく、地域的で一時的な新しい局面をもたらした。[129]

したがって、ボナーの「スコラ的」というのは、一二世紀から一四世紀にかけてのローマ・カトリック教会の神学と近代におけるその神学の復活を一般的には指しているが、[130]ルター派および改革派の神学の両方にも登場してくる一六世紀と一七世紀のプロテスタントの「信仰告白のスコラ主義」に対しても適用できるものである。

その台頭の一つの前提として、中世のスコラ主義の台頭がそうであったように、アリストテレス哲学の開拓が挙げられ、ルターと他の改革者たちによって拒絶された後、ルター派と改革派の神学者の次なる世代の間で、その興味が強く復活していった。アリストテレスの新しい版の作成という野望をメランヒトンは抱いていた。アリストテレス主義が一七世紀のプロテスタントの教条主義者に、語彙の正確さと注意深く区別する能力を与えていた。[131]アリストテレス哲学へのこの新たな関心の結果の一部として、中世スコラ主義の別の要素である「自然神学」への探求も、このプロテスタント・スコラ主義で重要な役割を果たした。それゆえ、伝統的な神の存在証明を含め、神の助けを得ない人間の理性が神について何を知ることができるかを探求することは、聖書の啓示された教理を体系的に説明するための序説となった。[132]

それにもかかわらず、中世哲学史の同世代の第一人者と広く見なされているエティエンヌ・ジルソンは、「過去一〇〇年間、中世思想の歴史家の一般的な傾向は、中世の時代の人々を神学者よりも哲学者としてイメージする考えになってしまっている」と苦言を呈した。[133] 同様に、宗教改革以前と以後のスコラ主義の別の前提として、成文化された形式の教理的伝統が利用可能であったことに注意を払うことがより重要である。[134] トマス・アクィナスや彼と同時代の著作は、ペトルス・ロンバルドゥスの『命題集』の中で生み出された教父の教理を、とりわけ編纂していたのである。[135] 伝統の枠内での明らかな矛盾を説明する三段階のプロセスが（異議を唱え、伝統に基づく肯定的な答えを定式化した上で、異議や明らかな矛盾に応答していく）、スコラ的な方法論となった。[136] しかし、ヨハン・ゲルハルトのようなプロテスタントのスコラ主義者にとって、彼の一六三四―三七年『公同の信仰告白』と一六五三年に生み出された教父学（*patrology*）という言葉は、彼自身が教父の伝統の研究者であることを示しているものであり、[137] 伝統の成文化がもたらしたものは、より新しい信仰告白の光を通して古代の信条を見ることであった。これと同じことが、宗教改革の特別な味を加える形で行われた。例えば、『カルケドン公会議の信仰定式』に代表されるキリストの位格の教義の伝統は、聖餐の教理の意味するところを論争しながらも、改

---

(129) Torrance, xvii の中で引用されている。
(130) *Chr Trad* 3:268-307.
(131) Petersen [1921] 1964.
(132) Troeltsch 1891, 194-206; Syndogmaticon 1.2.
(133) Gilson [1951] 1957, 156.
(134) Grabmann [1909] 1957, 2:359-407.
(135) Stegmüller 1947; 15・3「信条に基づく理性としてのスコラ神学」を参照。
(136) Chenu 1964, 93-96.
(137) Quasten, 1:1.

革派の信仰告白にも、[138] ルター派の信仰告白にも、[139] 両方に確言されている。[140] しかし、どちらの信仰告白の伝統も、キリストの位格よりもむしろキリストの働きに第一義的な焦点を当て、[141]『カルケドン公会議の信仰定式』の解釈を、一七世紀のスコラ神学者たちの宗教改革のアクセントが加えられたものとして確認し、正当化したのである。プロテスタントの組織神学の最初の有名な定式であり、一五二一年にメランヒトンが出版した『神学要覧』の初版では、「キリストを知ることは、彼が授ける祝福を知ることである（*Hoc est enim Christum cognoscere, beneficia eius cognoscere*）」となっている。[142]

一六世紀から一七世紀にかけての西方キリスト教界での分裂、とりわけプロテスタント諸派の分裂を癒すための継続的な努力にもかかわらず、[143]『キリスト教の伝統における信条と信仰告白』の第四部を構成している「改革期における信仰告白」は、その分裂を恒久的なものとしたのであり、一九世紀から二〇世紀にかけて和解のための新しい運動が成功を収めた場合でも、新しい信仰宣言が作成されていった。[144] 様々な信仰告白が確定した後も、その論争はいろいろな形で継続したのである。しかし信仰告白はそれ自体で和解の契機ともなったのだが、先にも言及したルドルフ・ホスピニアンの『相違の一致』とレオンハルト・フッターの『同意の一致』のやり取りのように、[145] 論争の結果としてはスコラ神学の土台が築き上げられたのである。このことの中には、スコラ主義の不可欠な要素としての神学的な専門用語の標準化が含まれていたのであり、これは信仰告白の双方のグループともに言えることだった。この顕著な事例は、改革派の思想における「契約（*foedus*）神学」と、ルター派の思想における「属性の交流（*idiomatum communicatio*）」[147] という用語である。[146] 同様に、聖書の四重の意味での体系化が中世スコラ主義を可能にすることを助けたように、信仰告白が宗教改革における釈義の成果から生じた聖書解釈の特有な原理をもたらしたのである。[148] それゆえ、例えば、『第二スイス信仰告白』が、この場合は改革派の伝統だけでなくプロテスタント神学全般を代弁しているが、「聖書それ自体から集められた」解釈だけを「正統で真正なもの」として定義し、このような解釈のための構成要素をこう規定している。第一に「書かれている言葉の本来の性質」。第二に「そこに据えられている文脈」。第三に「似ている箇所や似ていない箇所、多くのより明確に書かれている箇所」。第四に「信仰と愛の基準との一致」。第五に「神の栄光と人間の救い」との互換性。(149) 聖書の釈義的な著作においても、教義的な著作の継続的な個々の聖書箇所の解釈においても、プロテスタントのスコラ主義者は「信仰告白の時期」(the confessional period) のこれらすべての成果を活用することができた。敬虔主義、啓蒙主義、近代思想、自由主義神学がこの信仰告白のスコラ主義に挑戦してきた時、改革期の信仰告白もしばしば攻撃の対象となったのである。

---

(138) *West* 8.2; *Fid rat* 1: *Wald* 13.
(139) *Form Conc Sol Dec* 8.18.
(140) 12・1「信徒は何を信じ、教え、告白したか?」を参照。
(141) 3・3「『諸教理』と教理」を参照。
(142) *Chr Trad* 4:155-56.
(143) McNeill 1964.
(144) 17・2「キリスト教信仰告白の新旧の文脈」を参照。
(145) 第7章「一致の定式 - またその不一致」を参照。
(146) *Chr Trad* 4:350-74.
(147) Lubac 1998.
(148) 5・4「聖書解釈の信仰告白的な基準」と Syndogmaticon 8.15 を参照。
(149) *Helv II* 2.1.

第17章　近現代キリスト教における信仰宣言

本章のこのタイトルは、とりわけ近現代の宗教懐疑主義や教理的な相対主義を抱いている人にとってはそうであろうが、権威ある教義としてキリスト教信仰が教えられて規範的な信条が告白されていた時代がかつてはあり、その信仰の時代がまだ過ぎ去っていないと感じている人にとってさえも、矛盾しているように思えるかもしれない[1]。先に述べたように、二〇世紀のリベラルな立場のプロテスタント神学のある参考資料が、中立的で異論の余地のない形で「歴史的に考察すると、信条は明確な宗教的状況から生じた利便性のある要約であり、今の時代の緊急の必要を満たし、正統の試験として仕えるものである」と定義した後、「それゆえ」という言葉を用いて、伝統的なこの定義の結論とは完全に正反対な、信条と信仰告白の近現代の見解をこう語っている。「それゆえ、信条と信仰告白は新しい危機には不十分であり、信仰の統一を保証することができない[2]」。多くの真剣な思慮深い探求者にとって信仰そのものが問題となった今（「私たちは信じ、教え、告白する[3]」という伝統的な信仰告白の定式に確信を抱いていた者が、「私は信じます、信仰のない私を助けてください[4]」という福音書物語の苦悩する父の

（1）Baumer 1960 に記述されている。
（2）Ferm 1945, 208 (Conrad Henry Moehlman).
（3）第2章「信条と信仰告白の必須性」を参照。
（4）マコ九・二四。

痛烈な叫びへと取って代わられている)、信仰告白の役割が問題とされるのは避けられないことである。せいぜい、社会の世俗化の現実を認め、それに対応してのキリスト教宣教の意義を定義(あるいは再定義)するのが、このような信仰告白の機能であるように思われてしまうだろう。(5)

それにもかかわらず、この著作の巻頭の「信条と信仰告白の略語」の中に掲載されているテキストに引用されている年代、あるいは『キリスト教の伝統における信条と信仰告白』の第五部「近現代キリスト教の信条と信仰告白」の数百頁にわたるテキストを予備的に調べてみるだけでも明らかなように(さらにはそこには含まれていない多くのテキストを調査してみても同じであろう)、「近現代キリスト教」にはたくさんの「信仰宣言」がある。それらは一八世紀末から二〇世紀末に至るまで、キリスト教の伝統の本流とはかなりかけ離れた教会を含む多くの教会で、すでに一八世紀に、(6) 次いで一九世紀、(7) 二〇世紀に、(8) 世界中のほとんどの地域で、またキリスト教教理の公式な信仰告白のツールとしては極めて斬新ないくつかの言語を含めた多くの言語で、ほぼ毎年、現れ続けたのである。実際に、二〇世紀には、「信条」や「信仰告白」よりも「信仰宣言」の方が好まれるようになった(英語の翻訳の場合)。一例を挙げるだけでも、その事例は神学的にも地理的にも広範囲にわたっている。一九〇五年『アメリカ・バプテスト連盟教理宣言』、(9) 一九三二年『ミズーリ・オハイオ・他州の福音ルーテル教会会議の教理的立場に関する短い宣言』、(10) 一九五九年『合同キリスト教会信仰宣言』、(11) 一九五八/六八年『マダガスカルにおけるイエス・キリスト教会の信仰宣言』、(12) 一九八六(一九八二)年『フィリピン合同教会信仰宣言』、(13) 世界教会協議会(the World Council of Churches)のインドのバンガロールで信仰職制委員会が発行した一九七八年『信仰共同宣言』、(14) さらには非伝統的な信仰告白である一九一八年『エホバの証人信仰宣言』(15) や、一九一六年『アッセンブリーズ・オブ・ゴッド教団の基本的真理に関する宣言』(16) がある。

さらに、ある意味では、キリスト教宣教の「偉大な世紀」とされてきた一九世紀の幕開け以降の近現代の時代において、(17) キリスト教信仰の新しい挑戦と新しい機会が、以前は非キリスト教であったアジア地域、とりわけサハラ以南のアフリカにおいて前例のない拡大と成長のゆえにもたらされ、そこでは新たな信者、やがては新しい教会が、これまでの歴史で培われてきた信仰告白の要求に対して、自分たちの文化や言語の中で独自の応答をするように求められてきたのである。[18] 歴史的な教会と意見を異にする新しい動きが、古代からの地域も含めた東方[19]および西方[20]で起こり、信仰告白のリストに加えられていった。上述の挑戦と機会だけでなく、このような曖昧さこそ、近現代におけるキリスト教の信条と信仰告白の歴史形成に役立てられたのである。

---

(5) *Camb Dec.*
(6) *Shkr.*
(7) *Winch* (1803); *LDS* (1842); *Salv Arm* (1878).
(8) *Wash* (1935).
(9) *Am Bap.*
(10) *Br St Luth.*
(11) *UCC.*
(12) *Madag.*
(13) *Philip UCC.*
(14) *F & O Ban.*
(15) *Witness.*
(16) *Assem.*
(17) Latourette 1937-45, 4-6.
(18) ロマ一〇・九―一〇、第11章「他文化への信条と信仰告白の伝播」を参照。
(19) *Arm Ev.*
(20) *Pol Nat.*

17・1　近代意識による信条への不信感

ヒンリヒ・シュトーフェザントは著書のタイトルに「近代意識によって引き起こされた信条への不信感」というフレーズを用いており、信条や信仰告白の考え方そのものに対する、教会内外からの長きにわたる近代の反感について記している[21]（もちろん、特定の信条に対する反感もあり、特にアタナシウス信条がそうである[22]）。このような反感の声を挙げることにより、信条主義への近代の多くの反対者たちは、自分たちがプロテスタント改革者たち以上に、教会と伝統の権威に対する改革を全面的に実施していると主張した。宗教的権威の「ドミノ理論」に基づき、宗教改革の時の論敵であったローマ・カトリック教会は、早くも一六世紀に、ローマ教皇庁への攻撃はやがて信条の権威そのものを否定することにつながるだろう、と警告していた。彼らは、ルターがホモウシオスという言葉を軽んじたり、カルヴァンがニカイア信条を語るよりも歌う方がよいとコメントしたような傍論を最大限利用し、信条の否定の始まりの証拠であるとした。その応答として、とりわけルター、カルヴァン、英国教会の代弁者たちといった行政的宗教改革者たちは、三位一体論やキリストの位格といった正統的な教義に自分たちが忠実であることを力強く確言した[23]。しかし、一八世紀、一九世紀、二〇世紀にかけて、ローマ・カトリック教会の宗教改革への見方は、リベラルなプロテスタント主義の中には例えばアドルフ・ハルナックが「カトリック的な要素がルター」や他の改革者たちの中に残存している痕跡があると批判的に描写したため、ある種の正当性が示された[24]。カトリックの信条や教義が行政的宗教改革の信仰告白の中に保持されているだけでなく[25]、文字通り何百ものプロテスタントの信条や信仰告白がその中に加えられたことからすると、改革者たち自身は自らの立場を示して十分に改革を実施できず、近代になってからようやくそれが可能になった、という見解に今はなっているのである。このような逆説的な状況は、ローマ・カトリック教会の女性教職の過度な容認を繰り返し批判しているのが宗教改革期のプロテスタントの信仰告白であるということに気付く時（後の論争ではむしろ逆になる）、現代の読者にも明らかになるだろう。「私たちは洗礼が女性や助産婦によって執行されてはならないと教えている。というのは、パウロは教会の職務から女性を退けたからであり、洗礼はその職務と関わりがあるからである」[26]。

「近代意識」の歴史の概要をここで示さずに、また、近代における批判的神学の発展を示さずに、「信条への不信感」から反感や敵意までを抱かせた近代思想のいくつかの動きを挙げて特定することは可能であり、様々な信仰告白の伝統に立つキリスト教神学者たちによってなされてきた[27]。包括的な書であるクロード・ウェルチの『一九世紀プロテスタント思想』は、これらの動きを知るための入門書となるであろうが、彼がした説明よりも私たちの説明は「いくつかの中心的なテーマの解釈」に限定する必要があり[28]、それは神学的な多くの事項において互いに矛盾しながらも、「信条への不信感」を共有していたのである。

「一八世紀と一九世紀」は特に顕著であるが、ウェルチは、「反教義的、反熱狂的な気風がある時代で、宗教論

---

(21) Stoevesandt 1970, 12.
(22) *39 Art* 8 と *39 Art Am* 8 を比較。
(23) *Chr Trad* 4:322-23.
(24) Harnack［1893］1961b, 7:230-66.
(25) 16・3「宗教改革の信仰告白におけるカトリックの本質とプロテスタントの原理」を参照。
(26) *Helv II* 20.6 では一テモ二・一一―一四が参照されている。*Scot I* 22 は *Lat 1215* 3 と対照的である。
(27) *Chr Trad* 5:29-32, 122-28, 269-72; ここでの注に入っていない引用の出典は、欄外注を参照されたい。
(28) Welch 1972-85, 1:293.

争に嫌気がさしていた」と見なしている。[29] 啓蒙思想における合理主義は「反教義的」であり、それゆえ反信条的、反信仰告白的なのである。イマヌエル・カントによる有名な定義によれば、「啓蒙とは人間が自らさらされている保護状態から脱出すること」であり、その保護状態とは「優柔不断で、他者の導きなくして自らの心を使う勇気がないこと」と表現されている。もしくは、パウル・ティリッヒの定義では、啓蒙は「もはや説得力を失った他律の力に対して、人間の自律の可能性の革命」とされている。神学者たちも含めた啓蒙思想の多くの弟子たちにとって、信条や信仰告白は「自らさらされている保護状態」の最も明白な事例だった。「宗教論争に嫌気がさしていた」ことに加えて、「他律の力」であり「もはや説得力を失った」ものとしての信条と信仰告白の拒絶は、このような「革命」に劣らず明白な事例である。というのは、理神論者であるマシュー・ティンダルが一七三〇年に書いているように、「信条は霊的な武器であり、対立する両派がそれで戦ったのである。そして多数派であった者たちは、敵対者を彼らの地位から引き降ろすために、彼らが最もためらうと思われる非聖書的な用語を発明したことは、教会史から明白なこと」だからである。名目的かもしれないが少なくとも公式には英国教会にとどまっていたトマス・ジェファーソンのような啓蒙思想家は、信条およびキリスト教の正統で信条的なものを伝達してきた福音書正典の背後にまでさかのぼろうとし、理性的で普遍的な信仰の教師としての人間イエスの真の姿を見出そうとし、彼を信条や教義から解放しようとし、彼に具現化されている宗教と道徳の真実を見ようとしたのである（それゆえに非信条的・非教義的になる）。

「一九世紀は多くの点でまさにキリスト教の世紀であった」が、ライオネル・トリリングが一九五〇年に「宗教における教条主義が軽んじられる時、宗教は感情や倫理の意図（「感情に動かされる道徳」）が広まったことによって一時は進むが、しばらくするとその推進力を失い、その存在の本質さえ失ってしまう、というのは本当である」と述べている。[30] したがって、キリストと聖書へのキリスト教信仰を何らかの形で保とうとする思想家にとって、一八世紀から一九世紀にかけてプロテスタント神学の大部分において信条と信仰告白の代わりになったのは、ウェルチの言う「信仰、歴史、倫理のバランスが取れた」新たな三位一体とも呼ぶべき一形態または別形態のものであった[31]。それら三つは、教義や信条との関係と同様、信条や信仰告白の正統的な伝統の重要な構成要素となってきた[32]。しかし、それらの一つ一つが新たな意味を持つようになり、ウェルチの言う「バランス」とは、伝統全体を根本的かつ批判的に同時に再考することであった。伝統を拒絶するにしても代わるものを考えるにしても、徹底してやるかどうかに大きな違いがあったし、それを公に認めるかどうかにも大きな違いがあった。「人が信じるところの信仰」(*fides quae creditur*)という客観的なことに従属させたり、「人が信じることを伴う信仰」(*fides qua creditur*)という主観的なことに教会の教理、教義、信条を従属させたり、個人的な感情や経験に従属させたりする真の信仰(*faith*)を際立って強調することが[33]、大陸における改革派やルター派の敬虔主義やイングランドでのメソジスト運動においてすでになされていた。しかしながら、実際のところ、これらの運動は多くの伝統的な信仰(beliefs)を正当化するためになされたのであり、必ずしもその信仰(beliefs)が決定的な権威として信条や信仰告白の中で規定されてなかったとしても、後の信仰告白で明らかになってくるのである[34]。ジョン・ウェスレーは、彼自身は「心の神学」として正統に留まろうと努め、英国教会の「三つの信条」

(29) Welch 1972-85, 1:31.
(30) Trilling [1950] 2000, 180.
(31) Welch 1972-85, 2:1-30.
(32) 「信仰」については第2章「信条と信仰告白の必須性」を、「歴史」については1・4「連続性と変化の例としてのキリストの位格」を、倫理については第10章「信条ではなく行為か?」を参照。
(33) 2・2「信仰の定義」やSyndogmaticon 1.1, 1.6も参照。
(34) *Morau.*

〔ニカイア信条、アタナシウス信条、使徒信条〕に忠実であろうとしたが[35]、「三つの信条や二〇の信条〔旧約聖書のこと（『三九箇条』六を参照）〕に同意した人がいたとしても……キリスト教信仰を全く持っていないこともあり得る」と主張した。しかし、この経験と感情の強調がその傑出した解説者であるフリードリヒ・シュライアマハーの組織神学書『キリスト教信仰』の中で「絶対依存の感情」として定義されると、これはやがて神の存在証明といった伝統的な証明だけでなく、教義、信条、信仰告白の場所を占めていった。ゆえに、ウェルチはシュライアマハーの見解を「あらゆる教理的な定式は、特定の時代を占めるかもしれないが、永久的な有効性を持つことを主張できない」とまとめている[36]。このことは教会の信条や信仰告白（すべてのものがそうである）にも当てはまった。この教理定式に関する考え方は、ウェルチが「神学者（特にシュライアマハー）による古代の教義と信条に対する軽視」と呼んだ出来事を引き起こした[37]。加えて、シュライアマハーの『キリスト教信仰』では、「プロテスタント教会の信仰告白の記述（*die evangelischen Bekenntnisschriften*）」として改革派とルター派の信仰告白が一つにまとめられ、教理的立場を支持するために引用されている。プロイセン合同（Prussian Union）の伝統では、宗教改革の両派の聖餐論のような教理の違いは、両派が共通に保持している教え（すべてが経験的信仰へとつながっていく）に従属することになった。というのも、すべての教理的な立場は「人間の生の状態の解説」として、あるいは「神的属性の概念」として、あるいは「世界の構成方法についての記述」として解釈することができたが、改革派であれルター派であれ、プロテスタント改革の信条と信仰告白を含めた従来の信条と信仰告白の言葉は、実際のところ、これら三つのうちの最初のもの〔信仰〕の表現形式に作り変えられ、最終的には取って代わられることになった。これらの信条や信仰告白に対して、その告白している教理の文字に従ってというよりもむしろ、その「意味と精神」によって受けたものに従ってのみ、自らを拘束させると彼自身は感じていた[38]。このように信条の教理を扱った最も悪名高い事例は、おそらくシュライアマハーが三位一体の教義を軽んじ、『キリスト教信仰』の付録へと引きずり降ろしたことであろう。

三つの中の二番目のものである歴史も、信条と信仰告白の権威を損なう方向へと導いていった。各方面からの問いはこうであった。「歴史研究は……信仰に有用なのか。歴史に信仰の保証を見出すことができるのだろうか」[39]。この問いは歴史的な信条や信仰告白に特に強く当てはまるものであり、ゴットホルト・エフライム・レッシングの「偶然的な歴史的真理は、決して理性の真理の必然的な証明とならない」という公理の正しさを示す顕著な例証となった。マシュー・ティンダルは、「信条、教会法、制度を押しつける者」が「人類共通の災い」であると見なした。「新約聖書は、批判が私たちの主となることを許さない限りにおいて、ソッツィーニ主義やアレイオス派のキリスト論よりもアタナシオス派のものを完全に支持している」と議論するいくらかの努力はあったものの[40]、「プロテスタントとローマ・カトリックの理解を区別しながら、古代教会と宗教改革の連続性を示す」という宗教改革とその後の信仰告白の解釈者の試みが見当違いであり失敗に終わる運命であったため、このような努力は増大する歴史的認識と相容れないものであると見なされてきた[41]。フレデリック・デニスン・モーリスの一八三五年『束縛なしの同意』では「オックスフォードでの(『イングランド教会の三九箇条』への同意の)要求は、実際には自分自身の宗教的確信を試されるものではなく、大学での指導に当たるための基礎的な声明で

---

(35) *39 Art* 8.
(36) Welch 1972-85, 1:72.
(37) Welch 1972-85, 1:100.
(38) Hirsch 1960, 5:157-58.
(39) Welch 1972-85, 2:146.
(40) Welch 1972-85, 2:151.
(41) Welch 1972-85, 2:15.

ある」と論じている。[42] しかし、このような議論は、左右の立場にかかわらず、非難と詭弁のものとして切り捨てることができた。「ウェストミンスター信仰告白の基準からの逸脱」[43] や他の宗教改革の信仰告白からの逸脱に関する非難は、聖書の歴史批評的研究への非難に直結していたが、最終的には効果がなかった。というのは、歴史批評的研究の方法は、聖書だけに適用されるものではなく（新約聖書よりも旧約聖書に対しての方がより受け入れられやすかった）、プロテスタント的な聖書に対する伝統の従属と調和し、最古のものや最もエキュメニカルで権威的なものも含め、聖書よりも自由度のある信条や信仰告白に対しても適用されたからである。[44]

この歴史批評的方法は、ハルナックのような自由主義の学者によって継承されるとますます、二段階の歴史のプロセスを記録するようになった。「洗礼の告白が信仰の基準へと再配置されたこと」は、教会史の最初の数世紀に、多くの信条や教会会議での信仰告白を繁殖させることになった。次いで、「信仰の基準がギリシア哲学の体系の概要の中に変容された」ことによって発展を遂げ、東方と西方のスコラ主義の形態で頂点を迎えた。[45] この二段階のプロセスが、教会の正統的な信条をイエスの元来の真の福音から遠ざけてしまったのである。信条発展、とりわけ『カルケドン公会議の信仰定式』に関する歴史批評的調査は、アルベルト・シュヴァイツァーの「二つの本性の教理は位格の統合へと解消され、それによって史的イエスへと遡る最後の可能性が断ち切られてしまった。……彼はなおも、かつてのラザロのように、手と足（二重の本性という教義の墓衣）を墓で縛られたままである」という結論へと導いた。[46] シュヴァイツァーは、『史的イエスの探求』の中で、ヘルマン・ザムエル・ライマールスから始まった「二重の本性の教義」からの解放が、一八世紀から一九世紀にかけての聖書学を、信条や信仰告白の束縛から解放された「史的イエス」の一連の再構成へと導いた、という歴史過程の資料を生み出した。

このような信条と信仰告白の歴史批評的研究の影響と問題に関する適切な事例として、ほとんど偶発的なものだったが、一八九二年にハルナックが引き起こした「使徒信条論争（*Apostolikumstreit*）」が挙げられる。プロテスタントのある牧師が使徒信条を用いずに幼児洗礼を執行したところ論争が勃発し、論争の当事者たちの何人かが、歴史批評の著名な権威者であるハルナックに意見を求めた。彼は「使徒信条をそのまま読んだだけでは、キリスト教の基準、神学的な成熟にはならない。それどころか、福音理解と教会史について十分に知り尽くした成熟したキリスト者は、使徒信条の記述のいくつかに批判的になるに違いない」と返答した。とりわけ、「聖霊によって宿り、処女マリアから生まれ」という信条の条項を彼は持ち出し、(47) 多くの現代のプロテスタントの人たちにとってこれは受け入れ難く、それゆえ聖職者や信徒に信仰を強要するのは不誠実である、としている。しかし同時に、適切に、つまり歴史的・批判的に理解される限りにおいて、彼はこの信条には「高い価値と真理の偉大な宝庫」があると確言した。ドイツのプロテスタントの出版社やローマ・カトリック教会を含めた諸教会の反応は、以前から継続していた抗議の継続といったものであり、教義の起源の歴史的研究と、教会における教義と信条の位置づけに対する彼の批判によって、ハルナックはすでに抗議を受けていたのである。しかし、この出来事は、近代プロテスタントでの教理や信条の権威をめぐる問題全体がいかに不安定であるかの表れでもあった。(48)

「信仰、歴史、倫理のバランスが取れた」と言っている三つの中の三番目のものはキリスト教倫理であり、長

(42) Welch 1972-85, 1:245; 9・4「法令の追従としての信仰告白への同意」も参照。
(43) Welch 1972-85, 2:166.
(44) 17・3「近現代における信条または信仰告白の学問的開花」を参照。
(45) Welch 1972-85, 2:179.
(46) Schweitzer [1906] 1961, 3.
(47) *Ap* 3.
(48) Zahn-Harnack 1951, 144-60.

きにわたって信条や教義との間に潜在的な緊張関係が存在していると見なされてきたが、[49] しかしこの緊張関係も一九世紀には新たな作用を得ることになった。時折、プロテスタント正統派が「古典的な用語であるペルソナ（*persona*）やヒュポスタシス（*hypostasis*）を（両方ともキリスト論と三位一体論で用いられる）、自意識の中の個性中心という現代的概念へ関連づけようとしている」試みは、[50] 倫理的な次元の関心を支持する使われ方となり得る。しかしこのような試みに反対して、「一九世紀末にはすべてを一掃しているように見えた」キリスト教倫理の新しい理解の最も広範囲に支持されていた考えは、「信仰の普遍の定式と見なされていた教義……もしくはアタナシウス信条の三位一体的な弁証からの解放」であるとの考えから生じた。[51] キリスト教倫理の社会的な特徴を発見する（もしくは正統派が何世紀にもわたって無視してきた事柄を回復する）必要性や、政治的・社会的行為としてそれを実施することは、「社会的福音」（the social gospel）の旗の下に進行していった。[52] 最初はメソジスト教会で、次いでアメリカでの教会連盟協議会（Federal Council of Churches）で、次いでブラジルのメソジスト教会で、「社会的信条」（social creed）さえも生み出された。[53] ウォルター・ラウシェンブッシュの「同世紀における最も影響力のある宗教書の一つ」と言われた一九〇七年『キリスト教と社会的危機』の中で、[54] その書の一つの章のタイトルとなった以下の問いを提起している。「なぜキリスト教は社会再建の働きに着手しなかったのか」。[55] 社会再建の代わりに神秘的な内面性を促進したサクラメント主義や、世界や社会からの逃避を促した禁欲主義に加え、ラウシェンブッシュによれば、教会の社会的無関心の主犯は、例えばアタナシウス信条のような信条によって定式化された教義であり、そこでは「三位一体の各位格の間の微妙な関係の定義」や「比較的実りの少ない憶測」がなされているとされた。[56] この変化の直接的な帰結の一つは、（社会的福音がキリスト教の共同的な次元に強調点を新たに置いている点とはいくぶん矛盾しているが）個人的な宗教行為としての「信仰告白」の急進的な個人化であり、ウェルチが「ソクラテス的な自己回帰」と呼ぶ現象である。[57] イギリスの詩人ジョン・ミルトンはすでにこのことの代表者となっており、彼の死後に発行された『キリスト教教理』の中で、彼は「宗教的な問いを他者の信仰や判断に依存しないと決めた」ために、「自分の努力によって自分自身のための信条を見つけていく」という彼の意図を述べている。しかし、ミルトンが彼自身の努力によって「見つけた」信条は、三位一体論とキリストの位格に関する伝統的なニカイア正統派やカルケドン正統派から逸脱した「新アレイオス主義」（neo-Arian）であることが判明した。(58) プロテスタントの一部の神学校では、たとえ教派に属していたとしても、信条のこの新しい自由主義と信仰告白の個人主義が兆候として表れており、入学した神学生たちに開講される学科で、教会が信じ、教え、告白してきた歴史的な信条や信仰告白ではなく、それぞれのクラスのメンバーが、自分が今、実際に信じているのが何なのかという「信条」を作成することが課題とされ、これは既存の信条や信仰告白の確言と一致する可能性もあるが、そうである必要もないのである。

---

(49) 第10章「信条ではなく行為か？」を参照。
(50) Welch 1972-85, 1:279.
(51) Welch 1972-85, 2:229.
(52) Hopkins 1940; Handy 1966.
(53) *Soc Meth; Soc Ch; Meth Braz.*
(54) *ODCC* 1368.
(55) Rauschenbusch 1907, 143-210.
(56) Rauschenbusch 1907, 178-79.
(57) Welch 1972-85, 1:126.
(58) 3・1「教会の教え」を参照。

17・2　キリスト教信仰告白の新旧の文脈

カトリックの現代化（*aggiornamento*）プログラムの一部として、一九六五年一〇月二八日にローマ・カトリック教会の第二ヴァチカン公会議の第七会期の『非キリスト教宗教への教会のかかわりに関する宣言』には、「私たちの時代（*Nostra aetate*）」というフレーズが冒頭にあるが(59)（この公会議の布告のタイトルともなった）、これは、現代の時代の変化が類例のない変化をもたらしているだけでなく、教会の信仰告白の務めに前例のない機会をもたらしている認識を表現している。すでに最初の布告である『典礼憲章』では、「変化を受け得るこれらの構造」は、固定化された礼拝の要素や聖書と伝統の不変の真理とは区別されると言及され、「私たちの時代の必要性（*nostrae aetatis necessiates*）」をよりよく満たすために、その構造を「適応させる」義務を語っている。(60)また、『喜びと希望』の「現代世界における教会の司牧憲章」は、教会に「時代のしるし」を識別するように呼びかけ、序章では「現代世界における人類の状況」を取り上げている。(61)一世紀前の一八六四年『教皇ピウス九世の誤謬表』の中のローマ・カトリック教会の信仰告白でも、時代のしるしを見据え、その時代の中で歴史的に自らを位置付けているが、敵対的な姿勢が主たるもので、「私たちの時代の主要な誤り」として八〇のものを挙げて非難している。(62)宗教改革の時代の『トリエント公会議の規準と布告』では、教会の実践的な生活の中での「事柄、時代、場所の変化」を考慮する権利と義務について語っており、(63)それはちょうど『アウグスブルク信仰告白』が様々な乱用の犯人として「時代の誤り」を挙げているのと同じである。(64)

他の多くの教会も現代の時代の挑戦と機会を認識しており、それらに対処する必要性から、福音派や「自由教会」から発せられた特別なものも含め、多くの現代的な信仰宣言が打ち出されてきた。(65)インドネシアのプロテスタント諸派は、一九五一年『バタク・プロテスタント・キリスト教会信仰告白』を生み出し、その中で、過去の信仰告白と理解を調和させながらも、「教会は、台頭する異端に反対するため、絶えず新しい信仰告白を必要としている。……私たちの教会への圧力のために、私たちの思考は、現代における私たちを取り巻く教理や宗教の問題に直面する中で、奮い立たせられなければならない」という見解を述べている。[66]「新たな中国建設における中国キリスト教の努力指針」というサブタイトルからも明らかなように、中国キリスト教三自愛国運動が発行した一九五〇年『キリスト教宣言』では、マルクス・レーニン主義が支配する「新しい中国」における教会の新しい状況を認識しているものである。[67]通常の意味での「信条的な教会」ではないが、フレンド派（the Society of Friends）（クエーカー派）は、一七世紀と[68]一九世紀に[69]信条を確言していたものの、一九〇〇年および一九三〇年に『本質的真理』を発行することによって二〇世紀へ応答していった。[70]そしてこの時代を「原子時代」と定義

（59）*Vat II* 7.5.1.
（60）*Vat II* 3.1.
（61）*Vat II* 9.4.4-10.
（62）*Syl*; 傍点は著者による。*Munif* 2 も参照。
（63）*Trent* 21.1.2 decr.
（64）*Aug Lat* 22 int 1.
（65）*Sav* pr; *Laus Cov* pr; *Camb Dec* pr; Küppers, Hauptmann, and Baser 1964.
（66）*Bat* pr; 傍点は著者による。
（67）*Chin Man* 1; *PRCC* 3.D-E も参照。
（68）*Friends I*（1673）; *Friends II*（1675）.
（69）*Richmond*（1887）.
（70）*Ess.*

し、第二次世界大戦後のヨーロッパのプロテスタントに、「キリスト告白」が今日において可能であるか、可能ならばいかに可能であるかという問題提起をした。[71]

「私たちの時代（*Nostra aetate*）」におけるキリスト教信仰告白の新しい文脈は、制度的教会の信仰生活の内外からの作用（信条に対して時には敵対的で時には友好的であった）による結果であった。最も劇的な変化の一つは、信条の権威に広範囲な影響を及ぼすものであり、教会の国家との関係において、また大学、科学、文化全般との関係において、制度的なものから国教会制廃止へ、徐々にシフトしていったことである。国教会制廃止の影響が目に見えるようになり、例えば、一八四八年にジュネーヴ自由教会は信仰告白としての使徒信条に手を加えたものを発行したが、一八八三年にその権威を廃止し、使徒信条の原文を付録に置き換えた。[72]というのは、信条や信仰告白の伝統的な機能に対する知的、科学的、宗教的な異議があったが、それらを超えて、近代の政治革命は信仰告白や信条の伝統、特にその伝統と政治体制との結びつきも含めて攻撃の対象としてきたからである。その攻撃の一環として、マシュー・ティンダルは「教会のこの押し付けがましい気性」を取り上げた。それは、彼が言うに、「聖職者の野心的、支配的な部分、信条・正典・憲法の押し付けが人類共通の疾病であることが歴史から明らかである」とされている。[73]三位一体の教義を制定した三二五年の第一回ニカイア公会議でコンスタンティヌス帝が果たした役割は、半世紀後にニカイアの三位一体の信条がテオドシウス一世の下でローマ法の一部として採用されたことによって引き継がれていき、[74]ティンダルの言葉で言えば、一〇〇〇年以上にわたって帝国とその後継者たちに「信条を押し付けた者」（the imposer of creeds）となったのである。プロテスタント改革の政治的・宗教的な大変動でさえ、少なくともその初期には、政治的な力としてのニカイア・コンスタンティノポリス信条の覇権を揺るがすことはなかったし、いくつかの点では強化さえした。[75]信条と信仰告白への批判は、その覇権が少なくとも公式にはまだ認められている間からすでになされていたが、信条と信仰告白の宗教的・知的な権威が徐々に浸食されたことと、教会の政治的な国教会制廃止が徐々に進んでいったことのそれぞれが、一八世紀、一九世紀、二〇世紀に進行していった。

キリスト教界の文化的・理知的な国教会制廃止は、政治的な国教会制廃止に比べれば、当時の権力闘争に直接巻き込まれることは少なかったかもしれないが、キリスト教の信仰告白の文脈ではいくつかの点で、少なくとも初期の頃は極めて破壊的であった。ホメロスや北欧のサガで用いられた研究と同じ歴史批判的な方法が聖書・信条・信仰告白のテキストに適用され、そのテキストの当時の宇宙論的な前提によって根本的に既定されていたことが示され、その前提は現代の時代に共有されていないし、共有することもできなかったのである。[76] 歴史批判的研究と科学の進歩の両方により、創世記の創造物語に始まり、キリストの処女降誕、福音書におけるキリストの復活、そして黙示録の終末へと至る聖書の奇跡物語（同じことが繰り返される聖書物語の四つの出来事であり、ニカイア・コンスタンティノポリス信条でも使徒信条でも中核になっている）[77] の信ぴょう性が損なわれたことが、文化に支配的だった時代精神に反していたため、一八世紀と一九世紀の教会に守勢を強いた。[78] そのため、キリスト教信仰告白の再形成が呼び起こされた。それらの中には、ダーウィンの進化論や新たな宇宙論と妥協したり、調

(71) Wolf 1959.
(72) *PRE* 6:253-54 (Ch. Correvon).
(73) *Chr Trad* 5:31.
(74) *Theodosian Code* 16.1.2; 8・2「信条遵守のための市民法」を参照。
(75) 第8章「信仰告白の定式と宗教政治」を参照。
(76) Frei 1974.
(77) *N-CP* 1-7; *Ap* 1-7.
(78) *Syl* 7; *Bat* 4.

整したり、あるいは回避をするものもあった[79]。また、一七世紀の信仰告白スコラ主義がそうしたように、聖書の霊感と信条の真理を明確化しようとするものもあった[80]。

同時に、政治的・文化的な国教会制廃止は、教会の一部の人たちにとっては解放の機会となったように思われ、キリスト教の福音が明白であれ軽微であれ様々な歪んだ形で社会の既成の秩序の中に確立したものを弁証しなければならない重荷から解放され、自分たちの信仰告白を再確言できるようになったのである。アメリカ合衆国における教会の経験が証明しているように、信仰告白と信条は国家とその法の力に依存する必要がなくなったからである。一八世紀のあらゆる差し迫った予言にもかかわらず、キリスト教信仰と生活は、キリスト教信条や信仰告白さえも、政治的な国教会制廃止の下でもなんとか栄えていた。したがって、ウェルチが「伝統主義者たちは……彼らにとって……福音の描写はキリスト論的な教義の土台としては本質的に不問だった」と記している人々の継続的な固執に[81]、歴史的に等しく注意を払うことが不可欠であり、それゆえこの伝統が信条や信仰告白の定式のために提供され続けた継続的な背景があったし、また、現代の時代が教会に強いている新しい文脈に対応する必要もあったのである。キリスト教信仰告白の古い文脈と新しい文脈との間の動的なこの相互関係は、『キリスト教の伝統における信条と信仰告白』の第五部「近現代キリスト教の信条と信仰告白」の「一九世紀――信仰告白主義と国教会制廃止主義の試験」「二〇世紀――教会と信仰告白のグローバル化」の見出しのところに収められているほとんどの近現代の信仰告白において明らかである。

一九世紀から二〇世紀にかけての教会での信仰告白の特定の新しい文脈の中で、ジェフリー・ウェインライトは「信仰告白の境界を超えてキリスト教界に広く影響を与えた様々な『運動』――聖書神学運動、典礼運動、より専門的な意味でのエキュメニカル運動、私たちに共通する教父のルーツと後の歴史における論争的な姿から彼らの独創性と真正性を発見する運動」を列挙している。彼が結論付けているのは、「これらの運動が、私たちに共通の言語を提供してくれたし、実質的な理解と合意の可能性を高めてくれた」ということである[82]。それぞれの運動がすべての教会に新しいものの見方、信条や信仰告白の定式化の方法さえも提供してくれたのである。

キリスト教神学全般と同様、キリスト教信条と信仰告白も、もちろん、常に聖書的であろうと努めてきた[83]。それゆえ、その意味で、二〇世紀の間に発展しているものに対して「聖書神学」という用語を用いることは重複であるし、思い上がったことでさえあるかもしれない。それにもかかわらず、何か新しいことが確かに起こっていた。一八世紀と一九世紀にいくつかの予兆が見られ、二〇世紀に新たな聖書神学の現象が部分的には可能になり、聖書的言語学の新しい手法の促進により、聖書語彙への関心が再び呼び覚まされた[84]。聖書神学は、ギリシア哲学や信仰告白論争によって不当に形作られたと見なされていた信条や教義学といった古くて静的と考えられた分類のものを、より動的で聖書的な「救いの歴史（*Heilsgeschichte*）」（これ自体で一つのテーマであったが）に、より対応したテーマに塗り換えようとする取り組みだった。聖書神学への移行は、組織神学と聖書釈義の両方の課題の再解釈にどんな意味を持っていたとしても、信条と信仰告白の歴史に多種多様な影響を与えた[85]。一方で、信条の中で告白されてきた伝統的な教理の聖書的な土台が明確化されたことで、少なくとも間接的にはその意味において、信条の正当性が証明されていった。しかし、新約聖書と、信条や最終的には教会会議の中で表現され

(79) *Chr Trad* 5:238-41; Syndogmaticon 1.10, 1.12 も参照。
(80) 5・4「聖書解釈の信仰告白的な基準」、16・4「宗教改革の信仰告白から信仰告白のスコラ主義」を参照。
(81) Welch 1972-85, 2:146n.
(82) Wainwright 1986, 13.
(83) 第5章「聖書、伝統、信条」を参照。
(84) *ABD* 6:483-505 (Henning Graf Reventlow).
(85) *ABD* 1:1203-6 (John H. Leith). 一つの事例については *Leuen 5* を参照。

た公同のキリスト教の始まりとの差異が誇張されることもあり、歴史的な信条の復権に常に直結するというわけではなかった。ただ、聖書神学への新たな注目の直接的な結果として、新たな信条や信仰告白にも違いが見られた。おそらくその変化は、一八六九―七〇年の第一ヴァチカン公会議の布告と一九六二―六五年の第二ヴァチカン公会議の布告とを比べると、教理的な協調だけでなく、神学的議論や論証の資料や方法といった至るところに見出せるものである。二つの公会議に挟まれた一世紀間に、当初はプロテスタント主体の現象であった聖書神学が全体的なものになっただけでなく、教会が聖書をどのように解釈するべきかという根本的な再評価を具体的にするようになり、一九四三年九月三〇日に教皇ピウス一二世によって発行された回勅『神の霊の息吹』で定式化された。[86]

第一ヴァチカン公会議から第二ヴァチカン公会議への別の際立った違いは、その布告の中で典礼が突出したということである。もちろんこれは、『典礼憲章』の中で特別な仕方で適用され、この公会議の最初の布告としてその後に続くすべての流れを決定づけた。[87] この憲章は、教会の生活や教えの他のいかなる側面よりも典礼について宣言しているものであり、「信者が、キリストの神秘や真の教会がどのようなものであるか、生活の中で表現して他者に示すための主要な手段である」としている。[88] この強調は、第五会期に『教会憲章』の中で教会の本質を定義する時に至るまで、なおも存続していた。トリエント公会議と第一ヴァチカン公会議によって確言されたものとして「ローマ教皇の聖なる首位権の制度、永続性、力、本質とその無謬の教導権の教理」を再確言する一方で、[89] この憲章は、司法上または教理的な権威よりもむしろ教会の神礼拝と世への奉仕に焦点を当てている。このような方法または他の方法で、この西方の公会議は東方キリスト教との親和性をも見出そうとし、教会が信じ、教え、告白することは、宗教改革のプロテスタント主義のように信仰の教理の包括的な告白の中にではなく、第一義的に典礼の中で明確にされるのである。[90] 聖公会でも似たような展開があり、『イングランド教会の三九箇条』と『祈禱書』との間の歴史的緊張の問題が、後者を重んじる仕方で解決されたのである。[91] しかし、典礼運動の信仰告白へのインパクトはこれらの教派を超え、伝統的に「形式主義」や「祭儀主義」の礼拝を避けてきた多くの教会にもそうした傾向が見られるようになり、教会の典礼の中に組み込まれていた信条にも必然的に新たな注目が寄せられ、特に東方・西方の伝統ではニカイア・コンスタンティノポリス信条、西方の伝統では使徒信条がそうであった。[92] しかし、聖公会の事例で強く示されたように、この変化は個々の教会特有の信仰告白（聖公会の場合では『イングランド教会の三九箇条』）を犠牲にすることにもなり得るのである。

プロテスタント主義（聖公会も含む）の中で始まったエキュメニカル運動は、多くの信仰告白の伝統の代表者を集めることにより、特定の信仰告白の権威を相対化する効果もあった。[93] 一八七一年『合衆国会衆派教会オベリン宣言』で「私たちは特に、私たち自身の土地と世界の伝道という共通の働きを遂行するにあたり、世界の伝道されたあまねく土地で共通の聖なる法、私たちは共通の主を愛して仕えているすべての者たちと友好的に力を合わせて働いていくことを望む」と宣言したが、[94] それは伝統と宣教の場における教派間の闘争という痛ましい光景を踏まえてのものであった。信仰告白の歴史における分裂を超えて、連帯、協定、合併、再統一がなされた

(86) Denzinger 3825-31.
(87) *Vat II* 3.1.
(88) *Vat II* 3.1.2; 傍点は著者による。
(89) *Vat II* 5.1.18.
(90) 14・1「正教会の『信条書』に対する曖昧さ」と14・2「教会の信仰告白が突出した典礼」を参照。
(91) 6・2「祈りの法則、信仰の法則」を参照。
(92) 6・3「礼拝の中での信条の位置」を参照。
(93) 第4章「信仰と職制」を参照。
(94) *Oberlin* 5.

多くの宣言は、一九世紀、とりわけ二〇世紀にかけて生じた。[95] このことは、時には明言され、時には明言されなかったが、各教派の伝統的な信仰告白を第二の地位へ、あるいは歴史の背後へ押しやることを必然的に伴った。[96] しかしエキュメニカル主義がプロテスタントの様々な体系だけでなく、東方正教会や最終的にはローマ・カトリック主義をも取り入れ始めた時、これらの共同体における教会とその伝統や信条の権威がより目立った形での信仰告白の問いとなり、たとえそれまで支配的でなかった、もしくは衰退していたとしても、信仰告白のアイデンティティが強化されることもあった。[97] 逆説的と思えるかもしれないが、このエキュメニカルな雰囲気の中で、改革派など信仰告白を重んじるいくつかの教派も、自分たちの伝統の中で新しい関係を見出したのである。[98]

17・3　近現代における信条または信仰告白の学問的開花

第二ヴァチカン公会議のエキュメニカル主義の布告の中で、「神学……特にその歴史的性質は、エキュメニカルな観点に十分配慮して教えられなければならない」と促している。[99] しかし、権威あるローマ・カトリック神学事典によれば、ローマ・カトリック「神学は一八世紀の間には停滞する。発展はほぼ歴史学（教会史）に限定されていた」とある。[100] これと同様、「プロテスタント神学史において」、カール・バルトがかつて少々悔やんでコメントしたのは、「一九世紀は、最も明晰な頭脳が歴史研究へとこぞって逃避してしまうという、まったく威厳のない光景がもたらされた」ということであった。[101] 彼自身は一八世紀、一九世紀、二〇世紀のこの典型の代表的な例外者であったが（しかし同時に、カンタベリーのアンセルムスに関する一九三一年の著作や、先に引用したとりわけ一九世紀のプロテスタント神学史について書かれた一九四七年のものは、輝かしい歴史神学の貢献となっているが）、彼はアドルフ・ハルナックを中心とする最も著名な教師たちについて語っているのである。[102] ペイジ・スミスが言っているように、この時代全般の文化現象を記述するにあたり、「伝統はその権威を失い」、また「歴史がその役割を担うようになった」のである。[103] いくぶん逆説的ではあるが、聖書の無謬性への信仰の減少が聖書の学問研究の増大の現象を伴ったように、プロテスタント神学における一九世紀と二〇世紀でも、信条や信仰告白への反感を抱きながらも（あるいは反感があったゆえに）、同時に信条や信仰告白研究の黄金時代を迎えたのであり、このことは信条、信仰告白、教会会議の権威を尊重してきた人たちにとっても真剣に受け止めざるを得ないことだった。それゆえ、一八七四年に古カトリック、東方正教会、聖公会の神学者たちによりボンで開かれた最初の教会会議から生じた『一四命題』では、権威的な伝統は「部分的には原始教会との歴史的な連続性という偉大な教会の体系のコンセンサスの中に見出される」ものであり、教義の実践なのであるが、「部分的にはあらゆる世紀の書かれた資料から科学的手法によって集められた」ものでもあり、学問の課題なのでもある。[104] したがって、一九九八年にローマ・カトリック教会の別の参考文献が認めているように、ローマ・カトリ

(95) Ehrenstrom and Gassmann 1979.
(96) *Ev All* con; *Leuen* 37, 27-28.
(97) Békés and Meyer 1982.
(98) *Un Pres*; *Ref All*.
(99) *Vat II* 5.3.10; 傍点は著者による。
(100) Rahner-Vorgrimler 459.
(101) Barth 1959, 311.
(102) Zahn-Harnack 1951, 412-18 を参照。
(103) Smith 1964, 55.
(104) *Bonn I* 9.1.

ック教会、東方正教会、プロテスタントの信仰告白に立つ伝統主義者によってではなく、「一九世紀末にハルナックとカッテンブッシュによって信仰告白研究が台頭した」のであり[105]、その方法も規模も「信条の」「信仰告白の」時代にはまったくなかったものであった。その時代には、教父のラテン語とギリシア語の大規模な二つの編纂書が学術協会から出版されて利用可能だったのであり（一八六六年に出版が開始された『ラテン教会著作全集』［*Corpus Scriptorum Ecclesiasticorum Latinorum*］と、一八九七年に開始された『初期三世紀キリスト教ギリシア著作集』［*Die griechischen christlichen Schriftsteller der ersten drei Jahrhunderte*］である）、批判的に編集され、言語学的に健全な初期キリスト教テキストとしては初めてのものだった。それに基づき、後世に付加されたものからオリジナルな読みを区別し、それゆえに信条の中に最終的にまとめられることになった言葉やフレーズの歴史を細部にわたるところまで資料化することが可能となったのである。使徒信条のテキストと歴史の著作の金字塔は、一八六六年と一八七九年に出版されたカール・パウル・カスパリによるものと、一八九四年と一九〇〇年に出版されたフェルディナント・カッテンブッシュによるものがあり、その後のあらゆるこの分野の歴史研究が、現在のものも含め、必ず依拠しなければならない土台を築き、史料を提供しているものになり、事実上、新たな学術分野を生み出した。英語圏では、ジェームス・フランクリン・ベスーン・ベイカーの一九〇一年『コンスタンティノポリス信条におけるホモウシオスの意味』とA・C・マクギファートの一九〇二年『使徒信条――その起源、目的、歴史的解釈』があり、二世代後にはJ・N・D・ケリーの初版である一九五〇年『初期キリスト教信条』と一九六四年『アタナシウス信条』が出版され、この新しい分野に多大な貢献がなされた。

同じ時期に、この初期信条研究を宗教改革期へ継承していく取り組みの一環として、また両者のバランスを取っていく一環として、一六世紀から一七世紀にかけてのプロテスタント信仰告白をとりわけ含めて、他の信仰告白に関する学術的な編集や著作が盛んに出版された。これらのうちのほんの一部の一覧を見れば、個々の信仰告白の多くの批判的な版が、またこの分野の学者が今なお参考にしなければならない多くの集成が、いかに多くの教会や国で一九世紀から二〇世紀にかけて作られたかが示されるだろう（以下に初版を年代順に挙げる）。

J・C・W・アウグスティの *Corpus Librorum Symbolicorum qui in Ecclesia Reformatorum auctoritatem publicam obtinuerunt*（一八二七年）、H・A・ニーマイヤーの *Collectio Confessionum in Ecclesiis Reformatis Publicatarum*（一八四〇年）、E・J・キンメルの *Libri symbolici ecclesiae orientalis*（一八四三年。付録は一八五〇年）、E・L・T・ヘンケの *Theologorum Saxonicorum consensus repetitus fidei vere Lutheranae*（一八四六年）、E・G・A・ボッケルの *Die Bekenntnisschriften der evangelisch-reformirten Kirche*（一八四七年）、ヘンリク・ヨーゼフ・デンツィンガーの *Enchiridion Symbolorum et Definitionum*（一八五四年、以降数十版を重ねる）、エドワード・ビーン・アンダーヒルの *Confessions of Faith and Other Public Documents Illustrative of the History of the Baptist Churches of England in the Seventeenth Century*（一八五四年）、ヴィルヘルム・ガスの *Symbolik der griechischen Kirche*（一八七二年）、フィリップ・シャフの *Bibliotheca Symbolica Ecclesiae Universalis: The Creeds of Christendom*（一八七七年）、ウィリストン・ウォーカーの *The Creeds and Platforms of Congregationalism*（一八九三年）、J・J・オーファーベックの *The Orthodox Confession of the Catholic and Apostolic Eastern Church of Peter Mogila*（一八九八年）。

この発展は二〇世紀にも継続し、拡張された。カール・E・F・ミラーの *Die Bekenntnisschriften der reformierten Kirche*（一九〇三年）、ヨン・ミハルチェスクの *Thēsauros tēs Orthodoxias: Die Bekenntnisse und die wichtigsten Glaubenszeugnisse der griechisch-orientalischen Kirche*（一九〇四年）、W・J・マクグリンの *Baptist Confessions of Faith*（一九一〇年）、エドゥアルト・シュヴァルツの *Acta Conciliorum Oecumenicorum*（一九一四年）、G・フリードリッヒ・ベンテの *Concordia Triglotta*（一九二一年）、アントワーヌ・マルビ、マルセル・ヴィレールの *La confession orthodoxe de Pierre Moghila*（一九二七年）、カイウス・ファブリキウスの *Corpus Confessionum*（一九二八―四三年）、*Die Bekenntniss-*

（105） Lacoste, 248.

chriften der evangelisch-lutherischen Kirche（一九三〇年）、W・F・シュミット、K・ショーンバウムの *Die fränkischen Bekenntnisse: Eine Vorstufe der Augsburgischen Konfession*（一九三〇年）、J・マイケル・レウの *The Augsburg Confession: A Collection of Sources with an Historical Introduction*（一九三〇年）、ヴィルヘルム・ニーゼルの *Bekenntnisschriften und Kirchenordnungen der nach Gottes Wort reformierten Kirche*（一九三八年）、ヨアンネス・カルミレスの *Ta dogmatika kai symbolika mnēmeia tēs orthodoxou katholikēs ekklēsias [The dogmatic and symbolic monuments of the Orthodox Catholic Church]*（一九五二年）、トマス・F・トーランスの *The School of Faith: The Catechisms of the Reformed Church*（一九五九年）、セオドア・G・タッパート他の *The Book of Concord: The Confessions of the Evangelical Lutheran Church*（一九五九年）、ウィリアム・L・ランプキンの *Baptist Confessions of Faith*（一九五九年）、ジュゼッペ・アルベリゴの *Conciliorum Oecumenicorum Decreta*（一九六二年）、ブライアン・A・ゲリッシュの *The Faith of Christendom*（一九六三年）、ジョン・H・リースの *Creeds of the Churches: A Reader in Christian Doctrine from the Bible to the Present*（一九六三年）、アーサー・C・コクランの *Reformed Confessions of the Sixteenth Century*（一九六六年）、ジョージ・マストラントニスの *Augsburg and Constantinople: The Correspondence Between the Tübingen Theologians and Patriarch Jeremiah II of Constantinople on the Augsburg Confession*（一九八二年）、ハワード・ジョン・ローウェンの *One Lord, One Church, One Hope, and One God: Mennonite Confessions of Faith*（一九八五年）、アーヴィン・B・ホーストの *Mennonite Confession of Faith Adopted April 21st, 1632, at Dordrecht, The Netherlands*（一九八八年）、ノーマン・P・タナー他の *Decrees of the Ecumenical Councils*（一九九〇年）、マーク・ノルの *Confessions and Catechisms of the Reformation*（一九九一年）、ジェラルド・ブレイの *Documents of the English Reformation*（一九九四年）、ロメオ・ファッブリの *Confessioni di fede delle chiese cristiane*（一九九六年）、ロバート・コルブ、ティモシー・J・ウェンガートの *The Book of Concord: The Confessions of the Evangelical Lutheran Church*（二〇〇〇年）。

『キリスト教の伝統における信条と信仰告白』では、この学術的な編纂の伝統を二一世紀に受け継ごうとしているのである。

17・4　歴史の光に照らして、信条には過去と同様に未来があるか？

これまでの四章分にわたって占められてきた信条と信仰告白の歴史を振り返ってみると、本章で検討されてきたような現代における信条的キリスト教特有の苦境に直面し、次の問題は緊急のものである。歴史の光に照らして、信条には過去と同様に未来があるか。この問いはもちろん、「信仰の未来」といった広範な問い[106]（その問い自体と同じではないが、結びついている問い）に結びついている。キリスト者個人、さらにはキリスト教共同体や教会の中にも（近現代での例を挙げれば、ブレザレン教会、トマス・キャンベルとアレクサンダー・キャンベルの精神に基づくディサイプル派[107]）、「あなたの唇で告白し、心で信じる」[108]という命令に、二〇世紀になってそうせざるを得なくなるまで、固定化された信条や信仰告白を元来から作ろうとはしなかった者たちが多くいたことは確かである[109]。彼らはその代わりに、福音書にあるキリストの約束を字義通り永遠の真理として受け取ってきたのである。「彼らがあなたがたを引き渡す時、あなたがたは何を話そうか、何を言おうかと心配してはならない。あなたがたが言うべきことはその時に与えられるだろう。というのは、話すのはあなたがたではなく、あなたがたを

(106) Dewart 1966.
(107) *Dec Addr.*
(108) ロマ一〇・九。
(109) ディサイプル派の一九六八年の *Design* を参照。

通して父の霊が話すからである[110]」という約束を、アウグスティヌスといった信条的またカトリック的な神学者でさえ、知的で学問的な備えよりもこちらの方がずっと大事であると推奨しているのである[111]。それにもかかわらず、何世紀にもわたって大多数の教会が信仰告白や信条の形でこの命令に応答してきたように、信条の未来にとっても、信仰の未来や教会の未来と同様に、根本的に重要なことなのであり、通常の意味での「信仰告白」を考えられないような教会であってもそうなのである。ウィリストン・ウォーカーは、一八八三年『「宣教」信条』に至るまでの一九世紀のアメリカ会衆派の経験を以下のようにまとめている。

会衆派の自由な体制は、各個教会が自分たちの信条を定式化することを認めている。ところがこの信仰告白は、特に新しく形成された教会では、地域的な信仰宣言としてますます採用されるようになってきている。……いかなる権威も押し付けられず、ただ自らの勧めによってのみ受け入れられ、アメリカの他のどの教派も所有していないものを会衆派は持っているのであり、それは広く認められた信条であり、言葉で書かれ、生ける人の思想を表現しているものである[112]。

ウォーカーはこのようにして、彼の集成『会衆派の信条と綱領』をこの語で締めくくっているのである。

二一世紀から二二世紀にかけての世界観の変化が、一九世紀から二〇世紀にかけての変化よりもさらに劇的になる可能性を排除するものではないが（ロバート・フロストの印象的な譬えでは、一〇〇ヤードのダッシュの後に棒高跳びをすることであるとしている）、二〇〇〇年のキリスト教史を通じて、信条や信仰告白定式の分野だけでなく、広大で多様な世界観が実際のところあったことを思い起こすのは適切だろう。一見すると、一七世紀の『ウェストミンスター信仰告白』や二〇世紀の『マサイ信条』を並べてみると、同じ系統に属しているとも思えないし、それぞれが生まれた文化も両極端に離れている[113]。しかし両者のつながりは、大きな多様性のゆえにより本質的なところがある。というのは、世界観の変遷にかかわるキリスト教思想と教えの対立、妥協、調和の歴史は、以下の逆説的な一般論を示唆しているからである。科学であれ哲学であれ「神話」であれ、他のものよりはふさわしく適合したものはあるかもしれないが、キリスト教信仰告白が完全に適合したような世界情勢は一つもない。しかし、信仰告白がまったく不可能であると示された世界情勢が一つもないことも事実である。[114] この逆説は、未来の信仰告白や信条に継続的に当てはまると仮定しても、不当ではないだろう。

信条や信仰告白をほとんど、あるいはまったく用いない者たちにとってさえ、イエスの道徳的な規範や倫理的な教えが、場合によっては熱狂的に、ある種の永続的な、さらには超越的な価値を持つことを認める用意がたいていの場合はある。先に引用したローデン・ノーエルの言葉によれば、「もし人々が彼の導かれる所に従うようになったら、／アタナシウス信条をつぶやくのに疲れるだろうか[115]」。チャールズ・M・シェルダンの不朽の名作小説である一八九七年『みあしのあと』の中での金言「イエスならどうなさるか（What would Jesus do?）」は、信条よりも行いを重んじるというポピュリスト的表現であり、特に現代において繰り返し形を変えて主張されてきた。アルベルト・シュヴァイツァーが、現代においてキリストの位格についての正統的な信仰告白の教義が着実に信頼性を失っていったプロセスの説明を結論付けた時、その雄弁な言葉は当初は魅力的であり、忘れがたい魅

（110）マタ一〇・一九—二〇、傍点は著者による。
（111）Augustine *On Christian Doctrine* 4.15.32 (*NPNF*-I 2:585).
（112）Walker, 582.
（113）*West; Masai.*
（114）*Laus Cov* 10.
（115）Roden Noël "The Red Flag."

力があったことを否定できない。

彼が私たちにとってどのようなお方なのかを表現する呼称を、私たちは見出すことができない。かつて湖のほとりで、彼を知らない者たちのところに名前なしで彼が来たように、私たちのところにも来られた。彼は私たちにも同じ言葉を言われた。「あなたは私についてきなさい！」、そして彼は私たちの時代に果たさなければならない務めに私たちをつかせる。彼は命じる。そして、賢い者であろうと単純な者であろうと彼に従う者に、彼らが主との交わりの中で経験する労苦、対立、苦しみの中で彼はご自身を現し、そして計り知れない神秘として、彼がどなたであるか、彼らは自分自身の経験の中で学ぶことになろう。[116]

シュヴァイツァー自身は、マタイによる福音書で明確に繰り返し述べられている「あなたは私についてきなさい」というこの命令に従って、[117]優れて教養的で学問的な栄誉ある地位を放棄し、赤道直下のフランス領で医療宣教の奉仕に生涯を献げたのである。しかし二〇世紀に、これは一世紀のユダヤ、四世紀の小アジア、一六世紀のヨーロッパと同様であるが、この命令に対する服従の完全な尺度を測るために、マタイによる福音書で同じく明確に述べられている「あなたがたは私を誰であると言うか」という別の課題に直面せざるを得ず、この問いに対処して使徒ペトロは「あなたこそキリスト、生ける神の子です」と答えており、[118]その答えは信仰告白であり信条なのであり、イエス・キリストの命令や要求に従うために不可欠な要素である。[119]未来においても、この命令はこの問いへと向かい、この問いはこの種の何らかの答えに向かわざるを得ないのである。

本章の中でまとめてきた「信条への不信感」を抱くアルベルト・シュヴァイツァーや他の多くの正統的キリスト論の批判者たちが、一九世紀から二〇世紀にかけて生み出したヨーロッパのプロテスタント神学において、二〇世紀前半の文化的・政治的危機は「信条や信仰告白には過去と同様に未来があるか？」という問いに対して、別の、しかもより劇的な仕方で答えを出した。信条主義の衰退によって生じた空白を埋めようとした国家社会主義のイデオロギーによる試みは、表面的には「ドイツ・キリスト者」(German Christians)に対して、新しい時代にふさわしい「ポスト信仰告白」(postconfessional)の新しい代替案を与える機会であるかのように思われた。しかし、信仰告白である一九三四年『バルメン宣言』の中で、署名者たちは「教会に壊滅的な打撃を与えている帝国教会政府の『ドイツ・キリスト者』の誤り」に反対を語ったのであり、「次いで福音の真理を告白する」ことを決意し、その一つがこうである。「教会が自分たちの満足のために、あるいは、はびこっているイデオロギーや政治的信念の変化に応じて、メッセージの形式や秩序を委ねてしまってよいとする考えを、誤った教えとして私たちは拒否する(*ihrem Belieben oder dem Wechsel der jeweils herrschenden weltanschaulichen und politischen Überzeugungen*)」[120]。キリスト教信仰がこのような抑圧や誘惑に再びさらされることは二度とないと想像したり、あるいはそうなったとしても似たような仕方で再び「福音的真理」やその「メッセージを告白」したりする義務はないだろう、と想像するのは愚かだろう。

バルメンでは、国家社会主義とドイツ・キリスト者の「誤った教え」を拒否するこの義務はドイツのプロテスタント(ルター派、改革派、合同派)によって呼びかけられたのであり、彼らは皆、何らかの信仰告白的伝統に立ち、そのため異端と戦うために信条的宣言を用いることに慣れており、彼らの中には歴史的信仰告白がそ

(116) Schweitzer [1906] 1961, 403.
(117) マタ四・一九、八・二九、九・一九、一九・二一(AV)。
(118) マタ一六・一五―一六。
(119) 第2章「信条と信仰告白の必須性」を参照。
(120) *Barm pr*, 3.

の権威を失っている者たちもいたにもかかわらず、そうしたのである。[121] しかし歴史が示唆しているのは、このような義務もまた、抵抗をした人たちの信仰告白的宣言を呼び起こす可能性があるいうことである。極端な信仰告白主義を批判してリバイバル主義を擁護する長老派の人たちでさえこの義務を負わされたのであるが、カンバーランド長老教会の一八一四／八八年『信仰宣言』や一八三七年『オーバーン宣言』において、信仰告白という形式的な手段を採用して自分たちの主張が正しいことを示したのである。もう一つの事例は、一六世紀から一七世紀にかけて東方正教会が新しい「信仰告白（*homologiai*）」を発行したことであり、それらは前章や、[122]『キリスト教の伝統における信条と信仰告白』の第二部「東方正教会における信仰の確言」の中に様々な版が収められている。先に引用したニコライ・ニカロノヴィッチ・グルボコフスキーの「西方は絶え間なく私たちに正教会の信条書を要求してくる。私たちはその必要がない。最初の七つの公会議での信仰で十分である」という声明は、東方の特徴的・歴史的な信仰告白観を表現している。[123] しかしこのような返答は、東方正教会が直接的、またとりわけ間接的な脅威への応答として「それらの必要性」を見出していたために、実際のところはかなり不誠実なものであり、宗教改革期およびその後のルター派と改革派におけるプロテスタント信仰告白主義と、フィレンツェ公会議とトリエント公会議におけるローマ・カトリック教会の信仰告白主義から脅威が生じていたのである。『アウグスブルク信仰告白』のギリシア語訳とルター主義によってコンスタンティノポリス総主教へ手紙として送られた信仰告白のテキスト、[124] ギリシア正教会の衣の中に隠されているカルヴァン主義と見なされている一六二九年『キリロス・ルカリスによるキリスト教信仰の東方の信仰告白』、[125] 東方正教会の神学アカデミーやロシア帝国における多くの教えに支配的だった「ラテン主義」とスコラ主義。それゆえ、東方は一連の信仰告白の資料の中で、少なくともしばらくの間、正教会の組織的な教理を表現する際に、改革派の信仰告白の形式を採用せざるを得なかった。将来的にも、再非難すべきだとキリスト者が見なしている信仰を支持している者たちは、おそらく消極的にではあるが、再返答を要する何らかの信条や信仰告白を作るだろう。

一九世紀と二〇世紀のエキュメニカル運動は、この命題の独自の形を生み出した。教派の境界を無視して個々のキリスト者や教会組織全体が、聖餐についての根本的な教理の違いがあるにもかかわらず、聖餐の相互陪餐を許可したり促進したりする非公式な実践は、しばしば信仰告白への無関心と同義であると見なされてきた。この無関心は、単に過去の特定の信仰告白への無関心だけでなく、信仰告白を定めることによって拘束したり区別したりする考え方への無関心でもある。しかしながら、繰り返しこのような交わりの実践が公式なものとされ、新しい交わりが内でも外でも正当化される時がやってくると、この正当化は信仰宣言の形式を取らざるを得なかった。[126] 歴史的な信条や信仰告白を無視したり忘却したりすることに基づくエキュメニカル主義は、それらが生み出された元来のプロセスを繰り返すものとして非難される可能性があるだろう。そのため、二〇世紀前半の南インド教会の合同の定式と共通の宣言が継続的に改訂されていったのは、[127] 宣教が元来なされたところからの母教会の権威が継続し、その母教会に対して合同教会が説明責任を果たさなければならなかったからである。しかしそれ以上に差し迫った要求は、これらの合同教会がその合同の基盤となっている原則を、自分たちの教会員に対して、また合同をしている相互間できちんと説明することであった。[128] キリスト教的な一致のための継続的で差

(121) これら諸教会における信仰告白の権威についての概観は、Urban 1972 を参照。
(122) 14・4「作用と反作用としての東方の信仰告白」を参照。
(123) 14・3「七つの公会議の聖なる伝統」を参照。
(124) *Jer II* 1; *Jer II* 2-3.
(125) *Lucar.*
(126) *Un Pres* 30.
(127) *CSI 1929*; *CSI 1947*.
(128) 4・4「エキュメニカル信仰告白的な対話における信仰と職制」を参照。

し迫った探求がますますなされていく中でいかなる新たな試みが生まれたとしても、信仰告白宣言を欠くことができると考えるのは本質的に困難なことであり、たとえ以前の信仰告白宣言がもはや規範的なものとは考えられないと述べるだけのものであってもそうなのである。

同様に、信条と信仰告白の歴史にも、個人の信仰告白との関係の複雑さが記録されている（言い換えれば、先にその区別をしたように、「人が信じるところの信仰」［*fides quae creditur*］と「人が信じることを伴う信仰」［*fides qua creditur*］との間の関係のことである）[129]。アウグスティヌスは「これはカトリック信仰であるゆえに、私の信仰でもある」とニカイア・コンスタンティノポリス信条について言及した後[130]、人間の魂における三位一体の構造の理路整然たる思弁的でありながらも深く実存的である事柄が、いかに彼の信仰と完全になり得たのかを示すことへと議論を進めている。同様に、中世のスコラ主義の時代の神学を悩ませていた無からの創造（*creatio ex nihilo*）の教理について、また付加的な問いであるが近代の進化論の時代の神学に疑問を投げかけることになった使徒信条の第一項「私は天地の造り主、全能の父なる神を信じます」に関する注解において、ルターは、信条が今ここで語っているのは、彼の両親の自然的で性的な結合の所産であるマルティン・ルターについてであると断言することによって、すべてを勝利のうちに呑み込んでいった。「私は神が私とすべての存在を造られたと信じる」[131]。また、F・M・ドストエフスキーは「大審問官物語」の中で、正しく正統的な信条を持っているが無神論者であることが判明した教会の高位聖職者を、信条で告白されている生けるお方の面前で対決をさせている[132]。

おそらく、譬えを用いることが有益だろう。レコードショップやリビングルームの棚にコンパクト・ディスクが積み上げられている時、CDほど静的なものはないだろう。その形式で出荷されて保存されれば、親から子、孫へと演奏されることも聴かれることもなく手渡され、不活性で字義どおりに何世紀にもわたって保存されるであろう。それらはカタログに記載されている売買商品である。それでも、まさにそれらの「不活性さ」（inertness）と静的さが継続していることが、瞬時に、ベートーヴェンのカルテット、モーツァルトの魔笛、あるいはヨハン・ゼバスティアン・バッハのミサ曲ロ短調の「ニカイア信条」（*Symbolum Nicaenum*）といった響きの中で突然、動的なものとなるのである。歴史的には、まさしくこのことこそ、信条と信仰告白が何世紀にもわたって繰り返し行ってきたことなのである。

そして、信条と信仰告白は、なおもこれを継続していくことができるのである。

---

(129) 2・2「信仰の定義」、Syndogmaticon 1.1, 1.6 を参照。

(130) Augustine *On the Trinity* 1.4.7（*NPNF*-I 3:20）.

(131) *Luth Sm Cat* 2.1-2.

(132) F. M. Dostoevsky *The Brothers Karamazov*, book 5, ch 5.

訳者あとがき

本書『クレド――キリスト教の伝統における信条と信仰告白の歴史的・神学的入門』は、J. Pelikan, *Credo: Historical and Theological Guide to Creeds and Confessions of Faith in the Christian Tradition*, New Haven and London: Yale University Press, 2003 の全訳である。

まずは著者のヤロスラフ・ペリカンについて触れておこう。ペリカンは一九二三年一二月にオハイオ州で生まれた。父はスロバキア人のルーテル教会の牧師、母はセルビア出身のスロバキア人である。ペリカンの晩年の著書『聖書は誰のものか？――聖書とその解釈の歴史』（佐柳文男訳、教文館、二〇〇六年。原著は二〇〇五年刊行）によると、ペリカンが若き日に、旧ソ連出身で米国へ移住した叔母からスラブ訛りの抜けない英語で、「あんた、聖書をどう思ってるのか教えて」（六―七頁）と問われたエピソードが語られている。このようにペリカンは西方のルーテル教会の信仰で生まれ育ちながらも東方のルーツも持ち合わせ、このことが彼のエキュメニカルな視点につながっていると言えるだろう。

一九四六年、二二歳のとき、ミズーリ州セントルイスのコンコーディア神学校で神学の学位を取得し、シカゴ大学で博士号を取得した。ペリカンは按手を受けたルーテル教会の牧師であったが、働きの場は学校であった。インディアナ州のバルパライソ大学、セントルイスのコンコーディア神学校、イリノイ州のシカゴ大学で教鞭をとった後、一九六二年にイェール大学に着任し、同大学の最高の栄誉であるスターリング教授（Sterling Professor）に任命された。学外での活躍も目覚ましく、アメリカ芸術科学アカデミー（American Academy of Arts and Sciences）

の会長、『ブリタニカ百科事典』（*Encyclopedia Britannica*）の宗教部門の編者、米国議会図書館（Library of Congress）の学者評議会（Council of Scholars）の座長も務めた。一九九八年、彼は妻と共にルーテル教会を離れ、正教会に改宗する。二〇〇六年五月、闘病生活の末に肺癌のため八二歳で逝去した。

ペリカンの著書・編書は多数あり、日本語の訳書も多くあるが、ここでは網羅することはしない。これまでの著書や訳書の中に一覧を記載しているものもあるし、インターネットにも掲載されているのでそちらを見ていただければと思うが、本書『クレド』とのかかわりで触れなければならないのが、ペリカンの主著である『キリスト教の伝統――教理発展の歴史』（鈴木浩訳、教文館、二〇〇六―八年）の五巻本である。原著 *The Christian Tradition: A History of the Development of Doctrine* は、一九七一―九〇年に時間をかけて執筆されたもので、「アドルフ・フォン・ハルナックの教理史の名著、*Lehrbuch der Dogmengeschichte* の学問水準を本書によって乗り越えようとしたのではないか」（『キリスト教教理の伝統』第一巻の訳者あとがき、四九五頁）と言われるくらい、高く評価されているものである。

本書『クレド』のサブタイトルが「キリスト教の伝統における信条と信仰告白の歴史的・神学的入門」とつけられていることから分かる通り、ペリカンは「伝統」を大事にする。ハルナックは「福音のギリシア化」の主張に代表されるように伝統の非連続性を強調する傾向を持ったが、ペリカンの主張はこれと正反対であり、伝統の連続性を訴えた。彼は伝統について、「伝統とは死んだ人間の生きた信仰のことであり、伝統主義とは生きている人間の死んだ信仰のことである」（『キリスト教教理の伝統』第一巻、四五頁）との名句を述べ、二〇〇〇年にわたってキリスト教会やキリスト者を生かしてきた信仰こそが伝統であると主張した。そしてその伝統を「教理史」という観点で整理したのが『キリスト教の伝統――教理発展の歴史』の五巻本であり、「信条と信仰告白」という観点で整理したのが本書『クレド』である。

ペリカンのシカゴ大学での博士論文は『（第一）ボヘミア信仰告白』に関するものである。それ以来、彼は信条や信仰告白の歴史に関する学術研究に取り組み続け、他の信条や信仰告白に関するものもいくつか出版してきた。本書『クレド』は二〇〇三年の著作であるため、ペリカンの晩年に書かれたものである。それまでの六〇年間にわたって培ってきた信条や信仰告白の膨大な研究を、「伝統」や「教理史」の観点も踏まえながらまとめたものが本書『クレド』であり、ペリカン自身の研究の集大成であると言っても過言ではないだろう。

『クレド』は独立した一冊の本ではあるが、姉妹編として『キリスト教の伝統における信条と信仰告白』(*Creeds and Confessions of Faith in the Christian Tradition*)が抱き合わせで出版されている。この『キリスト教の伝統における信条と信仰告白』はペリカンとホチキスによって編集された三巻本であり(加えて付録のCD-ROMもある)、二〇〇〇年にわたる信条や信仰告白の素材を提供する目的を持っている。信条や信仰告白の原文なしの英訳がほとんどだが、現代に至るまでの多岐にわたるものが掲載された信条集として高く評価されている(『日本基督教団信仰告白』もその中に加えられている)。したがって、『クレド』一冊+『キリスト教の伝統における信条と信仰告白』三巻本+CD-ROMでワンセットとも言えるが、『クレド』一冊だけで十分に読むことができるように配慮されている。このあたりのことは、本書の冒頭の「序文」で詳しくペリカンが述べているのでご参照いただきたい。

本書『クレド』の内容としては、第一部「信条と信仰告白の定義」、第二部「信条と信仰告白の起源」、第三部「信条と信仰告白の権威」、第四部「信条と信仰告白の歴史」の四つに分けられている。それぞれがさらに数章に分けられ、タイトルからその内容が分かるであろう。第1章「信条と信仰告白の連続性と変化」に始まり、教理、聖書、教会、礼拝、職制、祈り、政治、教会法、倫理など、多岐にわたる事柄と関連させながら、様々な信条と信仰告白が引用されて論じられている。最初から順番に読む必要もなく、興味があるところから読んでいただければよいだろう。とはいえ、全体の流れはある。本書の最後の第17章の最後のセクションは「歴史の光に照らして、信条には過去と同様に未来があるか?」というタイトルがつけられている。読者の皆様も信条や信仰告白に対する考えは多様であるかもしれない。しかし、本書のペリカンの議論から「歴史の光」をまず読み取り、次いで信条と信仰告白の現在と未来についてペリカンが何を語っているのかを読み取った上で、最終的には読者の皆様の論考に役立てていただければ幸いである。

本書での翻訳について触れておきたい。ペリカンが本書で論じている内容は決して易しくはない。教会史・教理史の知識をある程度、前提として書かれているため、背景となる事柄に触れられていない箇所も多い。その部分は『キリスト教の伝統——教理発展の歴史』の五巻本などで補っていただければ幸いである。しかし議論の流れは非常にスムーズで論理的であり、一次史料と二次史料も豊富に用いられ、説得力を増している。したがって、本書は速読するには不向きである。ペリカンの議論をゆっくり丁寧に追いながら読んでいけば、得るものが非常に大きいだろう。個人的なことで恐縮だが、私が勤めている神学校の大学院の教理史の授業で、半年に一章分のペースで本書を学生たちと一緒にゆっくり読み、主要な一次史料にあたりながら授業を行っている。そのようにして本書の醍醐味を十分に味わうことができる思いを抱いている。

翻訳の基本的なスタンスとしては、ペリカンの英語を意訳してしまうのではなく、そのニュアンスや議論の流れを生かしながら訳したつもりである。信条や信仰告白によっては、日本訳が既に刊行されているものもあり、参考にさせていただいたものも多数あるが、基本的にはペリカンの英語をそのまま訳す形を取っている。聖書の訳もそうである。ペリカンは原則として改訂標準訳聖書（ＲＳＶ）を用いているが、文脈に応じてその他の訳も自由に用いているため、翻訳に際してもペリカンが用いている聖書のニュアンスをそのまま訳すように努めている。注に関しては、冗長にならないようにペリカンが付けている簡潔な表記をほぼそのままの形で記載した。本書の冒頭の略語・文献表から容易に探していただけるだろう。また、本書の最後にいくつかの索引が載せられている。特にペリカンの造語 Syndogmaticon なる索引があるが、特定のトピックスがどこのどの部分にあるか、二〇〇〇年にわたる膨大な信条や信仰告白の中から探したい部分を容易に特定できるものとして非常に有用だろう。

訳者注もほとんど入れないことにし、ペリカンの原文の流れをなるべく生かすように心掛けた。ただ、どうしても必要と思われるごく少数のものに関して、〔 〕で訳者注を入れている。また、訳者が気づいた原著の誤植は修正した。信条や信仰告白の日本語の名称、人名や地名について、読者の皆様やそれぞれの教派で慣れ親しんだものと違う表記になっているものもあるかもしれない。翻訳の拙さなども含めてご容赦いただきたい。

本書の翻訳を最初に始めたのは二〇二二年である。個人的なことで恐縮だが、拙著『使徒信条の歴史』（教文館、二〇二三年二月）の出版の準備をしている際に、教文館の髙木誠一さんから、ペリカンの *Credo* の翻訳をそれとなく勧められたことがきっかけとなった。この名著を自分が翻訳するなど思いも寄らなかったが、改めて *Credo* を読み直してみると、ペリカンの鋭い視点や議論の巧みさに惹かれ、夢中で翻訳をしていった。今後の研究の幅を広げるのに大変有益な経験が与えられたと感謝している。

最後になったが、神学校の働きへと送り出していただいている中渋谷教会に、そしていつも私の働きを支えてくれている妻の知香子に、この場を借りて感謝を申し上げたい。

二〇二五年一月

訳　者

《訳者紹介》

本城仰太（ほんじょう・こうた）

1978年生まれ。東京神学大学、同大学大学院で学ぶ。東京神学大学博士。現在、東京神学大学准教授、日本基督教団中渋谷教会牧師。

著書　『使徒信条の歴史』（教文館、2023年）。

訳書　F. ヤング『ギリシア教父の世界――ニカイアからカルケドンまで』（共訳、教文館、2024年）。

クレド――キリスト教の伝統における信条と信仰告白の歴史的・神学的入門

2025年3月30日　初版発行

訳　者　本城仰太

発行者　渡部　満

発行所　株式会社　教文館

〒104-0061　東京都中央区銀座4-5-1　電話03(3561)5549　FAX 03(5250)5107

URL　http://www.kyobunkwan.co.jp/publishing/

印刷所　モリモト印刷株式会社

配給元　日キ販　〒112-0014　東京都文京区関口1-44-4

電話03(3260)5670　FAX 03(3260)5637

ISBN978-4-7642-7495-2　Printed in Japan

第五部　参考文献

Abraham, Gerald, ed. 1968. *The Age of Humanism, 1540-1630*. Volume 4 of *New Oxford History of Music*. London: Oxford University Press.

Afanas'ev, Nikolaj. 1931. *Provincial'nija sobranija rimskoj imperii i vselenskie sobory* [Provincial gatherings of the Roman Empire and the ecumenical councils]. Belgrade: Zapiski Russkago Otdělný ottisk.

Ahlers, Rolf. 1986. *The Barmen Theological Declaration of 1934: The Archeology of a Confessional Text*. Lewiston, N.Y.: Edwin Mellen Press.

Ainslie, James L. 1940. *The Doctrines of Ministerial Order in the Reformed Churches of the Sixteenth and Seventeenth Centuries*. Edinburgh: T. and T. Clark.

Alberigo, Giuseppe, ed. 1991. *Christian Unity: The Council of Ferrara-Florence, 1438/39-1989*. Leuven: Leuven University Press.

Allen, Reginald E., ed. and tr. 1984–87. *The Dialogues of Plato*. New Haven and London: Yale University Press.

Andersen, Niels Knud. 1954. *Confessio Hafniensis: Den københavnske Bekendelse af 1530* [Confessio Hafniensis: The Copenhagen Confession of 1530]. Copenhagen: G. E. C. Gads Forlag.

Anderson, David, tr. 1980. *On the Holy Spirit*, by Saint Basil the Great. Crestwood, N.Y.: Saint Vladimir's Seminary Press.

Androutsos, Chrēstos. 1930. *Symbolikē ex epopseōs Orthodoxou* [Symbolics from an Orthodox perspective]. 2d ed. Athens: Typois I. A. Aleuropoulou.

———. 1956. *Dogmatikē tēs Orthodoxou Anatolikēs Ekklēsias* [Dogmatics of the Eastern Orthodox Church]. 2d ed. Athens: Ekdotikos Oikos "Astēr."

Arens, Edmund. 1989. *Bezeugen und Bekennen: Elementare Handlungen des Glaubens*. Düsseldorf: Patmos.

Arquillière, Henri Xavier. 1926. *Le plus ancien traite de l'Eglise: Jacques de Viterbe "De regimine christiano" (1301-1302). Etude des sources et édition critique*. Paris: G. Beauchesne.

Arrupe, Pedro. 1979-86. *Selected Letters and Addresses*. 5 vols. Edited by Jerome Aixala. Saint Louis, Mo.: Institute of Jesuit Sources.

Aulén, Gustaf. 1969. *Christus Victor: An Historical Study of the Three Main Types of the Idea of the Atonement*. Translated by A. G. Hebert. Foreword by Jaroslav Pelikan. London: S.P.C.K.〔グスターフ・アウレン『勝利者キリスト――贖罪思想の主要な三類型の歴史的研究』佐藤敏夫、内海革訳、教文館、1982 年。〕

Bârlea, Octavian. 1989. *Die Konzile des 13.-15. Jahrhunderts und die ökumenische Frage*. Wiesbaden: Harrassowitz.

Barth, Karl. 1935. *Das Bekenntnis der Reformation und unser Bekennen*. Munich: Christian

Kaiser Verlag.

______. 1959. *Protestant Thought from Rousseau to Ritschl.* Translated by Brian Cozens. Introduction by Jaroslav Pelikan. New York: Harper and Brothers.

______. 1964. *The Heidelberg Catechism for Today.* Translated by Shirley C. Guthrie, Jr. Richmond, Va.: John Knox Press.〔カール・バルト『キリスト教の教理――ハイデルベルク信仰問答による』(新教セミナーブック 12) 井上良雄訳、新教出版社、2003 年。〕

Bauer, Walter. 1971. *Orthodoxy and Heresy in Earliest Christianity.* Translated by the Philadelphia Seminar on Christian Origins. Edited by Robert A. Kraft and Gerhard Krodel. Philadelphia: Fortress Press.

Baumer, Franklin Le Van. 1960. *Religion and the Rise of Scepticism.* New York: Harcourt, Brace and World.

Baur, Ferdinand Christian. [1852] 1962. *Die Epochen der kirchlichen Geschichtschreibung.* Reprint ed. Hildesheim: Georg Olms Verlagsbuchhandlung.

Beck, Hildebrand. 1937. *Vorsehung und Vorherbestimmung in der theologischen Literatur der Byzantiner.* Rome: Pontificale Institutum Orientalium Studiorum.

Becker, Karl Josef. 1967. *Die Rechtfertigungslehre nach Domingo de Soto: Das Denken eines Konzilstellnehmers vor, in und nach Trient.* Rome: Gregorian University.

Békés, Gerard J., and Harding Meyer, eds. 1982. *Confessio fidei: International Ecumenical Colloquium, Rome, 3–8 November 1980.* Rome: Pontificio Ateneo S. Anselmo.

Benz, Ernst. 1952. *Die Ostkirche im Lichte der protestantischen Geschichtsschreibung von der Reformation bis zur Gegenwart.* Freiburg: K. Alber.

Besançon, Alain. 2000. *The Forbidden Image: An Intellectual History of Iconoclasm.* Translated by Jane Marie Todd. Chicago: University of Chicago Press.

Bethune-Baker, James Franklin. 1901. *The Meaning of Homoousios in the "Constantinopolitan" Creed.* Cambridge: Cambridge University Press.

Beyer, Ulrich. 1965. *Abendmahl und Messe: Sinn und Recht der 80. Frage des Heidelberger Katechismus.* Neukirchen-Vluyn: Neukirchener Verlag des Erziehungsvereins.

Boelens, Wim L. 1964. *Die Arnoldshainer Abendmahlsthesen: Die Suche nach einem Abendmahlskonsens in der Evangelischen Kirche in Deutschland, 1947-1957, und eine Würdigung aus katholischer Sicht.* Assen: Van Gorcum.

Boespflug, François, and Nicolas Lossky, eds. 1987. *Nicée II, 787–1987: Douze siècles d'images religieuses.* Paris: Editions du Cerf.

Bogolepov, Aleksandr Aleksandrovich. 1963. "Which Councils Are Recognized as Ecumenical?" *Saint Vladimir's Seminary Quarterly* 7-2:54-72.

Bornkamm, Günther. 1939. "Das Wort Jesu vom Bekennen." *Pastoraltheologie* 34:108–18.

Boyd, William Kenneth. 1905. *The Ecclesiastical Edicts of the Theodosian Code*. New York: Columbia University Press.

Bradow, Charles King. 1960. "The Career and Confession of Cyril Loukaris: The Greek Orthodox Church and Its Relations with Western Christians (1543–1638)." Ph.D. diss., Ohio State University. Ann Arbor, Mich.: University Microfilms.

Bretschneider, Karl Gottlieb. 1841. *Die Unzulässigkeit des Symbolzwangs in der evangelischen Kirche, aus den symbolischen Büchern selbst und deren Beschaffenheit nachgewiesen für alle Freunde der Wahrheit*. Leipzig: F. C. W. Vogel.

Brilioth, Yngve. 1933. *The Anglican Revival: Studies in the Oxford Movement*. 2d ed. London: Longmans, Green.

Brown, Peter. 2000. *Augustine of Hippo: A Biography*. New ed. with Epilogue. Berkeley: University of California Press.〔ピーター・ブラウン『アウグスティヌス伝』上下巻、出村和彦訳、教文館、2004 年。〕

Burgsmüller, Alfred, and Rudolf Weth, eds. 1983. *Die Barmer Theologische Erklärung: Einführung und Dokumentation*. Foreword by Eduard Lohse. Neukirchen-Vluyn: Neukirchener Verlag des Erziehungsvereins.

Butler, Charles. 1816. *An Historical and Literary Account of the Formularies, Confessions of Faith, or Symbolical Books of the Roman Catholic, Greek, and Principal Protestant Churches*. London: A. J. Valpy.

Campenhausen, Hans Freiherr von. 1969. *Ecclesiastical Authority and Spiritual Power in the Church of the First Three Centuries*. Translated by J. A. Baker. Stanford, Calif.: Stanford University Press.

______. 1972. "Das Bekenntnis im Urchristentum." *Zeitschrift für die neutestamentliche Wissenschaft und die Kunde der Alten Kirche* 63:210–53.

Capelle, Bernard. 1954. "Le Pape Léon III et la 'Filioque.'" In *1054-1954, L'Eglise et les Eglises: Neuf siècles de douloureuse séparation entre l'Orient et l'Occident*, 1:309–22. Belgium: Editions de Chevetogne.

______. 1955–67. *Travaux liturgiques de doctrine et d'histoire*. 3 vols. Louvain: Centre liturgique, Abbaye du Mont César.

Carrington, Philip. 1940. *The Primitive Christian Catechism: A Study in the Epistles*. Cambridge: Cambridge University Press.

Caspar, Erich. 1926. *Die älteste römische Bischofsliste: Kritische Studien zum Formproblem des eusebianischen Kanons sowie zur Geschichte der ältesten Bischofslisten und ihrer Entstehung aus apostolischen Sukzessionsreihen*. Berlin: Deutsche Verlagsgesellschaft für Politik und Geschichte.

Cavadini, John C. 1993. *The Last Christology of the West: Adoptionism in Spain and Gaul,*

785–820. Philadelphia: University of Pennsylvania Press.

Chadwick, Henry, ed. and tr. 1953. *Contra Celsum*, by Origen. Cambridge: Cambridge University Press.

______. 1992. *Boethius: The Consolations of Music, Logic, Theology, and Philosophy*. Oxford: Clarendon Paperbacks.

Chenu, Marie-Dominique. 1964. *Toward Understanding Saint Thomas*. Translated by A.-M. Landry and D. Hughes. Chicago: Henry Regnery.

Chomjakov, Aleksej Stepanovič. [1907] 1995. *Sočinenija bogoslovskie* [Theological works]. Reprint ed. Saint Petersburg: Nauka.

Cochrane, Arthur C. 1962. *The Church's Confession Under Hitler*. Philadelphia: Westminster Press.

Cochrane, Charles Norris. 1944. *Christianity and Classical Culture: A Study of Thought and Action from Augustus to Augustine*. London: Oxford University Press. 〔C. N. コックレン『キリスト教と古典文化――アウグストゥスからアウグスティヌスに至る思想と活動の研究』金子晴勇訳、知泉書館、2018 年。〕

Coenen, Lothar. 1963. *Handbuch zum Heidelberger Katechismus*. Neukirchen-Vluyn: Neukirchener Verlag des Erziehungsvereins.

Colish, Marcia L. 1994. *Peter Lombard*. 2 vols. Leiden: E. J. Brill.

______. 1997. *Medieval Foundations of the Western Intellectual Tradition, 400-1400*. New Haven and London: Yale University Press.

Congar, Yves. 1972. "Reception as an Ecclesiological Reality." In Giuseppe Alberigo and Anton Weiler, eds., *Election and Consensus in the Church*, 43-68. New York: Herder and Herder.

Creighton, Mandell. 1901–2. "Introductory Note." In *The Cambridge Modern History*, 1:1-6. Cambridge: Cambridge University Press.

Cullmann, Oscar. 1949. *The Earliest Christian Confessions*. Translated by J. K. S. Reid. London: Lutterworth Press. 〔オスカー・クルマン『原始教会の信仰告白』由木康訳、新教出版社、1957 年。〕

Curtius, Ernst Robert. 1953. *European Literature and the Latin Middle Ages*. Translated by Willard R. Trask. Princeton, N.J.: Princeton University Press. 〔E. R. クルツィウス『ヨーロッパ文学とラテン中世』南大路振一訳、みすず書房、1971 年。〕

Daley, Brian E., ed. and tr. 1998. *On the Dormition of Mary: Early Patristic Homilies*. Crestwood, N.Y.: Saint Vladimir's Seminary Press.

Daniel, Evan. 1901. *The Prayer-Book: Its History, Language, and Contents*. London: W. Gardner, Darton.

Daniélou, Jean. 1955. *Origen*. Translated by Walter Mitchell. New York: Sheed and Ward.

______. 1960. *From Shadows to Reality: Studies in the Biblical Typology of the Fathers*. Translated by Wulstan Hibberd. Westminster, Md.: Newman Press.

Davey, Colin. 1987. *Pioneer for Unity: Metrophanes Kritopoulos (1589-1639) and Relations Between the Orthodox, Roman Catholic and Reformed Churches*. London: British Council of Churches.

David, Zdeněk V. 1999. "Utraquists, Lutherans, and the Bohemian Confession of 1575." *Church History* 68:294-336.

De Jong, Peter Ymen, ed. 1968. *Crisis in the Reformed Churches: Essays in Commemoration of the Great Synod of Dort, 1618–1619*. Grand Rapids, Mich.: Reformed Fellowship.

DeSimone, Russell J. 1970. *The Treatise of Novatian, the Roman Presbyter, on the Trinity: A Study of the Text and the Doctrine*. Rome: Institutum Patristicum Augustinianum.

Devadutt, V. E. 1949. "What Is an Indigenous Theology? (with Special Reference to India)." *ER* 2-I:40–51.

Dewart, Leslie. 1966. *The Future of Belief: Theism in a World Come of Age*. New York: Herder and Herder.

Diekamp, Franz. 1899. *Die origenistischen Streitigkeiten im sechsten Jahrhundert und das fünfte allgemeine Concil*. Münster: Aschendorff.

Dietrich, Donald J. 1988. *Catholic Citizens in the Third Reich: Psycho-Social Principles and Moral Reasoning*. New Brunswick, N.J.: Transaction Books.

Dingel, Irene. 1996. *Concordia controversa: Die öffentlichen Diskussionen um das lutherische Konkordienwerk am Ende des 16. Jahrhunderts*. Gütersloh: Gütersloher Verlagshaus.

Dobschütz, Ernst von. 1932. *Das Apostolicum in biblisch-theologischer Beleuchtung*. Giessen: Adolf Töpelmann.

Donovan, Vincent J. 1982. *Christianity Rediscovered*. 2d ed. Maryknoll, N.Y.: Orbis Books.

Dowey, Edward A., Jr. 1952. *The Knowledge of God in Calvin's Theology*. New York: Columbia University Press.

______. 1968. *A Commentary on the Confession of 1967 and an Introduction to "The Book of Confessions."* Philadelphia: Westminster Press.

Draper, Jonathan, ed. 1988. *Communion and Episcopacy: Essays to Mark the Centenary of the Chicago-Lambeth Quadrilateral*. Oxford: Ripon College Cuddesdon.

Driscoll, Jeremy. 1991. *The "Ad Monachos" of Evagrius Ponticus: Its Structure and a Select Commentary*. Rome: Benedictina Edizioni Abbazia S. Paolo.

Driscoll, Michael S. 1999. *Alcuin et la pénitence à l'époque carolingienne*. Münster: Aschendorff.

Duval, André. 1985. *Des sacrements au Concile de Trente*. Paris: Editions du Cerf.

Dvornik, Francis. 1948. *The Photian Schism, History and Legend*. Cambridge: Cambridge

University Press.
______. 1958. *The Idea of Apostolicity and the Legend of the Apostle Andrew.* Cambridge, Mass.: Harvard University Press.
______. 1970. *Byzantine Missions Among the Slavs: SS. Constantine-Cyril and Methodius.* New Brunswick, N.J.: Rutgers University Press.
Ehrenström, Nils, and Günther Gassmann. 1979. *Confessions in Dialogue: Survey of Bilateral Conversations Among World Confessional Families.* 4th ed. Geneva: World Council of Churches.
Elert, Werner. 1957. *Der Ausgang der altkirchlichen Christologie: Eine Untersuchung über Theodor von Pharan und seine Zeit als Einführung in die alte Dogmengeschichte.* Edited by Wilhelm Maurer and Elisabeth Bergsträsser. Berlin: Lutherisches Verlagshaus.
______. 1962. *The Structure of Lutheranism.* Translated by Walter A. Hansen. Foreword by Jaroslav Pelikan. Saint Louis, Mo.: Concordia.
______. 1966. *Eucharist and Church Fellowship in the First Four Centuries.* Translated by Norman E. Nagel. Saint Louis, Mo.: Concordia.
Ericksen, Robert P. 1985. *Theologians Under Hitler: Gerhard Kittel, Paul Althaus, and Emanuel Hirsch.* New Haven and London: Yale University Press. 〔ロバート・P. エリクセン『第三帝国と宗教——ヒトラーを支持した神学者たち』古賀敬太、木部尚志、久保田浩訳、風行社、2000年。〕
______, and Susannah Heschel, eds. 1999. *Betrayal: German Churches and the Holocaust.* Minneapolis, Minn.: Fortress Press.
Eschmann, Ignatius Theodore. 1997. *The Ethics of Saint Thomas Aquinas: Two Courses.* Edited by Edward A. Synan. Toronto: Pontifical Institute of Mediaeval Studies.
Eynde, Damien van den. 1933. *Les normes de l'enseignement chrétien dans la littérature patristique des trois premiers siècles.* Paris: Gabalda et Fils.
Feige, Gerhard. 1991. *Die Lehre Markells von Ankyra in der Darstellung seiner Gegner.* Leipzig: Benno.
Feine, Paul. 1925. *Die Gestalt des apostolischen Glaubensbekenntnisses in der Zeit des Neuen Testaments.* Leipzig: Dörffling und Franke.
Ferm, Vergilius Ture Anselm, ed. 1945. *An Encyclopedia of Religion.* New York: Philosophical Library.
Flesseman-Van Leer, Ellen. 1954. *Tradition and Scripture in the Early Church.* Assen: Van Gorcum.
Fletcher, Richard. 1997. *The Barbarian Conversion: From Paganism to Christianity.* New York: Henry Holt.
Florovsky, Georges V. 1972–89. *Collected Works.* 14 vols. Belmont, Mass.: Nordland.

Forbes, Alexander Penrose. 1890. *An Explanation of the Thirty-Nine Articles*. 6th ed. London: Parker.

Frei, Hans W. 1974. *The Eclipse of Biblical Narrative: A Study in Eighteenth- and Nineteenth-Century Hermeneutics*. New Haven and London: Yale University Press.

Freitag, Josef. 1991. *Sacramentum ordinis auf dem Konzil von Trient: Ausgeblendeter Dissens und erreichter Konsens*. Innsbruck: Tyrolia-Verlag.

Frend, W. H. C. 1952. *The Donatist Church: A Movement of Protest in Roman North Africa*. Oxford: Clarendon Press.

Frye, Northrop. 1982. *Great Code: The Bible and Literature*. New York: Harcourt Brace Jovanovich.〔N. フライ『大いなる体系――聖書と文学』伊藤誓訳、法政大学出版局、1995 年。〕

Fyzee, Asaf Ali Asghar, ed. 1942. *A Shi'ite Creed*. London: Oxford University Press.

Garet, Ronald R. 1985. "Comparative Normative Hermeneutics: Scripture, Literature, Constitution." *Southern California Law Review* 58:35-134.

Gassmann, Günther. 1979. *Konzeptionen der Einheit in der Bewegung für Glauben und Kirchenverfassung, 1910-1937*. Göttingen: Vandenhoeck und Ruprecht.

———, ed. 1993. *Documentary History of Faith and Order, 1963-1993*. Geneva: WCC Publications.

———, and Scott H. Hendrix. 1999. *Fortress Introduction to the Lutheran Confessions*. Minneapolis, Minn.: Fortress Press.

Geanakoplos, Deno John. 1966. "The Council of Florence (1438–39) and the Problem of Union Between the Byzantine and Latin Churches." In *Byzantine East and Latin West: Two Worlds of Christendom in Middle Ages and Renaissance; Studies in Ecclesiastical and Cultural History*, 84-109. New York: Harper Torchbooks.

Geary, Patrick. 1990. *Furta Sacra: Thefts of Relics in the Central Middle Ages*. Revised ed. Princeton, N.J.: Princeton University Press.

Geiselmann, Josef Rupert. 1966. *The Meaning of Tradition*. Translated by W. J. O'Hara. New York: Herder and Herder.

Gensichen, Hans-Werner. 1967. *We Condemn: How Luther and Sixteenth-Century Lutheranism Condemned False Doctrine*. Translated by Herbert J. A. Bouman. Saint Louis, Mo.: Concordia.

Georgi, Curt Robert Armin. 1940. *Die Confessio Dosithei (Jerusalem, 1672): Geschichte, Inhalt und Bedeutung*. Munich: Ernst Reinhardt.

Giakalis, Ambrosios. 1994. *Images of the Divine: The Theology of Icons at the Seventh Ecumenical Council*. Foreword by Henry Chadwick. Leiden: E. J. Brill.

Gibbon, Edward. [1776–88] 1896–1900. *The History of the Decline and Fall of the Roman*

Empire. Edited by J. B. Bury. 7 vols. London: Methuen. 〔E. ギボン『ローマ帝国衰亡史』全 10 巻、村山勇三訳、岩波書店、1951-9 年。〕

Gill, Joseph. 1965. *Personalities of the Council of Florence, and Other Essays*. New York: Barnes and Noble.

______. 1982. *The Council of Florence*. Revised ed. New York: AMS Press.

Gilson, Etienne. [1951] 1957. "Historical Research and the Future of Scholasticism." In *A Gilson Reader*, 156–67. Edited with an Introduction by Anton C. Pegis. Garden City, N.Y.: Hanover House.

______. 1960. *Heloise and Abelard*. Translated by L. K. Shook. Ann Arbor: University of Michigan Press.

Glendon, Mary Ann. 2001. *A World Made New: Eleanor Roosevelt and the Universal Declaration of Human Rights*. New York: Random House.

Gollwitzer, Helmut. 1962. "Die Bedeutung des Bekenntnisses für die Kirche." In Helmut Gollwitzer and Hellmut Traub, eds., *Hören und Handeln: Festschrift für Ernst Wolf zum 60. Geburtstag*, 153-90. Munich: Christian Kaiser Verlag.

Golubev, Stefan Timofeevič. 1883-98. *Kievský Mitropolit' Petr' Mogila i jego spodvižniki* [The Metropolitan of Kiev Peter Mogila and his associates]. 2 vols. Kiev: H. T. Korčak-Novický.

Grabmann, Martin. [1909] 1957. *Die Geschichte der scholastischen Methode*. 2 vols. Reprint ed. Graz: Akademische Druck- und Verlagsgesellschaft.

Graus, František. [1969] 1971. "The Crisis of the Middle Ages and the Hussites." Translated by James J. Heaney. In Steven E. Ozment, ed., *The Reformation in Medieval Perspective*, 76-103. Chicago: Quadrangle Books.

Greenslade, S. L. 1953. *Schism in the Early Church*. New York: Harper and Brothers.

Gregorios, Paulos, William H. Lazareth, and Nikos A. Nissiotis, eds. 1981. *Does Chalcedon Divide or Unite? Towards Convergence in Orthodox Christology*. Geneva: World Council of Churches.

Grillmeier, Aloys. 1970. "Konzil und Rezeption." *Theologie und Philosophie* 45:321-52.

______, and Heinrich Bacht, eds. 1951-54. *Daz Konzil von Chalkedon: Geschichte und Gegenwart*. 3 vols. Würzburg: Echter Verlag.

Gutteridge, Richard. 1976. *Open Thy Mouth for the Dumb! The German Evangelical Church and the Jews, 1879-1950*. Oxford: Blackwell.

Hadjiantoniou, Georgios A. 1961. *Protestant Patriarch: The Life of Cyril Lucaris, 1572–1638, Patriarch of Constantinople*. Richmond, Va.: John Knox Press.

Hague, Dyson. 1893. *The Protestantism of the Prayer Book*. 3d ed. London: Church Association.

Hajjar, Joseph N. 1962. *Le synode permanent (Synodos endēmousa) dans l'Eglise byzantine des origines au XIe siècle*. Rome: Pontificale Institutum Orientalium Studiorum.

Halecki, Oskar. 1958. *From Florence to Brest (1439–1596)*. Rome: Sacrum Poloniae Millennium.

Hall, David W., ed. 1995. *The Practice of Confessional Subscription*. Lanham, Md.: University Press of America.

Hamilton, Ian W. F. 1990. *The Erosion of Calvinist Orthodoxy: Seceders and Subscription in Scottish Presbyterianism*. Edinburgh: Rutherford House.

Hansen, Bent Smidt. 1986. "Indigenization of Worship: A Concern Among South Indian Christians." In Asko Parpola and Bent Smidt Hansen, eds., *South Asian Religion and Society*, 236-62. London: Curzon Press.

Harnack, Adolf. [1900] 1957a. *What Is Christianity?* Translated by Thomas Bailey Saunders. Reprint ed. Introduction by Rudolf Bultmann. New York: Harper Torchbooks. 〔アドルフ・フォン・ハルナック『キリスト教の本質』山谷省吾訳、玉川大学出版部、1977 年。〕

______. [1889–91] 1957b. *Outlines of the History of Dogma*. Translated by Edwin Knox Mitchell. Reprint ed. Introduction by Philip Rieff. Boston: Starr King Press.

______. [1924] 1960. *Marcion: Das Evangelium vom fremden Gott. Eine Monographie zur Geschichte der Grundlegung der katholischen Kirche*. 2d ed. Reprint ed. Leipzig: J. C. Hinrichs.〔アドルフ・フォン・ハルナック『マルキオン――異邦の神の福音』津田謙治訳、教文館、2023 年。〕

______. [1908] 1961a. *The Mission and Expansion of Christianity in the First Three Centuries*. Translated by James Moffatt. Reprint ed. Introduction by Jaroslav Pelikan. New York: Harper Torchbooks.

______. [1893] 1961b. *History of Dogma*. Translated from the third German edition by Neil Buchanan. 7 vols. Reprint ed. New York: Dover.

Hauck, Albert. 1907. "Die Rezeption und die Umbildung der allgemeinen Synoden im Mittelalter." *Historische Vierteljahrschrift* 10:465-82.

Haugh, Richard. 1975. *Photius and the Carolingians: The Trinitarian Controversy*. Belmont, Mass.: Nordland.

Hazeltine, Harold Dexter. 1926. "Roman and Canon Law in the Middle Ages." *Cambridge Medieval History*, 5:697–764. Cambridge: Cambridge University Press.

Heijting, Willem. 1989. *De catechismi en confessies in de Nederlandse reformatie tot 1585* [The catechisms and confessions in the Dutch Reformation to 1585]. 2 vols. Nieuwkoop: De Graaf.

Heim, S. Mark, ed. 1991. *Faith to Creed: Ecumenical Perspectives on the Affirmation of the*

Apostolic Faith in the Fourth Century. Commission on Faith and Order of the National Council of Churches of Christ in the U.S.A. Grand Rapids, Mich.: William B. Eerdmans.

Higham, Florence May Greir Evans. 1962. *Catholic and Reformed: A Study of the Anglican Church, 1559–1662*. London: S.P.C.K.

Hildebrandt, Walter, and Rudolf Zimmermann. 1938. *Bedeutung und Geschichte des zweiten Helvetischen Bekenntnisses*. Zurich: Zwingli-Verlag.

Hillman, Eugene. 1993. *Toward an African Christianity: Inculturation Applied*. New York: Paulist Press.

Hirsch, Emanuel. 1960. *Geschichte der neuern evangelischen Theologie im Zusammenhang mit den allgemeinen Bewegungen des europäischen Denkens*. 5 vols. Gütersloh: C. Bertelsmann Verlag.

Hodgson, Peter C. 1966. *The Formation of Historical Theology: A Study of Ferdinand Christian Baur*. New York: Harper and Row.

Hofmann, Rudolph. 1857. *Symbolik oder systematische Darstellung des symbolischen Lehrbegriffs der verschiedenen christlichen Kirchen und namhaften Sekten*. Leipzig: Friedrich Voigt.

Holl, Karl. [1919] 1928. "Zur Auslegung des 2. Artikels des sog. apostolischen Glaubensbekenntnisses." In *Gesammelte Aufsätze zur Kirchengeschichte*, 2:115-28. Tübingen: J. C. B. Mohr (Paul Siebeck).

Horn, Stephan Otto. 1982. *Petrou Kathedra: Der Bischof von Rom und die Synoden von Ephesus (449) und Chalcedon*. Paderborn: Verlag Bonifatius-Druckerei.

Huhn, Joseph. 1954. *Das Geheimnis der Jungfrau-Mutter Maria nach dem Kirchenvater Ambrosius*. Würzburg: Echter Verlag.

Huizing, Petrus, and Knut Walf. 1983. *The Ecumenical Council: Its Significance in the Constitution of the Church*. Edinburgh: T. and T. Clark.

Hutchison, William R. 1987. *Errand to the World: American Protestant Thought and Foreign Missions*. Chicago: University of Chicago Press.

Jay, Eric George, tr. 1954. *Origen's Treatise on Prayer*. London: S.P.C.K.

Jedin, Hubert. 1946. *Katholische Reformation oder Gegenreformation? Ein Versuch zur Klärung der Begriffe nebst einer Jubiläumsbetrachtung über das Trienter Konzil*. Lucerne: Josef Stocker.

———. 1957–61. *A History of the Council of Trent*. Translated by Ernest Graf. Saint Louis, Mo.: Herder.

Jenny-Kappers, Theodora. 1986. *Muttergöttin und Gottesmutter in Ephesos: Von Artemis zu Maria*. Zurich: Daimon.

Jobert, Ambroise. 1974. *De Luther à Mohila: La Pologne dans la crise de la Chrétienté, 1517–1648*. Paris: Institut d'études slaves.

Jones, Arnold Hugh Martin. 1966. *Were Ancient Heresies Disguised Social Movements?* Philadelphia: Fortress Press.

Jugie, Martin. 1944. *La mort et l'assomption de la Sainte Vierge: Etude historico-doctrinale.* Rome: Studi e Testi.

Julian, John. [1907] 1957. *A Dictionary of Hymnology, Setting Forth the Origin and History of Christian Hymns of All Ages and Nations*. Reprint ed. 2 vols. New York: Dover.

Jüngel, Eberhard. 1968. "Bekennen und Bekenntnis." In Siegfried Herrmann and Oskar Söhngen, eds., *Theologie in Geschichte und Kunst: Walter Elliger zum 65. Geburtstag*, 94-105. Witten: Luther Verlag.

Jürgens, Heiko. 1972. *Pompa diaboli: Die lateinischen Kirchenväter und das antike Theater.* Stuttgart: W. Kohlhammer.

Kallis, Anastasios, ed. 1989. *Liturgie: Die Göttliche Liturgie der Orthodoxen Kirche Deutsch-Griechisch-Kirchenslawisch*. Mainz: Matthias-Grüne-wald-Verlag.

Kamen, Henry Arthur Francis. 1998. *The Spanish Inquisition: A Historical Revision*. New Haven and London: Yale University Press.

Kannengiesser, Charles. 1970. "La date de l'Apologie d'Athanase 'Contre les païens' et 'Sur l'incarnation du Verbe.'" *Recherches de Science Religieuse* 58:383–428.

Karmirēs, Iōannēs N., ed. 1937. *Mētrophanēs ho Kritopoulos kai hē anekdotos allēgographia autou*. Athens: Praskeua Leōnē.

Kartašev, Anton Vladimirovič. 1932. *Na put'ach k vselenskomu soboru* [On the way to an ecumenical council]. Paris: YMCA Press.

______. 1963. *Vselenskie sobory* [The ecumenical councils]. Paris: Izdanie Osobago komiteta pod predsědatel'stvom episkopa Sil'vestra.

Kellner, Menachem Marc. 1986. *Dogma in Medieval Jewish Thought: From Maimonides to Abravanel*. New York: Oxford University Press.

Kelly, John Norman Davidson. 1958. *Early Christian Doctrines*. New York: Harper and Brothers. 〔J. N. D. ケリー『初期キリスト教教理史』上下巻、津田謙治訳、一麦出版社、2010 年。〕

______. 1964. *The Athanasian Creed*. The Paddock Lectures for 1962-63. New York: Harper and Row.

Ker, Ian Turnbull, and Alan G. Hill, eds. 1990. *Newman After a Hundred Years*. Oxford: Clarendon Press.

Kilmartin, Edward J. 1998. *The Eucharist in the West: History and Theology*. Edited by Robert J. Daly. Collegeville, Minn.: Liturgical Press.

Kinzig, Wolfram, Christoph Markschies, and Markus Vinzent. 1999. *Tauffragen und Bekenntnis: Studien zur sogenannten "Traditio apostolica," zu den "Interrogationes de fide" und zum "Römischen Glaubensbekenntnis."* Berlin: Walter de Gruyter, 1999.

Koch, Ernst. 1968. *Die Theologie der Confessio Helvetica Posterior*. Neukirchen-Vluyn: Neukirchener Verlag des Erziehungsvereins.

Krajčar, Joannes, ed. 1976. *Acta Slavica Concilii Florentini: Narrationes et Documenta*. Rome: Pontificium Institutum Orientaliorum Studiorum.

Krämer, Werner. 1980. *Konsens und Rezeption: Verfassungsprinzipien der Kirche im Basler Konziliarismus*. Münster: Aschendorff.

Krauth, Charles Porterfield. [1899] 1963. *The Conservative Reformation and Its Theology*. Reprint ed. Minneapolis, Minn.: Augsburg.

Kropatschek, Friedrich Wilhelm. 1904. *Das Schriftprinzip der lutherischen Kirche: Geschichtliche und dogmatische Untersuchungen*. Vol. 1 (all published). Leipzig: A. Deichertsche Verlagsbuchhandlung Nachfolger.

Kuitert, Harminus Martinus. 1986. *Everything Is Politics but Politics Is Not Everything: A Theological Perspective on Faith and Politics*. Translated by John Bowden. Grand Rapids, Mich.: William B. Eerdmans.

Küppers, Werner, Peter Hauptmann, and Friedrich Baser. 1964. *Symbolik der kleineren Kirchen, Freikirchen und Sekten des Westens*. Stuttgart: A. Hiersemann.

Kuttner, Stephan G. 1960. *Harmony from Dissonance: An Interpretation of Medieval Canon Law*. Latrobe, Pa.: Archabbey Press.

Labunka, Miroslav. 1990. *Mitropolit Ilarion i joho pisannja* [Metropolitan Ilarion and his writings]. Rome: Ukrainian Catholic University.

Lacko, Michael. 1966. *The Union of Užhorod*. Cleveland, Ohio: Slovak Institute.

Landgraf, Artur Michael. 1952-56. *Dogmengeschichte der Frühscholastik*. 4 vols. Regensburg: Verlag Friedrich Pustet.

Laqueur, Walter, and Barry Rubin, eds. 1989. *The Human Rights Reader*. Revised ed. New York: Meridian Books.

Latourette, Kenneth Scott. 1937-45. *A History of the Expansion of Christianity*. 7 vols. New York: Harper and Brothers.

Lebedev, Aleksei Petrovič. 1904. *Vselenskie sobori IV i V věkov* [The ecumenical councils of the fourth and fifth centuries]. 3d ed. Saint Petersburg: I. L. Tusov.

Lehmann, Karl, and Wolfhart Pannenberg, eds. 1982. *Glaubensbekenntnis und Kirchengemeinschaft: Das Modell des Konzils von Konstantinopel (381)*. Göttingen: Vandenhoeck und Ruprecht.

Lerch, David. 1950. *Isaaks Opferung christlich gedeutet*. Tübingen: J. C. B. Mohr (Paul

Siebeck).

Lewis, Bernard. 1997. *The Future of the Middle East*. London: Phoenix.

Lewy, Guenter. 1964. *The Catholic Church and Nazi Germany*. New York: McGraw-Hill.

L'Huillier, Peter. 1996. *The Church of the Ancient Councils: The Disciplinary Work of the First Four Ecumenical Councils*. Crestwood, N.Y.: Saint Vladimir's Seminary Press.

Lietzmann, Hans. 1966. *Symbolstudien I-XIV*. Darmstadt: Wissenschaftliche Buchgesellschaft.

Lindbeck, George A. 1984. *The Nature of Doctrine: Religion and Theology in a Postliberal Age*. Philadelphia: Westminster Press.〔G. A. リンドベック『教理の本質――ポストリベラル時代の宗教と神学』田丸徳善監修、星川啓慈、山梨有希子訳、ヨルダン社、2003 年。〕

Link, Hans-Georg. 1998. *Bekennen und Bekenntnis*. Göttingen: Vandenhoeck und Ruprecht.

Littell, Franklin H. 1958. *The Anabaptist View of the Church: A Study in the Origins of Sectarian Protestantism*. 2d ed. Boston: Starr King Press.

Lubac, Henri de. 1998. *Medieval Exegesis*. Translated by Mark Sebanc. Grand Rapids, Mich.: William B. Eerdmans.

McCambley, Casimir, tr. 1987. *Commentary on the Song of Songs*, by Gregory of Nyssa. Preface by Panagiotes Chrestou. Brookline, Mass.: Hellenic College Press.

Macholz, Waldemar Karl Ludwig. 1902. *Spuren binitarischer Denkweise im Abendlande seit Tertullian*. Jena: A. Kämpfe.

McInerny, Ralph. 1997. *Ethica Thomistica: The Moral Philosophy of Thomas Aquinas*. Revised ed. Washington, D.C.: Catholic University of America Press.

McNeill, John Thomas. 1964. *Unitive Protestantism: The Ecumenical Spirit and Its Persistent Expression*. Revised ed. Richmond, Va.: John Knox Press.

______, ed. 1960. John Calvin. *Institutes of the Christian Religion*. Translated by Ford Lewis Battles. 2 vols. Philadelphia: Westminster Press.〔ジャン・カルヴァン『キリスト教綱要』全 3 巻、渡辺信夫訳、新教出版社、2007-2009 年。〕

______, Matthew Spinka, and Harold Rideout Willoughby, eds. 1939. *Environmental Factors in Christian History*. Chicago: University of Chicago Press.

Maichle, Albert. 1929. *Der Kanon der biblischen Bücher und das Konzil von Trient*. Freiburg: Herder.

Mananzan, Mary John. 1974. *The "Language Game" of Confessing One's Belief: A Wittgensteinian-Austinian Approach to the Linguistic Analysis of Creedal Statements*. Tübingen: M. Niemeyer.

Margerie, Bernard de. 1982. *The Christian Trinity in History*. Translated by Edmund J.

Fortman. Foreword by Jaroslav Pelikan. Still River, Mass.: Saint Bede's Publications.

Marx, Hans Jürgen. 1977. *Filioque und Verbot eines anderen Glaubens auf dem Florentinum: Zum Pluralismus in dogmatischen Formeln*. Cologne: Steyler Verlag.

Maurer, Wilhelm. 1939. *Bekenntnis und Sakrament: Ein Beitrag zur Entstehung der christlichen Konfessionen*. Berlin: Töpelmann.

Maxwell, John Francis. 1975. *Slavery and the Catholic Church: The History of Catholic Teaching Concerning the Moral Legitimacy of the Institution of Slavery*. Foreword by Lord Wilberforce. Chichester: Anti-Slavery Society for the Protection of Human Rights.

May, Gerhard. 1994. *Creatio ex nihilo: The Doctrine of "Creation out of Nothing" in Early Christian Thought*. Translated by A. S. Worrall. Edinburgh: T. and T. Clark.

Mayer, Frederick Emanuel. 1954. *The Religious Bodies of America*. Saint Louis, Mo.: Concordia.

Mehl, Roger. 1971. "La place de la confession de foi dans l'élaboration dogmatique." *Foi et Vie* 70:214-25.

Metz, Wulf. 1970. *Necessitas satisfactionis? Eine systematische Studie zu den Fragen 12-18 des Heidelberger Katechismus und zur Theologie des Zacharias Ursinus*. Zurich: Zwingli-Verlag.

Meyendorff, John. 1966. *Orthodoxy and Catholicity*. New York: Sheed and Ward.

______. 1982. *The Byzantine Legacy in the Orthodox Church*. Crestwood, N.Y.: Saint Vladimir's Seminary Press.

______. 1989. *Imperial Unity and Christian Divisions: The Church, 450-680 A.D.* Crestwood, N.Y.: Saint Vladimir's Seminary Press.

______. 1996. *The Orthodox Church: Its Past and Its Role in the World Today*. Crestwood, N.Y.: Saint Vladimir's Seminary Press.

Meyendorff, Paul, ed. and tr. 1984. *Saint Germanus of Constantinople on the Divine Liturgy*. Crestwood, N.Y.: Saint Vladimir's Seminary Press.

Middleton, Robert Dudley. 1950. *Newman at Oxford: His Religious Development*. London: Oxford University Press.

______. 1951. "Tract Ninety." *Journal of Ecclesiastical History* 2:81-101.

Möhler, Johann Adam. [1832] 1958. *Symbolik, oder Darstellung der dogmatischen Gegensätze der Katholiken und Protestanten nach ihren öffentlichen Bekenntnisschriften*. Edited by Josef Rupert Geiselmann. 2 vols. Darmstadt: Wissenschaftliche Buchgesellschaft.

Morison, Stanley. 1949. *English Prayer Books: An Introduction to the Literature of Christian Public Worship*. 3d ed. Cambridge: Cambridge University Press.

Mungello, David E., ed. 1994. *The Chinese Rites Controversy: Its History and Meaning*.

Nettetal: Steyer Verlag.

Murray, John Courtney. 1964. *The Problem of God Yesterday and Today*. New Haven: Yale University Press.

Neufeld, Vernon Harry. 1963. *The Earliest Christian Confessions*. Grand Rapids, Mich.: William B. Eerdmans.

The New Jerusalem Bible. 1985. Garden City, N.Y.: Doubleday.

Newman, John Henry. [1859] 1901. "The Orthodoxy of the Body of the Faithful During the Supremacy of Arianism." In *The Arians of the Fourth Century*, 445-68. 4th ed. London: Longmans, Green.

______. [1841] 1964. "Tract Ninety: Remarks on Certain Passages in the Thirty-Nine Articles." In Eugene Rathbone Fairweather, ed., *The Oxford Movement*, 148-56. "A Library of Protestant Thought." New York: Oxford University Press.

______. [1864] 1967. *Apologia pro Vita Sua: Being a History of His Religious Opinions*. Edited by Martin J. Svaglic. Oxford: Clarendon Press.

______. [1845] 1974. *An Essay on the Development of Christian Doctrine*. 1st ed. Edited by James Munro Cameron. New York: Pelican Books.

Nichols, Robert L., and Theofanis George Stavrou, eds. 1978. *Russian Orthodoxy Under the Old Regime*. Minneapolis: University of Minnesota Press.

Niebuhr, H. Richard. 1951. *Christ and Culture*. New York: Harper and Brothers. 〔H. リチャード・ニーバー『キリストと文化』赤城泰訳、日本基督教団出版局、1967 年。〕

Nortier, C. W. 1941. *De belijdenis der jonge kerken* [The confession of the young churches]. The Hague: Boekencentrum.

Oberdorfer, Bernd. 2001. *Filioque: Geschichte und Theologie eines ökumenischen Problems*. Göttingen: Vandenhoeck und Ruprecht.

Oberman, Heiko Augustinus. 1963. *The Harvest of Medieval Theology: Gabriel Biel and Late Medieval Nominalism*. Cambridge, Mass.: Harvard University Press.

O'Gara, Margaret. 1988. *Triumph in Defeat: Infallibility, Vatican I, and the French Minority Bishops*. Washington, D.C.: Catholic University of America Press.

O'Malley, John W. 1979. *Praise and Blame in Renaissance Rome: Rhetoric, Doctrine, and Reform in the Sacred Orators of the Papal Court*. Durham, N.C.: Duke University Press.

______. 1993. *Religious Culture in the Sixteenth Century: Preaching, Rhetoric, Spirituality, and Reform*. Aldershot: Variorum Reprints.

______. 2000. *Trent and All That: Renaming Catholicism in the Early Modern Era*. Cambridge, Mass.: Harvard University Press.

Onasch, Konrad, and Annemarie Schnieper. 1997. *Icons: The Fascination and the Reality*.

Translated by Daniel C. Conklin. New York: Riverside Book.

Oort, Johannes van, and Johannes Roldanus, eds. 1997. *Chalkedon: Geschichte und Aktualität: Studien zur Rezeption der christologischen Formel von Chalkedon.* Leuven: Peeters.

Ostrogorsky, George. 1969. *History of the Byzantine State.* Translated by Joan Hussey. Foreword by Peter Charanis. Revised ed. New Brunswick, N.J.: Rutgers University Press.

Ostroumoff, Ivan N. 1971. *The History of the Council of Florence.* Translated by Basil Popoff. Boston: Holy Transfiguration Monastery.

Papadopoulos, Chrysostomos. 1939. *Kyrillos Loukaris.* Edited by Grēgorios Papamichaēl. 2d ed. Athens: Phoinikos.

Pauck, Wilhelm. 1961. *The Heritage of the Reformation.* 2d ed. Glencoe, Ill.: Free Press.

Pelikan, Jaroslav. 1971. *Historical Theology: Continuity and Change in Christian Doctrine.* Washington, D.C.: Corpus Books.

______. 1980. "The Two Sees of Peter: Reflections on the Pace of Normative Self-Definition East and West." In E. P. Sanders, ed., *The Shaping of Christianity in the Second and Third Centuries, vol. 1 of Jewish and Christian Self-Definition*, 57-73. Philadelphia: Fortress Press.

______. 1986. *The Mystery of Continuity: Time and History, Memory and Eternity in the Thought of Saint Augustine.* Charlottesville: University Press of Virginia.

______. 1990a. *Imago Dei: The Byzantine Apologia for Icons.* The Andrew W. Mellon Lectures at the National Gallery of Art. Princeton, N.J.: Princeton University Press.

______. 1990b. *Eternal Feminines: Three Theological Allegories in Dante's "Paradiso."* New Brunswick, N.J.: Rutgers University Press.

______. 1993. *Christianity and Classical Culture: The Metamorphosis of Natural Theology in the Christian Encounter with Hellenism.* New Haven and London: Yale University Press.

Person, Ralph E. 1978. *The Mode of Theological Decision-Making at the Early Ecumenical Councils: An Inquiry into the Function of Scripture and Tradition at the Councils of Nicaea and Ephesus.* Basel: F. Reinhardt.

Petersen, Peter. [1921] 1964. *Geschichte der aristotelischen Philosophie im protestantischen Deutschland.* Reprint ed. Stuttgart: Frommann.

Peterson, Erik. [1935] 1951. "Der Monotheismus als politisches Problem." *Theologische Traktate*, 45-147. Munich: Kösel Verlag.

Pharantos, Mega L. 1969. *Hē theologia Gennadiou tou Scholariou* [The theology of Gennadius Scholarius]. Athens: University of Athens.

Piepkorn, Arthur Carl. 1993. *The Church: Selected Writings of Arthur Carl Piepkorn*. Edited by Michael P. Plekon and William S. Wiecher. Afterword by Richard John Neuhaus. Delhi, N.Y.: ALPB Books.

Pokrovský, Aleksandr Ivanovič. 1914. *Sobori drevnej cerkvi: Epochi pervych' trech' věkov* [The councils of the ancient church of the era of the first three centuries]. Sergiev Posad: Tipografija I. I. Ivanova.

Popivchak, Ronald Peter. 1975. "Peter Mohila, Metropolitan of Kiev (1633-47): Translation and Evaluation of His 'Orthodox Confession of Faith' (1640)." S.T.D. thesis, Catholic University of America. Ann Arbor, Mich.: University Microfilms.

Pospishil, Victor J. 1996. *Eastern Catholic Church Law*. 2d ed. Staten Island, N.Y.: Saint Maron Publications.

Potz, Richard. 1971. *Patriarch und Synode in Konstantinopel: Das Verfassungsrecht des ökumenischen Patriarchates*. Vienna: Herder.

Prestige, George Leonard. 1956. *God in Patristic Thought*. 2d ed. London: S.P.C.K.

Principe, Walter Henry. 1963-75. *The Theology of the Hypostatic Union in the Early Thirteenth Century*. 4 vols. Toronto: Pontifical Institute of Mediaeval Studies.

Proksch, Otto. 1936. *Das Bekenntnis im Alten Testament*. Leipzig: A. Deichert.

Prokurat, Michael, Alexander Golitzin, and Michael D. Peterson. 1996. *Historical Dictionary of the Orthodox Church*. Lanham, Md.: Scarecrow Press.

Rakove, Jack N. 1996. *Original Meanings: Politics and Ideas in the Making of the Constitution*. New York: Alfred A. Knopf.

Rauschenbusch, Walter. 1907. *Christianity and the Social Crisis*. Reprint ed. New York: Macmillan. 〔W. ラウシェンブッシュ『キリスト教と社会の危機』山下慶親訳、新教出版社、2013 年。〕

Reese, Hans-Jörg. 1974. *Bekenntnis und Bekennen: Vom 19. Jahrhundert zum Kirchenkampf der nationalsozialistischen Zeit*. Göttingen: Vandenhoeck und Ruprecht.

Reinhard, Wolfgang. 1977. "Gegenreformation als Modernisierung? Prolegomena zu einer Theorie des konfessionellen Zeitalters." *Archiv für Reformationsgeschichte* 68:226-52.

______, and Heinz Schilling, eds. 1995. *Die katholische Konfessionalisierung*. Gütersloh: Gütersloher Verlagshaus.

Ritschl, Otto. 1908-27. *Dogmengeschichte des Protestantismus*. 4 vols. Leipzig: J. C. Hinrichs (vols. 1, 2); Göttingen: Vandenhoeck und Ruprecht (vols. 3, 4).

Rogers, Jack Bartlett. 1985. *Presbyterian Creeds: A Guide to the "Book of Confessions."* Foreword by Charles A. Hammond. Philadelphia: Westminster Press.

Rovira Belloso, Josep Maria. 1979. *Trento: Una interpretación teológica*. Barcelona:

Colectánea San Paciano.

Rückert, Hanns. 1925. *Die Rechtfertigungslehre auf dem Tridentinischen Konzil.* Bonn: A. Marcus und E. Weber.

Rusch, William G., and Daniel F. Martensen, eds. 1989. *The Leuenberg Agreement and Lutheran-Reformed Relationships: Evaluations by North American and European Theologians.* Minneapolis, Minn.: Augsburg.

Sanders, James A. 1972. *Torah and Canon.* Philadelphia: Fortress Press. 〔J. A. サンダース『正典としての旧約聖書』佐藤陽二訳、教文館、1984 年。〕

Sanneh, Lamin O. 1983. *West African Christianity: The Religious Impact.* London: Allen and Unwin.

———. 1989. *Translating the Message: The Missionary Impact on Culture.* Maryknoll, N.Y.: Orbis Books.

———. 1996. *Religion and the Variety of Culture: A Study in Origin and Practice.* Valley Forge, Pa.: Trinity Press International.

———, and Grant Wacker. 1999. "Christianity Appropriated: Conversion and the Intercultural Process." *Church History* 68:954-61.

Schindler, Alfred. 1965. *Wort und Analogie in Augustins Trinitätslehre.* Tübingen: J. C. B. Mohr.

Schlink, Edmund. 1961. *Theology of the Lutheran Confessions.* Translated by Paul F. Koehneke and Herbert J. A. Bouman. Philadelphia: Muhlenberg Press.

Schmauck, Theodore Emmanuel. 1911. *The Confessional Principle and the Confessions of the Lutheran Church.* Philadelphia: General Council Publication Board.

Schmaus, Michael. 1927. *Die psychologische Trinitätslehre des heiligen Augustinus.* Münster: Aschendorff.

Schmidt, Martin. 1966. "Die Kirche von England als Gegenstand der Konfessionskunde." In Joachim Lell, ed., *Erneuerung der Einen Kirche: Arbeiten aus Kirchengeschichte und Konfessionskunde Heinrich Bornkamm zum 65. Geburtstag gewidmet*, 82-114. Göttingen: Vandenhoeck und Ruprecht.

Scholder, Klaus. 1988. *The Churches and the Third Reich.* Translated by John Bowden. Philadelphia: Fortress Press.

Schubert, Hans von. 1910. *Bekenntnisbildung und Religionspolitik 1529/30 (1524–1534).* Gotha: Friedrich Andreas Perthes.

Schwarzlose, Karl. [1890] 1970. *Der Bilderstreit: Ein Kampf der griechischen Kirche um ihre Eigenart und um ihre Freiheit.* Reprint ed. Amsterdam: Rodopi.

Schweitzer, Albert. [1906] 1961. *The Quest of the Historical Jesus: A Critical Study of Its Progress from Reimarus to Wrede.* Translated by W. Montgomery. Reprint ed. New

York: Macmillan.〔アルベルト・シュヴァイツァー『イエス伝研究史』全 3 巻、遠藤彰、森田雄三郎訳、白水社、2002 年。〕

Scott, S. Herbert. 1928. *The Eastern Churches and the Papacy*. London: Sheed and Ward.

Seeberg, Alfred. [1903] 1966. *Der Katechismus der Urchristenheit*. Reprint ed. Introduction by Ferdinand Hahn. Munich: Christian Kaiser Verlag.

Seibt, Klaus. 1994. *Die Theologie des Markell von Ankyra*. Berlin: Walter de Gruyter.

Sellers, Robert Victor. 1940. *Two Ancient Christologies: A Study in the Christological Thought of the Schools of Alexandria and Antioch in the Early History of Christian Doctrine*. London: S.P.C.K.

Semmelroth, Otto. 1963. *Mary, Archetype of the Church*. Translated by Maria von Eroes and John Devlin. Introduction by Jaroslav Pelikan. New York: Sheed and Ward.

Ševčenko, Ihor. 1955. "Intellectual Repercussions of the Council of Florence." *Church History* 24:291-323.

______. [1984] 1992. "The Many Worlds of Peter Mohyla." *Byzantium and the Slavs*, 651-87. Cambridge, Mass.: Harvard Ukrainian Research Institute.

Simpson, Robert. 1965. *The Interpretation of Prayer in the Early Church*. Philadelphia: Westminster Press.

Skoglund, John E., and J. Robert Nelson. 1963. *Fifty Years of Faith and Order: An Interpretation of the Faith and Order Movement*. New York: Committee for the Interseminary Movement of the National Student Christian Federation.

Smend, Julius. 1898. *Kelchversagung und Kelchspendung im Abendland: Ein Beitrag zur Kultusgeschichte*. Göttingen: Vandenhoeck und Ruprecht.

Smith, Page. 1964. *The Historian and History*. New York: Alfred A. Knopf.

Spence, Jonathan D. 1984. *The Memory Palace of Matteo Ricci*. New York: Viking Penguin.

Spinka, Matthew. 1954. *Church in Communist Society: A Study in J. L. Hromádka's Theological Politics*. Foreword by Reinhold Niebuhr. Hartford, Conn.: Hartford Seminary Press.

______. 1966. *John Hus' Concept of the Church*. Princeton, N.J.: Princeton University Press.

Spitz, Lewis W., and Wenzel Lohff, eds. 1977. *Discord, Dialogue, and Concord: Studies in the Lutheran Reformation's Formula of Concord*. Philadelphia: Fortress Press.

Staedtke, Joachim, ed. 1966. *Glaube und Bekennen. 400 Jahre Confessio Helvetica Posterior: Beiträge zu ihrer Geschichte und Theologie*. Zurich: Zwingli-Verlag.

Standaert, Nicolas. 1994. *Inculturation: The Gospel and Cultures*. Translated by A. Bruggeman and R. Murray. Manila: Saint Paul Publications.

Stegmüller, Friedrich, ed. 1947. *Repertorium commentariorum in sententias Petri Lombardi*. 2 vols. Würzburg: F. Schöningh.

Steiner, George. 1992. *After Babel: Aspects of Language and Translation*. 2d ed. New York: Oxford University Press. 〔G. スタイナー『バベルの後に——言葉と翻訳の諸相』上下巻、亀山健吉訳、法政大学出版局、1999、2009 年。〕

Stendahl, Krister. 1976. *Paul Among Jews and Gentiles and Other Essays*. Philadelphia: Fortress Press.

Stoevesandt, Hinrich. 1970. *Die Bedeutung des Symbolums in Theologie und Kirche: Versuch einer dogmatisch-kritischen Ortsbestimmung aus evangelischer Sicht*. Munich: Christian Kaiser Verlag.

Sundkler, Bengt. 1954. *Church of South India: The Movement Towards Union*, 1900-1947. London: Lutterworth Press.

______. 1960. *The Christian Ministry in Africa*. Uppsala: Swedish Institute of Missionary Research.

Tappert, Theodore G. 1947. "The Symbols of the Church." In Edward C. Fendt, ed., *What Lutherans Are Thinking: Symposium on Lutheran Faith and Life*, 343-67. Columbus, Ohio: Wartburg Press.

Tavard, George H. 1959. *Holy Writ or Holy Church: The Crisis of the Protestant Reformation*. New York: Harper and Brothers.

Thomas, Louis. 1853. *La confession helvétique: Etudes historicodogmatiques sur le XVIe siècle*. Geneva: J. Kessmann.

Thompson, Bard, et al. 1963. *Essays on the Heidelberg Catechism*. Philadelphia: United Church Press.

Tierney, Brian. 1972. *Origins of Papal Infallibility, 1150-1350: A Study on the Concepts of Infallibility, Sovereignty, and Tradition in the Middle Ages*. Leiden: E. J. Brill.

______. 1998. *Foundations of the Conciliar Theory: The Contributions of the Medieval Canonists from Gratian to the Great Schism*. 2d ed. Leiden: E. J. Brill.

Treadgold, Warren. 1997. *A History of the Byzantine State and Society*. Stanford, Calif.: Stanford University Press.

Trilling, Lionel. [1950] 2000. "Wordsworth and the Rabbis." In Leon Wieseltier, ed., *The Moral Obligation to Be Intelligent: Selected Essays*, 188-202. New York: Farrar, Straus, Giroux.

Troeltsch, Ernst. 1891. *Vernunft und Offenbarung bei Johann Gerhard und Melanchthon: Untersuchung zur Geschichte der altprotestantischen Theologie*. Göttingen: Vandenhoeck und Ruprecht.

______. [1931] 1960. *The Social Teachings of the Christian Churches*. Translated by Olive Wyon. Reprint ed. Introduction by H. Richard Niebuhr. 2 vols. New York: Harper Torchbooks.

Tyrer, John Walton. 1917. *The Eucharistic Epiclesis*. London: Longmans, Green.

Ulrich, Jörg. 1994. *Die Anfänge der abendländischen Rezeption des Nizänums*. Berlin: Walter de Gruyter.

Urban, Hans Jörg. 1972. *Bekenntnis, Dogma, kirchliches Lehramt: Die Lehrautorität der Kirche in heutiger evangelischer Theologie*. Wiesbaden: F. Steiner.

Vasileiadēs, Nikolaos P. 1983. *Markos ho Eugenikos kai hē henōsis tōn ekklēsiōn* [Markos Eugenikos and the union of the churches]. 3d ed. Athens: Adelphotēs Theologōn "Ho Sōtēr."

Vauchez, André. 1993. *The Laity in the Middle Ages: Religious Beliefs and Devotional Practices*. Edited and introduced by Daniel E. Bornstein. Translated by Margery J. Schneider. Notre Dame, Ind.: University of Notre Dame Press.

Vinogradský, Nikolaj Fedorovič. 1899. *Cerkovný sobor v Moskvě 1682 goda* [The ecclesiastical synod in Moscow of the year 1682]. Smolensk: Ja. N. Podzemský.

Vischer, Lukas, ed. 1963. *A Documentary History of the Faith and Order Movement, 1927-1963*. Saint Louis, Mo.: Bethany Press.

______, ed. 1981. *Spirit of God, Spirit of Christ: Ecumenical Reflections on the Filioque Controversy*. London: S.P.C.K.

Vogt, Hermann-Josef. 1986. "Die Bibel auf dem Konzil von Ephesus." *Annuarium historiae conciliorum* 18:31-40.

______. 1993. "Unterschiedliches Konzilsverständnis der Cyrillianer und der Orientalen beim Konzil von Ephesus 431." *Logos: Festschrift für Luise Abramowski*, 429-51. Berlin: Walter de Gruyter.

Volf, Miroslav. 1998. *After Our Likeness: The Church as the Image of the Trinity*. Grand Rapids, Mich.: William B. Eerdmans.

Wainwright, Geoffrey. 1986. "The Lima Text in the History of Faith and Order." *Studia Liturgica* 16:6-21.

Walls, Andrew Finlay. 1996. *The Missionary Movement in Christian History: Studies in the Transmission of Faith*. Maryknoll, N.Y.: Orbis Books.

Walther, Carl Ferdinand Wilhelm. [1858] 1972. "The Kind of Confessional Subscription Required." In Theodore G. Tappert, ed., *Lutheran Confessional Theology in America, 1840-1880*, 56-77. "A Library of Protestant Thought." New York: Oxford University Press.

Wandel, Lee Palmer. 1995. *Voracious Idols and Violent Hands: Iconoclasm in Reformation Zurich, Strasbourg, and Basel*. Cambridge: Cambridge University Press.

Ward, Alfred Dudley. 1961. *The Social Creed of the Methodist Church: A Living Document*. Nashville, Tenn.: Abingdon Press.

Ware, Kallistos. 1997. *The Orthodox Church.* Revised ed. Harmondsworth: Penguin Books.

______. 2000. *The Inner Kingdom. Collected Works*, vol. 1. Crestwood, N.Y.: Saint Vladimir's Seminary Press.

Warfield, Benjamin Breckenridge. 1956. *Calvin and Augustine.* Edited by Samuel G. Craig. Philadelphia: Presbyterian and Reformed Publishing Company.

Watt, William Montgomery. 1994. *Islamic Creeds: A Selection.* Edinburgh: Edinburgh University Press.

Weber, Max. [1930] 1992. *The Protestant Ethic and the Spirit of Capitalism.* Translated by Talcott Parsons. Reprint ed. Introduction by Anthony Giddens. London: Routledge. 〔マックス・ヴェーバー『プロテスタンティズムの倫理と資本主義の精神』大塚久雄訳、岩波文庫、1989 年。〕

Weisheipl, James A. 1974. *Friar Thomas d'Aquino: His Life, Thought, and Work.* Garden City, N.Y.: Doubleday.

Welch, Claude. 1952. *In This Name: The Doctrine of the Trinity in Contemporary Theology.* New York: Charles Scribner's Sons.

______. 1972-85. *Protestant Thought in the Nineteenth Century.* 2 vols. New Haven and London: Yale University Press.

Wensinck, Arent Jan. 1932. *The Muslim Creed: Its Genesis and Historical Development.* Cambridge: Cambridge University Press.

Wenz, Gunther. 1996-98. *Theologie der Bekenntnisschriften der evangelisch-lutherischen Kirche: Eine historische und systematische Einführung in das Konkordienbuch.* 2 vols. Berlin: Walter de Gruyter.

Whitehead, Alfred North. [1925] 1952. *Science and the Modern World.* Lowell Lectures for 1925. Reprint ed. New York: New American Library. 〔アルフレッド・ノース・ホワイトヘッド『科学と近代世界』上田泰治、村上至孝訳、中公クラシックス、2025 年。〕

______. [1933] 1942. *Adventures of Ideas.* Reprint ed. Harmondsworth: Pelican Books. 〔アルフレッド・ノース・ホワイトヘッド『ホワイトヘッド著作集 12　観念の冒険』山本誠作、菱木政晴訳、松籟社、1982 年。〕

Wilckens, Ulrich. 1961. *Die Missionsrede der Apostelgeschichte.* Neukirchen-Vluyn: Verlag des Erziehungsvereins.

Wiles, Maurice F. 1968. "The Unassumed Is the Unhealed." *Religious Studies* 4:47–56.

Williams, Charles. [1939] 1956. *The Descent of the Dove: A History of the Holy Spirit in the Church.* Introduction by W. H. Auden. Reprint ed. New York: Living Age Books.

Williams, George Huntston. 1951. "Christology and Church-State Relations in the

Fourth Century." *Church History* 20-III:3-33; 20-IV:3-26.

______. 1960. *Anselm: Communion and Atonement*. Saint Louis, Mo.: Concordia.

Willis, Geoffrey Grimshaw. 1950. *Saint Augustine and the Donatist Controversy.* London: S. P. C. K.

Witte, John, Jr. 1997. *From Sacrament to Contract: Marriage, Religion, and Law in the Western Tradition*. Louisville, Ky.: Westminster John Knox Press.

Wolf, Ernst, ed. 1959. *Christusbekenntnis im Atomzeitalter?* Munich: Christian Kaiser Verlag.

Wolff, Christoph. 1983. *The New Grove Bach Family*. New York: W. W. Norton.

______. 1991. *Bach: Essays on His Life and Music*. Cambridge, Mass.: Harvard University Press.

Wright, John Robert, ed. 1988. *Quadrilateral at One Hundred: Essays on the Centenary of the Chicago-Lambeth Quadrilateral, 1886/88-1986/88*. Cincinnati, Ohio: Anglican Theological Review.

Zahn-Harnack, Agnes von. 1951. *Adolf von Harnack*. 2d ed. Berlin: Walter de Gruyter.

Zēsēs, Theodoros. 1980. *Gennadios B' Scholarios—Bios, syngrammata, didaskalia* [Gennadius II Scholarius—life, writings, doctrine]. Thessalonica: Patriarchikon Idryma Paterikōn Meletōn.

Zizioulas, John D. 1985. *Being as Communion: Studies in Personhood and the Church*. Crestwood, N.Y.: Saint Vladimir's Seminary Press.

Žukovský, Arkadij. 1997. *Petro Mohyla j pytannja ednosty cerkov* [Peter Mohyla and the problem of the unity of the churches]. Kiev: Mystectvo.

第六部　『キリスト教の伝統における信条と信仰告白』に関する索引

「信条の Syndogmaticon 比較、アルファベット順索引付き」と「教会の索引——教会、異端、信条、信仰告白、教会会議」の両方において、個々の信条や信仰告白への言及は、『キリスト教の伝統における信条と信仰告白』の五部に現れる順番に並べられており、それぞれの部に別個のリストがある。部の番号はローマ数字で表記されている。個々の信条や信仰告白は、本書の最初の「信条と信仰告白の略語」のところに、（もしあれば）本書で記されている章や節を付して、アルファベット順に並べて略語で表記されている。したがって、『キリスト教の伝統における信条と信仰告白』を参照することができない読者は、本書の最初の「編纂書、集成書、参考書」にある他の編纂書、集成書、翻訳書の中の信条や信仰告白のガイドとして、「信条の Syndogmaticon 比較」と「教会の索引」を利用することが可能である。

A. 信条のSyndogmaticon比較、アルファベット順索引付き

残念なことに、ロバート・L. コリソン（Robert L. Collison）の1962年のハンドブック『書籍のインデックス付け――基本原則のマニュアル』（*Indexing Books: A Manual of Basic Principles*）で「思想の索引を意識的に作ろうとしている索引はほとんどない」と言っていることは未だに真実であるが、そのことこそが『キリスト教の伝統における信条と信仰告白』の索引の主要な務めでなければならない。「シンドグマティコン（Syndogmaticon）」というタイトルは「シントピコン（Syntopicon）」からの改作であり、これは、モーティマー・J. アドラー（Mortimer J. Adler）の編集の下で『西洋世界の名著』（*Great Books of the Western World*）として構成され、『ブリタニカ百科事典』（*Encyclopaedia Britannica*）によって1952年に出版された「102の偉大な思想（102 Great Ideas）」という包括的な索引を識別するための造語である。しかし、ここで「シンドグマティコン（Syn*dogmat*icon）」としているのは、この索引が扱っている「トピックス（topics）」が実際のところ、様々な信条と信仰告白において現れたキリスト教伝統の教義（*dogmata*）であり、教理（doctorines）だからである。問題となるのは、すべての教義がどの信条や信仰告白に現れるわけではないし、また現れる場合も、その教理が常に同じ用語や同じ順序を用いているわけではないということである。それゆえ、従来通りの索引ではなく、ここで必要なのはその代わりのものではなく、信条と信仰告白のテキストそのものを精読するガイドとして仕える教理的なロードマップ、シンドグマティコン（Syndogmaticon）なのである。この「信条のSyndogmaticon比較」は、何千頁にも及ぶ信条や信仰告白（特に膨大で論証的な『ウェストミンスター小教理問答』、『和協信条』における「根本宣言」、『第二ヴァチカン公会議の教理布告』）のどこかでたまたま触れられたトピックや神学的な意見のすべてを収めた包括的なコンコルダンスのふりをしているのではない。また、多かれ少なかれ単一の伝統から生まれた同種の信仰告白に限定される索引なら可能かもしれないが（これらの中で最も有名なのが、デンツィンガーの『カトリック教会文書資料集』における「体

系索引」［Index Systematicus Rerum］である）、ミニチュアの神学大全（*summa theologica*）として用いられることを願っているわけでもない。シンドグマティコン（Syndogmaticon）は「比較の（comparative）」ためのものである。ただし、比較象徴学（Comparative Symbolics）の教科書や課程のように一点一点の比較に取り組んでいるわけではなく、特定の教理がどの信仰告白で扱われているかを特定することにより、信仰告白、教派、歴史的時代の境界をまたがっての比較・対照が可能となり、時には驚くような一致点また顕著な相違が見られたりする。また、索引に入れられているすべての信条と信仰告白が、381年のニカイア・コンスタンティノポリス信条（より一般的には、いささか不正確ではあるがニカイア信条として知られている）のテキストを土台として構成されているため、「信条的」に整えられている。「アルファベット順索引」は、「索引のための索引」としての機能を果たしている。

2000年という期間にわたって、何百、いや何千もの信条や信仰告白が作られてきた中で、ニカイア・コンスタンティノポリス信条が最高の位置を占めているに違いない。この信条は、キリスト教史のすべての信条や信仰告白の中で、唯一の真のエキュメニカルな信条として特別の地位を占め、西方でも東方でも共有できるものである。「西方」には、西方カトリック主義だけでなく、（決してすべてではないが）西方プロテスタント主義の多くも含まれる。「東方」には、東方正教会だけでなく、東方諸教会（the Oriental Orthodox Churches）やアッシリア東方教会（the Assyrian Church of the East）も含まれる。特に西方では使徒信条やアタナシウス信条も「エキュメニカル三信条」として結びつけられるが、この信条は、その後のいくつかの伝統における信仰告白の多くの中で、権威ある位置を占めている（索引Bを参照、これらはニカイア・コンスタンティノポリス信条の下にある）。それゆえ、索引の専門家たちが「支配下に置かれた語彙」（controlled vocabulary）と呼ぶところの顕著な事例を示している。その後の16世紀の間にわたって信条や信仰告白を作成してきたすべての者、あるいは事実上すべての者に、このテキストが知られている。彼らのほとんどすべてが多かれ少なかれその権威を認めてきた。また、彼らの多くが典礼の中でその言葉を祈ってきた。したがって、この「信条のSyndogmaticon比較」のアウトラインを一節ごとに提供するのが、他に類例を見ないかもしれないがふさわしいのである。後の時代の人たちがここには欠落がある（選び［3.2］、義認［3.5］、贖

罪［4.1］に沈黙している。倫理や社会の特定の問いに明らかに無関心である［7.3; 8.4］。聖書の霊感と無謬性を確言していない［8.14］。政治、職務、職制についての具体的な規定がない［9.8］。サクラメントの中で洗礼にしか言及がない［10.2］）と認識するかもしれないが、そのことはニカイア・コンスタンティノポリス信条が比類のない地位を有していることを強調することに仕えるかもしれない。キリスト教教理の要約を提示するために、一節ずつ、古い信条テキストを説明していくことは、何世紀にもわたるエキュメニカルな先例に倣うことであり、以下の例が挙げられる。ギリシア教父の一人であるエルサレムのキュリロスによる『教理講話』、ラテン教父の一人であるアクィレイアのルフィヌスによる『使徒信条注解』、プロテスタント改革からの『ハイデルベルク信仰問答』、東方正教会からの『ペトロ・モヒーラによる東方教会の公同で使徒的な正統信仰告白』、ローマ・カトリック教会からの『カトリック教会カテキズム』。

基本的に、このシンドグマティコン（Syndogmaticon）は、『キリスト教の伝統における信条と信仰告白』の第一部で示されているように、ニカイア・コンスタンティノポリス信条のテキストを伝統的な12の区分に分けて再現・追従している。しかしその歴史的な重要性から、381年の第1回コンスタンティノポリス公会議の元来のテキストに後世の付加がなされた重要な二点について、括弧が付けられている。第1項の冒頭の言葉は公会議では元来「私たちは信じる」という複数形だったのが単数形の「私は信じる」に、東西キリスト教界の両方で置き換えられたこと（もしくは、元来が洗礼信条であったなら事実上の回復であるが）。第8項において、聖霊についての元来の言葉は「父から発出し」だったのが、西方キリスト教界では、第三部の冒頭の「西方修正版」のように、「子からも（*Filioque*）」が付加されたこと。

ニカイア・コンスタンティノポリス信条がシンドグマティコン（Syndogmaticon）のアウトラインとして仕えているため、その個々の条項を参考文献に含めることは余分であろう。聖書の中にある「信条」（creeds）も同様であり、それらは他の信条の証拠テキストとして仕えている。他の簡潔な信条定式も、特に初期の時代からのものと近現代からのものは、個々の教理が特徴的であったり異常に強調されていたり顕著だったりする場合には、その教理ごとに索引が付けられることがあり（初期の時代のものには三位一体や受肉、近現代のものは教会や職務のことが多い）、もしくは（初期の時代のほとんどの信条がそうである

ように、または1948年の世界教会協議会のワンセンテンスから成る『教理的基盤』や他のエキュメニカル宣言のように）単純に「1.1. 教会の信仰と信条」の中に置かれていることもある。したがって、この見出しは、「6.1. キリストの昇天」といった教えや、後に論争とならずに信条や信仰告白の問題にもならなかった教えが、初期のどこで言及されているかを探すためのものでもある。同様の理由から、相互参照とアルファベット順索引が示しているように、網羅的に示すことはもちろんできないが、特定の教理的な主題だけでなく、それに隣接したり関連する主題を調べる必要が常にある（例えば、「8.1. 聖霊の位格」だけでなく、「1.8. 三位一体」についても）。そうでなければ、特定の信条や信仰告白が、何を教えているのかを容易に見逃してしまったり、何も語っていないことなのに誤った結論へと導いてしまうことさえあるのである。

1. 私たちは（私は）、唯一の神、全能の父、天と地とすべての見えるものと見えないものの造り主を信じる。

2. また、唯一の主イエス・キリストを、神の独り子、すべての時代に先立って父より生まれ、光よりの光、真の神よりの真の神、造られず生まれ、父と同本質。彼を通してすべてのものは造られ、

3. 彼は私たち人間のためまた私たちの救いのために天から降り、聖霊と処女マリアから受肉し、人となった

4. ポンテオ・ピラトの下で私たちのために十字架につけられた。彼は苦しみを受け、葬られた

5. 聖書にある通りに三日目に復活した。

6. 彼は天に昇り、父の右に座している。

7. 彼は再び栄光のうちに生きている者と死んでいる者とを裁くために来られる。彼の国は終わることがない。

8. また、主であり命を与える聖霊を、父（と子）から発出し、父と子と共に礼拝されて栄光を受け、預言者を通して語られた。

9. 一つの、聖なる、公同の、使徒的教会を。

10. 私たち（私）は罪の赦しのための一つの洗礼を告白する。

11. 私たち（私）は死者の復活を望む

12. 来たる世での命を

1. 私たちは信じる

1.1. 教会の信仰と信条——「ということを」信じる（*fides quae creditur*）

I: *Ign; Just; Tert; Hipp; Orig; Dêr Bal; Novat; Greg Thaum; Cyr Jer; Ant 325; Ant 341; N*

II: *Jer II* 1.2; *Metr Crit* 1; *Mogila* 1.4-5; *Dosith* decr 9; *Vald*

III: *Ap* 1; *Ath* 1-2, 42; *No Afr; Patr; Fid cath; Lat 1215*

IV: *17 Art* 1; *Luth Sm Cat* 3.5; *Apol Aug* 4.337-38, 4.383; *Form Conc Epit* 3.6; *Heid* 22-24; *Denck* 1; *Ries* 19; *Witt Art* 4; *Trid Prof* 9

V: *Geloof* 20.5; *Dec Addr* 6-7; *Vat I* 3.3, can 3.2; *Sacr ant* 6; *Br St Luth* 20; *WCC; Un Ch Japan* 5; *Sri Lanka* 3; *Zambia* 1; *Un Ref Ch* 12; *Laus Cov* 1; *F&O Ban; Un Ch Can: Crd; Chile; BEC*

1.2. 創造、歴史、良心、理性を通しての神の知識と神の意志

II: *Gennad* 12.2, 4; *Metr Crit* 4.2-6; *Dosith* decr 14

III: *Tol XI* 9; *Petr Ab* 1

IV: *17 Art* 12; *Apol Aug* 18.9; *Form Conc Epit* 1.9; *Form Conc Sol Dec* 2.9; *Genv Cat* 113; *Helv II* 9.6, 12.1, 16.9; *Dort* 3/4.4; *West* 1.1, 16.7

V: *Gen Bap* 4-10, 28; *Sav* 1.1, 16.7; *Geloof* 1, 11.1; *Cumb Pres* 38, 67; *Syl* 3-6, 8-9, 15-16, 56; *Vat I* 3.2, 3.4, 3 can 2.1, can 3.1-3; *Com Cr* 4; *Richmond* 3; *Sacr ant* 2; *Pol Nat* 1; *Un Ch Can: Union* 2; *Un Pres* 2; *Barm* 1; *Munif* 12; *Vat II* 8.6, 9.3; *Menn Con* 2.1; *Pres USA* 9.13, 9.41-42; *Laus Cov* 9-10; *Toraja* 2.2, 7.4

1.3. 神の神秘の啓示、その範囲と言語（8.11-15 も参照）

I: *Alex; Eph 431 Form Un*

II: *CP 1351* 15; *Metr Crit* 1.3; *Mogila* 1.8-10

IV: *Gall* 2; *Scot I* 4; *Belg* 2; *West* 1.1

V: *London I* 1; *Sav* 1.1; *Friends I* 11; *Geloof* 2.1-2, 9.4, 17.5; *Aub* 1; *Syl* 5; *Vat I* 3.2, 3.4, 3 can 2.2–3, 3 can 4.1; *Com Cr* 4; *Lam* 20-26, 58-65; *Pol Nat* 1; *Assem* 13b; *Un Ch Can: Union* 2; *Un Pres* 2, 15; *Br St Luth* 14-16; *Madag* pr 3; *Vat II* 8.2-6; *Menn Con* 1.2, 2.1; *PRCC* 1a; *Toraja* pr, 1.1, 2.2, 7.4; *Bap Conf* 1; *Morav Am* 1, 3

1.4. 信仰の基準、信条と信仰告白の権威（8.11-12, 9.6, 9.8,「教会の索引」も参照）

I: *Iren; Tert; Tome* 1-2

II: *Phot* 8; *Dosith* decr 9; *Jer II* 1.1

III: *Boh I* 2

IV: *Apol Aug* 27.60; *Form Conc Epit* int; *Form Conc Sol Dec* int; *Irish* 1; *Witt Art* 1; *Trid Prof* 1

V: *Dec Addr* 3; *Def Plat* 1.1, 2 pr; *Adv* pr; *Lamb Quad* 2; *Utrecht* 1; *Lam* 62; *Assem* pr; *Afr Orth*

2; *So Bap* pr; *Un Ch Can: Union* pr; *Un Pres* pr; *F&O Laus* 4; *Chin Un* 3; *Ess* 14; *Meth Kor* pr; *Br St Luth* 29, 45-48; *Wash; CSI 1947* 1; *Philip Ind* 2.3, 2.21; *Bat* pr; *Un Ch Japan* 5; *Madag* pr 2; *Sri Lanka* 3; *CNI* 3; *Ghana* 3.3-4; *Zambia* 2; *Pres USA* 9.01-05; *Togo* pr; *Un Ref Ch* 18; *Leuen* 4, 12, 37; *RCA* 7; *Toraja* pr; *Bap Conf* pr; *Morav Am* 4; *Camb Dec* 1; *Ad tuendam* 1

1.5. 一つの信仰——正統教理の告白と異端へのアナテマ（「教会の索引」も参照）

I: *Iren; Tome* 14; *Edict* 2, 56, 62-63, 77-78, anath 1-13; *Chal* ecth; *CP II* 1, 7, 12, anath 11; *CP III* 10

II: *Phot* 1; *CP 1351* 7, 51; *Mark Eph* 5; *Mogila* 1.91

III: *Lat* 649 18-20; *Sens* 1-19

IV: *Aug* 21 con; *Smal Art* 3.3.40; *Form Conc Epit* 12; *Form Conc Sol Dec* int 14-20, 12; *67 Art* 5; *10 Art* 1; *Ries* 29; *Trent* 3

V: *Sav* pr; *Cum occas; Dec Addr* 7; *Ev All* con; *Resp Pius IX* 1-3, 21; *Syl* 15-18; *Vat I* 3.pr; *Lam* 7-8, 22-24, 26; *Naz* pr; *Sacr ant* 1, 5, 7; *Br St Luth* 28-29, 44; *Barm* pr; *Munif* 12, 36; *Bap Assoc* 20; *Bat* pr 4, 9.4; *Madag* 1, 4; *Vat II* 5.3.11, 5.3.24; *CNI* 4-5; *Leuen* 2, 20, 23, 26, 27; *PRCC* pr, 1b; *Chr Dec* 4-5; *Morav Am* 3-4; *Camb Dec* pr; *Ad tuendam; LuRC Just* 7, 42

［私は信じる］

1.6. 救いの信仰——「を」信じる（*fides qua creditur*）（3.5 も参照）

II: *Jer II* 1.4, 6; *Lucar* 9, 13; *Mogila* 1.1-3; *Dosith* decr 9

III: *Ap* 1; *Ath* 1-2, 42; *R* 1; *Orange* 5-6; *Lat 1215*

IV: *17 Art* 2; *Luth Sm Cat* 1.1; *Luth Lg Cat* 1.1-29; *Aug* 20.8-26; *Apol Aug* 4.48-121, 4.153, 12.45; *Form Conc Epit* 3.5-6; *Form Conc Sol Dec* 3.11-14, 4.35; *Tetrapol* 3; *Bas Bek* 9; *Helv I* 13; *Genv Con* 11; *Genv Cat* 111-14; *Belg* 23; *Heid* 21; *Helv II* 16.1-4; *Irish* 37; *Dort* 3/4.14; *West* 11.2, 14.1-3, 18.2-4; *West Sh Cat* 86; *18 Diss* 1-3, 8; *Denck* 1; *Ries* 19, 20; *Marburg* 5; *Witt Art* 4; *Trent* 6 can 12-14

V: *London I* 22-24; *Camb Plat* 12.2-3; *Sav* 11.2, 14.1-3, 18.2-4; *Friends I* 12; *Morav* 1; *Geloof* 18, 20.3; *Meth Art* 9, 12; *Dec Addr* 8-9; *Cumb Pres* 45-47, 62-65; *New Hamp* 6, 8; *Aub* 11; *LDS* 4; *Abst Prin* 10; *Swed Bap* 6; *Vat I* 3.3, 3.4; *Bonn I* 5; *Salv Arm* 8-9; *Richmond* 6; *Sacr ant* 6; *So Bap* 8; *Un Ch Can: Union* 10; *Un Pres* 17, 19, 24; *Ess* 1-2; *Br St Luth* 9; *F&O Edin* 1.2; *Philip Ind* 2.1; *Bat* 7, 15; *Arn* 8a; *UCC* 1; *Vat II* 8.5, 9.9-10; *Menn Con* 6; *Un Ref Ch* 3; *PRCC* 1; *Toraja* 5.4; *BEM* 1.8-10; *Morav Am* 2; *Camb Dec* 4; *LuRC Just* 25-27

唯一の神

1.7. 一神教の信仰とその信仰告白（1.8 も参照）

I: *Tert; Smyr*

II: *Gennad* 1

III: *Ath* 3, 6, 16; *Tol I* 1; *Tol XI* 7

IV: *Genv Con* 2; *Helv II* 3.1-2; *West* 2.1; *West Sh Cat* 5, 46-47; *Ries* 1; *Dordrecht* 1

V: *True Con* 1; *Sav* 2.1; *Friends I* 1; *Morav* 1; *Geloof* 4.1,5; *New Hamp* 2; *Winch* 2; *Arm Ev* 1; *Ev All* 3; *Abst Prin* 2; *Swed Bap* 2; *Free Meth* 1; *Vat I* 3.1, 3 can 1.1; *Adv* 1; *Salv Arm* 2; *Chr Sci* 2; *Com Cr* 1; *Richmond* 1; *Naz* 1; *Assem* 2; *So Bap* 2; *Un Ch Can: Union* 1; *Un Pres* 1; *Meth Kor* 1; *Br St Luth* 4; *Philip Ind* 1.1; *Madag* 1, 4; *Menn Con* 1.1; *Zambia* 1; *Un Ref Ch* 17.1; *Laus Cov* 1; *Toraja* 1.1; *Bap Conf* 2; *Philip UCC* 1

父

1.8. 父、子、聖霊の三位一体（1.9, 2.1, 8.1 も参照）

I: *Iren; Orig* 4; *Greg Thaum; Ar; Alex; Eus; Ant 341; Sard; Sirm; CP 360; Ulph; Epiph; Eun; Aug; Edict* 3, anath 1; *Ecth* 1; *N; CP I*; *CP II* anath 1, 10

II: *Lit Chrys; Phot* 8-23; *CP 1351* 9, 44; *Greg Palam* 1; *Gennad* 2-3; *Jer II* 1.1; *Metr Crit* 1; *Lucar* 1; *Mogila* 1.7-11; *Dosith* decr 1

III: *Ap; Ath; R; Tol I* 1-11, anath 2-4; *Fid cath; Tol III; Lat* 649 1; *Tol XI; Rom Syn* 1; *Fréjus* 1-5; *Sens* 1-2, 4, 14, 17; *Petr Ab* 2; *Lat 1215* 1; *Lyons; Flor Un; Flor Arm; Vald Boh I* 3

IV: *Aug* 1; *Apol Aug* 1; *Smal Art* 1.1-2; *Tetrapol* 2; *Fid rat* 1; *Bas Bek* 1; *Helv I* 6; *Genv Cat* 19-20; *Gall* 6; *Scot I* 1; *Belg* 8-9; *Heid* 25; *Helv II* 3.3-4; *39 Art* 1; *Irish* 8-10; *West* 2.3; *West Sh Cat* 6; *Cologne* 1; *Ries* 2-3; *Dordrecht* 1; *Marburg* 1

V: *True Con* 2; *London I* 2, 27; *Sav* 2.3; *Friends I* 1; *Morav* 1; *Geloof* 4; *Meth Art* 1; *Winch* 2; *Cumb Pres* 7; *New Hamp* 2; *LDS* 1; *Arm Ev* 2; *Ev All* 3; *Resp Pius IX* 5; *Abst Prin* 3; *Swed Bap* 2; *Free Meth* 1, 4; *Salv Arm* 3; *Chr Sci* 2; *Com Cr* 1; *Richmond* 1; *Am Bap* 2; *Naz* 1-2; *Assem* 2, 13; *So Bap* 2; *Un Ch Can: Union* 1; *Un Pres* 1, 11-13; *Meth Kor* 1–3; *Br St Luth* 4; *CSI 1947* 1; *Philip Ind* 1.1; *Bap Assoc* 1; *Bat* 2; *Un Ch Japan* 2; *Madag* 1-3; *Menn Con* 1; *CNI* 1; *Ghana* 3.1; *Zambia* 1, 4; *Pres USA* 9.07; *Meth Braz* 2.1-3; *Un Ref Ch* 12, 17.1; *Laus Cov* 1; *RCA* pr; *Toraja* 1.1-6; *Bap Conf* 2; *Philip UCC* 1; *Morav Am* 1; *Com Dec* 2

全能

1.9. 神の属性、位格、「行動」(Energies)(3.9-10 も参照)

I: *Edict* 33-41

II: *CP 1341* 8-46; *CP 1351* 9-11, 17-22, 27, 29-30, 32-35, 38, 40; *Greg Palam* 7; *Mogila* 1.11-17

III: *Tol I* 10; *Lat* 649 1; *Boh I* 3

IV: *Aug* 1.2; *Form Conc Epit* 2.8, 8.7, 11.2-4; *Form Conc Sol Dec* 4.16, 11.4-7; *Fid rat* 2; *Genv Cat* 9, 23-24, 271-74; *Gall* 1; *Scot I* 1; *Belg* 1; *Heid* 11; *Irish* 8; *Dort* 1.11; *West* 2.1-2; *West Sh Cat* 4; *Ries* 3

V: *True Con* 2; *London I* 2; *Gen Bap* 1; *Sav* 2.1–2; *Geloof* 1.1, 3.1; *Winch* 2; *Cumb Pres* 5-6; *Arm Ev* 1; *Resp Pius IX* 5; *Abst Prin* 3; *Syl* 1-2; *Free Meth* 1; *Vat I* 3.1, 3 can 1.3-5; *Adv* 1; *Richmond* 1; *Naz* 1; *Pol Nat* 1; *So Bap* 2; *Un Ch Can: Union* 1; *Un Pres* 1, 11; *Wash; Philip Ind* 1.1; *Bat* 1; *Madag* 1; *Menn Con* 1.1; *Pres USA* 9.15; *Meth Braz* 2.1; *Bap Conf* 2

天と地とすべての見えるものの造り主

1.10. 造り主なる神――創造、保持、摂理

I: *Ep Ap; Tert; Orig* 7; *Novat*

II: *CP 1351* 26; *Metr Crit* 2; *Lucar* 4-5; *Mogila* 1.18, 1.29-31; *Dosith* decr 5

III: *Ap* 1; *Tol I* 1, anath 1, 9, 14; *Lat 1215* 1

IV: *Luth Sm Cat* 2.2; *Luth Lg Cat* 2.9-24; *Bas Bek* 1, 3; *Genv Cat* 25-27; *Gall* 7-8; *Belg* 12; *Heid* 26-28; *Helv II* 6, 7.1-2; *Irish* 18; *West* 4-5; *West Sh Cat* 9, 11-12; *Dordrecht* 1

V: *Gen Bap* 2-3; *Sav* 4-5; *Geloof* 6.1; *Cumb Pres* 8-9, 10, 12-16; *Abst Prin* 4; *Syl* 1-2; *Vat I* 3.1, 3 can 1.1-5; *Salv Arm* 2; *Com Cr* 2; *Am Bap* pr, 3; *Sacr ant* 3; *So Bap* 11; *Un Ch Can: Union* 3-4; *Un Pres* 4-6; *Br St Luth* 5; *CSI 1947* 1; *Sheng Kung* 2; *Bap Assoc* 3; *Bat* 3A; *Madag* 1; *UCC* 2; *Masai* 1; *Menn Con* 1.2, 3.1-2; *Ref All* 1; *Pres USA* 9.16; *Design* 1.3; *Meth Braz* 2.1, 2.10; *Togo* 1; *PRCC* 1; *Hond* pr; *Pres So Afr* 1; *Toraja* 1.2-3, 7.1, 7.11; *Bap Conf* 2a; *Philip UCC* 1

1.11. 神と悪の力(1.14, 3.4, 4.1 も参照)

I: *Orig* 6; *CP III* 4

II: *Phot* 1; *CP 1054* 3; *CP 1351* 1; *Greg Palam* 5; *Jer II* 1.19; *Metr Crit* 2.4-5, 2.10; *Lucar* 4; *Mogila* 1.21; *Dosith* decr 3, 4, 5

III: *Sens* 7, 16; *Lat 1215* 1

IV: *Aug* 19; *Apol Aug* 19; *Form Conc Epit* 11.4; *Form Conc Sol Dec* 11.7; *Genv Cat* 28-29; *Gall* 8; *Belg* 13; *Helv II* 8.8-10; *Irish* 28; *Ries* 6; *Trent* 6 can 6

V: *True Con* 4; *Geloof* 36.4; *Cumb Pres* 14-15; *Chr Sci* 3; *Un Pres* 4, 7; *Wash; Bap Assoc* 4; *Bat* 5; *Menn Con* 3.2; *Laus Cov* 12; *Toraja* 7.3; *Bap Conf* 3

1.12. 人間の神の像における創造（3.4 も参照）

II: *Metr Crit* 2.6-8; *Mogila* 1.22-23

III: *Orange* 8; *Lat 1215* 1; *Vienne* 2

IV: *17 Art* 12; *Aug* 18; *Apol Aug* 2.18-22, 4.27, 18.4-8; *Form Conc Epit* 6.2; *Form Conc Sol Dec* 1.34-42, 2.1-90; *Bas Bek* 2; *Helv I* 7, 9; *Gall* 9; *Scot I* 2; *Belg* 14; *Heid* 6; *Helv II* 7.5-7, 9.1; *Irish* 21; *Dort* 3/4.1; *West* 4.2; *West Sh Cat* 10; *Ries* 4; *Dordrecht* 1

V: *True Con* 4; *London I* 4; *Gen Bap* 11-13; *Sav* 4.2; *Geloof* 5.1-3, 7.1; *Cumb Pres* 11; *Aub* 4; *Abst Prin* 6; *Swed Bap* 3; *Vat I* 3.1; *Chr Sci* 2; *Com Cr* 3; *Richmond* 5; *So Bap* 3; *Un Pres* 4, 11; *Br St Luth* 6; *UCC* 2; *Masai* 1; *Vat II* 9.2-3; *Menn Con* 3.1-2; *Pres USA* 9.17; *Meth Braz* 2.6, 3.1; *PRCC* 2a; *Hond* 1; *Toraja* 3.1-4; *Bap Conf* 3; *Philip UCC* 2

1.13. 自由意志と神の主権（3.2, 8.5 も参照）

I: *Orig*

II: *Jer II* 1.18; *Lucar* 14; *Mogila* 1.27; *Dosith* decr 3

III: *Orange*; *Sens* 5

IV: *Aug* 18; *Apol Aug* 18; *West* 9; *Ries* 5; *Trent* 6 can 2, 4, 5

V: *Cum occas* 3; *Sav* 9; *Geloof* 11; *Meth Art* 8; *Cumb Pres* 34-37; *Aub* 14, 16; *Free Meth* 8; *Naz* 7; *So Bap* 9; *F&O Edin* 1.3; *Bat* 3A; *Menn Con* 3.2, 4.1

見えないもの

1.14. 天使の教理（1.11 も参照）

II: *CP 1341* 20-21; *Metr Crit* 2.2; *Lucar* 4; *Mogila* 1.19-20; *Dosith* decr 4

III: *Tol I* 11

IV: *Apol Aug* 21.8; *Gall* 7; *Helv II* 7.3-4; *Irish* 20; *Menn Con* 20

V: *Geloof* 5.1; *Vat I* 3.1; *Afr Orth* 6; *Un Pres* 7; *Bat* 17; *Bap Conf* 3

2. また、唯一の主イエス・キリストを、
神の独り子、すべての時代に先立って父より生まれ、
光よりの光、真の神よりの真の神、
造られず生まれ、父と同本質。

彼を通してすべてのものは造られ

2.1 主なるイエス・キリスト――称号、職務、状態、行為、教え

I: *Arist; Ep Ap; Tert; Smyr; N; Chal* 9

II: *Greg Palam* 2; *Mogila* 1.34-36

III: *Ap* 2; *Ath* 22, 29-41; *R* 2; *Tol I* 12-13, anath 3; *Lat* 649 2; *Tol XI* 2; *Boh I* 6

IV: *Luth Lg Cat* 3.27-31; *Apol Aug* 4.69, 21.17-20; *Laus Art* 2; *Genv Cat* 30-47, 54; *Gall* 13; *Scot I* 7-8; *Belg* 10, 26; *Heid* 29-31, 33-34; *Helv II* 5, 11, 18.4; *39 Art* 18; *Irish* 31; *West* 8; *West Sh Cat* 21, 23-26; *Cologne* 2; *Ries* 9, 11, 12, 17; *Tig* 4

V: *True Con* 9-15; *London I* 9-20; *Gen Bap* 20-23; *Friends I* 4; *Sav* 8; *Morav* 2; *Geloof* 4.3, 12-16; *Meth Art* 2; *Shkr* 3; *Cumb Pres* 27; *Abst Prin* 7; *Syl* 7; *Free Meth* 2; *Vat I* 3.3, 3 can 3.4; *Richmond* 2; *Am Bap* 5; *Lam* 13-18, 27-38; *Naz* 2; *Pol Nat* 2-3; *Assem* 13e-j; *Witness* 7; *Afr Orth* 3; *So Bap* 8; *Un Ch Can: Union* 2, 7; *Un Pres* 12; *Chin Un* 1; *Meth Kor* 2; *Barm* 2; *F&O Edin* 2.1-2; *Wash; CSI 1947* 1; *Philip Ind* 1.2, 2.16; *Bap Assoc* 6; *Bat* 9; *Madag* 2; *Masai* 2; *Menn Con* 5; *CNI* 1; *Ghana* 3.1; *Zambia* 5; *Ref All* 2; *Pres USA* 9.08-11, 9.19; *Design* 1.1-2; *Meth Braz* 2.2; *Togo* 2; *Leuen* 21; *Laus Cov* 3; *PRCC* 1a; *Pres So Afr* 2; *Toraja* pr, 1.4, 2.1, 4.3; *Philip UCC* 1

3. 彼は私たち人間のためまた私たちの救いのため

3.1. 神の救済の経綸

I: *Iren; Tert; Orig* 4; *Tome* 6

II: *Metr Crit* 3; *Lucar* 7

III: *Ath* 38; *Sens* 3; *Lat 1215* 2; *Unam* 8

IV: *Form Conc Epit* 11.17-19; *Form Conc Sol Dec* 11.28; *Sax Vis* 1.4.2; *Belg* 17; *West* 7; *Cologne* 4; *Dordrecht* 3; *Trent* 6.2

V: *True Con* 5-6; *London I* 5-6; *Sav* 7; *Friends I* 10; *Geloof* 10; *Shkr* 1; *Dec Addr* 8; *Cumb Pres* 22-25; *New Hamp* 4; *Assem* 4; *So Bap* 4; *Un Ch Can: Union* 3, 6; *Philip Ind* 2.1; *UCC* 3; *Masai* 1; *Vat II* 8.2-4, 8.14-16; *Menn Con* 1.2; *Pres USA* 9.18; *PRCC* 3b; *Chr Dec* 6

3.2. 選び、予定、神の予知

II: *Metr Crit* 4; *Lucar* 3; *Mogila* 1.25–26, 1.30; *Dosith* decr 3

IV: *Form Conc Epit* 11; *Form Conc Sol Dec* 11; *Sax Vis* 1.4, 2.4; *Fid rat* 3; *Bas Bek* 1; *Helv I* 10; *Gall* 12; *Scot I* 8; *Belg* 16; *Lamb Art* 1-4; *Helv II* 10; *39 Art* 17; *Remon* 1; *Irish* 11-17; *Dort* 1; *West* 3.1-8, 17.2; *West Sh Cat* 7; *Ries* 7; *Trent* 6.12, 6 can 15, 17

V: *True Con* 3; *London I* 3, 21; *Sav* 3.1-8, 17.2; *Morav* 1; *Geloof* 9; *New Hamp* 9; *Aub* 2; *Abst*

Prin 5; *Swed Bap* 6; *So Bap* 9; *Un Pres* 10; *Afr Orth* 11; *Br St Luth* 35-40; *Munif* 40; *Un Ch Japan* 3; *Vat II* 5.1.2-3; *Menn Con* 6; *Leuen* 24-26

3.3. 救済の計画、福音と律法、説教と伝道（8.5, 10.1 も参照）

II: *Metr Crit* 3.3-4

III: *Prague* 1; *Boh I* 10

IV: *Apol Aug* 4.5-6, 36-39, 43, 12.53-58; *Smal Art* 3.2, 3.4; *Form Conc Epit* 5; *Form Conc Sol Dec* 4.17, 5.3, 5.20; *67 Art* 1-2; *Helv I* 12; *Genv Con* 6; *Heid* 19, 65; *Helv II* 13; *Dort* 3/4.6-8; *West* 7.5-6; *18 Diss* 12; *Ries* 10; *Dordrecht* 5; *Marburg* 8; *Tig* 1

V: *London I* 24-25; *Sav* 7.5, 20.1-4; *Shkr* 2; *Cumb Pres* 69; *New Hamp* 12; *Arm Ev* 12; *Swed Bap* 7; *Richmond* 5; *So Bap* 23; *Un Ch Can: Union* 14; *Un Pres* 9, 15, 25; *F&O Laus* 2; *Barm* 6; *Bat* 9.1; *UCC* 7; *Vat II* 5.1.16-17, 5.1.25, 5.1.35, 8.18-19; *Menn Con* 8.2, 9; *CNI* 1; *Pres USA* 9.06, 9.49; *Meth Braz* 6; *Leuen* 13; *Laus Cov* pr, 1, 4, 6-10; *Pres So Afr* 3; *Toraja* 1.1, 2.1, 6.3; *Bap Conf* 5; *Morav Am* pr, 7; *LuRC Just* 31-33

3.4. 救済の必要性――罪と堕落（1.11, 1.13 も参照）

II: *Jer II* 1.3; *Metr Crit* 2.9-12; *Lucar* 6; *Mogila* 1.24-25; *Dosith* decr 6, 14

III: *Orange* 1-2, 8, 15, 21-22, con; *Sens* 8-10, 19; *Boh I* 4

IV: *Luth Lg Cat* 2.28; *Aug* 2; *Apol Aug* 2.3-6, 4.169-71; *Smal Art* 3.1; *Form Conc Epit* 1; *Form Conc Sol Dec* 1; *Fid rat* 2, 4-5; *Bas Bek* 2; *Helv I* 7-8; *Genv Con* 4-5; *Genv Cat* 197, 214-16; *Gall* 9-11; *Scot I* 3; *Belg* 15; *Heid* 3-10; *Helv II* 8.1-5, 9.2-12; *39 Art* 9-10, 15-16; *Remon* 3; *Irish* 22-24, 27, 43-44; *Dort* 3/4; *West* 6; *West Sh Cat* 13-19, 82-84; *Ries* 4; *Dordrecht* 2; *Marburg* 4; *Witt Art* 2; *Trent* 5, 6.1, 6 can 27-29; *Trid Prof* 4

V: *True Con* 4-5; *London I* 4-5; *Gen Bap* 14–16; *Cum occas* 2; *Sav* 6; *Geloof* 8; *Meth Art* 7; *Dec Addr* 8; *Cumb Pres* 17-21, 36; *New Hamp* 3; *Aub* 1, 3-7, 9; *LDS* 2; *Ev All* 4; *Abst Prin* 6; *Swed Bap* 3; *Free Meth* 7; *Salv Arm* 5; *Com Cr* 3; *Richmond* 5; *Naz* 5; *Assem* 3; *Arm Ev* 4; *So Bap* 3; *Un Ch Can: Union* 5; *Un Pres* 8; *Ess* 3, 9; *Br St Luth* 7; *Bap Assoc* 5; *Bat* 5-6; *Madag* 5; *Menn Con* 4.1-2; *Zambia* 5; *Pres USA* 9.12-14; *Togo* 2; *PRCC* 3a; *RCA* 2; *Toraja* 3.5-8, 7.2-3; *Bap Conf* 4; *Morav Am* 1

3.5. 赦し、子にすること、義認としての救済（1.6, 4.1, 8.2-3 も参照）

II: *Jer II* 1.4; *Metr Crit* 6.5; *Lucar* 9, 13; *Dosith* decr 13

III: *Ap* 10; *R* 10; *Boh I* 6

IV: *Luth Sm Cat* 3.16; *Luth Lg Cat* 3.85-98; *Aug* 4; *Apol Aug* 4; *Smal Art* 2.1.4, 3.13; *Form Conc Epit* 3; *Form Conc Sol Dec* 3; *Tetrapol* 3; *Genv Con* 7, 9; *Genv Cat* 101-5, 114-20, 280-86; *Gall* 18-20; *Belg* 22, 23; *Heid* 56, 59-64; *Lamb Art* 5-6; *Helv II* 15; *39 Art* 13; *Irish* 34-35; *West*

11; *West Sh Cat* 32-33; *Ries* 21; *Marburg* 7; *Witt Art* 4; *Tig* 3; *Trent* 6; *Trid Prof* 4

V: *London I* 28; *Sav* 11-12; *Friends I* 12; *Geloof* 20; *Meth Art* 9; *Shkr* 5; *Cumb Pres* 48-50; *New Hamp* 5; *Aub* 15; *Arm Ev* 7; *Ev All* 6; *Abst Prin* 11; *Free Meth* 9; *Vat I* 3.3; *Adv* 15; *Bonn I* 5; *Salv Arm* 8; *Chr Sci* 3; *Richmond* 6; *Naz* 9.9; *Assem* 4a; *Afr Orth* 11; *So Bap* 5; *Un Ch Can: Union* 11; *Un Pres* 19-20; *Ess* 2; *Meth Kor* 4; *Br St Luth* 9, 17-19; *F&O Edin* 1.2; *CSI 1947* 1; *Bap Assoc* 10; *Bat* 7; *UCC* 8; *Masai* 3; *Leuen* 6-8, 10, 12; *PRCC* 3c; *Toraja* 4.7, 5.3-4; *Bap Conf* 5; *Camb Dec* 4; *LuRC Just*

天から降り、受肉し

3.6. 神の子の受肉

I: *Tert; Tome* 7-10; *Edict* 4, anath 2; *Ecth* 2; *Eph* 431 ecth; *Chal* 13-15; *CP II* anath 2

II: *Greg Palam* 2; *Gennad* 4-5; *Metr Crit* 3.4-5; *Mogila* 1.38

III: *Ap* 3; *Ath* 29-37; *R* 3; *Tol I* 12-19, anath 5; *Lat* 649 2; *Tol XI* 9-15; *Rom Syn* 2; *Fréjus* 6-8; *Sens* 3; *Petr Ab* 3; *Lat 1215* 2; *Vienne* 1; *Vald*

IV: *Aug* 3; *Apol Aug* 3; *Smal Art* 1.3–4; *Form Conc Epit* 8; *Form Conc Sol Dec* 8.6; *Tetrapol* 2; *Fid rat* 1; *Bas Bek* 4; *Helv I* 11; *Genv Cat* 50–53; *Gall* 14; *Scot I* 6; *Belg* 18; *Heid* 35; *Helv II* 11; *39 Art* 2; *Irish* 29; *West* 8.2–3; *Ries* 8; *Dordrecht* 4; *Marburg* 2

V: *Sav* 8.2–3; *Friends I* 5; *Morav* 2; *Geloof* 12; *Meth Art* 2; *Cumb Pres* 28; *Ev All* 5; *Free Meth* 2; *Adv* 2; *Richmond* 2; *Naz* 2; *Witness* 8; *So Bap* 4; *Un Pres* 12; *Br St Luth* 8; *CSI 1947* 1; *Philip Ind* 2.16; *Bat* 3B; *Masai* 2; *Vat II* 8.4; *Menn Con* 1.3, 5.1; *Meth Braz* 2.3; *Leuen* 9; *PRCC* 1b; *RCA* 3; *Hond* 1; *Toraja* 1.4, 4.1; *Bap Conf* 2b; *Chr Dec* 1

聖霊と処女マリアから

3.7. 処女マリアの母とテオトコス、マリアの他の称号と特権

I: *Ign; Ep Ap; Tert; Tome* 4; *Edict* anath 5; *Ecth* 3; *Eph* 431; *Chal*; *CP II* 11, anath 6; *Nic II*

II: *Lit Chrys* I.A.2, II.F.5; *Greg Palam* 6; *Metr Crit* 9.5, 17.7-9; *Mogila* 1.39-42; *Dosith* decr 1.6, 8, q 4; *Rom Syn* 2

III: *Ap* 3; *R* 3; *Tol I* 12; *Lat* 649 3; *Tol XI* 9, 13; *Boh I* 17

IV: *Apol Aug* 21.27-28; *Smal Art* 1.4; *Trent* 5.6, 6 can 23; *Form Conc Epit* 8.12; *Form Conc Sol Dec* 8.24; *Genv Cat* 49

V: *Ineff; Bonn I* 10; *Utrecht* 3; *Am Bap* 4; *Afr Orth* 6; *Philip Ind* 2.14; *Munif*; *Bap Assoc* 6; *Bat* 3B1; *Vat II* 5.1.52-69, 5.3.15; *Hond* 1; *Chr Dec* 3

3.8. 聖人――崇拝と祈り

II: *Jer II* 1.15, 1.21; *Metr Crit* 17; *Dosith* decr 8

III: *Ap* 9; *Boh I* 17

IV: *Aug* 21; *Apol Aug* 21; *Smal Art* 2.2; *67 Art* 19-21; *Bern* 6; *Tetrapol* 11; *10 Art* 7-8; *Genv Con* 12; *Genv Cat* 238-39; *Gall* 24; *Belg* 26; *Helv II* 5.4-6; *West* 21.2, 26.1-3; *Witt Art* 16; *Trent* 25.2

V: *Sav* 22.2; *Meth Art* 14; *Arm Ev* 9; *Bonn I* 7; *Afr Orth* 6-7; *Philip Ind* 2.15; *Vat II* 5.1.50-51, 5.1.66-69, 5.3.15

人となった

3.9. 完全な神性と完全な人性（1.8-9, 3.10 も参照）

I: *Ign; Tome* 5; *Edict* 5-7, 13-18, 23-32, anath 8; *Ecth* 3-4; *Eph* 431 ecth; *Chal* 5-12, 16-20; *Nic II*

II: *CP 1351* 13; *Greg Palam* 2; *Gennad* 6-7; *Metr Crit* 3.6-7

III: *Ath* 30-37; *Tol I* 13-15; *Lat* 649 4-5; *Rom Syn* 3; *Sens* 4; *Lat 1215* 2

IV: *Form Conc Epit* 8.8; *Form Conc Sol Dec* 1.43-44; *Sax Vis* 1.2, 2.2; *Fid rat* 1; *Gall* 15; *Belg* 19; *Helv II* 11.6-10

V: *Meth Art* 2; *Cumb Pres* 29; *Arm Ev* 5; *Swed Bap* 4; *Free Meth* 2; *Com Cr* 6; *Naz* 2; *Assem* 13f-g; *Witness* 8; *Un Pres* 12; *Ess* 8; *Bat* 3B; *Menn Con* 1.3; *Leuen* 22; *Hond* 2; *Toraja* 4.2; *Bap Conf* 2b; *Chr Dec* 2-3; *Com Dec* 3

3.10. 位格における二つの本性、また、二つの意志と二つの「行動」（Energies）の合一（1.9, 3.9 も参照）

I: *Edict* 8-12, 19-22, anath 4, 9; *Ecth* 4-6; *Eph* 431 ecth; *Chal* 19-24; *CP II* anath 3-5, 7-9; *CP III* 7-9; *Nic II*

II: *CP 1351* 14

III: *Tol I* anath 13; *Lat* 649 6-16; *Rom Syn* 3; *Flor Arm* 7-9

IV: *Form Conc Epit* 3.3, 3.12-13, 8.1-18; *Form Conc Sol Dec* 8.31-87; *Sax Vis* 1.2, 2.2; *Fid rat* 1; *Gall* 15; *Belg* 19; *Helv II* 11.6-10

V: *Def Plat* 2.7; *Free Meth* 2; *Salv Arm* 4; *Naz* 2; *Un Pres* 12; *Leuen* 22

4. ポンテオ・ピラトの下で私たちのために十字架につけられた

4.1. 和解、贖い、贖罪

II: *Gennad* 9; *Mogila* 1.50-51

III: *Ath* 38; *Vienne* 1; *Boh I* 6

IV: *17 Art* 9; *Luth Sm Cat* 2.4; *Luth Lg Cat* 2.31; *Aug* 3.3; *Apol Aug* 4.179, 24.22-24, 58-59; *Smal Art* 2.1; *Form Conc Sol Dec* 5.20-22; *67 Art* 54; *Bern* 3; *Fid rat* 3; *Helv I* 11; *Genv Cat* 56-61, 71; *Gall* 17; *Scot I* 9; *Heid* 12-18, 37-39; *Helv II* 11.15; *39 Art* 31; *Remon* 2; *Irish* 30; *Dort* 2; *West* 8.4-7; *West Sh Cat* 25; *18 Diss* 9; *Ries* 13; *Dordrecht* 4; *Marburg* 3; *Trent* 22.2

V: *True Con* 14; *London I* 17-18; *Gen Bap* 17-19; *Cum occas* 5; *Sav* 8.4-7; *Friends I* 6, 10; *Geloof* 13, 15.2; *Meth Art* 2, 20; *Cumb Pres* 31-33; *Aub* 8, 10; *LDS* 3; *Arm Ev* 5; *Swed Bap* 4; *Free Meth* 2, 20; *Adv* 2; *Salv Arm* 6; *Chr Sci* 4; *Com Cr* 6; *Richmond* 2, 6; *Utrecht* 6; *Am Bap* 6; *Lam* 38; *Naz* 2, 6; *Pol Nat* 3; *Assem* 12; *Un Ch Can: Union* 7; *Un Pres* 9, 12, 14; *F&O Laus* 2; *Ess* 8-9; *Br St Luth* 4, 8, 18; *F&O Edin* 1.1; *Bap Assoc* 7; *Bat* 3B; *Un Ch Japan* 2; *Arn* 3d; *Madag* 5; *UCC* 5; *Menn Con* 5.2; *Ref All* 2; *Pres USA* 9.09; *Meth Braz* 2.4; *Un Ref Ch* 17.2; *Leuen* 9; *PRCC* 1b; *RCA* 4; *Toraja* 4.4-5; *Bap Conf* 2b; *Camb Dec* 2

彼は苦しみを受け、葬られた

4.2. 受難の出来事――変容、十字架、死、陰府降り

I: *Ign; Tert; Tome* 12-13

II: *CP 1341*; *CP 1351* 46; *Metr Crit* 3.8-11; *Mogila* 1.43–49

III: *Ap* 4; *Ath* 38; *R* 4; *Tol I* 16, anath 6-7; *Sens* 18; *Lat 1215* 2

IV: *Form Conc Epit* 9; *Form Conc Sol Dec* 9; *Genv Cat* 55, 65-70; *Heid* 40-44; *Helv II* 11.10; *39 Art* 3; *West Sh Cat* 2

V: *Geloof* 15.2; *Cumb Pres* 30; *Free Meth* 2; *Chr Sci* 5; *Com Cr* 6; *Richmond* 2; *Naz* 2; *Un Pres* 12; *Masai* 2; *Hond* 2; *Toraja* 4.5

5. 聖書にある通りに三日目に復活した

5.1. キリストの復活（11.4 も参照）

I: *Polyc; Tert; Tome* 11; *CP II* anath 12

II: *Metr Crit* 3.12; *Mogila* 1.52-53

III: *Ap* 5; *Ath* 38; *R* 5; *Tol I* 16-17

IV: *Aug* 3.4; *Lu Sm Cat* 2.4; *Lu Lg Cat* 2.31; *Tetrapol* 2; *Bas Bek* 4; *Helv I* 11; *Genv Cat* 73-74; *Scot I* 10; *Heid* 45; *Helv II* 11.11; *39 Art* 4; *West Sh Cat* 28; *Ries* 15

V: *Geloof* 15.3; *Meth Art* 3; *Free Meth* 3; *Chr Sci* 5; *Com Cr* 7; *Richmond* 2; *Am Bap* 7; *Lam* 36-37; *Naz* 2; *Witness* 10; *So Bap* 16; *Un Pres* 12; *Ess* 8; *Bap Assoc* 8; *Bat* 3B; *Madag* 7; *Masai* 2; *Pres USA* 9.26; *RCA* 4; *Hond* 3; *Toraja* 4.6; *Bap Conf* 2b; *Philip UCC* 6

6. 彼は天に昇り、父の右に座している

6.1. キリストの天への昇天

II: *Gennad* 10; *Metr Crit* 3.13; *Lucar* 8; *Mogila* 1.55-56

III: *Ap* 6; *Ath* 39; *R* 6; *Tol I* 18; *Tol XI* 17

IV: *Form Conc Sol Dec* 7.93-103; *Genv Cat* 75-82; *Scot I* 11; *Heid* 46-51; *Helv II* 11.12; *39 Art* 4; *Ries* 16; *Tig* 25

V: *Meth Art* 3; *Com Cr* 7; *Richmond* 2; *Am Bap* 7; *Un Pres* 12; *Bap Assoc* 8; *Bat* 3B; *Masai* 2; *RCA* 5; *Toraja* 4.8-9; *Bap Conf* 2b

7. 彼は再び栄光のうち生きている者と死んでいる者とを裁くために来られる

7.1. キリストの裁きのための再臨（11-12 も参照）

I: *Tert*

II: *Gennad* 10; *Jer II* 1.17; *Mogila* 1.57-68

III: *Ap* 7; *Ath* 39-41; *R* 7; *Tol XI* 17; *Sens* 17; *Lat 1215* 2

IV: *Aug* 17; *Apol Aug* 17; *Bas Bek* 10; *Helv I* 11.5; *Genv Cat* 83-87; *Scot I* 11; *Heid* 52; *Helv II* 11.13; *Irish* 104; *West* 33.1; *Ries* 40

V: *Sav* 32.1; *Geloof* 33.3-4, 34.4; *Shkr* 3-4; *Cumb Pres* 114-15; *New Hamp* 18; *Ev All* 8; *Abst Prin* 20; *Swed Bap* 12; *Free Meth* 14; *Adv* 17-18; *Com Cr* 12; *Richmond* 2; *Am Bap* 8; *Naz* 11.14; *Assem* 15; *Witness* 2; *Afr Orth* 13; *So Bap* 17; *Un Ch Can: Union* 19; *Un Pres* 12, 40; *Br St Luth* 42; *Bap Assoc* 22; *Bat* 3B, 18; *Madag* 7; *Masai* 2; *Menn Con* 20; *Leuen* 9; *Laus Cov* 15; *RCA* con; *Toraja* 4.8, 8.2-3; *Bap Conf* 9; *Philip UCC* 6

彼の国は終わることがない

7.2. キリストと神の王国

II: *Jer II* 1.5

III: *Tol XI* 18

IV: *Luth Sm Cat* 3.7-8; *Luth Lg Cat* 3.51-58; *Aug* 17.5; *Genv Cat* 37, 42, 268-70; *Heid* 123; *Helv II* 11.14; *Irish* 104; *West Sh Cat* 26, 102; *Ries* 14, 18; *Tig* 4

V: *True Con* 15-16; *London I* 19-20; *Geloof* 16; *Com Cr* 9, 12; *Lam* 52; *Assem* 15; *So Bap* 25; *Un Ch Can: Union* 20; *Un Pres* 12, 37-38, 40, 43-44; *Chin Un* 1; *Meth Kor* 7; *Br St Luth* 42; *Barm* 5; *F&O Edin* 9; *Vat II* 5.1.3-5, 5.1.9-10, 5.1.36; *Pres USA* 9.53–55; *Design* 1.8; *Meth Braz*

2.5; *Korea* pr; *Laus Cov* 15; *PRCC* 4; *Hond* 3; *Pres So Afr* 3; *Toraja* 4.3, 5.2, 6.6; *BEM* 1.7, 2.22; *Philip UCC* 5

7.3. この世界の王国——市民統治と市民社会、教会と国家

I: *Edict* 1; *Ecth* con; *CP II* 2; *CP III* 1, 5

II: *CP 1351* con; *Jer II* 1.14, 1.16

III: *Dict Pap* 9, 12, 19, 27; *Unam* 4-6; *Loll* 6, 10; *Prague* 3; *Boh I* 16

IV: *17 Art* 3, 4, 14; *Luth Sm Cat* pr 13, 21-22; *Aug* 16, 28; *Apol Aug* 16; *67 Art* 35-43; *Tetrapol* 23; *Fid rat* 11; *Bas Bek* 8; *Helv I* 26; *Laus Art* 8; *10 Art* pr 1; *Genv Con* 20; *Gall* 39-40; *Scot I* 24; *Belg* 36; *Helv II* 30; *39 Art* 37; *Irish* 57-62; *West* 22-23; *Schleit* 4, 6, 7; *Cologne* 12; *Ries* 37-38; *Dordrecht* 13-15; *Marburg* 12; *Witt Art* 11

V: *True Con* 39-44; *London I* 48-53; *Camb Plat* 17; *Sav* 23-24; *Friends I* 21-22; *Geloof* 28-30; *Meth Art* 23-25; *Cumb Pres* 81-88; *New Hamp* 16; *Swed Bap* 11; *Free Meth* 23; *LDS* 10, 12; *Syl* 20, 23-32, 39-55, 75-77; *Richmond* 12, 14, 15; *Soc Meth; Soc Ch; So Bap* 18-19; *Un Pres* 31, 37-38; *Ess* 12-13; *Br St Luth* 34; *Barm* pr, 4-5; *Philip Ind* 2.19; *Chin Man; Sheng Kung* 2, 6; *Bat* 8.3, 12; *Vat II* 5.3.12, 9.3, 9.6-7, 9.11-15; *Menn Con* 9, 17-19; *Pres USA* 9.43-47; *Meth Braz* 3; *Korea* 2-3; *Laus Cov* 5, 13; *PRCC* 2b, 3e; *RCA* 10-12; *Pres So Afr* 2; *Toraja* 7.5-8; *Bap Conf* 7; *Morav Am* con

8. また、主である聖霊を

8.1. 聖霊の神的位格（1.8 も参照）

I: *Tert; CP I*

II: *CP 1341* 30-31; *Greg Palam* 3; *Mogila* 1.69-70

III: *Ap* 8; *Ath* 23; *R* 8; *Tol I* anath 4; *Tol XI* 3; *Sens* 1-2

IV: *Belg* 11; *Heid* 53; *39 Art* 5; *Cologne* 3

V: *Morav* 3; *Geloof* 4.4, 14.4; *Meth Art* 4; *Free Meth* 4; *Richmond* 3; *Naz* 3; *Pol Nat* 4; *Witness* 9; *Un Ch Can: Union* 8; *Un Pres* 13; *F&O Laus* 1; *Meth Kor* 3; *CSI 1947* 1; *Philip Ind* 1.3; *Bap Assoc* 9; *Madag* 3; *Menn Con* 1.4; *Meth Braz* 2.3; *Laus Cov* 14; *Toraja* 1.5, 4.9, 5.1-3; *Philip UCC* 1

命を与える

8.2. 霊における命——回心、再生、聖化、神の像への回復、神性への参与

II: *CP 1341* 19, 35-38; *CP 1351* 36-37

III: *Orange* 4, 6

IV: *Luth Sm Cat* 2.6; *Luth Lg Cat* 2.35-45; *Apol Aug* 4.126; *Form Conc Sol Dec* 2.25-27, 3.19-23, 8.34; *Helv I* 11; *Genv Con* 8; *Genv Cat* 88-91; *Gall* 21; *Scot I* 12; *Belg* 24; *Dort* 3/4.11-13; *West* 10, 12-13, 26.3; *West Sh Cat* 29-39; *Denck* 3; *Ries* 19; *Marburg* 6

V: *Sav* 10, 13, 27.1; *Friends I* 1-2, 7-8; *Geloof* 19; *Cumb Pres* 51-54; *New Hamp* 7, 10; *Aub* 12; *Arm Ev* 6; *Ev All* 7; *Abst Prin* 8, 12; *Adv* 5, 14; *Salv Arm* 7, 10; *Richmond* 3, 6; *Naz* 9.10, 10.13; *Assem* 4b, 19; *So Bap* 7, 10; *Un Ch Can: Union* 8-9, 12; *Un Pres* 11, 13, 16, 21; *Br St Luth* 10-16; *F&O Edin* 1.2; *Bap Assoc* 11; *Bat* 3C; *Madag* 3; *UCC* 6; *Masai* 3; *Vat II* 5.1.4; *Menn Con* 6-7; *Zambia* 6; *Ref All* 3; *Pres USA* 9.20; *Design* 1.5; *Meth Braz* 2.3; *Leuen* 10; *RCA* 6-9; *Hond* 3; *Toraja* 5.1-3

8.3. 聖霊の賜物、神の恵みと人間の功績

II: *Metr Crit* 3.14; *Mogila* 1.73-81; *Dosith* decr 3

III: *Orange* 3, 5-7, 12, 18-21, con; *Sens* 5

IV: *Apol Aug* 4.17, 4.19-20, 4.288, 4.316, 4.356-77; *Form Conc Sol Dec* 2.25-27; *Genv Cat* 115; *Lamb Art* 7; *Helv II* 16.11; *Remon* 4; *Irish* 26; *West* 7.3-6; *West Sh Cat* 20; *18 Diss* 16; *Witt Art* 5; *Trent* 6.15-16

V: *Gen Bap* 25-26, 29-33; *Cum occas* 1-4; *Sav* 7.3-5; *Geloof* 17; *Cumb Pres* 39-40; *Aub* 13; *LDS* 4, 7; *Adv* 15-16; *Bonn I* 6; *Naz* 7; *Pol Nat* 5; *Assem* 6; *Un Pres* 13; *Meth Kor* 4; *F&O Edin* 1.1, 1.6; *Bat* 7; *Un Ch Japan* 3; *Vat II* 8.8; *Menn Con* 6-7; *Pres So Afr* 3; *BEM* 1.5; *Camb Dec* 3; *LuRC Just* 19-21, 25-27

8.4. 愛の生活としての聖化、キリスト教的奉仕、徳、善い行い

II: *Jer II* 1.2, 1.5, 1.6, 1.20; *Lucar* 13; *Mogila* 1.3; *Dosith* decr 13

III: *Orange* 17; *Sens* 13; *Boh I* 7

IV: *Luth Sm Cat* 1, 9; *Luth Lg Cat* 1; *Aug* 20; *Apol Aug* 4.111-16, 4.122-58, 4.189-94, 20; *Form Conc Epit* 4; *Form Conc Sol Dec* 4; *67 Art* 22; *Tetrapol* 4-6; *10 Art* 3.8-10; *Genv Con* 10; *Genv Cat* 121-27; *Gall* 22; *Scot I* 13-14; *Belg* 24; *Heid* 86-91; *Helv II* 16; *Remon* 5; *Irish* 39-45, 63-67; *West* 16.1-6; *West Sh Cat* 39-84; *18 Diss* 4, 18; *Cologne* 13, 14, 16; *Ries* 22-23; *Dordrecht* 14; *Marburg* 10; *Witt Art* 4, 5; *Trent* 6.11, 6 can 18-21, 24-26, 31-32

V: *Gen Bap* 33-42; *Sav* 16; *Friends I* 13-14, 21; *Geloof* 20.6, 21.1-5, 22.4; *Meth Art* 10-11; *Winch* 3; *Cumb Pres* 55-59; *LDS* 13; *Arm Ev* 8; *Syl* 56-64; *Free Meth* 10-11, 13; *Chr Sci* 6; *Com Cr* 8; *Naz* 10.13; *Assem* 7; *So Bap* 21, 24; *Un Ch Can: Union* 12; *Un Pres* 44; *Br St Luth* 20; *F&O Edin* 2.8-10; *Philip Ind* 2.12; *Sheng Kung* 5; *Bat* 15; *Un Ch Japan* 3; *Masai* 3; *Vat II* 5.1.39-42; *Pres USA* 9.22-25; *Meth Braz* 9; *Leuen* 11; *PRCC* 1c; *RCA* 10-14; *Toraja* 5.5-6; *Bap Conf* 2c, 8; *Morav Am* 7-9; *LuRC Just* 37-39

8.5. 神の律法への自由な服従としての聖化（1.13, 3.3, 8.4 を参照）

II: *Metr Crit* 6; *Mogila* 1.86-95

III: *Orange* 13

IV: *17 Art* 2; *Luth Sm Cat* pr 17-18, 1; *Luth Lg Cat* 1; *Aug* 6; *Form Conc Epit* 6; *Form Conc Sol Dec* 6; *Genv Con* 3; *Genv Cat* 131-232; *Gall* 23; *Scot I* 15; *Heid* 92-115; *Helv II* 12; *Irish* 84; *West* 19-20; *Witt Art* 5

V: *London I* 29; *Gen Bap* 28; *Cum occas* 1; *Sav* 19, 21; *Meth Art* 6; *Cumb Pres* 37, 66-74; *New Hamp* 12; *Abst Prin* 18; *Adv* 11; *Un Ch Can: Union* 14; *Un Pres* 25; *Bat* 15

父（と子）から発出し

8.6. 聖霊の発出

I: *Tert*

II: *Phot* 8-23; *CP 1054* 3, 4; *Greg Palam* 3; *Mark Eph* 1-2, 6; *Metr Crit* 1.5-31; *Mogila* 1.71

III: *Ath* 23; *Tol XI* 3; *Fréjus* 4; *Lyons; Flor Un* 5-9; *Flor Arm* 6

IV: *Smal Art* 1.2; *Form Conc Sol Dec* 8.73; *Gall* 6; *Belg* 9, 11; *39 Art* 5; *Helv II* 3.3; *Irish* 10; *West* 2.3; *West Lg Cat* 10; *Cologne* 3; *Ries* 3

V: *True Con* 2; *Morav* 3; *Geloof* 4.4; *Meth Art* 4; *Free Meth* 4; *Resp Pius IX* 5-7; *Bonn I* pr; *Bonn II; Richmond* 1; *Witness* 9; *Afr Orth* 2, 5; *Un Ch Can: Union* 8; *Un Pres* 11, 13; *F&O Laus* 4.1; *Philip Ind* 1.3

父と子と共に礼拝されて栄光を受け

8.7. 礼拝

II: *Lit Chrys; Phot* 5, 29-30; *Jer II* 1.13, 1.24, 1.26; *Metr Crit* 9.2-6, 14-16, 18, 22.1-2, 23.9; *Mogila* 1.87-88, 1.93; *Dosith* q 4

III: *Ath* 27; *Tol I* anath 17; *Flor Arm* 27; *Loll* 5; *Boh I* 18

IV: *Luth Lg Cat* 1.79-102; *Aug* 15, 21, 24, 26; *Apol Aug* 4.10-11, 4.155, 15, 24.27-33, 24.81-83, 27.55-56; *Form Conc Epit* 10, *Form Conc Sol Dec* 10; *67 Art* 24-26; *Fid rat* 9; *Tetrapol* 7-10, 21; *Bas Bek* 11; *Helv I* 23-24; *Laus Art* 10; *10 Art* 9; *Genv Con* 13, 17; *Gall* 33; *Genv Cat* 141-42, 163-65, 183; *Helv II* 17, 22, 24.1-7, 27.1-3; *Irish* 49-56, 77; *West* 21; *18 Diss* 4-7, 10; *Denck* 3; *Cologne* 9; *Dordrecht* 11; *Marburg* 13; *Witt Art* 10, 12; *Tig* 26; *Trent* 13.5

V: *True Con* 30-31, 33; *Camb Plat* 1.3; *Gen Bap* 21, 35, 46; *Sav* 22; *Friends I* 17, 20; *Geloof* 23.7; *Meth Art* 15, 22; *Dec Addr* 5, 12-13; *Cumb Pres* 72, 75-80; *New Hamp* 15; *LDS* 11; *Arm Ev* 1, 9; *Resp Pius IX* 5.12; *Def Plat* 1.1, 1.3, 2.1, 2.2, 2.4; *Abst Prin* 17; *Swed Bap* 9-10; *Syl* 78-79;

Free Meth 15, 19, 21; *Adv* 12-13; *Bonn I* 4; *Com Cr* 11; *Richmond* 10, 16; *Assem* 13j; *Afr Orth* 12; *So Bap* 14; *Un Ch Can: Union* 15, 20; *Un Pres* 28-29; *Ess* 3-6, 11; *Br St Luth* 41; *F&O Edin* 7; *CSI 1947* 1, 5; *Philip Ind* 2.5, 2.8-11; *Munif* 15-20, 23; *Bat* 11, 13, 14, 16; *Arn* 3; *Vat II* 5.3.8, 5.3.23, 5.3.66-67; *Menn Con* 8.4-5, 13-14; *Sri Lanka* 4-5; *CNI* 3; *Ghana* 11; *Ref All* 4; *Pres USA* 9.50; *Meth Braz* 2.11; *Un Ref Ch* 17.1, 17.4; *RCA* 17; *Toraja* 1.2, 6.7; *Camb Dec* 5

8.8. 祈り

II: *CP 1341* 13; *Jer II* 1.13, 1.15; *Metr Crit* 21; *Mogila* 1.92

III: *Orange* 3, 11; *Loll* 7; *Boh I* 2

IV: *17 Art* 3; *Luth Sm Cat* 3, 7-8; *Luth Lg Cat* 3; *67 Art* 44-46; *Tetrapol* 7; *Genv Cat* 233-95; *Heid* 116-29; *Helv II* 23; *Irish* 47-48; *West* 21.3-6; *West Sh Cat* 98-107; *Witt Art* 5

V: *True Con* 45; *Sav* 22.3-6; *Cumb Pres* 76; *Richmond* 11; *Un Ch Can: Union* 13; *Un Pres* 27; *Meth Kor* 4; *Sheng Kung* con; *Vat II* 5.1.15, 5.3.8; *Zambia* 6; *Toraja* 5.4; *Bap Conf* 2a

8.9. 死者のための祈り（12.1 も参照）

II: *Lit Chrys* I.D.1; *Jer II* 1.15; *Metr Crit* 20

III: *Loll* 7

IV: *Apol Aug* 24.89-98

V: *Cumb Pres* 76; *Arm Ev* 9; *Bonn I* 13; *Afr Orth* 10; *Vat II* 5.1.50; *Toraja* 8.5

8.10. 教会のおける画像

I: *Nic II* ecth, anath 1-3

II: *Phot* 43; *Greg Palam* 4; *Metr Crit* 15; *Lucar* q 4; *Dosith* q 4

III: *Loll* 8, 12; *Boh I* 17

IV: *Bern* 8; *Tetrapol* 22; *Laus Art* 7; *10 Art* 6; *Genv Cat* 143-49; *Heid* 96-98; *Helv II* 4; *Irish* 53; *West Sh Cat* 49-52; *18 Diss* 7; *Witt Art* 17; *Trent* 25.2; *Trid Prof* 6

V: *Meth Art* 14; *Arm Ev* 9; *Afr Orth* 7; *Madag* 1

預言者を通して語られた

8.11. 神の言葉としての聖書の権威（1.4, 8.12, 9.6, 9.8 も参照）

I: *Chal* 25

II: *Gennad* 12.1; *Jer II* 1 int; *Metr Crit* 7.6, 7.9; *Lucar* 2, q 1-2; *Mogila* 1.54, 1.72; *Dosith* decr 2, q 1-2

III: *Tol I* anath 8; *Prague* 1; *Boh I* 1

IV: *Form Conc Epit* int 3; *Form Conc Sol Dec* int 1-8; *Tetrapol* 1; *Helv I* 1, 5; *Genv Con* 1; *Genv*

Cat 300-306; *Scot I* 5, 19; *Belg* 5; *Helv II* 1, 13.2; *39 Art* 6; *West* 1.4-6; *West Sh Cat* 3; *18 Diss* 8, 11-12

V: *True Con* 7-8; *London I* 7-8; *Gen Bap* 46; *Sav* 1.4-6; *Friends I* 3; *Geloof* 2, 14.3; *Meth Art* 5-6; *Winch* 1; *Dec Addr* 4; *Cumb Pres* 2, 68; *LDS* 8-9; *Arm Ev* 3; *Abst Prin* 1; *Swed Bap* 1; *Free Meth* 5-6; *Vat I* 3.pr; *Adv* 3, 6-7; *Bonn I* 2-3; *Salv Arm* 1; *Chr Sci* 1; *Com Cr* 5; *Lamb Quad* 1; *Richmond* 4; *Naz* 4; *Sacr ant* 3; *Afr Orth* 1; *So Bap* pr 4, 1; *Un Ch Can: Union* pr, 2; *Un Pres* 3, 26; *Chin Un* 2; *Meth Kor* 5; *Br St Luth* 2; *CSI 1947* 1; *Philip Ind* 2.2; *Munif* 12; *Bat* 4; *Un Ch Japan* 1; *Arn* 4; *Madag* pr 2, art 4; *Vat II* 8.7-10, 8.21-26; *Menn Con* pr, 2.1; *Sri Lanka* 3; *CNI* 2; *Ghana* 3.2; *Zambia* 2-3; *Pres USA* 9.27-28; *Design* 1.7; *Meth Braz* 1.1; *Un Ref Ch* 12; *Leuen* 4; *Laus Cov* 2; *RCA* 1; *Toraja* 2.3, 2.6; *Bap Conf* 1; *Philip UCC* 4; *Morav Am* 3; *Camb Dec* 1

8.12. 教会の権威と伝統（1.4, 8.11, 9.6, 9.8 も参照）

I: *Iren; CP II* 7; *Nic II*

II: *Phot* 5; *Jer II* 1.26; *Metr Crit* 7.5, 7.10, 14.1-4; *Dosith* decr 2, 12

III: *Rom Syn* 4; *Boh I* 15

IV: *Aug* 26, *Apol Aug* pr 11, 4.393, 15.1-4; *Smal Art* 3.15; *Form Conc Sol Dec* 2.52; *67 Art* 11, 16; *Bern* 2; *Tetrapol* 14; *Helv I* 3-4; *Gall* 5; *Belg* 7; *Helv II* 2.2, 2.5; *39 Art* 34; *Scot II*; *Irish* 6; *Trent* 4.1; *Trid Prof* 2

V: *Dec Addr* 11; *Resp Pius IX* 17; *Vat I* 3.2, 4.4; *Bonn I* 9.1; *Utrecht* 1; *Lam* 1–8; *Sacr ant* 10-11; *Afr Orth* 1; *F&O Laus* 3A; *Ess* 10; *CSI 1947* 1; *Munif* 12; *Vat II* 5.1.20-21, 8.7-10, 8.24, 9.1, 9.14; *Com Dec* 2; *Ad tuendam* 4

8.13. 聖書正典

II: *Metr Crit* 7.6-8; *Lucar* q 3; *Dosith* q 3

III: *Tol I* anath 12

IV: *Gall* 3-4; *Belg* 4, 6; *Helv II* 1.9; *39 Art* 6; *Irish* 2-3; *West* 1.2-3; *Trent* 4.1

V: *Sav* 1.2-3; *Geloof* 2.3; *Meth Art* 5; *Cumb Pres* 1; *Free Meth* 5; *Vat I* 3.2, 3 can 2.4; *Bonn I* 1; *Vat II* 8.8; *Sri Lanka* 3.3; *RCA* 7; *Toraja* 2.3

8.14. 聖書の霊感と無謬性

II: *Gennad* 12.2

IV: *Belg* 3; *West* 1.8

V: *Gen Bap* 46; *Sav* 1.8; *Geloof* 2.3-4; *Cumb Pres* 1; *New Hamp* 1; *Arm Ev* 3; *Ev All* 1; *Abst Prin* 1; *Syl* 7; *Vat I* 3.2; *Salv Arm* 1; *Am Bap* 1, 3; *Lam* 9-19; *Naz* 4; *Assem* 1; *So Bap* 1; *Un Pres* 3, 13; *Ess* 7; *Br St Luth* 1, 3; *Bap Assoc* 2-3; *Un Ch Japan* 1; *Vat II* 5.3.21, 8.7-8, 8.11, 8.14, 8.20; *Menn Con* 2.1; *Pres USA* 9.29; *Laus Cov* 2; *RCA* 6; *Toraja* 2.7; *Bap Conf* 1, 2c; *Philip UCC* 4; *Camb Dec*

1

8.15. 聖書解釈の基準

I: *Orig* 8; *Tome* 1-2

II: *Dosith* decr 2

IV: *Apol Aug* 24.35; *Helv I* 2; *Scot I* 18; *Helv II* 2; *Irish* 5; *West* 1.7-10; *18 Diss* 8, 10; *Denck* 1; *Trent* 4.2; *Trid Prof* 2

V: *True Con* 34; *Sav* 1.7-10; *Cumb Pres* 3-4; *Ev All* 2; *Syl* 22; *Vat I* 3.2; *Richmond* 4; *Lam* 1-8; *Sacr ant* 10; *Munif* 26; *Vat II* 8.10, 8.12; *Zambia* 9; *Pres USA* 9.29-30; *Leuen* 39; *Toraja* 2.5

9. 一つの

9.1. キリスト教会における一致、合同、再合同

II: *Metr Crit* 7.2; *Mogila* 1.82-83

III: *Unam* 2-3; *Flor Un; Flor Arm; Boh I* 8

IV: *Aug* 7.2-4; *Apol Aug* 7/8.30-46; *Bas Bek* 5; *Helv II* 17.2-4; *Dordrecht* int

V: *Friends I* 9; *Geloof* 23.2; *Dec Addr* 1; *Vat I* 4 pr; *Lamb Quad* 4; *Pol Nat* 6, 9; *So Bap* 22; *Un Pres* 22, 32, 35; *F&O Laus* 1; *Br St Luth* 29; *Barm* pr; *F&O Edin* 1 pr, 2.1-10; *CSI 1947* 7-8; *Philip Ind* 2.18; *Bat* 8D; *Madag* 6; *Sri Lanka* 1, 11; *CNI* 4; *Ghana* 1; *Meth Braz* 1.4, 2.7; *Leuen* 1, 29-49; *Laus Cov* 7; *Balamand* 6-18; *Chr Dec* 8-10; *BEM* 1.15-16; *Morav Am* 5; *Com Dec* 5-6

9.2. 分裂、分離、分割

II: *Phot*; *CP 1054*

III: *Flor Un*

IV: *Apol Aug* 23.59; *Helv I* 25; *Helv II* 17.10; *Schleit* 4

V: *True Con* 36; *London I* 46; *Camb Plat* 13.5, 14.9; *Dec Addr* 2, 10-11; *Resp Pius IX* 9; *Syl* 18, 38; *F&O Laus* 1; *Br St Luth* 28; *F&O Edin* 2.3-5; *Bat* 8.1; *Vat II* 5.1.15, 5.3.1, 5.3.3; *Pres USA* 9.34; *Morav Am* 5-6

聖なる

9.3. 教会と恵みの手段の聖性

II: *Jer II* 1.8

III: *Ap* 9; *R* 9; *Loll* 1; *Prague* 4; *Boh I* 11

IV: *Luth Lg Cat* 5.15-19; *Aug* 8; *Apol Aug* 7/8.47-50; *Genv Cat* 96, 99; *Gall* 28; *Helv II* 1.4,

18.21, 19.12; *39 Art* 26; *Irish* 70; *West* 27.3; *Witt Conc* 3; *Trent* 7 can 1.12

V: *Geloof* 23.3, 8; *Un Ch Can: Union* 18; *Sheng Kung* 4; *Bat* 8B; *Vat II* 5.1.8, 5.1.39-42

9.4. 教会戒規（10.10 も参照）

III: *Boh I* 14

IV: *17 Art* 16; *Aug* 26.33-39; *Apol Aug* 15.45-48; *Smal Art* 3.7, 3.9; *Form Conc Epit* 4.17-18; *67 Art* 31-32; *Bas Bek* 7; *Genv Con* 19; *Belg* 29, 32; *Heid* 83-85; *Helv II* 18.15, 20; *39 Art* 33; *Irish* 73; *West* 30; *Schleit* 2; *Cologne* 7; *Ries* 35-36; *Dordrecht* 16-17

V: *True Con* 23-25; *London I* 42-43; *Camb Plat* 14; *Gen Bap* 55-56, 67-72; *Geloof* 27; *Bat* 8D, 9.4; *Vat II* 5.3.6; *Menn Con* 8.3

公同の

9.5. 教会の公同性

I: *Iren*

II: *Mogila* 1.84; *Dosith* decr 10

III: *Ap* 9

IV: *Genv Cat* 97; *Belg* 27; *Helv II* 17.2; *West* 25.1

V: *Camb Plat* 2.1; *Sav* 26.1-2; *Geloof* 23.4; *Un Pres* 32; *Sheng Kung* 4; *Madag* 6; *Vat II* 5.1.13; *Toraja* 6.13

使徒的

9.6. 教会における使徒的権威（1.4, 8.11-12, 9.8）

II: *Jer II* 1.int

III: *Dict Pap*; *Sens* 12; *Unam* 3, 7-8; *Flor Un* 14-15

IV: *Helv I* 16; *Helv II* 17.6-8; *39 Art* 20; *Scot II*; *Irish* 79-80

V: *Gen Bap* 51; *Cumb Pres* 108-11; *LDS* 5; *Resp Pius IX* 11-14; *Ineff*; *Syl* 21-23, 33; *Vat I* 4.4; *Utrecht* 1-2, 4; *Lam* 55-56; *Sacr ant* 1; *Afr Orth* 3; *Br St Luth* 30; *Barm* 4; *Munif* 12; *Bat* 3B3, 8.2; *Vat II* 5.1.12, 5.1.25; *Pres USA* 9.10

9.7. 使徒的教会職制と政治、ヒエラルキー（10.12 も参照）

II: *Jer II* 1.14, 1.28; *Metr Crit* 11.5-7, 11.9, 23.7-8; *Mogila* 1.84-85; *Dosith* decr 10

III: *Dict Pap*; *Boh I* 9

IV: *17 Art* pr; *Aug* 5, 14, 28; *Apol Aug* 14, 28; *Helv I* 15, 17, 19; *Laus Art* 5; *Genv Cat* 307-8; *Gall* 25-26, 29-32; *Belg* 30-32; *Helv II* 18; *39 Art* 23; *Irish* 71; *Schleit* 5; *Cologne* 10-11; *Ries* 25-

28; *Dordrecht* 9; *Witt Art* 9; *Trent* 23 can 7

V: *True Con* 19-27; *London I* 44-45; *Camb Plat* 1, 4, 6, 7, 8; *Sav* con 1-30; *Dec Addr* 3; *Cumb Pres* 108-9; *LDS* 6; *Resp Pius IX* 6; *Vat I* 4.1-3; *Bonn I* 9.2; *Lamb Quad* 4; *Un Ch Can: Union* 17-18, con; *Un Pres* 33; *F&O Laus* 5; *CSI 1947* 3-4, 6; *Philip Ind* 2.6; *Bat* 11; *Vat II* 5.1.10, 5.1.18-29; *Sri Lanka* 7; *Ghana* 5.2; *Pres USA* 9.38-40; *BEM* 3.34-38

9.8. 教会会議と地域会議の権威（1.4, 8.11-12, 9.7, 索引 B も参照）

I: *Eph* 431 can 7; *CP II* 4, 5, con; *Nic II*

II: *Phot* 40-44; *Greg Palam* 6-7; *Mark Eph* 4; *Jer II* 1.int, 1.29; *Metr Crit* 15.4; *Mogila* 1.4-5; *Dosith* decr 12

III: *Lat* 649 17, 20; *Dict Pap* 4, 16, 25

IV: *Smal Art* pr 1, 10-13; *Scot I* 20; *Helv II* 2.4; *39 Art* 21; *Irish* 76; *West* 31; *18 Diss* pr; *Trid Prof* 8

V: *Camb Plat* 16; *Resp Pius IX* 3, 5; *Syl* 23, 35-36; *Vat I* 3 pr, 4.4; *Utrecht* 1, 5; *Lam* 31; *Afr Orth* 1; *Philip Ind* 2.17; *Vat II* 5.1.22, 5.1.25; *Camb Dec* pr, 1

教会

9.9. 真の教会の定義

II: *Jer II* 1.7, 1.8; *Metr Crit* 7; *Lucar* 10-12; *Mogila* 1.82-96; *Dosith* decr 10-12

IV: *Luth Sm Cat* 2.6; *Luth Lg Cat* 2.47-56; *Aug* 7; *Apol Aug* 7/8.5-29; *Smal Art* 3.12; *67 Art* 8; *Tetrapol* 15; *Fid rat* 6; *Bas Bek* 5; *Helv I* 14; *Laus Art* 3; *Genv Con* 18; *Genv Cat* 93-95; *Gall* 27; *Scot I* 5, 16, 18; *Belg* 27, 29; *Heid* 54-55; *Helv II* 17; *39 Art* 19; *Irish* 68-69; *West* 25-26; *Ries* 24; *Dordrecht* 8; *Trid Prof* 7

V: *True Con* 17-18; *Camb Plat* 2-3; *Sav* 26-27; *Friends I* 16; *Morav* 3-4; *Meth Art* 13; *Shkr* 3; *Dec Addr* 1; *Cumb Pres* 93-97; *New Hamp* 13; *Arm Ev* 11; *Abst Prin* 14; *Swed Bap* 9; *Syl* 19; *Free Meth* 16; *Vat I* 3.3; *Com Cr* 10; *Richmond* 2; *Am Bap* 10-12; *Lam* 52-57; *Pol Nat* 6-8; *Assem* 8; *Witness* 1; *So Bap* 12; *Un Ch Can: Union* 15; *Un Pres* 32; *F&O Laus* 3; *Meth Kor* 6; *Br St Luth* 24-30; *Barm* 3; *F&O Edin* 1.4; *CSI 1947* 4; *Philip Ind* 1.4; *Chin Man; Bap Assoc* 15-19; *Bat* 8D; *Un Ch Japan* 4; *Arn* 6-7; *UCC* 7; *Vat II* 5.1; *Menn Con* pr, 8.1; *Sri Lanka* 2; *Ghana* 2; *Zambia* 7; *Pres USA* 9.31-33; *Design* 2; *Togo* 4; *Un Ref Ch* 17.4; *Laus Cov* 6; *PRCC* 1c; *RCA* 15-19; *Toraja* 6; *Bap Conf* 6; *Philip UCC* 3

10. 私たちは罪の赦しのための一つの洗礼を告白する

10.1. 言葉、サクラメント、恵みの手段

II: *Jer II* 1.7, 1.13; *Metr Crit* 5; *Lucar* 15; *Mogila* 1.97-101; *Dosith* decr 10, 15

III: *Flor Arm* 10-20; *Boh I* 11

IV: *Luth Sm Cat* 4.10; *Luth Lg Cat* 4.21-22, 5.10-14; *Aug* 7.2, 13.1-3; *Apol Aug* 13, 24.69; *67 Art* 14; *Tetrapol* 16; *Fid rat* 7, 10; *Helv I* 16, 19-20; *Laus Art* 4; *Genv Con* 14; *Genv Cat* 309-20; *Gall* 34; *Scot I* 21-22; *Belg* 33; *Heid* 65-68; *Helv II* 17.7, 19, 25; *39 Art* 25; *Irish* 85-88; *West* 21.5, 27; *West Sh Cat* 88-93; *Ries* 17, 30; *Witt Art* 8; *Tig* 2, 6-20; *Trent* 5.2.9-10, 7, 13.3; *Trid Prof* 3

V: *True Con* 35; *Gen Bap* 47-52; *Sav* 28; *Meth Art* 16; *Cumb Pres* 25, 40-41, 98; *Arm Ev* 11; *Syl* 65-66; *Free Meth* 17; *Bonn I* 8; *Com Cr* 11; *Lamb Quad* 3; *Richmond* 10; *Lam* 39-51; *Afr Orth* 8; *Un Ch Can: Union* 16; *Un Pres* 16, 26, 30; *F&O Laus* 6; *Br St Luth* 21-23; *F&O Edin* 1.5; *CSI 1947* 2; *Philip Ind* 2.4; *Bat* 8D, 9.2, 10; *Un Ch Japan* 4; *Arn* 2b; *UCC* 7; *Masai* 3; *Vat II* 5.1.11; *Sri Lanka* 5; *Ghana* 4; *Zambia* 6, 8; *Pres USA* 9.48-52; *Leuen* 13; *RCA* 15-16; *Toraja* 2.4-5, 6.8-11; *Morav Am* 1

10.2. 洗礼

I: *Did; Just; Hipp*

II: *Jer II* 1.3, 1.7, 1.9; *Metr Crit* 5.2-3, 7.10, 8.2; *Lucar* 16; *Mogila* 1.102-4; *Dosith* decr 16

III: *Tol I* anath 18; *Orange* 8, 13; *Tol XI* 18; *Petr Ab* 3; *Lat 1215* 3; *Vienne* 3; *Flor Arm* 14; *Boh I* 12

IV: *17 Art* 5; *Luth Sm Cat* 4; *Luth Lg Cat* 4; *Aug* 9; *Apol Aug* 2.35-45, 9.1-3; *Smal Art* 3.5; *Sax Vis* 1.3, 2.3; *Tetrapol* 17; *Bas Bek* 5; *Helv I* 21; *10 Art* 2; *Genv Con* 15; *Genv Cat* 323-39; *Gall* 28, 35, 38; *Scot I* 21; *Belg* 34; *Heid* 69-74; *Helv II* 20; *39 Art* 27; *Irish* 89-91; *West* 28; *West Sh Cat* 94; *18 Diss* 8-9; *Denck* 2; *Schleit* 1; *Cologne* 5; *Ries* 31-32; *Dordrecht* 7; *Marburg* 9; *Witt Art* 3; *Trent* 7 can 1.9, 7 can 2.1-14

V: *London I* 39-41; *Camb Plat* 12.7; *Sav* 29; *Friends I* 18; *Morav* 4; *Geloof* 25; *Meth Art* 17; *Cumb Pres* 99-103; *New Hamp* 14; *LDS* 4; *Arm Ev* 11; *Ev All* 9; *Def Plat* 1.4, 2.5; *Abst Prin* 15; *Free Meth* 18; *Adv* 4; *Com Cr* 11; *Lamb Quad* 3; *Richmond* 8; *Lam* 42-43; *Naz* 13.18; *Assem* 11; *So Bap* 13; *Un Ch Can: Union* 16.1; *Un Pres* 30; *F&O Laus* 6; *Ess*; *Br St Luth* 21; *CSI 1947* 2; *Philip Ind* 2.4.2; *Bap Assoc* 12, 21; *Bat* 10A; *Masai* 3; *Vat II* 5.1.7, 5.1.40, 5.3.22; *Menn Con* 11; *Sri Lanka* 2, 5.1; *Pres USA* 9.36, 9.51; *Design* 1.4; *Un Ref Ch* 14; *Leuen* 14; *RCA* 18; *Toraja* 6.8-10; *Bap Conf* 6; *BEM* 1.1-23; *Chr Dec* 7; *LuRC Just* 28

10.3. 洗礼の様式と対象

I: *Did; Hipp*

II: *Mogila* 1.103; *Dosith* decr 16

III: *Vienne* 3; *Boh I* 12

IV: *Luth Lg Cat* 4.47-86; *Apol Aug* 9.2-3; *Smal Art* 3.5.4; *Form Conc Epit* 11.6-8; *Form Conc Sol Dec* 12.11-13; *Sax Vis* 2.3.6; *Tetrapol* 17; *Fid rat* 7; *Bas Bek* 12; *10 Art* 2.2-4; *Genv Con* 15; *Genv Cat* 333-39; *Gall* 35; *Scot I* 23; *Belg* 34; *Heid* 74; *Helv II* 20.6; *39 Art* 27.2; *Irish* 90; *West* 28.3-4; *West Sh Cat* 95; *18 Diss* 8; *Ries* 31; *Marburg* 14; *Witt Conc* 4; *Witt Art* 3; *Trent* 5.4, 7 can 2.13-14

V: *True Con* 35; *London I* 39-41; *Sav* 29.3-4; *Gen Bap* 48; *Geloof* 25.2, 5-6; *Meth Art* 17; *Cumb Pres* 26, 102-3; *New Hamp* 14; *LDS* 4; *Resp Pius IX* 5.11; *Def Plat* 2.5-6; *Abst Prin* 15; *Swed Bap* 8; *Free Meth* 18; *Adv* 4; *Com Cr* 11; *Lam* 43; *Naz* 13.18; *Un Ch Can: Union* 16.1; *Un Pres* 30; *Bap Assoc* 12; *Bat* 10A; *Menn Con* 11; *Pres USA* 9.51; *Un Ref Ch* 14; *Leuen* 15-16, 18-20; *Toraja* 6.10; *Bap Conf* 6; *BEM* 1.11-12

10.4. 堅信礼／傅《ふ》膏《こう》機《き》密《みつ》

II: *Phot* 6-7, 32; *Jer II* 1.3, 1.7; *Metr Crit* 8; *Mogila* 1.104-5

III: *Flor Arm* 15

IV: *Apol Aug* 13.6; *Genv Cat* pr; *Trent* 7 can 1.9, 7 can 3.1-3

V: *Lam* 44; *Philip Ind* 2.4.3; *Sri Lanka* 5.1; *BEM* 1.14; *Chr Dec* 7

10.5. 聖餐／主の晩餐

II: *Jer II* 1.7, 1.10, 1.13; *Metr Crit* 5.2-3, 9.1-13; *Lucar* 17; *Mogila* 1.106-7; *Dosith* decr 17

III: *Brngr 1059; Brngr 1079; Lat 1215* 3; *Flor Arm* 16; *Wyclif; Boh I* 13

IV: *Luth Sm Cat* 6; *Luth Lg Cat* 5; *Aug* 10; *Apol Aug* 10; *Smal Art* 3.6; *Form Conc Epit* 7; *Form Conc Sol Dec* 7; *Sax Vis* 1.1; *Tetrapol* 18; *Fid rat* 8; *Bas Bek* 6; *Helv I* 22; *10 Art* 4; *Genv Con* 16; *Genv Cat* 340-73; *Gall* 36; *Belg* 35; *Heid* 75-82; *Helv II* 21; *39 Art* 28; *Irish* 92-100; *West* 29; *West Sh Cat* 96-97; *Denck* 3; *Schleit* 3; *Cologne* 6; *Ries* 33-34; *Dordrecht* 10; *Marburg* 15; *Trent* 13

V: *True Con* 35; *Camb Plat* 12.7; *Sav* 30; *Friends I* 19; *Morav* 4; *Geloof* 26; *Meth Art* 18; *Cumb Pres* 104-7; *New Hamp* 14; *Arm Ev* 11; *Ev All* 9; *Abst Prin* 16; *Free Meth* 19; *Com Cr* 11; *Lamb Quad* 3; *Richmond* 9; *Lam* 45, 49; *Naz* 14.19; *Assem* 10; *So Bap* 13; *Un Ch Can: Union* 16.2; *Un Pres* 30; *F&O Laus* 6; *Br St Luth* 21; *CSI 1947* 2; *Philip Ind* 2.4.5, 2.5; *Bap Assoc* 13; *Bat* 10B; *Arn* 1-8; *Masai* 3; *Menn Con* 12; *Sri Lanka* 5.2; *Pres USA* 9.36; *Design* 1.6; *Un Ref Ch* 15; *RCA* 19; *Toraja* 6.9,11; *Bap Conf* 6; *BEM* 2.1-33

10.6. キリストの体と血の現臨

II: *Dosith* decr 17

III: *Brngr 1059; Brngr 1079; Lat 1215* 3; *Boh I* 13

IV: *17 Art* 6; *Luth Sm Cat* 6.2; *Luth Lg Cat* 5.8-14; *Aug* 10; *Apol Aug* 10; *Form Conc Epit* 7.6-20; *Form Conc Sol Dec* 7.45-58; *Sax Vis* 1.1.1-6, 2.1.6; *Bern* 4; *Fid rat* 8; *Genv Cat* 354-55; *Gall* 37; *Belg* 35; *Helv II* 21.4, 10; *Irish* 94-96; *Marburg* 15; *Witt Conc* 1; *Witt Art* 6; *Tig* 21-22; *Trent* 13.1, 13 can 1, 3-4; *Trid Prof* 5

V: *Cumb Pres* 105; *Def Plat* 1.5, 2.9; *Utrecht* 6; *Afr Orth* 9; *F&O Laus* 6; *Bat* 10B; *Arn* 4; *Leuen* 19; *BEM* 2.14-15, 2.32

10.7. 聖餐の物素のキリストの体と血への変容

II: *Lit Chrys* II.F.5; *Jer II* 1.10; *Metr Crit* 9.11; *Mogila* 1.107; *Dosith* decr 17

III: *Brngr 1059; Brngr 1079; Lat 1215* 3; *Flor Un* 10; *Flor Arm* 16; *Loll* 4

IV: *Smal Art* 3.6.5; *Form Conc Epit* 7.22; *Form Conc Sol Dec* 7.108; *Scot I* 21; *Helv II* 19.9-10; *39 Art* 28.2; *Irish* 93; *West* 29.6; *Marburg*; *Witt Conc* 2; *Tig* 24; *Trent* 13.4, 13 can 2; *Trid Prof* 5

V: *Sav* 30.6; *Meth Art* 18; *Cumb Pres* 105; *Free Meth* 19; *Afr Orth* 9; *Arn* 5a

10.8. 記念と交わりとしての主の晩餐

II: *Jer II* 1.22; *Metr Crit* 9.9-10; *Mogila* 1.107; *Dosith* decr 17

III: *Prague* 2

IV: *Aug* 22; *Apol Aug* 22; *Smal Art* 3.6.2-4; *Form Conc Epit* 7.24; *Form Conc Sol Dec* 7.110; *Genv Cat* 351-52; *Helv II* 21.2, 12; *39 Art* 30; *Irish* 97; *West* 29.2, 4; *18 Diss* 6-7; *Denck* 3; *Marburg* 15; *Witt Art* 12-13; *Trent* 21.1-3, 21 can 1-3; *Trid Prof* 5

V: *Gen Bap* 53; *Sav* 30.2, 4; *Meth Art* 19; *Cumb Pres* 104-5; *Resp Pius IX* 5.12; *Def Plat* 2.8; *Abst Prin* 16; *Utrecht* 6; *Naz* 14.19; *So Bap* 13; *Un Ch Can: Union* 16.2; *Un Pres* 30; *Vat II* 5.1.26, 5.3.2; *Pres USA* 9.52; *Bap Conf* 6; *Chr Dec* 8; *BEM* 2.5-13, 2.19-22

10.9. ミサの犠牲

II: *Mogila* 1.107; *Dosith* decr 17

III: *Flor Un* 11

IV: *Aug* 24; *Apol Aug* 24.9-77; *Smal Art* 2.2; *Form Conc Epit* 7.23; *67 Art* 18; *Bern* 5; *Tetrapol* 19; *Genv Con* 16; *Genv Cat* 350; *Scot I* 22; *Heid* 80; *Helv II* 21.13; *Irish* 99-100; *West* 30.2; *18 Diss* 5; *Witt Art* 12; *Trent* 22.1-9, 22 can 1-9; *Trid Prof* 5

V: *Sav* 30.2; *Meth Art* 20; *Free Meth* 20; *Bonn I* 14; *Utrecht* 6; *Bat* 3B2, 10B; *Arn* 5b; *Vat II* 5.1.3; *Chr Dec* 7; *BEM* 2.8

10.10. 懺悔／悔い改め——悔恨、告白、赦免、充足

II: *Jer II* 1.4, 5, 7, 11-12, 25; *Metr Crit* 5.2-3, 10.1-4; *Mogila* 1.90, 1.112-14

III: *Flor Arm* 17; *Loll* 9; *Boh I* 5, 14

IV: *17 Art* 2, 7-9; *Luth Sm Cat* 5; *Luth Lg Cat* 6; *Aug* 11, 12, 25; *Apol Aug* 4.258-68, 4.272-74, 11, 12.11-12, 12.13-17, 35-38, 41, 98-177; *Smal Art* 3.3.1-8, 3.3.15-18, 3.3.39-45; *Form Conc Sol Dec* 5.7; *10 Art* 3; *Tetrapol* 20; *Laus Art* 6; *Genv Cat* 128; *Helv II* 14; *Irish* 74; *West* 15; *West Sh Cat* 87; *Dordrecht* 6; *Marburg* 11; *Witt Conc* 4; *Witt Art* 4, 7; *Trent* 14.1.1-9, 14 can 1.1-15

V: *Camb Plat* 12.5-7; *Gen Bap* 44-45; *Sav* 15; *Geloof* 19.3, 27.2-10; *Meth Art* 12; *Cumb Pres* 42-44; *New Hamp* 8; *LDS* 4; *Def Plat* 1.2, 2.3; *Abst Prin* 9; *Swed Bap* 5; *Bonn I* 11-12; *Salv Arm* 7; *Lam* 43, 46-47; *Naz* 8; *So Bap* 8; *Un Ch Can: Union* 10; *Un Pres* 18; *Philip Ind* 2.4.4; *Camb Dec* 6

10.11. 病者の塗油／終油の秘跡

II: *Jer II* 1.7; *Metr Crit* 13; *Mogila* 1.117-19

III: *Flor Arm* 18

IV: *Apol Aug* 13.6; *Trent* 14.2, 14 can 2.1-4

V: *Lam* 48; *Friends I* 19; *Philip Ind* 2.4.6

10.12. 聖なる職制／叙階、叙階された聖職者と司祭職（9.7 も参照）

II: *Jer II* 1.7, 1.14; *Metr Crit* 11; *Mogila* 1.89, 1.108-11

III: *Flor Arm* 19; *Loll* 2; *Boh I* 9

IV: *Apol Aug* 13.12, 24.52-55; *Smal Art* 3.10; *67 Art* 61-63; *Tetrapol* 13; *Genv Con* 20; *Helv II* 18.8, 18.10-11; *39 Art* 36; *18 Diss* 12; *Trent* 7 can 1.9, 23.1-4, 23 can 1-8

V: *True Con* 19-27; *London I* 44-45; *Camb Plat* 9; *Gen Bap* 58-67, 73; *Sav* con 15; *Friends I* 16; *Geloof* 24; *Ev All* 9; *Syl* 30-32; *Lam* 50; *Assem* 9; *So Bap* 12; *Un Ch Can: Union* 17; *Un Pres* 34; *F&O Laus* 5; *Ess* 11; *Br St Luth* 31-33; *CSI 1947* 3-4, 6; *Philip Ind* 2.4.7, 2.6; *Bat* 9; *Vat II* 5.1.18-29; *Menn Con* 10; *Sri Lanka* 1, 6-8; *Ghana* 5; *Pres USA* 9.38-40; *Design* 1.7; *Toraja* 6.12; *BEM* 3.7-25, 3.39-50

10.13. 聖職者の独身主義

II: *Phot* 5, 31; *CP 1054* 3; *Jer II* 1.23; *Metr Crit* 11.6

III: *Loll* 3; *Prague* 4; *Boh I* 9, 19

IV: *Aug* 23; *Apol Aug* 23; *Smal Art* 3.11; *67 Art* 28–30; *Bern* 9–10; *Helv I* 27; *Helv II* 29; *39 Art* 32; *Irish* 64; *Witt Art* 14; *Trent* 24.9

V: *Meth Art* 21; *Philip Ind* 2.7; *Vat II* 5.1.29, 5.1.42

10.14. 禁欲主義と修道院制度

II: *Jer II* 1.16, 1.20, 1.27; *Metr Crit* 19

III: *Loll* 11

IV: *Aug* 27; *Apol Aug* 27; *Smal Art* 3.14; *Tetrapol* 12; *Helv II* 18.7; *Witt Art* 15

V: *Sav* 23.6; *Vat II* 5.1.43-47, 5.3.15

10.15. 婚姻、キリスト者の結婚と家族

II: *Jer II* 1.7; *Metr Crit* 12; *Mogila* 1.115-16

III: *Tol I* 16; *Flor Arm* 20

IV: *Luth Lg Cat* 1.200-221; *Apol Aug* 13.14-15; *Helv I* 27; *Laus Art* 9; *Helv II* 29.2-4; *Irish* 64; *West* 24; *Cologne* 8; *Ries* 39; *Dordrecht* 12; *Trent* 7.1.1-2, 24 decr

V: *Sav* 25; *Geloof* 31; *Cumb Pres* 89-92; *Syl* 65-74; *Richmond* 13; *Lam* 51; *Un Pres* 36; *Philip Ind* 2.4.8; *Vat II* 5.1.35, 9.5; *Menn Con* 16; *Sri Lanka* 9; *Pres USA* 9.47; *RCA* 13; *Toraja* 7.9

11. 私たちは死者の復活を望む

11.1. 終末の希望（7.1 も参照）

II: *Mogila* 1.120-24

III: *R* 11

IV: *Ries* 40; *Dordrecht* 18; *Trent* 6 can 26

V: *Morav* 5-6; *LDS* 10; *Syl* 17; *Adv* 8-10; *Pol Nat* 11-12; *Assem* 14; *Witness* 4, 6; *Meth Kor* 8; *UCC* 8; *Masai* 3; *Vat II* 5.1.48-51, 5.1.68; *Menn Con* 20; *Un Ref Ch* 17.5; *RCA* 21; *Bap Conf* 9

11.2. 堅忍と忍耐

III: *Boh I* 20

IV: *Remon* 5; *Dort* 5; *West* 17, 18.2-3; *Trent* 6.13, 6 can 16, 22-23

V: *London I* 23, 26; *Gen Bap* 43; *Sav* 17; *Friends I* 15; *Geloof* 22; *Cumb Pres* 60-61; *New Hamp* 11; *Abst Prin* 13; *So Bap* 11; *Un Pres* 23-24; *Bap Assoc* 15; *LuRC Just* 34-36

11.3. 反キリスト

II: *Metr Crit* pr 3, 10.4, 23.2-4

III: *Boh I* 8

IV: *Apol Aug* 7/8.4, 15.18-19, 23.25; *Smal Art* 2.4.10-11; *Irish* 80; *West* 25.6

V: *True Con* 28; *Sav* 26.4-5; *Shkr* 3-4; *Adv* 13; *Br St Luth* 43; *Laus Cov* 15

11.4. すべての者の復活（5.1 も参照）

II: *Gennad* 11

III: *Ap* 11; *Tol I* 20, anath 10; *Tol XI* 17; *Petr Ab* 4; *Lat 1215* 2

IV: *Luth Lg Cat* 2.60; *Form Conc Sol Dec* 1.46-47; *Genv Cat* 106-10; *Belg* 37; *Heid* 57; *Helv II* 11.14; *West* 32.2-3; *Cologne* 15

V: *Sav* 31.2-3; *Friends I* 23; *Morav* 5-6; *Geloof* 33; *Cumb Pres* 112-13; *New Hamp* 18; *Arm Ev* 10; *Ev All* 8; *Abst Prin* 19; *Swed Bap* 12; *Adv* 21-22; *Salv Arm* 11; *Com Cr* 12; *Richmond* 7; *Am Bap* 7; *Naz* 12.15; *Assem* 14; *So Bap* 16; *Un Ch Can: Union* 19; *Un Pres* 41; *Bap Assoc* 23; *Madag* 7; *Menn Con* 20; *Toraja* 4.6, 8.4; *Bap Conf* 9

11.5. 魂の不死性

II: *Gennad* 11; *Mogila* 1.28

III: *Tol I* 21, anath 11

IV: *Scot I* 17; *West* 32.1

V: *Sav* 31.1; *Geloof* 5.1, 32.3; *Cumb Pres* 112; *Ev All* 8; *Adv* 19-20; *Salv Arm* 11; *Un Pres* 5; *Bat* 16; *Toraja* 3.4

12. 来たる世での命を

12.1. 永遠の命、天国、地獄、煉獄

I: *Orig* 5

II: *Jer II* 1.17; *Metr Crit* 20.4; *Lucar* 18; *Mogila* 1.60-68, 1.124-26; *Dosith* decr 18

III: *Ap* 12; *Ath* 41; *Sens* 15; *Lat 1215* 2; *Flor Un* 11-13

IV: *Smal Art* 2.2.12-15; *67 Art* 57-60; *Bern* 7; *Fid rat* 12; *10 Art* 10; *Genv Cat* 110; *Gall* 24; *Scot I* 17, 25; *Heid* 58; *Helv II* 26.4; *39 Art* 22; *Irish* 101-2; *West* 33.1-2; *18 Diss* 14; *Trent* 6 can 30, 25; *Trid Prof* 6

V: *Sav* 32.1-2; *Geloof* 35-36; *Meth Art* 14; *Winch* 2; *Cumb Pres* 113-15; *New Hamp* 17-18; *Arm Ev* 10; *Ev All* 8; *Abst Prin* 20; *Swed Bap* 12; *Syl* 17; *Free Meth* 14; *Adv* 23-25; *Salv Arm* 11; *Com Cr* 12; *Richmond* 7; *Am Bap* 9; *Naz* 12.16-17; *Pol Nat* 11-12; *Assem* 16-17; *So Bap* 15; *Un Ch Can: Union* 19; *Un Pres* 39, 42-43; *Meth Kor* 8; *Bap Assoc* 24-25; *Bat* 16, 18; *Menn Con* 20; *RCA* 20-21; *Toraja* 8.6-8; *Bap Conf* 9; *Philip UCC* 6; *Camb Dec* 6

信条の Syndogmaticon 比較への索引

あ

愛 Love　1.9, 3.1-3, 8.4
悪 Evil　1.11
悪魔 Devil and demons　1.11
憐れみ（神の）Mercy, divine　1.9, 3.1-3, 3.5, 4.1, 8.4, 11.1
安息日 Sabbath　8.7
イエス・キリスト Jesus Christ　2-7
位格（三位一体の）Persons of the Trinity　1.8, 1.9, 2.1, 8.1
位格的結合 Hypostatic union　3.10
イコン Icons　8.10
異端 Heresy　1.5
一神教 Monotheism　1.7-8
一致（教会の）Unity of the church　9.1
祈り Prayer　3.8, 8.8-9
永遠の命 Eternal life　12.1
永遠の処女 Semper Virgo　3.7
エキュメニカル運動 Ecumenism　9.1-2
選び Election　3.2, 11.2
王（キリストの職務）King, Christ as　2.1, 7.2-3

か

戒規 Discipline　9.4
悔恨 Contrition　10.10
解釈学 Hermeneutics　8.15
回心 Conversion　1.13, 8.2, 10.10
外典 Apocrypha　8.13
鍵の権能 Keys, power of　9.4, 9.6-7, 10.10
確信 Certainty　1.6, 8.14
神の国 Kingdom of God　7.2-3
神の子 Son of God　1.8, 2.1-2, 3.10
神の言葉 Word of God　1.3,2.1, 8.11, 10.1
神の像 Image of God　1.13-14, 2.1, 8.2
神の知識（生得の）Knowledge of God, natural　1.2
神の母（マリア）Mother of God, Mary as　3.7
神を呼ぶこと Call of God　3.3, 10.1
慣行 Usages　8.7
監督制 Episcopacy　9.7, 10.12
寛容（宗教的）Toleration, religious　7.3
義 Righteousness　1.12-13, 3.5, 8.4
義（神の）Justice, divine　1.9, 3.4, 4.1, 12.1
棄却 Reprobation　3.2,12.1
犠牲 Sacrifice　4.1, 8.7,10.9
奇跡 Miracles　1.10, 2.1
義認 Justification　3.5
希望 Hope　11.1
機密（聖職者の）Orders, holy　10.12
救済 Salvation　3.1-6, 4.1
旧約聖書 Old Testament　8.11, 8.13-14
教会 Church　7.3, 9.1-9
教会会議 Councils　9.8
教会と国家 Church and state　7.3
教師（キリスト）Teacher, Christ as　2.1
キリストに倣う Imitation of Christ　2.1,

8.4
キリストの高挙 Exaltation of Christ 5.1, 6.1
キリストの死 Death of Christ 4.1-2
キリストの昇天 Ascension of Christ 6.1
キリストの職務 Offices of Christ 2.1
キリストの模範 Example, Christ as 2.1, 8.4
禁欲主義 Asceticism 10.14
悔い改め Repentance 10.10
偶像礼拝 Idolatry 1.7, 3.10, 8.10
啓示 Revelation 1.3, 2.1, 8.1, 8.11-15
契約 Covenant 3.1, 3.3, 9.9
結婚 Marriage 10.13-15
権威 Authority 1.4, 8.11-12, 9.6, 9.8
堅信礼 Confirmation 10.4
堅忍 Perseverance 11.2
謙卑（キリストの）Humiliation of Christ 2.1, 4.2
現臨 Presence, real 10.6-7
合一（位格の）Union, hypostatic 3.9-10
功績 Merit 3.8, 4.1, 8.3
降誕（キリストの）Nativity of Christ 3.6-7
行動（神の）Energies, divine 1.9, 3.10
公同の教会 Catholic, church as 9.5
国家 State 7.3
子にすること Adoption 8.2
婚姻 Matrimony 10.13-15

さ

最後の審判 Judgment, final 7.1, 11-12
財産 Property 7.3
祭司（キリストの職務）Priest, Christ as 2.1
再臨 Second coming 7.1-2
サクラメント Sacraments 10.1-15
サクラメント（定義）Sacrament, defined 10.1
懺悔 Penance 10.10
三位一体 Trinity 1.7-8, 2.1, 8.1, 8.6
司教 Bishops 9.7, 10.12
地獄 Hell 12.1
司祭職（教会の）Priesthood, ecclesiastical 9.7,10.12
死者のための祈り Departed, prayer for 8.9, 12.1
実体変化 Transubstantiation 10.7
使徒的教会 Apostolic, church as 9.6-8
市民社会 Society, civil 7.3
釈義 Exegesis 8.15
赦免 Absolution 10.10
主（キリスト）Lord, Christ as 2.1
主（聖霊）Lordly, Holy Spirit as 8.1
自由意志 Free will 1.12, 8.5
十字架 Cross 4.1-2
充足 Satisfaction 4.1,10.10
修道院運動 Monasticism 10.14
終末 Eschatology 7.1, 11, 12
終油の秘跡 Extreme unction 10.11
祝典 Ceremonies 8.7
受難（キリストの）Passion of Christ 4.1-2
受肉 Incarnation 3.6, 3.9-10
主の祈り Lord's Prayer 8.8
主の晩餐 Lord's supper 10.5-9
生神女就寝祭（マリアの）Dormition of Mary 3.7
状態（キリストの）States, of Christ 2.1, 4.2, 5.1, 6.1
叙階 Ordination 10.12

贖罪 Atonement　4.1; Redemption　4.1
職制（教会の）Order, church　9.7
助祭 Diaconate　9.7, 10.12
処女（マリア）Virginity of Mary　3.6-7
神化 Deification　8.2
進化 Evolution　1.10
神化 Theosis　8.2
信仰 Faith　1.1, 1.6, 3.5
信仰告白 Confession of faith　1.5, 1.7
信仰の基準 Rule of faith　1.4, 8.11-12
信条 Creed　1.4
人性（キリストの）Human, Christ as　3.6, 3.9-10
信徒 Laity　9.7, 9.9, 10.12
信徒が杯に与ること Chalice for the laity　8.7, 10.8
神秘 Mystery　1.3, 8.7, 10.1-14
新約聖書 New Testament　8.11, 8.13-14
信頼 Trust　1.6
浸礼 Immersion　10.2-3
救い主（キリスト）Savior, Christ as　2.1
救いの保証 Assurance of salvation　1.6, 11.2
聖化 Sanctification　8.2, 8.4-5
聖画像 Images　8.10
聖餐 Communion　9.4, 10.8; Eucharist　10.5-9
聖餐における変容 Change, eucharistic　10.7
政治 Polity　9.7
政治（市民の）Government, civil　7.3
聖書 Scripture　8.11-15
聖書解釈 Interpretation of Scripture　8.15
聖職者 Ministry　9.7, 10.12
聖書正典 Canon of Scripture　8.13
聖書の霊感 Inspiration of Scripture　8.14
聖人 Saints　3.7-8, 8.10, 9.9, 11.2
聖人崇拝 Veneration of saints　3.10, 8.10
聖人への呼びかけ Invocation of saints　3.7-8
聖性 Holiness　1.9, 8.2-5, 9.3-4
聖定（神の）Decrees, divine　1.10, 3.1, 3.2, 3.6, 12.2
制定語（聖餐の）Institution, words of　10.1, 10.5-7
正統教理 Orthodox doctrine　1.5
聖徒の交わり Communion of saints　3.10, 9.9
誓約 Oaths　7.3
聖霊 Holy Spirit　1.8, 8.1-6, 8.14, 10.7
聖霊の発出 Procession of the Holy Spirit　8.6
聖霊を求める祈り（エピクレーシス）Epiclesis　8.7, 10.7
説教 Preaching　3.3,10.1
摂理 Providence　1.10
戦争 War　7.3
洗足 Foot-washing　8.7
全信徒祭司性 Priesthood, universal　9.7, 9.9, 10.12
千年王国 Millennium　7.2
千年至福 Chiliasm　7.2
全能（神の）Omnipotence, divine　1.9
洗礼 Baptism　10.2-3
想起 Memorial　3.8, 8.9, 10.8
創造 Creation　1.2, 1.10-14
属性（神の）Attributes, divine　1.9, 3.10
属性の交流 Communication of attributes　3.10

た

堕罪（アダムとエバの）Fall of Adam and Eve　3.4
魂 Soul　1.12,11.5
地域会議 Synods　9.8
父なる神 Father, God as　1.8-9, 2.1, 8.6
仲保者（キリスト）Mediator, Christ as　2.1, 3.7-8
罪 Sin　3.4, 3.5, 3.7, 4.1, 8.4, 9.3, 9.4, 10.10
罪の告白 Confession of sin　10.10
罪の赦し Forgiveness of sins　3.5, 10.10
罪への嘆き Attrition　10.10
テオトコス Theotokos　3.7
転嫁 Imputation　3.4, 3.5, 4.1, 8.2
天国 Heaven　6.1, 12.1
天使 Angels　1.14, 1.11
伝統 Tradition　1.4-5, 8.12, 9.6, 9.8
典礼 Liturgy　8.7-8, 10.5-9
同本質 Consubstantiation　10.6-7
徳 Virtue　8.4
独身 Celibacy　10.13-14
塗油 Anointing　10.4, 10.11
執り成し Intercession　2.1, 3.7-8, 6.1, 8.7-8

な

二種陪餐 Both kinds or species in the eucharist　10.8
人間の創造 Humanity, creation of　1.12

は

破門 Ban　9.4; Excommunication　9.4
反キリスト Antichrist　11.3
万人救済 Universal salvation　3.1, 3.3, 4.1, 12.1
万物復興説 Apocatastasis　12.1
ヒエラルキー Hierarchy　9.6-7
否定神学 Apophaticism　1.3
人が信じることを伴う信仰 Fides qua creditur　1.6
人が信じるところの信仰 Fides quae creditur　1.1
一つ（教会）One, church as　9.1-2
独り子 Only-begotten, Son of God as　2.1
ヒュポスタシス（神の）Hypostases, divine　1.8, 1.9
フィリオクエ Filioque　8.6
福音 Gospel　3.3, 10.1
服従 Obedience　3.4, 4.1, 7.3, 8.5
傅膏機密 Chrismation　10.4
復活 Resurrection　5.1,11.4
分割（教会の）Division in the church　9.2
分離（教会からの）Separation from the church　9.2
分裂 Schism　9.2
遍在（神の）Omnipresence, divine　1.9, 3.10, 6.1
変容（キリストの）Transfiguration of Christ　4.2
法（神の）Law, divine　1.2, 3.3-4, 4.1, 8.5
保持 Preservation　1.10, 11.2
ホモウシオス（同本質）Homoousios　1.8, 2.1
本性（神の）Nature, divine　1.8-9, 8.2
本性（キリストの）Natures of Christ　3.9-10

ま

マリア Mary　3.8
マリアの被昇天 Assumption of Mary　3.7
マリアの無原罪 Immaculate Conception of Mary　3.4, 3.7
ミサ Mass　10.9
報い Reward　3.5, 8.3, 12.1
無謬性 Infallibility　9.6, 9.8
無謬性（教会の）Indefectibility of the church　9.6, 9.8, 9.9
無謬性（聖書の）Inerrancy of Scripture　8.14
恵み Grace　8.3, 10.1
恵み（手段として）Grace, means of　10.1
恵みの手段 Means of grace　10.1

や

善い行い Works, good　3.5, 8.4
幼児洗礼 Infant baptism　10.3
預言者（キリストの職務）Prophet, Christ as　2.1
預言と成就 Prophecy and fulfillment　2.1, 8.1, 8.14
予知（神の）Foreknowledge, divine　1.9, 1.11, 3.2
予定 Predestination　3.2,11.2
陰府降り Descent into Hades　4.2

ら

理性 Reason　1.2,1.3,1.13
良心 Conscience　1.2, 8.4-5
礼拝 Worship　3.7-8, 8.7-10,10.5-9
煉獄 Purgatory　8.9,12.1
ロゴス Logos　2.1

わ

和解 Reconciliation　4.1,10.10

B. 教会の索引——教会、異端、信条、信仰告白、教会会議

一つの信条や信仰告白の中で「教会」(もしくは「特定の教会 (*the* church)」) を定義していたとしても、しばしば他の信条や信仰告白では「異端」となることがある。ここに掲載されている「異端」とは、信仰告白の中で (何らかのレッテルで) その名前が明確にされているものだけを指している。同様に、「信条」「信仰告白」「教会会議」も、別の信条、信仰告白、教会会議で明確に引用または言及されているものに限っている。非国教会の名において語られている信仰告白は (非国教会について、または非国教会に反対して語られている信仰告白はそうではない)、ここではすべて大文字のイタリックになっている〔訳者注：例えば、以下の「アルミニウス主義」(Arminianism) で、『キリスト教の伝統における信条と信仰告白』の第Ⅳ巻に収められている『レモンストラント』(*REMON*) は非国教会の名において語られているため大文字イタリックであるが、『ドルトレヒト信仰規準』(*Dort*) はそうではない〕。

あ

『アウグスブルク信仰告白』(1530 年) *Augsburg Confession* (1530)

III: *Wald* 33

IV: *Form Conc Epit* int 4; *Form Conc Sol Dec* pr 3-9, int 2, int 5, 2.29, 4.14, 4.21, 4.24, 7.9, 11.38

V: *Def Plat; Morav Am* 5

『アウグスブルク信仰告白弁証』(1531 年) *Apology of the Augsburg Confession* (1531)

IV: *Form Conc Epit* int 4; *Form Conc Sol Dec* int 6, 1.8-14, 2.25, 2.31-32, 3.6, 3.42-43, 4.14, 4.21, 4.33, 5.15, 5.27, 7.11, 7.55, 11.38

V: *Def Plat*

アウディウス派 Audianism

IV: *Apol Aug* 7/8.43

アエティオス派 Aetianism

IV: *Helv II* 3.5

アタナシウス信条 *Athanasian Creed*

II: *Metr Crit* 1.12
III: *Flor Arm* 21-24
IV: *Smal Art* 1.4; *Form Conc Epit* int 3; *Form Conc Sol Dec* int 4, 12.37; *Gall* 5; *Helv II* 11.18; *39 Art* 8; *Irish* 7; *Witt Art* 1
V: *Afr Orth* 2; *Toraja* pr; *Morav Am* 4
アッシリア東方教会 Assyrian Church of the East
V: *CHR DEC*
アッセンブリーズ・オブ・ゴッド Assemblies of God
V: *ASSEM*
アポリナリオス派 Apollinarianism
I: *Edict* anath 9, 10; *Ecth* 7, *CP II* anath 4, 11, 14; *CP III* 1
IV: *Helv II* 11.5
アメリカ合同キリスト教会（会衆派）United Church of Christ in the United States（see also Congregationalism）
V: *UCC*
アルミニウス主義 Arminianism
IV: *REMON; Dort*
アルメニア教会 Armenia, Church of
II: *Phot* 2
III: *FLOR ARM*
V: *COM DEC*
アレイオス派 Arianism
I: *AR; Sard; ULPH; EUN; Edict* 53, 59, anath 10; *Ecth* 1, 7; *N* anath; *CP II* anath 11; *CP III* 1; *Nic II*
II: *Phot* 1; *CP 1054* 6; *CP 1351* 1, 38; *Greg Palam* 6
III: *Lat 649* 18
IV: *Aug* 1.5; *Form Conc Epit* 8.22; *Form Conc Sol Dec* 7.126; *Scot I* 6; *Belg* 9; *Helv II* 3.5, 11.3
V: *Resp Pius IX* 4, 5.4
イコン破壊主義 Iconoclasm
II: *Greg Palam* 6
イスラム教 Islam
II: *Gennad; Metr Crit* pr 3, 10.4, 23.2-4
IV: *17 Art* 14; *Aug* 1.5, 21.1; *Apol Aug* 4.229, 15.18, 27.27; *Belg* 9; *Helv II* 3.5, 11.10
V: *Bat* pr
『一致信条書』（1580 年）*Book of Concord*（1580）

V: *Def Plat; BrStLuth; LuRC Just* 1
『イングランド教会の 39 箇条』(1571 年) *Thirty-Nine Articles of the Church of England* (1571)
V: *Lamb Quad* 1; *Morav Am* 5
ウィクリフ派 Wycliffitism
IV: *Apol Aug* 7/8.29
『ウェストミンスター小教理問答』(1648 年) *Westminster Shorter Catechism* (1648)
V: *Un Pres* pr
『ウェストミンスター信仰告白』(1647 年) *Westminster Confession of Faith* (1647)
V: *Sav* pr; *Un Pres* pr; *Un Ref Ch* 18; *Toraja* pr
『ウェストミンスター大教理問答』(1648 年) *Westminster Larger Catechism* (1648)
V: *Un Pres* pr
ヴァチカン公会議、第 1 回 (1869-70 年) Vatican, First Council of (1869-70)
V: *Utrecht* 2; *Vat II* 5.1.18, 5.1.25, 8.1, 8.6
ヴァチカン公会議、第 2 回 (1962-65 年) Vatican, Second Council of (1962-65)
V: *LuRC Just* 36
ヴァレンティノス派 Valentinianism
I: *Ar*
IV: *Aug* 1.5; *Helv II* 1.8, 11.4
『ヴィッテンベルク一致』(1536) *Wittenberg Concord* (1536)
IV: *Form Conc Sol Dec* 7.12-16, 38
エウアグリオス Evagrius
I: *CP III* 1
エウスタティオス派 Eustathianism
IV: *Helv II* 24.8
エウテュケス派 Eutychianism
I: *Tome; Edict* 51, anath 9, 10; *Ecth* 7; *Chal; CP II* anath 4, 11; *CP III* 1; *Nic II*
II: *Phot* 1, 2; *Greg Palam* 6
IV: *Form Conc Epit* 8.21; *Scot I* 6; *Helv II* 11.7
エウノミオス派 Eunomianism
I: *Edict* anath 10; *Ecth* 7; *CP II* anath 11
IV: *Aug* 1.5; *Helv II* 11.5
エビオン派 Ebionitism
IV: *Helv II* 11.4
エフェソ公会議 (431 年) Ephesus, Council of (431)
I: *Edict* 49, 55; *Ecth* 8; *Chal; CP II* 5, 8, 9, 10, 11, anath 13, 14; *Nic II*
II: *Greg Palam* 6

IV: *Form Conc Sol Dec* 8.76; *Helv II* 11.18

V: *Resp Pius IX* 5.5, 13; *Lam* 31;

エホバの証人 Jehovah's Witnesses

V: *WITNESS*

エンクラティス派 Encratites

IV: *Apol Aug* 23.45; *Helv II* 24.8

オリゲネス主義 Origenism

I: *Ecth* 7; *CP II* anath 11; *CP III* 1; *Nic II*

か

改革派教会（長老教会も参照）Reformed Church (see also Presbyterian Church)

II: *Dosith* decr 10

IV: *Form Conc Epit* 7.1, 8.1; *Form Conc Sol Dec* 8.2, 39-43; *Sax Vis* 1-4; *67 ART; BERN; TETRAPOL; FID RAT; BAS BEK; HELV I; LAUS ART; 10 ART; GENV CON; GENV CAT; GALL; SCOT I; BELG; HEID; LAMB ART; HELV II; 39 ART; SCOT II; IRISH; DORT; WEST; WEST LG CAT; WEST SH CAT; MARBURG; TIG*

V: *BARM; REF ALL; UN REF; PRCC; RCA*

会衆派（アメリカ合同キリスト教会も参照）Congregationalism (See also United Church of Christ in the United States)

V: *TRUE CON; CAMB PLAT; SAVOY; COM CR*

カタリ派 Catharism

IV: *Helv II* 14.12

カナダ合同教会 United Church of Canada

V: *UN CH CAN: UNION; UN CH CAN: CRD*

カルケドン公会議（451 年）Chalcedon, Council of (451)

I: *Edict* 43-46, 51-54, 55, 65, 75; *Ecth* 7; *CP II* 5, 10, 11; *CP III* 1, 6; *Nic II*

II: *Phot* 2; *CP 1341* 6; *CP 1351* 12; *Greg Palam* 6

III: *Flor Arm* 7

IV: *Form Conc Sol Dec* 8.18, 46; *Helv II* 11.18

V: *Resp Pius IX* 5.5, 13, 15; *Lam* 31;

カルヴァン主義　改革派教会を参照 Calvinism. *See* Reformed Church

ガングラ教会会議（345 年頃）Gangra, Synod of (ca. 345)

II: *Phot* 31 *CP 1054* 3

救世軍 Salvation Army

V: *SALV ARM*

『教皇レオ 1 世の書簡』Tome of Pope Leo I

I: *Chal; CP III* 6
クエーカー（フレンド派）Quakers（Society of Friends）
V: *FRIENDS I; RICHMOND; ESS*
クニセクスト（トルッロ）教会会議（692 年）Quinisext（Trullan）Synod（692）
II: *CP 1054* 3
クリスチャン・サイエンス Christ, Scientist, Church of:
V: *CHR SCI*
古カトリック教会 Old Catholic Church
V: *BONN I; BONN II; UTRECHT*
コンスタンティノポリス公会議、第 1 回（381 年）Constantinople, First Council of（381）
I: *Edict* 59; *Ecth* 7; *Chal; CP II* 5, 11; *CP III* 1; *Nic II*
II: *Greg Palam* 6; *Jer II* 1.1; *Mogila* 1.5, 1.71; *Dosith* decr 9
IV: *Helv II* 11.18
V: *Resp Pius IX* 5.4
コンスタンティノポリス公会議、第 2 回（553 年）Constantinople, Second Council of（553）
I: *CP III* 1; *Nic II*
II: *Greg Palam* 6; *Ecth* 7; *Nic II*
III: *Flor Arm* 7-8
V: *Resp Pius IX* 5.5
コンスタンティノポリス公会議、第 3 回（680-81 年）Constantinople, Third Council of（680-81）
I: *Nic II*
II: *Phot* 29-30; *CP 1341* 6; *CP 1351* 12, 13, 31; *Greg Palam* 6
III: *Flor Arm* 7-8
V: *Resp Pius IX* 5.5
コンスタンティノポリス教会会議、第 4 回（869-70 年）Constantinople, Fourth Council of（869-70）
V: *Vat I* 4.
合理主義 Rationalism
V: *Syl* 1-14

さ

再洗礼派　バプテスト派／再洗礼派を参照 Anabaptism. *See* Baptists / Anabaptists
『サヴォイ宣言』（1658 年）*Savoy Declaration*（1658）
V: *Un Ref Ch* 18
サクラマンテール〔聖餐の象徴主義者〕Sacramentarianism

IV: *Form Conc Epit* 7.2-5, 25-42; *Form Conc Sol Dec* 7; *Gall* 38
サベリオス派 Sabellianism
I: *Ar; Ecth* 1
II: *CP 1351* 1
III: *Lat 649* 18; *Petr Ab* 2
IV: *Belg* 9; *Helv II* 3.5
サモサタ派 Samosatenism
II: *CP 1351* 47
III: *Lat 649* 18
IV: *Aug* 1.5; *Form Conc Sol Dec* 8.15-16; *Belg* 9; *Helv II* 3.5
三章問題（モプスエスティアのテオドロス、テオドレトス、イバス）Three Chapters（Theodore of Mopsuestia, Theodoret, Ibas）
I: *Edict* 43-46, 47-48, 55-76, anath 11-13; *Ecth* 7; *CP II* 1-12, anath 1-14; *CP III* 1
III: *Lat 649* 18
シェーカー教会 Shaker Church
V: *SHKR*
自然主義 Naturalism
V: *Syl* 1-7
使徒信条 *Apostles' Creed*
IV: *Luth Sm Cat* 2; *Luth Lg Cat* 2; *Aug* 3.6; *Apol Aug* 3.1; *Smal Art* 1.4; *Form Conc Epit* int 3; *Form Conc Sol Dec* int 4; *Tetrapol* 15; *Genv Cat* 15-130; *Gall* 5; *Heid* 22-59; *Helv II* 17.17; *39 Art* 8; *Irish* 7; *West Sh Cat* con; *Witt Art* 1
V: *Def Plat; Lamb Quad* 2; *Lam* 62; *Afr Orth* 2; *F&O Laus* 4; *Chin Un* 3; *Sri Lanka* 3; *CNI* 3; *Togo* pr; *Un Ref Ch* 18; *Toraja* pr; *Morav Am* 4; *Ad tuendam* 1
シュヴェンクフェルト派 Schwenkfeldianism
IV: *Form Conc Epit* 12.20-27; *Form Conc Sol Dec* 12.28-35; *Helv II* 11.9
『ジュネーヴ教会信仰告白』（1536 年）Geneva Confession（1536）
V: *Toraja* pr
『シュマルカルデン条項』（1537 年）*Smalcald Artieles*（1537）
IV: *Form Conc Epit* int 4; *Form Conc Sol Dec* int 7, 1.8, 1.52, 2.33-35, 5.14, 7.17-19, 10.18-23
神人協力説 Synergism
IV: *Form Conc Sol Dec* 2.77-78
神人同形説 Anthropomorphism
IV: *Helv II* 3.5
神父受苦主義（プラクセアス派）Patripassianism（also Praxeas）

III: *Petr Ab* 2;
IV: *Belg* 9; *Helv II* 3.5
聖公会 Anglicanism
IV: *LAMB ART; 39 ART; WITT ART*
V: BONN 9b; LAMB QUAD; *Vat II* 5.3.13
『聖ヨアンネス・クリュソストモスによる聖体礼儀』*Liturgy of Saint John Chrysostom*
V: *Resp Pius IX* 13
セブンスデー・アドベンチスト教会 Seventh-Day Adventist Church
V: *ADV; Bat* pr

た

『卓越せる神』(1854 年) *Ineffabilis Deus* (1854)
V: *Utrecht* 3
タティアノス派 Tatianism
IV: *Helv II* 24.8
単位論 Monothelitism
I: *CP III* 4, 8-9
II: *CP 1351* 31
IV: *Helv II* 11.7
V: *Resp Pius IX* 11
単行論 Monenergism
I: *CP III* 8-9
II: *Greg Palam* 6
単性論 Monophysitism
I: *Ecth* 7; *Chal* 5-12, 16-20; *Nic II*
II: *Phot* 2; *Greg Palam* 6
IV: *Helv II* 11.7
V: *Com Dec*
『チューリッヒ協定』*Zurich Consensus [Consensus Tigurinus]* (1549)
IV: *Form Conc Sol Dec* 7.2
長老教会(『ウェストミンスター信仰告白』、改革派教会も参照) Presbyterian Church (see also *Westminster Confession of Faith*; Reformed Church)
IV: *WEST; WEST LG CAT; WEST SH CAT*
V: *CUMB PRES; AUB; UN PRES; PRES USA; PRCC; PRES SO AFR; CHILE*
ディオスコロス Dioscorus
I: *Edict* 75; *Ecth* 7; *CP III* 1

II: *Phot* 1, 2
V: *Resp Pius IX* 11
ディサイプル派 Disciples of Christ
V: *DEC ADDR; DESIGN*
ドイツ福音主義教会 Evangelical Church of Germany
V: *ARN; LEUEN*
東方正教会（東西分裂後）Eastern Orthodox Church (after the East-West schism)
II: *PHOT; CP 1054; CP 1341; CP 1351; GREG PALAM; GENNAD; JER II; METR CRIT; LUCAR; MOGILA; DOSITH*
IV: *Apol Aug* 10.2, 24.6, 24.39, 24.93
V: *RESP PIUS IX; BONN I; F&O Laus* 4.1
ドナトゥス派 Donatism
II: *CP 1054* 6
IV: *Aug* 8.3; *Apol Aug* 7/8.29, 49; *Helv II* 17.2, 18.21
トマス・キャンベルの『宣言および提言』（1809 年）*Declaration and Address* of Thomas Campbell (1809)
V: *Un Ref Ch* 18
トリエント公会議（1545-63 年）Trent, Council of (1545-63)
IV: *Form Conc Sol Dec* 4.35; *Trid Prof* 4, 7
V: *Syl* 70-71; *Vat I* 3 pr, 3.2, 3 can 2.4; *Utrecht* 5; *Vat II* 5.1.51, 8.1, 8.9; *LuRCJust* 1
トレド教会会議、第 4 回（633 年）Toledo, Fourth Synod of (633)
IV: *Apol Aug* 22.4

な

ナザレン教団 Nazarene, Church of
V: *NAZ*
ニカイア・コンスタンティノポリス信条（381 年）：通称ニカイア信条 *Niceno-Constantinopolitan Creed* (381): aka *Nicene Creed*
I: *Edict* 55; *Eph* 431; *Chal* 27; *CP III* 1-4; *Nic II*
II: *Phot* 8-23; *CP 1054* 4; *Mark Eph* 3-8; *Jer II* 1.1-2; *Metr Crit* 7.2; *Mogila* 1.5-126; *Dosith* decr 9
III: *Flor Arm* 6
IV: *Aug* 1.1; *Apol Aug* 3.1; *Form Conc Epit* int 3; *Form Conc Sol Dec* int 4, 12.37; *Gall* 5; *39 Art* 8; *Irish* 7; *Marburg* 1; *Witt Art* 1; *Trid Prof* 1
V: *Resp Pius IX* 5; *Lamb Quad* 2; *Afr Orth* 2; *F&O Laus* 4; *Sri Lanka* 3; *CNI* 3; *Un Ref Ch* 18; *Toraja* pr; *Chr Dec* 1; *Morav Am* 5; *Ad tuendam* 1

ニカイア公会議、第 1 回（325 年）Nicaea, First Council of（325）
I: *Edict* 59, 65; *Ecth* 7; *Eph* 431; *Chal; CP II* 5, 11; *CP III* 1-2; *Nic II*
II: *Greg Palam* 6; *Jer II* 1.1, 1.14; *Metr Crit* 1.10; *Mogila* 1.5; *Dosith* decr 9
IV: *Apol Aug* 7/8.42; *Helv II* 11.18; *Marburg* 1; *Trent* 13.6
V: *Resp Pius IX* 5.4; *Lam* 31
ニカイア公会議、第 2 回（787 年）Nicaea, Second Council of（787）
II: *Phot* 40-44; *Greg Palam* 6; *Metr Crit* 15.4
V: *Resp Pius IX* 5.5; *Vat II* 5.1.51
日本基督教団 United Church of Christ in Japan
V: *UN CH JAPAN*
ネストリオス派 Nestorianism
I: *Edict* 47-49, 51, anath 7, 10; *Ecth* 6, 7; *Eph* 431; *Chal; CP II* 8, 10, anath 4, 11, 13, 14; *CP III* 1
II: *Phot* 1; *Greg Palam* 6; *Metr Crit* 9.5
III: *Lat 649* 18
IV: *Form Conc Epit* 8.18, 20; *Form Conc Sol Dec* 8.15; *Scot I* 6; *Helv II* 11.7
V: *Resp Pius IX* 11; *Chr Dec*
熱狂主義 Enthusiasm
IV: *Form Conc Epit* 2.13; *Form Conc Sol Dec* 2.4, 2.80; *Gall* 38
V: *Bat* pr
ノウァティアヌス派 Novatianism
II: *Metr Crit* 11.8
IV: *Aug* 12.9; *Helv II* 14.12; *Trent* 14.2
ノエトス派 Noetianism
IV: *Helv II* 3.5

は

『ハイデルベルク信仰問答』（1563 年）*Heidelberg Catechism*（1563）
V: *Morav Am* 5
バタク・プロテスタント・キリスト教会 Batak Protestant Christian Church
V: *BAT*
バプテスト派／再洗礼派 Baptists / Anabaptists
II: *Metr Crit* 9.9
IV: *Aug* 5.4, 9.3, 12.7, 16.3, 17.4; *Apol Aug* 4.66, 9.2-3; *Form Conc Epit* 12.2-19; *Form Conc Sol Dec* 4.27, 12.9-27; *Scot I* 23; *Belg* 34, 36; *Helv II* 20.6, 30.4; *39 Art* 38; *18 DISS; DENCK; SCHLEIT; COLOGNE; RIES; DORDRECHT*

V: *LONDON I; GEN BAP; GELOOF; NEW HAMP; ABST PRIN; SWED BAP; SO BAP; BAP ASSOC; BAP CONF; MENN CON*

『バルメン宣言』(1934年) *Barmen Declaration* (1934)

V: *Bat* pr; *Morav Am* 5

バルラーム主義 Barlaamism

II: *CP 1341; CP 1351; Greg Palam* 7

汎神論 Pantheism

V: *Syl* 1; *Sacr ant* 11

半ペラギウス主義(ペラギウス主義も参照) Semipelagianism (see also Pelagianism)

IV: *Form Conc Epit* 2.10

V: *Cum occas* 4-5

フィレンツェ公会議(1439年);バーゼル・フェラーラ・フィレンツェ・ローマ公会議(1431-35年) Florence, Council of (1439); Council of Basel-Ferrara-Florence, Rome (1431-35)

IV: *Trent* 25.1

V: *Vat I* 4.4; *Vat II* 5.1.51

フォティオス派 Photinianism

II: *CP 1351* 47-48

ブルガリア教会 Bulgaria, Church of

II: *Phot* 3, 5, 35

プリシリアヌス派 Priscillianism

III: *Tol I* anath 18

プロテスタント主義(個々のプロテスタント教会も参照) Protestantism (see also individual Protestant churches)

V: *Syl* 18

ペラギウス主義(半ペラギウス主義も参照) Pelagianism (see also Semipelagianism)

IV: *Aug* 2.3, 18.8; *Apol Aug* 4.19, 4.29-30, 4.106, 4.173, 18.1-3, 20.14; *Form Conc Epit* 1.13, 2.9; *Form Conc Sol Dec* 1.3, 1.17-25, 2.75; *Gall* 10; *Belg* 15; *Helv II* 8.7, 9.12; *39 Art* 9; *Dort* 3/4.10

ベルン教会会議(1532年) Berne, Synod of (1532)

V: *Morav Am* 5

ペンテコステ派 Pentecostalism

V: *Bat* pr

ボゴミル派 Bogomilism

II: *CP 1341* 47, 50

『ボヘミア信仰告白(第一)』(1535年) *Bohemian Confession, The [First]* (1535)

V: *Morav Am* 5

ポーランド・カトリック国教会 Polish National Catholic Church
V: *POL NAT*

ま

マケドニオス派 Macedonianism
I: *Edict* 59, anath 10; *Ecth* 7; *CP II* anath 11; *CP III* 1; *Nic II*
II: *Phot* 1; *CP 1054* 4; *Greg Palam* 6
III: *Lat 649* 18;
IV: *Helv II* 3.5
V: *Resp Pius IX* 5.4, 11
末日聖徒（モルモン）教会 Latter-Day Saints, Church of (Mormons)
V: *LDS*
マニ教 Manichaeism
I: *Ar*
II: *Phot* 1, 5; *CP 1054* 6
III: *Fid cath; Unam* 7
IV: *Aug* 1.5; *Apol Aug* 18.1; *Form Conc Epit* 1.17, 1.19, 1.22, 2.8; *Form Conc Sol Dec* 1.3, 1.26-30, 2.74; *Belg* 9, 12; *Helv II* 1.8, 9.8, 9.12
マルキオン派 Marcionism
II: *Phot* 1
IV: *Form Conc Epit* 8.23; *Scot I* 6; *Belg* 9; *Helv II* 1.8, 11.4
マルケロス派 Marcellianism
II: *CP 1351* 47-48
無知派 Agnoetes
IV: *Form Conc Sol Dec* 8.75
メソジスト派 Methodism
V: *METH ART; FREE METH; SOC METH; METH KOR; METH BRAZ*
メッサリア派 Messalianism
IV: *Helv II* 19.11
モダニズム Modernism
V: *Lam; Sacr ant*
『最も恵み深き神』（1950 年）*Munificentissimus Deus* (1950)
V: *Vat II* 5.1.59
モナルキア主義 Monarchianism
IV: *Helv II* 3.5
モラヴィア教会（兄弟団）Moravian Church (Unitas Fratrum)

IV: *BOH I; BOH II*

V: *MORAV; MORAV AM*

モルモン（末日聖徒イエス・キリスト教会）Mormons（Church of Jesus Christ of Latter Day Saints）

V: *LSD*

モンタノス派 Montanism

II: *Phot* 1

や

ヤコブ派 Jacobites

II: *Phot* 2

IV: *Helv II* 11.10

ヤンセン派 Jansenism

V: *Cum occas* 1-5

ユダヤ教 Judaism

I: *CP III* 10

IV: *Apol Aug* 7/8.43, 24.6; *Belg* 9; *Helv II* 3.5; *Helv II* 11.14, 24.2

ユニテリアン教会／ユニヴァーサリスト教会、反三位一体主義（アレイオス派も参照）Unitarian Church / Universalist Church, and Anti-Trinitarianism（see also Arianism）

IV: *Form Conc Epit* 12.28-31; *Form Conc Sol Dec* 12.36-38; *Helv II* 11.3

V: *WINCH; WASH*

ヨウィニアヌス派 Jovinianism

IV: *Helv II* 8.7

養子論（アルテモン）Adoptionism（Artemon）

IV: *Helv II* 1.8

『四都市信仰告白』（1530 年）*Tetrapolitan Confession*（1530）

IV: *Form Conc Sol Dec* 7.1

ら

ラテラノ公会議、第 4 回（1215 年）Lateran, Fourth Council of（1215）

IV: *Trent* 13.4, 14.5, 14 can 8

リヨン公会議、第 2 回（1274 年）Lyons, Second Council of（1274）

V: *Vat I* 4.4

ルーテル教会 Lutheran Church

II: *Jer II* 1; *Dosith* decr 17

IV: *17 ART; LUTH SM CAT; LUTH LG CAT; AUG; APOL AUG; SMAL ART; FORM*

CONC EPIT; FORM CONC SOL DEC; SAX VIS; MARBURG

V: *DEF PLAT; BR ST LUTH; BARM; ARN; LEUEN; LURC JUST*

『ルターの小教理問答』（1529 年）*Luther's Small Catechism*（1529）

IV: *Form Conc Epit* int 5; *Form Conc Sol Dec* int 8, 1.38, 2.40-41, 7.10

V: *Def Plat; Morav Am* 5

『ルターの大教理問答』（1529 年）*Luther's Large Catechism*（1529）

IV: *Form Conc Epit* int 5; *Form Conc Sol Dec* int 8, 1.38, 2.36-39, 7.20-26

ローマ・カトリック教会（東西分裂後）Roman Catholic Church（after the East-West schism）

II: *Phot*

IV: *Aug; Apol Aug; Smal Art*; *Form Conc Epit* 4.18, 7.22-24; *Form Conc Sol Dec* 2.76, 2.79, 7.108-10, 7.126; *Scot I* 21; *Heid* 80; *Helv II* 2.1, 17.2, 17.7–10, 18.6, 21.13, 23.5, 25.2; *39 Art* 19, 22, 37; *Scot II; Irish* 59, 67, 78-80, 87, 102; *West* 24.3, 25.6; *TRENT; TRID PROF*

V: *Resp Pius IX; INEFF; Def Plat* 1.1-2, 5, 2.1-3, 7; *VAT I; Bonn I* 8b, 10; *Utrecht* 2-5; *LAM; SACR ANT; MUNIF; Bat* pr, 3.Bst; *Masai; VAT II; HOND; BEC; BALAMAND; CHR DEC; COM DEC; AD TUENDAM; LURC JUST*

ロシア正教会 Rus, Church of

II: *Phot* 35

第七部　信条に関する索引

A. 聖書

創世記

1.1　223
11.1-9　431
14.4　363
15.6　112
16.1-3　433
17.23　433

出エジプト記

3.2　455
3.14　201, 214, 455
20.3-17　339, 351, 453, 520

民数記

6.24-26　545
15.37-41　503

申命記

6.4　201, 207, 451, 453, 503
6.5-9　503
11.13-21　503

エステル記

3.9　159

詩編

16.10　447
83.6　83
116.10　93, 420
119.46　319
146.3　329

箴言

8.22　223
8.25　223
22.28　533

イザヤ書

29.13　147

エゼキエル書

44.2　379

ダニエル書

2.13　159
6.8　159

ホセア書

11.1　72-3

マカバイ記二

12.42　219
15.12-16　219

マタイによる福音書

1.2　223
2.15　73
4.19　667
5.23-24　417
6.9　255
6.9-13　243, 520
6.13　527, 545
8.29　667

9.19 667
10.19-20 665
10.20 575
10.32-33 123
12.46 381
13.55 381
15.9 147
16.15 149
16.15-16 667
16.16 293, 421, 509
16.16-18 211
16.18 99, 181
16.18-19 63, 179, 573
19.21 409
21.28-31 389
26-28 525
26.26-29 525
26.27 599
26.39 453
26.54 73
28.18-20 205, 597
28.19 281, 283, 505, 509, 517
28.19-20 203-5, 267
28.20 321

マルコによる福音書

1.11 505
3.31 381
7.7 147
9.7 505
9.24 637
12.28-30 503
12.29 207, 505
14-16 525
14.22-25 525
15.46 449
16.15 205

ルカによる福音書

1.1 131
1.2 509
1.33 225, 287
2.1 159
2.14 543
2.52 85
11.1 243
11.2-4 243
12.8-9 123
15.12-13 455
22-24 525
22.17-20 525
22.38 331
24.27 217

ヨハネによる福音書

1.1-14 81
1.14 427
1.16 81
2.12 381
3.16 105
5.39 381
7.3 381
7.5 381
8.56 433
10.30 214
13.3-16 581
14.26 75, 301
15.26 75, 301
16.13 376
18.36 597
18.37 123
19.11 597

19.19-20　429
19.34　581
20-21　525
20.28　421

使徒言行録

1.6　427
1.8　205
2.1-13　431
2.14-36　517
2.27　447
2.38　509
2.41-42　507
2.42　75, 81, 131, 173
3.6　171
5.29　331
6.8-7.53　427
7.2-53　517
7.22　455
8.16　509
8.36-37　509
13.35　447
13.48-51　517
14.8-18　261
14.11-18　517
15.6-21　323
15.11　115
15.22-29　427
15.28　173
15.28-29　159
16.4　159, 427
16.6　173
17.7　159
17.17　517
17.22-33　261, 443, 517
19.23-41　471
28.14　427

ローマの信徒への手紙

1.1　173
1.5　419
1.7　173
1.20　519
3.22　113
3.28　111, 298
4.3　112
4.11　419, 433
9-11　73, 399
10.9　115, 119, 123, 201, 665
10.9-10　95, 293, 533, 639
11.36　509
13.1　315, 327, 457
13.4　339
15.17-18　417
15.32　173
16.17　515
16.26　419

コリントの信徒への手紙一

1.1　173
1.23　443
3.11　417
4.1　581
5.11　397
8.4-6　201, 207, 453, 509
9.5　381
9.27　415
10.1-4　581
10.16-17　299, 305
10.20-21　523
11.18　305
11.23　527

11.23-25　515, 525
11.25　73
11.29　307
13.13　131, 243, 245, 521
14.33　193
15.1-7　515
15.1-11　95, 173, 215, 223, 525
15.24-28　225
16.22　281

コリントの信徒への手紙二

1.1　173
3.17　79
3.18　83, 85
4.13　93, 420
5.17　427
6.14-16　523, 525
10.5-6　413

ガラテヤの信徒への手紙

1-2　173
1.8-9　281
1.19　381
3.6　112
3.16　443
3.24　443
4.6　575
5.1　417
6.15　427

エフェソの信徒への手紙

2.19-20　207
2.20　175
4.3　299
4.11　171, 175
4.14　379
4.25　461
5.32　335, 581

フィリピの信徒への手紙

2.2　515
2.5-11　213
2.6　214
2.6-11　213
2.10-11　123
2.11　205
4.8　147

コロサイの信徒への手紙

2.6-8　417
2.9　81

テサロニケの信徒への手紙一

5.17　243

テモテへの手紙一

1.10　145, 147
2.5　211
3.15　415
3.16　211
4.1　147, 283
4.6　147
6.13　121, 241, 319
6.20　111, 229, 283, 515

テモテへの手紙二

1.6　175, 191
1.14　111, 229, 515
2.12-13　417
3.16　231

テトスへの手紙

1.9 145, 147

2.10 145, 147

ヘブライ人への手紙

1.1-4 141

1.2 129

3.1 121

3.2 223

4.15 297, 473

6.1 147

11 109

11.1 593

ヤコブの手紙

2.19 109

2.23 112

ペトロの手紙二

1.4 259, 297

1.20 235

3.15-16 131

ヨハネの手紙一

2.22-23 281

4.2-3 125

5.1 125

5.6 581

5.8 581

ユダの手紙

3 61, 109-11, 215, 435, 533

ヨハネの黙示録

1.4 455

1.7 455

2.10 419

3.5 123

7.9 423

B. 信条・信仰告白

（ここでの略語は、本書冒頭の「信条と信仰告白の略語」を参照。n は注を表す。）

Abst Prin 185n, 369n

Ad tuendam 109n, 355, 377

Adv 103, 349

Afr Orth 447

A-L 265

Alex 67, 471

Am Bap 153n, 187, 205, 231, 369n, 639

Ang Cat 251, 441

Ans 107n, 169, 203, 205, 229n, 291, 467n

Ant 325 215

Ant 341 75n, 77, 215, 437

Ap 93-4, 102, 104, 106, 111-2, 140, 145, 154-5, 167, 174, 200, 205, 238, 241, 245, 258, 265-6, 276-7, 280, 318, 351, 367, 382-3, 404, 421, 434, 441, 464, 467, 499, 513, 520, 522-3, 528, 544, 570, 577-8, 582, 594, 600, 603, 621-2, 628, 644, 646-7, 652-3, 657, 660, 670

art 1 93, 121, 277

art 1-7 653

art 3 583, 647

art 3-4 447

art 4 123, 319

art 9 167, 257, 405, 523, 595, 601

art 10 583

Ap Const 79

Apol Aug 95, 109, 111, 131, 169, 183, 245, 247, 299, 335, 337, 351, 393, 419n, 423n, 429n, 445n, 581, 631

Ar 215n, 283n

Arist 153

Arm Ev 639n

Arn 309, 385

Assem 103, 639

Ath 143-5, 148-9, 169, 205, 229, 234, 238, 305, 358, 382-3, 388, 441-3, 457, 544, 576-9, 603, 621, 627, 640, 644, 648, 660, 668

Aub 369, 423, 668

Aug 124, 137, 217, 221, 261, 290-1, 316, 318, 342, 350, 370-2, 382-4, 558, 562, 568, 604, 606-7, 615-6, 631, 668

pr 317, 325, 343, 535

art 1 209, 325, 355, 463, 613, 627

art 2 289, 407n

art 4 151

art 7 157, 371, 393, 483, 615

art 7-8 601

art 8 625

art 10 247, 307, 373

art 11 119

art 14 183

art 16 331, 341

art 20 109, 487

art 21 245, 333
art 22 285, 623, 651
art 23 337n
art 24 151, 429n
art 26 627
con 373, 383
Aug Var 370, 372-3, 383, 612
Balamand 171, 177, 473, 537n
Bap Assoc 185n
Bap Aus 439
Bap Conf 185n
Bap Gr Br 185n
Bap NZ 439
Barm 126, 137, 207, 321, 385, 446, 449, 477, 667
Bas Bek 151, 209, 249, 257, 331
Bat 128, 193, 231n, 287, 321n, 395, 651, 653
BCP 119, 262, 264, 269, 382, 540, 545, 656
BEC 319
Belg 362, 464, 613, 616
art 1 101, 203n, 209, 463
art 3-5 221, 627
art 7 237
art 8 629
art 9 128, 627
art 11 629
art 20-21 151
art 22 109n
art 24 393
art 26 261n
art 29 395
art 30 183
art 32 187, 397
art 34 128
art 35 233
art 36 331, 341n
art 37 123n
BEM 165, 189, 195, 269n, 309, 315
Bern 249, 261
Boh I 119, 147, 155, 157, 183, 219, 299, 331n, 337n, 381, 395, 459, 597, 613, 617, 625
Boh II 101, 219, 327, 395, 459, 597, 613, 617
Bonn I 239, 659
Bonn II 303
Boston 605
Brngr 1059 381, 583
Brngr 1079 99, 380, 583
Br St Luth 231, 371n, 379, 639
Camb Dec 151n, 231n, 369n, 639n, 651n
Camb Plat 167, 173n, 332, 397n, 413n
Chal 55n, 67, 125, 281, 294-7, 359-60, 364, 366, 555, 568, 570, 589-90, 633-4, 646
art 1 227, 533n
art 1-4 97
art 9 453n
art 17-18 293
art 18-21 589
art 19 239
art 19-20 71
art 20-21 295
art 25-27 227, 533n
art 28 67, 179, 315
Chile 423
Chin Man 137n, 479, 651
Chin Un 441
Chr Dec 297, 377

Chr Sci 103
CNI 195
Cologne 211, 259, 303n, 314, 397, 581n, 631
Com Cr 169, 211
Com Dec 65, 239n, 297, 537n
Confut 247, 393n, 625
Cons rep 103, 231, 285, 369, 371, 377n, 393n, 487n, 629
Const 599, 610
CP I（*N-CP* も参照） 63-4, 66-7, 76, 80, 84, 93, 137, 179, 252, 256, 279, 315, 359, 362-3, 382, 468, 502, 533, 544, 551-2
CP II 68-9, 71, 76, 78, 84, 97, 135, 173n, 277, 281, 313, 329, 357, 407, 459, 502, 611
CP III 53, 69, 71, 76, 78, 84, 97, 329, 333, 407, 473-5, 502, 547, 557
CP 360 437
CP 879-80 99
CP 1054 303, 537, 558, 577
CP 1341 243n, 259, 297n, 451, 533, 553
CP 1351 129, 145, 465, 505n, 553
CP 1691 247n, 565
CP 1838 303
Craig 631
Crg Sh Cat 185, 187, 189
CSI 1929 193, 377, 671
CSI 1947 171, 193, 195, 377, 671
Cumb Pres 331n, 395n, 423, 443, 477n, 490, 668
Cum occas 281n
Cyp 175, 403n
Cyr Jer 523
Czen 209
Dec Addr 367, 665
Def Plat 247n, 371n, 443
Denck 103, 235n, 259n, 621
Dêr Bal 97
Design 369, 665
Dict Pap 329, 597
Did 521
Dordrecht 103, 293, 305n, 339, 341, 397, 581n, 609n
Dort 107, 125, 153n, 207, 233, 285, 287, 321, 327, 341, 375, 399, 407n, 419n, 465-6, 487, 489-90, 603, 612, 617, 631
Dosith 121, 261, 539, 559-60, 562, 605
pr 463
decr 1 203n, 209
decr 2 415, 563
decr 3 399n, 487n, 561
decr 8 101
decr 9 111, 543
decr 10 61n, 183, 329, 483
decr 12 101, 565
decr 13-14 391n
decr 15 337, 543n, 581
decr 16 247, 489n, 563, 565
decr 17 465n
q 1 237n
q 3 219
q 4 271n, 477
Ecth 207n, 295n, 329, 561n
Edict 69, 135, 295n, 329, 405, 459, 549
18 Diss 107n, 217n, 429n
Eng Dec 185, 351, 369, 397n

Ep Apost 507n
Eph 431 55, 65-6, 73, 76, 78, 84, 97, 125, 152-3, 270, 279, 281, 295, 315, 365, 469, 502, 546, 553-5, 571
Epiph 279
Ess 651
Eun 123n, 501
Eus 61
Ev All 659n
Fac 69
F&O Ban 315, 639
F&O Edin 163, 299
F&O Laus 163, 439
Fid cath 437
Fid rat 101, 151, 157, 203, 249, 297n, 317, 342, 381, 490, 534, 612, 630, 635n
Flor 69, 172, 303, 359n, 365-6, 471-2, 537, 585, 587, 597, 599, 610, 631, 668
Form Conc 238, 275-6, 292, 383-4, 466, 608, 612, 631-2
pr 57n, 125, 217, 221, 237, 291, 373, 479, 605n
art 1 103, 295n, 371, 465, 605n
art 2 289, 407n, 487n
art 3 109n, 111n, 151n
art 4 393n
art 7 233, 291, 307
art 8 290, 299, 465, 469n, 627, 635n
art 11 290, 399n
art 12 143, 341, 579n, 603, 627
42 Art 104, 263, 321
Free-Will Bap 253
Fréjus 439n, 577
Friends I 415, 651
Friends II 343, 651
Gall 166, 306, 326, 613
pr 131, 317
art 1 101, 209
art 2 141n, 335
art 3 220
art 3-4 221, 235
art 6 629
art 9 335
art 14 289
art 20 299
art 24 245, 251, 623
art 28 625
art 29 183
art 32 173n
art 33 275, 417
art 37 305n
art 40 319, 341n
Gel 112n, 528
Geloof 139n, 397n
Gen Bap 125, 185n, 341, 391n, 413
Gennad 209n, 302, 389, 425, 427, 535, 558
Genv Cat 139, 141, 155, 169, 233n, 243n, 261, 429n, 447n, 631
Genv Con 107, 147, 217, 243, 291
Ghana 189n, 291n, 317n, 377n, 431, 439n, 447n
Greg I 363, 571
Greg Palam 209, 407n, 475
Greg Thaum 215
Heid 138, 151, 154, 166, 246, 306, 316, 464, 467, 568, 616
q 1 469
q 2 563

q 12-18　153
q 21　107
q 22　141
q 23-58　245n, 521n
q 31　139
q 38　123n
q 55　259
q 60　109n
q 61　299n
q 68　357n, 583
q 71　205
q 77　205
q 78　249, 565
q 80　139n, 249, 289, 305, 585
q 83　187, 395
q 91　147, 445
q 92-115　245n
q 97　261
q 103　339, 479
q 105　341, 417n
q 116　243
q 123　141n
q 128　529n
con　216
Helv I　326, 612, 616
art 1　217
art 2　235, 237
art 4　147, 202n
art 7-8　295
art 11　151, 259n
art 13　107
art 14　187, 257, 395
art 16　483
art 19　483
art 20　101
art 25　625
art 26　331
art 27　337
Helv II　261, 613, 616
pr　95
art 1　101, 183, 205, 217, 219n, 397, 487
art 2　147n, 202n, 235, 237, 635
art 3　101, 143, 205, 209, 361n, 629
art 4　261, 483
art 5　477
art 8　289, 407n
art 9　335
art 10　399, 489
art 11　101, 229, 289, 361n, 381, 465n, 609n
art 13　135, 157
art 14　119, 153, 157
art 15　109, 111, 299
art 16　107, 147n, 393n, 399n, 623
art 17　135, 157, 169, 257, 395n, 483, 603
art 18　183, 397, 413, 445, 479n, 487, 581n, 625
art 20　641n
art 21　233, 585
art 22　429n
art 23　423n, 477
art 24　257n, 413
art 25　245n, 479n
art 27　173n
art 29　339, 479
art 30　331, 339, 341
Hipp　113n, 511
Hond　319

Horm 179n
Hub Chr Cat 107n, 381
Ign 75, 123n
Ineff 153, 555
Iren 75, 175, 227, 515
Irish 111, 169, 217, 221, 231, 243, 321, 341, 367, 616, 625, 629
Jer II 1 101, 143, 159n, 259, 297, 331n, 413n, 541n, 605, 669
Jer II 2-3 629, 669
Just 523
Korea 319
Lam 337n, 375
Lamb Art 341, 489
Lamb Quad 185, 190-1, 307
Lat 649 59, 475n, 533n
Lat 1215 139, 247, 373n, 568, 584-5, 597, 611, 641n
Laus Art 119, 151n
Laus Cov 231, 431n, 651n, 665n
LDS 103, 639n
Leuen 239n, 309, 377, 385, 655n, 659n
Lit Chrys 99, 107, 115n, 139, 152, 247, 263, 269, 329, 415, 477, 523n, 527, 529, 540, 543-9, 551, 555, 563
Loll 119, 261n, 339, 435n, 585n
London I 139
London II 125
Lucar 110, 121, 399n, 463, 473, 559, 560, 562-3, 604, 668
LuRC 4 343
LuRC Just 239n, 299n
Luth Lg Cat 249-50, 257, 269n, 383, 631
Luth Sm Cat 154, 246-7, 249, 251, 257, 264, 269n, 325, 339, 383, 467, 631, 671
Lyons 303, 537, 553, 599, 611
Madag 105n, 317, 447, 639
Marburg 119n, 209, 269, 285, 307, 615, 627
Mark Eph 367, 537, 587
Masai 211, 447, 449, 664
Menn Con 139n, 581n, 621n
Meros 277n
Meth Art 153n, 429n, 629
Meth Braz 137, 333, 649n
Meth Kor 211, 441
Metr Crit 99, 120, 216, 302, 559-60, 605
pr 561
art 1 209, 267n, 301, 303, 453, 577n
art 3 335, 447n, 465n, 537n
art 4 399n, 561
art 5 581
art 6 245n
art 7 217, 219
art 8 101
art 9 101, 145, 547
art 10 535
art 11 189n, 355n, 403n, 411n
art 12 337, 433n
art 15 475n, 549n
art 17 297, 475n, 477n
art 18 353n
art 23 535
Mogila 120-1, 246, 415-6, 559-60, 562, 605
pr 539, 561
1.1 111, 563

1.4 95, 101
1.4-126 245n, 521n
1.5 105n, 227
1.8 209
1.10 413n, 577n
1.20 155n
1.26 399n
1.30 399n
1.34 139n, 225n
1.49 251
1.56 465n
1.71 553n
1.72 173n, 227
1.84 179, 181
1.86 415
1.87 243n, 565
1.89 581n
1.90 543n
1.96 415
1.98 581, 583
1.103 113n
1.107 99, 247, 269n, 415, 547, 563
1.115 337, 433n
3.55-56 481
Morav 211, 265, 631, 643
Morav Am 291n, 377n, 423n, 439n
Munif 53, 155, 240, 253, 475n, 651n
N 62-6, 68-9, 77-8, 80-4, 112, 120, 124, 137, 223-4, 252, 255, 279, 282, 284, 286, 314, 320, 323, 327, 382, 401, 436, 449, 454, 505, 508, 510, 516, 524, 528, 567, 570
art 1 97, 113, 169, 209, 463
art 1-2 313
art 2 79, 209, 299, 311, 451, 571
art 8 79, 253
anath 63, 77, 225, 279, 283, 297, 343, 357, 401, 409, 517
Naz 231n, 419n
N-CP 62-4, 66-70, 80-1, 84, 98, 104, 111-2, 124, 145, 154, 210, 222, 224-6, 229, 234, 238, 245, 251, 256, 262, 266, 268-9, 271-2, 279, 286, 323, 359, 364-5, 382-3, 404, 414, 421, 434, 437, 441, 467-8, 499-500, 512, 520, 523, 526, 528, 535, 542, 544, 552-3, 567, 570, 574-8, 582, 589, 603, 618, 621, 627, 640, 644, 652, 657, 670-1
art 1 93, 97, 113, 115, 121, 169, 211, 463, 629
art 1-2 313, 453
art 1-7 653
art 2 139, 223, 299, 301, 311, 327, 437, 451, 453, 549
art 3 115, 153, 301, 583
art 3-4 447
art 4 123, 319, 453
art 5 215, 223, 591
art 7 141, 225, 287
art 8 83, 115, 177, 215, 253, 269, 301, 437
art 8-12 63, 81
art 9 115, 167, 169, 175, 207, 345, 405, 601
art 10 97, 583
art 10-12 115
Occ 99, 137, 177, 208, 279, 299, 304, 413, 439, 499, 575, 577, 595, 618, 627-8
New Hamp 107n, 185n, 187, 331n

Nic I 60, 62, 65, 67-8, 72, 74, 76, 78, 82, 84, 96, 215, 253, 259, 279, 311-2, 314, 324, 353, 362, 400-1, 404-5, 453, 462, 502, 508, 528, 532, 544, 551, 553, 570-1, 609, 626-7, 652
Nic II 70-2, 76, 97, 148, 261, 315, 329, 407-8, 475, 479, 481, 499, 502, 508, 548, 556, 609
No Afr 95n, 459
Novat 403n
Oberlin 657
Orange 575
Orig 135
Pasc 375
Patr 453n, 519n
Petr Ab 411, 579
Philad 169, 359n
Philip Ind 355, 631
Philip UCC 211n, 639
Phot 251, 301n, 303, 411, 537, 557
Pol Br 139n
Pol Nat Ch 639n
Polyc 279n
Prague 599
PRCC 137n, 319, 321n, 423, 479n, 651n
Pres So Afr 423
Pres Un 291n
Pres USA 149n, 377n, 423
R 265, 570, 595n
Rac 139, 235n, 255, 257
RCA 265, 435n
Ref All 659n
Ref Ep 629
Remon 107, 333, 399n, 487
Resp Non-Jur 263, 533n
Resp Pius IX 177n, 219n, 303n, 315n, 469n, 559
Richmond 103, 631, 651
Ries 139, 153, 211, 259n, 307n, 341, 397, 631
Rom Syn 215n
Russ Cat 57, 121, 243, 247, 287, 335, 355, 481, 533, 537n, 543n
Sacr ant 377
Salv Arm 639n
Sard 97
Sav 95, 123, 167, 169, 185-7, 285, 297n, 350-1, 359n, 443, 651n
Sax 599n
Sax Vis 233, 285
Schleit 125, 314, 339, 397, 621
Scot I 289, 316, 613, 616, 630-1
pr 101, 317, 467
art 1 101, 209
art 12 631
art 14 147, 203n
art 16 169, 259
art 18 229, 237, 395
art 19 101, 217
art 20 233, 361n
art 22 289, 641n
art 24 333
Scot II 101, 289, 326, 371, 585, 613, 616
Send 309n
Sens 413, 579
17 Art 119n, 121, 151n, 245, 393n, 467n
Shema 84, 201, 207-8, 210, 216, 318, 449-54, 502-5

Sheng Kung 321n, 479
Shkr 639n
Sirm 357 77, 453, 501
Sirm 359 77, 455, 561
67 Art 131, 151, 229, 231, 251, 257, 287, 331, 391, 483, 601, 631
Smal Art 245n, 257, 291, 325, 359n, 379, 384, 611, 631
Smyr 215n
So Bap 479n
Soc Ch 137, 333, 649n
Socin 235n
Sac Meth 137, 333, 649n
Sri Lanka 195, 291n, 317, 439n
Swed Bap 439
Syl 143, 281n, 337, 481, 651, 653n
10 Art 121, 249, 341, 609n, 631
Tert 125n, 281
Test Dom 511n
Tetrapol 147n, 243n
Thdr Mops 147n, 243n, 298, 316, 342, 469n, 483, 534, 612, 631
39 Art 14, 104, 262-4, 370, 372, 380-2, 385-6, 440-1, 604, 616, 644-7
pr 145
art 1 209
art 5 629
art 6 221
art 8 145, 239n, 441, 577, 603n, 641n, 645
art 11 155
art 19 185
art 19-20 601
art 20 219, 237, 383
art 21 321, 441
art 24 423n, 429n
art 25 121, 337, 357n
art 26 581, 625
art 28-29 249
art 29 233, 307
art 31 153
art 32 185, 337
art 35 441
art 36 185
con 363
Am 249, 441, 641
Thorn 309
Tig 139, 233, 249, 285, 309, 357, 613
Togo 317n, 447n
Tol I 277n, 505n, 575
Tol III 267, 575
Tol XI 97, 149n, 225n, 575
Tome 202, 227, 364, 453n, 463, 555, 571
Toraja 127-8
Trans 235n, 257
Trent 239, 261, 289-90, 305, 358-9, 375, 545, 564, 598, 611, 613, 617-8, 656, 668
sess 3 99, 181, 359, 619
sess 4 221, 227, 235, 237, 239, 379, 431
sess 5 99, 157, 483, 555
sess 6 155, 299, 359, 467, 487n
sess 7 337, 433n, 581, 587
sess 13 99, 249, 283, 289, 305, 585
sess 14 121, 151
sess 21 355, 581n, 651
sess 22 273, 391, 429, 479n
sess 23 189n
sess 24 355, 357, 581n

sess 25 261, 475, 477
Trid Prof 99, 209, 239, 357, 375, 568, 593, 618-9
True Con 103, 139, 185, 631
UCC 211n, 439n, 639
Ulph 437
Unam 53n, 331, 595
Un Ch Can: Crd 423, 439n
Un Ch Can: Union 139, 191, 193, 291n, 423
Un Ch Japan 103, 291n, 317n, 441
Un Pres 331n, 377n, 423, 659n, 671n
Un Ref Ch 291n, 377n, 439n
Utrecht 475
Vald 99, 577, 625
Vat I 161, 227, 239, 261, 302, 335, 355, 363, 375, 461, 475, 573, 599, 612, 656
Vat II 112, 261, 354, 360, 656
sess 1 430
sess 3 245, 431, 651, 657
sess 5 139, 177, 191, 203, 261n, 657, 659
sess 7 481, 651
sess 8 240
sess 9 345, 381, 651
Vienne 585
Wald 221, 251, 297n, 373, 597, 617, 635n
WCC 165
West 230, 258, 261, 321, 368, 378, 416, 423, 466, 490, 562, 604, 608, 613, 631-2, 646, 664
ttl 319
pr 217
ch 1 57n, 141, 143, 217, 221, 231, 233, 237, 335, 369, 381n
ch 2 235, 629
ch 3 399, 489
ch 8 139, 153, 297n, 635n
ch 10 391, 443, 489-90
ch 11 299
ch 14 107
ch 15 119
ch 16 335, 391
ch 18 109, 489
ch 19 333
ch 20 147, 202n, 333, 417
ch 21 243n, 445n, 477, 483
ch 23 323, 341, 441
ch 24 337
ch 25 169, 359n, 395, 423n
ch 26 259
ch 27 487
ch 28 205
ch 29 249, 305
ch 31 207, 233, 323, 441
Am 333, 441
West Lg Cat 631
West Sh Cat 107, 139, 151n, 287n, 391, 395, 483
Winch 639n
Witness 631, 639
Witt Art 101, 119n, 151, 185n, 249, 383, 621, 623
Witt Conc 119n, 275, 291, 309, 479, 612, 615, 631
Wrt 599n
Wyclif 585n
Zambia 291n, 317n, 439n

C. 人名

ア

アウグスティ、ヨハン・クリスティアン・ヴィルヘルム　Augusti, Johann Christian Wilhelm　265, 661
アウグスティヌス、カンタベリーの　Augustine of Canterbury（604 年頃没）　428
アウグスティヌス、ヒッポの　Augustine of Hippo（354-430 年）　53, 85, 89, 94, 116-8, 132-3, 135, 175-6, 213, 218, 224, 242, 245, 295, 388, 400, 402-4, 406-7, 417, 458, 462, 484-6, 500-1, 520-1, 541, 553-4, 573-6, 579, 594, 622-4, 664, 670
アタナシオス、アレクサンドリアの　Athanasius of Alexandria（296 頃 -373 年）　60, 78, 85, 208, 223, 255, 269, 304, 327, 407-8, 450, 470, 508, 518, 520, 524, 528, 577
アーノルド、マシュー　Arnold, Matthew（1822-88 年）　88-90
アベラルドゥス、ペトルス　Abelard, Peter（1079-1142/43 年）　411-2, 578, 590
アラリクス　Alaric（西ゴート族の王、370 頃 -410 年）　436
アリストテレス　Aristotle（前 384-322 年）　392, 444, 542, 632
アルキリエール、アンリ・グザヴィエ　Arquillière, Henri Xavier（1883 年生）　595
アルベリゴ、ジュゼッペ　Alberigo, Joseph　585
アルペ、ペドロ　Arrupe, Pedro（1907-91 年）　426
アンセルムス、カンタベリーの　Anselm of Canterbury（1033 頃 -1109 年）　149-52, 567, 588-91, 593-4, 658
アンダーソン、デービッド　Anderson, David　511
アンダーヒル、エドワード・ビーン　Underhill, Edward Bean　661
アントニオス、エジプトの　Antony of Egypt（251 頃 -356 年）　407-9, 524
アンドロウツォス、クレストス　Androutsos, Chrēstos　539, 579
アンブロシウス、ミラノの　Ambrose of Milan（339 頃 -97 年）　80, 270, 400, 510, 553
イヴォ、シャルトルの　Ivo of Chartres（1040 頃 -1115 年）　597
イグナティオス、アンティオキアの　Ignatius of Antioch（35 頃 -107 年頃）　74
イバス　Ibas（エデッサの主教、435-49 年と 451-57 年）　68
ウィクリフ、ジョン　Wycliffe, John（1330 頃 -84 年）　623
ウィット、ジョン　Witte, John, Jr.　433
ウィリアムズ、ジョージ・H.　Williams,

George H.（1914-2000 年）　312, 589
ウィリアムズ、チャールズ　Williams, Charles（1886-1945 年）　60-1
ヴィレール、マルセル　Viller, Marcel　661
ウェア、カリストス　Ware, Kallistos　15, 242, 414
ウェインライト、ジェフリー　Wainwright, Geoffrey　654
ウェルチ、クロード　Welch, Claude　230, 276, 614, 641
ウェンガート、ティモシー　Wengert, Timothy　662
ウォーカー、ウィリストン　Walker, Williston（1860-1922 年）　166, 351-2, 661, 664
ウォーク、ハーマン　Wouk, Herman（1915 年生）　504
ウォーフィールド、ベンジャミン・ブレッキンリッジ　Warfield, Benjamin Breckenridge（1851-1921 年）　622-3
ヴォルフ、クリストフ　Wolff, Christoph　271
ヴォルフ、ミロスラフ　Volf, Miroslav　115
ウォルフソン、ハリー・A.　Wolfson, Harry A.　503
ウルフィラ　Ulphilas（311 頃 -83 年）　435-6, 438
エイデン、ダミアン・ファン・デン　Eynde, Damien van den（1902 年生）　174
エイレナイオス、リヨンの　Irenaeus of Lyons（130 頃 -200 年頃）　74, 174, 177-8, 227-8, 307, 500, 515, 569
エウアグリオス・ポンティコス　Evagrius Ponticus（346-99 年）　406-7
エウセビオス、カイサリアの　Eusebius of Caesarea（260 頃 -340 年頃）　60, 74-6, 138, 141, 311
エウセビオス、ニコメディアの　Eusebius of Nicomedia（342 年頃没）　436
エピファニオス、サラミスの　Epiphanius of Salamis（315 頃 -403 年）　144, 279
エーレルト、ヴェルナー　Elert, Werner（1885-1954 年）　212, 385
オーファーベック、J. J.　Overbeck, J. J.　661
オーバーマン、ハイコ・A.　Oberman, Heiko A.（1930-2001 年）　485
オプタトゥス、ミレウィの　Optatus of Mileve（370 年活躍）　175
オリゲネス、アレクサンドリアの　Origen of Alexandria（185 頃 -245 年頃）　134-5, 224, 254, 405-6, 527

カ

カイテルト、H. M.　Kuitert, H. M.　311
ガス、ヴィルヘルム　Gass, Wilhelm（1813-89 年）　661
カスパリ、カール・パウル　Caspari, Carl Paul（1814-92 年）　660
カッテンブッシュ、フェルディナント　Kattenbusch, Ferdinand（1851-1935 年）　660
カリクストゥス、ゲオルク　Calixtus, George（1586-1656 年）　284
カリス、アナスタシオス　Kallis, Anastasios　540

カール大帝　Charlemagne（皇帝、800-814年）　438, 576
カール5世　Charles V（皇帝、1519-56年）　137, 316-7, 332-3, 342, 371, 612
カルヴァン、ジャン　『ジュネーヴ教会信仰問答』（*Genv Cat*）も参照　Calvin, John（1509-64年）　140-1, 146, 148, 154-5, 165, 183, 284, 308, 372, 383, 563, 573, 622-3, 631, 640
カルミレス、ヨアンネス　Karmirēs, Iōannēs　262, 531, 538-9, 558, 662
カント、イマヌエル　Kant, Immanuel（1724-1804年）　494, 642
ギアリ、パトリック　Geary, Patrick　459
キケロ　Cicero（前106-43年）　132
ギフォード、エドワード・ハミルトン　Gifford, Edward Hamilton　523
キプリアヌス、カルタゴの　Cyprian of Carthage（258年没）　175-7,403, 573
ギボン、エドワード　Gibbon, Edward（1737-94年）　88, 409, 625
キャンベル、アレクサンダー　『トマス・キャンベルの宣言および提言』（*Dec Addr*）も参照　Campbell, Alexander（1788-1866年）　366-8, 663
キュリロス、アレクサンドリアの　Cyril（アレクサンドリアの総主教、412-44年）　64-5, 96, 279, 364-5
キュリロス、エルサレムの　Cyril（エルサレムの主教、349頃-87年）　522
キュリロスとメトディウス　Cyril（826-69）and Methodius（815頃-85年）　180, 428-9, 542, 544
キンメル、E. J.　Kimmel, E. J.　538-9, 661
クヴァステン、ヨハネス　Quasten, Johannes（1900-1987年）　224, 402, 500, 519, 569
グラウス、フランティシェク　Graus, František　459
グラティアヌス　Gratian（12世紀頃）　350, 424
クランマー、トマス　Cranmer, Thomas（1489-1556年）　263, 630-1
グリーン、グレイアム　Greene, Graham（1904-91年）　485
クルツィウス、エルンスト・ローベルト　Curtius, Ernst Robert（1886-1956年）　568
グルボコフスキー、N. N.　Glubokovský, N. N.　550, 668
クレイトン、マンデル　Creighton, Mandell（1843-1901年）　494
クレメンス、アレクサンドリアの　Clement of Alexandria（150頃-215年頃）　228, 388, 443, 450
クレメンス、ローマの　Clement of Rome（1世紀後半頃）　569
クローヴィス　Clovis（フランク王、481-511年）　438
グレゴリウス1世　Gregory I（教皇、590-604年）　362, 428, 430, 481, 498, 570-1
グレゴリウス7世　Gregory VII（教皇、1073-85年）　329, 476, 595
グレゴリウス、トゥールの　Gregory of Tours（538/39-94年）　438
グレゴリオス、ナジアンゾスの

Gregory of Nazianzus（329/30-389/90年） 70, 77-9, 82-4, 86, 137
グレゴリオス、ニュッサの Gregory of Nyssa（330頃-95年） 77-8, 84-6, 214, 250, 450, 502, 521, 527
ゲアナコプロス、デノ・J. Geanakoplos, Deno J. 367, 471
ゲオルギ、カート Georgi, Curt 560
ケリー、J. N. D. Kelly, J. N. D.（1909-97年） 82, 265-6, 519-20, 570, 660
ゲリッシュ、ブライアン・A. Gerrish, Brian A. 15, 662
ゲルハルト、ヨハン Gerhard, Johann（1582-1637年） 633
ケレスティウス Celestius（5世紀頃） 553
コクラン、アーサー・C. Cochrane, Arthur C., Jr. 662
コクラン、チャールズ・ノリス Cochrane, Charles Norris 324
ゴルヴィツァー、ヘルムート Gollwitzer, Helmut（1908-93年） 214
コルブ、ロバート Kolb, Robert 662
コールリッジ、サミュエル・テイラー Coleridge, Samuel Taylor（1772-1834年） 104
コンガール、ジョルジュ・イヴ Congar, Georges-Yves（1904-95年） 361, 364, 568
コンスタンティヌス1世 Constantine I（ローマ皇帝、306-37年） 62, 66, 74, 137, 178, 311, 313, 320, 322, 370, 432, 497, 528, 570, 652

サ

シェパード、マッセイ・H. Shepherd, Massey H., Jr.（1913年生） 435
ジェファーソン、トマス Jefferson, Thomas（1743-1826年） 419, 466, 642
シェフチェンコ、イゴール Ševčenko, Ihor 366
シェルダン、チャールズ・モンロー Sheldon, Charles Monroe（1857-1946年） 665
シャフ、フィリップ Schaff, Philip（1819-93年） 12, 16, 330, 538, 661
シュヴァイツァー、アルベルト Schweitzer, Albert（1875-1965年） 646, 665-6
シュヴァルツ、エドゥアルト Schwartz, Eduard（1858-1940年） 661
シュトーフェザント、ヒンリヒ Stoevesandt, Hinrich 640
シュニュ、マリー・ドミニク Chenu, Marie-Dominique（1895-1990年） 412
シューベルト、ハンス・フォン Schubert, Hans von（1859-1931年） 313
シュミット、W. F. Schmidt, W. F. 607, 662
シュライアマハー、フリードリヒ・ダニエル・エルンスト Schleiermacher, Friedrich Daniel Ernst（1768-1834年） 189-90, 644
シュワルツローゼ、カール Schwarzlose, Karl（1866年生） 556
ショーンバウム、K. Schornbaum, K. 607, 662
ジルソン、エティエンヌ Gilson, Etienne（1884-1978年） 578, 632

スミス、ペイジ Smith, Page 658-9
ゼーベルク、アルフレート Seeberg, Alfred (1863-1915年) 520
セリパンド、ジロラモ Seripando, Girolamo (1492/93-1563年) 358, 617
セルヴェトゥス、ミカエル Servetus, Michael (1511頃-53年) 288, 324

タ

ダイク、C. J. Dyck, C. J. 15, 620
ダウェイ、エドワード・A. Dowey, Edward A., Jr. 616
タッパート、セオドア・G. Tappert, Theodore G. (1904-73年) 383, 662
タナー、ノーマン・P. Tanner, Norman P. 662
ダンテ・アリギエーリ Dante Alighieri (1265-1321年) 410, 567, 588, 592, 596
チャールズ1世 Charles I (イングランド王、1625-49年) 372-3
チリングワース、ウィリアム Chillingworth, William (1602-44年) 233
ツヴィングリ、ウルリッヒ 『信仰の弁明』(*Fid rat*);『ウルリッヒ・ツヴィングリの67箇条』(*67 Art*) も参照 Zwingli, Ulrich (1484-1531年) 150, 157, 228, 230, 238, 248, 250, 268, 284, 286, 288, 291, 306, 308, 317, 342, 380, 490, 534, 612, 623, 626, 631
デイヴィー、コリン Davey, Colin 471
ディオスコロス Dioscorus (アレクサンドリアの総主教、444-54年) 364
ディオニュシオス・アレオパギテース、偽 Dionysius the Areopagite, Pseudo- (500年頃) 266
ディデュモス、盲目の Didymus the Blind (313頃-98年) 79
ティンダル、マシュー Tindal, Matthew (1655-1733年) 642, 645, 652
テオドシウス1世 Theodosius I (ローマ皇帝、379-95年) 62, 322-4, 432, 497, 652
テオドシウス2世 Theodosius II (ローマ皇帝、408-50年) 364
テオドレトス、キュロスの Theodoret of Cyrrhus (393頃-460年頃) 68, 470
テオドロス・アブー・クッラ Theodore Abu Qûrra (750頃-820年) 535
テオドロス、モプスエスティアの Theodore of Mopsuestia (350頃-428年) 68, 250
テオリアヌス Theorianus (12世紀頃) 532
テルトゥリアヌス Tertullian (160頃-225年頃) 124, 281, 402, 526-7
デンツィンガー、ヘンリク・ヨーゼフ Denzinger, Heinrich Joseph (1819-93年) 661
ドストエフスキー、F. M. Dostoevsky, F. M. (1821-81年) 409, 670
ドノヴァン、ヴィンセント・J. Donovan, Vincent J. (1926年生) 448
トマス・アクィナス Thomas Aquinas (1225頃-74年) 87, 116, 118, 120, 140, 267, 278, 393, 412, 463, 484, 517, 534, 567, 585, 588, 590-2, 633

トーランス、トマス・F. Torrance, Thomas F. 626, 662
トリリング、ライオネル Trilling, Lionel（1905-75 年） 642
トルストイ、レオ・N. Tolstoy, Leo N,（1828-1910 年） 117
トレッドゴールド、ワーレン Treadgold, Warren 459
トレルチ、エルンスト Troeltsch, Ernst（1865-1923 年） 432

ナ

ニーゼル、ヴィルヘルム Niesel, Wilhelm 165-6, 181, 183, 539, 613, 662
ニーマイヤー、ヘルマン・アガトン Niemeyer, Hermann Agathon（1802-51 年） 539, 607, 661
ニューマン、ジョン・ヘンリー Newman, John Henry（1801-90 年） 72, 90, 154, 172, 380, 385-6, 460-2, 468, 490
ネストリオス Nestorius（コンスタンティノポリスの総主教、428-31 年） 65, 279, 294, 364, 469-70, 472, 553
ネロ Nero（ローマ皇帝、54-68 年） 327
ノウァティアヌス Novatian（3 世紀頃） 402
ノーエル、ローデン Noël, Roden（1834-94 年） 666
ノックス、ジョン Knox, John（1513 頃-72 年） 630-1
ノル、マーク Noll, Mark 662

ハ

ハイティング、ヴィレム Heijting, Willem 607
ハインリヒ 2 世 Henry IV（皇帝、1056-1106 年） 576
ハインリヒ 4 世 Henry II（皇帝、1002-24 年） 329, 476
バウアー、ヴァルター Bauer, Walter（1877-1960 年） 76
バウア、フェルディナント・クリスティアン Baur, Ferdinand Christian（1792-1860 年） 76, 494-5
パウク、ヴィルヘルム Pauck, Wilhelm（1901-81 年） 435
バシレイオス、カイサリアの Basil of Caesarea（330 頃-79 年） 77-8, 144, 158-9, 252-3, 282, 400, 402, 501, 505, 511
パスカシウス・ラドベルトゥス Paschasius Radbertus（790 頃-860 年頃） 582
バッハ、ヨハン・ゼバスティアン Bach, Johann Sebastian（1685-1750 年） 271-2, 671
バハト、ハインリヒ Bacht, Heinrich 405
バルト、カール 『バルメン宣言』（*Barm*）も参照 Barth, Karl（1886-1968 年） 126, 658
ハルナック、アドルフ Harnack, Adolf（1851-1930 年） 15, 78, 160, 363, 540, 544, 640, 646-7, 658, 674
ハーン、アウグスト Hahn, August 512
パンタイノス、アレクサンドリアの Pantaenus of Alexandria（190 年頃没） 75

ピウス９世 『教皇ピウス９世の卓越せる神』（*Ineff*）;『教皇ピウス９世の誤謬表』（*Syl*）;『第１回ヴァチカン公会議』（*Vat I*） も参照 Pius IX（教皇、1846-78 年） 142, 153, 554
ピウス 10 世 Pius X（教皇、1903-14 年） 375
ピウス 12 世 Pius XII（教皇、1939-58 年） 53, 153, 239, 251-2, 431, 656
ヒエロニムス Jerome（345 頃 -420 年） 79, 218
ビスマルク、オットー・フォン Bismarck, Otto von（1815-98 年） 477
ヒッポリュトス、ローマの Hippolytus of Rome（170 頃 -236 年頃） 174, 510
ピープコーン、アーサー・カール Piepkorn, Arthur Carl（1907-73 年） 383
ピラト、ポンテオ Pilate, Pontius（ガリラヤの総督、26-36 年） 121-2, 241, 318-9, 322, 411, 429, 447, 452, 506, 510, 512, 518, 523, 596
ヒラリウス、ポワティエの Hilary of Poitiers（315 頃 -367/68 年） 79, 501
ファクンドゥス、エルミアンの Facundus of Hermiane（6 世紀頃） 68
ファッブリ、ロメオ Fabbri, Romeo 662
ファブリキウス、カイウス Fabricius, Caius 661
フィロストルギウス Philostorgius（368 頃 -439 年頃） 435
フィロン、アレクサンドリアの Philo of Alexandria（前 20 頃 - 後 50 年頃） 503
フォティオス 『フォティオスの回勅』（*Phot*） も参照 Photius（コンスタンティノポリスの総主教、858-895 年頃） 302, 410, 558
フォーブス、アレクサンダー・ペンローズ Forbes, Alexander Penrose（1817-75 年） 200
ブザンソン、アラン Besançon, Alain 474
フス、ヤン Hus, John（1372 頃 -1415 年） 13, 590, 598, 623-4
ブツァー、マルティン Bucer, Martin（1491-1551 年） 291, 307, 316, 612, 630-1
フッター、レオンハルト Hutter, Leonhard（1563-1616 年） 276, 634
フライ、ノースロップ Frye, Northrop（1912-91 年） 425
フラウィアノス Flavian（コンスタンティノポリスの総主教、446-49 年） 364
ブラウン、ピーター Brown, Peter 406, 458
プラトン Plato（前 427-347 年） 158-9, 199, 286
ブリンガー、ハインリヒ 『第一スイス信仰告白』（*Helv I*） も参照 Bullinger, Heinrich（1504-75 年） 284, 308
ブレイ、ジェラルド Bray, Gerald 606, 662
フレッチャー、リチャード Fletcher, Richard 428
ブレトシュナイダー、カール・ゴットリープ Bretschneider, Karl Gottlieb

（1776-1848年）　374
フレンド、W. H. C.　Frend, W. H. C.　458, 485
プロスペル、アクィタニアの　Prosper of Aquitaine（390頃-463年頃）　250, 258, 474
フロロフスキー、ゲオルギー・V.　Florovsky, Georges V.（1893-1979年）　82, 149
フンベルトゥス、シルヴァ・カンディダの　Humbert of Silva Candida（1061年没）　582
ベスーン・ベイカー、J. F.　Bethune-Baker, J. F.（1861-1951年）　660
ベッケル、E. G. A.　Böckel, E. G. A.　264, 539, 607
ペトルス・ロンバルドゥス　Peter Lombard（1100頃-1160年）　567, 588, 590-1, 633
ベネディクトゥス8世　Benedict VIII（教皇、1012-24年）　576
ベネディクトゥス、ヌルシアの　Benedict of Nursia（480頃-550年頃）　497
ベルナルドゥス、クレルヴォーの　Bernard of Clairvaux（1090-1153年）　410-2, 590
ペラギウス　Pelagius（400年頃活躍）　287-8, 406-7, 553, 573, 579
ヘンケ、エルンスト・ルートヴィヒ・セオドア　Henke, Ernst Ludwig Theodor（1804-72年）　661
ベンテ、G. フリードリッヒ　Bente, G. Friedrich（1858-1930年）　661
ヘンリー8世　Henry VIII（イングランド王、1509-47年）　340
ホシウス（オッシウス）、コルドバの　Hosius（Ossius）of Cordoba（256頃-357/58年）　570
ホジソン、マーシャル　Hodgson, Marshall（1922年生）　423
ホースト、アーヴィン・B.　Horst, Irvin B.　662
ホスピニアン、ルドルフ　Hospinian, Rudolf（1547-1626年）　276, 634
ボナー、ホレイシャス　Bonar, Horatius（1808-89年）　631-2
ボニファティウス8世　『ウナム・サンクタム』（*Unam*）も参照　Boniface VIII（教皇、1294-1303年）　329, 595-6
ホノリウス1世　Honorius I（教皇、625-38年）　473-4, 556
ホミャコフ、A. S.　Chomjakov, A. S.（1804-60年）　468
ポリュカルポス　Polycarp（69頃-155年頃）　319, 327
ホル、カール　Holl, Karl（1866-1926年）　582
ホワイトヘッド、アルフレッド・ノース　Whitehead, Alfred North（1861-1947年）　276, 626

マ

マクギファート、アーサー・クッシュマン　McGiffert, Arthur Cushman, Sr.（1861-1933年）　660
マクグリン、W. J.　McGlothlin, W. J.　661
マクシモス、証聖者　Maximus Confessor（580頃-662年）　86, 498
マクラエ、ジョン　McCrae, John　419

マージェリー、バーナード・デ Margerie, Bernard de 450
マストラントニス、ジョージ Mastrantonis, George 662
マッキーオン、リチャード・P. McKeon, Richard P.（1900-1985年） 435
マルキオン、シノペの Marcion of Sinope（160年頃没） 74, 277
マルクス・アウレリウス Marcus Aurelius（ローマ皇帝、161-80年） 117
マルクス・エウゲニクス Mark/Marcus Eugenicus（エフェソの大司教、1437-1444/45年） 366
マルケロス、アンキュラの Marcellus of Ancyra（374年頃没） 224-5
マルビ、アントワーヌ Malvy, Antoine 662
マーレイ、ジョン・コートニー Murray, John Courtney（1904-67年） 450
ミカエル・ケルラリオス 『ミカエル・ケルラリオスと1054年コンスタンティノポリス教会会議の勅令』（*CP 1054*）も参照 Michael Cerularius（コンスタンティノポリスの総主教、1043-58年） 302, 558
ミハルチェスク、ヨン Michalcescu, Jon 531, 538, 661
ミュラー、エルンスト・フリードリヒ・カール Müller, Ernst Friedrich Karl（1863-1935年） 607
ミルトン、ジョン Milton, John（1608-74年） 132, 648-9
ムールマン、コンラッド・ヘンリー Moehlman, Conrad Henry 57
メイエンドルフ、ジョン Meyendorff, John（1926-92年） 315, 563-4
メイエンドルフ、ポール Meyendorff, Paul 541
メーラー、ヨハン・アダム Möhler, Johann Adam（1796-1838年） 57
メランヒトン、フィリップ 『アウグスブルク信仰告白』（*Aug*）;『アウグスブルク信仰告白弁証』（*Apol Aug*）も参照 Melanchthon, Philipp（1497-1560年） 306, 371, 383, 612, 631-2, 634
メリトン、サルディスの Melito of Sardis（190年頃没） 507
モーリス、フレデリック・デニスン Maurice, Frederick Denison（1805-72年） 645

ヤ

ヤコブス、ヴィテルボの James（ヴィテルボの大司教、1302-7/8年） 595-6
ユスティニアヌス1世 Justinian I（ローマ皇帝、527-65年） 432, 458
ユリアヌス Julian（ローマ皇帝、361-63年） 469
ヨアンネス、ダマスコスの John of Damascus（655頃-750年頃） 517, 535, 549
ヨアンネス8世パレオロゴス 『バーゼル・フェラーラ・フィレンツェ・ローマ公会議』（*Flor*）も参照 John VIII Palaeologus（ビザンチン帝国皇帝、1425-28年） 365
ヨセフ2世 『バーゼル・フェラーラ・フィレンツェ・ローマ公会議』（*Flor*）も参照 Joseph II（コンスタ

ンティノポリスの総主教、1416-39年）　365

ラ

ラウシェンブッシュ、ウォルター　Rauschenbusch, Walter（1861-1918）　648
ラトゥーレット、ケネス・スコット　Latourette, Kenneth Scott（1884-1968年）　435
ラトラムヌス、コルビーの　Ratramnus of Corbie（9世紀頃）　582
ラブンカ、ミロスラフ　Labunka, Miroslav　545
ランドグラフ、アルトゥール・ミカエル　Landgraf, Artur Michael（1895-1958年）　595
ランプキン、ウィリアム・L.　Lumpkin, William L.　620, 662
リース、ジョン・H.　Leith, John H.　662
リッチ、マテオ　Ricci, Matteo（1552-1610年）　431
リッチュル、オットー　Ritschl, Otto（1860-1944年）　160
リーツマン、ハンス　Lietzmann, Hans（1875-1942年）　513
ルイエ、ピーター　L'Huillier, Peter　353
ルイス、バーナード　Lewis, Bernard　424
ルカリス、キリロス　Lucar, Cyril（コンスタンティノポリスの総主教、1620-38年）　472, 538, 559-61
ルソー、ジャン＝ジャック　Rousseau, Jean-Jacques（1712-78年）　117
ルター、マルティン　Luther, Martin（1485-1546年）　118-120, 141, 182, 190, 221, 238, 250, 257, 268, 271, 275, 291, 298, 306-7, 350, 370, 372, 382-4, 394, 433, 448, 467, 483, 527, 563-4, 590, 610-1, 615, 622-3, 626, 630-2, 640, 670
ルフィヌス、アクィレイアの　Rufinus of Aquileia（345頃-411年）　94, 135, 570
レウ、J. マイケル　Reu, J. Michael（1869-1943）　662
レオ1世　『教皇レオ1世の書簡』（*Tome*）も参照　Leo I（教皇、440-61年）　226, 363-5
レオ3世　Leo III（教皇、795-816年）　409, 576
レッシング、ゴットホルト・エフライム　Lessing, Gotthold Ephraim（1729-81年）　645
ローウェル、ジェームズ・ラッセル　Lowell, James Russell（1819-91年）　478
ローウェン、ハワード・ジョン　Loewen, Howard John　619, 662
ロード、ウィリアム　Laud, William（カンタベリーの大司教、1633-45年）　372-3
ロングフェロー、ヘンリー・ワズワース　Longfellow, Henry Wadsworth（1807-82年）　387

ワ

ワット、ウィリアム・モンゴメリー　Watt, William Montgomery（1909年生）　200